絲路上的紡織品是極受青睞的商品，有時候甚至被用作貨幣。這塊來自西元八世紀或九世紀的紡織物表現了中亞的著名馬匹。

絲路上有各種的挑戰、險阻和天然屏障。其中就包括帕米爾高原，群山中的山口有重兵保護，例如上圖中的塔什干石頭城，位於喀什葛爾附近，以及下圖中位於新疆的塔克拉瑪干沙漠。

女人們正在準備剛剛織好的絲綢。這幅畫的作者是十二世紀初的皇帝宋徽宗。

唐代（618-907AD）的一個粟特商人的陶塑，他騎著的是巴克特里亞雙峰駝。

品治肯特粟特人宮殿中的華麗裝飾，他們從跨越亞洲的貿易活動中獲得了豐厚回報。

大祭司卡提爾在那克什魯斯坦的銘文宣揚了祆教的勝利。

巴米揚大佛是佛教傳播在中亞取得進展的象徵。

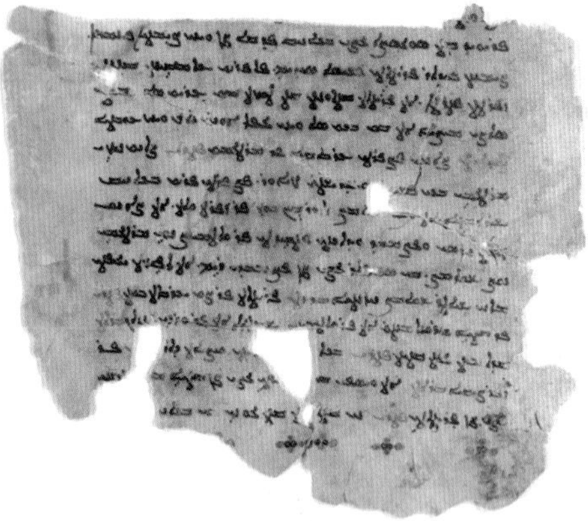

基督教《詩篇》的粟特語翻譯，使用的字母是敘利亞文。用在地語言來傳播信仰是傳播的重要因素。

《拉布拉福音書》（*Rabbula Gospels*）中描繪的耶穌受難，這部福音書是西元六世紀時的一部敘利亞文插圖手抄本。

這一枚「站立的哈里發」錢幣上描繪的可能是先知穆罕默德本人。

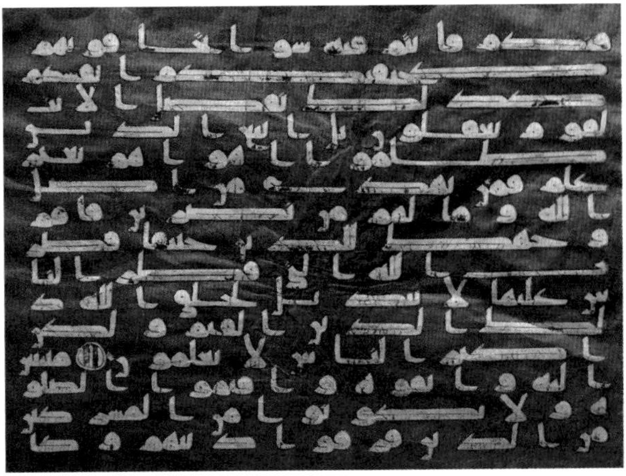

靛藍染色的《古蘭經》書頁，來自九或十世紀的北非。

新的穆斯林帝國讓財富像洪水一樣湧入帝國中央。圖中的蘇丹身邊圍繞著他的群臣，這幅插圖出自波斯史詩《王書》，作者是菲爾多西。

穆斯林統治者們是藝術和學術的偉大贊助者。圖中的學者們正在阿巴斯圖書館中討論學問，該圖出自哈利里的《瑪卡梅集》（*Maqāmāt of al-Ḥarīrī*）。

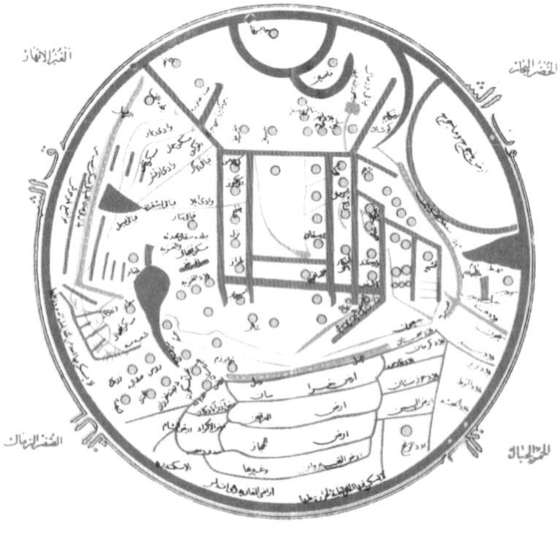

馬赫穆德·喀什葛里（Maḥmūd al-Kāshgharī）的地圖將八剌沙袞表現為世界的中心。

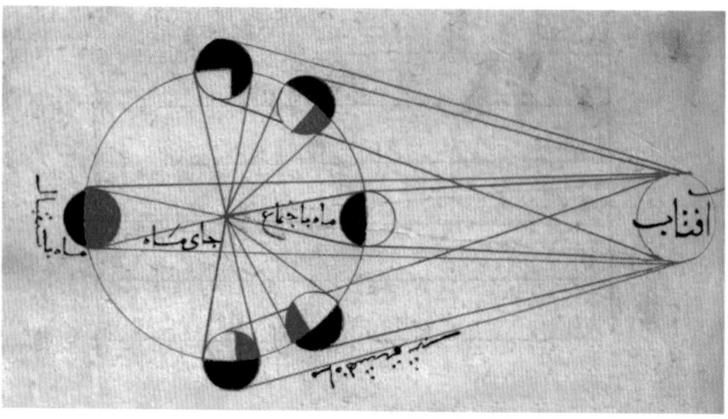

畢魯尼（al-Bīrūnī）用插圖解釋了月球的週期運動。

戰爭和貿易攜手並進。照片中是布哈拉堅固的防禦城牆。

瑞典圖靈格（Tilinge）的一塊符文石，上面紀念的是一個斯堪地那維亞冒險者在「瑟克蘭」（Serkland）的死。「瑟克蘭」指的就是薩拉森人或阿拉伯人的領土。

維京人曾積極地參與販賣人口的活動。他們眾所周知的暴力手段是獲得成功的重要原因之一。

蒙古人以迅雷不及掩耳的速度席捲了亞洲。圖中描繪的是成吉思汗在手下的幫助之下追趕敵人。

沿著絲綢之路流動的不僅有貿易和征服，還有疾病。其中最具破壞力的就是在十四世紀肆虐於亞洲和歐洲的黑死病。《圖根堡聖經》（*Toggenburg Bible*）上描繪的病患身上長著薄伽丘所說的像蘋果一般大小的腫塊。

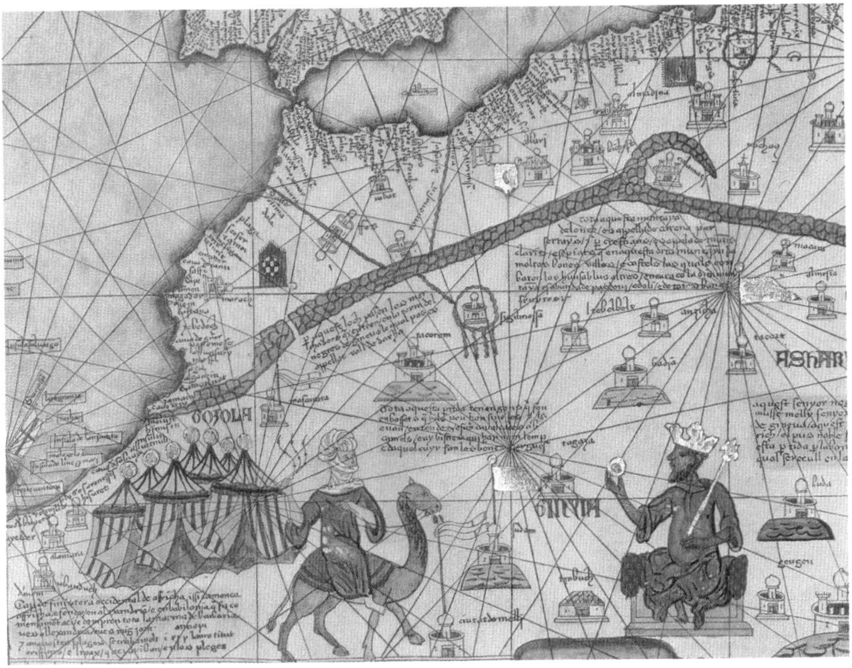

西非的黃金在地中海地區十分著名。在1375年的《加泰隆尼亞地圖》中，偉大的馬里國王門薩．穆薩——所有統治者中「最富有、最高貴」的一位——手中握著一個大金塊。

在十五世紀，中國變得對於太平洋之外的世界益發有興趣。中國艦隊統帥鄭和探索了印度洋和東非沿岸地區。馬來西亞檳城的這座華人寺廟壁畫上就描繪了一艘鄭和的船。

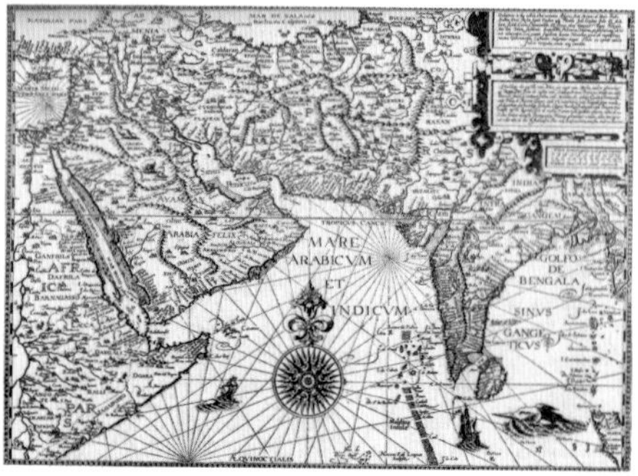

歐洲的地圖繪製大師讓．哈伊根．范林斯霍滕（Jan Huyghen van Linschoten）繪製的印度洋、波斯灣和孟加拉灣地圖。

科爾特斯和希科滕卡特，他們的結盟導致了阿茲特克帝國的解體。科爾特斯聲稱他得了一種只有黃金才能醫好的病。

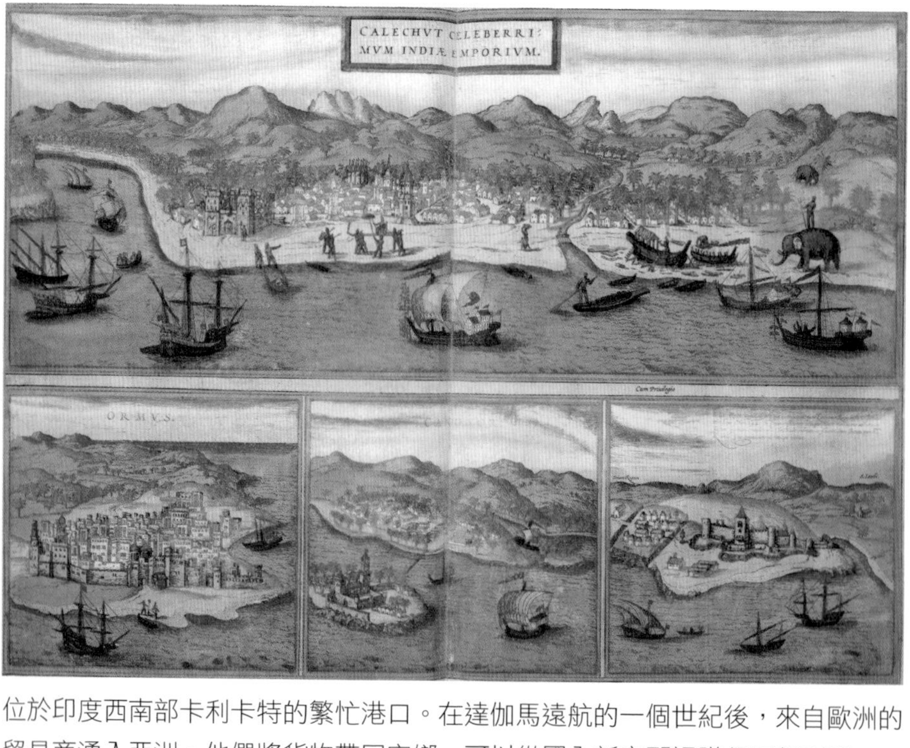

位於印度西南部卡利卡特的繁忙港口。在達伽馬遠航的一個世紀後，來自歐洲的貿易商湧入亞洲，他們將貨物帶回家鄉，可以從國內新富那裡賺得巨額利潤。

撒馬爾罕宏偉的古爾阿米爾陵墓，帖木兒和他的子嗣們在此長眠。

愛情的象徵——泰姬瑪哈陵，它同時也是印度在十七世紀財富的見證。

荷蘭的黃金時代：維米爾的作品〈窗前讀信的少女〉，畫面前景處有一個獨具特色的亞洲藍白色瓷器。

1711 年荷蘭代表團在烏代浦得到馬哈拉納・桑格拉姆・辛格（Maharana Sangram Singh）的接見。對於捍衛歐洲人的商業利益而言，貿易特權的協商（和再次確認）是至關重要的事情。

東印度公司關係著許多公司官員的切身利益。公司的巨大失敗導致了政府出面救市，此舉激怒了許多英國殖民地的人。在 1773 年，許多打扮成「印地安人」的人將茶葉傾倒在波士頓的港灣裡以示抗議。波士頓茶黨是通往美國《獨立宣言》的里程碑。

1841 年 11 月 2 日亞歷山大．伯恩斯在喀布爾被刺。伯恩斯生前是一名受歡迎的中亞事務評論人。

第一次世界大戰初期的英國外務大臣愛德華．格雷爵士。他相信和俄國保持良好關係對於英國在印度和波斯灣的利益至關重要。

沙王穆札法魯丁的貸款要求造成了倫敦和聖彼得堡的麻煩，但也同時創造了機遇。

赫伯特·巴克是將蘇聯分成盈餘區和虧損區的計畫設計者。他的計畫預示著將有數百萬人因為其結果死亡。

希特勒的山間別墅。按照《家居 & 花園》雜誌的說法，這是「裝飾靈感的終極來源」。希特勒從英屬印度和歐洲人在美洲殖民的做法中得到了德國擴張的靈感。他曾說伏爾加河就是德國的密西西比河，而本地居民將被驅逐。

威廉·諾克斯·達西，一個「最高階的資本家」，他獲得了獨家權利，在「波斯的土地上任意勘探、打洞和鑽井」長達六十年之久。

在1953年被美國中情局領導的一場政變推翻的伊朗總理穆罕默德·摩薩台。據說他的身上散發著「輕微的鴉片味道」。

1952 年《時代》的封面人物：穆罕默德·摩薩台。

伊朗沙王禮薩·巴勒維和他的妻子。他曾經在接受採訪時說：「我靠著非凡的洞察力拯救了這個國家。」

阿亞圖拉霍梅尼在 1979 年回國時受到了民眾的盛大歡迎。據 BBC 估計，有五百萬人走上了街頭。

薩達姆·海珊穿著他最喜歡的軍裝。他在 1960 年代被英國認為是一個「可以打交道」的人。

奧薩瑪·賓·拉登。在九一一事件以前，美國情報部門指出，他在阿拉伯語世界得到人們的廣泛同情，儘管幾乎沒人贊成他的恐怖主義手段。

位於哈薩克首都阿斯塔納的汗沙特爾娛樂中心。這座未來主義的透明氈房中坐落著購物中心、運動設施、電影院和一座室內海灘度假區。

位於亞塞拜然巴庫的海達爾阿利耶夫國際機場是絲綢之路上最先進的交通樞紐之一。

絲綢之路

從波斯帝國到當代國際情勢,
⋯⋯ 橫跨兩千五百年人類文明的新世界史 ⋯⋯

THE SILK ROADS

A NEW HISTORY OF THE WORLD

PETER FRANKOPAN

彼德・梵科潘——著
苑默文——譯

獻給卡特里娜（Katarina）、

弗洛拉（Flora）、

弗蘭西斯（Francis）和盧克（Luke）

我們停留在突厥部落的國度……我們看到有一群人崇拜蛇，一群人崇拜魚，還有一群人崇拜鶴。

——伊本・法德蘭（Ibn Faḍlān），《伏爾加保加爾旅行記》（*Voyage to the Volga Bulghars*）

吾乃祭司王約翰（Prester John），吾乃萬王之王，我的財富、品德和權力在全世界眾王之上……奶與蜜暢流吾土；不為毒所傷，亦無鳴蛙亂耳。吾國不生蠍子，亦無毒蛇穿行於蓬蒿之中。

——傳說是祭司王約翰給羅馬和君士坦丁堡的信件，十二世紀

他擁有巨大的宮殿，整個宮殿頂都是金子做成的。

——克里斯托弗・哥倫布關於東方大汗所做的調查筆記，十五世紀末

如果我們現在不在波斯做出相對較小的犧牲並修改我們的政策，我們將會把我們和俄國的友誼置於危險之中，而且過不了多久，我們還將陷入危及帝國生存的危亡境地中。

——喬治・克拉克爵士（Sir George Clerk）致函英國外交大臣愛德華・格雷爵士（Sir Edward Grey），一九一四年七月二十一日

即使我們什麼都不做，總統也能勝選。

——哈薩克總統努爾蘇丹・納札爾巴耶夫（Nursultan Nazarbayev）的辦公室主任，二〇〇五年大選前不久

目次

地圖目次

關於字母轉寫

歷史學家對於字母轉寫的問題越來越費心思。在本書這樣一本摘取自不同語言寫成的原始資料的著作來說，對名稱保持一致的規則是不可能做到的。像若昂（João）和伊凡（Ivan）這樣的名字，我保留了它們本來的形式，而像費爾南多（Fernando）和尼古拉（Nikolai）這樣的名字，我並未將其寫為費迪南（Ferdinand）和尼古拉斯（Nicholas）。因為個人喜好的原因，即便有其他的轉寫方式也許更精準，但我仍使用成吉思汗（Genghis Khan）、托洛茨基（Trotsky）、格達費（Gaddafi）和德黑蘭（Teheran）的寫法。另外，我不會使用北京和廣州的西方拼法。地點和地名的變化也是尤其困難的一件事。例如我用「君士坦丁堡」來指代博斯普魯斯海峽邊的偉大城市，但到第一次世界大戰後，我會把它的名稱更換為「伊斯坦堡」；在伊朗於一九三五年正式更名為「伊朗」之前，我會使用「波斯」這個名字。我希望那些要求一貫性的讀者可以對此諒解。

前言

小時候，我最喜歡的珍藏之一就是一張大大的世界地圖。這張地圖釘在我床頭的牆上，每天睡前我都會盯著它看。過沒多久，我就記住了各國的名字和位置，記下了它們的首都，還有大洋和大海，以及匯入它們的河流；我也記住了那些用斜體字標示的主要山脈和沙漠的名字，心中憧憬著奇遇和冒險。

在我十幾歲的時候，我開始對學校課堂中殘忍又狹隘的地理關注點感到不滿，那些課程只專注於西歐和美國，對世界其他地方不聞不問。我們學習了不列顛的羅馬人；一〇六六年的諾曼人征服；亨利八世和都鐸王朝；美國獨立戰爭；維多利亞時代的工業化；索姆河戰役；以及納粹德國的興衰。我看著我牆上的地圖，那裡有那麼多的地方被靜悄悄地略過了。

在我十四歲的生日時，我爸媽送了我一本人類學家艾瑞克・沃爾夫（Eric Wolf）的書，這本書點亮了我心中的火光。沃爾夫在書中寫說，人們所接受的偷懶文明史是說：「古希臘之後有羅馬，羅馬之後是基督教歐洲，基督教歐洲之後是文藝復興，文藝復興之後是啟蒙運動，然後是啟蒙思想的政治民主和工業革命，工業和民主的交互帶來了表達生命權利、自由權利和追求幸福之權利的美國。」[1]「我立刻就認出了這就是我在學校裡學到的東西，即西方政治、文化和道德的勝利頌歌。但是這樣的紀錄充滿了瑕疵；還有其他審視歷史的方式存在——那些方式並不是以近期的歷史獲勝者的視角來回首過去的。

我被深深地吸引住了。很顯然，那些學校裡沒教過的地方已經成了被遺落、被歐洲崛起的故事擠到角落去了。我懇求爸爸帶我去看看赫里福德的世界地圖（Hereford Mappa Mundi），在那張地圖上，耶路撒冷是關注的中心點，而英格蘭和其他歐洲國家都被置於邊緣地方，差不多就像是細枝末節一樣。當我閱讀關於阿拉伯地理學家的著作時，他們配有插圖的作品看起來就像是上下顛倒的一樣，他們把裡海放在插圖的正中央，我徹底驚呆了——這就好像當我在伊斯坦堡發現一份重要的中古土耳其地圖是把一個叫八剌沙袞（Balāsāghūn）的城市置於地圖中央，這是一個我從來沒聽說過的城市，它從未出現在別的地圖上，它的位置直到近期仍然無法確定，但它卻曾經被看作是世界的中心。[2]

我想要了解更多關於俄國和中亞、波斯和美索不達米亞的事情。我想要以亞洲的視角了解基督教的起源；了解那些居住在中古時代的偉大城市，比如君士坦丁堡、耶路撒冷、巴格達和開羅的人們是如何看待十字軍的；我想要了解偉大的東方帝國，了解蒙古人和他們的征服；並了解人們是如何看待兩次世界大戰的，我所說的不是從弗蘭德斯或東線的視角，而是從阿富汗和印度的視角。

正因如此，能在學校裡學習俄語是一件極為幸運的事情，我當時的老師是迪克・哈登（Dick Haddon），他是一個極其傑出的人，曾效力於海軍情報部，他相信了解俄語和俄國人靈魂（dusha）的方式是透過其輝煌的文學和農奴音樂。更令我覺得幸運的是，他還給感興趣的學生開了阿拉伯語課，他給我們六個學生介紹了伊斯蘭的文化及歷史，讓我們沉浸在古典阿拉伯語的優美之中。這些語言讓我開啟了一個等待探索的世界，或者說，正如我很快意識到的那樣，這個世界亟待西方人的重新探索。

今天，中國經濟的迅速增長吸引了很多注意力，人們要評估它可能會帶來的影響。中國對奢侈品的需求據估算將會在接下來的十年中增長四倍，人們也開始思考印度的社會變革，在那裡，擁有手機的人數比擁有沖水馬桶的人數更多。[3]但是這兩個地方並不是我們審視世界的過去與今天的最有利位置。事實上，在一千年來，地處東方和西方之間，連結歐洲和太平洋的那塊地域才是地球轉動的軸心。

在東西方之間的中點，大致上是從地中海東岸、黑海至喜馬拉雅山脈，這片地方也許看起來並不是進入這個世界的好位置。位於這片地域中的國家，像哈薩克、烏茲別克、吉爾吉斯、土庫曼、塔吉克和高加索國家，它們在今天會喚起一絲異國情調並讓人覺得是化外之地；這片地域裡還有動盪的、暴力的、對國際安全造成威脅的政權，像是阿富汗、伊朗、伊拉克和敘利亞，或是不諳民主的國家，比如俄羅斯和亞塞拜然。總的來說，這片地域看似是由一系列破敗或掙扎中的國家所組成，它們由一些贏得了令人不可思議的選舉票數當選的獨裁者領導，這些人的親戚和朋友把持著各項商業利益，擁有鉅額資產，手中掌握著政治勢力。這些地方有糟糕的人權紀錄，關乎信仰、良知和性的言論自由受到限制，對媒體的控制決定了什麼可以播出和什麼無法播出。[4]

但是這樣的國家可能會告訴我們，這裡並非死水一潭，這裡並非化外之地。事實上，東西間的橋梁正是文明的十字路口。這些國家並不是位於國際事務的邊緣，反而處在國際事務的中心位置——這就和它們在歷史中的位置一樣。這裡是人類文明誕生的地方，很多人相信人類就是在這裡被創造出來——在每一棵樹都優美並且可口的伊甸園中，由神創造出來。人們普遍認為伊甸園的位置就在底格里斯河和幼發拉底河之間肥沃地帶的某處。[5]

正是在這東西方的橋梁地帶，偉大的都市在大約五千年前建造起來，在這裡，印度河谷中的哈拉帕（Harappa）和摩亨佐–達羅（Mohenjo-daro）是古代世界的奇觀，擁有上萬人口，有四通八達的街道和複雜的下水道系統。這樣的標準在幾千年後的歐洲仍然無法與其媲美。[6]像美索不達米亞地區的巴比倫、尼尼微、烏魯克（Uruk）和阿卡德（Akkad）這樣的偉大文明中心，以其恢宏和建築創新而聞名。當時有個中國地理學家，他在距今兩千多年前就記載了巴克特里亞（大夏，Bactria）的居民是傑出的談判者和商人，這個地方以烏滸水（Oxus river）為中心，位於今日的阿富汗北部；其都城有一座市場，市場裡有各種各樣的貨物流通買賣，有來自遙遠地方的商品。[7]

這片地方是世界上最偉大的宗教降世到人間的地方，猶太教、基督教、伊斯蘭教、佛教和印度教在這裡彼此碰撞。這裡也是各種語言相互展開競爭的熔爐。說著印歐、閃族和漢藏語系各種語言的人，與那些說阿爾泰語、突厥語和高加索語言的人們一同生活。這是偉大帝國興起和衰落的地方，不同文化的碰撞和對立造成的後續效應會波及到上千英里以外。站在這片土地上，你能打開一扇回顧歷史的新窗口，你會看到一個本來就相互連結的世界。發生在大陸一端的事情會對其他地方產生影響，在中亞草原上發生的事情其後續影響力會讓北非人感受到，巴格達發生的事件會在斯堪地那維亞產生回響，在美洲的新發現會改變中國市場上的貨物價格，並引起北印度馬匹市場上的需求量激增。

這些震動都是透過一張網絡而傳播到世界各地的，在這張網絡中的各條路線上，有朝聖者和戰士，有游牧民和商旅，有貨物和產品被買賣，還有思想的交換、接受和精鍊。他們不只是帶來繁榮，也帶來死亡和暴力、疾病與災難。在十九世紀末，有一位著名的德國地理學家，他名叫費迪南・馮・李希霍芬（Ferdinand von Richthofen，他是一戰王牌飛行員「紅男爵」的叔父），他給這張不斷擴大的聯繫網起了一個名字——「Seidenstraßen」，即「絲綢之路」——這個名字從此就沿用了下來。[8]

這些路線就像是世界的神經中樞系統，它們連接不同的人和地方，但是卻潛藏在皮膚之下，不為肉眼所見。就像是解剖學能夠解釋人體的功能一樣，理解這些線路聯繫能夠讓我們知道這個世界是如何運作的。而且，雖然這部分世界十分重要，但是它卻被主流歷史所遺忘了。有一部分的原因是由於所謂的「東方幻想」——這種刺耳而且極為消極地看待東方的觀點是把東方看作是未開化的、次於西方的，因此也不值得認真研究。[9]但還有一部分原因是由於對歷史敘述已經太固化和完整，不再有空間去留給一個長久以來被歐洲和西方社會的興盛擠到邊緣處的地區了。

今天，阿富汗的賈拉拉巴德（Jalalabad）和赫拉特（Herat）、伊拉克的費盧傑（Fallujah）和摩蘇爾（Mosul），或者敘利亞的霍姆斯（Homs）和阿勒頗（Aleppo）貌似成了宗教基本教義派和宗派主義暴力的同義詞。眼前的現實已經沖刷掉了過去：在那時候，喀布爾這個名字會讓人聯想到偉大的巴布爾（Bābur）所栽植和呵護的果園，他是印度蒙兀兒帝國的建立者。真境花園（Bagh-i-Wafa，Garden of Fidelity）中有橙子、石榴樹圍繞的水池，還有苜蓿園——這些都是巴布爾特別引以為傲的：「這是花園最好的地方，當橙子變黃的時候，景色是最美的。這花園的位置實在令人讚嘆！」[10]

同樣的，對於伊朗的現代印象已經讓它過去的輝煌變得模糊，在那時候，波斯先人在任何事情上都是好品味的代名詞，從晚餐桌上擺放的水果，到傳奇大師們創作出的精美細密畫，再到學者們寫作所用的紙張。大約在一四〇〇年時，伊朗東部馬什哈德（Mashad）的一位圖書館員席米・內沙布里（Simi Nīshāpūrī）鉅細靡遺地記錄了他給和他有同樣執著的愛書人的建議。他嚴肅地建議說，任何想要寫書法的人，應該考慮用大馬士革、巴格達或撒馬爾罕出產的紙張。其他地方產的紙「通常太過粗糙，有斑，而且不易保存」。他要人們注意，在下筆之前，最好先給紙張上一點點顏色，「因為白色太刺眼，而書法大師們都是用上過顏色的紙張書寫的」。[11]

有些曾經地位顯赫的城市已經被人們遺忘，比如梅爾夫（Merv，木鹿），一位十世紀的地理學家描述這個城市是「令人愉悅、美麗、典雅、精彩、占地廣闊的美好城市」，說它是「世界之母」；還比如雷伊（Rayy），它的位置離現代德黑蘭不遠，在同時期的另一位作者筆下，這座城市十分輝煌，被他視為「地球的新郎」，也是世界「最美的創造」。[12]散布在亞洲幹線上，這些城市就像珍珠一樣串聯在一起，將太平洋和地中海連結起來。

城市中心在彼此間驅使，伴隨著統治者和菁英階層之間的對立，這促使了更為野心勃勃的建築物和輝煌的地標拔地而起。圖書館、禮拜場所、教堂、巨大的天文台和文化影響在這片地區中散布各處，將君士坦丁堡和大馬士革、伊斯法罕（Isfahan）、撒馬爾罕、喀布爾和喀什葛爾連在一起。像這樣的城市成了非凡學者的家，他們研究各項領域的最新知識。只有一小部分學者的名字仍然在今日為人熟知——比如伊本・西納（Ibn Sīnā），他以阿維森納（Aricenna）的名字在西方為人所知，還有畢魯尼（al-Bīrūnī）和花剌子密（al-Khwārizmī）——他們都是天文和醫學領域裡的巨人；但當初像這樣的人還有很多。在現代來臨前的幾百年中，世界智識的中心，像牛津、劍橋、哈佛、耶魯這樣的地方，並不坐落在歐洲或西方，而是在巴格達和巴爾赫（Balkh），在布哈拉（Bukhara）和撒馬爾罕。

有很好的原因能夠解釋為什麼絲綢之路沿線的文化、城市和人民是發達和進步的：因為他們交流和交換思想，他們從彼此身上學習和借鑑，刺激出哲學、科學、語言和宗教上的進一步發展。向前發展是至關重要的，正如兩千多年前在亞洲邊陲的中國東北部的趙國，有一位統治者就對此深得其道。趙武靈王在西元前三〇七年時說道：「法古之學，不足以制今。」[13]過去的領袖懂得如何與時俱進。

但是，在現代早期，發展進步的覆蓋面轉移到了別的地方，這是發生在十五世紀末的兩次偉大的航海冒險所帶來的結果。在一四九〇年代的六年時間裡，這套行之已久的交流系統的脈動遭中斷的基礎已經打了下來。先是有哥倫布跨大西洋的航行，他為前往迄今為止還未與歐洲等地有所聯通的兩塊大陸鋪平了道路。幾年後，瓦斯科・達伽馬（Vasco da Gama）成功地繞過了非洲南端到了印度，開闢出了一條新的海上路線。這些發現改變了互動與貿易的模式，給世界的政治和經濟重心帶來了巨大變動。忽然間，西歐搖身一變，從一片閉塞死水變成了正在擴大著的交流系統、運輸系統和貿易系統的支撐點：一擊之下，歐洲成了東方和西方之間的新中心點。

歐洲的興起點燃了對權力的激烈爭奪，同樣也展開了對歷史的爭奪。隨著競爭對手彼此擺好了爭鬥的架式，把歷史重新塑造成對事件、主題和思想的強調，歷史將被用來為意識形態對抗服務，同時進行著的是爭奪資源和制海權的角力。重要政治人物和將軍們身穿古羅馬寬外套的塑像被豎立起來，這讓他們看起來就像是歷史上的羅馬英雄；以古典風格建造起來的雄偉新建築拔地而起，就好像他們和古代世界的榮光一脈相承。歷史遭到了扭曲和操弄，這樣做的目的不是為了記錄過去，而是為了創造一種連貫的論述，能讓西方的興起看起來不僅自然而然，而且還不可避免。

很多故事都讓我開始用不同的方式回首世界的過往。但是有個故事非常獨特。這個故事來自於希臘神話，講的是眾神的父親宙斯在地球的兩端放出了兩隻鷹，然後讓牠們迎面飛行。有一塊聖石名叫omphalos——即世界的肚臍——被放在兩隻鷹相會的地方好讓牠們與神溝通。我後來才知道，這塊石頭的概念長久以來都是哲學家和精神分析學家的靈感來源。[14]

我記得當我第一次聽說這個故事後，我曾盯著我的地圖看，想知道這兩隻鷹到底在哪裡碰面。我想像牠們是從大西洋西岸和中國的太平洋沿岸起飛，然後向著內陸飛。精確地點會一直變，因為它取決於我的手指在哪開始測量向東、西相等的距離。但無論怎麼變，我的手指都會停在黑海至喜馬拉雅山脈之間的某個地方。我曾熬夜到很晚，琢磨我臥室牆上的地圖，宙斯的鷹和我所讀到的書中從來沒有提及的一片地方的歷史——連個名字都沒有。

不算太久以前，歐洲人把亞洲分成了三個區域——近東、中東和遠東。但是在我的成長途中，不管我什麼時候聽到或讀到關於當今的問題，中東這個詞，在意義上甚至地點上都一直變來變去，它被用來指代以色列、巴勒斯坦和周邊地區，有時候指波斯灣。我不明白為什麼人們一直告訴我地中海作為文明搖籃的重要性，這看起來是如此明顯，地中海並不是文明真正鍛造出來的地方。真正嚴峻的事情是，「地中海」這個詞的字面意思，就是「陸地中央」，但是真正的陸地中央不是分隔歐洲和北非的這片海，而是位於亞洲中心。

我的希望是透過提出新話題和新的研究領域，來鼓舞其他人能去研究那些被好幾代學者忽略的人民和地方。我希望能促進有關過去的新問題，讓那些老生常談能夠受到挑戰和仔細檢查。總之，我希望啟發這本書的讀者能夠用不同的方式來看待歷史。

伍斯特（Worcester）學院，牛津

二〇一五年四月

第一章
絲綢之路的開端

自太初之時，亞洲的中心就是帝國誕生的地方。得到底格里斯河與幼發拉底河滋養的美索不達米亞沖積低地給文明提供了基礎——這就是第一個城鎮和城市形成的地方。系統化的農業在美索不達米亞和整個「肥沃的新月地區」得到了發展，後者是一片從波斯灣跨越到地中海沿岸的地方，這裡物產豐饒並且有足夠的水源。在將近四千年前，巴比倫的國王漢摩拉比（Hammurabi）就是在這裡頒布了最早的成文法律。漢摩拉比法典為他的臣民立下了規則，並且設下了嚴酷的違反刑罰。[1]

雖然在這個熔爐中興起了許多王國和帝國，但其中最偉大的要屬波斯人的帝國。在西元前六世紀從今日伊朗南部的家園迅速擴張，波斯人主宰了他們的鄰居，勢力到達了愛琴海岸，征服了埃及並向東到達了喜馬拉雅山脈。若按照希臘歷史學家希羅多德（Herodotus）的判斷，波斯人的成功要大大歸功於他們的開放。「波斯人非常易於接受外來風俗，」他寫道，波斯人如果認定被他們打敗的敵人的衣著更高級，他們便會拋棄自己的衣著風格，這讓他們從米底人（Medes）和埃及人那裡借用了穿著風格。[2]

樂意接受新思想和新做法是讓波斯人建立起能夠保障帝國順利運作的行政系統的一個重要因素，波斯人的行政系統中有許多不同的民族一起協作。受過良好教育的文官們能有效率地管理帝國的日常生活，從記錄給服務皇室的工人支付薪水，到確認在市場裡買賣的貨物的質量和數量；文官們也負責維護和維修帝國四通八達的道路系統。波斯帝國的道路系統是古代世界的驕傲。[3]

道路系統將小亞細亞海岸和巴比倫、蘇薩（Susa）和波斯波利斯（Persepolis）聯通起來，在一個星期可以走一千六百英里的路程，這在希羅多德的眼中是個奇蹟般的成就，在他的紀錄中，無論是下雪、下雨、酷熱或黑天，訊息傳播的速度都不會因此而減慢。[4] 在農業上的投資和先進的灌溉技術的發展改善了農作物的收成。有越來越多的人口來到了周邊地區的農地，這讓城市的規模也越來越大。不僅是底格里斯河、幼發拉底河兩岸有肥沃的農地，在烏滸水和藥殺水（Iaxartes）之間的河谷地帶，也有這樣的肥沃農地，這兩條河即是今天所稱的阿姆河與錫爾河（Syr Darya）。另外，在西元前五二五年波斯軍隊攻占了尼羅河三角洲之後，這裡的城市規模也因為農業發展而變得越來越大。波斯帝國的領土遼闊，連結了地中海和亞洲的心臟地帶。

正如貝希敦（Behistun）崖壁上用三種語言的銘文所表現的那樣，波斯人將自己呈現為安定和公正的燈塔。它上面用波斯文、埃蘭文（Elamite）和阿卡德文記錄了波斯最著名的統治者之一大流士國王（King Darius）是如何平息叛亂和起義、擊潰外敵入侵，以及在窮人和權貴之間公正行事的。銘文中要求統治者要保障國家安全、公正地照顧百姓，這是因為公正是王國的基石。[5]波斯對少數族群的寬容同樣是傳奇般的，有一個波斯統治者被人稱呼為「彌賽亞」，是得到上帝祝福的人，因為他的政策包括釋放從巴比倫流放的猶太人。[6]

在古代波斯，貿易十分興盛，這給統治者帶來了資助軍事遠征的財力，他的遠征將更多的資源納入到帝國中。在巴比倫、波斯波利斯、帕薩爾加德（Pasargadae）和蘇薩，大流士國王建立了宏偉的宮殿，他利用的是來自埃及的高級烏木和白銀，來自黎巴嫩的雪松木，巴克特里亞的黃金、索格底亞納（Sogdiana）的青金石和硃砂、花剌子模（Khwarezm）的松石藍和印度的象牙。[7]波斯人以其熱愛享樂而聞名，按照希羅多德的說法，波斯人只要是聽到一種奢侈物品，就會想要沉浸其中。[8]

支撐著這個商業共同體的是一支野心勃勃的軍隊，他們為帝國開疆拓土，同樣也需要守衛家園。波斯在北方面臨著持續的問題，北方世界是由游牧民控制的地方，他們依靠他們在半乾旱草原帶上的牲畜過活，這片半乾旱草原從黑海延伸到中亞，再一直到蒙古。這些游牧民以剽悍著稱——這些人據說會喝他們敵人的血，用敵人的頭皮做衣服，有時候還會吃自己父親的肉。但是和游牧民的互動十分複雜，因為儘管有大量有關他們混亂、難以預測的描寫，可他們卻也是重要的牲畜供貨夥伴，他們尤其是精良馬匹的供應者。游牧民可能會帶來災難，比如西元前六世紀時的居魯士大帝（Cyrus the Great），他就是在試圖征服斯基泰人（Scythians）的時候被殺；按照一個作者的說法，他的頭顱後來被放在一個盛滿了血的皮囊裡，讓他對權力的飢渴可以喝個夠。[9]

然而，這只是一次罕見的挫折，這次挫折不會停止波斯帝國的擴張。希臘指揮官帶著恐懼和尊敬相交織的心態望向東方，他們想學習波斯人在戰場上的戰術並採用波斯人的技術。像埃斯庫羅斯（Aeschylus）之類的作者用反抗波斯人的成功來當作慶賀作戰技術的方式，他們把抵抗波斯的勝利表現成眾神的偏愛，在希臘史詩劇作和文學中紀念他們對入侵希臘的企圖進行的英雄般的抵抗。[10]

戴歐尼修斯（Dionysus）在《酒神的伴侶》（*Bacchae*）開篇中說：「我從富有的東方來到希臘。」在東方，波斯的平原沐浴在陽光中，巴克特里亞的城鎮有城牆圍繞，那裡有漂亮的高塔俯瞰著海岸。亞洲和東方遠比希臘更早是戴歐尼修斯進行神祕儀式狂歡的地方。[11]

沒有人比馬其頓的亞歷山大（Alexander of Macedon）更熱衷於這樣的作品了。當他在西元前三三六年從他被刺殺的父親腓力國王（King Philip）那裡接過王位以後，這位尋求榮耀的年輕將軍將會向著什麼方向進發的問題已經毫無懸念了。他對歐洲沒有半點興趣，那裡是一片什麼都沒有的地方：沒有城市、沒有文化、沒有聲望、沒有利益。對亞歷山大來說，就像對所有的古希臘人一樣，文化、思想和機遇，同樣還有威脅，都來自東方。他的目光落在了古代世界最強大的帝國——波斯身上，這一點毫不讓人覺得驚訝。

西元前三三一年，在發動了一次突然襲擊推翻了埃及的波斯省長後，亞歷山大展開了一場對波斯帝國心臟領土的全面進攻。具有決定性的對決在三三一年發生在高加米拉（Gaugamela）塵土飛揚的平原上，這個地方位於今日伊拉克庫德斯坦的埃爾比勒（Erbil），在戰役中，他給大流士三世（Darius III）率領的人數占優的波斯大軍造成了滅頂一擊——也許他在睡了飽飽一覺之後思路完全清晰：按照普魯塔克（Plutarch）的記載，亞歷山大堅持要在出兵前好好休息，他睡得很沉，以至於擔心他的指揮官們必須要把他搖醒。亞歷山大穿著他最喜愛的一套裝備，戴上精美的頭盔，他的頭盔擦得閃亮發光，「就像是最純的白銀一樣」。他的右手握起一把他最稱手的長劍，振臂一呼，率領他的軍隊上前取得勝利，打開了一扇通往帝國的大門。[12]

亞歷山大得到亞里斯多德的輔導，自幼成長在老師的殷切期待中。他並沒有失望。當波斯軍隊在高加米拉被打得落花流水，亞歷山大繼續向東進發。一座又一座的城市望風披靡，亞歷山大已經掌控了被他打敗的敵人曾經掌握的領土。在這位年輕的英雄面前，輝煌巨大的宮殿、財富和美人落入他的手中。巴比倫投降了，城裡的居民手持鮮花和花環站滿了通向這座偉大城市的道路，在大路兩旁，盛放著乳香和香水的白銀祭壇已經準備就緒。關在籠中的獅子和獵豹被當作禮物呈上。[13]過沒多久，連接波斯各大城市、溝通小亞細亞和中亞的皇家大道已經落入了亞歷山大以及他的人馬手中。

雖然一些現代學者將他貶斥為「醉醺醺的屁孩」，但是他對於統治新近到手的領土和人民方面，的確是令人出乎意料地大有一套。[14]他常常放低身段地看待各地的宗教、信仰和習俗，表現出寬容和尊重：比如據說他對人們糟蹋居魯士大帝陵墓的方式十分看不過去，於是他不但將他的陵墓予以修復，還懲罰了那些褻瀆陵墓的人。[15]當人們在一輛馬車裡發現了遭到自己手下謀殺的大流士三世的屍體後，亞歷山大為他舉行符合其身分的葬禮，並將他和其他的波斯先王葬在一起。[16]

亞歷山大能夠獲得越來越多的領土是因為他樂意依靠在地菁英。「如果我們打算不僅僅是路過亞洲，而是要將亞洲掌握在手中的話，」他意圖明確地說，「我們必須要對這些人民展現出寬厚；只有他們的忠誠才能讓我們的帝國安定長久。」[17]當地的官員和舊有的社會菁英都安然無恙，他們繼續擔任城鎮和被征服領土上的行政者。亞歷山大本人也採用了傳統頭銜並身穿波斯人的服裝來強調他對在地習俗的接受。他很樂意把自己呈現為遠不止一個入侵的征服者，而是一片古老土地的最新繼承人——儘管有人嘲諷地咆哮，提醒人們他曾給這片土地帶來悲慘，將大地染上鮮血。[18]

應該要記得，我們所知的大部分有關亞歷山大的戰爭、成功和政策的資訊，都是出自後來的歷史學家，這些人的記載常常過於高度理想化，帶著片刻不停的熱忱來講述這位年輕將軍的功勛。[19]然而，即便我們需要小心對待這些史料中對波斯帝國坍塌的敘述，但亞歷山大向東迅速開拓前線的速度本身也說明了一些問題。他是對建立新城市充滿能量的人，常常用自己的名字命名新城市，這些城市現在常常都是以其他名字為人所知，比如赫拉特（阿里亞的亞歷山大城，Alexandria in Aria）、坎達哈（Kandahar，阿拉霍西亞的亞歷山大城，Alexandria in Arachosia）和巴格拉姆（Bagram，高加索的亞歷山大城，Alexandria ad Caucasum）。這些前線據點的建立——以及對更靠近北方的費爾干納（Fergana）谷地一帶據點的加固——都是分布在亞洲主幹線上的新據點。

這些新城市駐紮著強大的防禦軍力，配有堅固的碉堡和堡壘，修建這些工事主要是用來防禦來自乾草原的部落的威脅，他們非常善於對邊疆社群發起致命攻擊。亞歷山大的堡壘防禦計畫是為了保護這些新近被征服的地區。在同一時期的更東方，相似的威脅也得到了相似的回應。中國人已經發展出一種「華夏」觀念，這個詞代表的是文明世界，相對的是來自草原的人們所構成的挑戰。一套龐大的建築工程擴散成為一套防禦網絡，這套工程後來被人們稱為萬里長城，它背後的原則同樣也是亞歷山大所採納的原則：守不住疆土的擴張是無用的。[20]

回到西元前四世紀，亞歷山大本人繼續不知疲倦地擴張，繞過興都庫什山脈（Hindu Kush）向印度河谷傾瀉而下，雖然到了此時，亞歷山大已經開始面臨他手下疲累、思鄉的人們定期的怨言和抗議，他們還是再次建起了防禦工事。以軍事角度來看，他的成就在他三十二歲死在巴比倫時就已經算是足夠輝煌了。他在西元前三二三年的死亡情形一直圍繞著神祕色彩。[21]他征服的速度和範圍令人震驚，同樣令人印象深刻的是他給身後留下的巨大遺產，以及古代希臘的影響力是如何與波斯、印度、中亞，最終和中國的文化相融合的，雖然這部分內容常常被人們忽略。

雖然亞歷山大的突然死亡緊接著一段動盪時期，他手下的指揮官們開始相互爭鬥，但是有一位領袖人物很快就從新領土的東半邊崛起了：他是名叫塞琉古（Seleucus）的軍官，出生在馬其頓北部，他參加了亞歷山大所有的重要遠征。在他領導者去世後的幾年內，他手下所管理的領土從底格里斯河一直延伸到了印度河；他的領土太過遼闊，已經不像是一個王國，而是像一個自己掌握下的帝國。他建立了一個統治時間接近三百年的王朝，人們稱之為塞琉古王朝（Seleucids）。[22]亞歷山大的勝利常常被人們太過輕易地看成是一系列的曇花一現，他的遺產被廣泛地認為是短暫和稍縱即逝的。但是這些並不是短暫的成就；他的勝利是坐落在地中海和喜馬拉雅山脈之間這片地區新篇章的開始。

在亞歷山大去世後的幾十年中，出現了漸進、明顯的希臘化進程。有來自古希臘的觀念、主題和符號被帶到了東方。他的將軍們的後代記得他們的希臘根源並且積極地加以強調，比如那些在具有戰略重要性的要地或農業中心的大城鎮的造幣廠裡鑄造的錢幣。這些錢幣的形式開始固定下來：一面是當前統治者的頭像，他的頭上戴著象徵王權的頭帶，總是像亞歷山大那樣向右看，背面是用希臘文字可以辨識出是阿波羅的畫像。[23]

在中亞和印度河谷的到處，人們都能聽到希臘語，也能看到希臘字母。在塞琉古於阿富汗北部的艾伊哈努（Ai Khanoum）建造起來的新城市裡，有來自德爾菲（Delphi）的箴言雕刻在紀念物的上面，其中有一段是這樣的：

孩提時，恭順。
青年時，自律。
成年時，公平。
老年時，睿智。
臨終時，安詳。[24]

從西元前二〇〇年前後在巴克特里亞的有關支付士兵薪水的稅單和文件中，我們了解到希臘語是官員們日常使用的語言，這種情況延續到了亞歷山大去世後的一百多年以後。[25]實際上，希臘語已經深入到了印度次大陸。在一些古早的印度孔雀王朝統治者阿育王（Ashoka）發布的政令中，有同時翻譯的希臘語，這也證明了當地人口受到希臘化的影響。[26]

當歐洲和亞洲碰撞在一起，文化交流的繁榮是令人驚訝的。當阿波羅的祭祀儀式開始在犍陀羅（Gundhara）出現後，才開始有了佛祖的塑像出現。佛教徒們感覺到新宗教取得了成功的威脅，所以他們開始創造自己的視覺圖像。實際上，不僅是最早的佛造像的日期和阿波羅有關，他們的外型和設計也都存在關聯：看起來是阿波羅給佛造像提供了模板，這裡看到了希臘的影響。最初時，佛教徒曾非常積極地限制視覺表象，但競爭讓他們被迫做出回應、借用，再到創新。[27]

有希臘字母銘文裝飾的石頭祭壇、阿波羅的圖像、描繪亞歷山大的精緻袖珍象牙出現在今天的塔吉克南部，這些發現揭示了來自西方的影響力是多麼地深入東方。[28]文化優越感的印象也從地中海帶到了東方。亞洲的希臘人在印度得到了廣泛讚賞。比如，因為他們在科學方面的技藝高超，在一本叫作《伽爾吉本集》（*Gārgī Saṃhitā*）的文本中提到：「他們雖然是野蠻人，但占星學的學問是源於他們的，因為這個原因，他們必須要像眾神一樣得到敬重。」[29]

按照普魯塔克的說法，亞歷山大確保了希臘神學要在遠至印度的地方教授，這樣奧林匹斯山的眾神將在亞洲也能得到崇敬。波斯等地的年輕人長大的過程中就閱讀了荷馬的著作，並對索福克勒斯（Sophocles）和歐里庇得斯（Euripides）的悲劇琅琅上口，遠至印度河谷的地方都有人學習希臘語。[30]這或許就是為什麼我們能發覺在偉大的文學作品之間可能存在著借用。比如說，有人暗示梵文史詩《羅摩衍那》（*Rāmāyana*）借用了《伊利亞德》（*Iliad*）和《奧德賽》（*Odyssey*）的內容，女主人公悉多（Lady Sita）被羅波那（Rāvaṇa）勾引的情節，就能直接聯想到特洛伊故事中海倫（Helen）和帕里斯（Paris）私奔的情節。影響和啟發也會逆襲發生，例如有些學者認為《埃涅阿斯紀》（*Aeneid*）就是受到了比如《摩訶婆羅多》（*Mahābhārata*）之類的印度文本的影響。[31] 觀念、主題和故事沿著道路迅速傳播，旅行者、商人和朝聖者口耳相傳：亞歷山大的征服為所及地域中的人民思想的拓展鋪好了道路，也讓那些住在偏遠地方的人們能夠接觸到新思想、新形象和新概念。

即便是荒野草原上的文化也受到了影響，在阿富汗北部的蒂拉丘（Tilya Tepe）發現了權貴人士墓地裡有精緻的葬禮器物，這些器物表現出來自希臘的藝術影響，同時也有來自西伯利亞、印度等地的藝術影響。奢侈品已經透過貿易進入到游牧世界，以獲取牲畜和馬匹，有時候是作為換取和平的貢品。[32]

中國越來越大的野心加速了草原進入到一個環環相扣、相互聯通的世界。在漢朝（西元前二〇六－西元二二〇）時，擴張大潮將前線推向更遠的地方，最後到了一個被稱為「西域」（意為西邊的地帶）的省分，這個地方現在被稱為「新疆」（意為新的疆界）。這裡位於連接中國內地到敦煌綠洲城市的一條六百英里長的通道之外，這條通道名為甘肅走廊（河西走廊），這裡是塔克拉瑪干沙漠邊緣的十字路口，在這個地方，有兩條線路選擇，一條是北路，一條是南路。無論哪一條線路都可能困難重重，它將通往喀什葛爾，該城市本身就位於喜馬拉雅山脈、帕米爾山脈、天山山脈和興都庫什山脈的交會處。[33]

中國視野的擴展將亞洲連在了一起。這些聯繫網在最初時曾被月氏和匈奴人阻隔，這些游牧部落就像是中亞的斯基泰人一樣，他們一直造成中國的憂慮，但卻又是重要的牲畜交易夥伴：漢朝的作者記載了在西元前二世紀，有成千上萬的牛隻是購自這些草原上的人。[34]但中國人對馬匹的需求才是最大宗卻又難以滿足的，中國需要有效的軍力以保持內部穩定，同時要回擊匈奴或其他部落發起的進攻和突襲。來自西域新疆的馬匹是最受熱衷的，這讓部落首領從中獲得了大量利益。有一次，月氏的首領用馬匹換取了一大批貨物，他隨後又把這些貨物轉手，從而賺到了比他的投入高十倍的利潤。[35]

在所有馬匹中，最著名、價值最高的是一種叫作汗血寶馬的馬種，這種馬繁殖於費爾干納谷地至雄偉的帕米爾高原遠端，即今日從塔吉克東部延伸至阿富汗東北方向的地區。這種馬以其強壯著稱，中國作者將這種馬描述為龍的後裔。牠之所以被稱作「汗血」，是因為牠們有一種獨特的紅色汗水，源自當地的一種寄生蟲或者是因為這種馬的皮膚很薄，奔跑時容易血管擴張。有些特別優質的馬匹本身也會成為明星，成為詩歌、雕塑和繪畫所歌頌的主題，牠們常常被形容為「天馬」——來自天堂或星空中的馬。[36]有些馬甚至被牠們的主人帶去了來生：有個皇帝有八十匹他最喜愛的馬作為陪葬——牠們下葬的地方有兩尊種馬和一尊兵馬俑的雕像守護。[37]

匈奴人馳騁在從蒙古至中國以北的草原之上，他們和中國人的關係並不穩定。當時的歷史學家把這些部落記載為茹毛飲血的野蠻人；的確，正如一位作者寫道的，匈奴人為「天所賤而棄之」。[38]中國人寧可向他們進攻，也不願意他們突襲中國人的城市。有使節定期啟程去訪問游牧民（這些游牧民從小就被訓練如何捕捉老鼠和鳥，隨後是學習捕獵狐狸和野兔），中國皇帝會恭敬地問候他們頭領的安康。[39]有一套正式的貢禮體系得以發展出來，游牧民能夠得到包括大米、酒和紡織品在內的奢侈禮物——只是為了換取和平。最重要的貢品是絲綢，游牧民十分看重這種紡織品，因為它的材質輕便，適合作為被子和衣物的內裡。絲綢也是政治和社會權力的象徵：擁有大量的珍貴絲綢是單于（部落的最高首領）強調其尊貴身分的重要方式，他也將絲綢當作禮物來獎賞給身邊的人。[40]

為換得和平所付出的金額十分巨大。比如，在西元前一世紀時，匈奴得到了三萬卷絲綢和類似數量的原材料，以及三百七十件各種衣物。[41]有些官員傾向於相信那些部落熱愛奢侈品將證明其墮落。「現在（你已經）愛上了中國物產。」一個外交使節唐突地這樣告訴一名部落首領。匈奴的習俗已經改變，他說。他對此信心滿滿，中國，「將會最終成功地贏得匈奴國家的全部」。[42]

這只是一廂情願。事實上，用外交維持和平與良好關係給經濟和政治造成了傷害：交納貢品既昂貴而且還是政治虛弱的表現。因此中國的漢朝統治者決心要一勞永逸地解決匈奴問題。首先，利用配合策略，控制匈奴適合農業的西域地區；之後再經過於西元前一一九年結束的延續了十年之久的一系列戰役，中國人擊退了游牧部落並控制了河西走廊。在西邊，坐落著帕米爾高原的群山，越過它們就是一個新世界了。中國打開了通往跨大陸交流網絡的大門，這就是絲綢之路誕生的時刻。

中國的擴張讓中國對外部世界的興趣飆升。官員們奉命對群山之外的地區加以調查和報告。《史記》就是倖存下來的記載之一。它的作者司馬遷的父親是宮廷太史，他也子承父業，即便是在勇敢地為一位戰敗的年輕將軍辯護後遭到了侮辱和宮刑，他仍繼續記載歷史。[43]他仔細地陳述了印度河谷、波斯和中亞的歷史、經濟和軍事狀況。他記錄到，中亞的各個王國都很弱小，這是因為中國軍隊所驅趕的游牧民將注意力轉向了中國以外的地方，這讓中亞各王國感受到了壓力。他寫道，這些王國中的人們「不善武力」，但是「善於經商」，在都城巴克特里亞擁有繁榮的市場，「那裡有各種貨物買賣」。[44]

中國和世界的貿易開始緩慢發展。但是穿過戈壁沙漠沿線的路徑並不容易，尤其是在玉門關外，這裡是貿易商隊向西前行的前哨站。從玉門關向西，路過一個又一個綠洲，穿越危險地帶，無論是經過塔克拉瑪干沙漠還是穿過天山山脈中的一個個隘口或是經過帕米爾高原，旅程都是艱辛的。商旅們必須要克服酷熱的氣溫——這也是為什麼人們如此珍視巴克特里亞雙峰駝的原因之一。這些駱駝能忍受沙漠中的惡劣條件，而且對致命的沙漠風暴有敏銳的感知。有個作者觀察到，「突然緊緊地站在一起」——這是給商旅和商隊領袖的一個信號，讓他們能「摀住口鼻，用毛氈把自己裹起來」。但是，駱駝很顯然也不是可靠的風向標，有資料談論過在沿途看到了大量的動物屍骨。[45]在如此艱困的條件下，回報一定要足夠高才能讓人捨得冒險。雖然四川的竹子和衣物能夠在千里之外的巴克特里亞市場中出現，但是經過長途運輸的貨物主要是高價的稀有品。[46]

這些貨物中最大宗的是絲綢。除了對游牧部落有價值以外，絲綢還在古代世界扮演了許多重要角色。在漢朝，絲綢是和錢幣、穀物併用的軍餉。在某些方面，它是最可信賴的貨幣：鑄造足夠的貨幣是個問題，因為並不是全中國都普及了貨幣；這就給支付軍餉造成了特殊困難，因為戰場常常是在遙遠的地方，錢幣在那麼遠的地方是沒有用處的。同樣的，穀物經過一段時間後就會腐壞。因此，一綑綑的生絲被用來當作日常貨幣，既用於支付，又可以像是在中亞的一座佛教寺院中顯示的那樣，用來當作違規和尚的罰金。[47]絲綢既成為了國際貨幣，也是奢侈品。

中國人也創制出一套正規的制度來控制外地商人以規範貿易。在敦煌附近的軍事小城懸泉，發現了令人驚嘆的三萬五千張文書，這些收藏展現出了一個位於河西走廊咽喉之地的小鎮日常的生動圖畫。從寫在竹片和木片上的文書中，我們了解到往返於中國的訪客們必須要走設定好的路線，他們手上有核發的文牒，官員會定期清點人數，以確保所有進入中國的人最後也會離開。這就像是現代的旅店登記簿一樣，記錄每一位訪客的資料，記錄他們花了多少錢吃喝，他們來自何處，他們的頭銜是什麼，他們要去什麼地方。[48]

這些方法並非要被理解為對可疑人士的監視，而是應該被看作是精確記錄進出中國的是什麼人，以及他們到這裡做什麼，尤其是記錄他們買賣貨物的價值，以供關稅目的所用。這些方法之精密和他們採取這些手法之久遠，為我們揭示了在長安（今日的西安）的帝國宮廷，以及西元一世紀以來在洛陽的宮廷是如何對待這個在他們眼前似乎正變得越來越小的世界。[49]我們認為全球化是一種獨有的現代現象；然而在兩千年前也有全球化，那就是一種生活現實，這種現實呈現出了機遇，創造出了麻煩，也促進了技術的發展。

正如以前發生過的那樣，數千英里以外的發展變化會刺激到人們對奢侈品的需求，以及購買它們的能力。在波斯，塞琉古的後代在西元前二四七年前後被推翻了。推翻他們的是阿爾沙克（Arsaces），此人的身世背景至今不明。他的後代被稱為安息人（Arsacids），他們鞏固了自身的權力，隨後便擴張權力，精巧地利用歷史，把希臘和波斯的思想融合起來，變成一種愈加共存和充滿活力的新認同。這樣做的結果便是穩定和繁榮。[50]

但還是發生在地中海的事情帶來了最大的刺激。在義大利西岸中段的一個不起眼的小城，慢慢把自己從一個閉塞的地方變成了地區強權。他們拿下了一個又一個沿海城市，羅馬變成了地中海西部的支配者。到了西元前一世紀中葉，羅馬的野心已經擴張到了戲劇性的程度。他們的注意力牢牢地鎖定在東方。

羅馬已經演變成一個競爭力強勁的國家，這個國家崇尚武力，暴力和殺戮得到讚揚。角鬥成了最基本的公眾娛樂，在這項競技活動中，擊倒外族和其他物種的勝利會得到血淋淋的慶祝。城市各處興建起的凱旋門每天都在向快速增長的人口提醒著軍事勝利。尚武精神、無畏和對榮耀的熱愛，被小心翼翼地作為一個野心勃勃的城市的關鍵品格加以培養，它將永不停歇地擴張下去。[51]

構成羅馬勢力的基礎是軍隊，他們依照固定標準來訓練軍隊。士兵們要能夠在五小時內行軍超過二十英里，同時負重至少五十磅的裝備。婚姻不僅不受讚賞，而且還特意被禁止，這是為了讓士兵們能夠彼此凝聚在一起。士兵們訓練有素、孔武有力，並且從小就對自己的本領堅信不疑，相信他們的命運就是稱為羅馬立國的基石。[52]

羅馬在西元前五二年征服了高盧（主要是今日法國、低地國家和德國西部），這給他們帶來了巨額財富，竟導致黃金價格在羅馬帝國的變動。[53]但是在歐洲能夠征服的地方也就這麼多，這些地方看起來一點都不吸引人。一個帝國之所以偉大是取決於城市的數量，由此帶來可供稅收的財富；讓帝國文化得以燦爛的是藝人和匠人，當富有的贊助人爭相競逐以獲得他們的效力，這些工匠可以發展出新觀念，用他們的手藝回報贊助人。征服像不列顛這樣的地方並不能給羅馬的領土帶來多少有利可圖的補充：正如一封由駐紮在不列顛的羅馬士兵寫在石板上寄回家的信上縮寫，這個省分就是冷酷、荒涼和孤立的代名詞。[54]

但羅馬向著成為一個帝國的轉型則與歐洲沒有什麼關係，換句話說，在一片無法提供太多資源、缺少城市消費者和納稅人的大陸上建立控制並沒有太大意義。把羅馬推向一個新紀元的是他們向著東地中海以外的轉向。羅馬的成功和榮耀始於他們最先開始的對埃及的吞併，隨後將錨拋向東方——向亞洲發展。

亞歷山大有一個保鑣名叫托勒密（Ptolemy），他的後代統治了埃及將近三百年，埃及依靠尼羅河獲得了巨額財富，尼羅河的氾濫會令人驚訝地帶來穀物豐收。這些糧食不但能滿足當地的人口，還能提供大量剩餘糧食，這讓位於尼羅河口的亞歷山卓發展成了當時一位作者筆下的世界最大城市，這個作者在西元一世紀時估計亞歷山卓的人口可達三十萬人左右。[55]運糧船得到了小心的看管，船長們必須要在每次裝貨時對皇家宣誓，這樣他們才能得到一張皇家書記官核發的收據。只有如此，糧食才能上船裝運。[56]

羅馬長久以來都對埃及虎視眈眈。在凱撒被刺殺後，埃及女王克麗歐帕特拉（Queen Cleopatra）陷入了一場混亂的政治鬥爭。在西元前三〇年的亞克興戰役（Battle of Actium）中，她孤注一擲地把她的命運和馬克・安東尼（Mark Antony）串在一起，很快，這位埃及統治者就面對了屋大維（Octavius）率領的羅馬軍隊，此人是一位狡猾老辣的政治大師，他拿下了亞歷山卓。在一系列粗心又不夠老練的防禦決定後，克麗歐帕特拉決定自殺，她的死因可能是毒蛇或是服毒自殺。埃及就像是一顆成熟的果實一樣掉了下去。[57]屋大維離開羅馬時是將軍，回到羅馬時是最高統治者，過沒多久，心存感恩的元老院就給他獻上了一個新頭銜——奧古斯都。羅馬變成了一個帝國。

對埃及的占領改變了羅馬的命運。如今羅馬人掌控了尼羅河谷的豐茂收成，糧食價格暴跌，造成家庭消費力的激增。利率也下跌了，從百分之十二左右跌到百分之四；伴隨著廉價資本湧入，這種現象反過來快速刺激出了一種我們所熟悉的大漲——土地價格激增。[58]可消費的收入增長得如此迅速，這讓奧古斯都能夠將進入元老院資格的金融門檻提高了百分之四十。[59]就像奧古斯都本人喜愛吹噓的那樣，他得到羅馬時，羅馬是一座磚砌的城市，而當他離開的時候，羅馬是一座大理石築造的城市。[60]

這種財富的激增是羅馬無情地榨取埃及的稅收和資源的結果。查稅官的隊伍向著埃及各地四散而出，他們推行了新的人頭稅，所有十六至六十歲的男性都要繳稅。免稅例外只會在很特殊的情形下出現——比如，那些名字已經被小心翼翼地謄抄到神廟檔案中的祭司們是不用繳稅的。[61]這部分的制度被一位學者稱為「古代隔離制度」；它的目的是最大限度地讓錢流回羅馬。[62]

隨著羅馬的經濟和軍事擴張延伸到了更遠的地方，榨取稅收的過程也在其他地方重複。在吞併埃及後不久，就有評估人員被派到了猶太省（Judaea）來進行人口普查，同樣的，這也是為了確保稅收能夠得到精確計算。就像在埃及那樣，所有的出生和死亡事件都記錄在案，而且所有成年男性的名字也要記錄下來，假設同樣的模式也在其他地方施行的話，那麼耶穌的降生也應該被一位官員記錄了下來，這位官員的興趣並不會放在誰是他的生父母上，而是新人出生代表著人力的增加，也就是帝國又增加了一個未來的納稅人。[63]

羅馬在東方所見到的世界讓他們眼界大開。亞洲已經得到了慵懶奢華和精緻生活的名聲。在西塞羅（Cicero）的筆下，亞洲的富庶是無法描述的，它的收成可以被當作奇蹟，商品的數量讓人難以置信，還有引人驚嘆的成群牛羊。亞洲的出口則龐大無比。[64]這樣的財富讓羅馬人覺得亞洲的居民可以隨意享樂。就像詩人薩盧斯特（Sallust）所言：怪不得羅馬的士兵在東方長大成人，他們在東方學會纏綿悱惻，學會爛醉如泥，學會熱愛雕塑、繪畫和藝術。至少在薩盧斯特看來，這絕不是一件好事。亞洲也許的確是「奢淫放縱的」，但是「這種享樂很快就會腐蝕士兵的尚武精神」。[65]在這樣的呈現方式下，東方的一切都成了堅毅、好戰的羅馬的對立面。

奧古斯都本人曾有意圖地去了解新領土的東邊是什麼樣子。他派出的探險隊來到了位於今日衣索比亞的阿克蘇姆王國（kingdom of Axum）和葉門的賽伯邑王國（Sabbaean kingdom），而亞喀巴灣（Gulf of Aqaba）在羅馬對埃及的統治還在鞏固階段的時候就已經得到了探查。[66]後來，在西元前一世紀，奧古斯都下令對波斯灣兩岸進行詳盡的考察，以了解這裡的貿易並且記錄航線是如何連通到紅海的。奧古斯都還監督了對途經波斯深入中亞的陸上線路的調查。有一份被人們稱作《帕提亞驛站記》（*Stathmoi Parthikoi*）的文本就是在這時出現的。它記錄了東方關鍵地點之間的距離，仔細講述了東方從幼發拉底河至亞歷山大波利斯（Alexandropolis）之間最重要的地點，後者就位於今日阿富汗的坎達哈。[67]

貿易商的視野也大大展開了。按照歷史學家斯特拉波（Strabo）的記載，在占領埃及後的幾年裡，每年有一百二十艘羅馬小船從紅海上的米尤斯霍爾默斯（Myos Hormos）的港口出發到印度。和印度的商業交換並不是在一夕之間就激增起來——正如我們能夠清楚看到的，印度次大陸有豐富的考古紀錄。在印度次大陸範圍很廣的一片區域裡，人們發現了羅馬的陶罐、油燈、鏡子和神像，這些地方包括帕塔南（Pattanam）、戈爾哈布爾（Kolhapur）和哥印拜陀（Coimbatore）。[68]在印度西海岸和拉卡地夫島（Laccadive islands）還發現了大量日期可以追溯至奧古斯都及其繼任者統治時期的錢幣，有一些歷史學家辯稱，在東方的地方統治者曾使用羅馬的金幣和銀幣來作為自己的貨幣，或者是將它們熔掉再重新利用。[69]

這時期的泰米爾（Tamil）文學也講述了類似的故事，這些故事記錄下了興高采烈的羅馬商人到來。在一首詩裡，羅馬人把「冰涼芬芳的美酒」從「寶船」上搬下來；還有另一首詩則是用充滿感情的激昂方式寫著：「美麗的大船……快來，載著金子，拍打著貝里亞爾河（Periyar river）白色的浪花，然後滿載著胡椒而歸。海浪的歌聲在這裡不曾停息，偉大的君王讓客人見識山海奇珍。」[70]還有文本上抒情地記錄了住在印度的歐洲貿易商人：「太陽照耀著開闊的梯田，也照耀著港邊的貨倉，以及鹿眼般的瞭望窗。在另一個地方……瞭望者的目光，被（西方人）房子的樣子吸引，他們的財富從未缺損。」[71]《帕提亞驛站記》讓我們了解到羅馬人想從印度西部獲得哪些商品，也記錄了商人們可以在什麼地方獲得高價礦物，比如錫、銅和鉛，還有黃玉，以及在哪裡有大量的象牙、寶石和香料。[72]

然而，和印度各港口的貿易並不僅限於印度次大陸出產的貨物。正如位於埃及紅海的貝倫尼克港（Port of Berenike）的一個發掘場地所展示的，有一系列遠自越南和爪哇的貨物曾運往地中海方向。[73]在印度東岸和西岸的各個港口都被用作運自東亞和東南亞的貨物向西運輸的商業中心。[74]紅海也有貨物和產品，當時紅海本身就是一個熱鬧的商業區，同時也是把地中海和印度洋以及更遠的地方連接起來的樞紐。[75]

到這時候，羅馬的富裕公民已經能夠盡情享受最具異國風情（的商品）和最浮華的品味了。上流社會的評論家曾抱怨說，奢侈的花費已經到了浮誇的程度，是時髦的過度攀比。[76]這樣的場面在佩特羅尼烏斯（Petronius）的《好色之徒》（*Satyricon*）中得到了完美展現，這部作品有個著名橋段，是崔馬喬（Trimalchio）的晚宴，他本是一名奴隸，後來獲得了自由並且聚集起了很多財富。這部諷刺文學用辛辣筆法描繪了一夜暴富者的品味。這位崔馬喬只想要錢能買到的最上品：來自黑海東岸特殊品種的雉雞；非洲來的幾內亞珍珠雞、稀有昂貴的魚、帶翎子的孔雀等等，一切都展現出過分奢華。一道菜接著一道菜，就像是一場風格怪異的演出——有活生生的鳥被縫在豬肚子中，當用刀切肉的時候那些鳥會飛出來，或者是分發給賓客的牙籤是銀質的——都是不知錯誤的東施效顰、粗鄙和過度。古代的這一次興旺時期還帶來了一個帶有一絲嫉妒的絕妙修辭——nouveaux riches（暴發戶）。[77]

嶄新的財富讓羅馬及其居民接觸到新的世界和新的品味。詩人馬提亞爾（Martial）在他的一首作品中，將這時候的國際主義和人們對世界了解的增加以文學的方式典型體現，他描寫了一個年輕的女奴，作者將她和一朵不惹塵埃的百合花相比，將她比作打磨光亮的印度象牙、紅海珍珠，說她的髮絲比西班牙羊毛或萊茵河畔的金髮女郎更美麗。[78]在暴發戶那裡，想要生出漂亮小孩的夫妻會在撩撥色欲的圖畫圍繞中纏綿，「現如今，」有一位嚇壞了的猶太作者這樣寫道，「他們把以色列奴隸拿來綑在床腳下」，這樣做是為了刺激，而且他們也付得起這個價錢。[79]但並不是所有人都贊同這種新品味：尤維納利斯（Juvenal）在他後來的《諷刺詩》（*Satires*）中說，川流過敘利亞和土耳其南部的奧龍特斯河水（Orontes）已經漫過了羅馬的台伯河。換句話說，亞洲的頹靡已經摧毀了羅馬的老派美德。他還寫道：「如果喜愛戴著野蠻人頭飾的漂亮妓女的話，那就趕快從我眼前消失。」[80]

在一些保守人士眼中，有一種商品的出現尤其令人不安，這種商品就是中國絲綢。[81]越來越多的絲綢出現在地中海地區，這導致了傳統人士的驚惶。塞內卡（Seneca）就是這樣一位對這種商品大行其道感到惶恐的人，他聲稱絲綢製的衣物根本就不該被稱為衣物，因為這種材質既遮不住羅馬女子的身材曲線，也遮不住她們的墮落不堪。他聲稱，婚姻關係的基礎正在遭受侵蝕，因為男人居然能夠透過這層緊貼女士身體的薄絲看見胴體，沒有留下一點想像的空間。對塞內卡來說，絲綢正是異國情調和色欲的暗號。當一個女人身穿絲綢時，她不能誠實地說自己的身體不是裸露的。[82]還有其他很多人持同樣的看法，他們努力地禁止男子身穿這種材質的衣物，並且用法律對此加以箝制。有些人則明瞭直白地說：這就是無恥，居然有兩名社會重要人士認為羅馬的男士身穿東方來的絲綢衣物是可以接受的事。[83]

然而還有其他人是出於不同原因對絲綢的流行感到憂慮。在西元一世紀後半葉的老普林尼（Pliny the Elder）反對這種奢侈材質，只是為了「讓羅馬的女子在眾人面前光鮮亮麗」。[84]價格上漲簡直就是一場醜聞，他悲憤地說，比真實價格高了一百倍。[85]每年有巨額的花銷，他繼續說，這些來自亞洲的奢侈品，「為了我們和我們的女人」，每年有一億的羅馬幣從羅馬人的經濟中傾倒到外國的市場中去。[86]

這樣驚人的數字相當於羅馬帝國一年鑄幣總量的將近一半，比年度預算的百分之十還多。但是，令我們驚訝的是，這一說法並沒有被誇大很多。在近年發現的莎草紙合同中，記錄著從印度的穆吉里斯（Muziris）到紅海上的一個羅馬港口的貨運量。這份合同證實了到西元二世紀為止，日常的大宗貿易是多麼的規範。它規定了一系列雙方的責任，清楚解釋了貨物應該在何時到達買家或賣家手裡，以及沒有按時支付的懲罰。[87]遠距離的貿易活動要求的正是嚴格和精密。

但是，羅馬商人不僅僅是用錢幣支付。他們也用精美的玻璃製品、金銀器和出自紅海的珊瑚和黃玉，以及出自阿拉伯半島的乳香來交換紡織品、香料和像靛藍之類的染料。[88]不管是以什麼形式，如此規模的資本外流都造成了深遠的影響。其中的一個影響是加強了貿易路線沿線的地方經濟。隨著商業繁榮、交通和商業網絡的擴展，村子變成了鄉鎮，鄉鎮變成了城市，這些地方比以往更為聯繫緊密了。再比如位於敘利亞沙漠邊緣的帕米拉（Palmyra）這樣的地方，給人留下深刻印象的地標性建築拔地而起，帕米拉作為連接東西方的貿易中心，在貿易活動中發了大財。這裡被稱為黃沙中的威尼斯並非沒有道理。[89]位於南北聯通軸線上的城市也經過了類似的轉變，其中最引人注目的例子是佩特拉（Petra），這裡成為古代世界的奇蹟之一，這要多虧了它所在的位置，它正好位於阿拉伯半島城市和地中海城市間的貿易路線上。當時那裡曾舉行過集市，參與的商人如果沒有上千人，也一定有幾百人的規模，這些商人都來自很遠的地方，相聚在這個便利的交叉路上。在幼發拉底河附近的巴特內（Batnae），每年九月時，「城鎮裡都會聚集大量的富商參加這裡的市集，他們買賣來自印度和中國的貨物，以及同樣是透過陸運和海運帶來的各種其他商品」。[90]

羅馬的消費力甚至決定了遙遠東亞的錢幣設計。在被中國人擠出了塔里木盆地後，月氏游牧民成功地確保了他們能夠在波斯以東占有一席之地，他們占據了亞歷山大的繼業者將軍們曾經統治的地方。隨著時間延續，一個生機勃勃的帝國已經誕生，帝國的名字來自部落中首要家族的名字——貴霜（Kushan）——他們鑄造了大量以羅馬錢幣為模型的錢幣。[91]

羅馬的貨幣通過像巴巴里庫（Barbaricum）這樣的印度北部港口，最終通過巴魯奇（Barygaza，Bharuch）傾瀉進貴霜帝國的領土。在巴魯奇，船道和錨地特別危險，所以要由領航人出動把船指揮進港。對於缺少經驗或是不熟悉海流狀況的人來說，尋找這兩個港口的船道都是極為危險的工作。[92]船一旦靠岸了，貿易商就會開始尋找胡椒、香料、象牙和紡織品，其中包括成品絲綢和絲線。這是一個巨大的商業中心，來自印度、中亞和中國的貨物都聚集在此，給貴霜人帶來了巨額財富，因為這些貴霜人控制了連接印度、中亞和中國的綠洲城鎮。[93]

貴霜帝國能夠建立起主導地位意味著，雖然大量的貨物是從地中海進出口到中國，但是中國人本身在通過印度洋和羅馬的交易中並沒有扮演重要角色。只是在西元一世紀末時，大將軍班超曾經率領過一系列的遠征，把軍隊最遠帶到了裡海，他們帶回了有關那些「身材高大勻稱」的人們的資訊，他們在西方是一個強大的帝國。羅馬帝國被稱作大秦，據稱擁有豐富的金銀珠寶：那裡是許多稀有珍寶的產地。[94]

中國和波斯的接觸開始變得規範且頻繁。據中文史料記載，每年都有至少十次的使團出訪波斯，使團中有至少十名使節前往，即便是在低潮期，也會有五、六名使節。[95]典型的使團會帶著一個大商隊，其中有各種用來貿易的商品，回程時帶著國內需要的商品——包括紅海珍珠、玉石、青金石和例如洋蔥、黃瓜、芫荽、石榴、開心果和杏子之類的食品。[96]被特別珍視的是乳香和沒藥，這些東西本來是取自葉門和衣索比亞，但它們在中國被稱為——波斯貨。[97]正如我們從後來的史料中得知的，來自撒馬爾罕的桃子被認為特別寶貴：「形大如鵝蛋」而且有著名的鮮豔色澤，它們在中國被稱為「金桃」。[98]

就像中國和羅馬之間很少有直接接觸一樣，地中海地區對於喜馬拉雅山脈和印度洋以外的世界也所知甚少，只有一次羅馬使節的可靠訪問，他們在西元一六六年前後造訪了漢桓帝；羅馬對遠東的興趣和知識轉瞬即逝，它的眼光緊緊地盯在波斯身上。[99]波斯不僅僅是對手和競爭者，而且是一個可能的獵物。甚至在羅馬才剛在埃及建立統治的時候，像維吉爾（Virgil）和普羅佩提烏斯（Propertius）這樣的作者就已經興奮地談論擴張羅馬人的影響了。在一首頌揚奧古斯都及其成就的詩歌中，賀拉斯（Horace）不僅寫到了羅馬掌控地中海，甚至還提到了控制全世界——其中也包括征服印度人和中國人。[100]為了達成這個目的，羅馬就要對付波斯，這一點變成歷任統治者的既定戰略。羅馬人制定了宏大的計畫來推進帝國的前線，他們要把前線推進到波斯領土內部的裡海隘口（Caspian Gates）中的山口：羅馬要掌控世界的心臟。[101]

在實際情形中，羅馬開始努力讓這些夢想能夠成為現實。在西元一一三年，圖拉真（Trajan）皇帝親自率領龐大的遠征軍向東進攻。他們迅速通過高加索地區，隨後順著幼發拉底河一路南下，征服了尼西比斯（Nisibis）和巴特內，然後鑄造了錢幣，宣稱美索不達米亞已經「臣服於羅馬人的力量之下」。隨著抵抗逐漸消弭下來，羅馬皇帝把部隊一分為二繼續出兵征討。波斯帝國的一座座偉大城市迅速陷落，在幾個月時間裡，亞登尼斯塔（Adenystrae）、巴比倫、塞琉西亞（Seleucia）和泰西封（Ctesiphon）都落入了善戰的羅馬人手中。羅馬人立即開始鑄造錢幣，上面顯眼地印著「PERSIA CAPTA」——波斯已被征服。[102]圖拉真隨後向著位於今天巴士拉（Basra）所在位置的查拉克斯（Charax）進軍，這裡位於波斯灣的入口，圖拉真來到這裡的時候，正好有一艘商船啟程前往印度。他躊躇滿志地看著那艘船，如果他是像亞歷山大大帝那樣年輕的話，他喃喃自語，他可能已經打到印度河了。[103]

羅馬人已經畫下了建立亞述和巴比倫新省分的藍圖，他們看起來已經準備好了要翻開新的篇章，他們擴張的前線將會推進印度河谷，直到中國的大門前。但是圖拉真的勝利被證明只是曇花一現：一場犀利的反擊已經在美索不達米亞的城市中醞釀了，但是還沒來得及等反擊到來，這位羅馬皇帝就因為腦水腫而去世，這時候由猶太省燃起的叛亂正在像野火般迅速蔓延，羅馬人必須立刻處理。但是，接任的統治者將他的注意力牢牢地盯在波斯身上不放：軍事開銷都集中在波斯，那裡是前線，在前線之外還有什麼是羅馬人極為關心的。

和羅馬帝國的歐洲省分形成鮮明對比的是，皇帝在亞洲定期用兵——但並非總能得手。比如，在西元二六〇年，皇帝瓦勒良（Valerian）羞辱地遭到俘虜並被置於「奴隸般的悲慘境地」——他被當作波斯統治者的踏凳，「彎下腰讓波斯王踩在他的背上上馬」，他的身體最終被掏空，「他的皮被剝下來塗上紅色，被放置在野蠻人供奉神祇的神廟裡，以紀念如此輝煌不朽的勝利，讓這樣的情境一直展現在我們的使節面前」。[104]他的身體被塞入了填充物，以確保所有人見證羅馬的愚蠢和恥辱。

諷刺的是，恰恰是羅馬越來越膨脹的野心讓波斯受到了刺激。首先，波斯人從跨越東西的長距離交通中大獲好處，這件事導致波斯的政治和經濟重心從北方轉移到別處。在這之前，波斯優先考量的事情，主要是在草原上和游牧部落協商以獲得牲畜和馬匹，並且監管必要的外交接觸，以避免來自那些可怕的草原人的虎視眈眈和妄想。這就是為什麼像擁有宏偉皇宮的尼薩（Nisa）、阿比瓦爾（Abivard）和達拉（Dara）這樣的綠洲城鎮是如此重要。[105]

隨著當地貿易和長途貿易的增長，中央金庫得到了大量稅金和過路費的充盈，重要基礎設施工程開始籌建。這些工程包括把位於美索不達米亞中部、底格里斯河東岸的泰西封轉變成一個新都城，還包括給位於波斯灣上的查拉塞尼（Characene）等港口注入大量投資，以此來應對越來越繁盛的水上交通，並非所有的這些船隻都是駛向羅馬：在西元一世紀和二世紀時，從波斯前往印度和斯里蘭卡的繁榮貿易已經在釉陶貿易的基礎上建立起來。[106]

但是來自羅馬的軍事注意力起到的最重要作用是引發了一場政治革命。面對來自鄰國日益增加的壓力，波斯發生了一場重大轉型。新的統治王朝——薩珊（Sasanians），於西元二二〇年前後出現，他們帶來一種強硬的新觀念，這一觀念要求剝奪省長的權力和施行中央集權，當時的波斯各省已經成了實質上的獨立勢力，只是在名義上仍屬波斯。一系列的行政改革讓政府對方方面面都加緊了控制：最首要推行的是責任制，波斯官員都被核發了記錄其決定的印章，這樣做可以追究責任並確保報告資訊的精確。留存至今的上萬枚這樣的印章向我們展現了這種重組過程的深度和廣度。[107]

商人和市場都感受到了新規定的影響，有一份資料記載了多數已加入同業公會的生產者和貿易商是如何在巴札（bazaar，市場）中被分配在特定區域中。這麼做可以讓監督人員更容易確認貨品的質量和數量是否達標，這麼做都是為了能夠有效地收稅。[108]對商業環境的關注，對商業交換活動地點的關注，一直延伸到了對改善供水系統的關注，有些地方的供水系統甚至擴展到了好幾英里以外的範圍，這麼做是為了增加可利用的資源，為城市的進一步增長提供餘地。有數不清的新城鎮被建立起來，後來的波斯文本引用了當時的資料證實了，在整個中亞、伊朗高原、美索不達米亞和近東地區，都經歷了一段都市發展的繁榮潮。[109]

在胡澤斯坦（Khuzistan）和伊拉克進行的大規模灌溉工程，是有目的的刺激農業生產的部分手段，農產量的增加也一定會帶來食物價格下降。[110]考古發現也向我們展示了當時的貨物是如何在出口之前先經過檢查，有文字資料證實，蓋了章的合同副本會被保存在註冊部門。[111]曾經在兩個世紀的大部分時間裡歸貴霜帝國管轄的城鎮和領土重新併入波斯，這也強化了與東方進行的貿易活動。[112]

當波斯快速崛起，羅馬便開始衰弱。薩珊王朝並不是唯一的問題，因為到西元三〇〇年為止，從北海至黑海，從高加索地區一直到葉門南端的羅馬帝國東部邊境都處在壓力之下。帝國曾經是建立在訓練有素的軍隊進行擴張和防衛的基礎上。由於到達了萊茵河和多瑙河，以及小亞細亞東部的托魯斯（Taurus）和前托魯斯山脈的天然界線，羅馬帝國的新增領土開始減少，於是羅馬成為自己成就的經典受害者——它變成了虎視眈眈的外人眼中的目標。

羅馬開始採用不顧一切的手段，來修正令人擔憂的稅收減少和守衛邊界的飆升開支之間的不平衡狀態，這個問題不可避免地引發了強烈抗議。有一個評論者曾慨嘆戴克里先（Diocletian）皇帝創造了問題而不是解決問題，這位皇帝曾試著用極端手段來解決財政赤字問題，「在他的貪婪和焦慮中，他把世界搞了個天翻地覆」。[113]對帝國資產的徹底調查開始進行，這是徹查稅收系統的前奏。皇帝把官員派到帝國的各個角落，有評估官員毫無預警地突然出現來盤查所有財產，連一條葡萄藤、一棵果樹也不會遺漏，這麼做的目的就是要提高帝國的收入。[114]皇帝向全國發出了一道命令，給日常必需品定價，同樣也給像芝麻、孜然、辣根（horseradish）和肉桂之類的奢侈品確定了價格。近年在博德魯姆（Bodrum）發現了這一命令的殘片，顯示出政府想要觸及的範圍有多廣：有不少於二十六種款式的鞋子——從鍍金女式涼鞋到紫色低幫巴比倫款鞋——都被羅馬的稅務官設定了最高限價。[115]

為了這件事，重建羅馬帝國的重擔把戴克里先弄得身心俱疲，於是他隱退到了克羅埃西亞海岸，把他的注意力轉移到比治理國政更吸引人的事物上。「我希望你能到薩羅納（Salona）來」，他這樣寫給一位他的前共事者，「來看看我親手種的白菜」；它們長得真好，他繼續寫道，「讓人再也不會想要去觸碰權力」。[116]在羅馬市郊的元門（Prima Porta），奧古斯都曾把自己呈現為一個英勇戰士的雄偉雕像，而戴克里先卻更想把自己當作一個農夫。這件事已經成了羅馬的雄心壯志在三百年間變化的縮影，從思考著如何能擴張到印度，到思考著如何種出最好的蔬菜。

正當羅馬人惶恐地關注著局勢，一場巨大的風暴正在聚集。蠢蠢欲動的正是君士坦丁大帝。這位帝國要人的兒子，野心勃勃又雄才大略，他擁有在正確的時機出現在正確地方的本領。對於羅馬需要什麼，事情已經一目了然，他早已成竹在胸。帝國需要強有力的領導——這是有目共睹的事情。但是他心中埋藏著一個更出人意料的計畫，這個計畫遠比把權力集中在自己手裡更加令人極端——他要建造一個新城市，這個城市將成為一顆新的閃亮珍珠——坐落在連接地中海和東方的線路上。他所選擇的地點恰如其分，正是在歐洲和亞洲相遇的地方。

一直有傳言說羅馬的統治者正在思考著將帝國勢力的重心移到別處。按照一位羅馬作者的記載，朱利烏斯·凱撒曾考慮把這個地方放在亞歷山卓或是小亞細亞古老的特洛伊城所在地，因為把首都放在這裡具有地理位置優勢，它可以讓帝國更好地管理利益所在的地方。[117] 在四世紀初，這件事終於發生了，在歐洲和亞洲的十字路口上，一座宏偉的城市拔地而起，這個位置也宣示著帝國注意力的重心已經確定了。

一座輝煌的新都市就建立在古老城鎮拜占庭（Byzantion）的所在地，這座城市位於博斯普魯斯海峽的岸邊，隨著時間流逝，這座城市不僅和羅馬競爭媲美，而且還將超越羅馬。巨大的宮殿興建起來，一同興建的還有一座舉行戰車競賽的露天競技場。在城市的中央，豎立了一座高大的石柱，這座石柱是從一整塊巨大的斑岩（porphyry block）中雕鑿出來的，頂部有皇帝的雕像俯瞰著下方。這座新城市名叫新羅馬（New Rome），但它很快就以其建立者的名字為人稱道，人們叫它君士坦丁堡。比照著它的母城，平行機構被建立起來，其中也包括元老院，它的成員被一些人譏諷為暴發戶——他們是銅匠的兒子、澡堂工人、做香腸的師傅等等。[118]

君士坦丁堡注定要成為地中海上最大、最重要的城市，在城市規模、影響力和重要性上都遠超羅馬。雖然有許多現代學者強烈否定君士坦丁是為了建一座帝國新首都的說法，但是在建城過程中花費的巨額資源則讓這件事不言自明。[119]君士坦丁堡坐落在一個支配性的位置上，不僅是出入黑海的海上交通，對於其他重要線路也是如此。而且，君士坦丁堡還是一個前哨站，能夠監視東方和北方的動向。在北方的巴爾幹半島和潘諾尼亞地區的平原（plains of Pannonia）上，麻煩正在醞釀之中。

對古代世界的大多數人來說，人們的視野局限在當地，這是具有決定性的。人們之間的貿易和交往也是在短距離的範圍內進行。但是，交流的網絡彼此編織在一起並創造了一個複雜的世界，有觀點和品味是因為上千英里以外的產品、藝術原則和影響而塑造出來的。

兩千年以前，在中國手工繅製的絲綢會穿在迦太基（Carthage）等地中海城市的富貴人士身上，同時在法國南部製作的陶器可以在英格蘭和波斯灣出現。種植在印度的香料和調味品會用在新疆的廚房中，就像它們也在羅馬的廚房中出現一樣。阿富汗北部的建築刻有希臘文，來自中亞的馬匹會在上千英里以外被主人洋洋得意地騎乘。

我們可以想像兩千年前的一枚金幣的命運，它可能是在一個省城鑄幣廠中被鑄造出來，被當作支付給一名年輕軍人的部分軍餉，這個年輕軍人用它在英格蘭的北方邊境買了一些東西，這枚金幣被一名前來收稅的稅務官放在盒子中送到了羅馬，然後在商人手中幾經易手並一路向東，然後在巴魯奇被花掉。正是在這裡，有人很喜歡這枚金幣的樣子並將它呈給了興都庫什地區的領導人，他驚異於這枚金幣的設計、形狀和大小，隨後將它交給了一個雕工來仿造——這名雕工可能來自羅馬，也可能來自波斯，或者來自印度，抑或是來自中國，甚至也可能是學會了鑄幣技術的當地人。這就是一個彼此相連、複雜並且渴望交換的世界。

按照我們覺得方便和容易接受的方式來塑造歷史是一件很容易的事情。但是古代的世界遠比我們有時候所願意認為的樣子更精細和彼此相連。把羅馬看作是西歐的先祖會讓人略過一些事實，羅馬曾不斷地向東望去並且在很多方面是被東方的影響塑造的。古代世界在很大程度上是今日世界的先驅——它就像我們眼中的今日世界一樣生機勃勃、充滿競爭、有效且活力四射。一個由城鎮組成的錦帶形成了穿過亞洲的鏈條。西方早就望向了東方，東方也早就望向了西方。當連通印度、波斯灣和紅海的交易越來越頻繁，古代世界的絲綢之路也充滿著生機。

自羅馬從一個共和國變成帝國的那一刻起，它的眼睛就已緊緊地盯住了亞洲。而且也正因如此，亞洲變成了羅馬靈魂的一部分，因為君士坦丁——和羅馬帝國——找到了上帝，而這個新信仰同樣來自東方。令人驚訝的是，這個新信仰並非來自波斯，也不是出自印度，而是來自一個不起眼的省分，在三個世紀以前，那個地方的省長是聲名狼藉的本丟・彼拉多（Pontius Pilate）。基督教即將從那裡傳向四方。

第二章
信仰之路

在連接古代的太平洋地區、中亞、印度、波斯灣和地中海的通道中穿梭的，不僅僅是商品，還有觀念。而最有影響力的那些觀念往往和神有關。智識上和宗教上的交流總是在這片地區中生機勃勃地進行；如今它開始變得更為複雜和具有競爭性了。各地信徒和信仰系統帶著各自發展完善的宇宙觀相互接觸。形成了一個內容豐富的熔爐，各種觀念相互借用、精鍊和重新包裝。

在亞歷山大一路爭戰把希臘思想帶入東方後，過沒多久，東方的思想也開始向其他方向流動。尤其是在得到阿育王的支持後，佛教的概念在亞洲迅速擴散，據說，阿育王是在完成了一場耗費巨大的軍事行動，在西元前三世紀時把印度變成了一個偉大帝國之後遁入空門的。在這一時期的銘文上面，記錄著很多新佛教徒發誓遵從佛教原則和行為的誓詞，他們中有人最遠是來自敘利亞和可能更遠的地方。有一支被稱為療癒宗（Therapeutai）的信仰派別在埃及的亞歷山卓興盛起來，他們清晰無誤地具有和佛教的相似性，包括使用諷諭故事性的經典，相信透過祈禱獲得啟蒙以及擺脫自我意識以獲得內在平靜。[1]

資料來源的模糊讓我們很難精確地追溯佛教傳播的路線。但引人注目的是，在當時的文學中，存在大量描述宗教是如何從印度次大陸出現並介紹到新的地方。當地統治者必須要決定是否對新宗教的出現加以寬容，是要將其澆滅還是採納和支持。一個決定要採納新宗教並加以支持的統治者是彌蘭陀（Menander），他是西元前一世紀的一位巴克特里亞國王，是亞歷山大手下一位將軍的後代。按照《彌蘭王問經》（*Milindapañhā*）的記載，這位統治者得到了勸戒，要走上一條追隨新性靈的道路，這要多虧了一位得道高僧的講解。這位高僧的睿智、慈悲和謙恭，正好和當時世界的膚淺形成了鮮明對比。很顯然，若要讓一個統治者決定透過佛祖的教導尋求啟蒙，做到這樣就足夠了。[2]

絲綢之路上的智識和神學空間十分擁擠，因為各種神祇、宗派、祭司和地方統治者彼此衝撞。這背後的利益十分可觀。這個時期正處於各地的社會都十分易於接受對萬事萬物的解釋的時候，無論是世俗之事，還是超自然的事情，當時的信仰給人提供了各種問題的解方。不同信仰之間的爭奪十分政治化。在所有的宗教中——無論是來自印度，比如印度教、耆那教和佛教，或是根植於波斯的比如祆教和摩尼教，或是更西邊的比如猶太教和基督教，以及隨之而來的伊斯蘭教——這些宗教要麼是在戰場上，要麼是在談判桌上，都同時表現著各自的文化優越性和神的恩賜。規則又簡單又強大：得到神或眾神的保護和喜愛的社會將會興旺；而那些崇拜虛假偶像和空虛許諾的人則會遭殃。

因此，對統治者來說，支持恰當宗教的動機就特別強烈，比如說投資修建宏偉的敬拜場所。這麼做可以讓統治者掌握內部統治，讓統治者和神職人員之間形成一種相互鞏固的關係。

在所有的主要宗教中都有神職人員，他們擁有巨大的道德權威和政治力量，但這並不意味著統治者就是被動的，要按照一個獨立階層（或者在有些例子中是某一特定種姓）所設定的教義行事。與此正好相反的是，胸有成竹的統治者可以透過介紹新的宗教信仰的方式來穩固自己的權威和主導力。

在西元一世紀時，位於印度北部至中亞大部分地區的貴霜帝國就提供了一個這樣的例子。在那裡，國王們支持佛教，但他們也同樣強迫佛教演變。對於一個非本土統治王朝來說，創造出一種具有超越意義的正當性是十分重要的。為了能夠做到這一點，從各種來源拿來的觀念被混雜在一起，以形成一種最具共同特性的概念，讓盡可能多的人可以接受。因此，貴霜人資助了廟宇的修建，這些建築被稱為「devakula」，即「神祇家族的廟宇」——這樣做便發展出了一種當地已有的概念，說統治者是連接天堂和人間的人。[3]

在此之前，彌蘭陀曾在他鑄造的錢幣上宣布，他不僅僅是一個現世統治者，而且還是救世主——這一點是如此重要，所以要在硬幣兩面用希臘文（希臘神祇soteros）和印地文（印度神祇tratasa）兩種文字來註明。[4]貴霜人則更有過之，他們建立起一個領導團體，聲稱他們和神有直接關聯，並創造了統治者和臣民之間的距離。在旁遮普的塔克西拉（Taxila）發現的銘文就完美地記錄了這一點。銘文大膽地寫道，統治者是「偉大國王，王中之王，神的兒子」。[5]這樣的句子可以明顯呼應到《舊約》和《新約》中的內容——統治者是救世主和進入來生之途徑的概念。[6]

在西元一世紀前後佛教的相同發展中，改變便發生在信仰對信徒日常生活的塑造。在佛陀的教誨中，其最基本、最傳統的形式是直接的，要以追隨八條「敬法」的方式在苦海中找到一條道路進入到涅槃之境，這條通往啟蒙的道路並不包含第三方，和任何具體的方法、物質或物質世界無關。這段旅程是精神性、超然而且是個人化的。

當有許多到達更高意識狀態的新方法出現時，佛陀精神性、超然、個人化的教誨就將發生劇烈變化了。佛教曾是一種脫離外在限制和影響的極為內化的途徑，現在卻得到了建議和加持，也出現了為了達到啟蒙和讓佛教更吸引人而付諸的補充。人們建造起表面和佛陀有關的佛塔（stupas），這些地方變成了人們朝聖的地點，還有講解在這些地方要做哪些事情和讓佛教背後的理想更真實、更確切的文書出現。在一本常被人們稱為《妙法蓮華經》的文本「Saddharmapundarīka」中說，把鮮花或香水奉獻給這些地方，將會對獲得救贖起到幫助。這本書就是在這個時期出現的，另外有助於獲得救贖的方法還有雇樂師「作樂，擊鼓吹角貝，簫笛琴箜篌，琵琶鐃銅鈸」——這可以讓信徒「成佛道」。[7]這些方法都是故意要讓佛教更加具有視覺性和聽覺性，讓佛教能夠在越來越喧囂的宗教環境中更有競爭力。

捐獻是另一種新的觀念——尤其給從印度至中亞的各條路線上修建新寺院的工程捐錢奉獻。隨著捐獻人將會因為慷慨而「脫離苦海」的觀念出現，金錢、珠寶和其他禮品的捐贈變成了普遍的行為。[8]事實上，《妙法蓮華經》和其他這個時期的文本甚至羅列了哪些珍貴物品最為適合當作禮品。珍珠、水晶、金子、銀子、青金石、珊瑚、鑽石和祖母綠都被視作非常適合的禮品。[9]

在今日塔吉克和烏茲別克南部的河谷地區修建的大規模灌溉工程，展現出這一時期越來越富庶繁榮的景象，同時也有越來越活躍的文化交流和商業交流。[10]隨著富裕的地方菁英人士的加入，過沒多久，寺院中心就變成了活動聚集地，學者們在這裡忙碌地編纂佛教經典，將它們謄抄和翻譯成當地語言，以此來獲得數量更多、範圍更廣的聽眾。讓宗教更加平易近人也是傳教的一部分。商業為信仰的流通打開了大門。[11]

在西元一世紀前後，佛教從印度北部沿著商旅、僧侶和旅客的貿易路線迅速傳播。在南方的德干高原（Deccan plateau），人們修建了雕鑿而成的石窟寺廟，佛塔在印度次大陸中的各個地方星星點點地出現。[12]向北、向東，佛教仰賴著粟特商人們的活力傳播，粟特人在連接中國和印度河谷的過程中扮演了關鍵角色。他們是來自中亞核心地區的遊動商人，他們是經典的中間人，連結緊密的粟特網絡和有效的信用讓他們成為理想的遠距離貿易商，並主導著遠距離貿易。[13]

粟特人商業成功的關鍵在於一條可靠的停靠站鏈條。隨著越來越多的粟特人成了佛教徒，他們在主要路線的沿途建起了佛塔，在巴基斯坦北部的罕薩谷（Hunza valley）中，就可以見到這樣的一座：大量路過的粟特人把他們的名字刻在佛陀造型旁邊的石頭上，以求他們漫長的旅程能夠碩果豐厚和平安——這是那些遠離家鄉的旅客對精神慰藉的需求的深刻提醒。[14]

能夠證明這時期佛教快速傳播的不僅僅是小規模的石雕。在喀布爾的周圍，有四十座佛寺，其中的一座讓後來的訪客都不禁驚嘆。它的美好可以和春日相比，一位訪客寫道。「這條道路是用縞瑪瑙鋪成的，牆壁完全是用大理石，門是用黃金鑄的，地板用的是銀，放眼看去猶如滿天星斗……在走廊上，有一個黃金造像，就像是月亮一樣美麗，坐在一個鑲嵌了寶石的寶座上。」[15]

很快，佛教的觀念和實踐就向東穿過帕米爾的群山傳入了中國。到西元四世紀為止，位於中國西北的省分新疆已經到處布滿了佛教聖地——例如塔里木盆地的克孜爾，那裡有一座壯觀的石窟建築群，裡面有禮拜大廳、靜思場所和巨大的居住區。過沒多久，中國西部就有很多地方變成了佛教聖地，比如喀什葛爾、庫車和吐魯番。[16]至五世紀六〇年代為止，佛教的觀點、行為、藝術和形象在中國已經成了主流的一部分，積極地和傳統的儒家思想展開競爭。儒家思想是一套廣泛的宇宙論（cosmology），有關個人倫理的內容和有關精神信仰的內容一樣豐富，但這些內容的根源都可以上溯至一千年前。佛教得到了一個新的統治王朝的激進推動，這個王朝是源於草原的征服者，他們是外來者。就像他們之前的貴霜人一樣，以新代舊可以給北魏帶來很多好處，他們支持的觀念可以突出他們的正當性。巨大的佛像在深入該國東部的平城和洛陽拔地而起，同時修建的還有得到巨額捐獻的修道場所和聖祠。這些事情都傳達出了毫不含糊的訊息：北魏已經勝利，他們獲得勝利是因為他們是神的循環中的一部分，而不僅僅是戰場上的殘忍勝利者。[17]

在主要的貿易幹道沿線，佛教在西邊也獲得了可觀的成功。圍繞著波斯灣有一連串的佛窟群，而且在現代土庫曼的梅爾夫周圍，發現了大量的佛教遺跡，另外在深入波斯內部的地方，也發現了一系列的銘文，這證明了佛教和在地信仰競爭的能力。[18]在帕提亞（安息），佛教外來詞的數量激增，這也見證了這一時期思想交流的密集程度。[19]但是，不同之處在於，從另一個方向加深的商業交換刺激了波斯，使其經歷了一場橫掃經濟、政治和文化的復興。隨著獨特的波斯認同重新確立起來，佛教徒發現他們成了被迫害而不是被效仿的對象。殘酷的攻擊導致海灣地區的聖祠被遺棄，波斯境內陸上商路沿線的那些據猜測已經建立起來的佛塔也被摧毀了。[20]

在亞歐大陸上，宗教在傳播的過程中興衰起落，彼此爭奪信眾、人們的忠誠和道德上的權威。與神的交流不僅僅是為了尋求對日常生活的指導：與神的交流還關乎是得到救贖還是落入地獄。衝突演變成了暴力。在四百年的時間裡，基督教從巴勒斯坦的一小塊地方發展到了橫跨地中海地區，並在亞洲各地形成了信仰戰爭的漩渦。

決定性的時刻始於薩珊王朝掌權，他們是透過起義推翻波斯的統治政權，他們殺死了敵人，並利用人們心中的困惑，困惑的主要來源是在高加索一帶對羅馬的戰事失利。[21] 在西元二二四年獲得權力後，阿爾達希爾一世（Ardashīr I）和他的繼任者開始了對國家的全方位轉型。其中包括宣稱一種和近期歷史跨開距離，從古代偉大的波斯帝國那裡取得關聯的認同感。[22]

他們將當時的自然和符號景象與那些古代的符號融合在一起，透過這一手段獲得歷史認同。在古伊朗的重要地點，比如阿契美尼德帝國（Achaemenid Empire）的一個都城波斯波利斯以及和大流士、居魯士等偉大的波斯先王有關的帝王谷——那克什魯斯坦（Naksh-i Rustām，波斯帝王谷），這些地方都是適合進行文化宣傳的地點；薩珊人增添了新的銘文、紀念性建築物和崖雕，把當前的政權融入到過去的輝煌記憶中去。[23] 錢幣也經過了重新設計：已經使用了好幾百年的希臘文字和以亞歷山大為原型的半身像被替換成了全新、獨特的外觀——一面是望著另一個方向的人像，在另一面則是一個聖火祭壇。[24] 替換錢幣的設計明顯是一項別有用心的舉動，是為了宣示一種全新認同和對待宗教的新態度。到目前為止，來自這段時期的有限史料讓我們了解到，這個地區的統治者幾百年來都對於信仰事務展現出寬容，允許很大程度上的共存。[25]

這個新王朝的崛起很快就帶來了態度的硬化，札爾杜什特（Zardusht，或稱查拉斯圖拉〔Zarathushtra〕）的教誨確定無疑地以犧牲其他信仰的代價得到了支持。這位偉大的波斯先知被古希臘人稱為瑣羅亞斯德（Zoroaster，編按：中國稱其所創宗教為祆教），他大致生活在西元前一千年或是更早，他教導人們宇宙是按照兩個原則分為兩邊——阿胡拉・馬茲達（Ahura Mazda，光明的智慧）及其對立面安哥拉・曼紐（Angra Mainyu，惡靈），兩者處於永恆的對抗狀態。要崇拜代表善良秩序的前者是一件重要的事情。這種對世界的善惡兩分法延續到了生活的方方面面，甚至影響到了對動物的歸類方法。[26]儀式性的淨化是祆教禮拜中的關鍵元素，這一切是透過火來達成。隨著信條的推廣，阿胡拉・馬茲達能夠從惡中帶來善，從黑暗中帶來光明，並且能夠從惡魔那裡帶來救贖。[27]

這種宇宙論讓薩珊王朝的統治者能夠透過對阿胡拉・馬茲達的虔信，將他們的權力和古波斯的黃金時代聯繫到一起。[28]這種信仰也給軍事、經濟擴張的時期提供了強有力的道德框架：對於善惡持續角力的強調鞏固了戰爭意志，對於秩序和紀律的關注也強化了行政方面的改革，成為國家越來越強硬、復興的信號。祆教擁有一套非常強的信念，並完全貼合帝國復興的軍國主義文化。[29]

在阿爾達希爾一世和他的兒子沙普爾一世（Shāpūr I）的領導下，薩珊人快速地擴張，把綠洲城鎮、交流路線和整片地區納入到直接控制下，抑或是強迫他們接受一種代理人地位。像錫斯坦（Sistan）、梅爾夫和巴爾赫（Balkh）這樣的重要城鎮是在始於三世紀二〇年代的一系列戰役中得手的，貴霜帝國領土的重要部分變成了臣屬國，由薩珊帝國的官員加以管理，這些官員的頭銜是「kushānshāh」（貴霜人的統治者）[30]在那克什魯斯坦的一處凱旋銘文中記載了輝煌的成就，記錄了沙普爾的領土是如何深入東方，遠至白沙瓦（Peshawar），直抵喀什葛爾和塔什干的邊界。[31]

當薩珊人獲得政權的時候，祆教的追隨者們一直處在權力中心周圍，他們以其他宗教少數群體為犧牲品，努力地讓行政控制能鞏固在他們手中。[32]這樣的狀況將延伸到波斯統治者控制的新領土上。在西元三世紀中葉，大祭司卡提爾（Kirdīr）在一處銘文上慶賀了祆教的擴張。這個宗教和它的祭司已經成了遠近聞名、榮譽加身的人物，「許多聖火和祭司學院」都在曾被羅馬人征服的地方興盛起來。這處銘文尖銳地指出，傳播信仰需要付出大量的努力，但是卡提爾則謙卑地說：「我為神力（yazads, divine powers）和君王以及我靈魂的慰藉歷經了許多艱辛困苦。」[33]

對祆教的支持伴隨著對地方信仰和對立的宇宙論的打壓，這些內容都被譴責為邪惡教義。猶太人、佛教徒、印度教徒、摩尼教徒等都遭到了迫害；敬拜的地點被洗劫，伴隨著「打破偶像，拆除惡魔的殿堂，將它改為眾神的神廟」。[34]波斯的擴張伴隨著價值和信念的嚴格鞏固，這些價值和信念既被呈現為傳統，也被呈現為政治和軍事成功的關鍵。那些提供不同解釋或有衝突的價值的人被追查，很多這樣的人被殺死——例如摩尼，他是三世紀時的一位富有領袖魅力的先知，他雜糅了各種思想，把東、西方的各種內容混合在一起，此人曾得到沙普爾一世的支持；但他的教導如今被譴責為具有顛覆性、有毒、危險，他的追隨者們遭到了無情的追捕。[35]

在那些被挑出來要嚴加對待的人中，卡提爾的目標名單還明文提到了「nasraye」和「kristyone」──即「拿撒勒人（Nazarenes）」和「基督信徒（Christians）」。雖然學者們還在爭論這兩個名詞到底指代的是什麼人，但是現在人們已經接受的觀點是說，「拿撒勒人」是薩珊帝國中已經成了基督徒的當地人，而後者指代的是沙普爾一世在出人意料地占領羅馬的敘利亞後向東驅逐的大量基督徒。[36] 祆教在三世紀時的波斯變得深入地根植在波斯意識和認同感中，有個原因在於這是對基督教的侵犯所做出的反應，當時基督教已經令人驚訝地在貿易路線的沿途傳播──這就像是佛教在東方的傳播一樣。那些從敘利亞遭驅逐的犯人在波斯領土上定居下來，他們和商人所帶來的基督教思想觀念引起了祆教的敵視，發生於這段時期的祆教哲學的劇烈激進化發展，正好得到了這種敵對反應的快速推動。[37]

基督教在很久以來就是與地中海和西歐聯繫在一起。有一部分原因是因為教會領導的位置，天主教、聖公會和東正教高層人物都分別位於羅馬、坎特伯里（Canterbury）和君士坦丁堡（今日的伊斯坦堡）。但事實上，早期基督教的所有面向都是亞洲的。毫無疑問，它的地理關鍵位置、與耶穌降生、生活和受難相關的各個地點都是在耶路撒冷；它的原初語言是亞拉姆語（Aramaic），這種語言是近東閃語系中的一支；它的神學和精神背景是猶太教，在以色列形成，並在埃及和巴比倫的流亡期間發展；它的故事則是歐洲人並不熟悉的沙漠、洪水、乾旱和饑荒所塑造出來的。[38]

對基督教在跨越地中海的地區擴張的歷史記載十分豐富，但是它在東方的早期進程，則遠比它在地中海盆地沿著航線的發展更精彩、更有前景。[39]最開始時，羅馬政權並不打算理會基督徒，他們對早期追隨者的激情感到尤其困惑。比如說，小普林尼（Pliny the Younger）就曾在二世紀時寫信給皇帝圖拉真，詢問要如何處理這些從小亞細亞帶到他面前的基督徒。「我從來沒參加過對基督徒的審問，」他寫道。「因此，我不知道什麼樣的懲罰是合適的，我也不知道要多麼深入地調查他們的活動。」他殺死了一些基督徒，「因為我毫不懷疑，不管他們相信的是什麼，他們的頑固和不知變通就已經值得被懲罰了」。[40]皇帝在回信中建議他寬容：不要搜捕基督徒，他說，但是如果他們被揭發了的話，那就依照每個案例的具體情節來處理，「因為我們不可能拿出一套規則來對付各種各樣的情況」。但是不要依靠傳言或者匿名指控；他高尚地指出，「這不符合我們時代的精神」。[41]

然而，這次意見交換過後沒多久，態度就硬化了，這反映出基督教正在整個羅馬社會中深入滲透。帝國軍隊尤其開始把這個對原罪、性、死亡和生命持有顛覆性態度的新宗教看作是對傳統尚武價值的威脅。[42]從西元二世紀開始發生了多輪對基督徒的殘酷迫害，有上千的基督徒被殺，通常是作為公眾娛樂活動的一部分。有大量文獻紀念了那些因為信仰而成為殉道者的人們。[43]早期的基督徒必須要對抗偏見，常有像特圖良（Tertullian，約一六〇—二二五）這樣的作者發出悲鳴，他的控訴曾經被一名出色的學者拿來和莎士比亞筆下的夏洛克（Shylock）相提並論。特圖良曾經寫道，我們基督徒「生活在你們身邊，和你們吃一樣的，穿一樣的，習俗也一樣，我們的生活必需品也是你們生活所必需的」，他如此乞求道。[44]只是因為我們不參加羅馬人的宗教儀式，他寫道，這不意味著我們就不是人。「難道我們長著不一樣的牙，還是我們長著有亂倫欲望的器官嗎？」[45]

基督教最先是透過猶太社群傳播的，他們在巴比倫之囚以前曾住在美索不達米亞。[46]他們收到的關於耶穌生死的報告並不是用希臘文翻譯，就像幾乎所有在西方的皈依者一樣，他們拿到的報告是用亞拉姆文寫的，這種語言就是耶穌本人和他的門徒使用的語言。就像是在地中海地區一樣，商人在東方推動了傳教過程。今日土耳其東南部的烏爾法（Urfa）在當時名叫艾德薩（Edessa），這裡變成了特別重要的地點，因為它位於南北走向和東西走向商路的十字路口上。[47]

福音宣教很快就來到了高加索地區。在喬治亞，墓葬形式和銘文向我們揭示曾有大量的猶太人改信了基督教。[48]此後不久，在波斯灣周圍也星星點點地出現了基督教社群。位於巴林附近的六十個珊瑚石鑿成的墳墓顯示了在三世紀初時基督教的傳播範圍之廣。[49]在成書於同一時間的一本名為《各國法典》（*The Book of the Laws of the Countries*）的文本中，記載了波斯各地都有基督徒，連遠至貴霜人統治的地方也不例外——也就是說，基督教已經傳播到了今日阿富汗的地方。[50]

在西元三世紀，波斯在沙普爾一世時對基督徒採取了大規模驅逐，這促進了宗教的擴散。在那些被驅逐者中，也有像迪米特里烏斯（Demetrius）這樣的高層人物，他是安條克（Antioch）的主教，轉移到了貝斯拉帕特（Beth Lapat），即今日伊朗西南部的貢德沙普爾

（Gundeshāpūr），他在這裡把追隨他的基督徒聚集起來，並成立了一個新的教區。[51]在波斯有些地位很高的基督徒，比如一位名叫坎蒂達（Candida）的羅馬人，她本是宮廷中最受寵愛的妃子，但她拒絕拋棄她的信仰，最後成了殉道者。根據一個基督徒發出的警告，沙王和沙王周圍的人都十分嗜殺。[52]

這些激勵人心的故事匯集成了一種文學類別，這類的文學作品著重表現的是基督徒的習俗和信仰比傳統習俗更高尚。資料來源十分不足，但是我們可以隱約感受到當時正在上演的政治宣傳戰。有一個作者寫道，和波斯的其他居民不同，「基督的徒弟們」在亞洲「不做那些多神信徒的可憎習俗」。這是受到歡迎的，有另一位作者表示，因為這是一種基督徒改善了波斯和東方其他地方水準的表現；「那些成為他的信徒的波斯人不再娶他們的母親了」，而且那些草原上的人也不再「吃人肉，因為基督的話語已經傳到了他們那裡」。這樣的變化應該得到熱情的歡迎，他寫道。[53]

在西元三世紀的中葉，基督教在波斯的滲透和活動越來越深入、頻繁，這導致了祆教的祭司階層以暴力來做出回應，呼應著在羅馬帝國所發生的迫害情事。[54]但是就像卡提爾的銘文所證實的，波斯態度的硬化並不只是針對基督徒，對其他信仰也是這樣。消滅可供替代的宇宙論的同時，狂熱的祆教也是波斯復興的特徵。國教（state religion）開始出現，這一概念是把祆教的價值觀等同於波斯人的價值觀，國教還提供了「波斯王道之柱」。[55]

一系列的連鎖反應出現了，對資源的爭奪和軍事對抗促進了複雜的信仰系統的發展，這種信仰系統不但能解釋勝利和成功，也能直接削弱那些相鄰的對手。對波斯而言，這意味著有越

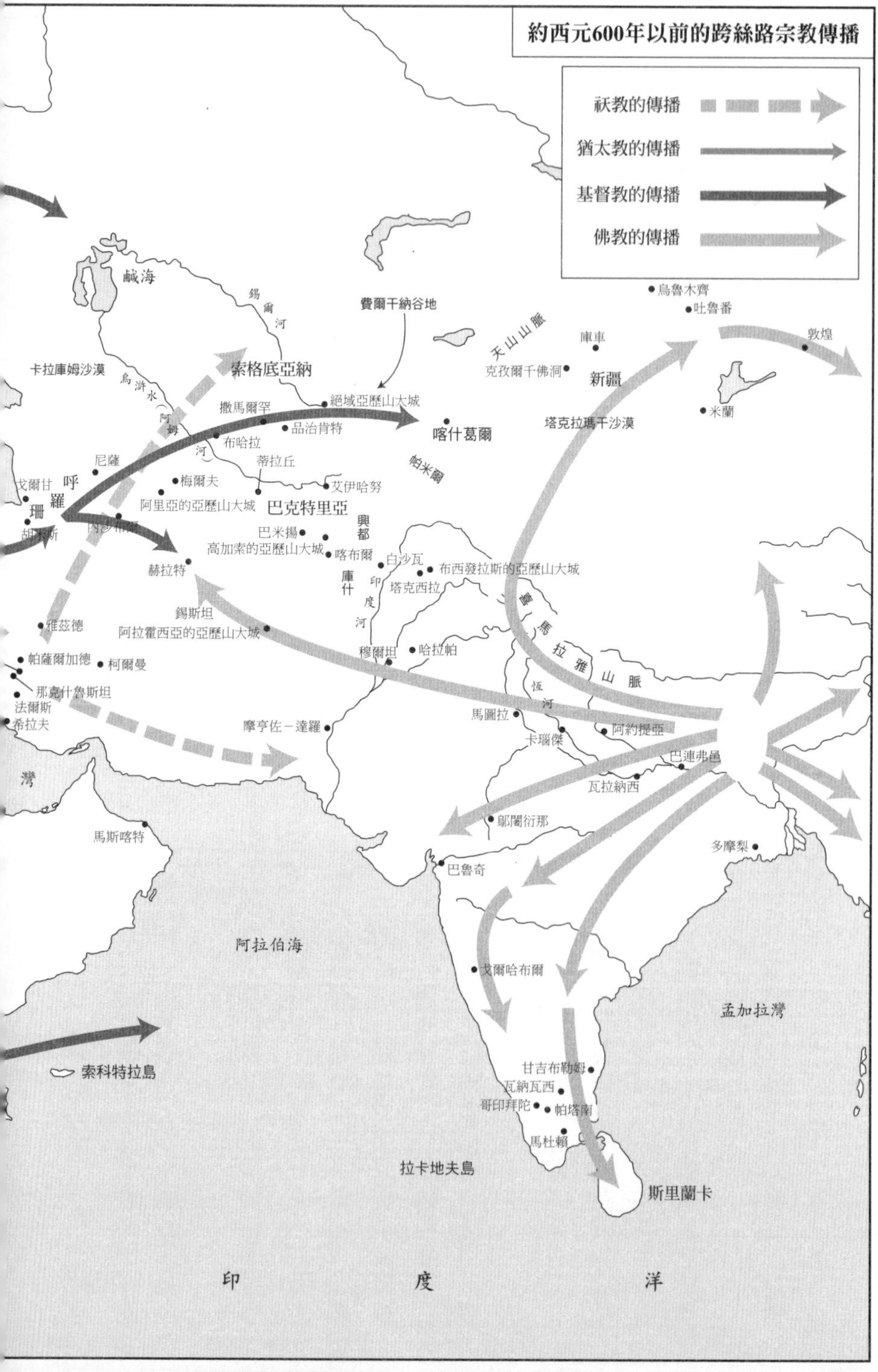

約西元600年以前的跨絲路宗教傳播

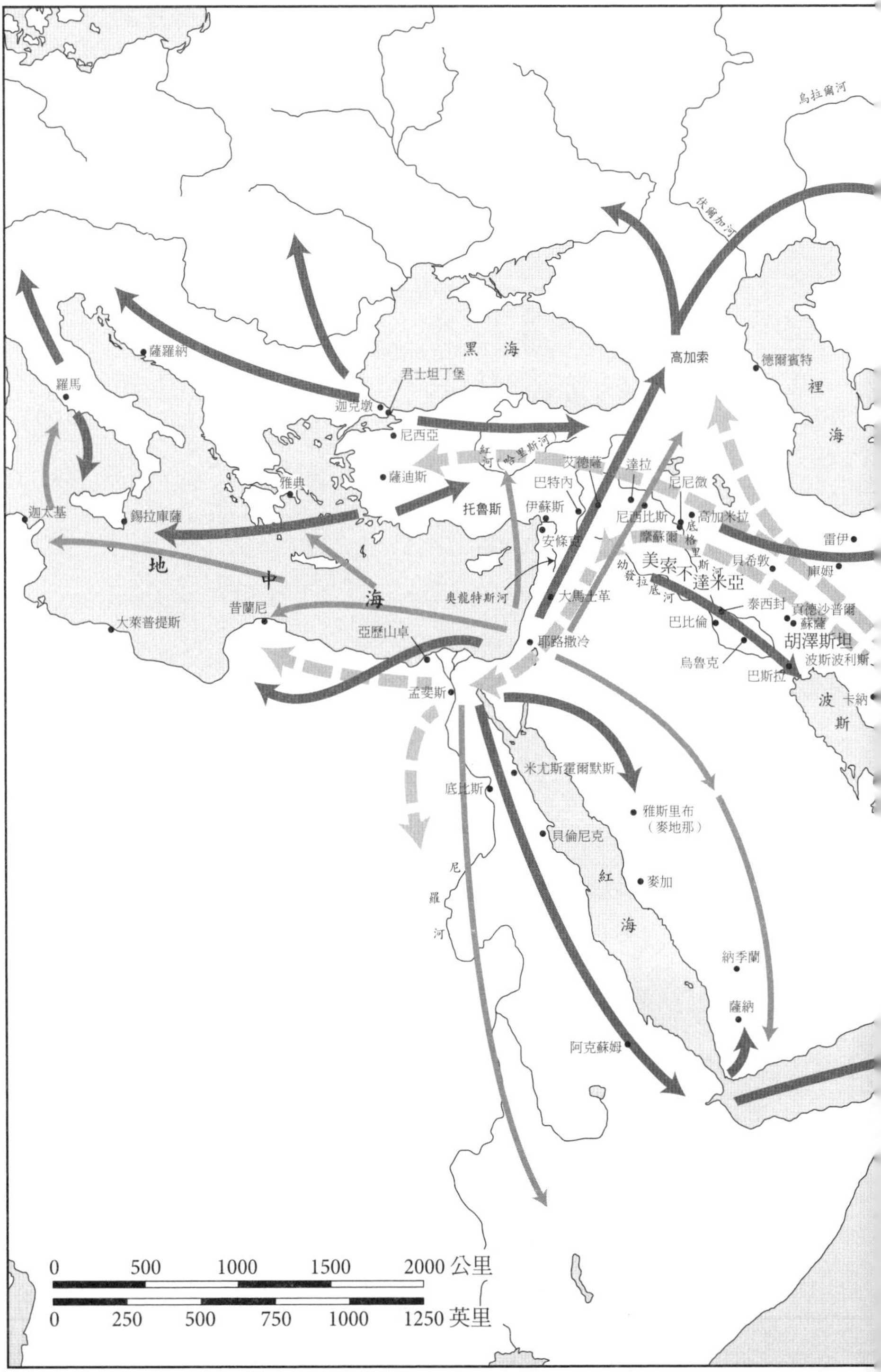
烏拉爾河
伏爾加河
黑海
高加索
德爾賓特
裡海
薩羅納
羅馬
君士坦丁堡
迦克墩
尼西亞
紅河
哈里斯河
薩迪斯
雅典
艾德薩
達拉
巴特內
尼尼微
迦太基
錫拉庫薩
托魯斯
伊蘇斯
尼西比斯
高加米拉
雷伊
安條克
摩蘇爾
底格里斯河
美索不達米亞
貝希敦
庫姆
地中海
幼發拉底河
奧龍特斯河
大馬士革
泰西封
貢德沙普爾
蘇薩
昔蘭尼
大萊普提斯
巴比倫
胡澤斯坦
亞歷山卓
耶路撒冷
烏魯克
波斯波利斯
巴斯拉
孟斐斯
波斯
卡納
米尤斯霍爾默斯
底比斯
雅斯里布
（麥地那）
貝倫尼克
尼羅河
紅海
麥加
納季蘭
薩納
阿克蘇姆
0 500 1000 1500 2000 公里
0 250 500 750 1000 1250 英里

來越張揚、自信的祭司階層出現，他們的角色深深地擴張到了政治領域——就像銘文清晰表示出來的一樣。

不可避免的，這會造成一些後果，尤其是當這種概念輸出至相鄰的地區或新征服的領土上時。建造卡提爾所特別引以為傲的火寺不僅會有引起當地人反抗的風險，而且也有強迫推行教義和信仰之嫌。祆教變成了波斯的同義詞。過不了多久，這種宗教就會被看作是占領的工具，而不是一種精神解放的形式。這在當時並非巧合，有些人開始把目光轉向了基督教，他們把基督教當作對波斯中央強制推行的信仰的反抗。

我們現在並不完全清楚高加索的統治者是在何時、什麼情形下接受基督教的。對亞美尼亞（Armenia）國王梯里達底三世（Tiridates III）在西元四世紀皈依基督教的記載是在此後寫下的，但這份記載的作者們是要講一個好故事，而且持有對基督徒的偏好。[56] 但是，按照故事的說法，梯里達底變成了一頭豬，一絲不掛地在曠野中遊蕩，後來他得到了聖格里高利（St Gregory）的治療後皈依了基督教，聖格里高利曾因拒絕崇拜一個亞美尼亞女神而被丟進了一個蛇洞。格里高利去掉了梯里達底的豬鼻子、獠牙和豬皮後，在幼發拉底河中給這位滿懷感激的君主施了洗禮。[57]

梯里達底並不是唯一一個在這時期皈依基督教的重要政治人物，因為在四世紀早期，羅馬最有影響力的人物之一君士坦丁也皈依了基督教。這個決定性的時刻發生在激烈的內戰中，在西元三一二年，當時君士坦丁正在義大利中部的米爾維安大橋（Milvian Bridge）和他的對手馬克森提烏斯（Maxentius）兩軍對決，在戰役開始後不久，他在天上看到太陽上方有「十字形的光」，同時出現的還有一行希臘文，說「藉此符號，你將勝利」。這一切的完整意涵直到他做了一個夢之後才完全明瞭，在夢中，耶穌的幻象給他解釋了十字架的符號將幫助他戰勝所有敵人。這樣的情節，無論如何，是一些人對這件事的描述。[58]

這位皇帝親自以犧牲其他所有宗教為代價強化了基督教，基督徒的記載對於這種無限熱忱毫不懷疑。例如，我們從一個作者那裡得知，新的城市君士坦丁堡「沒有遭到祭壇、希臘神廟或多神祭祀的汙染」，而是由「輝煌的禮拜場所」所充實，「上帝會祝福皇帝所付出的努力。」[59]另一位作者敘述了著名的祭祀中心被皇帝關閉，羅馬神學中最重要的神諭和占卜遭到了禁止。在進行官方交易之前的習俗性獻祭行為也同樣被列為非法，多神教的塑像被推倒並透過法律手段加以抵制。[60]在握有既得利益的作者的故事中，很少含糊其辭的情節，他們將君士坦丁展現為他的新信仰的全心全意支持者。

事實上，君士坦丁改宗的動機絕對要比他在世時和去世不久後所記錄的更為複雜。首先，軍隊中有大量人口變成了基督徒，選擇皈依他們的宗教就是一種精明的政治行為；另外，來自帝國周邊地區的紀念碑、錢幣和銘文將君士坦丁描述為一個無敵太陽神派別（cult of the Undefeated Sun，或Sol Invictus）的堅定支持者，這說明相較於一氣呵成的讚美，他對基督教的頓悟要躊躇不定得多。而且，雖然宣稱的是一夜之間舊貌換新顏，但帝國的改變並非一朝一夕就完成了。羅馬、君士坦丁堡和其他地方的重要人物在皇帝的啟示和熱情支持新信仰之後的很長一段時間裡，繼續保持他們的傳統信仰。[61]

然而，君士坦丁對基督教的接受給羅馬帝國帶來了天翻地覆的變化。在戴克里先統治時，迫害到達了高峰，但是持續了十年左右就結束了。長久以來羅馬人的主要娛樂項目——角鬥士對決，因為基督徒厭惡如此糟蹋生命的表演而被廢止。在後來彙編的一本帝國法律集中，記錄了在西元三二五年通過的一條法律，「血腥的場面讓我們不悅」。「我們〔因此〕完全禁止了角鬥士的存在。」那些曾被送到競技場以懲罰他們的罪行或信仰的人，從此將被送到「礦場服務，所以他們可以在不流血的情形下接受對他們罪行的懲罰」。[62]

正如大量資料記載了帝國各地對基督教的支持，耶路撒冷因為其大型工程而顯得出類拔萃，這些建設是靠大量的宗教捐獻完成的。如果說羅馬和君士坦丁堡是帝國的行政中心的話，那麼耶路撒冷就是帝國的精神心臟。城市的一部分地方被夷為平地，從多神教寺廟地基挖出來的土被送到越遠越好的地方，「這些土是惡魔崇拜用過的」。今天的考古發掘找到了一個又一個的神聖地點，其中包括停放耶穌屍體的山洞，這些地方得到修復，「就像是我們的救世主，得到復甦重生」。[63]

君士坦丁本人對這些工作親力親為，他指示了在聖墓（Holy Sepulchre）上方興建的教堂要使用什麼材料。皇帝本來曾樂意授權一個指定人來選擇紡織品和裝潢，但是他想要參與對大理石類型的決定和對柱子的選擇。「我想要知道你的意見，」他寫信給耶路撒冷的主教馬卡利烏斯（Macarius），「天花板是不是應該要有鑲嵌裝飾，或者是要用別的什麼風格。如果是用鑲嵌，可能也要配上金色。」這樣的建議，他繼續說，需要獲得他親自的同意。[64]

君士坦丁被紀念的改信標誌著羅馬帝國歷史的一段新篇章。雖然基督教沒有被當成國教，但是對限制和刑罰的放鬆為這種新信仰的傳播打開了水閘。這對西方的基督徒和基督教來說是好事，但是這給東方的基督徒帶來了災難。雖然始於君士坦丁的改信是精明之舉，他發行的錢幣上有明顯的多神教圖像，他還在他的新城市中豎起了一尊雕像，把自己塑造成太陽神－阿波羅（Helios-Apollo）的樣子，但是他很快就會變得更加高調。[65]不久後，他開始把自己呈現為不分地區的基督徒的保護者——不管是在羅馬帝國境內還是境外。

在三三〇年代時，已經有傳言四處流傳，說君士坦丁正在準備利用一位波斯沙王的出走兄弟來到羅馬宮廷尋求庇護的機會，籌劃一場對波斯的進攻。波斯人的緊張神經在收到一封來自君士坦丁的信時，更是繃到了極點。君士坦丁在信中說，他很開心地得知「波斯最好的省分裡住滿了那些和我現在一樣的男男女女；我說的是基督徒」。他給波斯統治者沙普爾二世（Shāpūr II）傳達了清楚的訊息：「我建議你好好地保護我所提到的這些人……用你所習慣的人道和善良來珍愛他們；因為透過信仰的證明，你將會確保得到無邊無際的好處，對你我來說都是如此。」[66]這封信可能被拿來當作溫柔的建議，但是它聽起來像是一句威脅：過沒多久，羅馬便真的將自己的東部領土深入到了波斯，然後立即開展建造堡壘和道路的工程，以確保勝利果實。[67]

當另一位掌握著商業地位和戰略位置的高加索國王——喬治亞的統治者也經歷了一次頓悟之後，波斯人的焦慮開始演化成了惶恐。對喬治亞統治者頓悟的記載，只比君士坦丁那次的稍微不那麼戲劇性一點（喬治亞國王在狩獵時被黑暗圍繞，隨後看到了光）。[68]趁著君士坦丁正忙於多瑙河戰線，沙普爾二世發起了一次出乎意料的突襲，波斯人進入高加索，推翻了當地的一個統治者並扶植了自己屬意的人選。君士坦丁的回應迅速又充滿了戲劇性：他集結了一支龐大的軍隊，命令他的主教也隨軍出征，並且組裝了一個用聖體櫃（Tabernacle）製成的約櫃（Ark of the Covenant）複製品。他隨後宣布，他希望開始對波斯發起懲罰性進攻，並且要在約旦河受洗。[69]

君士坦丁的野心是沒有邊界的。他已經提前鑄造了錢幣，送給他的侄子一個新的皇室頭銜——波斯的統治者。[70]興奮的心情開始在東方基督徒中傳播開來，我們可以在一封信中感受到這種氣氛，當時在摩蘇爾附近的一個重要的修道院長名叫亞弗拉哈特（Aphrahat），他在信上寫道：「福祉已經降臨於上帝的子民」。這正是他所等待的時機：基督在大地上的王國即將一勞永逸地建立起來。「一定會發生的，」他總結道，「怪物將在注定的時刻被除掉。」[71]

當波斯人準備發起強勁的抵抗時，他們得到了一個天賜良機：在遠征的軍隊啟程前，君士坦丁得病死去。沙普爾二世開始把怒火傾瀉在當地基督徒的頭上，以此來當作君士坦丁挑釁的報復。在祆教權威的慫恿下，沙王「渴望聖徒的血」。[72]大量殉道者湧現了出來：一份西元五世紀初時來自艾德薩的手稿，記錄了有不少於十六個主教和五十名牧師在這段時間內遭到處決。[73]基督徒如今被視為在西邊向羅馬帝國打開波斯大門的先遣隊、第五縱隊。重要的主教們被指控讓沙王的「子民反叛〔沙王的〕權威，並變成了和他們有同樣信仰的皇帝的奴隸」。[74]

大量流血是基督教在羅馬受到熱情接納所帶來的直接結果。沙王發起的迫害是源自君士坦丁用宣揚基督教的做法代替了原先對羅馬帝國的宣揚。皇帝的高調聲明也許打動並啟發了像亞弗拉哈特這樣的人，但是這種做法已經極大地挑戰了波斯的領導地位。在君士坦丁皈依基督教之前，羅馬認同感就已經十分清晰了。但是現在，羅馬的皇帝——以及他的繼任者們——都樂於談論不僅是保護羅馬和羅馬公民，而且還要保護所有基督徒。這是一個很方便操弄的議題，尤其是在國內，這樣的宣示在主教和信徒身上取得了很好的效果。但是對於那些住在羅馬帝國邊界以外的人來說，這是一場潛在的災難——就像死在沙普爾手中的那些殉難者一樣。

因此，這是很諷刺的事，君士坦丁因為他是一位在歐洲給基督教打下了基礎的皇帝而享譽盛名，但從未有人注意到他擁抱新信仰所付出的代價：極大地犧牲了基督教在東方的未來。現在的問題是，已經深入亞洲的基督教能否在決心巨大的挑戰面前存活下來。

第三章
東方基督教之路

在適當的時候，羅馬和波斯之間的緊張關係會變得舒緩，在這時，雙方對於宗教的態度也趨於軟化。這種情況的發生是因為羅馬在西元四世紀時要被迫撤退，因為羅馬要為自己的生存做殊死搏鬥。到沙普爾二世在西元三七九年去世時為止，一系列的戰事讓波斯成功地獲得了向地中海延伸的貿易和交流路線的關鍵節點。尼西比斯和西納格拉（Sinagra）包括在這個範圍內，半個亞美尼亞也被併入。雖然這種領土再平衡促進了雙方的敵意有所消退，但是真正讓羅馬和波斯改善關係的是它們正面臨新的挑戰：有一股災難正在草原上集結。

世界正在進入環境變化的時期。在歐洲，海平面上升和北海地區瘧疾的出現給環境變化提供了證據，在亞洲，從四世紀初開始，鹹海的鹽度急遽下降，草原上出現了不同的植被（高解析度花粉分析可以提供明顯證據），天山山脈的冰川有了新的移動模式，這一切都顯示了根本性的全球氣候變化。[1]

結果是毀滅性的，在中國西部的敦煌附近發現了一封信，這封信是四世紀初的一名粟特商人寫的。這封信驚人地證明了氣候變化的毀滅性後果。他在信中向他的商人夥伴敘述了食品短缺和饑荒造成了巨大傷害，降臨在中國的這場災難已經到了難以形容的地步。皇帝已經逃出了都城，放火燒了自己的宮殿，同時消失的還有粟特商人的社群，饑餓和死亡將它毀滅了。不要來這做生意，這位作者建議說：「你沒辦法獲利。」他講到了有一座又一座城市遭到洗劫。形勢如同末日一般。[2]

混亂給草原上四散的部落提供了完美的條件來鞏固統一。這些人居住在連接蒙古和中歐平原的帶狀地區，如果能掌握最好的放牧地點和可靠的水源，這將會帶來有保障的巨大政治力量。有一個部落現在成了草原霸主，消滅了其他部落。那名粟特商人在信中把末日歸因為「xwn」。這些人是匈奴（Xiongnu）——他們在西方被稱為匈人（Huns）。[3]

在三五〇和三六〇年之間有一波巨大的移民潮，各部落都離開了他們的故土向西移動。最有可能的原因是氣候變化讓草原上的生活變得極為艱難，從而引發了對資源的激烈爭奪。從阿富汗北部的巴克特里亞到羅馬的多瑙河前線都能感受到影響，有大量難民開始在這些地方出現，他們乞求能夠得到在帝國領土上落腳的允許，此前他們被進犯的匈人趕出了黑海以北的地區。這樣的情形很快就變成了危險的動盪。一大支羅馬軍隊被派出重建秩序，三七八年他們在色雷斯（Thrace）的平原上慘敗，造成了包括皇帝瓦倫斯（Valens）在內的大量傷亡。[4]防線門戶大開，一群又一群的部落湧入了羅馬帝國的西部省分，並最終對羅馬城造成了威脅。在此之前，黑海北岸和深入亞洲的草原就曾被看作是無法馴服的廢地，裡面有許多兇殘的戰士，那裡沒有文明也沒有資源。羅馬人從來沒有想過，這些地方，就像是透過波斯和埃及連接東方和西方的路線一樣，也可以被當作主幹道。如今這些地方已經準備好了要向歐洲的心臟輸入死亡和破壞。

在來自草原的災難面前，波斯也在戰慄。波斯東部的省分在猛攻之下成了焦土，在最終倒塌之前：城鎮人口減少；關鍵的灌溉網絡沒人修護，因為一次次的突襲，這些灌溉系統已經無法使用。[5]透過高加索地區發起的攻勢無法抵禦，所帶來的後果就是不斷有戰俘和戰利品從美索不達米亞、敘利亞和小亞細亞的城市中被搶走。在後來的三九五年，一場遠距離攻勢讓底格里斯河和幼發拉底河畔的城市遭到了毀滅，這場攻勢一直波及到波斯帝國的首都泰西封才最終被抵擋回去。[6]

面對驅趕游牧群的共同利益，波斯和羅馬這時團結在一起組成了一個聯盟。為了阻止游牧民通過高加索地區進入，波斯人修建了一條巨大的堡壘城牆，這堵牆從裡海至黑海，延綿近一百二十五英里遠，保護波斯國境不受攻擊，並且作為分隔南方有秩序的世界和北方的無序地帶。在城牆中有三十個堡壘分布在相等距離之間，城牆前還有十五英尺深的運河保護。這是建築規劃和工程上的奇蹟，所有的磚塊都是標準化生產的，來自建築工地上設置的窯。堡壘駐紮有三萬人的軍隊，住在城牆本身的內側要塞中。[7]這條城牆只是薩珊王朝防衛其漫長的北方邊境線免受游牧民攻擊的諸多創舉中的一個，他們還要防衛易受攻擊的貿易樞紐，比如梅爾夫，它的所在地是穿過卡拉庫姆沙漠（Karakum，位於今日土庫曼）而來的游牧民會率先攻打的地點。[8]

羅馬不僅同意定期給這條波斯長城支付維修費用，而且按照當時的一些資料記載，羅馬還派出部隊來支援其防禦。[9]作為和對手化干戈為玉帛的表示，君士坦丁堡的皇帝霍諾留（Honorius）在四〇二年給他的兒子和繼位者指定了一位監護者——此人不是別人，正是波斯沙王。[10]

但是就羅馬人的盤算而言，卻為時太晚了。黑海以北草原上的變動已經創造出了一個完美旋風，擊垮了羅馬帝國的萊茵河前線。在四世紀末的一系列突襲中把羅馬的西部省分扯開了一個裂口，部落領袖從軍事勝利及物質收穫中得到了個人威望，由此吸引到更多的追隨者，並帶來發動更遠攻擊的新勢頭。隨著帝國軍隊難以抵禦住來襲的牧民，帝國防守線相繼失守，導致了高盧省（province of Gaul）的毀壞。當亞拉里克（Alaric）——一位特別有能力、雄心萬丈的首領帶著他的西哥德（Visigoths）部落穿過義大利來到羅馬城外恐嚇羅馬人用錢把他請走時，羅馬人眼前的糟糕局面更是雪上加霜了。當元老院絕望地試圖花錢消災的時候，亞拉里克感覺受夠了拖延，於是在四一〇年席捲並洗劫了羅馬城。[11]

驚訝傳遍了地中海地區。在耶路撒冷，人們不相信這樣的消息是真的。聖耶柔米（St Jerome）寫道：「傳達消息的人說不下去了，他的抽泣中斷了他的話。曾征服了全世界的城市如今被征服了……誰能相信呢？誰能相信用征服世界來日復一日建造的羅馬，如今已經陷落了，諸國之母成了墳墓？」[12]至少城市沒有被一把火燒光，歷史學家約達尼斯（Jordanes）在一百年後痛心地回顧道。[13]

無論燒毀與否，羅馬的帝國在西方已經分崩離析。很快，西班牙遭到了蹂躪，他們被阿蘭（Alans）等部落攻擊，後者本來生活的地方遠在裡海和黑海之間，他們的黑貂皮毛生意最先曾在將近兩百年前被中國評論者小心地記錄下來。[14]另一個部落群體，名叫汪達爾人（Vandals），他們曾被匈人驅逐，最遲於西元四二〇年代來到了羅馬帝國的北非，他們控制了主要城市迦太基以及繁華又富庶的周邊省分，帝國西半邊幾乎全部的穀物都是這些省分提供的。[15]

彷彿這還不夠糟，在五世紀的中葉，一大群各種部落的大雜燴如潮水般向西湧入，他們中有特里溫哥德人（Tervingian Goths）、阿蘭人、汪達爾人、蘇維人（Suevi）、格皮德人（Gepids）、紐里人（Neurians）、巴斯塔人（Bastarnians），除此之外——匈人自己也出現在了歐洲，領頭的人是古代末期最著名的人物：阿提拉（Attila）。[16]匈人所造成的恐怖是純粹的。他們是「魔鬼的溫床」，一個羅馬作者這樣寫道，而且「超乎想像的野蠻」。匈人從小就習慣了酷寒、饑餓和口渴，他們穿田鼠皮縫合成的衣服，他們吃草根、生肉——把這些東西放在大腿之間溫一溫就能吃了。[17]他們對農業沒興趣，另一位作者寫道，他們只想著從鄰居家偷東西，奴役鄰人：他們就像狼一樣。[18]匈人在男嬰剛出生時會在他們的臉蛋上留疤，這是為了成年以後不會在臉上長毛髮，他們在馬背上的時間很久，因此他們的身體型態很怪；他們看起來就像是用後腿站立的動物。[19]

雖然這很容易讓人將這些評論視為偏見的跡象而忽略掉，但是對頭骨遺存的研究的確顯示出，匈人在年輕時會進行人為的頭蓋骨整形，給額骨和枕骨施加壓力將頭顱箍平。這會讓頭長成獨特的尖狀。不僅匈人的行為讓人覺得超常恐怖，就連他們的長相也是這樣。[20]

匈人的到來讓東半邊的羅馬帝國看到了巨大危險。和他們在歐洲大部分地區造成的嚴重動亂和破壞不同，小亞細亞、敘利亞、巴勒斯坦和埃及的許多省分仍然毫髮未損，輝煌的君士坦丁堡也同樣完好。為了保險起見，狄奧多西二世（Theodosius II）皇帝用固若金湯的防守把城市圍住，其中包括一系列巨型岸牆來讓城市免受攻擊。

這些城牆和分隔歐洲和亞洲的窄窄海峽證明了其關鍵作用。在多瑙河以北穩住陣腳後，阿提拉蹂躪了巴爾幹地區十五年之久，從君士坦丁堡的政府那裡榨得了大量貢物以換得不再繼續進攻，他們還得到了大量黃金。依靠勒索和賄賂，他從帝國政權那裡榨出了他所能得到的所有東西後，開始向西進犯；終於，他的進展受到了阻擋，阻擋他的不是羅馬軍隊，而是匈人的長期敵人所組成的聯軍。在四五一年，位於今日法國中部的卡塔隆平原（Catalaunian Plains），阿提拉被打敗了，打敗他的軍隊由很多族裔組成，他們都來自草原。匈人的領袖在他的婚禮之夜（已不是第一次了）不久後離開了人世。當時有人記錄說他大肆慶祝，「渾身都灌滿了酒才入睡」，遭受腦出血並在睡眠中死亡。「醉酒給這位在戰爭中贏得了榮耀的國王帶來了可恥的結局」。[21]

近年來，談論羅馬被洗劫之後出現時代轉變和延續性，而不是去描述時代的黑暗好像是很時髦的一件事。然而，正如一位現代學者有力地指出的，西元五世紀時哥德人、阿蘭人、汪達爾人和匈人在歐洲和北非的肆虐、強姦、掠奪和無政府混亂所造成的影響已經很難再誇張。識字率水平驟然下跌；用巨石修建的建築物不見了，財富和雄心的崩塌表現得十分清楚；曾經一度把突尼西亞工廠中製作的陶器運送到遠至蘇格蘭艾奧納（Iona）的長距離貿易崩塌了，取而代之的是地方市場上小規模商品的交換；對格陵蘭北極冰蓋汙染物的測量結果顯示，鍛造業大量收縮，水平已經倒退至史前時代。[22]

當時的人們實在弄不明白，這對他們來說是世界秩序的完全崩解。「〔上帝〕為什麼讓我們比所有的這些部落民還要弱小、還要悲慘」，五世紀時的基督徒作者沙維安（Salvian）悲嗚道，「為什麼讓我們被野蠻人征服？為什麼讓我們被敵人統治？」他總結說，答案很簡單：人類已經犯罪，上帝在懲罰人類。[23] 其他的一些人得出了相反的結論。在虔誠遵從多神傳統時，羅馬是世界的主人，拜占庭歷史學家佐西姆斯（Zosimus，本人是多神教徒）這樣說；當羅馬拋棄了傳統而投入到新的信仰中，它就開啟了自我終結。這不是意見，而是事實。[24]

羅馬的崩壞放鬆了基督教在亞洲受到的壓力。在抵禦草原游牧民的共同利益面前，羅馬和波斯的關係得到了改善，羅馬帝國的虛弱讓基督教在波斯不再被視為是一個威脅，甚至可能被看作是一個有吸引力的宗教——就像在一百年前當君士坦丁集合力量攻打波斯以解放基督教人口的時候一樣。因此，在四一〇年，沙王亞茲德格德一世（Yazdagird I）所提議的會議召開了，這些會議的目的是在波斯給基督教會提供正式地位，並為其教義訂下標準。

就像在西方一樣，關於如何追隨耶穌的教誨，信徒要如何生活，如何宣示和踐行信仰，許多有分歧的觀點已經四散流傳。正如前文中已經敘述的，即便是卡提爾在三世紀的銘文就已經說到了有兩種基督徒存在，拿撒勒人和基督的信徒——一般理解的兩者區別在於前者是接受福音的當地人，後者是那些從羅馬領土上遭驅逐的人。具體實踐形式的不同和教義的差異自始至終都是麻煩的來源，下面的例子也許不會出人意料。在伊朗南部的法爾斯（Fars），像里夫－阿爾達希爾（Rev-Ardashīr）這樣的地方有兩個教會，一個是用希臘語舉行宗教活動，另一個則是用敘利亞語。對立有時候引發暴力，比如在蘇西亞納（Susiana，位於今天的伊朗西南部），互相敵對的主教試著用拳腳相向的方式解決問題。[25]在波斯帝國最重要的城市之一塞琉西亞－泰西封（Seleucia-Ctesiphon），當地主教做出努力要給基督徒社群帶來秩序和統一，但他的努力最終令他灰心喪氣、徒勞無功。[26]

如果救贖的可能性是取決於正確地處理信仰問題的話，那麼就應該一勞永逸地消除不同——這是早期教會的神父們從一開始就盡力強調的。[27]我現在重複我之前說過的，聖保羅（St Paul）提醒迦拉太人（Galatians），「如果有任何人傳授一段和你們所接受到的不同福音書，那就將他放逐！」（Gal. 1:9）。正是在這樣的背景下，為了傳教——其字面意思是「傳播福音」，從而出現了以書面形式來解釋誰是上帝的兒子，以及他的準確訊息是什麼的文章，並用這樣的方式將信仰加以系統化。[28]

為了結束困擾西方早期基督教會的爭論，西元三二五年，君士坦丁皇帝在尼西亞（Nicaea）召開了一場會議，帝國各地的主教們都被召集到這裡來解決關於聖父（God the Father）、聖子（God the Son）的對立解釋，這是導致最多衝突的主題之一，另外還要處理許多相互牴觸的理論。人們同意以一種教會組織的方式來處理這些問題，按照這種方式，尼西亞會議確定了如何計算復活節日期，並且固定了一套今天的基督教會依然緊緊抓住的信仰論述：這就是「尼西亞信經」（Creed of Nicaea）。君士坦丁決定結束分歧並強調統一的重要性。[29]

來自波斯和羅馬帝國疆界以外其他地方的主教並沒有得到邀請來到尼西亞。在波斯，會議在四一〇、四二〇和四二四年召開了三次，也是為了讓主教們解決他們的西方同行所處理的相同問題。見面和討論的意願得到了波斯沙王的支持，在一份史料中，他被稱為「無往不勝的萬王之王，各教會依賴他得享和平」。就像是君士坦丁一樣，波斯沙王也熱衷於從基督教社群那裡獲得支持，而不是介入到他們的爭吵中去。[30]

關於這個會議最後確定下了什麼的史料記載並不完全可信，這反映出在主要教區和教士之間發生了權力上的爭鬥。儘管如此，會議達成了關於教會組織問題的重要決定。據說，（儘管是處在巨大爭議和惹人厭惡的情形下）會議同意塞琉西亞－泰西封的大主教應該以「波斯帝國全境內所有兄弟主教的領袖和統治者」身分行事。[31]關於神職認命機制的重要問題在會議中被人們長時間地討論，討論這個問題的目標是消除在同一個地方存在兩種相互矛盾的基督教等級制度的情形。人們討論了重要宗教節日的日期，另外也確定了尋求「西方主教」的指導和介入的普遍行為應該停止，因為這種方式削弱了東方教會的領導。[32]最後，尼西亞會議的信條和教規得到了接受，同時還接受了在尼西亞會議以後在西方宗教會議上達成的協議。[33]

這本應是一個重大時刻，基督宗教的肌肉和大腦在此可以協調配合，創造出一個將大西洋和喜馬拉雅的山腳相連的機制，它有兩個強壯的臂膀——一個是以羅馬為中心，另一個是以波斯為中心，它們都是古代世界晚期的偉大帝國，可以彼此協同合作。在羅馬皇帝的支持下，以及在後者波斯沙王越來越大的接受之下，一個值得羨慕的平台已經鋪設好，可見基督教不僅將會成為主導歐洲的宗教，而且在亞洲也同樣如此。但與此相反的是，激烈的暗鬥爆發了。

有一些主教因為促進教會和諧的努力而感覺遭到了削弱，他們指控教會的高層人物不僅沒有受過適當教育，甚至沒有得到適當的任命。隨後的麻煩是由基督徒開始進行武裝行動造成的，有大量的祆教火寺在武力行動中遭到惡意破壞——這反過來讓沙王從一種妥協立場被迫轉向捨棄宗教寬容立場，以支持上層統治的信仰系統。不但沒有迎來黃金時代，教會發現自己正面臨新一波的迫害。[34]

在早期教會中激烈的教士爭論每隔一段時間都會在他們中間爆發。格里高利・納齊安（Gregory of Nazianzus）是西元四世紀時君士坦丁堡的大主教，也是早期最優秀的基督徒學者之一，他曾經記錄下自己是如何遭到人們的誹謗。對手們就像是一大群烏鴉一樣對著他大喊大叫，他如是記錄道。這樣的感覺就像是站在沙暴的中央，或者是被一群野獸包圍：「他們就像是一群黃蜂忽然撞到人的臉上一樣。」[35]

然而，尤其是在五世紀中葉發生分裂的時機非常糟，一場充滿了仇恨的爭鬥已經在醞釀之中了，敵對的雙方是西邊的君士坦丁堡的牧首聶斯脫里（Nestorius）和亞歷山大的牧首區利羅（Cyril of Alexandria），他們因為耶穌神性和人性上的問題產生了激烈爭論。這樣的爭吵並不一定出於單純的目的。區利羅是一個天生的政治人物，他為了贏得對他地位的支持，不惜使用殘酷無情的手段，正如他長時間安排好的賄賂日程表表現出的：高層人物和他們的妻子得到了貴重的禮品，例如精美地毯、象牙做的椅子、昂貴的桌巾和大量現金。[36]

有些東方的教士認為這場爭論——以及其解決方法的本質——都十分令人困惑。在他們看來，雖然爭論的主要核心是關於教會等級制度中的兩個重要派系的權力爭鬥，只有一派的教義和地位可以被接受和採納，但真正的問題在於教會對基督化身（incarnation）的概念翻譯得十分草率，它是從敘利亞文術語翻譯到希臘文的。他們兩派人的衝突的起源是關於聖母（Virgin）的地位，按照聶斯脫里的觀點，「Virgin」不應該翻譯成「Theotokos」（the one who bears God，懷上帝的人），而應該是「Christotokos」（the one who bears Christ，懷基督的人）——換句話說，耶穌只具有人性。[37]

遭到區利羅的兩翼夾擊和謀略攻伐，聶斯脫里被推翻了。隨著主教們急匆匆地將自己的神學立場轉彎，這讓教會充滿了動盪。在會議中做出的決定會遭到各自勢力挑戰，敵對的雙方會在背地裡展開猛烈的遊說活動。有許多圍繞耶穌是否有神性和人性兩種性質的討論得到了解決——這兩種性質神聖不可侵犯地結合在一個人身上，兩者是相連的。耶穌和上帝之間的準確關係也是一個被激烈爭論的議題，這個議題圍繞著耶穌是否是上帝的創造物的問題而展開，如果是這樣的話，兩者的關係是一種從屬關係，另一方認為耶穌是神的體現（manifestation of the Almighty），那麼兩者之間的關係就是相等（co-equal）、相永恆（co-eternal）。對於這些問題的回應，在西元四五一年召開的迦克墩公會（Council of Chalcedon）中以強迫的方式加以表述，對於信仰的新定義的詳細論述將會在整個基督教世界中得到接受——並且伴隨著明顯的脅迫——任何不同意的人都將被逐出教會。[38]在東方的教會對此十分憤怒。

東方的主教們表示，西方教會的這種新教義不僅是錯的，而且更近乎於異端。於是他們發布了一份重述的教義，表述了耶穌的性質是獨特的、分而論之的，並威脅譴責任何「考慮或傳授說我們的主的神性已經變低和改變的人」。[39]皇帝也捲入到了這場爭論。他關閉了艾德薩的學院，這裡已經成了東方基督教的關鍵地點，有各種文本、聖徒生平和建議從這裡湧現出來，這些文字不僅是用艾德薩當地使用的敘利亞語、亞拉姆方言，而且還有像波斯語、粟特語這樣的各種其他語文。[40]和希臘語作為地中海地區的基督教語言不同，東方從一開始就有一種共識，認為如果想要吸引到聽眾，那就需要有可用的資料好讓盡可能多的群體能夠理解。

艾德薩學院的關閉更加深了東西方教會的分裂，尤其是因為有許多學者被從帝國領土上驅逐出去，並在波斯尋求庇護。經過了一段時間以後，這種狀況變得越來越棘手，在君士坦丁堡的皇帝希望捍衛正統教義，鎮壓被看作是異端邪說的教義。在五三二年，經過了在高加索地區一段時間的不穩定情勢後，羅馬和波斯同意簽訂和平條約，其中的關鍵條款之一是：波斯官員要幫忙追蹤和抓捕觀點與迦克墩會議不符的主教和牧師，以及那些被羅馬官方認為是危險分子的人。[41]

在敵對的宗教團體之間舒緩情緒的努力只是白費工夫，舉例來說，皇帝查士丁尼（Justinian）的例子就很明顯：他曾一次又一次地試著讓對立各方調和他們的觀點，他在五五三年召開了一場重大的大公會議（Ecumenical Council），想要給一段互相指責並越演越烈的時期畫上句號，他同時還親自參加更低調的重要教士會議來尋找解決辦法。[42]根據他去世後寫下的一段文字顯示，他在各方意見中努力尋找共同點的行為被一些人認為是：「在各處推行混淆和動盪並從中獲利以後，經過人生的總結，〔他〕去了最底層的懲罰之所」，也就是說，他下了地獄。[43]其他皇帝採取了不同的方法，為了能夠讓刺耳的音調和對罵聲安靜下來，皇帝乾脆下令禁止了對宗教議題的討論。[44]

當西方的教會正執迷於將不同觀點連根拔除時，東方的教會展開了歷史上最有雄心和影響深遠的傳教工程，以規模而言，可以和後來在美洲和非洲的傳教工程相提並論：基督教在沒有背後政治力量相挺的情形下在新的區域迅速傳播。在阿拉伯半島南部地區突然出現許多殉教者，這顯示出基督教的觸手伸到了多遠的地方，事實上，葉門國王也成了基督徒。[45]一位說希臘語的旅客在五五〇年前後來到斯里蘭卡，他在當地發現了生機勃勃的基督徒社群，監管他們的教士是受波斯指派而來到此地。[46]

基督教甚至傳播到了草原上的游牧民那裡，出乎君士坦丁堡的官員們意料的是，當一些被作為和約一部分的人質到來時，他們發現有些人質的「額頭上有黑色的紋身十字架符號」。在被問到原因時，他們回答說曾發生了一場傳染病，「他們之中的一些基督徒建議他們這樣做〔來獲得神的保護〕，而且自從那以後，他們的國家就安全了」。[47]

到六世紀中葉為止，就已經有主教區深入亞洲了。像巴士拉、摩蘇爾和提克里特（Tikrit）這樣的城市已經有了生機勃勃的基督教人口了。傳播福音的規模大到在泰西封附近的科赫埃（Kokhe）已經有了不下五個下屬主教區。[48]像梅爾夫、貢德沙普爾，甚至是位於中國入口處的綠洲城鎮喀什葛爾這樣的城市，早就在坎特伯里之前有了大主教。在傳教士到達波蘭或斯堪地那維亞的幾百年前，那些地方就有了主要的基督教中心。今日烏茲別克境內的撒馬爾罕和布哈拉也是興旺的基督徒社群的家園所在，這比基督教被帶到美洲早了一千年。[49]事實上，甚至在中世紀時，亞洲的基督徒也比歐洲的基督徒更多。[50]畢竟說來，巴格達到耶路撒冷的距離比雅典到耶路撒冷的距離更近，同樣的，德黑蘭比羅馬更靠近聖地，撒馬爾罕也比巴黎和倫敦更接近聖地。基督教在東方的成功已經被遺忘許久了。

基督教的散播有很大一部分原因要感謝波斯薩珊王朝統治者的寬容和靈巧，貴族和祆教的祭司階層是平靜的，因此波斯的統治者就能夠追求包容性的政策。比如霍斯勞一世（Khusraw I，五三一－五七九）和外國學者打交道的方式，就在當時的君士坦丁堡聞名，人們認為他是「文學的情人和哲學的學生」，在君士坦丁堡的一位作者曾氣急敗壞地表示他對此難以置信，歷史學家阿蓋西阿斯（Agathias）在不久後心懷抗拒地說：「真是難以置信，他居然真的如此優秀。他怎麼可能能理解哲學中的細微奧妙呢？」[51]

到六世紀末期時，東方教會在開會時甚至會以誠懇地為波斯統治者的健康祈禱作為會議的開端。在這不久以後，沙王就開始組織新牧首的選舉，力促他領土上的所有主教都「快點來……選一個領導和控制者……在這樣一個人的領導下，管理和領導我們的主耶穌基督在波斯人的帝國中的每個祭壇和每個教堂」。[52]薩珊統治者已經從亞洲基督徒的迫害者變成了支持者。

這種情況的一部分原因要歸於波斯的自信心越來越強，當君士坦丁堡皇帝的軍事和政治優先考量事項已經轉移到其他地方的問題上，波斯人的自信心也得到了君士坦丁堡的統治者按時支付的金錢的推動。隨著草原上的形勢平靜下來，羅馬的注意力常常關注在安定和恢復地中海地區曾經陷落的省分上，西元五、六世紀正是波斯越來越繁榮的時候：宗教寬容和經濟成長攜手進展。隨著中央政府把越來越多的稅金收入花在建設基礎設施上，數不清的新城市在波斯各地建立起來。[53]宏大的灌溉工程刺激了農業生產，在胡澤斯坦和伊拉克尤其如此，在這些地方有修建的供水系統，有時候這些水道可以綿延好幾英里遠。巨大的文官系統機器確保了順暢的行政管理，從黎凡特（Levant）一直深入至中亞都是這樣。[54]在薩珊王朝的政府中，這個時期正是迅速中央集權化的時候。[55]

控制的程度可以精細到對波斯市場和巴札中的攤位布局也有相應的規範。有文本記載了規定完備的行業公會是怎樣規範貿易的，文本還記載了有專門的檢查人員在貿易現場確保交易的質量，並評定該上繳國庫的額度。[56]隨著財富增加，長距離的奢侈品貿易和高價值物品交易也增長了：至今留存著上千枚用來標記准許販賣的貨物包裝的印章，就像一部大量文字材料彙編所證實的，在這一時期，蓋了章的合同會被保存在註冊辦公室裡。[57]有貨物從波斯灣運送到裡海，再通過海路送到印度，然後通過陸路運回。和斯里蘭卡、中國的交換水平急速飆升，就像是和地中海東部的增長一樣。[58]自始至終，薩珊當局都保持著對國境內外最新動向的密切關注。

這種長距離貿易中的一大部分都是由粟特商人經手，粟特商人以他們的貿易商隊、經濟敏銳性和緊密的家庭連結著稱，這些特質讓他們得以沿著從穿過中亞的主要幹道進入新疆和中國西部。在二十世紀初，斯坦因（Auriel Stein）在敦煌附近的一處瞭望塔裡發現了精彩的書信遺存，這也證明了貿易模式和精密的信用設施，還有粟特商人們運輸、買賣的不同產品和貨物。在各種商品類型中，包括有金銀裝飾品，比如髮夾和精緻的容器、草藥、亞麻、羊毛紡品、番紅花、胡椒和樟腦；但是他們尤其專精於絲綢貿易。[59]粟特人是連接各個城鎮、綠洲和地區的膠水。他們在中國絲綢到達地中海東部的過程中扮演了主要角色，在那裡，絲綢非常受到羅馬皇帝和菁英人士們的熱衷。相似的，他們也把貨物送往其他地方：在君士坦丁堡鑄造的硬幣可以在中亞找到，也包括中國在內——一個著名的描繪了特洛伊戰爭場景的銀質水壺就曾在西元六世紀中葉陪著它有權有勢的主人李賢下葬。[60]

隨著宗教的彼此交流，它們不可避免地開始相互借用。雖然很難去精確地追溯這一點，但令人驚訝的是，在印度教、佛教、祆教和基督教的藝術中，可以看到光圈成了普遍運用的視覺符號，作為一種溝通人間和神的連接，也作為榮光和啟示的標誌，這在上述所有的信仰中都很重要。在今日伊朗塔克伊布斯坦（Tāq-i Bustān）的一個精彩的紀念物上描繪了一名騎著馬的統治者，他的身邊圍繞著有翅膀的天使和一環繞著他的頭的光圈，這樣的情境對於該地區所有信仰的人們來說都是易於解讀的。與此類似的事，甚至動作——比如佛教手勢「vitarka mudra」——同一隻手的大拇指和食指捏在一起，其他手指散開——以這樣的手勢來代表與神溝通的啟示，尤其得到基督徒藝術家們的喜愛。[61]

基督教沿著貿易路線傳播，但它的進展並非毫無挑戰。世界的中心一直都是喧鬧嘈雜的，這裡充滿了各種信仰、觀念和宗教，它們彼此借用，但也產生衝突碰撞。對精神權威的爭奪變得越來越激烈。這樣的緊張關係是基督教和猶太教長久以來關係的顯著特徵，雙方的宗教領袖都努力地在兩者之間畫上一條線：在前者的案例中，基督教曾一再立法反對基督徒和猶太教徒通婚，而且復活節的日期也被故意挪到了不和逾越節大餐碰巧發生在同一天的日子。[62]對有些人來說，這樣還遠遠不夠。比如四世紀初的君士坦丁堡的大主教金口若望（John Chrysostom），他曾大力勸說禮拜儀式應該要進行得更令人興奮，他抱怨說基督教的禮拜儀式讓基督徒難以和猶太教徒競爭，後者的禮拜堂中有鼓、七弦琴、豎琴和其他樂器讓禮拜過程有趣——而且還有演員和舞者讓儀式過程變得活潑。[63]

對於猶太教的重要人物來說，他們沒有獲得新皈依者的熱忱。「改宗者沒有信仰」——正如一位著名的拉比希雅（Ḥiyya the Great）就曾說過：「除非過了二十四個世代，否則內在的邪惡仍然在他體內。」另一位影響力很大的拉比赫爾伯（Ḥelbo）曾表示過，改變宗教信仰的人就像是癩疥一樣煩人又難處理。[64]猶太人對基督徒的態度在波斯開始變得強硬起來，這是由於基督教對猶太教造成了擠壓的結果。這種情形可以清楚地從《巴比倫塔木德》（*Babylonian Talmud*）中看出來，這本文集主要是關於拉比對猶太法律的解釋。和只是稍微提及耶穌的《巴勒斯坦塔木德》（*Palestinian Talmud*）不同，巴比倫的版本對基督教持有強烈、嚴厲的立場，攻擊基督教的教義，尤其撻伐出自福音書的事件和人物。例如，貞女生產被諷刺和嘲笑成就像是騾子生產，復活的故事也同時遭到了毫不留情的譏諷。《巴比倫塔木德》裡有詳實、複雜的關於耶穌生平的反論述，以及對《新約》和尤其遭受批評的《約翰福音》中一些情節的滑稽模仿作品。這些種種情形都顯示出了基督教取得了多麼令人感到威脅的進展。透過有系統的手段來斷言耶穌是一個偽先知，以此來給釘十字架的刑罰做正當辯護，換句話說，這麼做可以為猶太人解脫責難。這些激烈的反應是為了對抗基督教以犧牲猶太教為代價而穩定獲得進展的反擊。[65]

因此，猶太教自己也要在一些地方取得進展就很重要了。在今天沙烏地阿拉伯和葉門所在的阿拉伯半島西南角上的希木葉爾王國（kingdom of Ḥimyar），正如近年來發現的猶太會堂遺跡所顯示的，猶太社群正在這裡變得越來越重要，在喀納（Qanaʾ）的西元四世紀建築結構遺址就是這樣的例子之一。[66]事實上，希木葉爾熱情洋溢地將猶太教作為國教。到西元五世紀末為止，基督徒定期因為他們的信仰而成為殉道者，在被拉比組成的理事會譴責後，殉難者包括牧師、修士和主教。[67]

在六世紀早期，衣索比亞軍隊在一場跨紅海軍事遠征中想要推翻猶太統治者，並代之以一個基督徒傀儡，這次遠征沒有成功，反而導致了故意的報復，當地統治者採取了按部就班的步驟，以消除王國中所有的基督教痕跡。教堂被摧毀或是改成猶太會堂。上百名基督徒遭到關押或是殺害；在一次行動中，有兩百名在教堂中避難的人被活活燒死。所有的這一切都被國王歡欣鼓舞地記錄了下來，他寫信到阿拉伯各地慶祝他所造成的苦難。[68]

在薩珊帝國中，基督教的進展也招致了祆教祭司階層的反應，當統治菁英階層中的一些人改信基督教後，情形就更是如此了。這也導致了一系列對基督徒社群的主動攻擊，其中也包括許多的殉教情形。[69]相反地，基督徒中開始出現讚揚堅貞不屈的道德故事，其中最著名的是卡爾達（Qardagh）的史詩故事，卡爾達是一個像波斯君主那樣打獵、像希臘哲學家那樣雄辯的優秀青年，但他放棄了當省長的光明前途，選擇改信基督教。於是他被判處了死刑，後來他做了一個夢，夢中有人告訴他為了信仰而死比抗爭更好。在死刑場上，他的爸爸扔下了第一塊石頭。這個故事用漫長而優美的敘述紀念這件事，他這麼做明顯是為了鼓勵其他人在成為基督徒這件事上找到信心。[70]

基督教成功的一部分祕密是因為其傳播福音行動的獻身和不辭辛勞。當然了，熱情中也加入了有益的現實主義：七世紀初的文本記錄了當時的教士努力地將他們的觀念和佛教調和在一起，如果說這不是走捷徑的話，至少也是一個讓事情變得更簡單的方法。有個到達中國的傳教士寫過，聖靈（the Holy Spirit）和當地人已經相信的內容完全一致：「所有的佛都隨著這陣風

〔也就是指聖靈〕起落，因為在這世界上，沒有風到不了的地方。」他還繼續寫說，相似的，自從世界創始，上帝便是掌管永生和不朽的幸福。也就是說，「人們……將總是給佛陀之名帶來榮耀」。[71]基督教不僅僅是和佛教相容，他這樣說道，如果寬泛來講，基督教就是佛教。

還有其他人曾嘗試把基督教和佛教思想的融合編輯成書，以產生出一套有效簡化複雜訊息和基督教故事，用東方人熟悉和能接受的元素來加速基督教在亞洲傳播的混合「福音書」。這種二元論的神學邏輯通常被稱為諾斯替主義（Gnosticism）。諾斯替主義提出用易懂的文化參照和易於理解的語言來講道，用這種明顯的方法來傳播訊息。[72]如果是這樣的話，基督教得到眾多人的支持就不足為奇了：那些觀點已經有意被加工為聽來熟悉也容易明白的內容。

其他派別、信仰和教派也從同樣的過程中得到了好處。有一位很有領袖魅力的傳教士名叫馬茲達（Mazdak），他的教誨被證明在五世紀末、六世紀初時特別流行——就像是我們可以從基督徒和祆教評論者們對其追隨者的批判上就可以看到的那樣，他們傾瀉而出的批判是如此憤怒又豐富。馬茲達的徒弟們的態度和行為，無論是飲食，還是他們對群體性交所持有的興趣，都遭到了大力撻伐。實際上，在這件事情上，以目前我們了解到的非常不完整的史料來看，馬茲達所奉行的其實是一種非常禁欲苦修的生活方式，這種生活方式可以非常明顯地和佛教徒看待物質財富的態度產生共鳴，也能和祆教對物質世界的懷疑那裡找到共鳴，同樣還能在已經發展得十分完善的基督教苦修主義那裡有所反響。[73]

在這種競爭性的精神信仰環境中，捍衛智識上的陣地和真實的陣地都是非常重要的事情。一個在六世紀穿過撒馬爾罕的中國旅客注意到，當地人激烈、暴力地反對佛教法律，並且帶著

「熊熊燃燒的火」趕走任何想要找地方住下的佛教徒。[74]在這個故事中，敵對態度有了一個歡樂結局：訪客後來得到了允許來召集一場聚會，很明顯，多虧了他個性的堅韌和口舌之才，他說服了很多人改信了佛教。[75]

和佛教徒相比，很少有人比他們更了解宣揚和炫耀宗教聖物的重要性。有另一個去中亞尋找梵文文本學習的中國朝聖者帶著充滿驚訝的眼神，看著巴爾赫當地居民所尊敬的宗教聖物。這些聖物中包括有一顆佛祖的牙和他用來清潔的盆和刷子，他的刷子雖是蕎麥做的，但是上面裝飾著精美的珠寶。[76]

然而，還有一種更具視覺性、戲劇性的敘述被設計出來贏得人們的心和腦。長久以來，石窟都是一種能夠喚起、強化精神訊息的方法，坐落在貿易路線的沿線，一方面融合了求庇護和神力的觀點，另一方面融合了商業和旅行的觀點。在孟買海岸附近大象島（Elephanta）的石窟群和北印度埃洛拉（Ellora）的石窟就提供了卓越的例子。這些石窟裡面擺滿了巨大、有裝飾的神祇雕刻，在這兩個地方的案例中，這些神像都是為了展示道德和神學上的高級——即印度教的優越。[77]

位於今日阿富汗境內的巴米揚（Bamiyan）石窟有著很明顯的相似性。巴米揚所在的位置處在南接印度、北往巴克特里亞、西至波斯的商路十字路口上。巴米揚的石窟群中有七百五十一個石窟，裡面有各種各樣的佛造像。[78]有兩個雕像，一個有一百八十英尺高，另一個稍早些，大概有另一座的三分之二高，在一個巨大凹壁中已經矗立一千五百多年了——直到它在二〇〇一年被塔利班炸毀破壞為止，這種敵視異文化和文化野蠻主義的行徑，與宗教改革時期不列顛和北歐對宗教製品的破壞行為形成了呼應。[79]

當我們想到絲綢之路時，很容易覺得絲路上的流通總是從東向西傳送。事實上，有大量的利益和交換是從西向東傳遞的，就像一份滿懷羨慕眼光的七世紀中文文書不加掩飾地表現出來的那樣。敘利亞，這位作者寫道，是「出產防火衣服、養護生命的薰香、明亮的夜明珠和夜光寶石的地方。這裡沒聽說過有強盜和土匪，人們享樂太平。這裡只有傑出的法律；只有道德高尚的人成為君主。土地遼闊、豐厚，文學作品通俗易懂又清晰」。[80]

而且在實際上，雖然有激烈的競爭和各種宗教爭相發聲，但是基督教一直在一點點地侵蝕傳統信仰、行為和價值系統。西元六三五年，在中國的基督教傳教者已經能說服皇帝撤銷對基督教的反對，並將基督教視為合法宗教，他讓皇帝相信基督教所傳達的訊息，不但未曾削弱對皇帝的認同，反倒能潛在地鞏固人們對他的認同。[81]

在大約七世紀中葉，未來貌似十分易於解讀。基督教正快步傳入亞洲，以犧牲祆教、猶太教和佛教為代價取得進展。[82]在這個地區裡，宗教總是彼此競爭，每個宗教都明白要透過競爭來獲得注意力。但是，最具競爭力也最成功的一個，最終證明是一個緣起於伯利恆小鎮中的宗教。[83]考慮到在耶穌被彼拉多處死後的幾百年中基督教已經取得的進展，基督教的觸手達到太平洋，將西方的大西洋和太平洋連接起來的事情將只是時間問題了。

然而，在基督教獲得勝利的時刻，勝利的機會中斷了。精神征服的平台已經設置好了，這個平台不僅聯通了城鎮和區域，還跨越各個大陸。但是在這個時候，一場消耗性的戰爭爆發了，戰爭削弱了現存的各方勢力並且給新的競爭者帶來了機遇。這就好像是給古代晚期帶來互聯網一樣：忽然之間，利用了已經在幾百年間完善了的網絡，一股新的思想、理論和趨向對現有秩序構成了威脅。這個新的宇宙論的名稱並沒有反映出它帶有多麼強烈的革命性。這個名稱的字面意思和安全、和平的語義密切相關，「伊斯蘭」沒有明顯地表示出它將給世界帶來的巨大變化。但革命的確到來了。

第四章
革命之路

伊斯蘭教興起的地方是一個在幾百年來都處於動盪、爭議和災難之中的世界。在先知穆罕默德開始接受神的啟示的前一個世紀，西元五四一年的這一年中，一種異樣威脅的消息正在地中海地區散播恐慌。這個消息就像閃電一樣迅捷，當恐慌到來的時候，一切已經太遲。沒人能夠免遭其害。死亡的規模令人難以想像。按照一個失去了幾乎所有家人的當事人的描述，在埃及邊境上的一個城市被夷平了：曾經興盛的人口只剩下了七個人和一個十歲的男童；家家戶戶的大門敞開著，沒人還守護裡面的金銀和珍貴物品。[1] 許多城市都遭受了野蠻地攻打，光是在五四〇年代中葉，君士坦丁堡每天就有一萬人死於非命。[2] 遭殃的不僅僅是羅馬帝國。不久以後，東方的城市也遭了殃，災難沿著交流和貿易網絡傳播，摧毀了波斯的美索不達米亞地區的許多城市，甚至到達了中國。[3] 黑死病帶來了災難、絕望和死亡。

這也帶來了長期的經濟蕭條：田地上沒有農民，城市裡沒有消費者，整整一代年輕人的消逝自然而然地改變了古代世界晚期的人口結構，導致了嚴重的經濟緊縮。[4] 在這一過程中，經濟和人口變化也對身在君士坦丁堡的皇帝的外交手段產生了影響。在查士丁尼皇帝在位時期的前段（五二七－五六五），帝國完成了一系列的成就，讓北非各省獲得了恢復，在義大利也取得了重要進展。為了能處理帝國遼闊邊境線上可能隨時爆發的各種麻煩，皇帝明智地使用武力，並配合著經過深思熟慮的努力來保持政策的靈活性，這在帝國的東方邊境上也不例外。後來當查士丁尼的統治遭遇人口短缺局面，維持這種平衡就變得越來越困難，沒有結果的戰爭和越來越高昂的代價，榨乾了在黑死病肆虐前就已經岌岌可危的帝國財政。[5]

資源的停滯和人們對查士丁尼的看法變得越來越壞。尤其是對查士丁尼貌似樂意花錢來換得和鄰居們的友誼並四處胡亂施惠的做法，招致了激烈批評。在查士丁尼統治時期，一位尖銳的重要歷史學家普羅科匹厄斯（Procopius）就曾記載，查士丁尼竟愚蠢到認為「把羅馬人的大量金錢扔給各種野蠻人使用並不屬於濫用」的程度，現金被送到東南西北各個方向，他繼續寫說，這樣的事情在以前根本聞所未聞。[6]

查士丁尼的繼任者們拋棄了這種做法，並對羅馬的鄰居採取不加妥協的強硬立場。在查士丁尼於五六五年去世後不久，當草原最強大的部落之一阿瓦爾（Avars）的使者們來到君士坦丁堡，索取他們一如往常都能得到的貢品時，繼任的新皇帝查士丁二世（Justin II）回絕了他們的要求。「你們再也不能拿走帝國的財富了，別指望還能做什麼，趕緊走吧；從我這裡，你們什麼都拿不到。」當使者們威脅說這樣會造成怎樣的後果時，皇帝發怒了：「畜生還敢威脅羅馬的領土嗎？你記住，我會削掉你們的頭髮再切掉你們的腦袋。」[7]

羅馬對波斯也採取了類似的強硬立場，尤其是在他們得到一份來自波斯的報告之後，他們從中得知有一群強大的突厥游牧民已經頂替了匈人在中亞草原上的位置，並且正在給波斯的東部前線施加壓力。突厥人在貿易中扮演的角色已經越來越重要，中國人對他們十分厭惡，將他們描繪成難以相處又不值得相信的人——這正是突厥人已經獲得越來越大的商業成功的確鑿跡象。[8] 領導他們的是一個偉大的領袖室點密（Sizabul），他在一個精美的大帳中接待要人貴客，他倚靠的金床有四個金孔雀造型的腿，附近停放著一台大馬車，顯眼地塗滿了銀色。[9] 突厥人懷著巨大的雄心，並且派出使者到君士坦丁堡來提議成立一個遠距離軍事聯盟。使者告訴查士丁二世，一場聯合起來的攻勢將會摧毀波斯。[10] 渴望能透過打敗君士坦丁堡的老對手來獲得榮耀並看到了光明的前景，查士丁皇帝同意了這個計畫並變得越來越耀武揚威，他向波斯沙王發出威脅，並要求波斯歸還之前合約已經確定的城鎮和領土。在一次執行得很糟的突襲行動後，波斯人的反擊撲向了達拉（位於今日土耳其南部），這裡是羅馬邊境防禦的基礎。在一場為時六個月的可怕包圍戰後，波斯人在西元五七四年成功奪取了達拉，這讓羅馬皇帝遭受了一場精神和身體的雙重崩潰。[11]

這場慘敗讓突厥人看到了君士坦丁堡是一個不值得信任、也靠不住的盟友，一個突厥使者在西元五七六年不加掩飾地表述了這一點，他憤怒地拒絕了任何再對波斯發動攻擊的可能性。他先是將十個手指放在嘴裡，然後生氣地說：「就像我嘴裡現在塞了十根手指一樣，你們羅馬人就像是長了這麼多舌頭似的（巧舌如簧）。」羅馬欺騙突厥人說他們保證會全力攻打波斯；這麼做只換來了苦澀的結果。[12]

一如往常，和波斯戰火重開標誌著又一段混亂時期的到來，這種情況帶來了嚴重後果。此後的二十年時間都是在戰爭中度過，其中不乏一些高度戲劇性的時刻，比如波斯軍隊一路深入小亞細亞，隨後又撤回了老家。波斯軍隊在途中遭到了埋伏，女王被俘虜，一同落入敵手的，還有各種珍奇寶石和珍珠裝飾的皇家金馬車。波斯統治者在戰爭中攜帶的聖火被看作是「比所有的火更神聖」，但在兵敗後，聖火連同祆教的高級祭司和「成群的重要人物」一同在河水中溺斃——他們很可能是被強迫丟到水中的。把聖火熄滅是一個極具攻擊性的挑釁行為，是故意要貶低構成波斯人認同感的宗教基礎。這個消息讓羅馬和他們的盟友以瘋狂的熱情大肆慶祝。[13]

隨著敵意繼續，宗教變得越來越重要。譬如說，當士兵因為有人提案要減少他們的薪俸而發動叛亂之後，他們的指揮官舉起了耶穌聖像走在軍隊前方，以提醒造反的士兵們服侍皇帝就是意味著為上帝效勞。當霍斯勞一世沙王在五七九年去世時，有些人信口開河地說，「聖言（divine Word）的燦爛光芒圍繞著他，因為他相信基督」。[14]以君士坦丁堡為基地，益發強硬的態度導致了對祆教的竭力批判，阿蓋西阿斯寫道，謬誤又墮落的波斯人「自從聽信了瑣羅亞斯德教導的魅惑，就染上了離經叛道又惡劣的習俗」。[15]

將軍國主義和大量的宗教特性融合起來的手段，給那些身在帝國邊陲、已經對基督教抱有好感和已經皈依基督教的人產生了影響，這樣的做法是為了贏得他們的支持和忠誠的政策的一部分。[16]至於那些位於阿拉伯半島南部和西部的部落來說，羅馬人還做出了特別的努力，用物質獎勵的承諾來拉攏他們。羅馬人還授予他們皇家頭銜，這種做法給當地帶去了一種有效的親屬關係（和王道）的新概念，同樣也促使很多人下定決心要把他們的身家命運押在君士坦丁堡的身上。[17]

益發強硬的宗教情感在和波斯對抗期間也造成了一些後果——因為一些部落所接受的基督教並不是在四五一年迦克墩公會上所定義的基督教，他們對基督的一元性上有一種或多種的不同觀點。羅馬人和他們在阿拉伯半島的長期盟友加薩尼（Ghassānids）的關係，也因為來自帝國首都的尖銳訊息變得惡化了。[18] 他們關係惡化的一部分原因，是由於雙方在宗教上相互懷疑。當他們之間的關係在這個敏感時刻破裂，這給了波斯人一個完美機會來好好加以利用。波斯人控制了阿拉伯半島西部和南部的港口和市場，開闢了新的路上貿易路線，將波斯和麥加、烏卡茲（'Ukāẓ）聯通了起來。按照伊斯蘭教的傳述，這一地緣變化促使麥加的一個重要人物向君士坦丁堡提出要求，任命他自己作為麥加的部落長（phylarch）或守護人，這個頭銜意味著擔任羅馬的代表。後來羅馬皇帝把麥加的王權的皇室頭銜授予了一個奧斯曼（'Uthmān）家族的人。在雅斯里布（Yathrib）也同時進行著類似角色的任命——只不過是由波斯人來下決定。[19]

當這樣的緊張情勢在阿拉伯半島益發凝固，在北方主要舞台曠日持久的拉鋸戰也沒有什麼進展。事態的轉折點並未在戰場上發生，而是出現在西元五八〇年代末的波斯宮廷內部，瓦赫拉姆（Vahrām）是一個很受歡迎的將軍，他在東部前線將突厥人穩定了下來，隨後他開始攬權並反叛沙王霍斯勞二世（Khusraw II）。沙王逃到了君士坦丁堡，並向羅馬皇帝莫里斯（Maurice）許下了在高加索和美索不達米亞地區的重大讓步——其中包括歸還達拉——以換取羅馬帝國對他的支持。在霍斯勞於五九一年回到波斯之後，出人意料地是他沒和羅馬人起什麼爭執，而是兌現了當初的諾言。按照一位重要歷史學家的說法，這絕對是一個《凡爾賽和約》式的時刻：有太多的城鎮、要塞和重要地點都拱手交給了羅馬人，把波斯的經濟和行政心臟地帶暴露在敵人面前；恥辱來得太深刻，一定會激起強烈反應。[20]

在之前二十年間的激烈交戰中，勝利的鐘擺總是來回搖擺。從意圖和目標的角度來看，羅馬人看起來是取得了一次重要的外交和政治政變。現在羅馬人有了之前所缺少的前進陣地，他們終於有機會可以在近東建立起永久性的存在了。正如歷史學家普羅科匹厄斯所言，美索不達米亞的平原越過底格里斯和幼發拉底的大盆地向前伸展，以河流、湖泊或山脈的形式來看，它缺少明顯的前線據點。[21]這意味著任何勝利都很難守住，除非能獲得巨大的一塊領土將它把握住。霍斯勞二世可能的確是重新獲得了他的王座，可是他付出的代價太高昂了。

然而還不到十年光景，局勢就出人意料地逆轉了。在六〇二年的一場宮廷政變中，莫里斯皇帝被他手下的一名將軍福卡斯（Phokas）謀殺了，霍斯勞二世抓住時機發起突襲，並強迫羅馬展開重新談判。在一次對達拉發動的猛烈攻擊後，羅馬人在美索不達米亞北部的防守線上被敲開了一個致命缺口，這讓霍斯勞二世獲得了信心，福卡斯的掙扎鞏固了霍斯勞自己在國內的權威。當有報告說正有新的一波游牧民在巴爾幹地區肆虐時，沙王的壯志雄心膨脹了起來。過去用來管理阿拉伯半島北部臣民的傳統代理人管理體系被急匆匆地撤銷，這預示著對邊疆地區的重大重組，波斯的擴張將隨之而來。[22]

基督徒人口得到了小心翼翼的對待。主教們已經吸取了教訓，他們害怕戰爭即將到來，因為和羅馬人的敵意常常伴隨著對他們的通敵指控。沙王在六〇五年親自主持了一場新牧首的選舉，他邀請了高級教士前來碰面並選出新的人選。此舉是一個有意施放的信號，再次確保少數群體能夠知道他們的統治者對他們的事務很關心。這是一個卓有成效的舉動，被基督徒社群解讀為關懷、保護的信號：主教們熱情洋溢地感謝霍斯勞，他們聚集在一起讚美「這位無所不能、慷慨、善良且寬宏的萬王之王」。23

在羅馬帝國正經歷著一起接著一起的內部叛亂的時候，波斯人使出的力氣越來越大：美索不達米亞的城市就像是倒掉的多米諾骨牌一樣相繼丟失，最後一個丟失的城市是六〇九年投降的艾德薩。隨後波斯人的目光轉向了敘利亞。羅馬敘利亞的主要大城市安條克——奧龍特斯河畔的偉大城市、聖彼得（St Peter）的首個教區——在六一〇年陷落了，在這之後的第二年，敘利亞西部的艾梅薩（Emesa，即霍姆斯）也陷落了。隨著六一三年大馬士革的陷落，又一個偉大的地區中心城市也丟失了。

事情只會變得越來越糟。在君士坦丁堡，不受歡迎、傲慢的福卡斯被人殺死，他一絲不掛、遭到肢解的屍塊在城市的大街小巷遊街示眾。新皇帝是希拉克略（Heraclius），然而，這位新皇帝也無法更有效地對付波斯人，他們的進攻如今已經勢如破竹，不可阻擋。當波斯人在小亞細亞擊潰了羅馬人的一次反擊之後，沙王的軍隊轉而南下向耶路撒冷進發。這麼做的目的很明顯：占領基督教世界最神聖的城市，以此來確立波斯在文化和宗教上的勝利。

在簡短的圍城後，耶路撒冷在六一四年五月被攻陷，羅馬世界對此的反應近乎歇斯底里。猶太人不僅被指責是波斯人的同謀，而且還積極支持波斯人。按照一份史料所言，猶太人「就像是邪惡的野獸」，他們給侵略軍提供幫助——他們可以和野獸毒蛇相提並論。猶太人被指控在屠殺當地人的行為中扮演了積極角色，那些遇難居民虔誠地慶祝將臨的死亡，「因為他們是為了基督而被屠戮，他們為了基督的血而流血」。有傳聞四散傳開，說教堂被推平，十字架被踩在腳下，聖像被吐口水。在耶穌被釘死的地點，真十字架被繳獲並作為戰利品帶回了波斯首都，作為霍斯勞卓越的證明。這對羅馬來說實在是災難性的事態轉變，皇帝的歌功頌德者們立即把他們的注意力集中在了限制所造成的破壞上。[24]

面臨這樣的挫敗，希拉克略考慮退位，後來他決定採取孤注一擲的方法：他向霍斯勞派出使者，不惜以任何代價尋求和平。透過外交使節，希拉克略乞求能夠得到原諒，並把羅馬近日來的敵對行為怪到他的前任福卡斯頭上。他把自己描述成一個順從的下等人，他讚美沙王是「輝煌的皇帝」。霍斯勞小心地聽著使者的話；隨後把他們全都殺了。[25]

當消息傳回羅馬，君士坦丁堡被恐慌籠罩著，這讓激進的改革在沒有半點反對聲音的情形下得以推行。帝國官員的薪水被減了一半，軍隊的軍餉也是如此。長久以來為了收買人心而向首都居民免費配發麵包的傳統也停止了。[26]在充盈國庫的焦急舉措中，貴重金屬被從教會那裡收繳而來。為了凸顯眼前大戰的規模，並為上帝對羅馬人犯下罪行的責罰加以償還，希拉克略更改了錢幣的設計。錢幣正面的皇帝半身像保持不變，但是在大量鑄造、面值不同的新錢幣背面有了一個十字架，表示出了這樣的意思：和波斯人的對抗不亞於捍衛基督教信仰。[27]

在短期來看，這些做法沒有起到什麼作用。在穩固了巴勒斯坦後，波斯人轉向了尼羅河三角洲，在六一九年奪取了亞歷山卓。[28]在不到兩年的時間裡，埃及——六百年來作為地中海地區的糧倉和羅馬農耕經濟的基石——被波斯人攻陷了。波斯人隨後在六二二年攻陷了小亞細亞。雖然在這之後波斯人的進攻停止了一段時間，但是到六二六年為止，波斯軍隊已經在君士坦丁堡的視線範圍內駐紮下來。羅馬人的厄運貌似還未到頭，沙王已經和肆虐巴爾幹地區的阿瓦爾游牧部落結盟，他們從北方向君士坦丁堡發起了進攻。事到如今，唯一能夠讓羅馬免於完全被吞併的，只剩下城牆的厚度了。君士坦丁堡，新羅馬——這座君士坦丁大帝的城市正危在旦夕，它的陷落貌似已不可避免。

可是運氣站在了希拉克略的一邊。奪取該城的最初攻勢失敗了，隨後的襲擊也被輕鬆地抵擋下來。敵人的決心開始動搖，最先氣餒的是阿瓦爾人。他們很難找到地方能夠放牧他們的馬匹，當部落之間的紛爭威脅到了領袖的權威時，游牧民撤退了。波斯人也很快就撤退了，一部分原因是突厥人對高加索地區的攻擊需要關注：令人印象深刻的領土擴張帶來了廣博的資源，也讓新征服下來的土地十分危險地暴露在外——突厥人當然知道這一點。君士坦丁堡由此而死裡逃生了。[29]

在首都之圍時曾在小亞細亞領兵的希拉克略，如今在一次出人意料的反擊中攻打撤退中的敵軍。這位皇帝先是向高加索進發，在那裡和突厥可汗結盟，送給可汗不計其數的榮譽和禮物，把他的女兒歐多西亞（Eudokia）送給了可汗，用這場婚事來讓雙方的友誼關係正式確定下來。[30]此後皇帝如疾風一般揮師南下，在西元六二七年秋天於尼尼微（Nineveh，位於今天的伊拉克北部）附近殲滅了一支波斯大軍，隨即一路獲勝並向著泰西封進發。

在壓力之下，波斯的領導層開始出現裂縫。霍斯勞被謀殺，他的兒子、繼任者卡瓦德（Kavad）向希拉克略提議立刻議和。[31]羅馬皇帝對已經獲得的領土承諾和榮譽心滿意足，便撤回到了君士坦丁堡，讓他的大使留下來繼續討論條款內容，其中包括歸還在連年戰爭中失去的羅馬領土和六一四年從耶路撒冷帶走的真十字架殘片。[32]這場和談標誌著羅馬獲得了一場輝煌的壓倒性勝利。

但這還不是全部，一場將會把波斯推向崩潰邊緣的風暴正在醞釀中。久經沙場的老將沙赫巴拉茲（Shahrbarāz）是幾年前突襲埃及的指揮官，他對波斯王位的覬覦也讓他的命運迎來了逆轉。在波斯人屋漏偏逢連夜雨的時候，帝國東線隨時都有被突厥人襲擊的危險，對於一個雷厲風行的人來說，在這時候出手看起來是再好不過了。政變正在積極地策劃之中，這位將軍和希拉克略皇帝直接展開了談判，意圖取得羅馬人對他政變的支持，他撤出了埃及，並在羅馬皇帝的支持下向泰西封進軍。

隨著波斯對羅馬構成的威脅緩和了下來，希拉克略帶著巨大熱忱慶祝這一出乎意料的命運逆轉，並努力鞏固人們對他的支持。他大力操弄宗教議題來為自己獲取支持，並在帝國的危難之際以強硬的宗教態度作為應對的方法。霍斯勞的攻擊被解釋為對基督教發起的直接攻擊，這件事被大肆宣揚並編排了一齣戲劇來給帝國軍隊表演，演員會在舞台上大聲朗讀一封波斯沙王的親筆信，這封信的內容不僅嘲弄了希拉克略個人，而且還嘲諷了基督徒所信奉的上帝的軟弱無力。[33]羅馬人受到激勵為他們的信仰而戰：這成了一場宗教戰爭。

也許並不需要太過驚訝，羅馬人隨後的洋洋得意也帶來了醜陋的場面。在六三〇年三月，當希拉克略帶頭以慶典般的姿態進入耶路撒冷、並在聖墓大教堂重新豎立真十字架的殘片時，猶太人被迫接受了洗禮，這是為了懲罰他們在十六年前在城市陷落過程中所扮演的角色；那些逃跑的人被禁止接近距離耶路撒冷三英里以內的地方。[34]東方基督教的信仰被判定是非正教，他們也成了被帝國官員打壓的目標，他們被迫要放棄長久以來的教義立場，還被強制接受主流的基督正教的教育，他們聲稱後者已經得到了有力證實，是唯一能獲得上帝保佑的教義。[35]

這樣的狀況給波斯的教會帶來了麻煩，他們在超過一百年的時間裡都沒有和西方基督教有過直接接觸了，波斯的高級教士越來越認為自己才是真正信仰的傳達者——相較之下，西方的教會已經被偏離教義按部就班地腐蝕了。就像波斯的主教們在六一二年碰面時所說的，所有重大的異端都是在羅馬帝國傳播開的——而波斯「從未有異端出現」。[36]因此，當希拉克略在艾德薩「讓教會重新回到正統」、並下令驅逐過去在那裡舉行崇拜儀式的東方基督徒的時候，一切看起來彷彿是要讓全波斯都改變信仰——這個念頭自從希拉克略戲劇性的命運逆轉發生後，就一直在他心裡積極地盤算著。波斯基督徒將被迫改信羅馬的西方基督教。[37]

在君士坦丁堡的支持下，這一得到復興的主要宗教掃清了面前的一切障礙。一系列令人目瞪口呆的事件已經讓舊觀念變得支離破碎。泰西封爆發了瘟疫，沙王卡瓦德也被奪走了性命，一切看起來都十分明顯，祆教只不過是一廂情願，基督教才是真的信仰，它的追隨者已經獲得了獎賞。[38]在這種高度緊張的環境中，人們聽到了一股新的聲音。它來自南方，出自阿拉伯半島的內陸深處。這片地方大致上沒有被羅馬人和波斯人近年來的戰爭波及，但是這並不意味著幾百英里外發生的重大衝突沒有對它造成影響。事實上，阿拉比亞的西南端一直以來都是兩大帝國對抗的必爭之地，在這個地方，希米葉爾王國和麥加、麥地那等許多城市在不到一個世紀以前曾經把身家押在波斯人身上，一同反對來自君士坦丁堡和希米葉爾王國在紅海的死對頭衣索比亞所組成的聯軍。[39]

這個地方在將近一百年來有各種信仰彼此交換、採納和競爭。曾經是一個多神祇、多偶像、多信仰的多神教世界，它們已經讓位給一神教和關於一個獨一的、全能的神祇的觀點。奉獻給眾神的聖地正變得邊緣化，正如一位歷史學家提出的，在伊斯蘭教崛起的前夜，傳統的多神教「正在死去」。代替它的，是猶太人和基督徒的獨一、全聽全能的神的觀念，還有天使、天堂、祈禱和慈善捐獻的觀念，帶有這些內容的銘文在西元六世紀末七世紀初的阿拉伯半島各處都開始變得豐富起來。[40]

正是在這個地方，當北方戰事正在激烈地進行，有一個名叫穆罕默德的商人，他來自古萊什部落（Quraysh）的哈希姆部族（Banū Hāshim）。他退避到一個離麥加不遠的山洞裡靜思。按照伊斯蘭教的傳述，在六一〇年，穆罕默德開始接到一系列來自神的啟示。穆罕默德聽到了一個聲音命令他「以你的主的名義」念誦經文。[41]他又害怕又迷惑，他離開山洞，但是卻看到一個人「跨立在地平線上」，一個有震懾力的聲音對他說：「喔，穆罕默德，你是神的使者，我是加百利（Jibrīl）。」[42]在接下來的幾年，一系列的啟示相繼降下，在七世紀中葉首次以文字記錄下來——這就是人們所知的《古蘭經》。[43]

天使加百利（或吉卜利勒〔Gabriel〕）告訴穆罕默德，真主派遣使者來傳達好消息或是警告。[44]穆罕默德已經被全知全聽的真主選為使者。他被告知，世間有諸多黑暗，有很多可怕的事情，災難藏在每個角落。念誦神聖的訊息，天使催促他：「當你要誦讀《古蘭經》的時候，你應當求真主保護，以防受詛咒的惡魔的干擾。對信道而且信賴真主者，它毫無力量。」[45]穆罕默德被反覆告知真主是至仁至慈的，但對拒絕順主者的懲罰是嚴厲的。[46]

和伊斯蘭早期相關的資料十分晦澀，給詮釋帶來了很大困難。[47]要理解當時和後來的政治動機是如何形塑穆罕默德及其接受的訊息的故事並不容易，而且更重要的是，這在現代學者中是一件引起激烈爭論的事情。例如，我們很難清楚了解信仰在塑造態度和事件的過程中扮演了怎樣的角色。尤其是在早至七世紀中葉，就有了信士（muʾminūn）和追隨者(muslimūn)之間的明顯區別。之後的作者特別關注宗教所起到的作用，並且強調了宗教中不僅包含了精神性的天啟力量，還包含了帶來革命性的阿拉伯人統一——因此，把征服時代說成是「穆斯林征服」或是「阿拉伯征服」都不能令人滿意。除此之外，認同感並不是在這個時期過後才發生轉變，認同感的轉變也發生在這個時期之中——而且當然了，我們在根本上就是依賴著這些主觀觀點所貼上的標籤。

無論如何，雖然連確定事件發展的前後順序都很困難，但人們廣泛接受的是，穆罕默德並非是七世紀初的阿拉伯半島上唯一一個講述一神論的人，因為還有其他「偽先知」恰好在波斯－羅馬戰爭期間湧現出來。他們提出的救世主式的言論和預言，令人驚訝地和穆罕默德來自天使加百利的啟示相似，他們都指出了通向救贖的道路，有時候引證一些神聖文本來支持他們所宣揚的內容。[48]正如考古紀錄清楚地表現出來的那樣，基督教的教堂和聖祠開始出現在麥加和麥加周邊，考古發現出現了聖像，還發現有新皈依基督徒的墓地。在這個時期的阿拉伯地區，對人們的心靈、思想和靈魂的爭奪正趨於白熱化。[49]

穆罕默德的傳教對象是一個正在經歷波斯－羅馬戰爭所帶來的嚴重經濟緊縮的社會，有越來越多的學者對這一點都有共識。[50]羅馬和波斯之間的對抗和雙方有效的軍事化，對於來自或途經漢志地區（Ḥijāz）的貿易活動產生了重大影響。當政府的支出流向了軍隊並長期壓榨國內經濟以支持戰爭，市場對奢侈品的要求一定會大幅下跌。傳統上的市場，尤其是黎凡特地區和波斯的各個城市受到戰爭拖累的這一事實，也更進一步讓阿拉伯半島南部的經濟受到了打擊。[51]

很少有人比麥加的古萊什家族更能感覺到衝擊了，他們的商隊把黃金和各種高價貨物運到敘利亞的生意已經成了過去。而且他們也失去了給羅馬軍隊供應製造馬鞍、皮靴條帶、盾牌、腰帶等高利潤的皮貨訂單。[52]由於拜訪禁地（haram）的朝聖者數量減少，他們的生計也可能遭受了進一步的衝擊。這個禁地位於麥加，是重要的多神信徒的聖祠。在這個地方的中心有一系列的偶像——據說其中還有一個偶像是年老的亞伯拉罕——但最重要的偶像是一個紅瑪瑙雕像，它的右手是黃金製成，圍繞著七個占卜用的箭頭。[53]作為麥加城的保護者，古萊什家族向參加朝聖儀式的朝聖者出售食物和水，這項事業被他們家族經營得有聲有色。隨著在敘利亞和美索不達米亞發生的劇變造成的影響進一步向外擴及，日常生活的許多方面都感受到了影響，穆罕默德帶來的末日降臨的警告不出意料地造成了巨大反響。

穆罕默德傳播的教誨毫無疑問是找到了肥沃的土壤。他以豐富的激情和說服力給人們解釋動亂造成的各種傷害，他的解釋緊迫又連貫。他收到的啟示不僅力量無窮，他帶來的警告也絕非兒戲。那些跟隨他教誨的人將會得到豐裕、長滿莊稼的土地；那些不跟隨他的人將會看到他們的莊稼枯萎。[54]精神上的救贖將帶來經濟上的報償。追隨者能得到美好的事物，「敬畏的人們所蒙應許的樂園，其情狀是這樣的：其中有水河，水質不腐；有乳河，乳味不變；有酒河，飲者稱快；有蜜河，蜜質純潔；他們在樂園中，有各種水果，可以享受。還有從他們的主發出的赦宥」。[55]

那些拒絕神聖教義的人不僅會面臨末日和災難，還會下地獄：任何向穆罕默德的追隨者開戰的人都將受難並得不到憐憫。他們要被處決或是釘在十字架上，丟掉手腳或是被驅逐：穆罕默德的敵人就是神的敵人；他們絕對會遭受恐怖的命運。[56]地獄中的刑罰包括作惡者的皮膚被火燒掉，然後長出新的皮膚再被燒，折磨和痛苦周而復始，沒有終結。[57]不相信的人將「永居火獄，常飲沸水，肝腸寸斷」。[58]

這種激烈又富有激情的訊息遭到了麥加的保守菁英人士的激烈反對，伊斯蘭教對傳統的多神崇拜行為和信仰的批評惹怒了他們。[59]在西元六二二年，穆罕默德被迫逃亡到雅斯里布（後來重新命名為麥地那）以躲避迫害；這段逃難被稱為「希吉萊」（hijra，遷徙），這件事成了伊斯蘭歷史上的重大時刻，這一年也成為穆斯林紀年的元年。正如近年來發現的莎草紙上所清晰表現出來的，正是從這一點起，穆罕默德的傳教帶來了一個新的宗教和新的認同。[60]

居於這個新認同核心位置的是關於統一的強烈觀點。穆罕默德積極不懈地讓阿拉伯半島南部的眾多部落整合成單一集體。拜占庭人和波斯人長期在當地操控對立，讓部落領袖們彼此敵對。來自羅馬和泰西封的贊助和金錢促成了一系列依附性的代理人和聽話的菁英，這些人聽從他們的贊助者並且從中獲得獎賞。激烈的戰爭讓這個體系變得支離破碎。長期的敵對意味著有些部落開始得不到「他們通常能夠從與羅馬帝國的貿易中獲得的三十磅黃金」。更糟糕的是，他們向對方提出的履行義務的要求遭到了粗鄙的回應。「皇帝連士兵的軍餉都發不出了，」有中間人這樣說，「就更別提（你們這些）狗了。」當另一個使節告訴部落民說未來的貿易前景如今變得十分有限，使節遭到了殺害並被縫到了駱駝肚子裡。用不了多久，部落們就把事情掌握在自己手中了。答案就是以「讓羅馬人的土地寸草不生」作為報復。[61]

新信仰的傳播是以當地的語言進行的，這件事是有意而為之。《古蘭經》有這樣的一段經文：「的確，我已經讓它是阿拉伯文的《古蘭經》，以便你們了解。」[62]阿拉伯人得到了他們自己的宗教，這創造出了新認同。這個信仰是給當地所有人準備的，不論游牧民還是城裡人，不論是哪一個部落的成員，無分彼此的種族或語言背景。在記錄穆罕默德得到的天啟《古蘭經》中，有希臘文、亞拉姆文、敘利亞文、希伯來文和波斯文的外來詞，這表明在一個多語言環境中，重要的是強調共性，而不是區別。[63]團結是一個核心原則，這也是伊斯蘭獲得巨大成功的主要原因。按照西元八世紀時的一名極受尊重的伊斯蘭學者所做的研究，穆罕默德最後的遺言是：「讓阿拉比亞沒有兩個宗教。」[64]

穆罕默德的前景在他帶著一小群早期信徒剛在雅斯里布站穩腳跟時看起來並不光明。傳播教義並擴大烏瑪（umma，信士的社群）人數的努力是緩慢的，當時的形勢充滿危險，來自麥加的武裝正在逼近，他們要來攻打這位背叛家族的傳教者。穆罕默德和他的追隨者轉而以武力抵抗，他們襲擊麥加人的商隊，並且膽量越來越大。他們的勢力很快就建立了起來。成功地戰勝了人數遠超過自己的敵人，並且衝破了各種困難，比如西元六二四年的白德爾戰役（battle of Badr）就是這樣，這場戰役提供了有說服力的證據，證明穆罕默德和他的追隨者擁有神的保護；越來越豐厚的戰果也吸引了觀望者的注意。經過緊張的協商，終於和麥加的古萊什部落的首領們達成了和解，這件事被人們稱為《侯代比亞和約》（treaty of al-Ḥudaybiya），麥加和雅斯里布停火十年時間，解除了之前對穆罕默德支持者的限制。新皈依者的數量開始與日俱增。

隨著追隨者數量的增加，他們的渴望和抱負也隨之水漲船高。其中關鍵的一件事，是對明確的宗教中心位置的確定。信徒們之前被告知在禮拜時要朝向耶路撒冷。但是在六二八年，根據最新降下的啟示，伊斯蘭明確宣布之前的指示是一個測試，現在應該修改：禮拜的朝向，或「qibla」從現在起固定在麥加。[65]

不僅如此，過去多神教在阿拉比亞的中心卡巴（Ka'ba，克爾白），如今被認定為禮拜的朝向和麥加朝聖的中心點。卡巴被認為是由易卜拉欣（亞伯拉罕）的兒子伊斯瑪義（以實瑪利）建造的，他被推定是十二個阿拉伯部落的祖先。造訪麥加的人會被告知要繞行這個神聖的地點並呼喚真主尊名。透過這一舉動，他們將完成真主交給伊斯瑪義的命令，讓來自阿拉比亞和遙遠地方的人們，無論是騎著駱駝還是步行，都要到一個有黑石頭位於其中心的紀念物那裡朝聖，這塊石頭是天使從天堂帶來的。[66]透過確認卡巴的神聖性，與過去的延續性得到了確認，這激發出了一種強大的文化熟識感。伊斯蘭除了提供了精神上的好處以外，透過將麥加確立為具有明顯優越性的最卓越的宗教中心——在政治上、經濟上和文化上都是如此。這消解了古萊什人的敵意，讓部落的高層成員宣誓效忠穆罕默德——並且皈依伊斯蘭。

穆罕默德作為一名領袖的天才還不僅如此。隨著阿拉比亞的障礙和對立的消融，他派遣了遠征軍在其他地方尋求機不可失的發展機遇。這個時間點實在是再好不過了：在六二八至六三二年之間，無政府狀態更加劇了波斯帝國戲劇性的崩潰。在短時間內，有不少於六位國王聲稱自己有皇權；有一個博學的阿拉伯歷史學家後來把這個數字提高到了八位——還要外加兩個女王。[67]

隨著波斯南部的城市、小鎮和鄉村被阿拉伯人占據，伊斯蘭的成功吸引到了新的支持者。這些地方沒有抵抗，剛一面臨壓力就陷落了。希拉（al-Ḥīra）的陷落就是典型的一例，這個城鎮位於今天的伊拉克中南部，它立即宣布有條件投降，同意付錢給攻擊者以換取和平的保證。[68] 波斯人徹底丟了士氣，高級軍官們彼此商量著付錢給阿拉伯軍隊，「以開出讓他們離開的條件」。[69]

確保能獲得更多資源是件重要的事情，而且讓人們皈依伊斯蘭的教誨所帶來的好處，也不僅僅是精神上的報償。自從看到穆罕默德的外表後，據說一個將軍就告訴其他的薩珊帝國將軍，「我們不要追求世俗的利益了」；這支遠征的隊伍現在是要傳播神的話語。[70] 很明顯，傳教熱忱對於早期伊斯蘭教獲得的成功是至關重要的，但同樣重要的是創新性的分享戰利品和財富的方式。穆罕默德願意放棄物質上的好處以換取忠誠和順從，他宣布從不信道者那裡得來的財富將由信士們保有。[71] 這一點也緊密地符合經濟和宗教上的利益。[72]

那些改信伊斯蘭教的人在最開始時將獲得比例更高的獎勵，這是一個非常有效的金字塔體系。在六三〇年代初隨著「dīwān」的創立，這一點也被制度確定了下來。這是一個監督戰利品分配情況的正式部門。戰利品的百分之二十將會分給信士的長官，也就是哈里發（Caliph），但其餘大宗都將分享給支持者和獲得戰功的人們。[73] 早期的皈依者可以從新征服的土地上獲得最多好處，新的信士也滿心熱忱地享受勝利的果實。這樣做的結果是獲得了極有效地驅動擴張的力量。

隨著新組織起來的軍隊不斷在被統稱為貝都因人（Bedouin，意為「沙漠裡的人」）的部落中樹立起政治和宗教權威，穆斯林也獲得了很大進展，以極快的速度把大片的領土置於其控制之下。雖然對歷史事件的編年史記載無法準確地被還原，但是近年來學者們已經令人信服地表明，對波斯的擴張開始得比之前所認為的更早——在薩珊帝國社會在六二八至六三二年間陷入內亂時就開始了，而不是在此之後才開始。[74]這樣的時間再確定是十分重要的，因為它有助於解釋為什麼阿拉伯人能夠迅速取得巴勒斯坦，這裡的所有城市，包括巴勒斯坦在內，都在六三〇年代中葉投降了，而這時候的耶路撒冷才剛剛重新落入羅馬人之手。[75]

羅馬和波斯對威脅的反應都來得太遲。以波斯來說，在六三六年的卡迪西亞（Qādisiyah），穆斯林軍隊大獲全勝，得到了數量巨大的戰利品，這場勝利激發了阿拉伯軍隊和伊斯蘭的自信心。大量的波斯貴族在戰鬥中被擊倒，嚴重地削弱了波斯人此後的抵抗，讓本來就已經風雨飄搖的國家像塊畫布一樣展開在阿拉伯人面前。[76]羅馬人的反應也不比波斯人強多少。由皇帝的兄弟西奧多（Theodore）統率的軍隊在六三六年於加利利海（Sea of Galilee）以南的雅穆克河（River Yarmuk）遭到了重擊，他在戰前嚴重低估了阿拉伯軍隊的數量、戰鬥力和決心。[77]

世界的心臟現在已經門戶大開。隨著一個又一個的城市相繼投降，穆斯林軍隊已經兵臨泰西封城下。在一場長期的圍城戰後，這座都城終於陷落了，阿拉伯人掌握了它的金庫。波斯人已經被羅馬人的絕地反擊搞得命懸一線，如今穆罕默德的追隨者吞下了波斯帝國。一群孤注一擲的信士迅速地集結起一股勢力，他們接受了先知的教誨，加入他們行列的，還有心懷獎賞的投機者和冒險家。隨著一個成功接著又一個成功，利益也隨之增加，如今唯一的問題是伊斯蘭將傳播到多遠的地方。

第五章
協議之路

戰略上的天才和戰術上的敏銳，讓穆罕默德和他的追隨者在戰場上取得了一系列令人目瞪口呆的勝利。古萊什部落和麥加城裡的重要政治菁英的支持也起到了關鍵作用，他們給穆罕默德提供了規勸阿拉伯半島南部部落的平台，讓這些部落能夠聽到並接受伊斯蘭的訊息。隨著波斯的垮台，機遇來得正是時候。但是還有其他兩個重要原因可以解釋伊斯蘭教在七世紀初所獲得的勝利：基督徒提供的支持、尤其是猶太人的支持。

在一個宗教貌似是造成衝突和流血的世界裡，我們很容易就會忽略偉大信仰對彼此的學習和借用。在現代人看來，基督教和伊斯蘭教貌似完全對立，但是在它們共存關係的早期，和平相處是受到鼓勵的。而且伊斯蘭教和猶太教相互配合共存的關係更讓人吃驚。猶太人在中東地區提供的支持，對穆罕默德訊息的傳播起到了非常重要的作用。

雖然伊斯蘭教早期的史料十分晦澀，但是從這段時期的文學中，一直存在一個無可爭議、令人驚訝的主題——無論是用阿拉伯文、亞美尼亞文、敘利亞文、希臘文還是希伯來文——還有來自考古方面的證據：穆罕默德和他的追隨者在穆斯林擴張的過程中，努力地減輕猶太人和基督徒的恐懼。

當穆罕默德在六二〇年代走投無路地逃到阿拉比亞南部的雅斯里布時，他的關鍵策略之一就是爭取猶太人的幫忙。這個城鎮、這片地域都是猶太教和猶太歷史的重要地方。僅僅在一個世紀以前，一個瘋狂的希木葉爾猶太統治者曾有系統地迫害基督徒少數群體，穩固了仍然堅固的廣泛聯盟模式：波斯支持希木葉爾人反對羅馬和衣索比亞的聯盟。穆罕默德渴望能贏得阿拉比亞南部猶太人的支持，這要先從雅斯里布的元老們著手。

在這座後來更名為麥地那的城鎮中，猶太人高層宣誓支持穆罕默德以換取共同防衛的保證。這些條件都在一份正式文件中得到了陳述，他們自己的信仰、財產在現在和將來都會得到穆斯林的尊重。這份協議中還陳述了猶太教和伊斯蘭教雙方都達成了共識：這兩個宗教的信徒盟誓要共同防禦外敵，在面對第三方的攻擊時出手相助。穆斯林和猶太人將相互協作，擴展「真誠的建議和忠告」。[1]穆罕默德的啟示看起來不但調和而且十分熟悉，這也促進了雙方的協作。在穆罕默德帶來的啟示中有很多內容和《舊約》相同，比方說，伊斯蘭教不僅尊重先前的眾先知，而且尤其敬重易卜拉欣（亞伯拉罕），在拒斥耶穌是彌賽亞的身分上，他們還持有相同立場。伊斯蘭不僅沒有威脅猶太教，它們看起來還存在著許多攜手並進的內容。[2]

很快，穆罕默德和他的追隨者是盟友的消息就在猶太社群裡傳開了。六三〇年代末在北非寫成的一份重要的文本，記錄了阿拉伯人取得的勝利得到了巴勒斯坦猶太人的歡迎，因為這意味著羅馬人和基督徒在這一地區對權力的把持鬆動了。當時出現了非常流行的猜測，認為事情的發展可能正應驗了古老的預言：「據說有先知和薩拉森人（Saracens）一起到來，他宣布受膏者的來臨，基督即將到來。」[3]有些猶太人把這段預言總結為彌賽亞的到來——這是證明耶穌基督是個騙子的完美時刻，人類的末日即將到來。[4]但是並非所有人都被說服了。正如一個飽學的拉比所言，穆罕默德是偽先知，「因為先知們不會帶著劍來。」[5]

有其他的文字記載說阿拉伯人受到了猶太人的歡迎，他們被看作是脫離羅馬統治的解放者，這一事實提供了重要的證據來證實當地人對伊斯蘭教崛起所持的正面態度。有一份寫於一個世紀後的關於這一時期的文本記載了天使來到拉比錫蒙・b・約亥（Shim’on b. Yohai）旁邊的事情，這位拉比在希拉克略重新奪走耶路撒冷並開始迫害猶太人時被迫施洗。「我怎麼知道〔穆斯林〕是我們的救星，」據說他這樣問天使。「不要害怕，」天使安慰他說，因為「神帶來〔阿拉伯人〕的王國只是為了讓你們從邪惡的〔羅馬〕那裡得救。按照神的意願，祂會從他們中找一位先知。他將會征服這片土地，然後讓這片土地興盛。」這些土地屬於亞伯拉罕的後代們——這意味著阿拉伯人和猶太人的團結一致。[6]

還有其他戰術上的原因讓猶太人和前進中的阿拉伯軍隊合作。例如在希伯崙（Hebron），猶太人向阿拉伯指揮官提出做一筆交易：「保障我們的安全，由此我們可以在你們之間享有相似的地位」，並允許我們「在麥比拉洞（cave of Machpelah）的入口建造猶太會堂的權利」；作為交換，猶太人的領袖們說，「我們將給你們展示前進的通道」，這樣你們就可以繞過該城市堅固的防禦。[7]

一如我們所見，當地人口的支持是阿拉伯人在六三〇年代初於巴勒斯坦和敘利亞取得成功的關鍵因素。近年來對希臘文、敘利亞文和阿拉伯文史料的研究已經顯示，在最早的記載中，進攻的阿拉伯軍隊受到了猶太人的歡迎。這並不讓人出乎意料：如果我們拋開那些後來增加的各色內容和惡意解讀（比如指責穆斯林是「虛偽的惡魔」的說法），我們可以看到，帶領軍隊進入到聖城耶路撒冷的軍事將領穿著朝聖者的謙卑衣服，非常樂意和居民們一同祈禱，穆斯林的宗教觀點明顯被認為即便不能說是相融的，但是至少不能算大相徑庭。[8]

在中東地區還有其他群體沒有因為伊斯蘭的崛起而感到幻滅。從整體上看，在這片土地上充滿著各種不遵從普遍宗教觀點的人（religious non-conformists）。有許多基督教教派並不認同教會做出的決議，或是拒斥被他們看作是異端的教義。這種情況在巴勒斯坦和西奈特別普遍，這兩個地方的許多基督教社群以暴力來反對四五一年在迦克墩公會中認定的關於耶穌基督神性的準確定義，他們也因此成了官方迫害的對象。[9]這些基督徒群體感覺他們在追隨了希拉克略獲得對抗波斯人的驚人勝利後，並沒有得到什麼好處，因為伴隨著羅馬皇帝的重新征服，希拉克略專斷地推行正教立場。

於是有些人把穆斯林的成功看作是結束這一切的手段，同樣也認為穆斯林帶有宗教上的同情心。一位精明敏銳的阿拉伯指揮官告訴尼西比斯的大主教達森的約翰（John of Dasen），如果支持阿拉伯人在城裡站住腳，作為回報，阿拉伯人不僅會幫助他推翻在東方基督教會中的高層人物，還會讓他取而代之。[10]在六四〇年代，一個重要教士在他的信中表明，新來的統治者不僅沒有反對基督徒，「甚至還保護我們的宗教，尊重我們的教士、修道院和主的聖人們」，而且還給宗教機構捐獻了禮品。[11]

在這種環境背景之下，穆罕默德及其追隨者的訊息贏得了當地基督徒的團結。首先，伊斯蘭教對多神教和崇拜偶像行為提出的警告與基督徒的觀點存在明顯的共鳴，基督徒自己的教義中也提出了同樣的警告。像摩西、諾亞、約伯和撒迦利亞這些《古蘭經》中出現的人物，讓基督徒覺得十分熟悉，也更加深了基督徒的親切感。《古蘭經》也明確表明，真主給摩西帶來了經典，並在摩西之後派來了其他傳道者，現在則是又派來新的先知以傳播真主的話語。[12]

穆斯林使用人們熟悉的內容，他們在習俗和宗教教義方面的事物上特別強調相似性，這樣做鞏固了穆斯林和基督徒、猶太人的共同立場。神並非只對穆罕默德揭示了訊息，《古蘭經》中有一段經文說：「真主降示這包含真理的經典，以證實以前的一切天經，祂曾下降了《討拉》（舊約）和《引支勒》（新約）給人類以指引。」[13]在另一處經文中，還提到人們要記住天使對耶穌的母親瑪利亞所說的話。伊斯蘭教經典的教誨呼應了《聖母經》（*Hail Mary*）的內容，「真主已經選擇了你〔瑪利亞〕。祂讓你貞潔，比所有女子都高貴。麥爾彥（瑪利亞）啊！你當順從你的主，你當叩頭，和禮拜的人一同禮拜」。[14]

對於那些陷在有關耶穌的性質和三位一體爭論的基督徒來說，可能最為驚訝的事情是：穆罕默德的啟示包含的核心訊息居然既有力又簡單——只有唯一的神；穆罕默德是神的使者。[15]這對基督徒來說十分容易理解，他們宣揚的基督教信仰基礎也是神的全能，並在不同的時候讓使者傳播來自神的訊息。

基督徒和猶太教徒對宗教的爭辯十分瘋狂，在《古蘭經》中有一段經文說：「你們沒有理智嗎？」[16]分歧是撒旦的作為，穆罕默德傳達：「要抓緊真主的繩索，不可分裂。」[17]穆罕默德帶來的訊息可以有所調解。《古蘭經》在不只一處的經文中提到，追隨猶太教或基督教的信徒可以過好日子，「沒有恐懼或悔恨」。[18]相信唯一的神的人們要得到榮耀和尊重。

有些習俗和法規後來和伊斯蘭教聯繫了起來，這些做法可以追溯到穆罕默德之前的時代，但先知本人明顯地採納了這些做法。比如，把切斷手來當作偷竊行為的懲罰或是對拋棄信仰者處以死刑，慣有的平常做法也被穆斯林們使用。慈善捐獻、齋戒、朝聖和禮拜之類的內容也成為了伊斯蘭教的核心組成部分，給人們提供了延續感和熟悉感。[19]伊斯蘭教和基督教、猶太教的相似性在後來成了一個敏感話題，人們武斷地說穆罕默德是文盲也和這件事有部分關聯。聲稱穆罕默德是文盲便可以摒棄說他熟悉《討拉》和《聖經》的說法了——儘管和穆罕默德生平時代相近的人們形容穆罕默德是「飽學的（learned）」，而且對《舊約》和《新約》都有了解。[20]甚至還有人把話說得更誇張，試圖宣稱《古蘭經》是在一本亞拉姆文寫成的基督教經文選集的基礎上衍生出來，後來又經過改動和重塑。這樣的說法——就像很多挑戰或攻擊伊斯蘭教傳統的說法一樣——造成了惡劣影響，儘管只有很少數的現代歷史學家支持這樣的說法。[21]

在伊斯蘭擴張的第一階段中，基督徒和猶太人是重要的支持者，這也解釋了為什麼《古蘭經》在少數幾段和穆罕默德生平時期發生的事件有關的經文中，用肯定措辭談到羅馬人。《古蘭經》在提及發生在西元六二〇年代末之前羅馬和波斯的戰爭中遭遇到的一系列挫折時說，羅馬人被打敗了，「但是用不了幾年時間，他們將獲得勝利：無論之前還是以後，這都是真主的意願」。[22]這一點是確定無疑的：真主絕不會食言爽約。[23]這樣的訊息既廣闊包容又聽起來十分熟悉，看起來讓如坐針氈的基督徒得到了舒緩。從基督徒的視角來看，伊斯蘭看起來既包容又寬慰，提供了緩解緊張關係的希望。

事實上，史料中有豐富的記載是關於基督徒讚賞他們看到的穆斯林和他們的軍隊。有一個西元八世紀的文本記載了一個基督徒苦行者被送到穆斯林那裡查看敵人動向，結果他深受震撼地回來，據說他是這樣告訴他的同伴的：「那些人熬夜禮拜，但白天仍然保持節制、揚善止惡，這些人晚上像修士，白天像獅子。」這看起來是徹頭徹尾的讚揚——並模糊基督教和伊斯蘭教之間的界線。還有其他來自這一時期的史料談到了基督教修士接受穆罕默德的教誨，這樣的事情再次表現出教義上的區別並非完全的涇渭分明。[24]早期穆斯林所倡導的苦修節制，也是人們十分易於辨識而且是得到讚許的行為，它給希臘－羅馬世界提供了十分熟悉的文化參照。[25]

為了調和與基督徒的關係，保護有經民（People of the Book）——也就是猶太人和基督徒——的政策得到了推行。正如《古蘭經》表述得十分明白，早期的穆斯林並不把自己看作是上述兩大信仰的對手，而是將自己視為同一傳統的繼承人：穆罕默德得到的啟示曾經也「啟示給了易卜拉欣（亞伯拉罕）和伊斯瑪義（以實瑪利），也啟示給了易斯哈格（以撒）、雅古柏（雅各）的部落；真主也把同樣的訊息交予了穆薩（摩西）和爾撒（耶穌）」。《古蘭經》說：「我們對於他們中的任何人都不加區別對待」。換句話說，猶太教的先知和基督教的先知與伊斯蘭教的先知是相同的。[26]

這並不是巧合，在《古蘭經》裡，「umma」（共同體）一詞被提及了六十多次，這個概念不僅是一個種族標籤，更意味著一個信士的共同體。在幾處經文中還悲痛地提到，在差異將人們分開以前，全人類都曾同屬於一個「umma」。[27]這裡暗示的訊息是說真主的意願是把分歧放在一旁。偉大的一神論信仰之間的相似之處在《古蘭經》和《聖訓》（*hadīth*）中得到了強調。《聖訓》是先知的言談、評述和行為典範的彙編，在《聖訓》中，差異自始至終都不被強調。

《聖訓》清楚無疑地強調了要給猶太人和基督徒以同樣的尊重和寬容。

眾所周知，這個時期的史料特別難以解讀，因為它們不僅十分晦澀又時常矛盾，而且還有許多是在事件發生了很久以後寫下的。即便如此，借助近年來古文字學方面的進展、一些之前未知的文本重見天日，以及越來越精細的理解書面文獻的方式，正在轉變人們對這段歷史行之已久的看法。因此，雖然伊斯蘭的傳述長期以來都記載穆罕默德是在六三二年去世，但是近年來有學者表示這位先知有可能活了更長時間。來自七世紀和八世紀的多方面資料都證明，有一位極具領袖魅力的傳道者指揮著阿拉伯軍隊進發並叩擊著耶路撒冷的城門——近來有人暗示這個人物正是穆罕默德本人。[28]

和穆罕默德的追隨者在巴勒斯坦取得的輝煌成就形成對照的，是統治者對穆斯林絕望又無力的回應。一些基督教的教士孤注一擲地進行了無望的掙扎，他們把阿拉伯人抹黑成最壞的人，他們義無反顧地試圖說服當地人不要被愚弄去支持這個聽起來簡單又熟悉的訊息。當耶路撒冷剛剛被征服後，該城的大主教曾說過「薩拉森人」報復心重而且仇神。他們掠奪城市、踐踏田地、放火燒毀教堂並夷平修道院。他們做反基督、反教會的邪惡事情，就像是他們「對上帝的無恥褻瀆」一樣駭人聽聞。[29]

事實上，阿拉伯人的征服既不像評論者所編造的那樣血腥，也不像他們說的那樣驚人。例如，從敘利亞到巴勒斯坦，很少有考古證據能證明這裡發生過暴力征服。[30]以大馬士革來說，這是敘利亞北部最重要的城市，當地主教和阿拉伯指揮官商定了條件之後，城市就迅速投降了。即使允許有些破格例外發生，雙方的妥協既合理又現實：為了換得教堂繼續運行並且不受影響，讓基督徒不受干擾，居民們同意認可新主人的權威。在實際操作層面，這意味著繳交的稅金不是送往君士坦丁堡和帝國當局，而是交給「先知、哈里發和信士們的」代理人。[31]

這樣的過程被複製下來並且一再重複，阿拉伯人為了追逐貿易和交通路線，他們開始往所有方向擴張。一支支部隊湧向了伊朗西南部，人們將目標鎖定在追逐向東逃跑的薩珊帝國末代沙王亞茲德格德三世（Yazdagird III，伊嗣俟）身上。出征埃及的遠征部隊也通力合作，造成了埃及的恐慌，讓軍事抵抗有限又無效——而且當地人的內訌讓局面變得更糟糕了，在恐懼和不安的氣氛下，人們願意和穆斯林協商投降的條件。東地中海上的明珠亞歷山卓被解除了武裝，該城市被迫以交納巨額貢品來換取教堂可以安然無恙，基督徒將不受干擾的許諾。當協議的內容傳到了亞歷山卓，人們抽泣哀號，甚至有呼聲要把談判的主教居魯斯（Patriarch Cyrus）處以石刑，以懲罰這樣的背叛行為。在為自己辯護時，居魯斯說：「我談成這份協定是為了保護你們和你們的孩子。」關於這件事，有個作者在大約一個世紀後記載道：「穆斯林從南到北控制了埃及全境，這讓他們的稅收收入翻了三倍。」[32]當時有另一個作者寫說，上帝是在懲罰基督徒的罪孽。[33]

以一種近乎完美的榜樣擴張，用軍力威脅推動協議和談判，一個又一個的省分接受了穆斯林的新權威。在一開始時，征服領土的新主人的地位並不顯赫，態度甚至是謙遜的。總的來說，當地的多數人口都得以不受新統治者干預地各行其是，而新主人則在遠離已經存在的城市中心以外建起堡壘和生活區。[34]在一些案例中，他們修建了給穆斯林居住的新城市，比如埃及的福斯塔特（Fusṭāṭ）、幼發拉底河畔的庫法（Kūfa）、巴勒斯坦的拉姆拉（Ramla）和現代約旦的艾伊拉（Ayla），在這些地方，新主人可以選擇建造清真寺和宮殿的地點，然後再從頭開始興建。[35]

在北非、埃及和巴勒斯坦，同時也有新的教堂建造起來，這一事實顯示出過渡時期的協定很快就成立了，在這種情況下，宗教上的寬容是行為的規範標準。[36]從薩珊人手中得到的領土也呼應了這樣的寬容做法，至少祆教徒在初期並沒有受到關注或是干擾。[37]在猶太人和基督徒身上，這樣的宗教寬容政策甚至被正式規定了下來。《歐瑪爾協定》（Pact of Umar）就是這樣的一份複雜又有爭議的文本，它的意圖是闡明所謂的有經人可以從他們的新統治者那裡享有的權利，另外也闡明了和伊斯蘭互動的基礎：清真寺上不能標示十字架；《古蘭經》不可教授給非穆斯林兒童，但是不可禁止任何人皈依伊斯蘭教；穆斯林受到尊重，如果他們問路，就應該得到幫助。各種信仰共存是早期伊斯蘭擴張的重要特色——而且是它成功的重要原因之一。[38]

作為對這種寬容政策的回應，正如在約旦北部的傑拉什（Jerash）發現的燒窯遺址中表現的，有些人曾為了保險起見兩面投機。在七世紀生產的燈上，一邊有拉丁文的基督徒文字，另一邊是阿拉伯文的伊斯蘭祈禱文。[39]這是對近期經驗所做出的實用反應，別忘了波斯人對這個地方的占領才維持了二十五年而已。正如一份七世紀時的希臘文史料清楚地表明的，誰能保證阿拉伯統治者就一定能維持得久呢？「身體會有再生。」這位作者如此安慰讀者，有人希望穆斯林的征服只是曇花一現罷了。[40]

新政權統治的放鬆也體現在行政事務上。在征服後的幾十年裡，市面上的羅馬錢幣仍然流通，同時還有新近才鑄造的貨幣，上面的圖案和長久以來的錢幣面額十分相似；現存的法律系統也在很大程度上得到了原封不動的保留。已經行之有年的社會習俗也得到了征服者的接受，其中包括大量有關於繼承、嫁妝、誓約和婚姻的習俗，此外還有齋戒的習俗。在先前薩珊人和羅馬人的領土上，有很多執政長官和文官都繼續在本來的職位上留任。[41]這一情形的一部分原因是很簡單的考量。這些征服者，無論是阿拉伯人還是非阿拉伯人，無論是真正的穆民（mu'minūn, sure believers），還是加入他們並服從其權威的人（muslimūn，「穆斯林」一詞原意為「順從者」），他們都是長期的少數人，這意味著和當地社群合作不僅是個選擇，更是必行之事。

這麼做還有一部分原因是出自高瞻遠矚的長期規劃，在波斯、巴勒斯坦、敘利亞和埃及獲得了成功以後，還有更大的戰役要打。這其中就包括和羅馬帝國零散的剩餘部分的持續爭奪。自從阿拉伯領導人希望能一勞永逸地拿下羅馬，君士坦丁堡本身就開始經受持續的壓力了。然而，還有比攻城略地更重要的，就是求索伊斯蘭教的內核靈魂。

和早期基督教的內部爭吵相似，在先知去世後，要如何精準地整理穆罕默德的言論，要如何記錄和傳播穆罕默德的教誨，以及向什麼人傳播教誨的爭論，成了主要的困難來源。這場爭鬥十分激烈：四名哈里發，也就是被選定的接替先知的代理人中，有三名是死於刺殺。關於如何解讀穆罕默德的教誨的爭論十分激烈，還有人不顧一切地努力要扭曲或占用他遺留下來的影響。為了能把穆罕默德的訊息準確地規範下來，大約在七世紀的最後二十五年中，有命令頒布下來，穆斯林將這些訊息寫在單一的文本上——這部文本就是《古蘭經》。[42]

敵對陣營之間的對抗主義致使對非穆斯林的態度趨於強硬。每個群體都聲稱自己才是先知訊息——也就是神的旨意——更忠實的衛士，在這樣的清晰概念下，也許不需要太過吃驚，注意力很快就被轉移到了「kāfir」——不信主道者的身上。

穆斯林的領袖們曾對基督徒很寬容，甚至十分慷慨，當六七九年的地震損壞了艾德薩教堂（church of Edessa）後，他們還為其重建。[43]但是在七世紀末期，事情有了變化。人們開始將注意力放在勸說、傳教和讓當地人口皈依伊斯蘭上——與此同時，對待基督徒的態度也越來越帶有敵意。

在被現代評論者戲言成「錢幣戰爭」的時期，就出現過這樣的宣示，貿易使用的貨幣被當成了宣傳載體。當哈里發在六九〇年代初發行了寫著「萬物非主唯有真主，穆罕默德是主使者」的貨幣後，君士坦丁堡方面也發起了回擊。原來錢幣正面的皇帝畫像被放到了背面，原先的正面位置則留給了一個戲劇性的新圖案：耶穌基督。這樣做的目的是要加強基督教認同，並宣示羅馬帝國享有神的保護。[44]

在劇烈的發展變化中，伊斯蘭世界如今要和基督徒針鋒相對地出牌了。值得注意的是，在羅馬鑄造了有耶穌和皇帝圖案的新錢幣後，穆斯林的最初反應是在幾年後發行類似的錢幣——替代耶穌位置的圖案是信士疆域的保護者。雖然這個圖案通常被認為是哈里發阿布杜·馬力克（'Abd al-Malik），但是這也完全有可能是穆罕默德本人。圖案中的人穿著一件長長地垂下的長衫，留著整潔漂亮的鬍鬚，握著一把入鞘的劍。如果說這是真的先知的話，那麼這就是已知最早的穆罕默德的圖像了，而且有意思的是，有一位在先知在世時認識他的人知道這些錢幣的存在，也看見了這些錢幣。巴拉杜里（Al-Balādhurī）在一個多世紀以後記錄說，有些熟識穆罕默德的同伴仍然在世，他們看到了這些錢幣。另一位掌握早期伊斯蘭史料的更晚近作者也表達了同樣的事情，他表示，先知的夥伴們對這種使用圖像的方式感到很不舒服。這些錢幣並沒有流通很長時間，至西元六九〇年代末為止，伊斯蘭世界流通的貨幣已經完全重新設計過了：所有的圖像都被去掉，正反面都代之以《古蘭經》的經文。[45]

然而在西元七世紀末，讓基督徒改宗並不是最重要的目標，因為關鍵戰場是在對立的穆斯林陣營內部。在聲稱是穆罕默德正當繼承人的人們之間爆發了激烈爭論，誰要是最了解先知的早期生涯，誰就是有王牌在手。競爭是如此激烈，以至於有人做出了嚴肅、有目的的努力，想要把宗教的中心從麥加轉移到耶路撒冷，從而反對在阿拉比亞南部的傳統派人士。聖石圓頂寺（Dome of the Rock）是第一個主要的伊斯蘭神聖建築物，它是在六九〇年代初開始建造的，修建它的意圖之一就是要轉移人們對麥加的注意力。[46]就像現代的一個評論者所言，在混亂的內戰期間，建築和物質文化被用來「作為意識形態衝突的武器」，這個時期正值哈里發拿起武器反對先知穆罕默德本人的直系子嗣的時候。[47]

穆斯林世界內部的衝突可以給鑲嵌在聖石圓頂寺外牆和內部的馬賽克中安撫基督徒的文字提供解釋。文字內容寫著敬拜至仁至慈的真主，真主的使者穆罕默德享有榮耀和平安。但是文字中也提及了耶穌是彌賽亞。「相信真主和祂的使者……願主的使者和僕人耶穌平安，他是瑪利的兒子，願真主賜他在出生、死亡和復活的日子中享有平安。」[48]換句話說，即便是在六九〇年代，宗教上的界線仍然模糊。事實上，有些基督徒學者認為伊斯蘭教看起來是如此接近，它的教誨並不能算是新信仰，而是基督教的一種歧異解讀。按照當時最重要的評論者之一大馬士革的約翰（John of Damascus）的說法，伊斯蘭教是一種基督教異端，而不是另一種宗教。他寫道，穆罕默德的觀點是基於他對《舊約》和《新約》的閱讀——以及和一位行為離經叛道的基督徒修士的談話。[49]

雖然，或者正是因為這種對穆斯林世界中心地區的地位和權威的激烈爭奪，穆斯林世界的邊界繼續著令人驚訝的擴張。比起政治和神學上的爭鬥，指揮官們更樂於在戰場上指揮軍隊深入中亞、高加索和北非。在非洲的擴張看起來是無法阻擋的。在越過了直布羅陀海峽後，穆斯林軍隊跨過西班牙進入法國，他們在七三二年於普瓦捷（Poitiers）和圖爾（Tours）之間的地方遭遇了抵抗，這裡距離巴黎只有兩百英里遠。在一場後來得到了近乎於神話地位的戰鬥中，伊斯蘭的進攻被中止了下來，查理・馬特（Charles Martel）率軍獲得了一場大捷。按照後來歷史學家的說法，歐洲的命運已經懸於一線，如果不是捍衛者的英雄主義和戰術，歐洲大陸一定已經成了穆斯林的囊中物。[50]但真相是，這場敗仗的確是一個挫折，只是這不代表未來就不會有新的進攻——如果，歐洲真的有什麼值得去攻打的話。而且考慮到西歐在這一時期的現實，勝利果實可以說是又少又遠——財富和獎勵都在別的地方。

在兩百年前開始的哥德人、匈人和其他人入侵後，穆斯林的征服完全讓歐洲陷入了黑暗。羅馬帝國的殘餘地盤如今只比君士坦丁堡及其腹地大不了多少了。羅馬已束手無策，掙扎在完全崩潰的邊緣。基督徒的地中海貿易已經在和波斯的戰爭前夕急速崩壞了。曾經一度繁榮的城市，像雅典和科林斯（Corinth）也嚴重受到了限制，他們的人口減少，居住中心也被遺棄了。沉船遺址可以作為了解商業交易情形的指標，在七世紀以後，沉船遺址幾乎完全消失了。跨地區的貿易活動已經結束。[51]

和穆斯林世界的對比已經無法更尖銳了。羅馬帝國和波斯帝國的經濟心臟地區不僅是被征服，更是被整合在一起。埃及和美索不達米亞被連結成一塊，形成了這一新的經濟政治龐然大物的核心，它的範圍從喜馬拉雅山脈一直橫跨到了大西洋。在伊斯蘭世界裡，雖然有意識形態上的分別、對立和偶爾的週期性動盪——比如七五〇年阿巴斯王朝（'Abbāsid dynasty）推翻前朝的改朝換代——阿巴斯王朝是一個結合了各種思想、商品和財富的新帝國。事實上，正是這些事物奠定了阿巴斯革命的基礎：中亞的各城市為政權更迭鋪平了道路。這些城市是提煉智識論斷的溫床，也是叛亂得到資助的地方。在爭奪伊斯蘭教精神內核的戰鬥中，這些城市是做出關鍵決定的地方。[52]

穆斯林已經掌握在手的領土是一個秩序井然的世界，這裡散布著上百個充滿了消費者的城市——換句話說，他們是能提供稅收的市民。當這些城市被哈里發掌握在手，更多的資源、財產都集中到了中央的控制下。貿易路線、綠洲、城市和自然資源都被收入囊中。連接波斯灣和中國之間貿易的港口也被納進來，與此同時，穿越撒哈拉沙漠的貿易路線也建立了起來，這讓菲茲（Fez，位於今日摩洛哥）成了「無限繁榮」之地，在當時一個觀察者眼中，這裡是產生出「巨額利潤」的貿易中心。新地區和新人口的加入給穆斯林帝國注入了數額大到難以置信的財富：據一個阿拉伯歷史學家估計，對信德（Sindh，今日巴基斯坦）的征服帶來了六千萬迪爾汗

（dirhams），這還不包括未來的稅收、人力稅和其他的關稅收入。[53]用今天的數額來說，這價值十幾億美元。

當軍隊向東進發，收取貢品的過程就像之前在巴勒斯坦、埃及和其他地方的時候一樣豐厚、成功。中亞的城市被一個又一個地收入囊中，這些城市之間的鬆散聯繫讓它們不堪一擊：缺少組織性結構的協同防禦體系，每個城市都只是坐以待斃。[54]撒馬爾罕的居民被迫要繳出一筆巨額財富以換取穆斯林指揮官的撤離，但是長遠來看，投降只是遲早的事。至少撒馬爾罕的執政官躲過了品治肯特（Panjikent，位於今日塔吉克）統治者德瓦什提施（Dewashtich）的下場，他自稱是粟特的國王，不幸中了圈套，並在自己人面前被釘死在十字架上。巴爾赫（位於今日阿富汗北部）的執政官也遭到了類似下場。[55]

當波斯帝國破碎的同時，草原地區也陷入了動盪，這樣的現實極大促進了阿拉伯人在中亞取得勝利。西元六二七至六二八年的嚴冬造成了饑荒，有大量牲畜死亡，引發了草原上重大的權力變更。在向東推進的過程中，穆斯林勢力面對的游牧部落也是波斯帝國衰亡的受益者。在七三〇年代，突厥游牧民遭遇了一場慘敗，此後草原霸主蘇祿（Sulu）因為一場雙陸棋遊戲引發的爭執被殺，這讓形勢變得更為惡劣了。[56]

隨著部落之間的關係不再緩和，穆斯林軍隊緩慢但堅決地向東進發，一個個城市、綠洲小城和交通要塞被收入囊中，他們在八世紀初到達了中國西部邊陲。[57]在七五一年，阿拉伯征服者和中國軍隊展開了直面對決，穆斯林軍隊在中亞的怛羅斯河（Talas River）附近的一場決定性戰役中擊敗了中國人。這場勝利把穆斯林帶到了一個天然邊界上，至少在短期內，已無法再向更遠的地方擴張了。與此同時，中國的失敗造成的震盪導致粟特將軍安祿山發起了對唐朝統治者的大叛亂，這讓中國進入了很長的一段不穩定期，權力的真空引來了各方勢力的角逐。[58]

針對這個局面採取了迅速行動的是回鶻人（即維吾爾），這是一個曾經支持唐朝的部落，由於回鶻人的前主人退到了中國安全的地帶舔舐傷口，回鶻人從而獲得了大量好處。為了更好地控制他們手中越來越多的領土，回鶻人建立了長久的定居地，在這些地方中，最重要的要屬名為八剌沙袞（Balāsāghūn）或虎思斡耳朵（Quz Ordu，位於今日吉爾吉斯）的城市，這裡成了統治者或可汗的住處。他的住處是一個城市和營帳的有趣混合體，有一個帶金色圓頂的帳篷，裡面有他的王座。這個城市有十二個城門，有城牆和高塔保護。以後來的史料記載來看，這只是自八世紀以來建立的許多回鶻城鎮中的一個。[59]

回鶻人很快就成了伊斯蘭東方前線上的強敵。在這一過程中，他們先是和粟特人合作，隨後替代了粟特人在長距離貿易（尤其是在絲綢貿易）中的領導地位。一連串醒目的宮殿建築群也證實了在這一時期形成的財富。[60]例如呼和斡耳朵（Khukh Ordung，藍宮），這是一個成衛城市，這裡既有營帳，也有長期的建築物，還包括可汗用來接見重要訪客和舉行宗教儀式的亭子。[61]面對穆斯林敵人，回鶻人試圖保持自己的認同——他們決定改信摩尼教，也許是用這種做法來給自己提供一個位於西邊的伊斯蘭世界和位於東邊的中國之間的妥協立場。

穆斯林的征服帶來了一張廣闊的貿易網和處於穆斯林控制之下的交通路線網，穆斯林的權威從阿富汗和費爾干納谷地的綠洲一直聯通到北非和大西洋。集中到亞洲中部的財富多到令人驚訝。在品治肯特和巴拉伊克土丘（Balalyk-tepe）以及今日烏茲別克境內其他地點的考古發現，見證了來自高層的藝術贊助——這也清楚地顯示出了背後的財力。取材於宮廷生活的場景，以及來自波斯史詩文學的內容，都被美輪美奐地描繪在私人住宅的牆上。在撒馬爾罕的一座宮殿裡，有一系列圖像展示了穆斯林即將進入的多元世界，圖中的統治者正在接受外國要人的禮物，他們來自中國、波斯、印度，甚至還可能有高麗。像這樣的城鎮、省分和宮殿都落入了大量集結在貿易路線沿線的穆斯林軍隊手中。[62]

當這一批新鮮財富流入中央財庫，巨額投資開始進入敘利亞之類的地方，在八世紀時的傑拉什、錫索波利斯（Scythopolis）和帕米拉，有大規模的市場廣場和商店被建立起來。[63]然而最令人嘆為觀止的則是一座巨大新城市的修建。這座城市將成為世界上最富有、人口最多的城市，這樣的地位一直延續了好幾個世紀——儘管一些在十世紀時做出的估計屬於過度誇飾。基於對澡堂數量的計算，有足夠的顧客數目可以維持這些澡堂營運，並考慮到私人住房裡也有浴室的可能，有個作者估計這座城市的人口有將近一億人。[64]這座城市名叫「Madīnat al-Salām」，或和平之城。我們稱它為巴格達。

這座城市是伊斯蘭世界豐裕的完美標誌，也是皇家權力、贊助和威望的核心。巴格達是穆罕默德接任者的新重心，也是連接每個方向的穆斯林領土的政治和經濟軸心。這座城市提供了巨大的舞台，以展示令人震驚的壯觀排場，例如在哈里發的兒子哈倫・拉施德（Hārūn al-Rashīd）在七八一年舉行的婚禮，除了給新娘送上一串串前所未見的大顆珍珠、裝飾著紅寶石的長衫和一場「天下還未曾有哪個女人享受過的盛大宴會」之外，新郎還給來自全國各地的賓客分發厚禮，一個個的金碗裡盛著銀子、銀碗裡盛著金子，還有玻璃容器中盛放的貴重香水，都先後端出來分發給來賓。到場的女賓客還有手提包相贈，裡面放了金幣和銀幣，「每個人還都得到了一個薰香銀盤和一件象徵榮譽的長袍，長袍上華麗地裝點著各種亮麗色彩。這一切都是前所未見的」——至少是在伊斯蘭時代裡還未曾有過。[65]

所有的這些奢侈排場都是因為擁有巨額稅金從遼闊、富饒且貨幣化的帝國各處聚集而來。當哈倫・拉施德在西元八〇九年去世時，他的財產庫裡有四千條纏頭巾、一千個珍貴的瓷瓶、各種香水、大量的珠寶金銀、十五萬根長矛和數量相同的盾牌，以及上千雙皮靴——許多皮靴的內裡都是黑貂皮、水貂皮或其他皮革。[66]據說哈里發在九世紀中葉寫給君士坦丁堡的皇帝的信中說，「我最卑微的臣民所控制的最小一片領土所提供的稅收收入，比你全部的收入還多。」[67]財富刺激出了一段令人難以想像的繁榮時期和一場智識上的革命。

隨著可支配的收入戲劇性地飆升，私人產業也隨之發展。波斯灣沿岸的巴士拉獲得了這裡是一個各種商品都應有盡有的市場名聲，無論是絲綢、亞麻、珍珠、寶石還是海娜（henna，指甲花）或玫瑰水。按照一位十世紀時的作者的評論，在摩蘇爾，這座城市裡有輝煌的豪宅和華美的公共浴室，也是尋找優質弓箭、馬鐙或馬鞍的好地方。他還記錄說，如果你要找的是上好的開心果、芝麻油、石榴或椰棗的話，最好的去處則是內沙布爾（Nīshāpūr）。[68]

人們痴迷於尋找最美味的食材、最佳的工藝和最好的產品。當人們的品味變得越來越精緻，人們對信息的胃口也隨之增長。雖然傳統說法中七五一年怛羅斯之戰的中國戰俘給伊斯蘭世界帶來了造紙技術的說法有些過於浪漫，但的確是在八世紀後半葉，紙張的取得能夠讓知識的記錄、分享和傳播變得更廣、更容易也更迅速。隨之而來的文化大發展覆蓋了科學、數學、地理和旅行的各個領域。[69]

有作者記錄說最好的榲桲來自耶路撒冷，最好的甜點來自埃及，敘利亞無花果味道濃郁，舍拉茲（Shiraz）的烏瑪利果（umari）簡直是人間聖品。各種各樣的口味現在都成為可能，挑剔的評論也很重要。大馬士革來的水果一定不要買，同一位作者這樣警告說，因為它們吃起來半點味道都沒有（而且那裡的人也過於好辯）。但至少大馬士革不像耶路撒冷那麼糟，後者是「一個盛滿了蠍子的金盆」，那裡的浴室很髒，物價太貴，即便是短期造訪的花費仍然高得讓人卻步。[70] 商人和旅客把關於他們造訪的地方的故事帶回來——訴說那裡的市場賣什麼商品，伊斯蘭的土地以外的人是什麼樣子。有一個收集各國故事的作者說中國人無論老少「冬夏都穿絲綢」，其中一些人有難以想像的高級布料。但這樣的優雅則沒有延伸到他們所有的習慣上：「中國人很不講衛生，而且便後不用水洗屁股，而僅僅是用中國紙擦抹穢處。」[71]

但至少他們喜歡音樂和娛樂——不像印度人，他們把這樣的表演看作是「羞恥」。印度各地的統治者也不喝酒。他們這麼做並非是出於宗教原因，而是因為他們完全了解如果喝醉了「要如何治理王國呢？」雖然作者下結論說「印度是醫學和哲學家的國度」，但是中國「是更健康的國度，疾病較少而且空氣也更好」，很少看到「盲眼、獨眼和畸形人」，而「在印度有很多這樣的人」。[72]

奢侈品如潮水一般從外國湧入。來自中國的瓷器和陶器被大量進口，這也形塑了當地陶瓷的潮流趨勢、設計和技術，同時期唐朝的白釉碗開始變得極度流行。在燒窯技術上所取得的進步，得以保證產量可以跟得上需求，窯口的尺寸也隨之發展。據估計，最大的中國窯可以同時燒造一萬兩千至一萬五千件製品。如一位重要的學者所言，只要看一艘船的例子，就可以了解到跨越「世界最大的海路貿易系統」的交換水平經歷了怎樣的大幅增長。這艘船是在九世紀時在印度尼西亞海域沉沒，當時它載有七萬件左右的陶瓷製品和裝飾盒、銀器、黃金和鉛錠。[73]這只是在這一時期進口到阿巴斯世界的大量陶瓷器、絲綢、熱帶硬木和珍禽異獸中的冰山一角。[74]大量的貨物透過水路運輸抵達波斯灣的各個港口，有專業的潛水人員被雇用，負責在港口附近打撈從貨船裡丟棄或掉落的貨物。[75]

供應人們渴望的商品是件極其有利可圖的事情。希拉夫（Sīrāf）港經手了許多從東方來的海路運輸，也激發出了價格貴得讓人瞠目結舌的宮殿般的住宅。十世紀時的一個作者寫道，「我在伊斯蘭的土地上還沒見過這麼引人讚嘆的建築，或者說是更漂亮的建築。」[76]有一連串的資料可以證實當時在波斯灣以及中亞的陸地十字路口進出的大規模貿易。[77]對商品越來越大的需求啟發和刺激了當地的陶器和瓷器生產，本地產品的買家大概是那些買不起最好（也最貴）的中國貨的人。因此毫無疑問，在美索不達米亞和波斯灣地區的陶工模仿進口的白釉，以鹼、錫，和最終的石英來試驗，想要發展出看起來透明（而且質量更好的）中國瓷器。在巴士拉和薩瑪拉（Samarra），以鈷藍來創造出一種獨特「藍白器物」的技術發展了出來，這種藍白（青花）瓷在幾個世紀後不僅將在遠東變得盛行，而且還成了現代早期中國陶瓷業的代表。[78]

然而在八世紀和九世紀，人們毫不懷疑主要的市場是在哪裡。一個在這時造訪阿拉伯帝國的中國人（譯按：杜環）對這裡的富裕大加讚嘆：「世上產出的所有物品都在這裡。有數不清的推車來到市場中，市場裡的貨物既琳琅滿目且價格低廉：綢緞、刺繡絲綢、珍珠和其他種類的寶石在市場和路邊店鋪裡展示著。」[79]

隨著越來越高的精緻品味的到來，關於適當的追求和消遣的觀念也得到了深入精鍊。像成書於十世紀的《君王寶鑑》（*The Book of the Crown*，*Kitab al-Taj fiAkhlaq al-Muluk*）等文本闡述了帝王和朝臣正當的交際禮節，並建議貴族們應該要狩獵、練習射箭、下棋，並讓自己沉浸在「類似的活動中」。[80]這些都是直接借自薩珊人的理想典範，但是他們的影響力還可以在當時室內裝飾的風尚中看到，在菁英階層的私人宮殿中，狩獵場面的裝飾尤其流行。[81]

富有的贊助人也開始資助歷史上最令人驚嘆的知識時代。卓越的人物——他們中有很多並非穆斯林——被吸引到巴格達的宮廷和位於中亞各地的偉大學術中心城市，如布哈拉、梅爾夫、貢德沙普爾和迦色尼（Ghazni，加茲尼），以及穆斯林西班牙和埃及，他們在這些地方從事包括數學、哲學、物理和地理在內的各門類研究。

大量的文本都聚集到穆斯林手中，並且從希臘文、波斯文、敘利亞文翻譯成阿拉伯文，這些文本的內容從馬匹醫藥指南和獸醫科學到古希臘哲學著作不一而足。[82]這些文本都為學者使用並當作進一步研究的基礎。教育和學習成為一種文化上的理想典範。有些大家族，比如最初是來自巴爾赫的佛教徒巴瑪吉德家族（Barmakids），他們在九世紀時的巴格達擁有巨大影響力而且極有權勢，他們積極地支持了各種書籍從梵文到阿拉伯文的翻譯，甚至還修建起一家造紙廠來幫助抄本的更遠傳播。[83]

這樣的例子還有布赫提舒家族（Bukhtīshūʿ family），他們本來是來自波斯貢德沙普爾的基督徒，他們家好幾代人都是學者，撰寫醫學相關的論文，甚至有治療失戀的文章——與此同時，他們也親自行醫，有些人甚至為哈里發本人效力。[84]在這個時期寫成的醫學書稿形成了伊斯蘭醫學在幾個世紀中的基石。「焦慮者的脈動是怎樣的？」這是中世紀埃及的一本問答讀物中的第十六個問題；作者指出，這道題的答案（「孱弱、無力、不穩定」）可以在十世紀時的一本百科全書中找到。[85]

混合和配藥的藥典羅列了用各種物質做的試驗，比如用檸檬草、桃金孃籽、孜然和酒醋、芹菜籽和甘松。[86]還有一些人研究光學，例如生活在埃及的學者伊本・哈薩姆（Ibn al-Haytham）就曾寫了一本開拓性的論文，他在這篇論文中，不僅得出了視覺是如何與大腦相聯繫的結論，還論述了感知和知識之間的差別。[87]

另外畢魯尼確定了世界是圍著太陽公轉和以軸自傳。還有伊本・西納這樣的知識集大成者，他在西方以阿維森納這個名字著稱，他撰寫的內容包括邏輯、神學、數學、醫學和哲學，他在上述的每種學問都有啟迪世人的智慧、清醒和誠實。他寫道，「我閱讀亞里斯多德的《形而上學》（*Metaphysics*），但是無法理解它的內容……甚至到我反覆閱讀了四十次，已經把內容背下來了，但仍不理解。」讓學生感到寬慰的是，伊本・西納在筆記裡也補充說「根本就沒辦法理解」。但是，當有一天在市場裡的書攤上發現了一本法拉比（Abū Naṣr al-Fārābī）——當時的另一位偉大思想家對亞里斯多德作品的分析後，伊本・西納忽然茅塞頓開，一切都迎刃而解了。「我太歡快了，」伊本・西納寫道，「第二天我就捐出了很多善款給窮人，以感謝至高的真主的慈憫。」[88]

還有許多文獻來自印度，包括以梵文寫成的關於科學、數學和占星術的文本，得到了偉大學者們的仔細研讀，其中的穆罕默德・花剌子密提出了數字「0」的數學概念，這可以讓數字系統變得簡潔有效。這一理論給代數學、應用數學、三角幾何和天文學突飛猛進的進展提供了基礎。其中在天文學上獲得進步的一部分原因，是由穆斯林的日常實際需求所推動的——人們要知道麥加的方向才能正確地做禮拜。

學者不只是滿足於收集來自世界各地的文獻資料並加以研究，而且還要翻譯它們。「印度人的作品被翻成了〔阿拉伯文〕，希臘人的智慧也翻譯了出來，波斯人的文學也一樣〔被我們〕得到了，」有一位作者這樣寫道，「由於經過翻譯的關係，有些作品還增添了美感。」多麼可惜啊，他指出，阿拉伯語是如此優美的語言，以至於它幾乎無法翻譯。[89]

這是一個黃金時代——是一個由金迪（al-Kindī）這樣的偉大學者把哲學和各種學問的邊界推向遠方的時代。卓越女性的腳步也在向前邁進，例如十世紀時的詩人熱比婭・巴爾赫伊（Rabīʿa Balkhī），他來自今天阿富汗境內的巴爾赫，喀布爾的婦科醫院就是以她的名字命名的；或是像瑪赫薩提・詹賈維（Mahsatī Ganjavī）一樣，原汁原味地用波斯文寫下格式趨於完美的詩篇。[90]

當穆斯林世界正從創新、進步和新思想中獲得愉悅的時候，基督教歐洲的許多地方正在黑暗中凋敝，因資源的枯竭和好奇心的匱乏而步履蹣跚。聖奧古斯丁（St Augustine）曾斷然地對調查、研究的概念持有敵意。他輕蔑地寫道：「即便知識對人們沒有價值，但人們卻想要為了知道什麼而去求知。」在他看來，好奇心只不過是一種病罷了。[91]

這種對科學、知識的拒斥讓穆斯林作者們十分不以為然，他們對托勒密、歐幾里得、荷馬或亞里斯多德都抱持巨大的尊敬。有些人對於問題出在什麼地方有很明確的觀點。歷史學家馬蘇迪（al-Masʿūdī）曾經寫下這樣的內容：古希臘和羅馬人曾讓科學繁榮；隨後他們接受了基督教。在這之後，他們便「抹去〔學問的〕痕跡，斬斷了〔學問的〕來源和發展」。[92]信仰戰勝了科學。這幾乎和我們今日世界正好倒過來：曾經的基本教義派不是穆斯林，而是基督徒；那些思想開放、抱持著好奇心和豁達心態的是身處東方的人——而且絕對不在歐洲。正如有一位作者所言，當我們書寫非伊斯蘭的土地時，「我們並不〔在我們的書裡〕討論，因為我們找不到任何描述他們的用處」。那是一片智識上的死水潭。[93]

啟蒙開化的情境和文化上的成熟完善也同樣反映在穆斯林對待少數宗教和文化的方式上。在穆斯林西班牙，西哥德人的影響被納入到一種建築形式中，這種建築形式可以被當地人解讀為對不久前歷史的一種延續——因此這既無侵犯性，也不算是勝利者過度地趾高氣揚（triumphalist）。[94]我們也可以從八世紀末至九世紀初巴格達的東方教會領袖提莫西（Timothy）的一封信中看到這點，他在信中描述了一個高級基督教教士得到尊敬，並且和哈里發保持著友好的私人關係的世界，在這樣的世界裡，基督教能夠保有向印度、中國、西藏以及草原上派出傳教士的基地——這些傳教活動明顯地收穫了巨大成功。[95]在北非也是相同的模式，當地的基督徒和猶太教徒社群不但保存下來，甚至還在穆斯林征服行動的很久以後仍然繁盛。[96]

但是自控力也很容易丟失。首先，儘管宗教的外表下有著顯而易見的統一，但是在伊斯蘭世界內部仍然存在激烈的分歧。到西元九〇〇年代初為止，已經有三個重要的政治中心發展出來：一個是以科爾多瓦（Córdoba）和西班牙為中心；一個是以埃及和上尼羅河流域為中心；第三個是以美索不達米亞和阿拉伯半島（大部分地區）為中心，他們因為和神學、影響力和正統性相關的問題而彼此爭鬥。在穆罕默德去世時的一代人中，伊斯蘭內部就已經出現了嚴重的教派分裂，其出發點是對於先知正當的繼承人選的爭論。這一切很快就集結成兩種相互競爭的論調，一邊是遜尼派的論調，另一邊是什葉派的解讀，後者堅定地聲稱，只有先知的表親和女婿阿里（Ali）的後人能夠擔任哈里發施以統治，而前者的論調則是要求更廣義上的理解。

所以，儘管在事實上存在一種概括而論的宗教同一性，這種同一性穿過了美索不達米亞和北非，而將庇里牛斯山和興都庫什山連結了起來，但要在它的內部找到彼此間的共識就是另外一回事了。與此相似的狀況是，對於各種信仰的放鬆態度既不是統一的，也不是連貫的。雖然這是一段包容其他信仰的時代，但其中也有迫害和殘酷改宗的階段。在穆罕默德去世後的最初幾百年裡，只有十分有限的讓當地人口改變宗教的努力，但此後很快就有了鼓勵那些生活在穆斯林君主權力之下的人民擁抱伊斯蘭的嘗試。這些努力並不僅限於宗教教導和傳教，以八世紀時的布哈拉為例，當地執政官宣布，所有參加星期五聚禮的人都將得到慷慨的兩個迪爾汗——這是一種吸引窮人並說服他們接受新信仰的鼓勵，縱使以基本條件來看：他們不會用阿拉伯語閱讀《古蘭經》，因此要告訴他們如何完成禮拜儀式。[97]

從羅馬帝國和波斯帝國的激烈對立而開始的一系列連鎖事件造成了令人難以置信的後果。當這兩個古代晚期的偉大帝國正在摩拳擦掌準備要徹底解決對方的時候，沒有幾個人能預料到在遙遠的阿拉伯半島深處將會崛起一支解決了這兩大帝國的力量。那些被穆罕默德啟發的人真正地繼承了天下，建立起了可能是當時世界還從未見識過的最偉大帝國，這個帝國將會把灌溉技術、新品種農作物從兩河流域介紹到伊比利半島，這造成的影響不亞於發起一場跨越數千英里遠的農業革命。[98]

伊斯蘭的征服創造出了新的世界秩序，它是一個經濟巨人，並且得到了自信、兼容並蓄的心胸和對進步之極度熱忱的鞏固。巨額財富和缺少天然政治對手（甚至包括宗教對手），讓伊斯蘭世界成為秩序得以盛行的地方，這是一個商人能夠致富，智識分子得到尊重，不同的觀點可以得到討論和辯論的地方。這一切都始於麥加附近一處不起眼的山洞，並從中誕生出了一個多元文化共享的理想國。

這一切並非靜悄悄的發生。出生在穆斯林烏瑪邊陲地帶甚至更遠地方的胸懷壯志的人們，他們就像是採蜜的蜜蜂一樣被吸引著。對那些想要闖出一番天地（並能發財致富）的年輕人來說，義大利、中歐和斯堪地那維亞的沼澤濕地並沒有什麼前景。在十九世紀，懷揣理想、想要成名致富的開拓者們把眼光投向西方、投向美國，而在這一千年以前，人們的目光要往東看。更理想的是，那裡有一種商品數量十分豐沛，而且有完善的市場已經為那些願意打拚並且出手迅速的人敞開了。

第六章
皮草之路

在巔峰時期，巴格達是一個輝煌絢麗的城市。不光是公園、市場、清真寺、浴室——還有學校、醫院和慈善基金會——這裡多的是「豪華地鍍金、裝飾，牆上掛著精美的織毯、錦緞和絲綢」的豪宅，它們的會客室「用奢華的長榻、價格不菲的桌子和上好的中國瓷瓶以及數不清的金銀小物，輕巧而又不失風雅地裝飾起來」。在底格里斯河畔，坐落著很多菁英階層享受的宮殿、涼亭和花園；「河面上的景色被成百上千的小船帶動起來，它們上面插著小旗子，隨著粼粼波光起舞，船上載著尋歡作樂的城市居民，把他們從城市的一邊載到另一邊」。[1]

市場的繁忙和宮廷、富人和普通人的消費力都是巨大的。這種經濟力膨脹的影響遠遠超過了伊斯蘭世界的邊界，在伊斯蘭世界之外，穆斯林征服者也開闢了四通八達的新貿易路線，把貨物、思想和人口帶到各個方向。對有些人來說，這些網絡的擴展是造成一些焦慮的原因。在八四〇年代，哈里發瓦錫克（al-Wāthiq）派出了一支探險隊來調查他所做的一個夢。他夢見有食人族攻破了一道傳奇一般的城牆，人們都認同這座牆是萬能的真主為了讓人們免於野人的攻擊而豎立起來的。在一個名叫薩拉姆（Sallām）的可靠領隊的帶領下，這個調查團花了一年半的時間才發回了關於這堵牆的報告。他解釋了這樣一座防護工事是如何得到維護的。守護它是一件大事，有個受信賴的家族負責日常的各種檢查工作。他們每個星期會有兩次用錘子敲擊城牆三次以確保其堅固。每一次，檢查人員都仔細聆聽回音的誤差，曾經有人這樣記載：「如果把耳朵貼在門上聽的話，回音應該聽起來像蜂巢一樣，然後一切都安靜下來。」這種檢查的目的是為了讓可能帶來災難的野人們知道這座城牆是有人防衛的，他們誰都無法通過。[2]

對城牆檢查的記載是如此生動，這讓一些歷史學家相信並提出這段記載是在描述一次真實發生過的探險和一段真實存在的城牆——這座牆說的可能就是玉門關——它坐落在敦煌以西，是進入中國的入口。[3]實際上，對於世界毀滅者是來自東方群山背後的恐懼既出現在《舊約》和《新約》中，也出現在《古蘭經》中，這是一個貫穿了古代世界的主題。[4]無論那個叫薩拉姆的人是否真的進行了那次探險，邊境以外的恐懼都是十分真實的。世界被分成了兩邊：一邊是伊朗人的國土（realm of Iran），這裡是秩序和文明昌旺的地方；另一邊則是圖蘭人的國土（realm of Turan），這裡充滿了混亂、無政府和危機。就像是那些向北出發造訪了乾燥草原的旅客和地理學者們為數很多的報告所清晰講述了的，那些生活在穆斯林世界以外的人很不一樣，在有些方面他們古怪又奇特，大部分都很嚇人。

其中最為著名的見聞錄作者是伊本・法德蘭（Ibn Faḍlān），他是在西元十世紀初的時候被派到草原去，以回應伏爾加保加爾人（Volga Bulghārs）首領所提出的要求，要淵博之士到他們那裡解釋和傳授伊斯蘭。就像是伊本・法德蘭的紀錄所清晰表述出來的那樣，這個部落的領導者——從裡海以北的伏爾加河一直延伸至和卡瑪河（Kama river）交會的地方——已經成了穆斯林，但是他們對於伊斯蘭教內容的了解還十分粗淺。雖然伏爾加保加爾人的首領想要得到修建清真寺和關於穆罕默德的啟示的知識，但是他很快就表現出了他的真實目的，他想得到幫助來對付草原上其他部落展開的競爭。

在伊本・法德蘭一路向北的過程中，他依次感受到了困惑、吃驚和恐懼。這些游牧人的生活總是在遊蕩中，這和巴格達等城市的溫文爾雅、定居而且精緻的大都會文化形成了尖銳對比。烏古斯（Ghuzz）部落是伊本・法德蘭最先遇到的人。「他們住在氈帳中，」他寫道，「隨著他們從一個地方到另一個地方。」「他們生活窮苦，就像是遊蕩的野驢一樣。他們不拜神，也沒有任何理性的來源。」他還繼續寫下：「他們在大小便後不清洗……（而且事實上）他們得不到水，在冬天尤其如此。」而且最奇怪的是他們的女人不戴面紗。在傍晚，她們和男人坐在一起，而且男人的妻子也在場。「在我們談話時，她居然露出私處在眾目睽睽下抓癢。我們用手把臉遮起來並說：『我求真主的原諒。』」她的丈夫卻為客人們的拘束笑了出來。[5]

草原上其他人的行為和信仰也是無奇不有。有些部落崇拜蛇，另一些崇拜魚，還有一些部落相信是多虧了一群鶴的出現才讓他們打了勝仗，此後他們便開始崇拜鳥。他們本來是一群在出遠門之前要親吻他們掛在脖子上的木頭陽具來求好運的人。這些人是巴什基爾部落（Bashgird tribe）的人，他們是傳說中的野人，會把敵人的頭顱當作獎杯帶在身邊。他們的習慣很可怕，其中還包括吃蝨子和跳蚤：伊本・法德蘭曾見過一個人在他的衣服裡抓到了一隻跳蚤，「然後用指甲把牠碾碎後吃掉了，還告訴我說：味道好極了！」[6]

雖然草原上的生活讓像伊本・法德蘭這樣的訪客實在難以理解，但游牧民和在南方的定居世界存在著大量互動。這樣的標誌之一，就是伊斯蘭教在這些部落之間的傳播——雖然他們對伊斯蘭教的態度可以稱得上是反覆無常。以烏古斯部落為例，他們聲稱是穆斯林，而且也會說一些場面話「給和他們待在一起的穆斯林留下好印象」，但是，按照伊本・法德蘭的記載，他們在實質上很少有信仰，因為「如果他們受了傷或者遇到了什麼壞事，他們會抬頭看天說『bir tengri』——換句話說，他們呼喊的不是真主，而是騰格里，也就是游牧民最高的天神（celestial deity）」。[7]

事實上，草原上的宗教觀念十分複雜而且很少一致，他們受到了基督教、伊斯蘭教、猶太教、祆教和多神教的混合影響，形成一種難以說清的雜糅世界觀。[8]這些變動性、調適性的精神觀念的傳播，是由一種新類型的穆斯林聖人帶來的，這些人充當了傳教者的角色；他們是神祕主義者，被人們稱為「蘇菲（sufis）」，他們在草原上遊蕩，有時候赤身裸體，卻戴著動物犄角，他們照顧生病的動物，以怪異的行為給旁人留下印象並反覆念叨著奉獻和虔誠。他們貌似在讓人歸信上起到了關鍵作用，他們把廣泛分布在中亞地區的薩滿（shaman）、萬物有靈信仰和伊斯蘭原則融合了起來。[9]

不只是蘇菲們產生了影響。其他介入到該地區的訪客也在宗教思想傳播上起到了決定性作用。一份後來的紀錄講述了有一個路過此地的穆斯林商人是如何治好了部落統治者和他妻子所患的嚴重疾病，此前他們曾用了各種辦法都沒能成功。他們許諾如果能治好他們的病，他就會皈依他的宗教。因此穆斯林商人給了他們藥，「並治好了他們，於是他們部落全體皈依了伊斯蘭」。[10]這是一個經典的歸信故事：領導者或領導者身邊親近的人接受一種新的宗教，將會對一系列習俗和信仰的大規模接受起到決定作用。[11]

把自己的宗教傳播到一個新的地方成為了地方王朝和省長們的榮譽勛章，這可以讓他們吸引哈里發的注意，而且還能在自己人之中獲得讚譽。比如以布哈拉為基地的薩曼王朝（Sāmānids）就十分積極支持伊斯蘭教。其中的一種方式是透過引進學校（madrasas，馬德拉沙）系統，這種方式是借用佛教寺院的概念，來用正規方式教授《古蘭經》，並支持對聖訓學（即匯集、考證穆罕默德行為和言談的學問）的研究。為所有來學習的人提供充足的錢，也確保了清真寺的熱鬧和充滿活力。[12]

然而，乾燥草原可遠遠不止於住滿了習俗怪異的野人的邊陲前線和狂野北國，不僅是伊斯蘭教能夠得到傳播的真空，游牧民也不僅是一群等待接受文明的未開化人民。雖然像伊本・法德蘭這樣的訪客總是把草原描繪成一幅野蠻場面，但是游牧的生活方式實際上既有規律又有秩序。他們從一個地方遷移到另一個地方可絕對不是漫無目的的遊蕩，而是為了畜牧的現實需要：他們有大量的牲口需要照料，能夠用有組織的方式找到好的牧場不僅僅關乎部落的成功，更是關乎他們生存的關鍵。外表看起來的混亂實際上在內部大有一番學問。

這樣的情形在十世紀時君士坦丁堡編纂的一部精妙文獻中得到了完全的呈現。這部文獻描述了生活在黑海以北的一群人是以怎樣的結構來確保其生活的成功。佩切涅格人（Pechenegs）分為八個部落，然後又再依次分成總數有四十個的更小單位，每一個單位都有劃定的活動區域。從一個地方移動到另一個地方並不意味著部落社會的生活雜亂無章。[13]

儘管當時對草原世界產生興趣的作者、旅客、地理學者和歷史學者都對他們所觀察到的生活方式和習慣感興趣，但是他們的興趣也同樣是游牧民族的經濟貢獻所引起的——尤其是他們對農產品的貢獻。伊本・法德蘭曾估算烏古斯部落的成員擁有一萬匹馬和十倍數量的羊。即便我們不可以太糾結於準確的數字，但是其巨大的規模卻是顯而易見的。[14]

馬匹是經濟的關鍵組成部分，這一點在大量的文獻記載中都有所體現，有記載說，草原上的一些重要部落擁有大量的騎兵可以派往戰場。有文獻記載，在八世紀時，曾有一支阿拉伯突襲部隊摧毀了大量的馴馬場，從位於黑海以北的骨骸考古發現來判斷，當時的馬匹飼養已經是一種商業行為了。[15]種植業也越來越多地成為草原經濟的重要部分，在整片伏爾加河下游地區都有種植農作物，有「許多田地和果園」。[16]來自克里米亞（Crimea）的該時期考古證據證實了有小麥、小米、黑麥的大規模種植。[17]榛果、獵鷹和刀劍也是供應南方市場的商品。[18]其他商品種類還有蜂蠟和蜂蜜，後者被認為是能夠禦寒。[19]大量的琥珀也通過草原和西歐被輸送到了市場上，當時有一位重要的歷史學家還提出了「琥珀之路」這樣的術語，來描述這條給那些在東方翹首企盼的買家運輸這種凝固樹脂的路線。[20]

然而在各種琳琅滿目的商品中，最重要的一種商品要算是動物皮毛了。皮草以其保暖效果和它所代表的社會地位而特別受到青睞。[21]在西元八世紀，有一位哈里發甚至還做了認真的試驗，他把不同種類的皮草冷凍起來，看哪一種的禦寒效果最佳。根據一名阿拉伯作者的記載，哈里發把各種包了皮草的水壺灌上水，放在寒冷的天氣中過夜。「到了早上，他命人把這些〔水壺〕拿來。除了黑狐皮草的以外，其他的都結凍了。他因此知道了這種皮草是最溫暖也最乾燥的。」[22]

穆斯林商人們能夠分辨出不同的動物皮毛並根據成色定價。一份十世紀時的文書曾經提及，從草原進口來的黑貂皮、灰松鼠皮、白貂皮、水貂皮、狐狸皮、紫貂皮、海狸鼠皮和斑點兔皮被販至各地，那些商人可以用眼力開價，從中大賺一筆。[23]實際上，在草原的一些地方，皮毛有固定的價格，而且可以和貨幣進行兌換。十八張舊松鼠皮值一個銀幣，同時一張皮的價錢可以換來「足夠一個壯漢吃飽的一大塊麵包」。這在一個觀察者眼中簡直是難以理解：「在其他任何一個國家，一千張這樣的皮連一個豆子也買不來。」[24]然而在這樣一個高效的貨幣系統中，這一切都是有明顯的邏輯的：對一個交易頻繁但缺少能大量鑄造錢幣的中央國庫的社會來說，有一種兌換手段是非常重要的。因此，皮革、毛氈和皮草在尚未貨幣化的經濟中擁有明顯的用途。

根據一個歷史學家的說法，草原每年出口的皮毛貨物可能多達五十萬件。一個版圖不斷延伸的伊斯蘭帝國的出現，創造出了新的交流管道和新的貿易路線。向北深入草原和森林帶「皮草之路」的出現是繼七世紀和八世紀的大征服之後的幾百年中，人們擁有的可支配財富數額激增的直接結果。[25]

並不出乎意料的，近水樓台先得月——能夠在就近市場的地方獲得動物、毛氈和其他製品至關重要。那些占據了好位置的游牧部落不可避免地變成了最富有的部落，他們能夠高效又穩定地和定居世界進行貿易。相似的，最接近草原的那些城鎮也能盡情享受到貿易財源。梅爾夫是主要的受益者，這座城市甚至被一個當時的人形容是「世界的母親」。靠近草原的南端，這是和游牧世界互動的完美地點，梅爾夫的位置還同時處在橫跨亞歐的東西向軸心上。按照一個作者的話，這是一個「令人心情舒暢、精緻、優雅、激動人心、幅員遼闊並且愉悅人心的城市」。[26]與此同時，位於西邊的雷伊也被稱為「商業的大門」、「地球的新郎」和世界「最美的創造」。[27]還有巴爾赫，這座城市在穆斯林世界是一流的；它有值得誇耀的輝煌街道、宏偉建築、清澈活水——以及價格低廉的商品，這要歸功於繁盛的貿易和城市內部的競爭。[28]

就像是石頭丟入水中引起的片片漣漪一樣，那些最靠近這些市場的地方感受到的效果也最大。不可避免的，能夠進入市場並從中獲利是要付出代價的。巨額利益事關重大，這也發展出了草原部落的重組。對水草最豐美的牧場和水源的爭奪，更進一步被對貿易中心和城市的競爭加劇了。這樣的結果只有兩個：要麼是衝突升級，導致部落的暴力分裂，或者是部落內部或不同部落之間的聯合。擺在人們面前的選擇是要戰鬥還是要協作。

經過時間的推移，有一種微妙的均衡現狀發展了出來，這種現狀給草原西部帶來了穩定和巨大的繁榮。這一局面的一部分關鍵是主導了黑海和裡海以北地方的突厥部落的組合。被稱作可薩人（Khazars）的他們統治著黑海以北的草原地區，他們的地位變得益發重要，原因是他們在穆罕默德去世後幾十年間發生的征服大潮中做出的軍事抵抗。[29]他們抵抗穆斯林軍隊的效果為他們贏得了其他部落的支持，從而成為一個部落群體的領導者。他們的軍事抵抗力也引起了君士坦丁堡的羅馬皇帝的注意，皇帝明白，如果能和草原上的霸主結成聯盟，這會對他們雙方都有利。作為盟友的可薩人是如此的重要，因此在八世紀初時，可薩利亞（Khazaria）和拜占庭之間達成了兩次聯姻。在這個時期，羅馬帝國的殘存領土通常被稱為拜占庭。[30]

以拜占庭的首都君士坦丁堡的觀點而言，和外國人的政治聯姻十分少見，和草原游牧民的結盟更是前所未有的。[31]這樣的發展清楚地指出了可薩人在拜占庭的外交和軍事考量中具有多麼重要的地位，也可見當時穆斯林從帝國在小亞細亞的東部前線所施加的壓力是多麼緊迫。

交給可薩人的領袖——可汗的酬謝和榮譽給可薩社會造成了重大影響，鞏固了最高統治者的地位，並且為部落的等級劃分鋪平了道路，這是因為禮物和地位是透過部落來分發給特定菁英人士。這也帶來了更進一步的影響，鼓勵了其他部落也成為納貢的附屬以換取可薩人的保護和獎賞。按照伊本・法德蘭的說法，可汗有二十五個妻子，她們每人都來自不同部落，是部落首領的女兒。[32]一份九世紀的希伯來文資料也相似地談論了附庸於可薩之下的部落，只是作者並不確定是有二十五個還是二十八個納貢者。[33]像波里安（Poliane）、拉德米契（Radmichi）和塞維連（Severliane）之類的部落都承認可薩的統治地位，這讓後者可以鞏固其地位並成為草原西部的主導力量。這片地區的位置是今天烏克蘭和俄羅斯南部。[34]

貿易級別的上升和長時間的穩定和平給可薩社會帶來了重大轉型。部落領導的形成方式經歷了變化，可汗的角色越來越遠離日常事務，他的地位發展成了神聖君主。[35]生活方式也發生了改變。隨著周圍地區對可薩人和他們的附屬部落種植、管理和生產的物資的強大需求，以及對長距離運輸水果的需求，開始有定居地點在各地出現並最終發展成了城鎮。[36]

到十世紀初時，生機勃勃的城市阿的爾（Atil）作為都城，也是可汗的長居之地。該城位於伏爾加河下游地區的岔口處，有各色居民在這裡居住。阿的爾是一個十分完善、先進的城市，這裡有不同的法庭按照不同的習俗法律來解決爭議，有法官按照穆斯林之間、基督徒之間或多神教徒之間的法律來做裁決，而且還有一個專門機制來解決法官無法達成判決的情況。[37]

擁有有氈房、倉庫和皇宮的阿的爾只是改變了游牧民生活的許多定居地點中的一個。[38]其他在可薩人的領土上因為商業行為而興起的城鎮，比如薩曼達爾（Samandar），以木造房屋為特色，這些木房子的圓頂據推斷是以傳統的氈房為參考樣式。至九世紀早期為止，已經有大量的基督徒來到了可薩利亞，當地管理信徒的不只是主教，實際上是大主教。[39]很顯然，在薩曼達爾和阿的爾以及其他地方，都有大量的穆斯林人口存在，在阿拉伯文的史料中明確地記載了在整個區域裡都興建了數量眾多的清真寺。[40]

可薩人自己並沒有接受伊斯蘭教，但是他們的確接受了新的宗教信仰：在九世紀中葉，他們決定成為猶太人。在八六〇年前後，從可薩利亞到君士坦丁堡的使節曾經要求派一些傳教士來解釋基督教的教義。「自遠古以來，」他們說，「我們就已經知道一個掌管萬物的神（也就是騰格里）……如今猶太人催促我們接受他們的宗教和習俗，同時阿拉伯人也吸引我們加入他們的信仰，許諾我們和平與許多禮品。」[41]

為了傳教，有個帶著向可薩人傳教目的的代表團出發了。這個代表團的領導人是君士坦丁（Constantine），他的斯拉夫名字是西里爾（Cyril），他以為斯拉夫人創製了以他的名字命名的字母——西里爾字母（Cyrillic）而聞名。君士坦丁和他的兄弟美多德（Methodius）一樣，都是一絲不苟的學者，他向東踏上了去往可汗宮廷的旅程，他用了一個冬天的時間學習希伯來語，並讓自己對《討拉》瞭如指掌，以便於和猶太學者辯論。[42]當他們到達可薩首都時，這位使者加入了一系列唇槍舌劍的激烈辯論，他的對手是同樣受到邀請來介紹伊斯蘭教和猶太教的使者。君士坦丁的博學多聞讓他得以勝過所有他面前的對手——或者說在他一生中汗牛充棟的著作中也可見一斑。[43]事實上，儘管君士坦丁是如此優秀——可汗評價他對經典作品的評論「甘甜如蜜」——但是這一行人並沒有達到他們懷有的目的，因為可薩汗決定猶太教才是他的人民的正確宗教。[44]

在一百年後，有人講述了這個故事的相似版本。可薩汗國改信猶太教的消息一路向西傳到了數千英里之遙的猶太社群那裡，這引起了人們的震驚並熱切地尋找和可薩人有關的消息，想要弄清楚他們是怎麼變成猶太人的。有人猜測他們可能是失蹤的古代以色列部落之一。住在安達魯斯（al-Andalus）——也就是穆斯林西班牙的科爾多瓦——的大學問家哈斯代・伊本・沙普魯特（Ḥasdai b. Shaprūṭ）終於聯繫到了這個部落。他想要弄清楚可薩人是否真的是猶太人，或者只是一個想要獲得他的好感而編造的荒誕傳言。當他最終收到了可薩人真的是猶太人的確認，而且得知他們十分富裕，「實力雄厚，還維持著一支龐大的軍隊」之後，他覺得有必要向神叩頭並讚美至高的神。他寫信給可汗說：「我祈禱大王身體健康，以及他的家族和身邊的親屬無恙，祈禱他的王位可以永久穩固。讓他和他的子孫後代可以長久地生活在以色列！」[45]

令人印象深刻的是，一份可汗回信的抄件保存到了今天，可薩汗在信上解釋了他的部落為什麼歸信猶太教。歸信的決定，可汗寫道，是因為他的前輩們偉大智慧的結果，他們帶來了各種信仰的代表團，每一個都說明各自的由來。在經過了對各種事項的深思熟慮過後，可汗向基督徒詢問伊斯蘭教和猶太教哪一個更好，他們回答說前者遠不及後者；可汗又問穆斯林，基督教和猶太教哪個更好。他們痛斥了基督教並且說在這兩個宗教相比下，猶太教不那麼糟。隨後

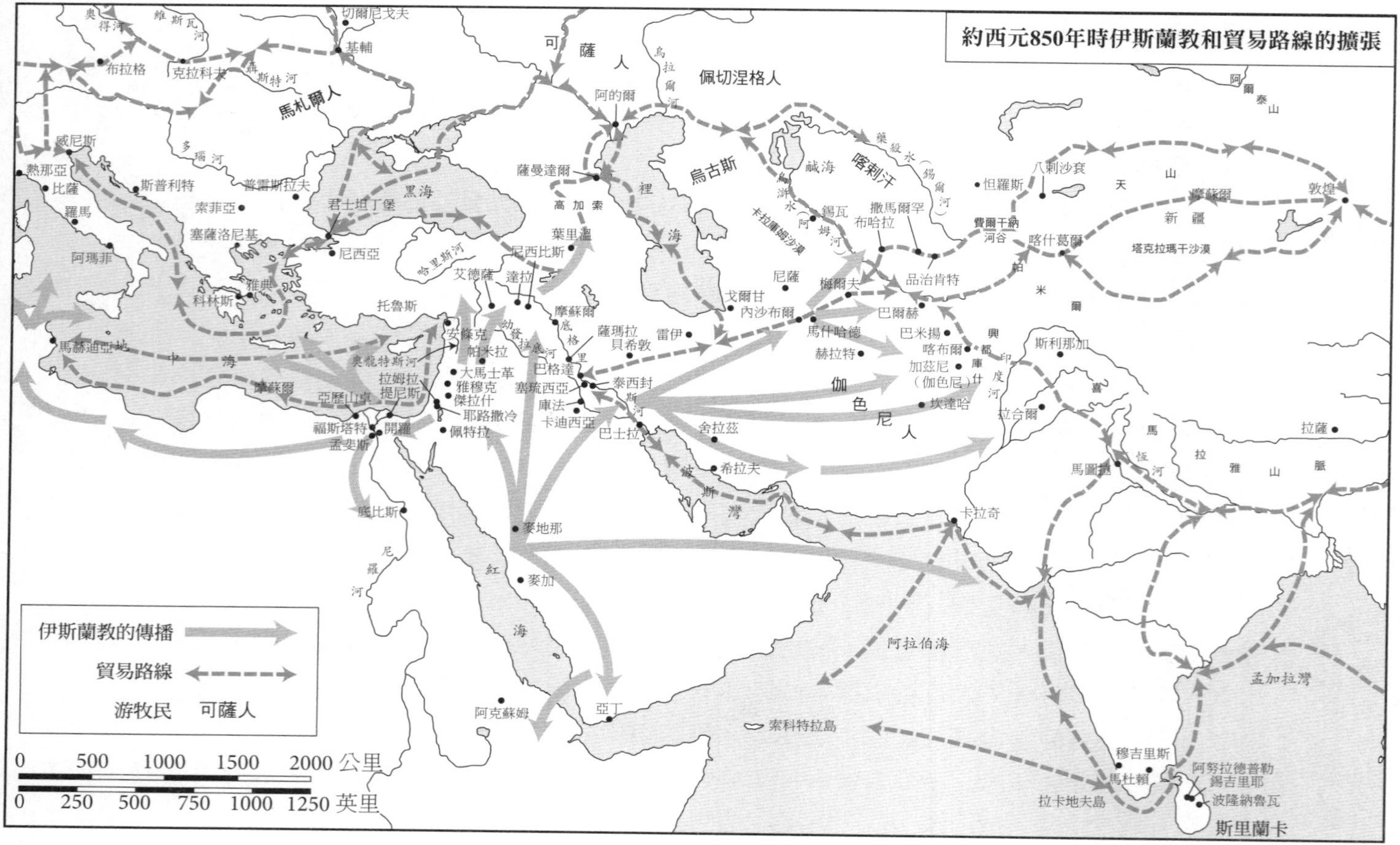
約西元850年時伊斯蘭教和貿易路線的擴張
可
薩
人
佩切涅格人
烏古斯
喀剌汗
馬札爾人
切爾尼戈夫
基輔
布拉格
克拉科夫
奧得河
維斯瓦河
聶斯特河
多瑙河
威尼斯
熱那亞
比薩
羅馬
斯普利特
普雷斯拉夫
索菲亞
塞薩洛尼基
君士坦丁堡
尼西亞
黑海
阿瑪菲
雅典
科林斯
托魯斯
馬赫迪亞
中
海
摩蘇爾
亞歷山卓
福斯塔特
孟斐斯
開羅
底比斯
尼羅河
阿的爾
烏拉爾河
薩曼達爾
高加索
裡
海
葉里溫
尼西比斯
哈里斯河
艾德薩
達拉
摩蘇爾
底格里
幼發拉底河
安條克
奧龍特斯河
帕米拉
拉姆拉
提尼斯
大馬士革
雅穆克
傑拉什
耶路撒冷
佩特拉
巴格達
薩瑪拉
貝希敦
雷伊
泰西封
塞琉西亞
庫法
卡迪西亞
巴士拉
斯河
舍拉茲
希拉夫
波斯灣
麥地那
麥加
紅海
阿克蘇姆
亞丁
戈爾甘
內沙布爾
尼薩
梅爾夫
馬什哈德
赫拉特
巴爾赫
巴米揚
喀布爾
加茲尼
（伽色尼）
坎達哈
伽色尼人
卡拉庫姆沙漠
鹹海
錫瓦
阿姆河
烏滸水
藥殺水（錫爾河）
布哈拉
撒馬爾罕
品治肯特
費爾干納河谷
恒羅斯
八剌沙袞
喀什葛爾
帕米爾
天山
新疆
塔克拉瑪干沙漠
摩蘇爾
敦煌
阿爾泰山
興都庫什
斯利那加
喜馬拉雅山脈
印度河
拉合爾
恆河
馬圖拉
拉薩
卡拉奇
阿拉伯海
索科特拉島
孟加拉灣
穆吉里斯
馬杜賴
拉卡地夫島
阿努拉德普勒
錫吉里耶
波隆納魯瓦
斯里蘭卡
伊斯蘭教的傳播
貿易路線
游牧民 可薩人
0 500 1000 1500 2000 公里
0 250 500 750 1000 1250 英里

可薩統治者宣告說他已經得出了結論：基督徒和穆斯林都承認了「古以色列人（Israelites）的宗教是更好的」，他這樣宣布，因此「在上帝的慈憫和無所不及的大能中，我選擇以色列的宗教，也就是亞伯拉罕的宗教」。自此之後，他送走了這些代表團，接受了割禮，並命令他的僕人、隨從和所有的人都這麼做。[46]

到西元九世紀中葉為止，猶太教已經給可薩社會產生了巨大影響。除了阿拉伯文資料的記載以外，在宗教代表團來到可汗宮廷之後的幾十年間，猶太人推動改宗的行為也可以從這一時期的喪葬方式轉型中得到證實，近年來發現的一系列可薩利亞鑄造的錢幣也提供了強有力的證據，可以說明猶太教在八三〇年代時已經被正式地接受為國教了。這些硬幣上面的圖案給我們提供了一個有關信仰是如何能夠帶給絕望中的人民希望的例子。硬幣以這樣的一行字來讚美《舊約》中最偉大的先知：Mūsā rasūl allāh——摩西（穆薩）是神的使者。[47]

這句話也許並沒有它聽上去的那麼有挑釁性，畢竟《古蘭經》也明確地教導人們在眾先知之間不要有遠近親疏，所有先知帶來的訊息都應該被遵守。[48]在伊斯蘭教的教誨中，摩西既得到接受，也受到尊敬，所以讚美摩西在很多方面來看並不具有爭議。然而從另外一方面來看，呼喊穆罕默德作為神的使者的特殊地位是adhān（宣禮詞、喚拜詞）的核心內容，一天五次在清真寺中回響。就像這樣，把摩西的名字放在貨幣上，這是一種對可薩人擁有獨立於伊斯蘭世界、屬於自己的認同感的頑強宣示。這就像羅馬帝國和穆斯林世界在七世紀末時對抗的情形一樣，戰鬥不僅僅出現在軍隊之間，同樣也發生在意識形態、語言，甚至在硬幣的圖案上。

實際上，可薩人對猶太教的接受是來自兩個來源。第一個，長久以來都有猶太社群居住在古代的高加索地區，他們一定也受到了草原上經濟發展的刺激。[49]根據十世紀時的一個作者的說法，當人們得知在可薩利亞不僅有宗教上的寬容和官方的支持，而且許多菁英階層也是信徒之後，很多人都受到鼓勵「從穆斯林和基督徒的城市」遷移到可薩利亞。[50]可薩汗和身在科爾多瓦的哈斯代（Hasdai）之間的傳話人在十世紀時曾提到，在可薩利亞招募了大量的猶太教拉比，有學校和猶太會堂修建起來，以確保猶太教能夠得到適當傳授——有許多編年史作者都記錄了在可薩利亞的各個城市裡都有星羅棋布的宗教建築，同樣還有按照《討拉》做出裁決的法庭。[51]

第二個造成對猶太教興趣大增的刺激來源是遠道而來的商旅，他們被吸引過來，不僅僅是因為可薩利亞是草原和伊斯蘭世界之間的主要國際貿易中心，同樣也是東方和西方之間的貿易中心。正如大量史料來源所證實的那樣，猶太商人在長距離貿易上十分活躍，他們扮演的角色，和粟特人在伊斯蘭教興起的前後連結中國和波斯的角色十分相似。

猶太商人在語言上有相當強的接受力，根據當時的一份文獻記載，他們可以流利地使用「阿拉伯語、波斯語、拉丁語、法蘭克語、安達魯西亞語和斯拉夫語」。[52]以地中海為基地，他們有規律地造訪印度和中國，帶回麝香、沉香木、樟腦、肉桂和「其他東方產品」，他們沿著一長串的港口和城鎮進行貿易，把這些貨物帶到麥加、麥地那和君士坦丁堡的市場上，以及那些位於底格里斯河和幼發拉底河流域的城市裡。[53]猶太商人也使用陸路穿過中亞到中國去，這條路線要麼會經過巴格達和波斯，抑或是經過可薩人的領地，再到巴爾赫和烏滸水以東。[54]在這條軸心上，雷伊是最重要的節點之一，這座城市位於裡海以南不遠（今日伊朗），在貿易中起到了承上啟下的作用，接手來自高加索、東方、可薩利亞和草原其他地方的商品貨物。這些貨物先在古爾甘（Jurjān，今日伊朗北部的戈爾甘〔Gorgan〕）清點完畢，這裡應該會有海關收取稅金，然後再發往雷伊。「最厲害的是，」一個十世紀時的阿拉伯作者寫道，「這裡就是世界的貿易中心。」[55]

來自斯堪地那維亞的商人也被這裡的商機吸引。當我們想到維京人的時候，腦海中總是會浮現出他們乘著龍首船跨越北海，突然從海上的層層迷霧中現身，對不列顛和愛爾蘭加以燒殺擄掠的場面。也許我們還會想到，維京人也許早在哥倫布的幾百年前就成功到達了北美洲。但是在維京人的時代，最勇敢的人、最堅忍的人並不是向西進發，而是向東和向南闖蕩。許多人不僅是在老家，也在他們征服的新領土上獲得了功名和財富。而且他們所留下的痕跡，並非像是在北美洲那樣微乎其微、曇花一現。他們將會在東方建立起新的國家，並以那些把波羅的海和裡海、黑海三大水域系統連接起來的商人、旅客和襲擊者的名字來命名新的國家。這些人被稱為羅斯人（Rus'或rhos），他們之所以被這樣稱呼，也許是因為他們易於辨認的紅頭髮，或者更有可能是因為他們划槳時展現出的勇武——他們就是俄羅斯的祖先。[56]

正是伊斯蘭世界的貿易活動和財富誘惑了維京人開始向南開拓。從九世紀初起，就有從斯堪地那維亞的人和草原世界、與巴格達的哈里發取得了聯繫。開始有定居點沿著奧得河、涅瓦河（Neva）、伏爾加河和第聶伯河（Dnieper）建立起來，他們把這些地方作為自己的市場和往來南方的商旅的貿易站。舊拉多加（Staraya Ladoga）、留里克沃城（Rurikovo Gorodische）、貝洛傑洛（Beloozero）和諾沃哥羅德（Novgorod，字面意思為「新城」）成為遼遠的亞歐大陸貿易路線中的新節點，這些地方讓貿易活動更深入了歐洲北部。[57]

維京羅斯人把眾人想像中的那種特別著名的長船造得更小巧，以便他們能夠在河流、湖泊之間攜帶。這些單船體的小船所展開的航行既漫長又危險。在十世紀中葉君士坦丁堡編纂的一份文件和拜占庭中間商收集的信息中，記載了向南方航行要克服的條件是多麼的艱難。第聶伯河上有許多特別危險的急流：狹窄的水道中間藏著許多致命的礁石，「這些礁石就像是小島一樣。避開了它們之後，還有上下顛簸的水流從另一邊伴著轟鳴的水聲沖過來。」這樣的艱困障礙曾有一個冷幽默的外號——「別打瞌睡」。[58]

在同一份文本中還表明，羅斯人非常容易成為襲擊者的目標，這些極具攻擊性的強盜會趁他們被急流搞得筋疲力盡的時候，迅速下手取得收穫。佩切涅格游牧民會靜悄悄地等待小船被拉上岸的時機發起突襲，掠奪了貨物後，便立即消失得無影無蹤了。為了對付這種突然襲擊，守衛們必須要打起十二分精神來應對。當斯堪地那維亞人終於躲過了這些危險後，他們將會在一個島上集合，宰殺一隻未滿一年的小公雞作為獻祭，或是在聖樹上插上箭頭以感激眾神的保佑。[59]

安全抵達位於裡海和黑海附近市場的人們至少需要一番休養。「他們的體能和耐力上佳」，一個穆斯林評論者帶著羨慕的口吻這樣表示。[60]伊本・法德蘭寫道，羅斯人「高大得像是棕櫚樹一樣」，但更重要的是，他們總是帶著武器，十分危險。「他們每個人都攜帶著一把斧頭、一把劍和一把匕首。」[61]

他們的行為就像是重罪逃犯組成的黑幫一樣。首先，雖然他們共同打擊他們的敵人，但是他們也深深地懷疑彼此。「他們從不單獨離開讓自己休息一下，」有一個作者觀察到，「他們總是要和三個同伴一起去，把劍拿在手上，因為他們彼此之間很少有信任。」沒有人會猶豫要不要搶劫同伴，即便這麼做是要把他殺了也沒關係。[62]他們定時就會放縱，在彼此面前交媾。如果有任何人病倒了，他們就會把他丟下不管。他們看上去也不像善類：「從腳尖到脖子，每個男人都有深綠色的紋身，上面繪有圖案等等。」[63]這些人是生在艱困時節中的硬漢。

他們參與蠟、琥珀和蜂蜜貿易，也提供質量上乘的刀劍，這些貨物在說阿拉伯語的世界裡特別受到青睞。但是，最誘人的卻是另外一種生意，讓大量財源不斷湧向北方，順著俄羅斯的河流水系一直流向斯堪地那維亞。來自敘利亞、拜占庭，甚至來自中國的細絲之類的物品，已經在瑞典、丹麥、芬蘭和挪威的墓葬裡被發掘出來。這些殘存的痕跡一定只是冰山一角，曾經有大量的紡織品被帶到了這裡。[64]

遺留下來的錢幣最能清晰展現出穆斯林世界和遙遠地區進行的貿易活動之規模有多大。在跨越俄羅斯北部、芬蘭、瑞典，尤其是哥特蘭（Gotland，瑞典最大的島）的河流中，已經有大量的錢幣發掘出來，這些令人驚訝的錢幣表現出維京羅斯人曾經和穆斯林世界、巴格達的哈里發國家的周邊區域進行了大量的商業往來。[65]根據一位貨幣歷史的頂級專家估計，從伊斯蘭地區透過貿易帶回來的銀幣數量可能高達千萬、甚至上億——用現代的話來說，這是一個價值數十億美元的大產業。[66]

考慮到從斯堪地那維亞到裡海之間將近三千英里的漫長旅途和種種危險，能夠從中獲得的回報一定要非常巨大。因此可能並不令人意外，一定是有大量的貨物銷售才能產生如此大量的利潤。向南發貨的商品種類很多，但是最重要的則是奴隸——販賣人口是一項很賺錢的生意。

第七章
奴隸之路

羅斯人會殘酷無情地奴役當地人口並把他們運往南方。他們「以其大塊頭、體格健壯和孔武有力」而著稱，按照一位阿拉伯作者的話說：這些維京羅斯人「沒有耕作的田地，他們靠打劫為生」。[1]倒楣的是當地人。他們被捕獲的數目之大，以至於有了專門的名字來稱呼這些被抓到的人——斯拉夫人（Slavs）——這個詞後來就成了稱呼失去自由的人的稱呼：奴隸（slaves）。

羅斯人會十分小心謹慎地照料這些俘虜。當時有人記載：「他們對奴隸很好，讓奴隸穿不錯的衣服，因為他們是要出售的貨物。」[2]奴隸是沿著河流系統運輸的，在運輸途中，在和急流搏鬥時也戴著鎖鏈。[3]漂亮的女人尤其被視為上品，她們會被賣到可薩利亞和伏爾加保加爾的商人手中——但是在脫手之前，捕手們還是要和她們再交歡一次。[4]

奴隸是維京人社會的關鍵部分，也是經濟的重要組成——而且不僅在東方。有大量來自不列顛群島的文學和書面證據表明，長船攻勢的最普遍目的並非人們腦海中的無差別姦淫擄掠，而是活捉俘虜。[5]「上帝啊，請救救我們吧，」一位九世紀時的法蘭西人曾這樣祈求說，「讓我們從北方野人那裡得救，他們毀了我們的國家；帶走……年輕、還有處男之身的男孩子們。

我們祈求上帝讓我們躲過這些魔鬼。」[6]尤其在北歐和東歐，已經有鎖鏈、手銬、腳鐐在奴隸運輸路線中發現，最新的研究顯示，這些本來被認為是鎖牲畜的鐐具實際上是用來鎖那些將被出售的人，他們將在諾沃哥羅德之類的地方販售出去，那裡的市場位於高地街和奴隸街的交叉口。[7]

雖然一些斯堪地那維亞人從地方統治者那裡得到了掠奪新地區和捕捉俘虜的執照，但從奴隸交易中獲利的渴望仍然猖獗，很多人特別熱衷於彼此介紹生意——「只要他們中有誰捉到了新俘虜」，一位十一世紀時消息靈通的教士寫道，他將毫不猶豫地進行下一步：即以最快的速度，「毫不留情地將他賣給他的同夥或者野蠻人當奴隸」。[8]

許多奴隸貿易的目的地是斯堪地那維亞。就像古老的挪威詩歌《里格敘事》（RígsÞula）中的內容，「社會可以簡單分為三類：貴族（jarlar）、自由人（karlar）和奴隸（ðrœlar）」。[9]但是有其他大量奴隸是被送到能買得起上好奴隸的地方，那裡才是好價錢的所在地。沒有別的什麼地方能比阿的爾熱鬧又富裕的市場更有購買力了，這裡的市場供給終端是巴格達和其他亞洲城市，以及包括北非和西班牙在內的穆斯林世界的其他地方。

花高價的能力和意願給北歐經濟提供了高額報償並且打下了刺激經濟的基礎。從所發現的硬幣來判斷，在九世紀的後半葉曾經出現過一次貿易量的激增，這段時期是波羅的海、瑞典南部和丹麥的重要增長時期，像海瑟比（Hedeby）、比爾卡（Birka）、沃林（Wolin）和隆德（Lund）這樣的城市得以快速擴大。在沿著俄羅斯諸河流散布開來的廣闊區域中，有許多發掘地點證明了交換水平的刺激性成長，在這些地方，中亞鑄造的貨幣數量大幅增加。這些出土貨幣很多都是來自撒馬爾罕、塔什干、巴爾赫以及深入到今日阿富汗境內的地方，還包括其他在傳統上有貿易、運輸和交流路線的地方。[10]

這些富庶之地有著強烈的奴隸需求，而且不光是有來自北方的奴隸，還有數目巨大的來自撒哈拉以南非洲的奴隸。單是一個商人就曾在波斯的市場上炫耀他賣出了一萬兩千個黑人奴隸。[11]也有來自中亞突厥部落的奴隸，比如這個時期的一個作者就曾記錄說這些奴隸價錢更貴，因為他們勇猛又聰明。當你在選擇「最有價值的奴隸時」，另一位評論者曾寫道：「最好的奴隸是那些來自突厥地方的。世界上沒有其他奴隸能比得上突厥奴隸。」[12]

因為有大量關於羅馬帝國的奴隸貿易的細緻研究可供我們參考，所以我們可以按照羅馬帝國規模相似的奴隸貿易來推斷這裡的奴隸交易狀況。據最近的研究顯示，在羅馬帝國國力達到巔峰時，每年需要二十五萬至四十萬的新奴隸以維持奴隸人口。[13]在講阿拉伯語的土地上，這種市場的規模應該還要更大得多。我們可以假設對於奴隸的需求具有可比性，那麼在從西班牙一直延伸到阿富汗的廣闊疆域上，奴隸交易的數量甚至會遠遠多於羅馬的奴隸交易量。雖然有資料不足的限制，但是仍有一份紀錄提到了哈里發和他的妻子每人都擁有一千名奴隸，另一份記載還說他們擁有的奴隸數量不下於四千人，這些事情可以讓我們估計奴隸貿易的規模之大。就像在羅馬一樣，穆斯林世界的奴隸也是無處不在、悄無聲息。[14]

至於販賣和購買奴隸的方式，羅馬也提供了有用的對比。在羅馬世界裡，富人之間十分熱衷於攀比來自國境之外的高價俘虜——價格高低是要靠他們的外表和言談來決定。個人的喜好也構成一部分因素，比如一位擁有各種收藏的貴族就要求他的奴隸全都要整齊畫一，每一個都要外表好看、年紀相同。[15]在富有的穆斯林那裡也有普遍的相同情形，正如後來的一本購買奴隸的指南讀物上寫得清清楚楚的，「所有黑人〔奴隸〕中，」這位十一世紀的作者寫道，「努比亞（Nubia）女人最好，她們既溫柔又禮貌。身材苗條，皮膚滑順，性情穩定，比例勻稱……她們對主人十分尊重，好像天生就是來服務的一樣。」那些居住於今日蘇丹、厄利垂亞和埃及的貝札族（Beja）女子，她們「有金黃的面色、美麗的五官、曼妙的身材和光滑的皮膚；如果她們被帶走時的年紀尚輕，她們會是理想的床上伴侶」。在一千年前，金錢雖然買不到愛情，但是可能幫你得到你想要的。[16]

還有其他指南讀物提供了同樣有幫助的觀點。「當你要購買奴隸時，一定要小心，」十一世紀的波斯文著作《王者之鏡》（*Qābūs-nāma*）中寫道：「購買奴隸是一件有技巧的藝術，因為他們看上去都很不錯。」但其實不然。「大多數人都覺得買奴隸就像其他任何的買賣。」事實上，作者補充道，購入奴隸的技巧「是一門哲學」。[17]要小心那些面色蠟黃的——這是痔瘡的表徵；還要留神那些面容較好和頭髮鬆軟眼神渙散的——「有這些特質的人要麼會太喜歡女色，抑或是有為人牽線搭橋的傾向」。一定要記得，要讓你選中的貨色躺下來，然後「按一按身體的兩側並且認真觀察」有沒有發炎或者疼痛的跡象；而且要一再地查看有沒有「隱藏不見的瑕疵」，比如口臭、耳聾、口吃或齒齦不健康。照著這些叮囑做，作者聲稱，你日後就不會失望。[18]

在歐洲中部各地都有欣欣向榮的奴隸市場，市場裡擠滿了準備販往東方的男女孩童——

他們當然也會被售至科爾多瓦的宮廷，在西元九六一年，科爾多瓦的宮廷裡有至少一萬三千名斯拉夫奴隸。[19]至十世紀中葉時，布拉格已經成了吸引維京羅斯人和穆斯林商人的重要商業中心，他們在此買賣錫器、皮草和人口。在波希米亞的其他類似城市中也有購買麵粉、大麥、雞和奴隸的好地方，按照一個猶太旅人的記載，所有這些商品的價錢都很合理。[20]

斯拉夫人常常被當作送給穆斯林統治者的禮物。例如在十世紀初，有一支從托斯卡尼出發前往巴格達的使團，他們給阿巴斯王朝哈里發穆克塔菲（al-Muktafi）送去了一份高價厚禮，裡面包括劍、盾、獵犬和捕獵用的猛禽。另外被當作友誼象徵的禮物，還包括二十個斯拉夫閹人和二十個楚楚動人的斯拉夫女子。世界一邊的年輕花朵被出口到世界的另一邊，以供那裡的人們享樂。[21]

長距離貿易的範圍擴展之廣，讓穿行在美因茨（Mainz）的市場中的易卜拉欣・伊本・雅古博（Ibrāhīm ibn Yaʿqūb）感到驚訝：「這太了不起了，」他寫道，「在這麼靠西的地方，人們居然可以找到只有遠東才出產的香氛和香料，比如胡椒、生薑、丁香、甘松香和莎草（galingale）。所有的這些植物都是從生產這些東西的印度進口的。」引起他驚訝的還不僅僅是這些：銀迪爾汗居然在這裡用於貨幣，其中還有在撒馬爾罕鑄造的錢幣。[22]

事實上，來自穆斯林世界的硬幣的作用和影響已經能在更遠的地方感受到了——而且這樣的感受將會繼續存在。在西元八〇〇年左右，英格蘭麥西亞的奧法（Offa of Mercia），也就是修建著名的奧法堤來保護國土免受威爾斯人襲擊的那位國王，他學習了伊斯蘭金幣的設計來作為自己貨幣的樣式。在他所發行的錢幣上，一面是奧法王（Offa rex），另一面是對阿拉伯文字的粗糙模仿，儘管這樣的文字對於他王國中的錢幣使用者來說並沒有什麼實際上的意義。[23]在牛津的阿什莫林博物館（Ashmolean Museum）裡保存了大量在蘭開夏庫戴歐（Cuerdale）發現的錢幣，它們中有很多在九世紀時鑄造的阿巴斯王朝錢幣。這些錢幣流入偏遠閉塞的不列顛群島，正表明了伊斯蘭世界的市場已經伸展到了多麼遙遠的地方。

正是在九世紀時，支付奴隸的錢開始湧入歐洲。香料和藥物開始越來越頻繁地作為特別熱門的奢侈品或是醫學必需品出現在文獻記載中，這些商品都是由大規模的人口販運所支持。[24]從無休止的對奴隸的需求中獲利的不只有維京羅斯人，凡爾登（Verdun）的商人們也從出售閹人的生意中賺到了大筆利潤，他們通常是把閹人賣給西班牙的穆斯林買主；這時期的阿拉伯文史料顯示，經手長途貿易的猶太商人也在販售「年輕的女孩、男孩」和閹人的生意中扮演了重要角色。[25]

有類似的其他材料也記錄了猶太商人從歐洲帶來「奴隸〔和〕男孩、女孩」上扮演的角色，他們把人帶到目的地後將他們閹割——大概是一種殘忍的認證手段。[26]奴隸貿易有獲利的保障，這也是為什麼不是只有歐洲奴隸被帶到東方的原因之一：穆斯林大企業家們據說也會加入到行動中，他們從伊朗東部對斯拉夫人的土地發起突襲——雖然那些成為奴隸的俘虜「男性雄風絲毫沒有受到破壞，他們的身體也毫髮無傷」。[27]

這樣的俘虜也會被當作閹人而千金難求。這個時期的一名阿拉伯作者曾說：「如果你手上有一對斯拉夫雙胞胎的話，閹掉其中一個，他絕對會比另外那個更有才能，在智力和言談上也比他的兄弟更好。那個沒被閹的人仍然會那麼無知、愚蠢，並顯現出斯拉夫人天生特有的頭腦簡單。」閹割行為被認為是清理和改善斯拉夫人頭腦的手段。[28]而且這種方式甚為有效，同一位作者這樣寫道，儘管同樣的方式對「黑人」不起作用，因為閹割的方式會破壞他們的「天資」。[29]斯拉夫奴隸的貿易規模已經大到對阿拉伯語產生了影響：閹人（ṣiqlabī）一詞的詞根是來自和斯拉夫人（ṣaqālibī）相關的族群名稱。

穆斯林商人在地中海的活動十分積極。男人、女人和小孩被從北歐各地帶到馬賽，這裡有一個繁忙的奴隸交易市場，他們還會常常經過魯昂（Rouen）這樣的二級市場，這裡有愛爾蘭和佛拉芒人奴隸被販售給第三方。[30]羅馬是另外一個關鍵的奴隸交易中心——儘管有人對此反對。在七七六年，教皇哈德良一世（Hadrian I）指責把人類像牲畜一樣販賣，譴責把男人和女人販賣給「那些可怕的薩拉森人」。他聲稱有些人是自願上船前往東方的，因為最近發生的饑荒和赤貧「讓他們已經沒有其他活下來的希望了」。但是，「我們從未沉淪到這樣的不幸地步」，把這些基督徒同胞賣掉，他寫道：「我們應該停止這違反上帝的行徑。」[31]在地中海和阿拉伯世界中，奴隸是廣泛的存在，甚至在今日，日常打招呼的話也和販賣人口有關。在義大利各處，當人們見面打招呼的時候，他們說的「schiavo」（更普遍的拼法是「Ciao」）是來自威尼斯的方言，這句話並不是「hello」的意思；它的意思是「我是您的奴隸」。[32]

還有其他人認為把大群基督徒抓起來賣給穆斯林主人是不可原諒的行為。不來梅的主教林伯特（Rimbert）就是其中的一個，他曾經在九世紀末時去過海瑟比（位於現代德國和丹麥邊境）的市場，把那些深諳基督教信仰的人贖回（不諳基督教的則沒有）。[33]但這種情誼並不是所有人都有。在那些對於販賣人口的行為毫無愧疚之心的人中，有些人就住在亞得里亞海北端的一個前途黯淡的環礁處。他們靠著奴隸貿易和他人的苦難來打下自己生活的基礎，把他們不起眼的家鄉變成了中世紀地中海中最閃耀的明珠——威尼斯。

威尼斯人證明了他們擁有異於別人的經商才能。這是一個從一片濕地中拔地而起的閃亮都市，妝點著輝煌的教堂和美麗的大廣場，這一切的基礎是來自和東方有利可圖的繁忙貿易。雖然威尼斯在今天被人們視作輝煌過去的幻象，但威尼斯成長的火花來自於他們不介意把未來一代人販賣成奴隸的意願。早在八世紀下半葉當威尼斯才剛剛作為新的定居點時，儘管要等待利潤集腋成裘般地積累，但從那時候起，就有威尼斯人參與到了奴隸貿易中，隨著貿易量越來越大，他們終於獲得了大量利潤，這點可以在他們於一百年後簽訂的一系列合約中顯現出來。在這些合約中，威尼斯人同意在出售奴隸時要受到各種規定的限制，其中包括把那些被帶到威尼斯非法銷售的奴隸送回到義大利其他城市去。這些談判的一部分原因是對威尼斯獲得的成功做出的反應，那些受到富庶威尼斯威脅的城市試圖用這些條款來限制威尼斯。[34]

在短期來看，從波希米亞和達爾馬提亞（Dalmatia）劫掠非基督徒出售的土匪團夥破壞了這些限制的效果。[35]但是從長期來看，正常的交易仍然繼續進行著。從九世紀末起開始簽訂的條約顯示出，威尼斯僅僅是對地方統治者說了一些空口無憑的應酬話，那些統治者擔心遭到販賣的不僅是奴隸，還有自由人。威尼斯人受到指控把鄰國的臣民（無論是不是基督徒）都統統賣掉。[36]

最後，至少是東方和中歐的奴隸貿易開始變得搖擺不定。原因之一是維京羅斯人把他們的關注點，從長距離的人口販運轉移到了收取保護費上。可薩人的注意力集中在途經阿的爾等地的貿易獲利上，這要多虧了可薩人領土的過境商品數量的提高。著名的波斯文地理著作《世界之境》（*Hudūd al-ʿĀlam*）中，記錄了可薩人的經濟基礎是靠稅收來維持：「可薩國王的生活和財富主要是從海事關稅而來。」[37]其他的穆斯林作者也反覆提到，可薩人從商業活動中得到的巨額稅收中，還包括對居民的資產收取的課稅。[38]

不可避免的，和各種附庸部落為可汗上繳的貢品一起，這些收入也引起了維京羅斯人的注意。這些好處和附庸部落的忠誠（及款項）一個接著一個地被維京羅斯人搶走，成為了這些攻擊性十足的新主人的囊中物。到九世紀下半葉為止，俄羅斯中部和南部的斯拉夫部落不僅要向斯堪地那維亞繳納貢品，還被勒令不准再「向可薩人付錢，因為他們沒有理由要付那些錢」。這些錢改為交給羅斯人的首領。[39]這樣的行為也在其他地方出現，例如在愛爾蘭，保護費漸漸替代了人口販運：經過年復一年地侵擾，根據《聖伯丁年鑑》（*Annals of St Bertin*）的記載，愛爾蘭人同意繳納歲貢以換取和平。[40]

在東方，羅斯人的頻繁動作過沒多久就造成了他們和可薩人的全面對抗。對裡海的穆斯林貿易社群發動了「導致血流成河的」持續襲擊，直至維京羅斯人自己「淹沒在戰利品中，並對突襲感到疲憊」後才停止，隨後可薩人也遭到了攻擊。[41]阿的爾在九六五年遭到了洗劫並被徹底摧毀。「即便樹枝上還剩一片樹葉，也會有羅斯人把它拿走，」一個評論者這樣寫道；「〔可薩利亞〕被搶得連一顆葡萄乾也沒剩下。」[42]可薩人遭到了致命削弱，和穆斯林世界進行交易的利潤以更大的數目流向了歐洲北部——俄羅斯境內的水路沿線所發現的大量錢幣顯示出的正是這樣的結果。[43]

在西元十世紀結束之前，羅斯人已經成了草原西部的主導力量，他們控制了從裡海一直延伸到黑海以北再到多瑙河的土地。有一份史料談到了他們如今看管的繁榮市場，在這些市場中可以買到「黃金、絲綢、紅酒和來自希臘的各種水果、白銀和來自匈牙利及波希米亞的馬匹，以及來自羅斯的皮草、蜂蠟、蜂蜜和奴隸」。[44]但是，他們對這些地方的權威並不是絕對的。因為對資源的競爭，羅斯人和游牧民的關係總是不和，正如草原上的佩切涅格游牧民在這時期處決了一個重要羅斯首領後的儀式所展現的：在捕獲了這名統治者之後，人們大肆慶祝，他的頭顱還被加入了黃金內襯，當作勝利獎杯，並在慶祝儀式上作為敬酒的容器。[45]

然而，隨著羅斯人在十世紀時對河流水路和草原的控制益發鞏固，通向南方的交通路線變得越來越安全。這一過程伴隨著商業、宗教和政治方向的逐漸轉型。其中的一個原因是在巴格達的哈里發國家經歷了將近三百年之久的穩定和富庶之後，開始發生了一系列的混亂。繁榮讓中央和遙遠地方之間的聯繫越來越鬆弛，促成了摩擦的可能性，地方上的統治者建立了各自的勢力範圍並且彼此衝突。這樣的威脅可以在九二三年巴士拉遭到什葉派叛亂者洗劫的事件中生動地顯現出來，在七年後，麥加也遭到了攻擊，神聖的黑石被從卡巴中搶走。[46]

在九二〇年代至九六〇年代之間，一連幾個冷得出奇的嚴冬讓情況變得更糟了。條件變得如此之壞，以至於食品短缺的情況越來越平常。如同當時一個作者記錄的，人們「從馬糞和驢糞中撿起穀物而食」的場景變得並不稀奇；暴動和內亂時常爆發。[47]一個亞美尼亞編年史作者記載了在西元九五〇年代中，在連續七年的糧食歉收後，「許多人變成了瘋子」，毫無意義地彼此攻擊。[48]

內部的動盪讓新王朝的興起成為可能，白益王朝（Būyids）在哈里發國家位於伊朗和伊拉克的核心領土上建立起政治控制，他們把哈里發當作傀儡，掌握在哈里發手中的實權大大減少了。在另一方面，埃及的政權遭到了完全推翻。在一場十世紀版本的「阿拉伯之春」運動中，一個什葉派政權遷往了埃及首都福斯塔特，這個政權之前曾在北非成功地建立起一個或多或少獨立於巴格達和科爾多瓦主流遜尼派哈里發之外的酋長國。在西元九六九年，尼羅河一年一度的洪水災害造成許多人死亡或陷入饑餓，革命在這時候蔓延到了整個北非。[49]新的王朝被稱為法蒂瑪王朝（Fātimids）——他們是什葉派穆斯林，對於統治的法理、正統性以及穆罕默德留下的遺產持有不同見解。他們的興起對於穆斯林世界的統一產生了嚴重影響：人們對伊斯蘭教的過去、現在和未來提出了根本疑問，分裂產生了。

動盪導致了商業機會的衰減，這是維京羅斯人為什麼越來越把注意力放在匯入黑海的第聶伯河和聶斯特河上，而不是順著伏爾加河去往裡海的原因之一。他們的注意力開始從穆斯林世界身上移走，而轉到拜占庭帝國和偉大的君士坦丁堡身上，這座城市在北歐民間傳說中被稱為「Mikli-garðr或Miklegarth」——翻譯過來就是「偉大的城市」。拜占庭人對羅斯人的注意力十分謹慎，尤其是在八六〇年的一次大膽突襲發生之後，他們讓君士坦丁堡的居民和守軍全都嚇得目瞪口呆。這些「兇殘又野蠻的猛士」是什麼人？「這些人在城郊肆虐，把一切都毀了，」君士坦丁堡的大牧首如是說，「他們只相信他們手裡的劍，沒有絲毫憐憫之心，也不寬恕任何人。」那些先死的人反而成了比較幸運的，他繼續說道，至少他們不用知道後來發生了怎樣的慘狀。[50]

官方對於羅斯人進入君士坦丁堡的市場一事有十分嚴格的規定。一份十世紀時的條約顯示，一次最多只能有五十個羅斯人進城，而且要從指定的城門進出；他們的名字和在城裡的行動都會被記錄下來並且受到監視；有規定限制他們可以買什麼和不可以買什麼。[51]他們被視作危險之人，需要被小心對待。但是，當像諾沃哥羅德、切爾尼戈夫（Chernigov）和最主要的基輔等城市從貿易站發展成了堡壘要塞和長久居住地以後，他們之間的關係最終變得正常了。[52]羅斯人的統治者弗拉基米爾（Vladimir）在西元九八八年接受了基督教，這件事的影響也十分重要，它促成了教會網絡的形成，這個網絡以君士坦丁堡派出的教士為開端進行管理，而且帝國首都的文化也不可避免地流向北方，被那裡的人民學習和借用。這些影響終於變得無處不在，無論是聖像畫還是宗教藝術品，或是教堂的設計以及羅斯人的穿著。[53]隨著羅斯經濟變得更重視商業，戰士型的社會開始越來越城鎮化和多元化。[54]像紅酒、油和絲綢這樣的奢侈品開始從拜占庭進口並出售，有商人用白樺樹皮當作商業發票和收據。[55]

羅斯人緊盯的眼光從穆斯林世界轉向君士坦丁堡的重新定位，是亞洲西部權力的重大洗牌的結果。首先，連續的每一任皇帝都從阿巴斯哈里發王朝的動盪中獲得了好處，這讓帝國的地方行政發生了根本性的重組。在十世紀的上半葉，大潮開始轉向。一個城市接著一個城市，位於安納托利亞（Anatolia）的那些曾經被用來向敵國領土發起攻擊的基地相繼被收復，克里特島和塞普勒斯也被收復，阿拉伯海盜支配了好幾十年的地中海東部和愛琴海地區被羅馬人穩定了下來。隨後在九六九年，偉大的城市安條克——這個重要的商業中轉站和紡織品生產中心——

也被羅馬人奪了下來。[56]

這樣的攻守逆轉刺激出了基督教世界的一種復興感。這樣的局面也表現出資產和稅收紅利從巴格達流出，進入到君士坦丁堡的重大轉變：曾經流入巴格達的稅收和海關收入現在充盈在羅馬帝國的金庫裡。這一狀況宣告了拜占庭黃金時代的開始，這是一段哲學家、學者和歷史學家帶來藝術和智識再生的時期，也是大規模興建教堂和修道院的時期，法律學院等機構也紛紛成立，學院訓練出的法官將監管一個已經擴大了的帝國的運行。在西元十世紀末，巴格達和埃及之間關係的破裂，讓拜占庭人成了主要受益者。在九八〇年代末，巴西爾二世（Basil II）皇帝和剛剛宣布哈里發頭銜的法蒂瑪王朝統治者簽署了協議，雙方建立了正式的貿易聯繫，並且許諾讓君士坦丁堡的清真寺在日常禮拜時以法蒂瑪哈里發的名義祈禱，頂替巴格達的阿巴斯王朝哈里發的名字。[57]

經濟和人口的增長推動了帝國首都市場的蓬勃發展，與此形成鮮明對比的是阿巴斯哈里發國家的反省和不安。這樣的結果讓東方的貿易路線也開始重新定位，從歐亞大陸的內陸穿過可薩利亞和高加索的貿易路線清晰地轉移到了紅海。讓梅爾夫、雷伊和巴格達綻放光芒的陸地路線被海路運輸排擠掉了。福斯塔特、開羅，尤其是亞歷山卓的快速增長引人矚目，在這些城市的中產階級興盛起來。[58] 拜占庭的位置太好了，很快就享受到了和法蒂瑪王朝新關係的果實：正如阿拉伯文和希伯來文的史料清楚記載的，從十世紀晚期開始，商船在埃及的各個港口往來不斷，日夜不停地駛向君士坦丁堡。[59]

埃及的紡織品開始在整個地中海東部地區受到追捧。提尼斯（Tinnīs）出產的亞麻很受歡迎，連當時偉大的波斯作者和旅行家納斯里・霍斯勞（Nāṣir-i Khusraw）也提到：「我聽說拜占庭的統治者曾經給埃及蘇丹傳話說，他願意用他領土上的一百個城市來交換提尼斯一個城市。」[60]自從一〇三〇年代開始，就有阿瑪菲（Amalfi）和威尼斯商人出現在埃及，在這三十年後還有熱那亞商人在此現身，這都揭示出不僅是君士坦丁堡，更遠的地方也警覺著新商品資源的開放。[61]

站在羅斯人和新的北方貿易網絡的視角來看，取得香料、絲綢、胡椒、硬木等東方商品的主要路線的改變造成的影響很小：他們並不需要在基督徒的君士坦丁堡和穆斯林的巴格達之間做出選擇。恰恰相反的是，擁有兩個潛在的貿易夥伴要比只有一個好。在挪威奧斯伯格（Oseberg）的一處驚人的船隻殘骸中發現的一百片絲綢殘片，可以證明送到斯堪地那維亞的絲綢數量很大。同樣能提供證明的，是在維京人墳墓中發現了來自拜占庭和波斯世界的絲綢，它們作為貴重的物品與墓主陪葬在一起。[62]

在十一世紀中葉時，仍然有人認為他們可以像先輩們一樣在東方的伊斯蘭世界裡發財致富。例如，在瑞典斯德哥爾摩的馬拉爾湖（Lake Mälar）附近，一個名叫陶拉（Tóla）的女子曾在十一世紀中葉豎起碑文，上面的文字紀念的是她的兒子哈拉爾德（Haraldr）和一位袍澤。上面寫著：「像男子漢一樣，他們踏上漫漫長路尋找財富。」他們成功了，但後來死在「南方的瑟克蘭（Serkland）」，也就是薩拉森人——即穆斯林——的土地上。[63]還有一塊石碑是古德雷夫（Gudleif）為紀念他的兒子斯拉格夫（Slagve）而豎立起來的，他「在東方的花剌子模度過了人生的終點」。[64]薩迦文學中哈拉爾德的兄弟，旅人英格瓦（Yngvar the Wayfarer）的故事，也同樣紀念的是把斯堪地那維亞人帶往裡海以及更遠地方的勇敢冒險。事實上，最近的研究顯示出，在這一時期，波斯灣地區甚至建立過維京人長久居住的殖民地。[65]

但是注意力還是越來越集中在基督徒居住的東方和拜占庭身上。當西歐人的視野越來越擴展，拜訪耶穌基督曾經生活、死去和升天的地方的興趣也越來越大。到耶路撒冷朝聖成了一件能廣為稱頌的榮耀。[66]在聖城的見識更凸顯出西歐在宗教遺產上的缺乏。君士坦丁皇帝的母親海倫娜（Helena）在四世紀起就開啟了把宗教聖物帶到君士坦丁堡的進程。到十一世紀的時候，君士坦丁堡的豐富收藏中包括了像釘死耶穌的釘子、荊棘冠、用刑時的聖袍、真十字架的殘片和童貞瑪利的頭髮，還有施洗者約翰的頭顱等等。[67]在對比之下，歐洲擁有的宗教聖物實在是少得可憐：雖然國王、城市和教會組織越來越富有，但他們沒有什麼能和耶穌及其門徒的故事產生實質連結的物品。

作為基督教的大本營和守衛者，耶路撒冷和君士坦丁堡吸引了越來越多的基督徒來到東方，尤其是來到帝國的都城——為了貿易、宗教服務或是僅僅是路過這裡再前去聖地。來自斯堪地那維亞和不列顛群島的人也受到歡迎加入到瓦蘭吉衛隊（Varangian guard）中，這是一支保護皇帝本人的菁英部隊。在這支衛隊中服役一段時間變成了過路者的慣例，例如後來的挪威國王哈拉爾・希古森（Haraldr Sigurðarson，他以「無情的哈拉爾」〔Harald Hardrada〕的名字著稱於世），他就曾在返還家鄉之前先在此服役。[68]在十一世紀時，君士坦丁堡的呼喚宏亮地響徹整個歐洲。有文獻材料記錄了君士坦丁堡在十一世紀時有來自不列顛、義大利、法蘭西和日耳曼——以及基輔、斯堪地那維亞和冰島的人在此居住。來自威尼斯、比薩、阿瑪菲、熱那亞的商人們在城中建立了殖民地，以購買貨物並出口回老家。[69]

關鍵的地點並不是巴黎或倫敦，不在德國也不在義大利——而是在東方。能夠連接東方的城市十分重要——就像克里米亞的赫爾松（Kherson）或者諾沃哥羅德，這些地方能連接到貫穿亞洲動脈的絲綢之路。基輔變成了中古世界的關鍵，在十一世紀後半葉，基輔統治家族的聯姻關係就可以做出證明。在一〇五四年以前，以基輔大公的身分施行統治的智者雅羅斯拉夫（Yaroslav the Wise）的女兒們分別嫁給了挪威國王、匈牙利國王、瑞典國王和法蘭西國王。他有一個兒子娶了波蘭國王的女兒，另一個兒子娶了一個君士坦丁堡的皇室成員。下一代人的聯姻甚至更加令人印象深刻。羅斯的公主們分別嫁給了匈牙利國王、波蘭國王和強大的日耳曼皇帝亨利四世（Henry IV）。其他顯赫的聯姻還包括基輔大公弗拉基米爾二世莫諾馬赫（Vladimir II Monomakh）的妻子吉薩（Gytha）：她是一〇六六年在哈斯廷斯戰役（battle of Hastings）中被殺的英格蘭國王哈羅德二世（Harold II）的女兒。基輔的統治家族是全歐洲人脈關係最廣的王朝。

城鎮和定居地點如雨後春筍一般在俄羅斯各處發展起來，每一個這樣的城鎮都像是一條項鍊上新添加的一顆珍珠。柳別奇（Lyubech）、斯摩棱斯克（Smolensk）、明斯克（Minsk）和波洛茨克（Polotsk）就像之前的基輔、切爾尼戈夫和諾沃格羅德一樣羽翼漸豐。這恰好和威尼斯、熱那亞、比薩和阿瑪菲財富的積聚同步：和東方進行的貿易是他們財富增長的關鍵。

同樣的情形也在義大利南部發生。諾曼傭兵（Norman mercenaries）是中古早期最為令人驚訝的成就之一，這些人最早是在十一世紀初的時候被阿普利亞（Apulia）和卡拉布里亞（Calabria）招募來的，他們成功地成為了地中海地區的強大軍隊。在一代人的時間裡，他們推翻了付錢的拜占庭金主，隨後把注意力投向了強大的穆斯林西西里——這是一個有利可圖的戰略要地，是連接北非和歐洲並控制地中海的補給站。[70]

在每一個勢力崛起的例子中，崛起的動力都是貿易和對有利可圖的商品加以控制。從這點來看，基督教和伊斯蘭教的分界線在哪裡的問題根本不重要，同樣的，最好的市場是在君士坦丁堡、阿的爾、巴格達或布哈拉——或者在十一世紀時的馬赫迪亞（Mahdia）、亞歷山卓還是開羅也不重要。雖然許多資料來源堅持政治和宗教有高度重要性，但是對大多數的商人和從事貿易者來說，這樣的問題都太複雜，最好全部避開。事實上，問題並不在於貿易的地點和對象，而是如何支付能夠帶來利潤的奢侈品。在八世紀至十世紀，出售的基本商品是奴隸。但是隨著西歐和東歐的經濟變得更為活躍，受到從伊斯蘭世界湧入的大量銀幣的刺激，城鎮的規模和人口都大為增加了。當這種情形發生後，互動變得更加頻繁，反過來也要求實現貨幣化，也就是說，要以貨幣——而不是用皮草等——作為貿易的基礎。在這種轉型的過程中，當地的社會變得越來越複雜和完善，社會肌理也得到了發展，城市中產階級從而出現了。錢代替了人，開始被用作貨幣來和東方進行貿易。

在同時發生的變化中，把人從歐洲吸引而來的磁力也在東方被感受到了。穆斯林征服和中亞擴張所建立起來的前線也在十一世紀時分解。就像在巴格達的哈里發一樣，中亞各地的各穆斯林王朝長久以來也從草原地區雇用人力來充實軍隊——同樣的，君士坦丁堡的皇帝也是將北歐和西歐的人招募到軍隊中。像薩曼王朝之類的王朝積極地從突厥部落中招募士兵，通常是作為「ghulām」或奴隸部隊。但是隨著對奴隸兵的依賴越來越深，連指揮官的位置也不例外，過不了多久，這些身居高位的軍官就開始著眼要為自己獲得權力了。的確，軍隊應該要給那些心存遠大志向的人提供機遇，但卻不能把王國的鑰匙也一併交出去。

這樣的結果是戲劇性的。在十一世紀開始時，一個以加茲尼（位於今日的阿富汗東部）為中心的新帝國出現了，它的建立者是突厥奴隸軍官的後代，他們手中握有重兵，當時有人把他們的兵力比作「像密密麻麻的螞蟻和沙漠中的沙子一樣數不勝數」。[71] 加茲尼王朝（Ghaznavids）征服的土地從伊朗東部一直延伸到印度北部，他們成為了視覺藝術和文學的偉大贊助人。加茲尼王朝的統治者支持菲爾多西（Firdawsi）等優秀文學家的作品，即便近年來的研究顯示，這位偉大的詩人可能並不是像長期以來人們假定的那樣曾親自前往位於阿富汗的宮廷呈上自己的作品。菲爾多西的偉大作品《王書》（*Shāhnāma*，《列王傳》）是中古早期波斯詩歌中的瑰寶。[72]

喀剌汗突厥人（Qarakhānid Turks）是巴格達中心越來越虛弱的另一個受惠者，透過對阿姆河以北領土的開拓從而統治了河中地區（Transoxiana），他們和加茲尼人同意以這條河作為各自領土的邊界。[73] 和他們的鄰居一樣，喀剌汗人也推動了各個門類學術的興盛。現存文本中最著名的可能要算是《突厥語大辭典》（*Dīwān lughāt al-turk*），它的作者是馬赫穆德・喀什葛里（Maḥmūd al-Kāshgharī），這本書把位於中亞的喀剌汗王朝首都八剌沙衮定為世界的中央，從那裡展開了一張世界地圖，開始為讀者講述這位偉大的博學家是如何看待他周邊的世界。[74]

其他的許多豐富文本也在這時期不斷出現，表現出了在一個繁榮富裕的社會裡人們的文雅精緻和所關心的事情。有一本這樣的著作尤其出類拔萃，它是成書於十一世紀末的《福樂智慧》（*Kutadgu Bilig*），作者是喀剌汗突厥王朝的尤素夫・哈斯・哈吉卜（Yūsuf Khāṣṣ Ḥājib）。書中充滿了各種建議，從強調領導人面對問題時應該要溫和從容而不是暴怒，到建議富人應該如何主持一場宴席。雖然我們今天也有一些書會鉅細靡遺地教導要如何舉手投足、合乎禮儀，但我們很難不為當時的這位作者寫於一千多年以前的規勸統治者要在晚餐派對上準備好美味佳餚的作品感到著迷。「杯子和方巾都要擦洗得當。室內和廳堂都要一塵不染，家具陳設也要準備好。要選擇有益、佳美和乾淨的食物和飲料，這樣你的賓客才能吃得心滿意足。」他還繼續建議「要把所有杯子都加滿，要熱情大方地照顧到晚到的客人：絕對沒有人應該要空著肚子或者心存怨恨地離開」。[75]

突然暴富的統治者很需要這樣的建議——就像是一夜暴富的暴發戶還不適應自己的新生活一樣，他們想要知道該如何布置室內環境，也想要知道當客人登門時要用怎樣的食物和飲料招待（《福樂智慧》的作者再三保證，用玫瑰水飲料一定不會出岔子）。然而，還有一些更打定了主意的人，他們不打算在打造自己的宮廷和珍饈御饌方面費心思，而是堅持要把全力用在最大的獎勵上——把他們的意志加諸於巴格達身上。從十世紀末開始，起源自烏古斯部落聯盟（主要分布於今日的哈薩克）後代的塞爾柱人（Seljuks）開始建立起自己的勢力。他們十分善於在機會來臨的時候站在有利的一邊，為地方統治者效力以換得合適的報償。用不了多久，這就演變成了實實在在的權力。在一〇二〇年代末至一〇三〇年代之間，塞爾柱人用嫻熟的技巧把一個又一個的城市納入囊中，梅爾夫、內沙布爾、巴爾赫也相繼投降。隨後在一〇四〇年，他們在戰鬥中擊敗加茲尼王朝，在丹達納坎（Dandanakan）面對人數占絕對優勢的敵人，取得了一場大勝。[76]

塞爾柱人如流星一般迅速崛起，他們從奴隸兵搖身一變成為權力中間人。在一〇五五年，他們手中握著哈里發的邀請，進入了巴格達，他們的新身分也確定了下來，哈里發邀請他們來驅逐不受歡迎又無能的白益王朝。以塞爾柱領袖圖赫里勒・貝（Tughril Beg）的名義鑄造的錢幣出現了，同時他下令禮拜時的呼圖白（hutba）要用他的名字——這意味著他的統治能夠得到祝福。為了更能顯示他對巴格達和哈里發國家的主導地位，圖赫里勒又戴上了兩個新的頭銜，分別是：al-Sulṭān Rukn al-Dawla和Yamīn Amīr al-Mu'minīn——國家之柱和信士長官的右手。[77]

不無諷刺意味的是，塞爾柱王朝的同名建立者的子嗣都有基督徒或甚至是猶太人的名字，像是米歇爾、以色列、摩西和約拿之類，這很有可能說明他們曾在草原上得到過大牧首提莫西派出的傳教士所傳播的基督教福音，抑或是受到了向可薩人傳播猶太教的商人傳教。[78]雖然他們改信伊斯蘭教的時機和情形還並不為人所知，但是很明顯的，少數群體的宗教信仰很難在他們的迅速發展中從穆斯林大眾那裡獲得認可。如果他們取得成功的速度更緩慢的話，世界也許會非常不同，屆時東方或許會出現一個在基督徒或猶太人統治者之下的國家。但就像我們所知的那樣，塞爾柱人選擇了改變宗教。這些來自哈里發統治邊陲的全新穆斯林發現自己成了穆罕默德的遺產的守護者，他們支持伊斯蘭教，並且讓自己成為了歷史上最偉大帝國之一的主人。

甚至是在塞爾柱人得到了阿巴斯王朝的首都的權力之前，拜占庭人就已經受到了塞爾柱人崛起的威脅。他們不可阻擋的崛起也促使邊陲地方的游牧民不斷地對位在高加索部分的巴爾幹和小亞細亞發起進攻，用快速的攻勢讓當地人口有如驚弓之鳥一般。有作者寫道，他們的馬「迅捷如鷹，馬蹄如磐石般堅穩」。他們攻城略地，如「饑餓的狼群撲向獵物一樣」。[79]

在一次蹩腳的東部邊境防禦戰中，羅曼努斯四世（Romanos IV Diogenes）帶領了一支大軍從君士坦丁堡出發，在一〇七一年時於曼齊刻爾特（Manzikert）遭遇了一場災難，拜占庭軍隊被出其不意地擊敗和羞辱了。在這場至今仍然被當作土耳其國家誕生的戰役中，羅馬帝國軍隊被包圍和擊潰，皇帝也成了俘虜。塞爾柱統治者阿勒普・阿斯蘭（Alp Arslan）要拜占庭皇帝躺在地上，還拿腳踩在他的脖子上。[80]

事實上，塞爾柱人和巴格達的塞爾柱政權並不是那麼擔心拜占庭帝國，他們更擔心的是什葉派埃及的法蒂瑪哈里發帝國。這兩大勢力很快就纏鬥在一起，雙方對耶路撒冷的控制權展開了爭奪。隨著這件事越演越烈，塞爾柱人和君士坦丁堡建立了雖稱不上熱情，但可以說是雙方積極給予對方支持的關係，這要多虧了雙方在小亞細亞地區擁有共同利益，它們都要面對遊蕩的游牧民帶來的威脅，這些游牧民善於使用草原上經典戰術，即先突襲，再要求金錢來換取和平。對拜占庭來說，這威脅到了其脆弱的地方經濟；對塞爾柱人來說，這些游牧民威脅到了他們領導者的權威，塞爾柱領袖本是軍閥出身，現在僭越了統治者的地位。在二十年的大部分時間裡，皇帝和蘇丹展開了合作，高層級的協商甚至談論到了用聯姻關係讓兩位統治者更緊密的可能性。然而，在一〇九〇年代，當塞爾柱世界陷入到一場繼位危機中，這種均衡態勢也土崩瓦解了，這讓小亞細亞的後起之秀能依靠采邑來獲利，並讓自己幾乎獨立於巴格達的控制——這是插在拜占庭身邊的一根難以忽視的芒刺。[81]

隨著一次又一次的災難，基督教拜占庭帝國很快就屈服了。他們手上已經沒有幾張牌可出，於是皇帝祭出了激烈行動：他向歐洲各地的重要人物發出求救，其中也包括教皇烏爾班二世（Urban II）。向教皇求救已經是避免拜占庭墜入深淵的最迫不得已的手段了，但是這麼做也不是沒有風險：在四十年前，羅馬教會和君士坦丁堡教會之間的緊張關係上升，這導致了一場牧首和皇帝互相開除教籍、雙方教士威脅對方將在地獄中被火燒的大分裂。雖然爭論的一部分內容是教義，尤其是關於聖靈是否來自聖子和聖父的問題，但是問題的核心還是關於對基督教信徒的控制權的更宏大競爭。向教皇伸手求救就意味著要掩飾他們之間的分歧並重建關係——這兩件事都是說來容易做來難。[82]

在一〇九五年三月，皇帝的使者在皮亞琴察（Piacenza）見到了教皇烏爾班二世。使者們在那裡「懇求教皇陛下和所有基督的信徒要伸出援手，反抗異教徒，保衛如今已經接近被兵臨城下的異教徒奪去的神聖教堂。聖教已經危在旦夕，異教徒已經幾乎吞併了整個地區」。[83] 教皇立刻就發現了事關重大並且採取了行動。他啟程來到阿爾卑斯山以北，在克萊芒（Clermont）舉行的會議上，他宣布基督徒騎士有責任前往東方展開營救。烏爾班後來開始竭盡全力地到各地向重要人士遊說支持，尤其是在法國，他用甜言蜜語勸說人們參加終點在聖城耶路撒冷的偉大遠征。這個在東方出現的危亡時刻貌似能夠給教會帶來統一。[84]

拿起武器的呼聲成功點燃了火焰。越來越多的基督徒朝聖者已經在教皇發起呼籲的幾十年前造訪了聖地。在一個西歐和君士坦丁堡之間存在著廣泛聯繫的世界中，消息傳播的速度是很快的。因為小亞細亞和中東的動盪，所有的朝聖路線都關閉了，令人驚恐的消息圍繞在突厥人在安納托利亞取得的進展上，這給東方基督徒的遭遇賦上了有聲有色的敘述，許多人都確信世界末日已經臨近。烏爾班的呼喚獲得了巨大反響：在一〇九六年，上萬人踏向了前往耶路撒冷的征程。[85]

正如許多的資料來源所顯示的那樣，大多數向東進發的人都是出於信仰動機和關於恐怖和暴行的報導。雖然十字軍東征運動首先被人們紀念為一場宗教戰爭，但是它造成的最重要影響卻是世俗的。第一場受到現實利益驅使的歐洲各國對地位、財富和遠方榮耀的角力即將開始上演。突然間，因為這樣的轉變，西方即將讓自己距離世界的心臟更近一些。

第八章
通往天堂之路

在一〇九九年七月十五日，耶路撒冷落入了第一次十字軍的騎士手中。一路向東的征程幾乎是難以忍受的困難。他們中的許多人根本沒有到達聖城就死在戰場上，或是死於疾病、饑餓，或者被俘。當剩下的十字軍最終到達了耶路撒冷並接近城牆時，他們流下了喜悅和安慰的淚水。[1]在一次長達六週的圍城後，進攻者的眼中殺氣騰騰地想要見到流血。根據目擊者的記載，後來發生的殺戮讓耶路撒冷很快就堆滿了死人，在城門外面堆疊的「屍體有如房子那麼高，還不曾有人聽聞過這樣的屠殺」。[2]「如果你到過那，」有另一位作者在幾年之後寫道，「你的腳肯定被淹至腳踝的血汙弄髒過。我該說什麼呢？沒有人生還，無論是女人還是小孩，都被長矛刺死了。」[3]

占領了聖城的消息就像野火一樣蔓延開來。十字軍的領導者們在一夜之間成了家喻戶曉的人物。他們中有一個人尤其抓住了公眾想像力：博希蒙德（Bohemond）是一個諾曼名人的兒子，曾在義大利南部和西西里闖出了名氣，也是第一次十字軍東征記載中的首位明星。他外型帥氣，有藍色的眼睛和修長的下巴，留著俐落又有特色的短髮，博希蒙德展現出的勇敢和機智在西歐成了人們口中的話題。當他在十二世紀初從東方回來時，立刻被擁戴成了大英雄，無論走到哪裡都有人群簇擁著，有許多待嫁的新娘被推到他的面前供他隨意挑選。[4]

博希蒙德看起來已經成了正在浮現出來的新世界的代表。從當時拉丁編年史作者的視角來看，他就是權力從東方移向西方的決定性轉變的完美法寶。基督教世界已經被勇敢的騎士保護了，他們已經征討到了數千英里以外的耶路撒冷。聖城已經被基督徒解放了——不是被拜占庭帝國的希臘正教基督徒，而是大量的來自諾曼第、法蘭西和弗蘭德斯人組成的一支大軍解放的。穆斯林已經被從他們控制了好幾百年的城市中驅逐了出去，即將到來的世界末日的可怕預言，在十字軍東征啟程的不久前已經遍布各處；但是現在，樂觀情緒、膨脹的自信和野心已經代替了對末日即將到來的恐懼。區區五年時間，人們的念頭就從對世界末日的恐懼變成了對新紀元的歡迎——這是一個由西歐所主導的新紀元。[5]

他們在海外領地（Outremer）建立起了新的殖民地，由新的基督徒主人統治。這是歐洲勢力生動形象的擴張：耶路撒冷、的黎波里、泰爾（Tyre）、安條克都處在歐洲人的控制之下，並使用從西方引進的封建屬地的慣用法律，其內容涵蓋了新來者的財產權、收稅和耶路撒冷國王的權力等等。中東開始被重塑成像西歐一樣的運行形態。

在接下來的兩百年中，西歐人做出了大量努力守住他們在第一次十字軍東征及後續行動中征服到的領土。教廷一再地試圖渲染歐洲騎士有守衛聖地的天職。為耶路撒冷國王服務就意味著為上帝服務。這樣的訊息起到了有力效果並廣為流傳，導致了許多人向東方進發，其中一些人變成了聖殿騎士（Templar knights）——這是一個尤其受歡迎的新興教團，他們將狂熱的軍事獻身、奉獻和虔誠信仰集合為一體，產生了使人迷醉的魅力。

通往耶路撒冷之路變成了通向天堂本身的路。在一〇九五年第一次十字軍出發的時候，教皇烏爾班二世曾說，那些拿起十字架加入聖城遠征的人將獲得洗刷原罪的獎賞。這種觀念經過十字軍運動過程的發展，變成了在和異教徒的戰爭中倒下的人是前往通向救贖之路的觀點。向東方去的征程變成了從今生今世前往後世樂園的旅程。

在基督教取得勝利的同時，教廷和騎士的故事在一個又一個講壇和小酒館之間傳開，在基督教西方的傳道詞、歌謠和詩句中被讚頌，然而在穆斯林世界，對這件事的回應十分稀寥。雖然在十字軍占領耶路撒冷的前後曾有一些抵抗十字軍的努力，但是抵抗行動只是地方性的，而且力度很有限。有些人對這種倦怠的態度感到十分困惑。巴格達的一位法官據說怒氣沖沖地來到哈里發的宮廷裡，怒斥這種對歐洲軍隊的到來無動於衷的表現：「你們怎麼還能這樣躲在自以為的安逸中麻木不仁呢！」他對在場的人說，「你們過著像是花園中的花朵一樣的生活，而你們在敘利亞的兄弟們已經無家可歸，連個藏駱駝鞍的地方都找不到了！」其實在巴格達和開羅，已經有了一種無法明說的默契，他們都覺得可能讓基督徒占領耶路撒冷反而比他們的什葉派或遜尼派對手占領還來得更好一些。雖然這位法官的話已經讓哈里發身邊的一些人落淚，但大多數人仍然呆若木雞地無動於衷。[6]

第一次十字軍的成功對歐洲或巴勒斯坦的猶太人來說，並不是一件安慰的事情，他們親眼看到了本該高貴的十字軍所做出的驚駭暴力。在萊茵蘭（Rhineland），婦孺、老人在一次歐洲反猶主義的爆發中慘遭屠戮。西歐的人力和注意力再次鎖定了東方，而猶太人要為此付出代價。[7]這種嗜血行徑和猶太人要為耶穌被釘死而負責，以及以色列的土地應該為基督教歐洲掌握的觀點有直接聯繫。但是任何事都阻擋不了黎凡特地區正在形成新的交流通道。

只要把拜占庭人放在一起考慮，十字軍的故事就不能算是一場狂歡的勝利故事。在十字軍和他們的招牌人物博希蒙德在軍事上的成功背後，也留下了不那麼英勇光彩的故事——不是光輝的成就和偉大的成功，而是他們對拜占庭帝國的奸詐背叛。所有遠征的領袖都曾在一〇九六至一〇九七年路過帝國首都時親自面見過阿萊克修斯一世（Alexios I）皇帝，他們都曾對著聖十字（Holy Cross）宣誓說，他們將把征服的所有曾屬於拜占庭的城鎮和領土交還給拜占庭。[8] 隨著遠征戰事的進展，博希蒙德越來越開始沉迷於怎樣才能甩開這些承諾，好讓自己把勝利果實吞掉——其中最重要的，就是獨吞安條克這座偉大的城市。

在這座城市遭受了一次元氣大傷的圍城後，博希蒙德抓住了這個機會。在一次極具戲劇性的決裂中，他在安條克的聖彼得大教堂裡遭到了質問和責難，因為他拒絕履行約定，把這座城市交給拜占庭皇帝。當十字軍中最強大的領袖圖盧茲的雷蒙德（Raymond of Toulouse）嚴肅地提醒他：「我們曾對著上帝的十字架、荊棘冠和那麼多聖物發誓說，我們不會在皇帝的領土中對任何一座城市或城堡有非分之想。」博希蒙德只是冷冷地說那些口頭宣誓都不算數，因為阿萊克修斯也沒有遵守他那邊的約定；從此他竟然拒絕再往前繼續出征了。[9]

這是十二世紀初一場精彩的政治宣傳攻勢，它正正當當地把博希蒙德放在了十字軍勝利故事的正中央，但是卻隻字不提在耶路撒冷陷落的時候，這位人們心中的英雄事實上根本就不在聖地周圍的任何地方。在耽擱了將近一年時間來解決安條克城的僵局後，十字軍乾脆在沒有他的情況下就上路了。當騎士們在圍城戰要開打之前先繞行耶路撒冷城以表示對上帝的感謝時，有些人以赤足來展現他們的謙卑，而博希蒙德此時正在數百英里以外，正在他的新獎勵那裡作威作福，依靠赤裸裸的固執和殘忍確保了自己獨吞了安條克。[10]

博希蒙德對安條克及周圍地區的態度，是出於他認識到了地中海東部所能夠提供的異常豐富的好機遇。以這一點來看，他對安條克的緊握不放，只不過是幾十年、上百年來吸引北歐和西歐的野心家和有才幹的能人到東方來的下一個發展階段而已。十字軍東征可能總是被認為是一場宗教戰爭，但是它也是獲得財富和權力的跳板。

對於博希蒙德拒絕交還安條克的行為和種種惡劣行徑感到不齒的，不止有拜占庭人，在歐洲也有很多阿萊克修斯的支持者傳述的惡毒故事在各地流傳。還有其他人從根本上就對十字軍提不起一點興趣——尤其是西西里的羅傑（Roger of Sicily），他屬於已經積累起財富的老一輩人，他們並不想讓自己的地位受到影響。按照一個阿拉伯歷史學家的記載，羅傑不贊成進攻耶路撒冷的計畫，並曾經努力地潑冷水，澆滅那些為在地中海建立新的基督徒殖民地的前景而感到興奮的人的士氣。在聽說攻占耶路撒冷的計畫時，「羅傑抬起了他的大腿，然後放了一個又大又響的屁。『以我宗教的理念來看，』他說，『比起你們說的，物盡其用才是對的。』」任何對穆斯林的進犯都可能會危及他和穆斯林北非的重要人物的關係——更不用提這將會給擁有大量穆斯林人口的西西里本身造成的麻煩了——這都會造成摩擦並干擾到貿易。戰爭造成的收入損失將會是綜合性的，他說，農地收入的下降會不可避免地影響出口。「如果你決定要對穆斯林發起聖戰的話，」他說，「那請自便。但是別碰西西里。」[11]

像西西里的羅傑之類的人所表達的憂慮並非沒有原因。在十字軍之前幾十年，地中海市場早已經歷過波動。面臨嚴重經濟危機的君士坦丁堡的消費力已經迅速衰弱下去。比如，單是在一〇九四年這一年中，在亞歷山卓市場上出售的藍靛燃料的價格就下跌了至少百分之三十，我們可以合理地推定胡椒、肉桂和生薑的貿易也有相似的影響——即便史料並未明確提及這件事。[12] 利潤豐厚、途經巴勒斯坦的北非－歐洲貿易（巴西木的交易曾經在一〇八五年時享有百分之一百五十的利潤），一定也同樣經歷了緊縮。[13] 忽然出現的供給和需求衝擊將會導致價格的劇烈波動——例如在諾曼人征服西西里之後的小麥價格激增，或者十一世紀中葉的過度供給造成了亞麻在地中海地區的價格縮水了將近一半。[14]

這樣的價格起伏和財富縮水與十字軍東征造成的地中海地區的轉型是相輔相成的。在十世紀和十一世紀，北非歷史學家伊本・赫勒敦（Ibn Khaldūn）寫道，穆斯林的艦隊已經完全控制了海上，而基督徒甚至還不能把木板放在水裡。[15] 但儘管穆斯林長久以來都主導著地中海，但他們將在新一波的對手面前失去對潮流的掌控——他們是最新加入到東方巨大貿易網絡中的義大利諸城邦。

事實上，早在一〇九〇年代以前，阿瑪菲、熱那亞、比薩和威尼斯就已經開始摩拳擦掌了。以威尼斯為例，奴隸和其他商品貿易讓達爾馬提亞海岸上的城鎮建立了緊密聯繫，比如札拉（Zara）、特羅吉爾（Trogir）、斯普利特（Split）和杜布羅夫尼克（Dubrovnik），這些城鎮都是進入亞得里亞海的登門石。這些貿易站點可供作為當地市場使用，也可以給長距離的商旅貨物提供安全的休整地點。義大利人在君士坦丁堡和拜占庭帝國其他城市擁有長久的商人殖民地的事實，向我們揭示了他們想和地中海東部進行貿易的興趣越來越濃重。[16]這促進了義大利的經濟增長，讓極為富有的人在十一世紀末期的比薩開始湧現出來，以至於主教和市民推行了一項法令，對那些炫富的顯要人士修建的高塔高度加以限制。[17]

義大利人的城邦國家很快就意識到，對耶路撒冷的占領將帶來令人激動的商業機遇。甚至在十字軍之前，就有義大利商人到過聖城，熱那亞、比薩和威尼斯都有前往敘利亞和巴勒斯坦的水上船隊。在所有的這些事例中，下海的動機既是為了讓天主教廷參與商業活動，也是為了保衛基督徒，讓基督徒不至於經受從拜占庭回來的目擊者和探子報告中形容的那些恐怖暴行。[18]雖然精神上的動機是一項重要因素，但是很快的，巨大的物質報償也清晰地顯現出來。在奪取耶路撒冷之後，十字軍便處在了一種令人不安的急需補給的窘境中，他們絕望地需要建立和歐洲的聯繫。當義大利各城邦在和聖地的新主人打交道時，他們的艦隊讓他們處在一個很有利的談判立場上。十字軍需要保障沿海的像海法、雅法（Jaffa）、阿克（Acre）和的黎波里這樣的港口，因此義大利商人們的要價就更堅決了，他們知道海上力量對於實施成功的圍城至關重要。

雙方達成了協議，這讓城邦國家得到了巨大的潛在利益，作為交換，他們將對十字軍提供幫助。例如，作為參與一一〇〇年阿克圍城戰的報償，新抵達的威尼斯人得到承諾，十字軍許諾將會在他們占領的每個城市裡都給他們提供一座教堂和一處市集廣場，並且還有他們從敵人那裡搶來的三分之一戰利品以及免稅待遇。有個學者曾說古典威尼斯人是「虔誠和貪婪」的混合體，上述情形就是一個完美的例子。[19]

當凱撒利亞（Caesarea）在一一〇一年被圍困時，熱那亞人興致勃勃地適時出手，確保自已獲得了一大筆驚人的戰利品和極為有利的貿易條款。他們的地位在三年後更進一步地得到了鞏固，當時耶路撒冷國王鮑德溫一世（Baldwin I）獎勵了熱那亞人一系列的免徵稅項和其他法律及商業上的權利——比如在捲入要判死刑的刑罰時可以免受皇家司法管轄。他們還獲得了三分之一的凱撒利亞城、三分之一的阿蘇富（Arsuf）和三分之一的阿克，而且還包括一筆慷慨的阿克城的稅金獎賞。鮑德溫還做出承諾，每年交給熱那亞使用費，並且將未來征服的三分之一按照適當的軍事支援狀況來一同分享。[20]像這樣的協議都是十字軍在東方位置的虛弱表徵，但是對於義大利城邦國家來說，這樣的協議是他們財富的基礎，將他們的地位從地區性的中心轉變成了跨國強權。[21]

並不令人吃驚的，這樣豐厚的回報點燃了比薩、熱那亞和威尼斯之間的激烈競爭。阿瑪菲如今已經越來越被甩在了後面，他們前往東方的腳步太遲，於是也難以參與到競爭中，他們被排除在這場大博弈之外，只好眼看著其他競爭對手為了豐厚的貿易條款、准入權和特許權展開爭奪。早在一〇九九年，比薩人和威尼斯人就已經針鋒相對了，後者在羅德島（Rhodes）外海曾擊沉了比薩艦隊五十艘船中的二十八艘。為了展現寬宏大量，人質和繳獲的船隻隨後得到了釋放，威尼斯人不僅在他們的長衫上繡上了十字架（正如教皇指示十字軍的那樣），他們的靈魂也打上了十字架的烙印。[22]

這一多方參與爭鬥的大環境要從威尼斯在一〇九二年得到拜占庭帝國的一份大範圍貿易特許權說起，這份特許權是阿萊克修斯皇帝刺激經濟的大戰略的一部分。它讓君士坦丁堡的港口中出現了為威尼斯人準備的登陸駁船，他們的貨物在進口和出口中都享有免稅待遇。[23]因此，在此七年以後，威尼斯人的最基本動機就是把比薩人擠出市場，以此來保護他們和皇帝達成的這一極富吸引力的條款。作為和威尼斯人簽署的協定的一部分，比薩人被迫要答應他們，不得再進入拜占庭帝國「從事貿易，除非是出於拜訪聖墓教堂的目的，而且不准以任何形式和基督徒開戰」。至少威尼斯人是這麼記載當時的情形的。[24]

鞏固這樣的條約是一件說來容易做來難的事情，而且在實際上，到了十二世紀初時，拜占庭帝國已經給比薩提供了他們專有的特權，這和之前許給威尼斯的內容不無相似，只是沒有那麼慷慨而已。雖然比薩人也在帝國的都城裡擁有了碼頭和錨地，但是比薩商人只是得到了關稅折扣，而不是完全的免稅待遇。[25]這樣的做法是為了避免威尼斯握有對其他競爭對手的巨大優勢得以壟斷市場。[26]

義大利城邦國家之間為了主導地中海東部的貿易而發生的爭鬥既瘋狂又殘酷。但是過沒多久，威尼斯就成了顯而易見的勝利者。這要多虧了他們在亞得里亞海上優越的地理位置，這意味著駛往威尼斯的航程要比到比薩或熱那亞更短；威尼斯的錨地也更利於操作，這讓航程也更加安全，至少奸詐的伯羅奔尼撒人（Peloponnese）曾經就是這樣談判的。威尼斯的經濟更強、發展得更好，這是十分重要的原因，與此同時，威尼斯沒有其他地方競爭者的事實也同樣重要——和比薩、熱那亞不同，這兩個城邦國家對他們的沿海地區、尤其是科西嘉島（Corsica）的激烈競爭，讓他們在關鍵時刻雙雙退出了黎凡特。[27]

這樣的局面正中威尼斯的下懷，當時正有一支西方騎士大軍在全面向血地之戰（Field of Blood）的戰場進發，這場戰爭發生在一一一九年，十字軍的失敗讓安條克作為一個獨立的十字軍國家的命運垂危。[28]當比薩和熱那亞此時正忙著彼此爭鬥時，安條克向威尼斯總督發出了絕望的求救，並以耶穌基督的名義祈求支援。一支強大的軍隊隨即組織起來，按照當時的一位下筆很有雅量的評論者所言，威尼斯人需要「上帝的幫助，以擴張到耶路撒冷及其周邊的地方，這全都是為了基督教的榮光」。[29]然而，重要的是，鮑德溫二世國王所發出的求救請求伴隨著允諾新的附加特權作為回報。[30]

威尼斯人用這個機會給拜占庭人上了一課。新皇帝約翰二世（John II）是在一一一八年從他的父親阿萊克修斯手中繼承王位，他認為國內的經濟已經恢復得足夠了，於是拒絕和威尼斯人更新二十年前的特許權。因此，當威尼斯艦隊向東前往安條克的途中，他們圍攻了科孚島（Corfu），並威脅如果皇帝不續簽特許權，他們就會採取更進一步的行動。隨後雙方開始對峙，直到皇帝讓步，重新確認了當年他父親所簽訂的特許權才作罷。[31]

這一成功遠遠超出了威尼斯總督的艦隊終於到達聖地所獲得的利益。威尼斯人精明幹練地權衡利弊、審時度勢，決定貸款給耶路撒冷的西方領袖們，讓他們能夠支付各自的軍隊來對穆斯林掌握的港口發動進攻。得到的回報將是一筆巨額利潤。威尼斯將在耶路撒冷國王擁有的每座王城和男爵城得到一座教堂、一條街道和一個大廣場。年費要被交予威尼斯人，之後從泰爾獲得的稅收可以保障這筆年費支出。泰爾是該地區重要的貿易中心，當這座城終於在一一二四年的圍城戰中淪陷，威尼斯得到了適用於耶路撒冷王國各地的廣泛特許權，從中獲得的巨大利潤也促成威尼斯在該地區地位的蛻變。這個義大利城邦國家從僅有的一個立足點，發展到如今的強大地步，這讓有些人意識到威尼斯的強大已經威脅到王權，應該要立即裁減一些條款。[32]

從表面上看，這是一個信仰和宗教精神濃厚的時代，是一個以基督之名做出自我犧牲奉獻的時代。但是宗教必須要和實利政治、經濟考量一併爭取——教會高層對此心知肚明。當拜占庭皇帝約翰二世試圖申明對安條克的主權時，羅馬教皇對所有的信徒宣布，任何幫助拜占庭的人都將面臨永入地獄。[33]這樣的做法完全是為了取悅羅馬的盟友，和神學、教義無關。

但性靈和物質結合的最佳例子，還要算是穆斯林在一一四四年攻下艾德薩之後發生的事情——這場戰役是十字軍的又一次重要逆轉。全歐洲都在呼籲增加兵力來加入到遠征中，這次行動史稱第二次十字軍東征。領頭到處呼籲的是克萊沃的伯納德（Bernard of Clairvaux），此人是個極具領導力又精力充沛的人物，他很現實地知道光是靠洗刷原罪和透過殉難以獲得救贖的可能性，不足以勸動所有人啟程到東方去。「對你們中的商人們來說，快點去談個好價錢吧，」他在一封廣為流傳的信中寫道，「讓我來給你們指明前方的好處吧。機會遍地都是，你們千萬不要錯過！」[34]

到了十二世紀中葉，義大利的城邦國家已經從他們在東方依靠出色的手腕建立起來的有利地位中獲得了巨大財富。威尼斯依靠著能進入君士坦丁堡以及位於拜占庭帝國和巴勒斯坦之間的主要沿海城市的優勢，他們的登門石現在已經擴展到了整個地中海東部，不僅有黎凡特，還包括埃及。有些人投來了嫉妒的目光，比如中世紀最著名的熱那亞歷史學家卡法羅（Caffaro），他在一一五〇年代悲痛地寫道，熱那亞「正無人理睬地沉睡和忍受著，就像是一艘沒有舵手的航船」。[35]

這樣的描述其實是有一些言過其實，這反映的是作者對主導熱那亞政治的權勢家族們的不滿。事實上，熱那亞在這一時期也是繁榮的，它在十字軍國家裡的特權也得到了定期確認，熱那亞在地中海西部也建立起了聯繫。在一一六一年，熱那亞和摩洛哥的穆瓦希德王朝（Muwahhidun）哈里發簽訂了停火協議，這讓熱那亞人得以進入市場並受到保護。到了一一八〇年代，和北非的貿易已經超出了熱那亞商業活動的三分之一，沿岸地區遍布著倉庫和旅店等基礎設施，讓商人們有所依託，讓生意得以順利進行。[36]

熱那亞、比薩和義大利刺激出了一連串周邊城鎮的發展——就像是基輔在俄羅斯所帶來的那樣。像那不勒斯、佩魯賈（Perugia）、帕多瓦（Padua）和維羅納（Verona）都迅速地增長，新的郊區擴張速度很快，讓城牆不得不一次又一次地在離市中心更遠的地方重建。雖然在缺少清晰的實證數據的情形下，很難評估當時的人口數量，但是毫無疑問，十二世紀的義大利出現了一次重要的城市化激增發展，隨著市場的膨脹，中產階級也得以形成，人們的收入得到了增長。[37]

諷刺的是，十字軍時期取得增長的基礎，是之前在聖地和其他各地所留下的穆斯林和基督徒之間的穩定和良好關係。雖然在一〇九九年占領耶路撒冷後的幾十年中衝突會定期發生，但是戲劇性的緊張關係上升是在一一七〇年代末才出現的。從總體上看，十字軍學會了如何跟他們統治下或更遠地方占人口多數的穆斯林人口打交道。事實上，耶路撒冷國王會定期將他自己的貴族們找到面前，不讓他們對路過的貿易商隊或周圍的城市發動魯莽的襲擊，以免激怒地方領導者，或者讓他們招來巴格達或開羅嚴肅反應。

有些新來到聖地的人發現這樣的現狀實在難以理解，正如觀察者所注意到的，這些新來的人對現狀很不理解，他們不斷地提出問題。新來者實在不能相信和「異教徒」的貿易活動是每日司空見慣的事情，他們要經過一段時間才會認識到，處理事情的方法並不是像在歐洲被渲染的那樣非黑即白。要經過一段時間，先入為主的想法才會慢慢蛻去：那些已經在東方待了一段時間的西方人「比那些最近才來的好得多」，一位阿拉伯作者如是說，他為那些新來者的粗糙、野蠻的習慣嚇壞了——同樣嚇人的還有他們對待所有非基督徒的態度。[38]

還有很多穆斯林也是用這樣的思考方式。在一一四〇年代曾發布過一條教令，禁止穆斯林到西方旅行或是和基督徒做交易。「如果我們旅行到他們的國家的話，物價會上升，他們將從我們身上積聚大量錢財，並用來攻打穆斯林和突襲領土。」[39]但是從大體上看，雖然雙方都有著火藥味十足的修辭言論，但雙方的關係令人驚訝地平穩且克制。事實上，在歐洲西部對伊斯蘭教有著巨大的好奇心。甚至是在第一次十字軍東征的時候，過沒多久，有一些人就對穆斯林突厥人有了正面看法。「要是突厥人能夠堅守基督教的信仰的話，」當時最流行的耶路撒冷遠征史讀物的作者這樣寫道——甚或暗示了塞爾柱人在成為穆斯林之前的宗教背景；「也許你找不到（比他們）更強壯或更勇猛或技巧更純熟的士兵了。」[40]

同樣過沒多久，穆斯林世界的科學和智識成就也開始令西方學者們趨之若鶩，巴斯的阿德拉德（Adelard of Bath）就是其中一個。[41]阿德拉德蒐羅了安條克和大馬士革的圖書館，並且帶回了運算表的抄本，為基督教世界的數學學習奠定了基礎。在這一地區的旅行是讓人開闊眼界的旅行。當他回到家，他「發現家鄉的王公是野蠻人、主教是酒鬼、法官能行賄、贊助者讓人無法信賴、客戶是馬屁精、信誓旦旦的人是騙子、朋友滿腹妒忌，幾乎所有人都暗藏野心」。[42] 這樣的觀點是形成於他對東方優雅細緻的正面認知上，基督教西方在文化上的有限與之形成了鮮明對比。阿德拉德的觀點並不是孤例——莫里的丹尼爾（Daniel of Morley），他曾在十二世紀後半葉從英格蘭前往巴黎學習。城裡故作嚴肅的學者們喜歡騙人的奉承話，只是簡簡單單地「像雕像一樣坐著，一言不發，假裝自己有智慧」。在意識到自己從這些人身上學不到半點東西後，丹尼爾去了穆斯林托萊多（Toledo），「去得越快越好，到那裡聆聽世界上最睿智的哲學家們的教誨」。[43]

來自東方的思想被如饑似渴地學習吸收，即便其出發點並不一定有規則可言。來自中世紀法國神學和知識思想的源泉——克呂尼修道院（abbot of Cluny）的可敬者彼得（Peter the Venerable）安排了對《古蘭經》的翻譯，以便於他和其他基督徒學者可以更好地了解——而且，無可否認的，以此用來鞏固伊斯蘭教是偏離、可恥及危險的成見。[44] 西歐人並不僅僅向穆斯林世界尋求啟發。在君士坦丁堡面世的文本也被翻譯成了拉丁文，例如阿萊克修斯一世的女兒安娜・科穆寧娜（Anna Komnene）資助翻譯了亞里斯多德的作品《尼各馬可倫理學》（*Nicomachaean Ethics*），該譯本最終輾轉來到了托馬斯・阿奎那（Thomas Aquinas）的手中——從而進入到了基督教哲學的主流。[45]

相同的，歐洲十二世紀的經濟和社會繁榮的核心不僅僅是和穆斯林進行貿易，因為君士坦丁堡和拜占庭帝國也是基督教地中海的重要商業引擎——以這一時期的現存資料來判斷，與拜占庭人的貿易占據了威尼斯國際貿易額度的一半。[46] 即便如此，雖然拜占庭的玻璃、金屬器、油、酒和鹽被出口到義大利、德國和法國的市場，但來自更遠地方的商品價格更高、需求更大，利潤也更優厚。

正如西歐教堂金庫中的貨物清單、銷售紀錄所清晰顯示出來的，對地中海東部、中亞或中國生產出的絲、棉花、亞麻和纖維的需求量高得令人咋舌。[47]黎凡特地區的城市在新興市場中獲利，安條克成為了將物資發往西方的貿易中心，其本身也是生產中心。例如「安條克布（Cloth of Antioch）」之類來自安條克的紡織品在市場上大獲成功，以至於英格蘭國王亨利三世（Henry III，一二一六－一二七二年在位）在他的每一個主要住所——倫敦塔、克拉倫東（Clarendon）、文切斯特宮（Winchester Palaces）和西敏寺，都有一個「安條克廳」。[48]

香料也開始從東方以更大的批貨量湧入歐洲。這些貨物會先到達三個主要樞紐——君士坦丁堡、耶路撒冷和亞歷山卓——再從這裡發往義大利城市，再到德國、法國、弗蘭德斯和不列顛。在這些地方，銷售帶有異國情調的商品獲利極豐。在某些方面來看，從東方購買昂貴奢侈品的行為和草原游牧民對來自中國宮廷的絲綢需求十分相似：在中古世界，就像是今天一樣，富人需要炫耀他們的地位來讓自己與眾不同。雖然參與奢侈品貿易的人數只占人口的很小百分比，但是他們卻十分重要，因為他們能夠讓一部分人顯得與眾不同——也能夠展現社會流動並刺激渴望。

當耶路撒冷扮演起基督教世界中心點的重要角色，它本身還成為了貿易中轉站，儘管阿克是一個更大的貿易中轉站。一份十二世紀末期耶路撒冷王國的收稅清單給我們提供了當時有哪些商品出現在市場上，也向我們洩漏了富有經驗的政府是如何密切關注市場，不讓任何有價值的稅收成為漏網之魚。出售的以下物品將會被收取稅金：胡椒、肉桂、明礬、清漆、肉豆蔻、亞麻、丁香、沉香木、糖、鹽水魚類、薰香、豆蔻、氨水、象牙等等。[49]像這樣的大量物品並不出自聖地，而是從穆斯林控制的貿易路線上轉運來的——也包括穿過埃及港口的貿易路線，按照一份當時阿拉伯文的稅務協定來看，從那裡出口了品類豐富的香料、紡織品和奢侈物品。[50]

因此具有諷刺意義的是，十字軍不僅刺激了西歐的經濟和社會，也讓穆斯林中間人從中賺了大筆利潤，他們星星點點地分布在各個能夠帶來豐厚回報的新市場中。其中有一位極其精明的中間人拉米什（Abu'l-Qāsim Rāmisht），他來自波斯灣上的希拉夫（Sīrāf），他在十二世紀初的時候積累了財富。他的天才正好和需求量的攀升一拍即合，他作為來自中國和印度商品的中間人，在一年中就和他的一個代理人一起，將價值超過五百萬第納爾的貨物發了出去。他的財富有如傳奇一般——他的慷慨也同樣如此。他將麥加的卡巴的一處銀製出水口換成了金製的，而且他個人出資購買了「價值難以估計的」中國布疋——按照當時的一份記載——用它來覆蓋之前已經有破損的卡巴天房。他的善舉讓他獲得難得的殊榮，死後可以埋葬在麥加，有文本記載了他的墓誌銘上寫著：「此處安息著船主阿布·卡西姆·拉米什，願真主慈憫他，也慈憫所有為他祈禱的人。」[51]

這裡面牽扯到的大量利益不可避免地導致了激烈的對立和新一輪的中古時期大博弈：人們不惜一切代價地追求對地中海東部的控制。至一一六〇年代，義大利城邦國家之間的競爭已經激化到了在君士坦丁堡的大街上發生威尼斯人、熱那亞人和比薩人鬥毆事件的程度。雖然拜占庭皇帝試圖介入，但是暴力事件已經成了家常便飯。我們可以推斷這是商業競爭和價格下跌的結果：貿易地位必須得到保護，必要時使用武力也在所不惜。

城邦國家的自利惹惱了君士坦丁堡的居民，因為他們破壞了城市財產，也因為西方人在其他地方耀武揚威的行為變得越來越囂張。在一一七一年，拜占庭皇帝忍無可忍，將數千名威尼斯人關進了監獄，並忽略了威尼斯人要求賠償的請求，當然就更不會理會他們提出對單方面未經宣布的行動做出道歉的要求了。威尼斯總督維塔利・米歇爾（Vitale Michiel）親自來到君士坦丁堡也無法解決事端，這讓威尼斯的情形變得岌岌可危。當等待有利消息的人群聚集在一起，人們的失望情緒變成了憤怒，隨即發生了暴力。總督想要從自己的人民手中逃跑，他朝著聖匝加利亞修道堂（convent of San Zaccaria）跑去，在他到達之前，一群暴民抓住他並動用私刑殺了他。[52]

拜占庭人已經不再是威尼斯的盟友和獲益者，而是他們的對手和利益競爭者了。在一一八二年，君士坦丁堡的居民攻擊了住在帝國都城的義大利城邦國家公民。包括拉丁教會代表在內的許多人被殺害，他的頭被一條狗拖著在城市的街道上遊街。[53]這只是歐洲東西兩半的基督徒之間敵意上升的開始。在一一八五年，來自義大利南部的西歐軍隊洗劫了拜占庭帝國最重要的城市之一的塞薩洛尼基（Thessaloniki）。西方人在第一次十字軍東征時將魚叉丟進了東地中海裡，現在是時候要收網捕撈了。

雖然對有些人來說，這種緊張關係帶來了機遇。一顆明亮的星星已經在埃及升起許久了，他是名叫薩利赫丁・阿尤比（Ṣalāḥ al-Dīn al-Ayyubī）的將軍。此人更知名的稱呼是薩拉丁，他人緣極佳、思緒敏捷而且富有魅力，他看到在君士坦丁堡發生的衝突可以給他帶來好處，便迅速採取行動和拜占庭修好關係，他邀請耶路撒冷的希臘正教大牧首來訪問大馬士革並對他慷慨至極，以此來展現他——而不是那些西方來的基督徒——才是拜占庭帝國天然的盟友。[54]

在一一八〇年代末，拜占庭皇帝伊薩克二世（Isaac II）足夠恰當地寫了一封信「給我的埃及及蘇丹兄弟薩拉丁」，以和他分享情報，警告他的敵人散布的關於帝國動向的傳言是沒有根據的無稽之談，並且向薩拉丁提議提供軍事支持來對抗西方人。[55]反西方情緒已經在君士坦丁堡醞釀了好幾十年了。十二世紀中葉的一個作者曾經寫過來自西歐的人不可信賴、貪得無厭而且樂意出售家人來換錢花。雖然許多所謂的朝聖者聲稱自己多虔誠，一位皇帝的女兒寫道，他們真實的動機只有貪婪。他們總是計畫著要占據帝國的都城，破壞帝國的聲譽或是他們基督徒兄弟的聲譽。[56]這樣的故事廣為流傳，已經烙印在十二世紀末期拜占庭人的感受中了。這樣的觀感在一二〇四年以後就更加凝固了。

聖地本身也產生了對於這種看法的回應，那裡的騎士們殘暴異常而且不負責任，就好像他們根本不在乎死一樣。在十二世紀末，十字軍領導層一次又一次地做出愚蠢的決定，糊塗地彼此爭鬥，雖然已經有明顯的警訊出現，但他們對於即將湧來的潮水完全沒有準備。他們的做法讓當時一位來自西班牙的穆斯林旅客十分困惑。伊本・祝拜爾（Ibn Jubayr）曾驚訝地記載，在政治和戰爭方面，基督徒和穆斯林之間「如烈火燃燒一般」，但是在貿易時，旅客「往來不絕，不受侵擾」。[57]

不管是到什麼地方，無論是抱持什麼信仰，也不管當時是和平還是戰爭，商旅都能保證安全。伊本・祝拜爾說，這是良好的工作關係所造成的結果，雙邊的稅務條約和嚴厲懲罰能夠確保雙方合作。那些不尊重合約、擅自跨越雷池的拉丁旅客，即便是「僅僅越出了一隻胳膊的長度」，他們的基督徒兄弟也會割斷他們的喉嚨，以免刺激到穆斯林或破壞了建立已久的商業聯繫。伊本・祝拜爾感到又困惑、又欣喜。「這是〔西方人〕最令人高興的好習俗。」[58]

當耶路撒冷的宮廷轉向內鬥，各個敵對勢力開始展開地方性的對決，這一局面給野心人士的崛起提供了完美的發展條件，這些人對成功前景的誇誇其談造成了基督徒－穆斯林關係難以盡數的損害。沙蒂永的雷納德（Reynald of Châtillon）就是這樣的野心家之首，他近乎魯莽地獨自終結了耶路撒冷王國。

雷納德是一名在聖地久經沙場的老將，當薩拉丁在埃及的地位益發鞏固時，他認定十字軍面臨的壓力越來越大——尤其是薩拉丁將大部分的敘利亞置於其控制之下，對基督教王國形成了包圍之勢以後。雷納德想要緩和威脅的企圖明顯是失敗的。他魯莽地攻打紅海沿岸的亞喀巴港（port of Aqaba），這個決定激起了阿拉伯評論者們近乎歇斯底里的回應，他們大聲疾呼麥地那和麥加受到了威脅，世界末日的災難迫在眉睫。[59]

這樣的舉動作不僅是敵對，而且只要薩拉丁能夠對十字軍國家發起致命打擊，就更加能夠提升他的聲望和支持。當時有一位穆斯林作者如此評價，在所有東方的基督徒中，雷納德是「最為背信棄義、最邪惡的小人……最渴望造成破壞和作惡，打破堅實的承諾和嚴肅的誓言，不守信用又謊話連篇」。薩拉丁發誓將「取他的性命」。[60]

機會很快就來臨了。在一一八七年七月，耶路撒冷王國的十字軍騎士在哈丁角（Horns of

Hattin）中計，深思熟慮又勇猛的薩拉丁在這場毀滅之戰中殲滅、俘獲了幾乎所有西方軍人。主要是醫院騎士團和聖殿騎士團的軍事教團（military orders）成員被當作戰俘，這些人在和非基督徒社群打交道時是最為頑固的不妥協者——他們立刻被處以死刑。薩拉丁親自追殺沙蒂永的雷納德並砍下他的頭。究竟沙蒂永的雷納德是不是十字軍滅亡的主要原因仍然值得討論，但是他成了被打敗的拉丁人和勝利的穆斯林口中一隻方便的替罪羊，在戰鬥結束的僅僅兩個月後，耶路撒冷和平地向穆斯林投降，在達成城內居民將不會受到侵害的協議後，耶路撒冷的城門打開了。[61]

耶路撒冷的陷落給基督教世界帶來了恥辱的一擊，這也是歐洲和東方聯繫的一次重要挫敗。教廷難以承受這樣的消息——烏爾班三世（Urban III）聽到哈丁之戰的噩耗後便直接氣絕身亡了。他的繼任者格里高利八世（Gregory VIII）開始了反省。他向信眾宣布，聖城已經陷落了，這不僅是因為「當地居民的原罪，也是〔因為〕我們和基督徒全體的原罪」。穆斯林的力量在增長，他警告說，若不加以制止，他們還會步步進逼。他催促國王、貴族、男爵和大小城市間放下彼此間的分歧和爭吵，共同面對時局。這等於直言不諱地承認了所有那些關於騎士是受到信仰、虔誠的驅動的修辭論述，在現實中只是自我利益、地方對立和對現時秩序的吵鬧。耶路撒冷已經陷落了，教皇說，因為基督徒沒能代表他們所信仰的東西。原罪和罪惡已經占據了他們。[62]

這樣刺耳的挑釁訊息立即造成了影響，用不了多久，西方最強的幾個人就開始摩拳擦掌，想要發起復仇的遠征了。他們是英格蘭的理查一世（Richard I）、法國的腓力二世（Philip II）

和日耳曼神聖羅馬帝國的皇帝腓特烈．巴巴羅薩（Frederick Barbarossa），他們發誓要把聖城奪回來，他們貌似有理由覺得有機會重新奪取耶路撒冷，並再次樹立起基督徒在中東的地位。然而，他們在一一八九至一一九二年間的努力得到的卻是慘痛失敗。腓特烈在小亞細亞渡河的時候被水淹死了，這裡距離預想中的戰鬥舞台還很遠。關於戰略目標，領導者們之間也產生了激烈爭吵，除了讓軍隊先停下來以外，他們之間沒有任何半點共識。這在「獅心王」理查（Richard the Lionheart）身上表現得最為典型，他把遠征軍帶離了耶路撒冷，轉而專注於占領埃及——這裡更富饒，也更有利可圖。和以往一樣，他們的進攻沒有達成什麼長久的進展，也沒能奪取耶路撒冷。事實上，在領導者們動身回家之前，他們把注意力集中在了阿克身上，這裡是黎凡特地區主要的貨品中轉站——這樣的舉動十分值得注意——因為阿克並非聖經上或宗教上的重要地點。[63]

在不到十年以前，還有另一次試圖重奪聖地的企圖。在這次行動中，威尼斯扮演了攻勢的基石角色，他們用船把人運往東方。威尼斯總督最初十分不樂意提供幫助，後來才被運送大量軍隊的造船花費將由參加遠征者支付的條件說服。威尼斯人還堅持要決定未來戰爭的攻擊方向，必須要保證讓船隊前往埃及，而且不能使用為耶路撒冷效力的港口。按照一位密切參與了作戰計畫的人的說法，這個計畫「是高度機密，對外界大多數人宣稱的說法只是我們要出海了」。[64]

遠征的提議簡直天衣無縫：同時獲得宗教上的救贖和財富回報的許諾。埃及的財富是人們談論的內容。那裡的人們「過著奢侈的生活」，當時的一個作者這樣寫道，那裡的財富是「沿海和內陸城市送來稅金」的結果。這些事情，他長嘆一聲，帶來了「巨額的年收益」。[65]

威尼斯人迫切地感受到了這件事牽扯著多麼巨大的利益，因為他們城市歷來所依靠的東方動脈已經處於動盪不安的局面下。薩拉丁勝利後的動盪還伴隨著拜占庭帝國的一段不穩定期，威尼斯人絕望地想要進入位於尼羅河口處的亞歷山卓，這裡並不是傳統上的威尼斯人的貿易對象：在一二〇〇年以前，威尼斯和埃及的貿易可能還不到其貿易量的百分之十。[66]威尼斯已經輸給了比薩和熱那亞，這兩座城市相較其他的義大利競爭對手更擁有決定性的優勢，他們在往來於紅海——而非穿過內陸到達君士坦丁堡和耶路撒冷的貿易量和商業聯繫上領先。[67]對於威尼斯同意建造一支船隻數目巨大的艦隊的提案來說，它的風險和回報是相對的，建造這樣的船隊需要在接下來的兩年時間裡暫停一切其他工作。

但是，一切很快就變得一目了然了，想要加入遠征的人數要低於預期的數目——這可能會導致威尼斯人破產。當前的事態已經讓十字軍難以忍受，按照政策，他們已經面臨要出發了。在一二〇二年，艦隊抵達了達爾馬提亞海岸的札拉，這座城市曾是威尼斯和匈牙利之間曠日持久的爭鬥中心。當札拉的居民已經清楚認識到進攻即將到來，困惑的公民舉起了十字旗幟掛在城牆上，他們以為存在著什麼長期的誤會，他們拒絕相信一支基督徒軍隊將會在沒有挑釁的情形下，攻打一個基督徒的城市——並且違反教皇英諾森三世（Innocent III）的明確命令。但這座城市並沒有被放過；威尼斯從騎士們身上取走了屬於他們的那一磅肉[68]（譯按：pound of flesh〔一磅肉〕的說法出自莎翁的戲劇《威尼斯商人》，這裡指用掠奪來彌補參加遠征的損失）。

當十字軍在思考要如何賦予這樣的行為以正當理由並爭論接下來的行動時，黃金機會自己找上門來，拜占庭的一個王位爭奪者向威尼斯軍隊提出，如果他們能幫他得到君士坦丁堡的王位，他樂意向他們提供慷慨的報償。那些最初前往埃及的人還以為他們是在前往耶路撒冷，最後卻發現自己身在拜占庭首都的城牆外，他們心中琢磨著自己如今可以做點什麼。當城內各派之間的協商無休止地拖延，十字軍的討論話題變成了如何奪下君士坦丁堡，尤其是如何把這座城市和帝國其他部分分隔開。[69]

威尼斯已經學會了如何滿心猜忌地捍衛自己在亞得里亞海和地中海的利益，透過直接控制札拉，他們已經鞏固了自己的這一地位。現在奪取最大獎勵的時機已經到來了，如果能把君士坦丁堡控制到手，他們將得到直接進入東方的入口。在一二〇四年三月末，人們開始各就各位，將新羅馬團團圍住。在四月的第二週，全面進攻開始了。用來和穆斯林搶奪城市的雲梯、攻城錘和投石機，被用來攻打目前為止世界上最大的基督徒城市。為了封鎖埃及和黎凡特港口而設計和建造的船隻，現在被用來切斷著名的金角灣（Golden Horn）的入海口，站在這個地方，人們可以清晰地看到宏偉的聖索菲亞大教堂。在戰鬥的前夜，主教們向西方人保證，這場戰爭是「正義的，他們應該心無旁騖地攻打拜占庭」。當有其他的、更加物質性的利益捲入時，攪動教義爭論便成了一個方便操作的藉口，牧師們說君士坦丁堡的居民可以被攻擊，因為他們曾宣布「羅馬的法律不屑一顧，並稱所有相信它的人都是狗」。十字軍被告知，拜占庭人比猶太人更糟，「他們是上帝的敵人」。[70]

當城牆被攻破，混亂場面隨即出現，西方人在城市裡的各個角落肆虐。被惡毒語言煽動出的宗教狂熱，讓人們徹徹底底地洗劫、褻瀆了城市裡的教堂。他們將聖索菲亞大教堂裡的財物席捲一空，偷走盛放聖物的寶石容器，用曾經刺穿十字架上耶穌身體的長矛嬉笑打鬧。用來慶祝聖餐儀式的銀器和貴重金屬製品也被帶走了。馬匹和毛驢被趕到教堂裡來馱運戰利品，有些戰利品滑落在被「血跡和穢物」汙染了的拋光大理石地板上。為了讓傷者更受侮辱，一個吵鬧的妓女坐在大牧首的座位上唱著淫辭浪曲。在一個拜占庭人眼中，十字軍就是反基督的先鋒。[71]

有汗牛充棟的史料顯示出這樣的記載並非誇張。一個西方的修道院長直接跑到了拜占庭皇家在十二世紀修建的耶穌萬能教堂（church of the Pantokrator）裡，「把你們最好的聖物交出來，」他命令一位牧師，「不然你馬上就得送命。」他得到了一個裝滿教堂財寶的盒子，他「如饑似渴地把雙手插到裡面。」當其他人問他去了什麼地方，是否偷到了什麼東西時，他只是點點頭簡簡單單地微笑著說，「收成還可以」。[72]

這也難怪當時有一個拜占庭居民在逃離城市的時候曾趴在地面上抽泣，責罵該城的城牆，因為「只有城牆完好如初，既不流淚，也不癱倒在地，只是靜靜地矗立在那裡」。就好像是在嘲弄他：你們怎麼沒有守住這座城市？在一二〇四年，君士坦丁堡的靈魂被這群肆虐的軍隊抹去了。[73]

君士坦丁堡的物質財富流入到西歐各處的教堂、主教堂、修道院和私人收藏中。在君士坦丁堡賽馬場上雄姿挺立的駿馬雕像被裝船運到了威尼斯，並安放在聖馬可大教堂的入口處，數不清的聖物和珍貴物品也被送到了威尼斯，直至今日依然引來觀光客的陣陣讚嘆，被當作基督徒精湛工藝的例子，而不是當作戰爭的贓物。[74]

彷彿這還不夠糟，當來自威尼斯親眼見證這場攻擊的那位年老眼盲的威尼斯總督恩里科・丹多洛（Enrico Dandolo）在一年後死於此地，人們決定要把他埋葬在聖索菲亞大教堂裡。他是歷史上第一位埋在這座偉大教堂中的人。[75]這是歐洲崛起的一個極具象徵性的大聲宣告。幾個世紀以來，人們都是把目光投向東方來闖出名堂，實現人們的雄心壯志——無論是宗教上還是物質上。對基督教世界最大、最重要城市的洗劫和占領，表現出歐洲人在滿足欲望時是沒有底線的，沒有什麼能夠阻止他們接近世界的財富和權力中心的需要。

雖然他們長得像人，但西方人的行為像是動物，一位重要的希臘教士悲鳴道，並且補充說拜占庭被極殘忍地對待，貞節的少女被強暴、無辜的受難者被刺穿。對君士坦丁堡的洗劫是如此的殘暴，以至於一位現代學者曾寫過第四次十字軍東征之後的「失去的一代人」，因為拜占庭帝國的組織機構被迫要在位於小亞細亞的尼西亞重組。[76]

與此同時，西方人開始著手瓜分拜占庭帝國。在查閱了君士坦丁堡的稅務帳目之後，一份名為「羅馬帝國土地分治案」（Partitio terrarum imperii Romaniae）的新文件出爐了，這份文件規定了各自的勢力範圍。這並不是巧合或無計畫的舉動，而是冷靜且審慎的肢解。[77]從一開始，像博希蒙德之類的人就已經表現出十字軍——許諾要捍衛基督教世界，替天行道並給手持十字架的人帶來救贖——只是綁架宗教的名義率行其他目的。對君士坦丁堡的洗劫明顯是一個歐洲要連結東方並在東方立足的一波欲望高峰。

當拜占庭帝國被分解，由義大利城邦國家比薩、熱那亞和威尼斯領導的歐洲人湧入，並占據了對自己具有戰略和經濟重要性的地區、城鎮和島嶼。在克里特島和科孚島之間定期會發生艦隊衝突，他們每一個都在對最好的基地展開競爭，以獲得進入市場的最佳入口。[78]在陸地上也是這樣，尤其是在君士坦丁堡的糧倉色雷斯，對領土和地位的爭奪十分激烈。[79]

注意力很快就轉向了埃及，在一二一八年，又一次大規模的遠征瞄準了尼羅河三角洲並經此進入耶路撒冷。亞西西的方濟各（Francis of Assisi）也加入了向南航行的軍隊，希望說服卡米勒蘇丹（Sultan al-Kāmil）放棄伊斯蘭教變成基督徒——即便是極富魅力的方濟各也沒有辦法，雖然他真的有機會親自面對蘇丹嘗試讓他改宗。[80]在一二一九年奪取了杜姆亞特（Damietta）後，十字軍試圖向開羅進軍，但是被沒有改信的卡米勒一舉擊潰，讓遠征軍羞辱地止住了腳步。當十字軍領導者們正在考慮提出怎樣的和談條款、並且彼此爭執著要如何在面臨潰敗時採取下一步行動的時候，他們卻收到了一封不亞於奇蹟的報告。

報告中說，正有一支龐大的軍隊在從亞洲的深處浩浩蕩蕩地趕來幫助西方騎士攻打埃及。這些人一路上所向披靡，他們是十字軍的救星。這支前來救援的勢力是何方神聖？很明顯，他們是祭司王約翰的人馬，他是廣闊又富饒王國的統治者，他的居民中有亞馬遜人、婆羅門、消失的以色列部落和一系列各種神話和半神話生物。祭司王約翰所統治的王國看起來並不止於基督徒，而是近乎人間天堂。在十二世紀時開始出現的文字記載中，人們對於他王國的光輝燦爛是堅信不疑的：「吾乃祭司王約翰，吾乃萬王之王，我的財富、品德和權力在全世界眾王之上……奶與蜜暢流吾上，不為毒所傷，亦無鳴蛙亂耳。吾國不生蠍子，亦無毒蛇穿行於蓬蒿之中。」這裡盛產翡翠、鑽石、紫水晶和各種珍貴寶石，以及胡椒和去除一切疾病的仙丹聖水。[81]關於他到來的傳聞已經多到影響了十字軍在埃及的決定：十字軍們只是需要按捺住緊張情緒，勝利就在前方。[82]

此事是歐洲人學習亞洲經驗的第一課。他們不熟悉應該要相信什麼，卻被這樣一個傳言吸引住了，這個傳言自從一一四〇年阿赫邁德・桑賈爾（Ahmad Sanjar）蘇丹在中亞被擊敗以後，就流傳了好幾十年。這個傳聞讓人們對塞爾柱帝國之外究竟發生了什麼難以想像的複雜情勢有了樂觀的想法。消息先是從高加索傳來，據說是一支像風一樣迅捷的軍隊正在前進，傳聞很快就變成了可靠消息：「祭司」正在帶著十字架和可攜帶的帳篷向西進發，這些帳篷可以在教堂裡安營紮寨。基督教世界的解放貌似已經近在眼前。[83]一個杜姆亞特的高級教士用千真萬確的口吻傳述著這件事，他在布道時說：「兩印度之王大衛正在快馬加鞭地趕來援助基督徒，他身邊有最兇猛的勇士，他們將把褻瀆的薩拉森人像野獸一樣毀滅掉。」[84]

人們過沒多久即將了解到這些報告有多麼荒誕。從東方傳來的轟鳴聲既不是來自祭司王約翰，也不是「大衛王」或是前來援救他們的基督徒軍隊。正越來越近的轟鳴聲是來自一支完全不同的軍隊。十字軍和歐洲所面臨的前路並非通向天堂，而是一條看起來筆直通向地獄的路。正日行萬里馳騁而來的——是蒙古人。[85]

第九章
地獄之路

在埃及所感受到的震顫來自世界的另一端。在十一世紀末，蒙古人只是居住在中國北方邊陲的草原上的眾多部落之一，當時有人評論他們是「像動物一樣活著，既沒有信仰也沒有法律，只是從一個地方遊蕩到另一個地方，就像是放牧動物一樣」。[1]按照另一個作者的說法，「他們把打家劫舍和暴力視為美德，把不倫和縱欲視為男子氣概和優秀的行為」。他們外表長相令人作嘔：就像是四世紀的匈人一樣，他們穿「狗和老鼠的皮」。[2]外人對游牧民族行為和習慣的觀察總是有相似的描寫。

雖然蒙古人看起來是混亂、嗜血又不可信賴，但他們的崛起絕對不是缺少秩序的結果，反而正相反：果斷的計畫、精密的組織和清晰的戰略，這些都是他們建立起歷史上最大帝國的關鍵。蒙古人發生轉變的靈感背後是一個名為鐵木真的人，他名字的含義是「鐵匠」。我們對他的了解通常是來自他的頭銜和外號，比如「宇宙的統治者」，或「勇猛之王」——Činggis，或成吉思汗。[3]

成吉思汗來自部落聯盟中的一個領導家族，他的命運在他出生的時候就已經預見了，他在降生時「右手緊握著一塊指節骨大小的血塊；這被解讀為他命中注定享有榮耀的吉兆」。[4]儘管在中世紀時得到的恐怖名聲依然延續到了今天，但是成吉思汗是透過和其他部落領袖簽署協議或是清醒地挑選盟友後，才慢慢建立起他的地位和權力。他也很知道誰才是他的敵人，並且明白要在適當的時機給敵人致命一擊。他讓他最忠誠的追隨者們在他身邊當保鑣，這個由戰士（nökürs）組成的貼身圈子可以讓他絲毫不用有任何疑慮。這是一個能力和忠誠比起部落出身或血緣關係重要得多的賢能統治系統。作為無限制支持的回報，這些領導者會得到物品、戰利品和地位。成吉思汗的天才讓他能夠用這些好處來換得最大限度的忠誠——並且用規則整齊的賢能統治來達到這一點。[5]

這一點讓發動幾乎無休止的征服計畫變成可能。一個又一個的部落臣服在他的武力或威懾下，最終他讓自己成為了無可爭議的蒙古草原霸主，這一年是西元一二〇六年。注意力隨即轉向了最接近的人民，比如棲息在中國以西的中亞的吉爾吉斯人（Kyrgyz）、衛拉特人（Oirat）和回鶻人，他們臣服於正式的口頭宣誓並結成了盟約關係。和回鶻人在一二一一年的協作尤其重要，在回鶻統治者巴而朮（Barchuq）宣布他願意成為成吉思汗的「第五子」後，得到了成吉思汗家族的一個新娘作為禮物。[6] 這件事也從一方面說明了回鶻人占據的塔里木盆地的重要性，而且也因為回鶻人的語言、字母和一位現代歷史學家所稱的「文人群體（literati）」已經在蒙古變得越來越重要了。回鶻人在文化上的高度是大規模文書人員和技術官僚得到招募的原因之一——其中還包括一名「塔塔統阿（Tatar Tonga）」擔任成吉思汗兒子們的老師。[7]

蒙古人開始對更大的目標產生了興趣。在始於一二一一年的一系列進攻中，蒙古軍隊突入了金朝統治下的中國，將其首都中都洗劫過後，迫使金朝統治者多次向南疏散和遷都，讓入侵者獲得了大量掠奪而來的財富。蒙古人在其他地方的擴張甚至更加驚人。而且擴張的時機來得正巧，穆斯林世界的中央權威已經在十二世紀期間被大大削弱，大小、能力和穩定性各異的許多國家紛紛挑戰著巴格達的宗主地位。當時，花剌子模的統治者已經開始忙著一個個擊倒地方上的對手，並同時著眼於向東邊的中國擴張。蒙古人不僅擊敗了他，還將他追趕到裡海的一個小島上，不久後就死去了，這意味著中亞的大門已經大大地敞開，擺在蒙古人面前的道路已經暢通無阻了。[8]

許多史料生動地描繪了始於一二一九年對花剌子模的進攻伴隨有怎樣的野蠻。按照一個歷史學家的記載，入侵者們「殺人放火，搶劫財物，然後就消失不見了」。[9]另一位作者寫道，我寧願我沒有降生在這世上，這樣的話，我就不用在這樣的恐怖中度日了。穆斯林只是殺死基督徒中的敵人，作者繼續寫道，但是蒙古人不同，「他們一個都不放過。他們殺死女人、男人、小孩，剖開孕婦的身體再殺死未降生的嬰兒」。[10]

蒙古人小心地經營著這樣的恐懼心理，因為在現實中，成吉思汗對暴力的使用是有選擇的、經過考慮的。對一個城市的洗劫是經過算計的，這是為了讓其他城市能夠平穩、快速地繳械投降。他用戲劇化的恐怖、死亡來勸說其他統治者最好談判，而不是抵抗。內沙布爾就是遭到了徹底毀滅的一個地方。每個活著的——無論是女人、小孩、老人還是牲畜和家禽——都在接到命令後遭到了屠戮，連城裡的貓、狗都沒能幸免於難。所有的屍體被堆成一座巨大的金字塔，被當作膽敢對抗蒙古人的恐怖警告。這已經足夠讓其他城鎮確信應該要放下武器進行談判了：這是在生和死之間做抉擇。[11]

殘忍的消息散播得很快，不久就傳到了那些還在猶豫不決要如何應對的城市裡。例如這樣的故事：一個高階官員得到命令要去面見新來的蒙古軍頭，隨後人們得知他的眼睛和耳朵裡被灌進了融化的黃金——伴隨著這場謀殺的是一道聲明——對「那些行為不端、粗野、做出過殘忍行徑的人，這樣的人值得所有人的譴責」，這就是適當的懲罰。[12] 這也是警告那些想要阻擋蒙古人的人。和平地臣服可以得到獎勵，抵抗將會遭到殘酷的對待。

成吉思汗使用武力的技巧十分高明，他也擅長詭計多端的戰略。對堡壘目標的長時間包圍戰是一件十分具有挑戰性而且代價昂貴的事情，因為這樣的戰術需要維持大量的軍隊補給，他們對於牧場的巨大需求將會讓周邊地區的資源很快枯竭。出於這個原因，能夠促成速勝的軍事技術人員是十分寶貴的。我們知道，在一二二一年的內沙布爾戰事中，有三千個巨型弩砲、三千個投石機以及七百個燃燒物發射器投入了戰場。後來，蒙古人對於西歐人作為先驅所使用的技術產生了益發濃厚的興趣，他們複製了十字軍在聖地使用的弩砲和攻城器，並在十三世紀末用於攻打東亞的目標。對於絲綢之路的控制給他們提供了獲取資訊和觀念的便利，使他們能夠複製並發展數千英里之外的技術和觀念。[13]

考慮到蒙古人的糟糕名聲，蒙古人為什麼能在十三世紀早期在中國、中亞和其他地方取得奇蹟般的成功呢？令人好奇的是，有一種解釋是認為他們並不總是被視為壓迫者。這樣的說法是很有道理的：以花剌子模的例子來說，當地居民被命令繳納年貢以支持在撒馬爾罕周圍興建的新堡壘，並且要支付弓箭手兵團的軍餉來讓他們抵抗蒙古人即將到來的攻勢。讓居民家庭承受這種負擔很難得到人心。正相反的，蒙古人在他們占領的一些城市中投入了大量資源在基礎設施上。一個中國僧人曾經在撒馬爾罕陷落不久後造訪那裡，他驚訝地看到有許多中國和周圍地區的工匠被徵召到這裡來，管理之前被忽視的田地和果園。[14]

這是一再重複的規律：金錢投入到重建和重新被注入活力的城市中，注意力尤其集中在支持藝術、工藝和生產上。蒙古人野蠻破壞者的整體形象已經深入人心，提供了後來的這種具有誤導性的歷史書寫傳統，只強調了蒙古人造成的破壞和災難而忽略了其他方面。對過去的偏頗視角給我們上了重要的一課，讓我們了解到對於那些想要流芳百世的領導者來說，資助歷史學家在書寫他們時代的歷史時要筆下留情是多麼重要的一件事——很顯然蒙古人並沒有做到這一點。[15]

但是蒙古人的確是讓即將遭到他們攻打的目標感到毛骨悚然。在他們向西一路席捲，追殺那些抵抗他們或是抱著逃生希望的人時，蒙古攻擊的恐懼已經深深烙印在人們的心中和腦海中。在一二二一年，由成吉思汗的兩個兒子率領的軍隊像閃電一樣擊垮了阿富汗和波斯，他們在各地肆虐，內沙布爾、赫拉特和巴爾赫都被攻下了，而梅爾夫則是被夷為平地，城中所有人口遭到了屠殺。按照一位波斯歷史學家的記載，他們只留下了四百名工匠帶回了東方，讓他們在蒙古宮廷中服務。大地已經被血染紅：少數倖存者計算了屍體數目，他們記載的遇難人數超過一百三十萬人。[16]類似的令人窒息的死亡人數報告也在其他地方出現，這讓現代學者們確信，這樣的殺戮已經是種族滅絕的標準，屠殺導致了百分之九十的人口死亡。[17]

雖然很難對這些進攻造成的大規模死亡持有任何讚賞，但是值得注意的是，據後來的波斯歷史學家顯示的——有許多（即便不是全部）遭到蹂躪的城市很快得到了恢復——我們不得不依賴的這些歷史學家可能十分樂於誇大蒙古攻擊所造成的破壞效果。但即使苦難有所放大，但是絲毫不用懷疑，從東方颳來的血雨腥風的確伴隨著巨大的破壞力。

蒙古人的殘忍並沒有就此收手。在中亞的重要城市被破壞的不久以後，高加索地區也遭到了洗劫，隨後突襲者們的身影又出現在了俄羅斯南部。他們遇到了狩獵部落欽察人（Qipchāqs）或庫曼人（Cumans）的反抗，蒙古人給他們上了膽敢抵抗的一課。成吉思汗可能在一二二七年死去，但是他的繼承者們證明了他們同樣機智——獲得的成功也同樣輝煌。

在一二三〇年代末，在中亞戰績彪炳的領導者窩闊台成了大汗，在他的父親死後不久，蒙古人就發動了戰爭史上最令人震驚的攻勢之一，戰爭在速度和波及程度上甚至超過了亞歷山大大帝的規模。按照諾沃哥羅德的一位僧侶的說法，那些已經進入過俄羅斯領土的軍隊就像「數不勝數的蝗蟲」一樣。「我們不知道他們從哪來，到哪去，」他寫道，「只有上帝知道，因為他們是上帝派來懲罰我們的原罪。」[18]如同教科書般的做法是，當蒙古人再回來，他們提出進貢的要求，威脅要把拒絕的人斬草除根。梁贊（Ryazan）、特維爾（Tver），一個又一個的城市遭到了攻擊，最終輪到了基輔，這座城市遭到了徹底的洗劫。在弗拉基米爾，當地的大公及其家人連同該城的主教和貴族都在聖母教堂裡避難。蒙古人放火燒了教堂，把裡邊所有人都活活燒死了。[19]主教的一位繼任者寫道，教堂遭到了毀壞，「聖器遭到褻瀆、被丟在地上遭到踐踏，教士們遭到屠戮。」[20]他們就像是出籠的野獸一樣嗜血，彷彿在吞噬強壯者的肉，豪飲貴族的血。來自東方的並非祭司王約翰和救贖，而是帶來災難的蒙古人。

蒙古人所帶來的恐懼很快就顯現在人們對他們的稱呼上：韃靼人（Tatars）——指的是塔耳塔羅斯（Tartarus）——古典神話中折磨人的深淵。[21]蒙古人進犯的消息甚至傳到了遙遠的蘇格蘭，按照一份史料的記載，當時不列顛東岸港口的鯡魚遭到滯銷，這是因為平日來自波羅的海地區的買家已經嚇得不敢離開家門了。[22]在一二四一年，蒙古人兵分兩路直插歐洲的心臟，他們像兩根匕首一樣，一根攻打波蘭，另一根刺向匈牙利平原。恐慌遍布整個歐洲大陸，尤其是波蘭國王和西里西亞大公（Duke of Silesia）領導的大軍遭到擊潰以後，後者的頭顱被插在一根長矛上遊街示眾，一同遊街的還有九個裝滿了「死者耳朵」的口袋。蒙古大軍現在正在向西移動。當匈牙利的國王貝拉四世（Béla IV）逃往達爾馬提亞的特羅吉爾（Trogir）避難時，牧師們舉行了彌撒來祈禱不受魔鬼的侵害，他們發起遊行來喚起上帝的支持。教皇格里高利九世宣布，任何參與保衛匈牙利的人都將獲得十字軍得到的同等報償。他的提議應者寥寥：日耳曼皇帝和威尼斯總督更擔心的是如果他們加入防禦但是結局不妙的後果。正如一位現代學者所言，如果蒙古人現在要繼續西進的話，「他們不太可能會遇到任何協調抵抗」。[23]歐洲的清算之日到來了。

帶著近乎厚顏無恥的讚美，有些當代歷史學家現在開始宣稱蒙古人曾經遭到了勇敢的抵抗而停下腳步，甚至在臆想中的戰役中吃了敗仗，這樣的說法久而久之也就好似煞有其事一般。事實上，蒙古人只不過是對於西歐能夠提供的東西提不起興趣——至少在當下是如此。他們優先考慮的是告誡貝拉不要允諾給庫曼人提供庇護，或者更糟的，一次又一次忽略把庫曼人交出來的要求：這樣的反抗必須不惜一切代價嚴懲不貸。[24]

「我知道你是富裕且強大的君主，」在蒙古人寫給貝拉國王的一封信上寫著，「你手下兵多將廣，你獨自統治著一個大王國。」在任何熟悉職業詐騙的人來說，這樣的話都聽起來很熟悉，下面的話則是開誠布公地直白：「讓你自願臣服於我有些困難，雖然這樣做的話，對你的未來大有好處。」[25]在草原的世界裡，冒犯一個強敵幾乎和面對面的衝突一樣糟糕。貝拉需要被好好上一課。因此蒙古人孤注一擲地穿越達爾馬提亞追殺他，略過了其他已經門戶洞開的機會。蒙古人所到之處都遭到了蹂躪，他們在一個城鎮的洗劫行動是如此的令人目瞪口呆，以至於當地的一個編年史作者寫道：「對著牆角撒尿的人」一個也沒留下。[26]

正當這個時候，貝拉和歐洲都被巨大的幸運拯救了：窩闊台大汗突然死去了。對虔誠的信徒來說，很明顯，這是他們的祈禱奏效的表現。對於高階蒙古人來說，這是一個至關重大的時刻，他們要到場參與決定誰來擔當領導者的選擇。蒙古人沒有長子繼承的制度，大汗之位是在選舉大會上由最強大、最有聲勢的候選人獲得。選擇正確的對象來支持將會對軍官們的生活和前景造成巨大影響：如果贊助人能獲得大位，那麼他們得到的獎賞自然也會水漲船高。現在並不是在巴爾幹追殺那個惹麻煩的國王的好時機。現在是時候回家觀察形勢和動向了。正是在這一點上，蒙古人鬆開了踩在基督教歐洲喉嚨上的腳。

雖然和征服亞洲、征戰四方的威名變成同義詞的是成吉思汗的名字，這位統治者在一二二七年去世，留下了在中國和中亞建立起帝國的最初基礎，但是對俄羅斯和中東的殘暴進攻和讓歐洲跪倒在蒙古面前的入侵，都是發生在成吉思汗死後。是他的兒子窩闊台見證了蒙古統治的急速擴張，是他主導了攻打朝鮮半島、西藏、巴基斯坦和印度北部——乃至西方的戰爭。蒙古人取得的大部分成就都可以歸功於窩闊台，蒙古人停下的腳步也同樣和他有關——他在一二四一年的死亡提供了至關重要的喘息空間。

當全世界都停下來觀察誰會繼承大位時，一隊又一隊的使節從歐洲和高加索出發，他們跨越亞洲，想要搞清楚這些猛獸一般的人究竟是誰，他們從哪裡來，習俗又是什麼——以此來對他們產生了解。有兩組外交使節帶著書信前來，上面寫著以上帝的名義，蒙古人不要攻擊基督徒，而是應該要考慮接受真正的宗教。[27]在一二四三至一二五三年間，有四批外交使節被派往蒙古人那裡，他們分別來自教皇英諾森四世（Innocent IV）、法蘭西國王路易九世（Louis IX）和一個由弗蘭德斯的僧侶魯布魯克的威廉（William of Rubruck）領銜的傳教團。[28]

他們寫成的關於這趟旅程的報告，就像在九世紀和十世紀時到草原地區的穆斯林旅客寫成的遊記一樣生動又態度驚異。這些歐洲訪客用同樣的方式表現了他們的好奇和驚駭。魯布魯克寫道，雖然他們威力無窮，但是亞洲的新主人並不住在城市裡，只有一個例外是他們的首都哈拉和林，他在這裡一個巨大的氈房中見到了大汗，這個氈房「的內部完全是用金布覆蓋的」。[29]這些人的行為和習慣既奇異又讓人難以苟同。他們不吃蔬菜，喝發酵的馬奶，他們把碗裡的食物吃得精光，卻完全不考慮和他說話的人——而且是在公共場合，有人站在「可以扔一顆豆子」的咫尺之遙也無濟於事。[30]

另一個使者柏郎嘉賓（John of Plano Carpini）的遊記在這一時期的歐洲流傳得很廣；他的記載描繪出了一幅似曾相識的卑鄙、墮落、怪異的畫面，這是一個狗、狼、狐狸、蝨子都可以拿來吃的世界。他還記載了他所聽到的傳聞——位於蒙古人的領地更遠處的世界是長著馬蹄狗頭的人的領地。[31] 伴隨著貴由成為下一任大汗的消息，柏郎嘉賓還帶回了不祥消息。從認可蒙古人統治地位的地區、部落和國家的重要人士名單上可以看出，這個帝國的規模大得令人震驚：來自俄羅斯、喬治亞、亞美尼亞、草原、中國和高麗的領導者全都名列其中，而且還有不少於十個蘇丹和從哈里發那裡派來的上千名使者。[32]

大汗交給了柏郎嘉賓一封信帶回羅馬。信上說世界上的所有地方都已經被蒙古人征服了，「你應該親自來，帶上所有的王公貴族來服侍我們」，信中如此要求教皇。如果你不照辦的話，大汗警告，「你就是我的敵人了。」與此同時，教皇要蒙古統治者成為基督徒的要求也得到了一個不予妥協的答案：你怎麼知道上帝會赦免誰，又向誰展現慈悲呢？大汗生氣地寫道。從日出到日落的所有土地都臣服於我，他繼續寫道，幾乎沒再提起教皇的上帝。這封信上蓋的印章集合了大汗的權力和「長生天（the eternal Tengri）」的權力——後者是傳統草原游牧民所信仰的最高神祇。事情看起來十分希望渺茫。[33]

同樣不讓人安心的是，蒙古人開始制定了新的進攻計畫以攻打中歐，並且也積極考慮進攻歐洲大陸北部。[34] 蒙古人的世界觀就是要占領世界：征服歐洲只不過是成吉思汗的子孫們要把更多領土置於自己統治之下的下一個合理步驟而已。[35]

對蒙古人的恐懼如今激起了歐洲在宗教領域中的多米諾骨牌效應。亞美尼亞教會開始和希臘正教教會商討建立聯盟以抵抗未來的攻擊。亞美尼亞人也開始和羅馬展開談判，表示出願意宣布認可教廷對於聖靈巡遊定義的解釋——這是在過去引起最多摩擦的話題。[36] 拜占庭人也做出了同樣的反應，他們向羅馬派出了一個使團，並提議結束自從十一世紀以來造成基督教會一分為二且因為十字軍的關係讓斷痕更進一步加深的教派分裂。[37]在歐洲的教士和王公貴族們沒能讓教皇和牧首團結一致的問題上，蒙古人反而成功做到了：他們會從東方攻打過來，這種將會重演的真實威脅讓教會團結在一起。

正當宗教和諧看起來已經穩固了的時候，人心又如散沙一般分散了。當貴由汗在一二四八年突然死亡，爭奪蒙古領導大位的紛擾曠日持久。在爭奪期間，亞美尼亞和拜占庭也放心地認為在短時間內不會有新的攻勢了。按照魯布魯克的威廉所做的記載，拜占庭之所以放心不會受到攻擊，是因為派到拜占庭的蒙古使節收到了大量賄賂，並因此干預了對拜占庭的進攻。[38]拜占庭人的確是不惜付出一切代價，他們竭盡全力去轉移蒙古人的注意力，好讓自己避免受到攻擊。例如在一二五〇年代，另一個從哈拉和林出發的代表團在拜占庭嚮導的帶領下，故意長途跋涉穿過小亞細亞各地，在面見拜占庭皇帝時觀看帝國軍隊的閱兵遊行。這是一種竭盡所能讓蒙古人相信帝國不值得攻打——或者是，如果動武的話，也有軍隊隨時恭候的方式。[39]

事實上，蒙古人決定不發起進攻是出於別的原因：安納托利亞和歐洲都不是他們的注意力焦點，只是因為別處還有更肥更美的目標。蒙古人派兵攻打了中國的殘餘，這些地方也在十三世紀末完全投降，蒙古的統治王朝至此時開始用「元」來作為帝國的名號，並且在中都故地興建了新城市。這個地方從而變成了蒙古人的首都，以達成控制從太平洋到地中海的整片地區的成就。這個新都會自此一直保持著重要地位——這座城市就是北京。

其他的主要城市也得到了很大關注。新的大汗——蒙哥的注意力專注在伊斯蘭世界的一顆顆明珠上。隨著蒙古軍隊向西橫掃，一個又一個城市陷落了。在一二五八年，蒙古人來到了巴格達的城牆腳下，在簡單的包圍戰後，蒙古軍隊便開始了洩憤和破壞。他們「就像饑餓的鷹隼攻擊逃跑的鴿子一樣，或是像狂暴的狼群撲向羔羊」一般，席捲了這座城市，一個作者在不久之後記錄道。巴格達的居民就像是玩具一樣在大街小巷中被拖著，「每一個都成了他們手中的玩物」。哈里發穆斯塔西姆（al-Mustaʿṣim）遭到了俘虜，他被裹在布中被亂馬踩死。[40]這是一個極富象徵性的時刻，它顯示出誰在世界上擁有真正的權力。

一次次的征服積聚了巨額戰利品和財富。按照一份蒙古人在高加索的盟友所記錄的文書，勝利者被「埋在黃金、白銀、寶石、珍珠、紡織品和珍貴的衣物之中，所有的盤子和花瓶都非金即銀，因為他們只挑這兩種材質」。對紡織品的搶奪尤其重要：就像巔峰時期的匈人一樣，絲綢和奢侈品對於區分部落系統中的菁英人士起到了至關重要的作用，因此這些物品十分受歡迎。蒙古人常常對於貢品形式提出具體要求，他們需要金布、紫紗、精美的衣物或絲綢。在一些例子中，蒙古人會規定貢品應該是以有裝飾的錦緞、黃金紡織品、稀有寶石和牲畜的形式繳納。蒙古人對「絲綢衣物、黃金和棉花」有著明確的數量和質量要求，以至於這一領域的頂尖學者將這種貢品要求比喻成一張詳細的購物清單——這張清單「要求的品類繁盛，而且驚人地消息靈通」。[41]

巴格達被洗劫的消息還沒來得及讓人們從中緩過神來，蒙古人就再次浮現在了歐洲的地平線上。在一二五九年，他們進犯波蘭，洗劫了克拉科夫（Kraków），隨後派出了一支代表團到巴黎，要求法蘭西俯首稱臣。[42]與此同時，另一支軍隊從巴格達向西如風捲殘雲一般來到了敘利亞，並進入到巴勒斯坦。這導致在東方居住的拉丁人的盲目恐慌，在聖地的基督徒的地位已經得到了十三世紀中葉時的最新一次十字軍運動的鞏固。雖然神聖羅馬帝國皇帝腓特烈二世（Frederick II）和後來法蘭西的路易九世發動的大規模遠征，曾一度把耶路撒冷奪回到基督徒手中，但是已經沒有幾個人還對安條克、阿克等其餘城鎮的脆弱掌控抱有幻想了。

直到蒙古人出現之前，威脅似乎是來自埃及，那裡有一個獲得了權力而且極具攻擊性的新政權。極為諷刺的是，埃及的新主人本身和蒙古人有幾分相似——他們也是來自草原的游牧民。正如巴格達的阿巴斯哈里發王朝曾經被他們從突厥部落中招攬的奴隸兵把持住一樣，同樣的事情也在一二五〇年發生在開羅。在埃及的例子中，這些新主人被稱為瑪穆魯克（Mamlūk），他們主要是來自黑海以北的部落聯盟奴隸（mamalik）的後代，這些奴隸是經過克里米亞和高加索地區的貿易被送入埃及軍隊服役的。他們中也包括一些蒙古部落民，這些人是在奴隸販運活動中遭到捕獲，還有一部分人是被叫作「wāfidīyah（字面意思是：新來的人）」的人——他們是在草原上發生的司空見慣的內部混戰中落敗，為躲避壓迫而逃出來，希望在開羅避難和效勞的人。[43]

歐洲的中世紀通常被視為十字軍、騎士和教廷權力不斷增長的時期，但是這一切和發生在更遠東方的大型爭鬥相比，都只不過是微不足道的串場表演罷了。部落體系已經把蒙古人帶到了主導全球的邊緣，已經征服了幾乎整個亞洲大陸。歐洲和北非的裂口敞開著。令人驚訝的是，蒙古征服者所關注的不是前者，而是在北非的身上。簡單來說，歐洲並非檯面上的大獎。阻止蒙古人控制尼羅河、控制埃及富饒的農業生產和作為通往各地的貿易路線交叉點的關鍵位置的，是一支由來自同一片草原上的人所指揮的軍隊：這並不只是爭霸戰，更是一種政治、文化和社會體系的勝利。對中古時期世界的爭奪發生在來自中亞和東亞的游牧民之間。

聖地的基督徒在恐慌之下對蒙古人做出了事先反應。最先是安條克，這個十字軍控制之下的掌上明珠投降了，同時還有阿克，該城市和蒙古人達成了和解，他們認定要兩害相權取其輕。當他們絕望地向英格蘭和法國的統治者乞求軍事援助時，西方人卻被他們的死敵解救了。瑪穆魯克埃及這時候揮師北進，前往對抗這支正在巴勒斯坦肆虐的大軍。[44]

蒙古人在過去的近六十年裡所向披靡、攻無不克，現在卻遭遇了他們的首次重大挫敗，他們在一二六〇年九月於巴勒斯坦以北的艾因札魯特（'Ayn Jālūt）被打敗。雖然在內部的權力鬥爭中，勝利一方的將領蘇丹忽都斯（Quṭuz）在一場內部權力鬥爭中遭到暗殺，但是瑪穆魯克軍隊仍然歡欣鼓舞地向前施壓。在他們進發的途中，發現大部分的工作已經完成了：蒙古人，為了分化當地人民的反抗，已經將大小城鎮和地區捏合成一個單一實體。就像成吉思汗曾經在十三世紀初開始入侵之前從中亞整合中受惠一樣，蒙古人也在不經意間把敘利亞和重要城市阿勒頗和大馬士革拱手交給了對手。瑪穆魯克人得以幾乎不受阻礙地前進。[45]

聖地和歐洲的基督徒驚恐地觀察著所發生的一切，他們不確定接下來將會發生什麼。但是過沒多久，他們對蒙古人的態度就完全變得耳目一新了。基督教歐洲開始覺得雖然這些恐怖的游牧民策馬揚鞭地越過黑海北岸、進入匈牙利平原讓人經受了重創，但是這些騎在馬背上的人也許真的是曾經謠傳的那樣，是歐洲人的救世主。

在一二六〇年後的幾十年間，從歐洲和聖地派出的傳教團一次又一次地試圖和蒙古人組成聯軍來打擊瑪穆魯克。頻繁的外交使團也從旭烈兀那裡被派往各地，旭烈兀是阿八哈（Abaqa）之父，也是亞洲主要的蒙古首領，他樂意展開談判的主要原因，是想利用西方的海軍來攻打埃及和蒙古人在巴勒斯坦和敘利亞新近征服的領土。但是情況十分複雜，蒙古人內部已經顯現出了複雜跡象。

至十三世紀末為止，蒙古人的世界已經變得如此遼闊——從太平洋一直延伸到黑海，從草原一直到印度北部再到波斯灣，緊張和裂痕開始顯現。蒙古帝國分成了四個主要分支，彼此之間越來越持有敵意。地位較高的一支以中國為中心；在中亞的是察合台的後代在統治，此人被一個波斯作者描述成「屠夫和暴君」，是個「殘酷、嗜血」的被詛咒的人——他是個徹頭徹尾的惡魔。[46]在西方，控制俄羅斯草原和突入中歐的蒙古人被人們稱作金帳汗國（Golden Horde），而大伊朗地區的統治者被稱為伊兒汗（Īlkhānids）——此頭銜「Īl-Khān」標誌著他們服從於蒙古統治系統的主系。

瑪穆魯克王朝如今正熟練地操作著他們敵人的部落政治，他們和金帳汗國的領導者別兒哥（Berke）達成了妥協，後者和伊兒汗國的對立已經演變成了公開的衝突。這樣的局面讓基督教歐洲和伊兒汗國之間形成合作的機會變得越來越大。最接近合作的計畫在一二八〇年代末結出了果實，當時由中國西部的回鶻地區主教拉班・掃馬（Rabban Sauma）帶領的使節團，受到伊兒汗領導人的派遣，前往西歐敲定軍事同盟的最終細節。拉班・掃馬是一個很好的人選——彬彬有禮、聰慧，是個絕對虔誠的基督徒。儘管蒙古人有野蠻的名聲，但他們對外國人的解讀卻十分精明。

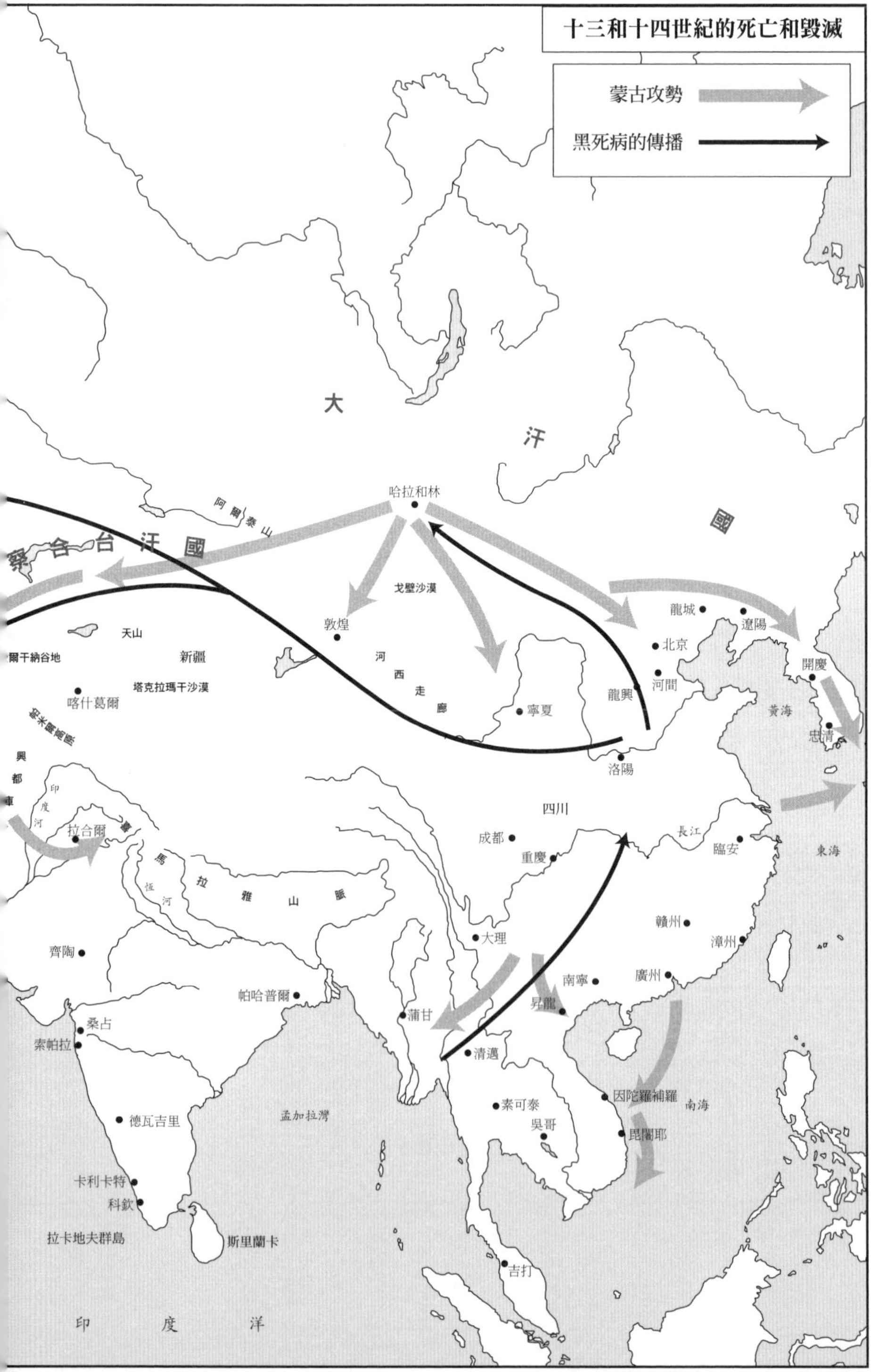

十三和十四世紀的死亡和毀滅
蒙古攻勢
黑死病的傳播
大
汗
國
哈拉和林
阿爾泰山
合台汗國
戈壁沙漠
敦煌
天山
新疆
塔克拉瑪干沙漠
喀什葛爾
河西走廊
寧夏
龍城
遼陽
北京
河間
龍興
開慶
黃海
忠清
洛陽
四川
長江
成都
重慶
臨安
東海
贛州
漳州
大理
南寧
廣州
昇龍
蒲甘
清邁
因陀羅補羅
南海
素可泰
吳哥
毘闍耶
印度河
拉合爾
馬拉雅山脈
恆河
齊陶
帕哈普爾
桑占
索帕拉
孟加拉灣
德瓦吉里
卡利卡特
科欽
拉卡地夫群島
斯里蘭卡
吉打
印度洋

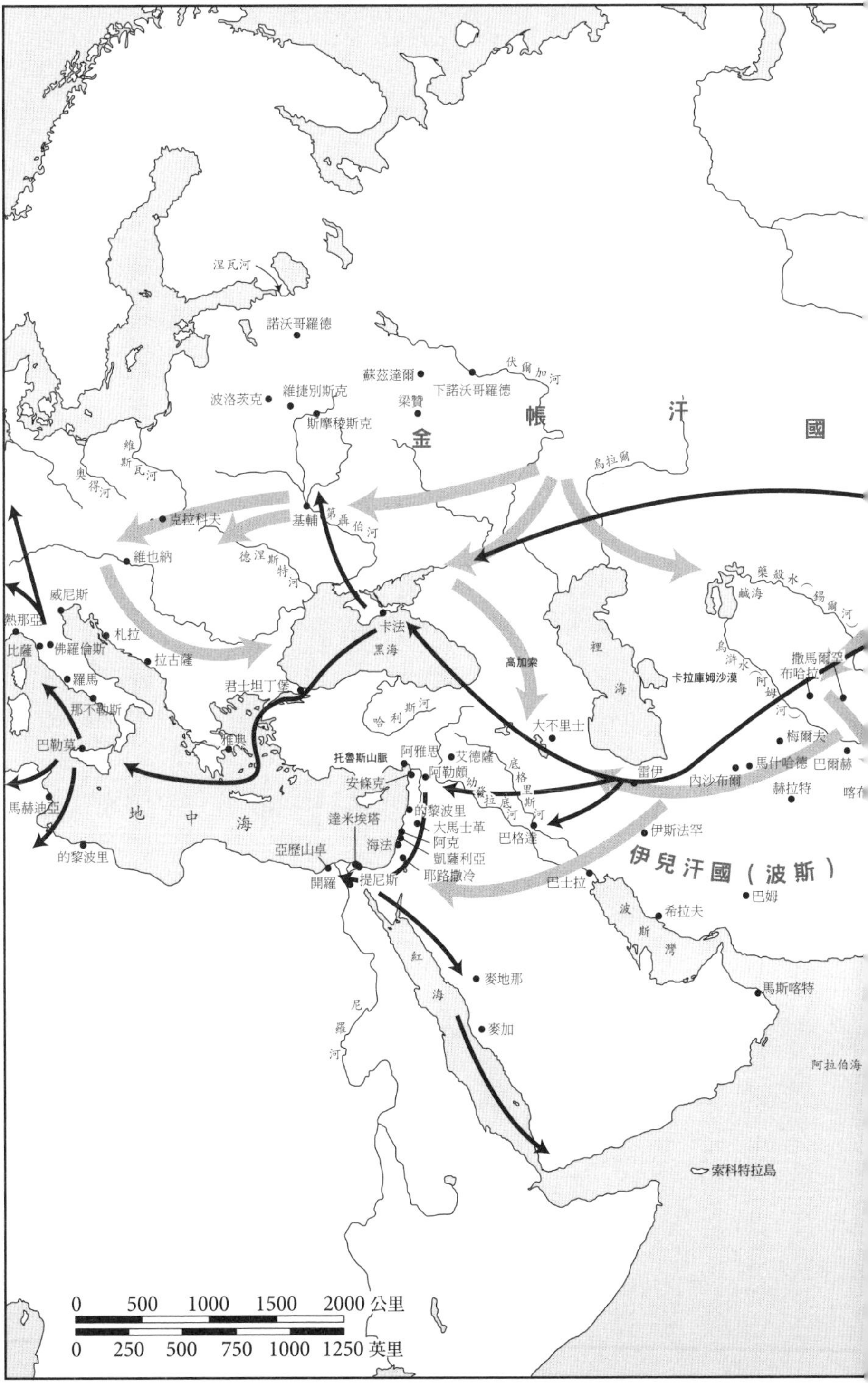

涅瓦河
諾沃哥羅德
蘇茲達爾
下諾沃哥羅德
伏爾加河
波洛茨克
維捷別斯克
梁贊
斯摩棱斯克
金
帳
汗
國
維斯瓦河
奧得河
烏拉爾
克拉科夫
基輔
第聶伯河
維也納
德涅斯特河
威尼斯
熱那亞
比薩
佛羅倫斯
札拉
拉古薩
卡法
黑海
羅馬
那不勒斯
君士坦丁堡
高加索
裡海
卡拉庫姆沙漠
藥殺水
鹹海
錫爾河
烏滸水
阿姆河
撒馬爾罕
布哈拉
哈利斯河
大不里士
梅爾夫
巴勒莫
雅典
托魯斯山脈
阿雅思
艾德薩
安條克
阿勒頗
底格里斯河
幼發拉底河
雷伊
內沙布爾
馬什哈德
巴爾赫
赫拉特
馬赫迪亞
地
中
海
的黎波里
大馬士革
阿克
凱薩利亞
耶路撒冷
達米埃塔
海法
巴格達
伊斯法罕
伊兒汗國（波斯）
亞歷山卓
開羅
提尼斯
巴士拉
巴姆
的黎波里
波斯灣
希拉夫
紅海
麥地那
麥加
尼羅河
馬斯喀特
阿拉伯海
索科特拉島
0 500 1000 1500 2000 公里
0 250 500 750 1000 1250 英里

沒有誰比英格蘭國王愛德華一世（Edward I）更熱衷於組成聯合行動。此人是個滿腔熱血的十字軍，他在一二七一年造訪了聖地並被他眼前的情境嚇壞了。他下結論說，比起和穆斯林作戰，基督徒反而花了更多心力在彼此爭吵上，這已經夠糟了，但是真正讓他大驚失色的是威尼斯人：他們不僅忙著和異教徒做生意，還給他們提供建造攻城器的物資以攻打基督徒的城鎮和堡壘。[47]

愛德華一世十分樂於接見來自東方的主教，並指明他最優先的考量就是奪回耶路撒冷。「除了這件事以外，我們別無他慮。」這位英格蘭君主這樣告訴主教，隨後要求他為國王本人和隨行人員主持聖餐儀式。他以榮譽和尊重接待了這位主教，在一場慶祝即將發生的大事的盛宴後，國王送給了他大量的禮物和錢。[48]合作計畫制定了出來，它的目標是一勞永逸地穩固基督徒對聖地的控制。為了基督教即將到來的勝利，在羅馬甚至舉行了慶祝即將擊敗伊斯蘭教的遊行。在幾十年的時間裡，歐洲人對蒙古人的看法已經經歷了從救世主到魔鬼再到救世主的轉變。世界末日臨近的想法已經讓位給了新紀元掌握在手的認知。

但是這一宏大的計畫最終只不過是竹籃打水一場空。到來的十字軍數目和之前承諾的數目相比，一批比一批更少，所有關於組成聯軍的甜言蜜語雖然傳播了數千英里之遙，但是並未給全球宗教的命運帶來任何有意義的結果。對於愛德華一世來說，事實證明，發生在家門口的麻煩反而還更棘手、更重要。與其和蒙古人組成聯軍一同攻打穆斯林埃及，這位英格蘭國王被迫要前往蘇格蘭來壓制威廉・華萊士（William Wallace）的叛亂。其他的歐洲君主也面臨各自的麻煩，基督徒在聖地的存在終於走到了終點：在第一次十字軍東征占領耶路撒冷的兩百年後，基督徒最後的落腳點也土崩瓦解了。賽達（Sidon）、泰爾、貝魯特和阿克在一二九一年向瑪穆魯克人投降。事實證明，善意和熱情並不足以支持、拯救或是守護位於基督教信仰的心臟地帶。

海市蜃樓曾一度浮現出來。在一二九九年冬天，蒙古人終於做到了他們在一代人的時間裡一直在嘗試的事情——痛擊瑪穆魯克的軍隊。他們的勝利是如此堅定，以至於在歐洲流傳著，耶路撒冷已經被東方的基督徒和蒙古聯軍攜手光復的傳言。有傳言說伊兒汗王朝的統治者已經皈依基督教並成為聖地的新衛士。有些報導甚至激動地宣布了比這更好的消息：不滿足只在敘利亞和巴勒斯坦驅逐瑪穆魯克人，蒙古人還一路過關斬將拿下了埃及。[49]所有的這一切聽起來都好到令人不敢相信。蒙古人在戰場上的確取得了一場重要勝利，但是這些激動人心的童話故事只不過是誤解、謠傳和美好的祈願。基督徒對聖地的掌控已經不復存在了。[50]

十字軍已經在塑造中世紀的西方上起到了至關重要的作用。教廷的權力已經轉變，教皇變成了不僅是一個權威教士，也成為了一個本身擁有軍事和政治能力的人物；菁英的品質和行為舉止已經被賦予了和服務、奉獻、騎士虔誠相關的觀念；基督教思想作為歐洲大陸共同的代表性基礎也已經深深扎根。但是經過最終的分析，實際經驗已經讓事情變得一目了然了，占領和控制耶路撒冷在理論上很美妙，但是在實際執行中困難、昂貴又危險。因此，當聖地的概念在歐洲人的意識中成為兩個世紀以來的核心之後，聖地靜悄悄地溜出了人們的視野。就像十九世紀初的詩人威廉・布萊克（William Blake）所言，在一個更容易、更方便的地點建造一個耶路撒冷是無限動人的好主意——比如「在綠意盎然的英格蘭」。[51]

十字軍最終失敗了：殖民基督教世界最重要地點的企圖並未奏效。但是同樣的結論卻不能用在義大利城邦國家身上，他們在基督徒騎士們栽倒的地方取得了成功。當虔誠的騎士們被迫離開，航海國家卻經過重新調整並更深地扎根在亞洲深處。讓他們放棄已經獲得的地位是不可行的。而且與此恰恰相反的是，在失去聖地以後，義大利城邦國家的任務並非減少他們的觸手，而是更長地延伸出去。

第十章
死亡與破壞之路

甚至在黎凡特地區的城市和港口陷落之前，熱那亞和威尼斯已經開始著手尋找新的貿易路線、新的買賣商品地點和新的確保他們不會輸掉的方法了。當十三世紀時由於軍事緊張關係的不斷緊繃而越難以穿過聖地，威尼斯和熱那亞都在黑海北岸的克里米亞建立起了新的殖民地，位於阿佐夫海（Sea of Azov）和亞美尼亞奇里乞亞（Cilicia）入海處的阿雅思（Ayas）成了來自東方的貨物和奢侈品的新入口。

賺錢的機會到處都是，在黑海南岸和北岸之間的糧食價差，讓城邦國家抓住了完美機遇使用他們巨大的運輸船，他們以巨大的載運量來運送食品。[1]這些船隻也運送其他商品——比如販運人口。威尼斯人和熱那亞人都維持著規模巨大的奴隸貿易，他們對教廷禁止販賣男人、女人和孩童給穆斯林買家的飭令明知故犯，他們購買俘虜，再賣到瑪穆魯克埃及去。[2]

冤家路窄，狹路相逢。熱那亞已經表現出他們會多麼不惜代價地毀滅對手，他們在一二八二年幾乎將比薩人的全部艦隊都摧毀了，而後又拒絕了贖回戰俘的要求。比薩從此再也沒有從這次打擊中完全恢復過來。在這些俘虜中有一個已經蹲了超過十年牢獄的俘虜，他名叫魯斯蒂謙（Rustichello），隨後他在獄中認識了一位新來的獄友，這個新來的人是熱那亞在亞得里亞海戰中俘獲的威尼斯人質。這兩人成了朋友，魯斯蒂謙用筆記錄了他的這個獄友精彩紛呈的人生故事和旅程：多虧了熱那亞對於權力的殘酷和不懈專注，我們才有幸能聽到馬可・波羅的故事。

威尼斯和熱那亞對商業霸權的無情決鬥無處不在：他們在君士坦丁堡發生了暴力衝突、在愛琴海和塞普勒斯展開對抗，並在亞得里亞海進行了造成死傷慘重的戰鬥。直到一二九九年教皇朋尼非斯八世（Boniface VIII）在兩者之間以中間人的身分撮合停火為止，當時兩國的戰鬥已經陷入了僵局。但是讓事情發展至此的最初能量、努力和花費，已經向我們展現出了取得亞洲通路的利益是多麼巨大了。

然而，付出的一切都是物有所值的。到了一三〇一年為止，威尼斯的大議會堂被擴建了，這一決定得到了大議會的全體通過，因為這座會堂已經不足以容納大議會所有的手握權力的會員，其會員人數隨著城市財富的增長而越來越多。[3]相較在熱那亞的例子，在十三世紀末，有一首詩讚頌了這座城市的美景，說它「從頭到腳都是寬闊的廣場」，它的天際線由眾多的高塔裝飾。關於城市財富的史料證明了來自東方的貨品數量有多麼豐富，其中包括貂皮、松鼠皮和其他在草原上貿易的皮草，還有胡椒、薑、麝香、香料、錦緞、天鵝絨、金布、珍珠、寶石和稀有礦石。熱那亞的富裕，按照作者繼續寫道的，是因為它創造出的網絡，這套網絡由小船和大船往來穿梭而成：他誇口說，熱那亞人散布在世界各地，無論走到哪裡都能創造出新的熱那亞。的確是這樣，正如一位不知名的作者所言，上帝賜福了這座城市並希望它繁榮。[4]

威尼斯和熱那亞繁榮興旺的一個重要原因，是他們所表現出來的在滿足客戶口味上的技巧和遠見，以及那些來自歐洲其他城市，到熱那亞來購買進口商品的商人。隨著前往埃及和聖地被證明太不穩定，而且經濟風險太高，黑海很快就成了最具重要性的貿易區。

但是在義大利城邦國家興起的背後，是來自於財務上的精細和蒙古人對商業稅的寬鬆政策。有大量的史料顯示出，取道黑海各港口的出口稅額從未超過商品總值的百分之三至百分之五；這和取道亞歷山卓所收取的過路費相比，要有競爭力得多，據史料記載，亞歷山卓的稅金高達百分之十、二十甚至三十。[5]正如所有生意人都知道的，利潤意味著一切。因此取道黑海的商貿有著很強的驅動力——這讓黑海成了更重要的東方商路。

敏銳的訂價和深思熟慮的保持稅金低廉的政策，是蒙古帝國有系統的文官機構常識，這一點太容易因為其暴力和無節制破壞者的形象而被忽略。事實上，蒙古人的成功並不是來自不分青紅皂白的砍殺，而是因為他們願意妥協和合作，並做出讓中央控制系統不斷更新的努力。即便後來的波斯歷史學家非常直言不諱地聲稱，蒙古人不願意參與他們帝國的行政過程，而是更樂意將這樣的平凡工作交給他人處理，但是近年來的研究已經揭示出他們在日常生活細節上的費心。[6]成吉思汗和他繼承人的偉大成就並非普通人印象中的燒殺擄掠，而是他們為了讓史上最偉大的帝國能在接下來的幾百年間繼續繁榮而做出的一絲不苟的努力。這件事並不是巧合，比如，在俄語中有大量的舶來詞，這些詞彙是直接和蒙古行政系統相關的詞彙，尤其是那些和貿易、交流相關的詞：利潤（barysh）、錢（dengi）和財庫（kazna），這些詞全都源於和這些來自東方的新主人的接觸。俄羅斯的郵政系統也是如此，以蒙古傳達訊息的方式為基礎，以中繼站網絡的方式有效地把訊息從帝國的一端傳到另一端。[7]

這些都是蒙古人的智慧，事實上，取得長久成功的平台從一開始就建立起來了。當成吉思汗和他的繼承人將觸手擴大至各個地方，他們用凝聚的體制和新的民族合作。部落被故意打破，忠誠心被導正到對軍事單位的忠誠上，總而言之，他們讓忠誠聚焦在對蒙古統治的效忠上。各部落的鮮明特色，比如不同部落的不同髮型遭到了禁止，強制推行了標準化風尚。理所當然的，那些臣服或被征服的人被分散在蒙古所控制領土的各個地方，以此來削弱語言、血緣和認同感的連結，從而推進同化過程。新的名字被用來代替民族標籤以強調新的行事方式。所有的這一切行為反過來又得到中央化的獎勵系統的鞏固，在這種分發戰利品和貢品的獎勵系統中，對統治王朝的親近是一切的衡量指標，在這種不講理但是顯著的菁英制度下，獲得成功的將軍可以收割大量的獎勵，而失敗者則很快就被連根拔起了。[8]

雖然部落認同感被澆滅了，但是在處理信仰的問題上，蒙古人有著連續又非常值得注意的寬闊心胸。蒙古人對於宗教問題持有鬆弛而且寬容的態度。自從成吉思汗時起，這位領導人的隨從就被允許踐行他們想要的任何信仰。按照後來的一位波斯作者的說法，成吉思汗本人「以尊重的目光看待穆斯林，對基督徒和拜偶像者〔這裡指的是佛教徒〕十分敬重」。至於他的後代，他們每一個人都在決定追隨什麼宗教時有自己的手段和考量。有些人選擇皈依伊斯蘭教，有人皈依基督教，還有「其他人堅持他們的父親和祖先的古老規範，不偏不倚，不向其他方向傾斜」。[9]

因為傳教士曾經湧向東方去尋找可以歸信的人，所以這樣的說法是有一定可信度的。[10]在魯布魯克的威廉去往蒙古宮廷的途中，他曾經驚訝地發現自己在亞洲各地都能遇到牧師，但他更驚訝的是，居然有牧師願意在牧群聚集在哈拉和林時給白色的馬施以產仔的祝福；更有甚者，這樣的祝福是以更接近多神教儀式而不是基督教義的方式完成的。[11]但是走一點捷徑明顯是被看作值得一試的方法——犧牲一點細節為小，贏得新信徒是大。當歐洲和中亞之間的接觸越來越頻繁，包括草原地區的深處在內，教區再次在東方興盛起來。例如在波斯北部的大不里士（Tabriz）發現了修道院，這裡有欣欣向榮的方濟會修士社群存在。[12]他們的興盛不言而喻地說明了他們所受到的保護和蒙古人對待宗教的寬容態度。

事實上，事情的發展十分深遠。在十三世紀末，若望・孟高維諾（John of Montecorvino）受到教皇的派遣給大汗送信，「邀請他接受我們的主耶穌基督的天主教」。雖然孟高維諾的任務沒有達成目的，但是他仍然開始著手讓盡可能多的人歸信，他支付贖金來釋放被俘虜的孩子，教他們拉丁文和希臘文，親手把《詩篇》寫下來教給他們。經過一段時日後，連大汗本人都將聽到傳教士們在舉行敬拜活動的過程中的念詞，他們為動聽的歌聲和聖餐儀式的神祕而著迷。孟高維諾所取得的成功，讓教皇克雷芒五世（Clement V）在西元一三〇〇年代初命令他帶領一個傳教團，他此行的位階不是主教，而是一個更能反映出他取得的成就的更高職位——北京大主教，這也是為了在蒙古帝國各地促進教會等級制度的創立。十字軍在亞洲的失敗並不意味著基督教在亞洲的失敗。[13]

有些對宗教展現出的寬容態度實際上是政治的拉攏手段。伊兒汗王朝看起來尤其擅長對宗教人物投其所好。以旭烈兀為例，他告訴一個亞美尼亞牧師說他自從孩童時就曾受洗；西方的教會尤其樂意相信這一說法，在歐洲還流通著將旭烈兀描繪成基督教聖徒的插畫。然而其他人卻也講述著完全不同版本的故事。例如，佛教徒自信滿滿地保證旭烈兀是遵照能夠進入般若狀態的教誨行事。在蒙古世界裡有許多高階人物先歸信基督教，隨後又皈依伊斯蘭教，抑或是皈依的順序顛倒過來，這樣的例子很多，他們是按照當前的形勢利弊來改換信奉的宗教。這些冷漠的信徒是入鄉隨俗的大師。[14]

對帝國的順利擴張來說，贏得人們的心和腦是至關重要的事。這直接呼應了亞歷山大大帝在擊敗了波斯人之後曾採取過的辦法——這樣的做法一定會得到像塔西佗（Tacitus）這類的評論者的讚許，後者曾大力批評掠奪、無差別破壞的政策，他曾說這樣的行為是缺乏遠見。蒙古人本能地知道如何成為偉大的帝國建築者：寬容和謹慎的行政系統必須要和軍事威力雙管齊下。

在面對重要的潛在盟友時，蒙古人的做法十分精明而且極富成效。在俄羅斯，蒙古人完全免除教會的賦稅和兵役的行為得到了興高采烈的歡迎，這僅僅是精明的做法可能會換來善意的眾多例子之一，即使是在血腥征服發生後也不例外。[15] 與此相似的是，移交責任是一個減少敵意和緩和緊張關係的極有效方法。俄羅斯的例子再次提供了指導，地方統治者被予以收稅的責任，並能得到一份慷慨的收益分紅。莫斯科大公（Grand Prince of Moscow）伊凡一世（Ivan I）成為人們口中的「伊凡錢袋（Ivan Kalita）」並不是沒有原因的：他負責收取稅賦充盈蒙古人的財庫，很顯然，在這個過程中他也把自己養得很肥。財富和權力集中在像是伊凡這樣的受信任的人手中，這造成了一個實力超群的王朝出現，這個王朝存在的基礎是以其他家族的破滅為代價。這一現象的影響很深遠——而且持續長久：一些學者辯稱，正是蒙古的政府體制給俄羅斯轉變為羽翼豐滿、發展全面的專制打下了基礎，這種政府體制給少數幾個個人賦予統治大量人口和他們同類人的權力。[16]

軍事上的主導、政治上的精明和宗教上的寬容，蒙古人成功的範本和一般人對他們的認識大相徑庭。但是，對於他們的高效，他們也的確是趕上了好時機。在中國，他們正遇到了農業生產急速增長後隨之而來的人口增長、經濟擴張和技術發展。[17]在中亞，四分五裂的獨立小國被彼此間的對立撕裂，將它們一舉合併的時機已經成熟。在中東和歐洲，他們所接觸到的社會既貨幣化又益發的階層化——換句話說，這些社會能夠用現金支付貢品，而且其人口擁有消費力和對奢侈品的驚人胃口。在亞洲和歐洲大陸上的各個地方，成吉思汗和他的繼任者都不只是踉踉蹌蹌地進入了一個提供了豐富戰利品的世界，他們發覺自己所踏進的，是一個黃金時代。[18]

正如西元七世紀時的伊斯蘭征服給全球經濟帶來了根本上的影響，稅金、售價支付和現金從世界的各個角落流向了中央一樣，蒙古人在十三世紀的成功也重新形塑了亞歐的財政系統。在印度，來自草原世界的新的儀式和消遣方式被介紹進來，比如裝飾精美的馬鞍在統治者面前大搖大擺地得到展示的正式遊行方陣。[19]在與此同時的中國，為了適應來自草原的新統治者們所喜愛的口味、食材和烹飪風格，飲食習慣發生了改變。《飲膳正要》之類的飲食指南讀物中，包含了許多受到游牧民烹調和口味影響的菜色，高度強調了水煮是更受偏愛的烹飪手段。[20]讓動物身上的每個部位都得到利用——這是那些每天和牲畜打交道的人的第二天性——這成為了主流飲食的一部分。忽必烈汗十分鍾愛他祖先的飲食，據說發酵乳、馬肉、駝峰和加入穀物而變得濃稠的羊肉湯，是他宮廷中的美味佳餚。[21]至少這些聽起來要比出現在十四世紀的一份菜譜中的羊肺、羊尾巴油膏或羊頭要可口多了。[22]

蒙古征服也給歐洲帶來了文化上的影響。新帝國的出現帶來了令人吃驚的新風尚。在第一波恐慌潮平靜下去後，蒙古風格成了一種時髦。在英格蘭，二百五十綑的「韃靼」布被用來為英格蘭最早、最輝煌的騎士爵位——嘉德騎士（Knights of the Garter）製作徽章。在一三三一年的齊普塞街騎士比武（Cheapside Tournament）上，開幕式中就有人穿著精美的韃靼服裝，戴著看起來像蒙古戰士的面具組成遊行方陣。來自東方的影響甚至也出現在文藝復興時期歐洲流行的飾品漢寧（hennin）的背後。這種受到女士喜愛的圓錐形頭飾，在十四世紀以來的肖像畫中蔚然成風，這種樣式是直接得到這時期蒙古宮廷中帽子樣式的啟發。[23]

但蒙古人的征服有其他更重大的影響，讓歐洲經濟發生轉型。永無停歇的一批又一批被派往大汗宮廷的使節，很快就有了傳教士和商人追隨他們的腳步。突然間，不僅是蒙古，作為一個整體的亞洲進入到了歐洲的視野中。旅人們帶回來的故事被那些想要一探這奇異風情的人們津津有味地回味，人們的焦點忽然集中至東方。

這樣的故事大受歡迎。按照馬可・波羅的說法，在中國之外有一個島，那裡的統治者有著金頂、金牆的宮殿，那些金子都有好幾尺厚。在印度，同樣是根據馬可・波羅的敘述，人們把動物的肉扔到陡峭的山谷中，山谷裡到處都是鑽石和毒蛇，老鷹會飛下去取回扔下去的肉，肉上會黏著鑽石，人們便能比較容易地取得鑽石了。根據這一時期的另一位旅人所述，他曾見過滿是鱷魚的沼澤，人們必須要用火來驅趕鱷魚。在當時旅人的紀錄中，東方的財富有如傳奇一般——這和歐洲形成尖銳的對比。[24]

這樣的論斷應該既不令人吃驚，也不是第一次聽說。這樣的主題在古典文本中十分常見，它們在歐洲大陸上的社會和經濟在發展過程中被人們反覆閱讀，智識上的好奇心開始回歸了。馬可・波羅等人帶回來的報告令人驚訝地和希羅多德、塔西佗、普林尼的敘述產生著驚人的共鳴，甚至和《雅歌》中敘述的內容產生著呼應，那些敘述中有蝙蝠用爪子守護著生長肉桂的沼澤，有毒的飛蛇守護阿拉比亞的香氛樹，或是鳳凰用肉桂和乳香築巢，裡面放滿了各種其他香料。[25]

很自然地，東方的神祕感——伴隨著在稀有、高價的貨物匯集過程中發生的故事——會和帶回歐洲的貨物價格緊密地聯繫在一起。難以取得或收穫的商品、農產品和香料自然價格不菲。[26]為了能保持更靈通的消息，手冊和概略讀物開始在西元一三〇〇年前後出現，這些讀物會介紹在亞洲的旅程和貿易——以及，最重要的，如何能得到一個公道的價錢。「最重要的，你必須要留長你的鬍子，不能剃鬚，」弗朗西斯科・佩戈洛迪（Francesco Pegolotti）寫道（他是該時期最著名的這種指南讀物的作者）。要記得請一個旅程嚮導——花在一個好嚮導身上的錢絕對會物超所值，作者這樣建議道。但是作者給出的最重要信息，是關於在什麼地點要交怎樣的稅、度量衡和貨幣差異，以及不同的香料長什麼樣子——以及它們的價值。在中古世界裡，就像在現代一樣，這些指南讀物的目的是為了避免失望和減少被不肖商人敲竹槓的機會。[27]

威尼斯和熱那亞是十三、十四世紀歐洲的發動機，但是佩戈洛迪本人既不是來自威尼斯也不是熱那亞，而是來自佛羅倫斯，這件事本身就揭示出了一些信息。有些後生選手也想要從東

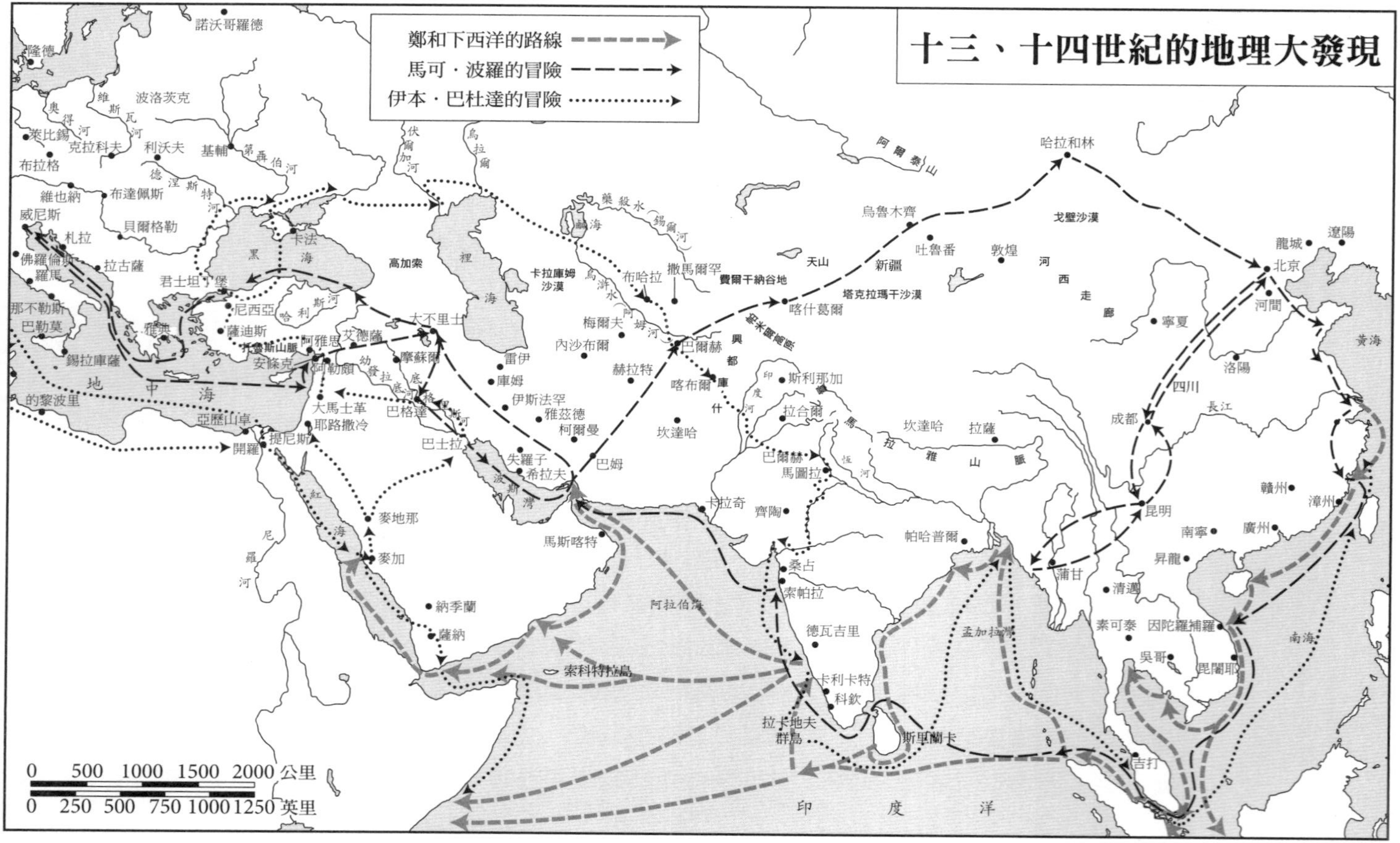
十三、十四世紀的地理大發現
鄭和下西洋的路線
馬可・波羅的冒險
伊本・巴杜達的冒險
諾沃哥羅德
隆德
波洛茨克
呂比錫
克拉科夫
利沃夫
基輔
布拉格
維也納
布達佩斯
貝爾格勒
威尼斯
札拉
佛羅倫斯
羅馬
拉古薩
君士坦丁堡
那不勒斯
巴勒莫
錫拉庫薩
地中海
的黎波里
亞歷山卓
開羅
提尼斯
耶路撒冷
大馬士革
巴格達
安條克
阿勒頗
阿雅思
尼西亞
薩迪斯
雅典
黑海
卡法
高加索
大不里士
艾德薩
摩蘇爾
裡海
雷伊
庫姆
伊斯法罕
雅茲德
柯爾曼
失羅子
希拉夫
巴士拉
波斯灣
巴姆
麥地那
麥加
紅海
納季蘭
薩納
尼羅河
馬斯喀特
索科特拉島
阿拉伯海
卡拉庫姆沙漠
梅爾夫
內沙布爾
赫拉特
布哈拉
撒馬爾罕
費爾干納谷地
巴爾赫
喀布爾
坎達哈
興都庫什
卡拉奇
齊陶
桑占
索帕拉
德瓦吉里
卡利卡特
科欽
拉卡地夫群島
斯里蘭卡
印度洋
孟加拉灣
帕哈普爾
斯利那加
拉合爾
巴爾赫
馬圖拉
坎達哈
拉薩
喜馬拉雅山脈
恆河
印度河
天山
新疆
塔克拉瑪干沙漠
喀什葛爾
烏魯木齊
吐魯番
敦煌
哈拉和林
阿爾泰山
戈壁沙漠
河西走廊
寧夏
北京
龍城
遼陽
河間
洛陽
黃海
四川
長江
成都
昆明
蒲甘
清邁
素可泰
吳哥
因陀羅補羅
毘闍耶
南寧
昇龍
廣州
贛州
漳州
南海
吉打
0 500 1000 1500 2000 公里
0 250 500 750 1000 1250 英里

方貿易中分得一杯羹——比如盧卡（Lucca）和錫耶納（Siena），來自這些城市的商人出現在大不里士、阿雅思和其他的東方貿易地點——他們購買來自中國、印度和波斯以及其他各地方的香料、絲綢和纖維。沒有哪個地方比錫耶納市政廳上的地圖更能顯示新打開的地平線上的場面了：這幅地圖的設計是可以用手來轉動，地圖上的世界以這個托斯卡尼的城鎮為中心，描繪出距離、交通網絡和錫耶納自己的客戶網，其聯絡人和中間人一直延伸到亞洲腹地。甚至在義大利中部的無名小城也開始向東方尋求靈感和利潤，思考如何能建立起他們自己和絲綢之路的聯繫。[28]

歐洲擴張的根本在於蒙古人對整個亞洲所帶來的穩定。雖然部落領導的不同分支之間存在有緊張和對立，但是依照法律的統治讓商業事務得到了嚴格的保護。以中國的道路系統為例，造訪者羨慕地驚嘆於給商旅提供安全的行政方法。「對旅客來說，中國是最安全、最好的國家」，十四世紀的探險家伊本·巴杜達（Ibn Baṭṭūṭa）這樣寫道；報告機制毫不含糊地對每一個外國人的日常生活負責，也就是說，「一個帶著鉅資獨自旅行九個月的人不用有任何的擔驚受怕」。[29]

這樣的觀點在佩戈洛迪那裡也得到了呼應，他記錄了從黑海最遠到達中國的路線「特別的安全，無論白天還是黑夜都是如此」。這有一部分原因是因為游牧民的傳統信念，認為應該向陌生人展現熱情和好客，但是也因為更宏觀的觀點，認為應該要以旅客的安全來鼓勵商業。從這一點上看，給穿過黑海的商品訂下有競爭力的稅額，很明顯是和亞洲另一端的情形遙相呼應，經過中國太平洋沿岸港口的海上貿易也要感謝為了增加海關收益而有意做出的努力。[30]

這樣的形勢在紡織品出口領域中被證明是影響力極大的一件事。在十三和十四世紀，紡織品生產經歷了一波快速增長。在內沙布爾、赫拉特和巴格達的紡織品工業經過深思熟慮後建立了起來，而大不里士一個城市的面積就在剛剛超過一百年的時間中翻了四倍，以容納商人、工匠和藝人，他們在蒙古征服後顯著地受到了優待。儘管市場對於東方精美衣物和纖維的需求幾乎是永不滿足，從十三世紀末開始，越來越多的衣物布疋被外銷到歐洲。[31]

各處的視野都正在打開。在中國，像廣州這樣的港口長久以來就一直是面向南亞世界的窗口。這種重要的商業據點對於波斯商人、阿拉伯地理學者和穆斯林旅客來說是十分熟知的，他們留下了對沿海和內陸城市生動的街巷生活的記載，提供了關於各色人等共同生活的大都會的紀錄。這樣頻繁的交流和互動讓波斯人和阿拉伯人給中文帶來許多外來詞和用語，這些語彙至今仍然在現代漢語中十分常見。[32]

在另一方面來看，正如一二〇〇年代初掌管廣州外國貿易的一位帝國官員所寫的文書所表現出的那樣，中國對於外部世界的知識曾經非常模糊和有限。廣州位於中國南部，所處的珠江三角洲是一個享受到上天恩惠的優良天然港口。在那位廣州官員為商人、稅收和旅客所寫的文書中，他勇敢地嘗試著解釋阿拉伯語世界和更遠地方的商業做法，羅列了能夠買到的商品，描繪了中國商人可能會遇到的種種情形。但是就像這一時期的許多旅行見聞一樣，這份文書也充斥著各種不準確的訊息和半猜測的想法。比如說，麥加並不是像文書中所述，是大佛的住所，是佛教徒一年一度朝聖的地點；也沒有哪個地方的女人能夠像文書中說的那樣「向南風裸露身體」而受孕生產。西班牙甜瓜的直徑也不會是六英尺長，不能讓二十個人吃飽；歐洲的綿羊更不可能長到一個成年人高，每年春天被開膛取走十二磅的羊油，然後再縫合起來而毫髮無傷。[33]

然而當大部分的亞洲都被蒙古人統一起來，海上貿易聯繫得到了大幅改善，尤其是在那些具有戰略和經濟重要性的地點——比如波斯灣——臣服於具有宏大遠見的新統治者，他們急切地鼓勵長距離的商品交換和刺激利潤增長。[34]結果，在十三世紀廣州的文化氣氛已經變得見識廣闊得多，不再那麼褊狹了。

到一二七〇年代時，廣州已經成了中國海路進口和出口的中心。滿載著運往基督教國家的胡椒啟程駛向亞歷山卓的每艘船，據馬可・波羅在十三世紀末時的記載，有超過一百艘停靠在中國的港口裡——這一說法和寫於此後不久的伊本・巴杜達的遊記驚人地呼應在一起。伊本・巴杜達造訪了廣州，他看到一百艘船駛近了廣州灣，另外還有不計其數的小一些的船。[35]地中海的商業規模很大，而太平洋上的貿易規模則是巨型的。

我們並不需要依賴模糊或不可靠的書面材料才能證明廣州作為商業中心城市的重要地位。[36]一艘在廣州灣出水的此時期的船骸，向我們揭示了有哪些從南亞各地進口的商品和從波斯灣、東非進口的類似貨物。胡椒、乳香、龍涎香、玻璃和棉花只構成了在一二七一年前後運往中國沿海的高價貨品中的一部分。[37]在南海中穿梭往來的商旅數目很大，他們在馬來半島上的蘇門答臘建立了貿易站，尤其是在印度南部的馬拉巴爾海岸（Malabar coast），這裡成了全世界最大的胡椒供應地——自古以來，胡椒就在中國、歐洲和亞洲其他地方成為受歡迎的商品。[38]到十四世紀中葉為止，有許多船隻駛往像卡利卡特（Calicut）之類的城市，有一些觀察者評論說，所有在印度次大陸這一地區進行的海上運輸和旅行都用的是中國船。近年在印度喀拉拉

（Kerala）外海發現的一艘船骸，就被認定是中國船隻，它具有中國船隻典型的平底設計。[39]

這種長距離貿易中的流通貨幣是白銀，這是通行歐亞各地的唯一貨幣形式。其中的一個原因，是因為金融信用在中國的發明已經在成吉思汗之前的時代傳播到了各地，其中也包括交換用的紙鈔。[40]金融信用和紙鈔得到了蒙古人的採用和改進，這造成了大量的閒置白銀隨著新的信用形式的形成過程中進入了貨幣系統。貴重金屬的可用度忽然激增——造成了金銀比價的大變動。在歐洲的部分地區，白銀價值暴跌，在一二五〇至一三三八年間暴跌了一半。[41]光是在倫敦一地，白銀供應量的暴增讓皇家鑄幣廠在一二七八至一二七九年這一年中鑄造了四倍多的銀幣。在亞洲各地的造幣量也快速提升，當金帳汗國的統治者開始大量鑄幣，草原上也發生了同樣情形。[42]新的地區也受到了刺激。比如在日本，這裡曾極度依賴以物易物或以大米為載體的實物支付的交換機制，在這一時期也變成了金錢經濟，並且在遠距離貿易上也變得越來越積極主動。[43]

然而，蒙古人的征服在歐洲轉型中造成的最重大影響並不是來自貿易或戰爭，也不是來自文化或貨幣，在聯通世界的動脈中流動的不只是兇殘的戰士、商品、貴重金屬、思想和時尚。事實上，有另外一種在血管中流動的東西帶來了更激進的影響：疾病。一場傳染病大爆發席捲了整個亞洲、歐洲和非洲，威脅著上百萬人的性命。蒙古人並未摧毀世界，但是黑死病卻貌似能夠做到這件事。

上千年來，亞歐草原都是牲畜和游牧民棲息的家園，這裡也形成了世界上最大的傳染病發源地，有相互連接的一連串焦點從黑海一直延續到遠至滿洲的地方。乾旱-半乾旱草原的生物學環境給一種叫鼠疫桿菌的細菌提供了完美的傳播條件，這種細菌主要是透過跳蚤吸食人畜血液的方式傳播。老鼠等齧齒類動物是傳播傳染病最快、最猛烈的細菌宿主，但是駱駝可能也會受到傳染，並且在黑死病散播的過程中起到重要作用——這樣的結論和冷戰期間蘇聯的生物戰計畫研究顯示出的結果有著緊密聯繫。[44]雖然傳染病可以透過消耗或接觸宿主或是透過吸入受感染物的方式傳染，但是傳染人的最主要方式，是在傳送前先經過跳蚤嘔吐桿菌進入血液，或是經過糞便中的細菌以汙染擦傷的皮膚。細菌隨後會被輸送至淋巴結，例如腋窩或腹股溝處的淋巴結，隨後迅速繁殖並導致腫脹或淋巴結發炎，就像是經歷了黑死病的薄伽丘（Boccaccio）所描述的，發炎的地方會腫脹得像一顆蘋果的大小，或者「多多少少」像雞蛋的大小。[45]隨後其他器官也會相繼受到感染。出血症會讓內臟出血，顯眼的黑色膿包和血包讓這種疾病看上去就和其致命性一樣的恐怖嚇人。

對鼠疫桿菌和傳染病的現代研究清楚地證明，環境因素對動物循環鏈中起到的關鍵作用，在這樣的一條循環鏈中，看似不重要的變化可以把地方性、可控性的疾病轉變為大規模的傳播性疾病。例如微小的溫度和降水變化，可以對跳蚤的繁殖鏈產生戲劇性的影響，這對細菌和齧齒類動物宿主的循環發展來說至關重要。[46]近期的研究認定，溫度上升一度就意味著，傳染病在大沙鼠中的流行性會提高百分之五十，這種動物在草原環境中是主要的齧齒類病菌宿主。[47]

儘管十四世紀中葉爆發的這種疾病的最終起源究竟在什麼地方仍然無法準確確定，但是一三四〇年代快速傳播的傳染病是從草原開始爆發，傳播到了歐洲、伊朗、中東、埃及和阿拉伯半島。[48]這場被義大利人描述成「一種會造成突然死亡的神祕疾病」在一三四六年時經過黑海橫掃了金帳汗國。當時有一支蒙古軍隊因為貿易條款的爭議而包圍了熱那亞人在卡法（Caffa）的貿易站，他們隨即遭到了疾病的蹂躪，「每天都有上千人死去」，當時的評論者如是記錄道。但是在撤退之前，「他們命令將屍體用投石機射到城裡，讓難以忍受的惡臭把城裡的人全都殺死」。但最可怕的並非它的氣味，而是這種疾病的高傳染性。在無意中，蒙古人使用了生物戰的方式來擊敗敵人。[49]

把歐洲和世界其他地方連接起來的貿易路線變成了傳播黑死病的致命高速公路。在一三四七年，黑死病到達了君士坦丁堡，隨後又傳到了熱那亞、威尼斯和地中海，逃回家鄉的商人和旅客也把疾病帶到了家鄉。當西西里的墨西拿（Messina）終於意識到這些進來的熱那亞人有些不對勁，那些人身上長癤、不停地嘔吐並在咳嗽吐血後死去，但已經為時已晚：雖然熱那亞的船隊被驅逐，疾病仍然傳入了墨西拿，造成了當地的災難。[50]

黑死病向北迅速傳播，到達了法國北部城市，並在一三四八年中傳播到了巴伐利亞。當時，在不列顛進港的船上已經「有商人和水手帶來的……最初的瘟疫」。[51] 英格蘭的各城市和鄉村都有許多人死去，以至於教皇「寬宏地應允所有懺悔的罪惡都獲原諒」。按照當時人的估計，僅有十分之一的人倖存下來；有些史料記載了死人多到沒有足夠的倖存者掩埋的地步。[52]

穿梭在地中海的船隻沒有帶來貨物和財富，反而帶來了死亡和災難。感染不僅會透過接觸黑死病人傳播，或是透過總是海上旅行一分子的老鼠傳播，甚至還會透過貨物傳播，因為跳蚤會感染貨物中的皮草和食物，這些貨物最終被運到歐洲大陸和埃及、黎凡特和塞普勒斯的港口，這些地方最早的殉難者就是那裡的嬰兒和孩童。很快，疾病沿著通往麥加的商隊路線傳播，殺死了許多朝聖者和學者，並且促成了人們嚴肅的捫心自問：據說先知穆罕默德曾許諾七世紀時肆虐在美索不達米亞的瘟疫將永遠不會進入伊斯蘭的聖城。[53]

在大馬士革，伊本・瓦迪（Ibn al-Wardī）寫道，瘟疫「就像是一個坐在寶座的國王一樣揮舞著權力，每天殺死上千人或是更多的人，讓人口大量減少」。[54]開羅和巴勒斯坦之間的道路兩旁丟棄著遇難者的屍體，野狗撕咬著堆疊在比勒拜斯（Bilbais）各個清真寺牆邊的屍體。與此同時，在上埃及的艾斯尤特（Asyut）地區，納稅人的數量從黑死病到來前的六千人跌落到區區一百一十六人——跌幅達百分之九十八。[55]

雖然這樣的人口對比可能也反映了逃離家園的人口，但是毫無疑問的是，黑死病的致死人數極高。「人類的一切智慧和巧思都無濟於事，誰都阻止不了疾病的傳播」，義大利的人文學者薄伽丘在他的《十日談》（*Decameron*）中寫道。在三個月內，他記載，光是佛羅倫斯就有十萬人失去了性命。[56]威尼斯幾乎成了空城：許多記載都記下了有不少於四分之三的威尼斯公民死於黑死病疫情爆發。[57]

對很多人來說，這看起來無異於世界末日的警訊。在愛爾蘭，一位方濟會的修士在他記載黑死病的紀錄中留下了空白頁面，以備「萬一有任何人能夠活到未來，可以繼續〔我的〕工作」。[58]當時有大災難即將降臨的感受，在法國，編年史家記載「天空中降下了青蛙雨、蛇雨、蜥蜴雨和蠍子雨，上帝的憤怒顯而易見：巨大的冰雹砸向大地，殺死了許多人，閃電點燃了火焰，燒毀了城市村莊，造成了濃煙滾滾」。[59]

有些人，例如英格蘭國王愛德華三世，開始齋戒、祈禱，愛德華命令他的主教們也要照做。在一三五〇年前後寫成的阿拉伯文手抄本給穆斯林信徒提供了同樣的指導，建議人們進行特殊的十一番禮拜可以有幫助，念誦和先知有關的經文可以免於身上長癬。在羅馬舉行了專門的遊行，懺悔又恐懼的人們光著腳在隊伍中前行，他們身穿苦行衣，鞭打自己以表示對自己罪惡的懺悔。[60]

上面說到的這些事情是最尋常的試圖撫平上帝怒火的做法。避免性行為以及「和女人有關的哪怕一點色欲」，一個瑞典牧師這樣說，而且出於同樣的原因，也不要洗澡，至少是在午飯時間前避免吹到南風。如果說這一點是抱著良善目的的話，那麼他在英格蘭的一位同行則是要直接得多：女人要穿不同的衣服，這位英格蘭牧師催促說，這是為她們好，也是為我們大家都好。她們出遊時穿的那種奇怪又裸露的衣服，簡直是在招惹上帝的懲罰。當「她們開始戴那種蕾絲和扣子緊緊貼在喉嚨上，只能遮住肩膀的無用小帽子時」，問題就已經來了。還更有甚者，「有人穿一種叫『paltoks』的衣服，這種極短小……甚至連屁股或者她們的私處都遮不住的衣服」。不說別的，「這種醜惡、緊繃的衣服讓她們無法在上帝或是聖徒前跪拜」。[61]

在德國還流傳著瘋狂的謠傳，說這種疾病並不是從天而降，而是猶太人往井水和河水裡下毒的結果。於是惡毒的計畫開始實施，有一份文獻記載了「科隆（Cologne）到奧地利之間的所有猶太人」是怎麼被綑起來活活燒死的。反猶主義的惡劣爆發讓教皇不得不出面干預，發布了聲明，在所有的基督教國家中禁止對猶太人施以暴力，並且要求猶太人的商品和財產不受侵害。[62]這樣的命令是否有效就是另一回事了。畢竟人們對災難、困境的恐懼和過度的宗教發洩，已經不是第一次在德國各地導致對猶太少數族裔的屠殺了：在第一次十字軍東征時，萊茵蘭就曾有過一次對猶太人的迫害，當時的情形並沒有什麼不同。在危急中持有不同的宗教信仰總是一件很危險的事。

在黑死病面前，歐洲至少有三分之一的人口死亡，實際死亡的人數也許更高，有保守估計認為死亡人口可能在兩千五百萬上下，而當時的總人口據估算是七千五百萬。[63]更晚近的對於傳染病流行過程的研究也顯示，在小鄉村和偏遠地區的大規模疫情爆發時，這些地方的死亡率要遠高於城市中的死亡率。如此看來，黑死病傳播的關鍵因素並不是（之前人們認為的）人口密度問題，而是鼠患問題。這種傳染病在人口密集的城市環境中傳播得比鄉村地區更快，因為城市裡的鼠患比鄉村更嚴重。從城市往鄉下逃離在事實上並不能提高一個人從死神手中逃脫的機率。[64]從田地到農場，從城市到鄉村，黑死病讓大地成了地獄：腐壞、發霉的屍體，上面遍布膿瘡，人們在這樣的情境中恐懼、焦慮並信心崩壞。

黑死病造成的後果是劇烈的。「我們對未來的希望已經和朋友們一同埋葬了」，義大利詩人佩脫拉克（Petrarch）寫道。對東方的進一步探索和發財的計畫和雄心已經被更灰暗的念頭籠罩。佩脫拉克寫道，唯一的安慰，就是「跟隨前人的腳步，雖然我不知道要等待多久，但是我知道它很快就會到來」。印度洋、裡海或黑海的一切財富，他寫道，也無法彌補眼前掃蕩的一切。[65]

然而，雖然黑死病帶來了恐怖景象，但是它也成為了社會和經濟變革的催化劑，這種影響的深遠並非標誌著歐洲的死亡，而是歐洲的再生。這次變革給歐洲的崛起和西方的勝利奠定了重要基礎。這種影響分為幾個方面。首先，自上而下的社會結構運行得以重置。黑死病造成了令人恐慌的人口下降，勞動力因而增值並帶來了薪資急速上漲。當黑死病疫情在一三五〇年代初終於開始緩解，此前造成的大量人口死亡讓當時的一份史料記載了「缺少僕人、工匠和工人，農民工和勞力也人手不足」。這讓之前處於劣勢的社會地位、經濟地位低下的人們開始有了巨大的討價還價的資本。有些人開始「在雇主面前用鼻孔看人，除非能拿到比之前多三倍的薪水，否則根本不願出工」。[66]這樣的記載很難是誇張的說法：有實證的數據顯示，在黑死病之後的幾十年中，城市薪資經歷了巨幅上漲。[67]

農工、勞工和婦女力量的增加還伴隨著有產階級的削弱，地主們被迫同意降低他們的地租——接受少一點的收入總比分文不入要強。更低的租金、更少的債務和更長的租約，都致使權力和利益開始向佃農和城市租戶們一方傾斜。這樣的情形更是受到了歐洲各地在十四和十五世紀中利率大幅跌落的進一步鞏固。[68]

結果是如此引人注目。隨著財富更為均衡地在社會中得到分配，對奢侈品的需求——無論是進口貨還是本土貨——都得到了大幅提升，這是因為有更多的消費者能夠負擔得起之前無法消受的商品。[69]黑死病帶來的人口變動也影響了消費模式發生變化，這樣的局面尤其有利於有工作的年輕人，他們最能從擺在他們眼前的新機遇中獲得好處。他們因為僥倖從死神面前擦肩而過，所以更願意今朝有酒今朝醉，他們比父母那一代賺得更多，前途也更光明，後起之秀的一代人更樂意把錢花在他們感興趣的事物上——尤其是要趕趕時髦。[70]這反過來也刺激了歐洲紡織業的投資和迅速發展，有大量的紡織品出現，這給亞歷山卓的貿易造成重大衝擊，當地的進口數量銳減。歐洲甚至也開始了反方向出口，紡織品湧入中東地區的市場，讓當地的經濟在活力四射的西方經濟面前相形見絀。[71]

近年來對倫敦墳墓中的骨骸遺存的研究結果顯示，財富增長也促進了更好的飲食和總體健康情況的改善。事實上，以這些研究結果為範本的數據甚至顯示出，黑死病所造成的影響之一是壽命的大幅增長。倫敦的後黑死病人口比黑死病爆發之前的人口要健康得多——人們也活得更久了。[72]

在歐洲各地的經濟和社會發展並不均衡。歐洲大陸北部和西北部的變革發生得更為迅速，這其中的一部分原因是這部分地區相較於更發達的南部，其經濟起點更低。這意味著地主和租戶的利益更緊密地聯繫在一起，因此也更易於展開合作，找到對各方都有利的解決方案。[73]這也是意義重大的一件事，然而，北方的各個城市並不是像地中海周邊的許多城市一樣，背負著相同的意識形態和政治負擔。幾百年來的地區商業和長期商業已經在地中海地區形成了行會之類的機構，這些機構會對競爭加以控制，讓特定的群體受惠。相較之下，北歐經濟的暴發恰恰是因為不受控制的競爭——導致了明顯比南方更快的城市化進程和經濟成長。[74]

不同的行為方式也開始在歐洲的不同地方出現。比方說在義大利，女性很少有意願或是很少能進入勞力市場，她們繼續像在黑死病爆發以前一樣，在同樣的年齡結婚，撫育同樣數目的小孩。這種情形和北方國家的情形發生了明顯對比，這些地方的人口驟減，讓女性也能成為養家糊口的人。這樣的後果之一便是女性結婚年齡的推後，反過來又對家庭成員數量產生了長期影響。「不要急著結婚，」詩人安娜・拜恩斯（Anna Bijns）在低地國家寫的詩中這樣勸說，

「一個自己賺錢養活自己的女人，不用急著去忍受男人的棒喝……我並不譴責婚姻；但拋開束縛更好！祝福沒有男人的女子幸福快樂！」[75]

黑死病所推動的轉型給西北歐洲的長期崛起奠定了至關重要的基礎。雖然歐洲不同地區的變化程度不一，還需要假以時日才能看到效果，但是體制的靈活性、競爭的開放性，以及大概最為重中之重的——意識到北方的不利地理位置只能靠強大的工作倫理來彌補的認識，都給後來發生在現代早期的歐洲經濟轉型打下了基礎。正如現代研究越來越清晰地顯現出的，十八世紀工業革命的根源正源於發生了黑死病後的世界：隨著生產力提高，人們的渴望也更上一層樓，隨著財富越積越多，人們花錢的機會也隨之增長。[76]

隨著屍體終於被掩埋，黑死病褪色成了恐怖的回憶（其中還伴隨著間歇性的小型復發），歐洲南部也發生了變革。在一三七〇年代，熱那亞人試圖趁著黑死病對威尼斯造成巨大打擊的時候占得先機，贏得對亞得里亞海的掌控。但是這場賭局反而像是搬起石頭砸了自己的腳：他們沒能做出能完勝比賽的舉動，熱那亞隨即發現自己成了那個筋疲力盡又岌岌可危的人。熱那亞透過一代又一代人的努力，才將自己的城市和中東、黑海和北非建立起來的附帶聯繫，被威尼斯一個接著一個搶走。終於，熱那亞失敗了，威尼斯獲得了勝利。

放在長期競爭對手身上的注意力終於可以卸下了，如今隨著生活恢復正常，威尼斯一下子振奮了起來，他們牢牢地控制住香料貿易。胡椒、薑、肉豆蔻和丁香的進口量都越來越大，所有的進口都是經過亞歷山卓。以平均來看，威尼斯的船隻每年從埃及載回超過四百公噸的胡椒，另外還有大量的運量是來自黎凡特。到十五世紀末為止，每年有將近五百萬磅的香料是經過威尼斯銷往各地，從而讓威尼斯獲得了巨額財富，這些香料被用於食品、藥品和化妝品中。[77]

威尼斯也是用於繪畫的顏料的主要進口地點。這些顏料常常被概括地稱為「oltremare de venecia」（威尼斯進口貨），它們中包括青銅綠（verdigris，字面意思是「希臘來的綠色」）、朱紅、葫蘆綠、鉛錫黃、骨黑和一種被稱為紫金或馬賽克金的黃金替代物，然而最為珍貴的，是提取自青金石中的亮麗藍色，青金石是採自中亞的一種礦物。歐洲藝術的黃金時代——也就是十五世紀時安傑利科（Fra Angelico）和皮耶羅・德拉・弗朗切斯卡（Piero della Francesca）生活的年代，以及後來的米開朗基羅、達文西、拉斐爾和提香等藝術家的時代——都得益於他們有能力使用顏料，這一方面是因為和亞洲接觸的擴大，另一方面是因為可支配財富的增加讓他們能買得起這些顏料。[78]

前往東方的貿易使團是如此的有利可圖，公眾會在他們出發之前招標競拍，給成功奪標者提供在開拓市場、運輸和政治風險上的保證金。正如一個威尼斯人驕傲地說過，無論是去非洲沿岸、貝魯特、亞歷山卓、希臘各島，還是前往法國南部和弗蘭德斯，威尼斯都派船出發。湧入城中的財富顯現在飆升的房價上，尤其是靠近里亞爾托（Rialto）和聖馬可大教堂的精華地段。由於地皮稀少而且昂貴，人們在建造房屋時開始使用新技術，比如代替奢華但浪費的雙庭院樓梯井，改用更小的樓梯井從而節約空間。但是，就像是一個驕傲的威尼斯人所說的，即便是最普通的商人家裡，也會用流光溢彩的鍍金天花板來點綴，也會使用大理石樓梯，用來自附近穆拉諾（Murano）出產的最上乘玻璃來搭配陽台和窗戶。威尼斯是歐洲、非洲和亞洲貿易的最佳集散地——它也擁有恰如其分的景觀來展示這一地位。[79]

繁榮興盛的不僅僅是威尼斯，星星點點地分布在達爾馬提亞海岸的各個城鎮也興盛起來，這些地方是外出旅程和回國旅程的停靠站。拉古薩（Ragusa，即今天的杜布羅夫尼克）經歷了十四和十五世紀的繁榮盛況。可支配財富在一三〇〇至一四五〇年間翻了四倍，以至於人們必須要給嫁妝設定上限，免得花費一直飆升；這座城市中充斥著有如錢淹腳面的財富，人們開始部分廢除奴隸制：在這麼好的景氣中，把同樣是人類的奴隸束縛起來而不為他們的勞力付錢，好像實在說不過去。[80]和威尼斯相似，拉古薩也在忙著建立起屬於自己的貿易網絡，發展和西班牙、義大利、保加利亞和甚至印度的廣泛聯繫，他們在印度的果阿（Goa）建立了一個以聖布萊斯教堂（church of St Blaise）為中心的殖民地點，聖布萊斯是拉古薩的保護聖徒。[81]

亞洲的很多地方都見證了這種快速發展和野心。在印度南部的生意十分繁榮，與此同時，經過波斯灣等地和中國的貿易關係也建立了起來。各種行會如雨後春筍一般出現，確保了貨物的安全和質量水準，也造成了阻止地方競爭出現的壟斷。這些行業公會（行會）把錢和影響力掌握在自我選定的一群人手中，他們在馬拉巴爾沿岸和斯里蘭卡占據著主導地位。[82]在這樣的機制下，商業關係得到了正式確定，確保了交易能夠公平有效地完成。按照中國旅行家馬歡在十五世紀初的記載，買家和賣家之間的價格是由一個中間人來議定的，所有的稅金和關稅必須在商品發貨運輸之前結算和支付。這讓長期貿易的前景十分光明，「人們十分誠實而且值得信賴」，馬歡這樣補充道。[83]

但無論如何，這只是理論上的狀況。事實上，印度南方海岸的城鎮並不是在真空狀態中運作的，它們彼此間的競爭十分激烈。在十五世紀制定出了極具競爭優勢的稅率政策並成功吸引到大量貿易後，科欽（Cochin）成為了卡利卡特的對手。這在某種程度上構成了良性循環，也吸引到了中國人的注意。偉大的航海家鄭和是一名穆斯林太監，他領導了一系列的重大探險航行，以展現中國的海上力量，確保中國的影響力，並獲得深入印度洋、波斯灣和紅海的長距離貿易入口，他特別注重能和科欽的統治者建立關係。[84]

這些出訪活動是十四世紀中葉取代了蒙元統治者的明朝野心越來越大的舉措的一部分。在北京，大量的資金用來建設基礎設施以供應和防禦這座城市。大量的資源被用於保衛北方的草原邊境並和復興的高麗在滿洲展開爭奪，同時在南方的軍事威力迫使柬埔寨和暹羅的朝貢團定期來訪，他們帶來了大量的當地特產和奢侈品以換取和平的保證。例如在一三八七年，暹羅王國送來了一萬五千磅的胡椒和檀香木，在兩年後又送了十倍數目的胡椒、檀香木和薰香。[85]

然而，用這樣的方式拓寬視野也要付出代價。鄭和的第一次下西洋率領了六十艘大船、幾百艘小一些的船和將近三萬名水手，這意味著薪俸、設備和鄭和攜帶的作為外交工具的豐富禮品都是十分龐大的一筆支出。這些開支和其他的各種方案都是以大量提高紙鈔印量的方式支付的，同時也伴隨著開採金銀礦額度的提升，來自礦物開採部分的收入在一三九〇年後的十年間大量增加。[86]農業經濟和稅收的改進也對中央政府的所得貢獻良多，從而刺激出了正如一位現代學者所描述的計畫經濟的出現。[87]

中國的財富得益於在中亞取得的進展。在中亞，一個出身來源十分晦澀的軍閥開始變成了中古時代晚期最著名的人——帖木兒——他的成就甚至成為了英國戲劇所表現的主題，他的瘋狂進攻仍遺留在現代印度的一部分意識之中。從一三六〇年代起，他跨越蒙古故地，打造出了一個橫跨小亞細亞到喜馬拉雅山脈的巨大帝國，帖木兒開啟了雄心勃勃的土木工程，在他領土的各處建造清真寺和皇家建築，在撒馬爾罕、赫拉特和馬什哈德等城市留下了他的印記。按照當時的一份記載，木匠、畫工、織工、裁縫、珠寶玉石工匠「無所不缺」，當大馬士革遭到劫掠，這裡的工匠被派往充盈東方的城市。西班牙國王駐帖木兒宮廷大使的記載，生動地描述了建設的規模和新建築使用的裝飾藝術是多麼的登峰造極。在撒馬爾罕附近的阿克薩萊宮（Aq Saray，字面意思為「白宮」），它的入口通道「以金色和藍色瓷磚裝飾得美輪美奐」，主接待廳室內「鋪滿了金色和藍色瓷磚，整個屋頂都是金匠的傑作」。甚至連巴黎的著名工匠都沒有如此精湛的手藝。[88]但這些建築和位於撒馬爾罕的帖木兒宮殿相比則算不了什麼，他的宮殿裝飾著金樹，它們的「樹幹就像男人的腿一樣粗」。在金樹葉之間還結著「果子」，仔細看才知道那都是紅寶石、翡翠、綠松石和藍寶石，其間還有碩大渾圓的珍珠。[89]

帖木兒並不擔心花掉他從臣民那裡得來的錢。他從中國購買的絲綢是「世界上最好的」，他還購買麝香、紅寶石、鑽石、大黃和其他香料。一次由八百頭駱駝組成的商隊把商品帶到撒馬爾罕。和有些人不同——比如德里，該城被攻陷時有十萬居民被殺死——中國人和帖木兒相處得十分融洽。[90]

儘管如此，中國人看起來將會是下一個遭罪的對象。按照一份文獻記載，帖木兒花時間回顧自己的年輕歲月，並下結論說他需要償還「劫掠和抓捕俘虜、屠殺人命的行為」。他認為最好的贖罪方式，就是「發動一場戰爭來攻打異教徒」，就如同格言中說的「用善行抹去惡行」

一樣，罪惡可能會得到原諒。帖木兒中斷了和明朝宮廷的關係，但是在一四〇五年前往征討中國的途中，帖木兒離開了人世。[91]

過沒多久問題就出現了。分裂和叛亂在波斯省分爆發，這是因為帖木兒的子嗣們為了掌控帝國而彼此展開了爭鬥。但是更具有結構性的困難是自十五世紀開始的全球金融危機，這場危機影響了歐洲和亞洲。這場危機的原因是由一系列在六百年後仍然回響著的因素造成：市場過度飽和、貨幣貶值和收支平衡扭曲。即便是對絲綢和其他奢侈品的需求仍然在增長，但是能夠吸收的總量只有那麼多。並不是因為欲望停止或是口味改變了，而是因為交換機制出了錯：歐洲尤其沒有什麼商品可以拿來交換如此高價的紡織品、陶瓷和香料。隨著中國的生產量越來越多於在海外的銷量，隨著持續購買商品的能力下降，可預見的結果將隨之而來。這一後果常常被描述為「錢荒」。[92]在今日，我們管它叫信用緊縮。

在中國，政府官員得不到好薪水，這導致了習以為常的腐敗和普遍的低效。更糟糕的是，即使經過了正確且公平的評估後，納稅人仍無法擔負賦稅，不合理的龐大朝廷積極地實施各種宏偉計畫，認定收入將只會繼續增加。但事實並不是這樣。到一四二〇年代時，中國最富庶的一些地方已經難以負荷政府的規定了。[93]是泡沫就必然會有破裂的一天，在十五世紀的最初二十五年中，泡沫真的破了。明朝的皇帝們一個賽著一個地削減開支，要求北京城的建設放緩，禁止了昂貴的海上探險和像京杭大運河工程之類的工程，在大運河工程的高峰時，雇用的人數一度高達數十萬人，這一工程的目的是將首都和杭州的水系網絡貫通起來。[94]在歐洲，保留下來的經濟數據更加豐富，人們曾主動採取措施，以降低鑄幣成色的方法來應對緊縮——儘管貴重金屬稀缺、囤積和經濟政策之間的關係十分複雜微妙。[95]

但是，能夠清楚看到的是，全球的財富供應從韓國到日本，從越南到爪哇，從印度到鄂圖曼帝國，從北非到歐洲大陸都呈現短缺狀態。馬來半島的商人們決定自己動手解決問題，他們用當地盛產的錫鑄造了一種粗糙的新貨幣。但是，簡單來說，貴重金屬曾經提供的從已知世界的一端到另一端的正常貨幣聯繫——雖然不總是以標準的單位、重量或成色進行——在此時已經不足並且出現了問題：沒有足夠的錢在世界各地流通。[96]

週期性的氣候變化也許讓這個問題更加嚴重了。饑荒、不尋常的乾旱伴隨著在中國發生的破壞性洪災，這一切給人們講述了一個有力的關於環境因素對經濟成長造成影響的故事。來自南半球和北半球冰芯中的硫酸鹽提供的證據告訴我們，十五世紀是各地火山活動的活躍期。這造成了全球冷化，給草原世界帶來了深刻影響，讓人們對於食品和水供應的爭奪更加激烈，預示著一段混亂時期的到來，在一四四〇年代尤其如此。總而言之，這個時期是一段停滯、艱困、為了生存展開殘酷較量的歷史。[97]

這種影響和衍生出的後果從地中海到太平洋都能感受得到，促使人們越來越對世界上正在發生的事務感到不安。雖然帖木兒帝國的崛起並未在歐洲造成廣泛的恐慌，但是鄂圖曼人的壯大絕對造成了越來越多人的焦慮。在十四世紀末，鄂圖曼人已經遍布博斯普魯斯海峽，給拜占庭人、保加利亞人和塞爾維亞人帶來了一次又一次的慘痛失敗，並且在色雷斯和巴爾幹地區站穩了腳跟。君士坦丁堡已經命懸一線，成為了被穆斯林海洋包圍的一個基督徒小島。拜占庭宮廷向歐洲發出的慷慨激昂的軍事支援請求如石沉大海一樣，這座城市的危險已經昭然若揭。終於，在一四五三年，帝國首都陷落了，奪取了基督教世界最偉大的城市之一，這場勝利成為了伊斯蘭教的勝利，伊斯蘭的運勢再次上升了。在羅馬，有記載說，當君士坦丁堡陷落的消息傳來，有人一邊哭一邊捶打自己的胸口，教皇也為那些困在城裡的人發起禱告。但是歐洲人在禱告還有效的時候提供的幫助太少；現在已經為時太晚了。

君士坦丁堡的命運是俄羅斯急切的憂心來源，這件事並未被看作是預示穆斯林復興的來臨，而是被當作末日的訊號。東正教長久以來所預言的耶穌會在第八個千年到來時降臨並主持最後的審判，這樣的情形貌似就要出現了。邪惡力量已經被放開，並給基督教世界造成了毀滅性打擊。高級教士非常確信末日就要來臨，他們派出了一個牧師到西歐去尋找更多確切的訊息，他們想要知道末日具體會在什麼時候發生。有些人認為計算復活節和其他不固定的聖餐日期將在哪天到來已經沒有意義了，因為世界末日就要來了。基於俄羅斯使用的拜占庭曆，這個日子貌似再清楚不過了。按照上帝創造世界的日期是基督前五五〇八年的話，那麼世界將會在一四九二年的九月一日結束。[98]

在歐洲的另一端，還有其他人也確信末日將很快到來。在西班牙，注意力集中在了穆斯林和猶太人身上，當時宗教和文化上的不寬容已經日益嚴重。穆斯林被武力驅逐出了安達魯西亞，猶太人則接收到了沒有緩和餘地的改信基督教的命令，否則他們就得離開西班牙或是被處死。為了盡快清理資產，他們隨即開始絕望地變賣資產，將大片的地產打包出售，幾個葡萄園只換得一塊布，地產和漂亮的房子只能賣一點點錢。[99]更糟的是，在不到十年的時間裡，他們廉價拋售出去的資產就會價值飆升了。

許多猶太人選擇到君士坦丁堡落腳。他們得到了城裡新的穆斯林統治者的歡迎。「你們還說費迪南是個睿智的統治者，」據說巴耶濟德二世（Bāyezīd II）曾在一四九二年歡迎猶太人的到來時這樣說道，儘管「他讓自己的國家陷入貧窮，讓我的國家富有」。[100]這並不是簡單的算分數而已：在這種讓很多今天的人感到困惑，卻呼應著伊斯蘭教早期時代的場面中，猶太人不僅得到了尊重，而且受到了歡迎。這些新的住戶被給予了法律上的保護和權利，而且有很多例子表明，他們得到了在陌生國家開展新生活的幫助。寬容是一個對自我身分認同感到自信和肯定的社會的一項主要特徵——這句話正反諷了基督教世界，褊狹和宗教基本教義派正在快速成為其社會的定義特徵。

其中就有這樣的一個對宗教的未來感到焦慮的人，他的名字叫克里斯托弗・科隆（Christopher Colón）。雖然按照他的計算，距離耶穌復臨（世界末日）的日子還有一百五十五年，但是他卻對「信徒們」對宗教事務只是講講空話的態度感到憤怒難忍，他尤其為歐洲人對耶路撒冷的漠不關心感到憂心。在近乎痴迷的熱忱中，他擬定了一個計畫，他要發起一場新的戰爭來解放聖城，同時開啟對稀有金屬、香料和寶石的二度追逐，這些東西在亞洲是如此豐富又便宜。[101]他下定結論，如果能得到這些寶物的話，那麼他們將輕而易舉地籌措到解放耶路撒冷的遠征經費。[102]但問題在於，他覺得伊比利半島處在地中海的最糟位置，這讓他的宏偉計畫無異於是痴人說夢。[103]

也許，只是也許，這件事還存有一線希望。畢竟有一些占星學家和製圖學家說過，如果從歐洲的邊緣向西航行，也許可以找到一條通往亞洲的路，比如佛羅倫斯的保羅・托斯卡內利（Paolo Toscanelli）就曾這麼說過。在為他魯莽又費力的計畫大費一番口舌之後，克里斯托弗・科隆的計畫終於有眉目了。他準備了給大汗的問候信——大汗的名字處先留好空白，等弄清楚以後再添上也不遲。到時候大汗將成為光復耶路撒冷的盟友。他雇用了翻譯以便蒙古領袖和他的代表們展開交涉。他招募了通曉希伯來語、迦勒底語（和耶穌及門徒們講的亞拉姆語有關聯）和阿拉伯語的人，他認為阿拉伯語可能是跟大汗及其宮廷交流最有用的語言。正如一個學者提到的，在歐洲越來越明顯的反穆斯林情緒中，儘管阿拉伯語在舊世界越來越遭到反感和被法律所禁止，但是當西方人終於和遠東取得聯繫時，這門語言仍然被認為是最好的溝通方式。[104]

在一四九二年八月三日，也就是俄羅斯人所預計的世界末日前的一個月，有三艘船從西班牙南部的巴羅斯港（Palos de Frontera）啟航。當他展開他的船帆駛向未知之時，這個叫科隆的人根本意識不到自己正在做一件驚天動地的大事：他即將把歐洲的重心從東方轉向西方。人們也將熟知他名字的另一個叫法——克里斯托弗・哥倫布。

當另一艘在瓦斯科・達伽馬指揮下的小船在五年後從里斯本啟航，展開另一場長距離發現之旅，繞過了非洲南端抵達了印度洋，歐洲的轉型所缺少的最後一塊拼圖也就位了。忽然間，這片大陸再也不是終點站，再也不是各條絲綢之路的最後一站，歐洲大陸即將成為世界的中心。

第十一章
黃金之路

世界在十五世紀末發生了改變。哥倫布等人害怕的世界末日沒有降臨，時間也沒有停止——事情至少沒有像歐洲人所擔憂的那樣發生。從西班牙和葡萄牙出發的一系列長距離探險，將美洲、非洲和歐洲，最終和亞洲首次連接了起來。在這個過程中，新的貿易路線建立起來，有時候是擴展了既存的網絡，有時候是替代了舊有的網絡。思想、商品和人開始比人類歷史上的任何時候都走得更遠、更快，數量也更為龐大。

這一新的黎明把歐洲推上了舞台的正中央，將歐洲包裹在金光之下，賜予了它一系列的黃金年代。但是，歐洲的崛起給那些新近發現的地方帶來了恐怖的災難。自十六世紀以來，在絢麗的大教堂、燦爛的藝術和提升的生活水平背後都有代價要付出。這些代價是那些住在大洋彼岸的人們付出的：歐洲人不僅僅是探索世界，而是占有世界。他們之所以能夠這麼做，仰仗的是不間斷的軍事和航海技術的進步，這一切讓他們在和他們所接觸的人面前有了無懈可擊的優勢。帝國和西方崛起的時代是建立在造成大規模殺傷的基礎上的。啟蒙和理性的時代，向民主、公民自由和人權的進步，並不是因為歐洲和古典時代的雅典之間有一條看不見的鎖鏈，這些成就也不是歐洲自然發展的結果，而是由歐洲在遙遠大陸上取得的政治、軍事和經濟成功所帶來的。

在哥倫布於一四九二年向著未知之地揚帆遠航的時候，這一切還看似不太可能。在二十一世紀閱讀他的航海日誌時，你仍能感受到那種躍然紙上的興奮與恐懼、樂觀與焦躁。雖然他是抱定了決心去尋找大汗，並讓大汗能夠在解放耶路撒冷一事上出力——但是他也心知肚明，他的旅途隨時都布滿了死亡和災難。他在日誌中寫下，他前往東方的路線並不是「人們已經習慣的路線，而是一條能通到西方的路線，他也不清楚這條路之前是否已經有人走過」。[1]

然而，這樣雄心勃勃的探險是有過一些先例的。哥倫布和他的船員生活在探索的成功時代，世界上的一些新地點已經在非洲和大西洋東部展開，出現在伊比利半島的基督徒勢力眼前。這樣的結果是由穿過西非的黃金市場的企圖所驅動的。西非地區豐富的礦藏猶如夢幻一般，對於早期的穆斯林作者來說，這片地區正是被叫作「黃金之地」。有些人主張說這裡的黃金「就像是胡蘿蔔一樣在沙地中生長，在日出時分採收」。還有其他人認為這裡的水具有魔法功效，可以在黑暗中長出金塊來。[2] 黃金的巨額輸出產生了龐大的經濟效應：透過化學分析，穆斯林埃及以其成色好而聞名的錢幣就是用西非的黃金鑄造，這些金子是藉由跨撒哈拉沙漠的貿易路線運輸的。[3]

自從古代晚期以來，這樣的商業交換都控制在旺加拉商人（Wangara traders）手中。[4] 他們源自馬里人（Malian），這些部落民扮演的角色和粟特商人在亞洲扮演的角色十分相似，他們穿越艱困的陸地，並在危險的路線沿途建立起停靠站，這些穿越沙漠的地點讓他們能夠進行長距離的貿易。這種商業交流導致了綠洲和貿易基地網絡的出現，久而久之，這些地方就發展成了繁榮的城鎮，傑內（Djenné）、加奧（Gao）和廷巴克圖（Timbuktu）都是這樣的地方，這些城鎮裡坐落著宮殿和輝煌的清真寺，有壯觀的烘製磚牆保護。[5]

到十四世紀早期，尤其是廷巴克圖，這裡已經不僅僅是一個重要的商業中心，而且還是一個聚集了學者、音樂家、藝術家和學生的樞紐，他們圍繞在桑科雷清真寺（Sankoré mosque）、金古勒博清真寺（Djinguereber mosque）和智識討論的燈塔西迪葉哈雅清真寺（Sīdī Yaḥyā mosque）的周圍，後者收藏了來自非洲各地數不清的大量手抄本。[6]

不出人所料的是，這個地區也吸引到了數千英里以外的注意力。當門薩・穆薩（Mansa Musa）——「穆薩，馬里帝國的王中之王，前所未見之虔誠和公正之士」在十四世紀時路過開羅，在他前往麥加朝聖的路上歇腳時，他人數龐大的隨從們攜帶著巨額黃金作為禮物分發。他們在市場上消費的數額巨大，甚至導致了一場影響了地中海盆地和中東地區的小型通貨膨脹，新資本的巨大流入量導致了黃金價格的明顯暴跌。[7]

來自遙遠國度的作者和旅人小心翼翼地記錄下馬里國王的皇家繼承世系，並且記載了廷巴克圖舉行的宮廷典禮。比如，偉大的北非旅行家伊本・巴杜達就曾穿越撒哈拉沙漠來親眼見識偉大的門薩・穆薩和廷巴克圖。這位統治者戴著黃金的小帽子、身穿用最好的紅色布疋做成的長衫從宮殿裡走出來，身後的樂手用金弦和銀弦的樂器演奏著樂曲。他坐在裝飾得奢華無比的涼亭中，涼亭的頂上有一隻如獵鷹般大小的金鳥，國王就是坐在這裡來了解帝國各地的消息。國王手上有取之不盡用之不竭的財富，但伊本・巴杜達還是難掩自己的失望之情，因為門薩・穆薩給他的禮物並不豐厚——至少在他看來是這樣。「他是個小氣的國王，」伊本・巴杜達寫道，「誰也別想從他那裡得到什麼好禮物。」[8]

基督教歐洲的興趣也受到了埃及和北非沿岸從貿易中得到的傳奇般財富傳說的刺激，在像突尼斯、休達（Ceuta）和貝賈亞（Bougie，Béjaïa）這樣的城市中，幾百年來都有來自比薩、阿瑪菲，尤其是來自熱那亞的商人建立的殖民地，這些城市是非洲黃金在地中海地區的主要交通管道。[9]雖然有這些商業聯繫，但是歐洲很少有關於黃金是如何到達這些沿海城市的知識或了解，歐洲人也並不了解運輸象牙、水晶、獸皮和龜甲的成熟網絡，這些貨品是來自遙遠的斯瓦希里（Swahili）沿岸的林波波（Limpopo），然後再運往非洲內陸、紅海、波斯灣和印度洋。從歐洲人的視角來看，撒哈拉沙漠就是一張包裹了非洲大陸其他地方祕密的巨毯：歐洲人對狹長、肥沃的北非海岸地帶以外的地方沒有任何了解。[10]

但從另一方面來看，歐洲人一定感知到了在沙漠以外的地方蘊藏著巨大財富。這一點在著名的加泰隆尼亞地圖（Catalan Atlas）上表現得十分清楚，這是一張由亞拉岡的佩德羅四世（Pedro IV of Aragon）在十四世紀末資助繪製的，這張地圖描繪了黑皮膚的統治者，通常這個人物被認為是門薩・穆薩，他身著西方衣物，手裡拿著一個大金塊，旁邊的一句話形容的是他財富無邊：「他國家裡的金子無窮無盡，」也就是說，「他是大地上最富有、最高貴的國王。」[11]

然而長期以來，想直接獲得西非的黃金和寶物的努力總是徒勞無功，今天摩洛哥南部和茅利塔尼亞的貧瘠海岸線只能提供很少的動機，甚至無法帶來利潤，至於是否要向南航行數百英里，經過不適合居住又荒涼的沙漠進入未知之境的想法，看起來更是沒有意義。然而，在十五世紀時，世界卻慢慢展開了。

進入大西洋東部和深入非洲沿海地區的探險發現了一系列的島嶼系統，包括加那利群島（Canary Islands）、馬德拉群島（Madeira）和亞速爾群島（Azores）。這些島嶼讓更遠的探索具備了更大的可能性，它們本身也成了有利可圖的綠洲，這都多虧了這裡的氣候和肥沃土壤給糖類作物提供了完美的生長條件，這些作物不僅很快就出口到了布里斯托（Bristol）和弗蘭德斯，而且還遠至黑海。到哥倫布啟程出海的時候，單是馬德拉群島一地每年就能出產超過三百萬磅的糖——儘管付出的代價被一位學者描述為現代早期的「生態滅絕」，森林遭到了清除，像兔子和老鼠之類的非原生物種開始成倍增長，這樣的局面曾被視為是神降下的一種懲罰。[12]

雖然卡斯提爾（Castile）野心勃勃的統治者正慢慢地在伊比利半島大部分地方鞏固自己的勢力，他也已經把目光擴展到了新世界，而葡萄牙人已經在這裡先馳得點。[13]從十三世紀開始，葡萄牙已經積極地建立貿易聯繫，把北歐、南歐和非洲的市場連結起來。早在迪尼什國王（King Dinis，一二七九－一三二五年在位）統治的時候，大型運輸船就已經定期駛往「弗蘭德斯、英格蘭、諾曼第、不列顛和拉羅謝爾（La Rochelle）」以及「塞維利亞（Seville）和地中海的其他地方」，滿載著從穆斯林北非等地來的商品。[14]

如今，葡萄牙的野心和它的能力一起水漲船高。首先，熱那亞已經被擠出了全球貿易；隨即在一四一五年，經過多年的計畫，休達——位於北非沿海的穆斯林城市被占領了。這一行動不過是一次進攻意圖的宣示，因為休達的戰略或經濟價值十分有限。如果一定要說起到了什麼作用的話，事實上，占領休達的行動證明了它能起到代價高昂的反作用，讓維持已久的商業聯繫變得動盪，占領者擺出的高調姿態，比如將城市裡的大清真寺改為教堂並且在裡面大肆舉行彌撒儀式，只會激起當地人的憤怒。[15]

這一交鋒只是當時在伊比利半島各地針對伊斯蘭的廣泛敵意的一部分。當葡萄牙國王的兒子航海家亨利（Henry the Navigator）在一四五四年寫信給教皇，要求獨占大西洋航海權時，他表示他的動機是找到「據說崇拜基督的印度人，這樣的話……就可以勸說他們幫助基督徒對抗薩拉森人」。[16]

然而這種徹底的野心並不是他意圖的全部，因為讓葡萄牙的擴張獲得合法性，會阻撓也正要對伊斯蘭世界發起攻擊的歐洲競爭對手。事實上，葡萄牙人的時來運轉靠的並不是挑釁和穆斯林貿易商人的聯繫、中斷傳統市場，而是靠獲得新的商業聯繫和市場。大西洋東部的群島具有至關重要的意義，這些島嶼可以促進開發，提供港口和避難所，作為獲得補給和淡水的基地，讓船隻能夠更安全地駛向更遠的海域。

從十五世紀中葉起，葡萄牙就有計畫地開始擴張它的觸手，建立起對最重要的海上航線的控制，殖民地的設立就是這一計畫的一部分。位於今天茅利塔尼亞西海岸不遠的阿爾金（Arguim）和今天迦納大西洋沿岸的聖喬治達米納（São Jorge da Mina），相繼由葡萄牙人修建起了堡壘和範圍廣大的倉儲設施。[17]這些舉動都是為了能夠讓進口貨物得到精確的清點和分類，這件事對於葡萄牙王室來說十分重要，他們從十五世紀中葉起就堅持著對非洲貿易的皇家壟斷。[18]從一開始，葡萄牙人就制定了一套行政系統，正式規定了葡萄牙海上擴張所取得的最新據點要如何加以管理。確保在獲得了新發現後，能夠有經過檢驗的可靠制度範本可以套用，比如一四五〇年代的佛得角（Cape Verde）群島就是這樣的一個例子。[19]

卡斯提爾人並沒有眼睜睜地坐看這一切的發生。他們試圖讓葡萄牙人放鬆對一路向南延伸的新據點的掌控，他們派出艦隊直接和對手的船隻對抗。在阿爾卡索瓦什和約（Treaty of Alcáçovas）於一四七九年簽訂後，這種緊張態勢有所緩和，這份和約在一方面讓卡斯提爾人控制加那利群島，另一方面將其他群島和西非貿易的權利交給葡萄牙人。[20]

然而，爾虞我詐的政治、教廷特許或皇室間對非洲領土的競爭，並不是讓西歐翻轉財富的原因。真正的突破是那些具有經濟頭腦的船長意識到除了用油料和皮革貿易來尋找購買黃金的商機，其實還有更容易的發財機會。正如歐洲歷史上已經多次證明的那樣，最好賺的錢就是販運人口。

非洲奴隸貿易在十五世紀時進入了爆發期：從一開始這就是一項非常有利可圖的買賣。葡萄牙的農場和種植園有著可觀的人力需求——可以這麼說，葡萄牙王儲所資助的第一次遠征所帶回來的奴隸數目，甚至可以和亞歷山大大帝打造一個新的帝國時代的人數相提並論了。用不了多久，那些對富有人家的描述就會變成「充滿了男女奴隸」，這讓奴隸主可以把他們的資本用在別的地方以變得更加富有。[21]

即便有一些史料表現出了對奴隸的同情，但是很少有人對把從西非抓到的人變成奴隸的行為展現出任何道德上的憎惡。有個葡萄牙編年史家記錄下了一群非洲人的呻吟、哀嚎和淚水，這些人是在一四四四年對非洲西岸的一次突襲後被帶回拉戈斯（Lagos）。在抓取俘虜時，一定會造成「骨肉分離、妻離子散、兄弟永別」，他們的悲傷無以復加，甚至對那些觀看的人來說也一樣。有一個目擊者就曾寫道：「到底是怎樣鐵石心腸的人才不會為這樣的悲慘場面感到肝腸寸斷呢？」[22]

這樣的反應實屬少見，因為買家和賣家都毫無猶豫地進行著他們的生意。王儲也不覺得這件事有什麼問題，他只把奴隸看作是額外的勞力和「昆托（quinto）」來源，也就是非洲貿易利潤的五一稅，既然如此，那麼抓捕和販售的奴隸越多越好。[23]甚至在拉戈斯聲稱被眼前情景所震撼的編年史家在兩年以後也不再有疑慮，他參加了一次抓奴隸突襲，得到了一個女人和她兩歲大的兒子，他們當時正在海灘上收集貝殼，隨即和一名十四歲的女孩一道被抓了起來，那個女孩極度地掙脫抗爭，以至於要三個男人才能強制把她拉到船上。那個編年史作者不帶情感地說道，至少「她在幾內亞人中還算是長得不錯的」。[24]男人、女人和小孩在定期的襲擊中像動物一樣被獵捕。有些人來請求王儲能頒布一張許可狀，讓船上可以配有多種裝備並成群結隊地一同出發。他的要求不僅得到了應允，而且王儲「立即下令在每一艘船上……升起耶穌基督教團的大旗」。販賣人口因此就和皇室與上帝結伴同行了。[25]

這一切的新財富並沒有給國內的任何人留下什麼。一個來自波蘭的旅客在十五世紀末期被葡萄牙居民破敗、貧窮的景象嚇了一跳。葡萄牙人，他寫道，「粗鄙、窮困、粗魯無禮、假裝智慧實則無知。」至於那裡的女人，「沒幾個漂亮的；幾乎看起來都和男人一樣，即使她們普遍長著可愛的黑色眼珠，」他還補充道，「她們的屁股很棒，我能絕對誠實地說，世界上再也找不到比這更美妙的屁股了。」但是，還是要公平地說，這些女人也同樣淫蕩、貪婪、善變、討厭又低賤。[26]

雖然奴隸貿易給葡萄牙國內經濟帶來了巨大影響，但是葡萄牙人在十五世紀沿著非洲海岸線的探索和發現則更為重要。葡萄牙船隻不斷地向南搜尋他們的獵物，他們伺機而動，希望南下到更遠的地方，那裡居民的防禦也就越鬆散。好奇的村莊耆老和首領跑出來迎接這些從歐洲來的人，但是按照慣例，這些人當場就被殺死，他們的盾牌和長矛則被帶走，當作獻給王儲的戰利品。[27]

探險者為了搜索豐富又容易的獵物，不斷向南進犯，在十五世紀的最後二十五年間，一路沿著非洲海岸南下。除了獵捕奴隸的探險以外，葡萄牙國王若昂二世（João II）還派遣出使船隻，他十分渴望能夠跟強大的地方統治者建立親近的關係，以維護他的國家的地位並排擠西班牙。哥倫布就是這樣的一位代表人，他利用他的經驗很快就計算出需要什麼才能支援、供應和維持長距離的海上航行。他還試著用非洲海岸線長度的新資訊來估計地球的大小，以估計未來將親自展開的遠航大業。[28]

其他的探險家則更在乎眼前的事。在一四八〇年代，迪奧戈・康（Diogo Cão）發現了剛果河口，這為和當地強大的國王正式交換大使奠定了基礎，這位國王甚至同意受洗成為基督徒，讓葡萄牙人十分雀躍，他們用這件事來向羅馬教廷炫耀他們的成績，尤其當剛果國王舉起了畫有十字架的教廷旗幟和敵人作戰時，[29]葡萄牙人就更能樹立起自己在教皇那裡的聲望了。在一四八八年，探險家迪亞士（Bartolomeu Dias）到達了非洲大陸最南端；他把這個地方命名為風暴角（Cape of Storms），隨後才返回家鄉，結束了一段危機四伏的旅程。

葡萄牙機警地守護著自己勢力範圍的擴張，以致當哥倫布在一四八四年底找到若昂二世，要求他資助一場讓他向西跨越大西洋的探險時，他的提議沒有得到任何回應。儘管葡萄牙國王有足夠的興趣「祕密地派出一支輕便帆船，企圖做到〔哥倫布〕所提出的事情」，但事實上即便是迪亞士的重大發現也沒有再進一步的後續行動，這說明葡萄牙的主要目的，是把他們新近接觸到的新世界擴張成果鞏固下來，而不是再繼續擴張下去。[30]

當哥倫布終於從卡斯提爾和亞拉岡的統治者費迪南和伊薩貝拉（Isabella）那裡得到了他想要的資助，局面發生了改變。他在一四九二年揚帆啟航。新發現的消息跨過了大西洋，在歐洲引起了狂熱的興奮之情。新發現的領域和島嶼被認為是「恆河之外的印度」的一部分，哥倫布在回西班牙的路上寫給費迪南和伊薩貝拉的信中，如此信心滿滿地寫道。這些新領地「土地肥沃……是其他地方無法相提並論的」；大量的香料簡直數不勝數；那裡有「大量的金礦和其他礦藏」正等待著開採，並且可以「和大汗統治下的大陸」進行各種生意往來。棉花、乳香脂、沉香、大黃、香料、奴隸和「其他上千種珍貴的物產」都取之不盡、用之不竭。[31]

實際上，哥倫布誤認了他所發現的地方。他本抱著遇到文明人的念頭，但是卻遇到了赤身裸體的當地人，這些人在他看來極為原始。雖然他們「身材勻稱，有著健壯的身體和好容貌」，他表示，但是他們也很好糊弄，把紅帽子、珠子，甚至是破掉的玻璃或陶器當禮物就能取悅他們。他們對兵器一無所知，伸手去握劍刃，「因無知」而把自己割傷。[32]

從某些角度來看，這看起來是好消息：據他觀察，他所遇到的那些人「十分溫和，並不知邪惡為何物」；他們「知道天堂中有神，並確定我們就是從天堂中來的；他們很快就學會了我們教他們說的所有祈禱詞並畫起十字來」。「人們成群結隊地」皈依「我們的神聖宗教」將只是時間問題。[33]

事實上，那封傲慢地講述了他的驚人發現的書信副本迅速傳遍了各地，那些內容在哥倫布和他的水手們回到家鄉水域之前，就已經在巴塞爾、巴黎、安特衛普和羅馬四處流傳了——但那封信的內容簡直就是暗黑藝術的傑作，信上的內容在一些歷史學家看來，無異於「一張滿是誇大、誤解和徹頭徹尾謊言的廢紙」。[34]他才沒發現金礦，被他認為是肉桂、大黃和沉香木的植物沒有一樣是對的。而且那裡哪有什麼大汗。他口口聲聲說那裡的寶物足以支付五千騎兵、五萬步兵達七年之久，足以征服耶路撒冷，這些話都是一派謊言。[35]

隨著哥倫布在大西洋上航行得越來越遠，他的誇誇其談也成了一再重複的模式。他再次向他的贊助人費迪南和伊薩貝拉誇下海口，說他找到了金礦，並怪罪生病和後勤運輸的問題讓他無法提供更確鑿的證據，他帶回了鸚鵡、吃人肉的人和閹割了的男子，卻不去揭示真相。就像他在他的首次遠航時，確定自己已經離日本不遠了，因此當他在伊斯帕尼奧拉島（island of Hispaniola）上找到了幾塊碩大異常的金塊後，便信誓旦旦地報告說他已經靠近俄斐寶藏（mines of Ophir）了——修建所羅門聖殿的黃金正是來自這裡。後來他還宣稱自己找到了天堂的入口，但實際上他抵達的是奧里諾科河（Orinoco）的河口。[36]

哥倫布手下的一些人，對於他總是插手所有的細枝末節，還有他對財富的吝嗇分配和動不動就對不順他意思的人發脾氣感到了厭煩，這些人回到歐洲，對這位船長帶回去的報告大潑冷水，讓本來就缺少說服力的樂觀情緒漸漸消沉了下去。西班牙探險家佩德羅・馬卡里特（Pedro Margarit）和傳教僧侶博納多・布約爾（Bernardo Buyl）告訴西班牙統治者，跨越大西洋的探險本身就是胡鬧，根本就沒有黃金，除了一絲不掛的印地安人、幾隻花稍的鳥和一些不值一提的小玩藝兒以外，他們什麼都沒帶回來；探險的花費將永遠都得不到彌補。[37]這種尋找財富的徹底失敗，也許是人們把注意力從物質財富轉移到這些新領地上的異域情色的原因之一。在十五世紀末和十六世紀初的書面記載越來越關注當地不尋常的性行為、公開交媾和雞姦。[38]

但是好運氣很快就到來了。一四九八年，在探索今天的委內瑞拉北部的帕里亞半島（Paria peninsula）時，哥倫布找到了一些戴珍珠項鍊的人，過沒多久，他就在好幾個島上找到了數量驚人的珍珠貝。探險家們瘋狂地衝上前去把好東西搬上船。根據當時的記載，裝滿了珍珠的袋子都要撐破了，「有些珠子就像榛果那麼大，晶瑩剔透，光彩照人」，他們把這些珍珠帶回了西班牙，船長和船員們在家鄉發了一筆橫財。[39]人們興奮、刺激的感受被待採珍珠的數目、大小和當地售珠價格多麼低廉的說法推上了高峰——這樣的傳言在歐洲各地流傳、誇大。據說可能是出自亞美利哥・韋斯普奇（Amerigo Vespucci）的一份文本極盡添油加醋之能或簡直信口胡編地說，義大利的探險家已經得到了「一百一十九馬克的珍珠（約六十磅重）」，只要付「幾個鈴鐺、鏡子、玻璃球、銅葉這樣的東西而已。有一個〔原住民〕把他所有的珍珠都售出，只為了換一個搖鈴」。[40]

有些珍珠因為個頭巨碩而成了名品——比如「La Peregrina」（朝聖者珠），至今仍然是已發現的最大珍珠，還有一顆類似名稱的「La Pelegrina」（漫遊者珠），以其無與倫比的成色著稱於世。這兩顆珍珠在幾個世紀以來都是歐洲各國皇室和帝國金庫中的驕傲，也曾被委拉斯開茲（Velázquez）畫在君主肖像畫中，在近代以來，它們仍然是現代收藏界中的傳奇寶物，曾是伊莉莎白・泰勒（Elizabeth Taylor）珍愛的收藏。

珍珠帶來好運之後，中南美洲的西班牙探險者發現了金礦和銀礦，他們帶著金銀接觸當地運行複雜又成熟的社會，比如阿茲特克和不久後的印加。不可避免的，探索變成了征服。哥倫布在他的第一次探險行動中就已經提及了，歐洲人在他們接觸到的當地人面前擁有巨大的技術優勢。「The Indians」——他錯誤地稱呼他們為「印度人」（即印地安人）——「沒有武器而且赤身裸體，他們沒有製造武器的技術，他們上千人也敵不過三個歐洲人。」[41]在一場宴會上，印地安人瞪大了眼睛看著哥倫布給他們展示的土耳其弩的精準度，他隨後又給他們展示了倫巴底砲和火繩槍——這種重武器可以穿透盔甲。這些初來乍到的人也許很欣賞他們遇到的這些人的天真、田園牧歌般的個性，但是他們也對自己的奪命工具感到自豪——歐洲武器的進步是經過幾百年來在和穆斯林及歐洲相鄰各王國之間的不斷戰鬥中錘鍊出來的。[42]

哥倫布自從相遇的第一眼開始，就已經見識到了當地人的無能為力和天真。他曾寫道：「他們很適合被使喚，去工作、種田，或是做任何需要的差事，讓他們蓋城鎮，把我們的習俗教給他們。」[43]從最開始，當地人就被視作是潛在的奴隸。暴力很快就成為了標準。在一五一三年的古巴，前來給西班牙人呈送「他們最為力所能及的」食物、魚、麵包等禮物的村民，在「沒有絲毫挑釁行為」的情形下遭到了屠殺，當時一個不認同這種做法的旁觀者寫道。而這只是許多慘絕人寰的行為中的一次。西班牙托缽僧巴托洛梅・德拉斯・卡薩斯（Bartolomé de las Casas）記載了他在歐洲定居點的最初幾天目睹的場景，他將他的恐怖紀錄交給家鄉的人，好讓他們知道新世界正在發生的事情，「我看到……任何人前所未見或絕不想要目睹的殘忍」。[44]正如他在精闢地記錄了對「印度人」所作所為的《印度史》（*Historia de las Indias*）中所述，他所目睹的只不過是開端而已。

加勒比和美洲的原住民經歷了一場災難。在哥倫布首次遠航的短短幾十年間，泰諾（Taíno）原住民的人口從五十萬銳減到兩千人。這一部分要歸因於他們在那些開始自詡為征服者（conquistadors）的人手中的悲慘遭遇，埃爾南・科爾特斯（Hernán Cortés）就是這樣的其中一個征服者，他探索並控制中美洲的嗜血遠征，導致了阿茲特克統治者蒙特蘇馬（Moctezuma）的死亡和阿茲特克帝國的滅亡。科爾特斯無休止地掠奪財富。「我和我的同伴們，」他這樣告訴阿茲特克人，「患了一種只有黃金才能治癒的心病。」[45]據說他曾向蒙特蘇馬許諾：「放心吧，不要害怕。我們很愛你。如今我們誠心想要和平。」[46]

科爾特斯完美地利用了當時的局勢——雖然說他成功騙取了阿茲特克人相信他是羽蛇神（Quetzalcoatl）顯靈的說法只是後來的杜撰。[47]他和特拉斯卡拉人（Tlaxcalan）的領袖希科滕卡特（Xicoténcatl）結成了聯盟，後者非常想從阿茲特克帝國的倒台中分一杯羹，於是西班牙人得以開始肢解這個高度成熟的國家。[48]正如在美洲其他地方形成的標準，當地人遭到了輕蔑對待。一個評論者在十六世紀中葉時寫道，原住民「這般膽小如鼠，對我們的人唯恐避之而不及，光是看到我們就能把他們嚇得四散奔逃……他們像女人一樣逃之夭夭，只是因為看到了一小隊西班牙人」。在智慧和道德上判斷，「他們（和我們的）差距就像是小孩和成年人（的差距）」。事實上，他繼續說道：「與其說他們是人，他們其實更像是猴子——也就是說，他們很難被當人看待。」[49]

透過這種能和蒙古人對亞洲的入侵相提並論的殘暴征服，據十六世紀時對目擊者證詞的彙編文獻記載，科爾特斯和他的手下攫取了阿茲特克人的財富，他們動手掠奪，像「小動物一樣……每個人都完全由貪婪驅動」。精美物品遭到劫掠，包括「大顆寶石做成的項鍊、工藝精湛的腳鐲、手鍊、帶著小金鈴的腳鈴，和專門為統治者使用的象徵王權的松石王冠」。黃金被從盾牌和各種裝置上拔下來並熔成金條；翡翠和玉被搶劫一空。「他們把所有東西都搶光了」。[50]

但這還不夠。在現代早期最殘暴的時期之一，阿茲特克首都特諾奇提特蘭（Tenochtitlán）的貴族和祭司在一個宗教節日中遭到屠殺。一小群西班牙人陷入了瘋魔，割下了鼓手們的腦袋，隨後用他們的長矛和劍對著人群大砍大殺。當歐洲人挨家挨戶地搜索新的遇難者時，「血流成河……如泥濘的水一樣；空氣中瀰漫著血腥氣味」。[51]

導致原住民人口銳減的原因，還不僅僅是武力和召之即來、揮之即去的盟友關係。從歐洲帶來的疾病也造成了影響。[52]特諾奇提特蘭的居民人口因高度傳染性的天花爆發而大量死亡，在一五二〇年左右天花首次爆發時，當地人對此根本沒有抵抗力。[53]隨之而來的饑荒。由於女性死亡人口的比例極高，主要依賴女性的農業生產徹底崩塌了。人們因為要逃離傳染病，使得種植和收割莊稼的人數變得更少了，這對情況來說無異於雪上加霜，因此過沒多久，供應鏈就徹底崩壞了。由疾病和饑餓造成的死亡是毀滅性的。[54]

又一場災難的爆發，這一次可能是流感，但更可能是天花二度降臨，造成了查克奇克馬雅人（Cakchiquel Mayan）的人口在一五二〇年代大量死亡，腐爛的屍體讓空氣變得臭不可聞，引來野狗和禿鷲的撕咬。幾年後，又一場流行病接踵而至：這次是痲疹。新世界的舊有人口已經沒有機會了。[55]

通往歐洲的海路航線現在變得熱鬧非凡，擠滿了滿載著美洲物產的船。這是在距離上和規模上都能抗衡那些亞洲傳統路線的新網絡，過不了多久，海上新網絡在價值上也將超過亞洲的路線：難以想像數量的白銀、黃金、寶石和財富被運往大西洋對岸。有關新世界的財富的故事被人們誇大。在十六世紀早期的一個流傳很廣的故事曾說，有巨大的金塊從山上流到河裡，被當地人用網採集。[56]

和哥倫布最初報告裡的騙人空話不同，稀有金屬如今真的流向了家鄉。在一五二〇年，杜勒（Albrecht Dürer）被拿來展示的阿茲特克人的珍寶的精湛技藝驚呆了。「我生來還沒見過這麼讓我心情愉悅的事物」，他所描寫的這些物品中包括「一個完全純金打造的太陽和一個銀月亮，兩個都有足足六英尺寬。」他徹底被「這些激動人心的藝術品」迷住了，驚嘆著「那些在遙遠國度創造了這些物品的人們的卓越天才」。[57]像是長大後成為秘魯的征服者佩德羅・西耶薩・德・萊昂（Pedro Cieza de León）這樣的男孩們，都曾站在塞維利亞的岸邊，滿眼驚訝地看著一艘艘船隻的珍寶在這裡卸貨，再被一車車地運走。[58]

滿心壯志的人們爭先恐後地跨過大西洋去占據新世界提供的機遇。帶著西班牙王室的合約和特許狀，像迭戈・德・奧爾達斯（Diego de Ordás）這樣的狠角色——他曾在墨西哥跟隨過科爾特斯，後來領導了對位於今天的委內瑞拉的中美洲地區進行探索，他們從當地人民那裡壓榨貢品，大發其財。這也反過來讓從中抽成的西班牙皇家金庫充盈了起來。[59]

過沒多久，國內就開始進行了系統性的信息收集，可靠的地圖被繪製出來，新發現的地點被標註在圖上，水手們得到了系統訓練，當然，更少不了對回國的進口貨物加以正確分類的課稅。[60]這就像是一台大功率的水泵被開動了，將中南美洲的財富直接抽到歐洲來。

另外，這樣的情形簡直是天造良緣，各種的婚姻關係、不孕、取消婚約的事情把那不勒斯王國、西西里和薩丁尼亞王國、橫跨勃艮地和低地國家的大片領土以及西班牙都歸給了一個唯一繼承人。擁有看似無窮無盡的財富從大西洋彼岸匯入口袋的西班牙國王查理五世（Charles V），不僅是美洲新帝國的主人，還成了歐洲政治的主導者。他的野心也隨之增大：在一五一九年，查理採取行動進一步鞏固他的地位，用他強大的財富力量確保自己成為神聖羅馬帝國皇帝。[61]

對歐洲其他領袖來說，查理的財富實在讓人不安，他們的軍隊不如他的強大，手段不如他高明，而這個統治者仍下定了決心繼續擴張他的實力。他的財富和影響力和其他的領袖形成了天壤之別的對比，以英格蘭的亨利八世（Henry VIII）來說，他的收入和他自己國家的教會收入相比都顯得寒酸——就更別說和他的西班牙同輩相比了。亨利是一個十分喜愛競爭的人，按照威尼斯駐倫敦大使的話說，他擁有「非常修長漂亮的小腿，用法國時尚梳他又短又直的頭髮」，他的圓臉「像是可愛女人一樣美麗」——他選擇了一個糟糕的時機試圖給他的國內狀況洗牌。[62]

當時查理五世已經成了歐洲大部分國家和教廷的傀儡主人，亨利堅持要解除自己的婚約，從而能夠和安・博林（Anne Boleyn）搭上紅線——按照一個當時人的說法，這個女人「並非世界上最漂亮的女人，但是長著天賜的美麗黑眼睛」——他魯莽地一定要拋棄的妻子正是查理五世的阿姨，亞拉岡的凱瑟琳（Catherine of Aragon）。[63]在教皇拒絕提供婚約的解除之後引發的動盪中，英格蘭國王惹到的不僅是教廷；他找麻煩的對手是世界上最富的人，也是兩塊大陸的主人。

西班牙在歐洲的重要性越來越大，它在中美洲和南美洲的擴張簡直和奇蹟沒有兩樣。財富、力量和機遇驚人地轉移到了西班牙人手上，讓西班牙從位於地中海錯誤一端的褊狹一隅變成了全球力量。對於一個西班牙編年史作者來說，這樣的轉變毫無疑問是「除了創造世界的上帝和肉身死亡以外，自創世紀以來最偉大的事件」；[64]未來的一代又一代人，佩德羅・馬西亞（Pedro Mexía）指出，一定不會相信我們新發現的數目。[65]

隨著美洲的發現，接踵而至的是購買自葡萄牙奴隸市場的奴隸進口。正如葡萄牙人在大西洋各島和西非積累到的經驗，歐洲人設立定居點的代價很高昂，並不總是能夠得到經濟回報，實踐起來不像紙上談兵那樣容易：說服人們離開家人就有夠困難了，而且當地未知的條件和高死亡率更讓人卻步。有一種解決辦法是把孤兒和犯人強制送往像聖多美（São Tomé）之類的地方，配以優惠和刺激政策，比如「提供為個人服務的男女奴隸」，以創造出足以供永續行政系統建立起來的人口。[66]

在哥倫布航行後的三十年之內，西班牙王室已經正式地向新世界定期運送來自非洲的奴隸，他們給葡萄牙商人提供了獎勵許可證，這些人的心和腦已經被一代又一代的人口販運生意弄得如鐵石一般了。[67]在暴力和疾病讓人口壽命下降的地區，對人口交易的需求幾乎是貪得無厭、沒有休止的。就像伊斯蘭世界在八世紀時走向繁榮的例子那樣，財富突然聚集在世界的一個部分，意味著在世界的其他部分，奴隸的需求量會突然上升。財富和奴役總是攜手並進。

過沒多久，非洲的統治者就開始抗議了。剛果國王給葡萄牙國王提出了一系列譴責奴隸貿易後果的申訴。他抗議年輕的男女——也包括那些來自貴族家庭的人——在光天化日下遭到綁架，然後被賣給歐洲商人，他們隨即會被燒紅的烙鐵印上記號。[68]葡萄牙國王對此的回答是，「不要抱怨了。剛果是一大片土地，經得起一些居民被運走」；他接著說道：「貿易的好處很多，對奴隸們也是如此。」[69]

至少，還有一些歐洲人對那些奴隸的苦難和人們看似貪得無厭的從新發現的土地中榨取利益的關注感到憤怒。雖然重奪耶路撒冷的願景已經滑到角落裡去了，但是傳遞福音作為一項基督徒的天職，很快就有傳教士在那些地方出現了。[70]一個高級耶穌會士在一五五九年生氣地寫道，在南非的歐洲定居者「沒辦法理解」殖民的目的「不是獲得金子或是銀子、不是增加人口或是修建磨坊，亦不是……把財富帶回〔家〕……而是為了榮耀天主教和拯救靈魂」。[71]殖民是為了傳播上帝的話語，而不是為了賺錢。這樣的說法清晰地回應著幾百年前在繁忙的南俄和中亞草原貿易路線及定居點上的基督教傳教士的抗議，他們都抱怨對貿易的關注分散了對更高使命的注意力。

以新世界來說，傳教士有很好的理由抱怨人們對精神回報益處的拋棄。大量的黃金在十六世紀中葉被送回到西班牙，有人描述這個時期已經超過了所羅門的傳奇年代。運回的寶藏如此巨量，在一五五一年，有人告訴查理五世，「這個時代應該更正確地稱之為『era dorada』——黃金年代」。[72]

從美洲獲得的財富並不是全都回到了西班牙。幾乎在艦隊帶著寶物回國的同時，那些目光如炬的冒險者、海盜們就試著半路攔截寶物，將財富占為己有，他們以法國和北非的港口為基地，在船隻進入海港之前守株待兔地發起攻擊，後來隨著時間延續，他們冒險進入加勒比海，以便在更遠的地方截獲肥美的獵物。[73]

對於獲利的記載也吸引到了來自遙遠地方的投機者的關注。當時有人絕望地寫道，在北非的大西洋沿海能夠獲得「關於豐厚財富和榮耀的消息」，把「那些懷揣著和刺激西班牙人去印度尋寶相同的興奮心情」的人吸引了過來。[74]這些人中包括穆斯林海盜，他們也開始對滿載而歸的返航船隻發動攻擊，並且把注意力放在劫掠西班牙沿岸的港口和城鎮上，他們能載回上千的俘虜，這些人中有的會被以贖金贖回，甚至還有人被當作奴隸變賣。

這些劫盜者會打扮得像是出於宗教方面的動機，儘管這樣看待事情實在是過於理想化。但是即便是歐洲海盜，他們也有政治上的目的要達成。對伊比利船隻的攻擊成了一種正規行業，他們能得到西班牙國王的基督教對手們發出的「lettres de marque」（《私掠許可》）。作為應對，西班牙國王簽署了條件極優的追捕海盜合同，史稱《反私掠令》（contra-corsarios），以此來將那些殺人越貨的人繩之以法。那些從王室手中得來豐厚回報的人也獲得了巨大聲望——比如佩德羅・梅內德斯・德・阿維萊斯（Pedro Menéndez de Avilés），他手下的船員以殺人數量論功行賞，這樣的戰爭手段讓他收穫良多。[75]

在大海之外的地方，一個新世界已被發現，但是新世界也是在家鄉創造出來的，活躍的新觀念在這裡得到鼓勵，新的品味受到追捧，知識分子和科學家們彼此爭先恐後地爭取贊助人和資助。和新世界的探索有直接關係的人們獲得了可消費收入的提高，他們帶回來的財富支持了一場讓歐洲為之轉型的文化輸血。在幾十年的時間裡，出現了一大批富有的贊助人，他們興致勃勃地購買奢侈品。人們對稀有、異國情調的事物益發渴望。

歐洲的新財富讓人自鳴得意和充滿信心，也帶來了重新奪取耶路撒冷的希望。對很多人來說，從美洲帶回的無窮財富是上帝祝福的明確證據，財富是「至高無上的主所注定的，祂可以用任何祂樂意的方式給予或剝奪任何王國」。[76]這是名副其實的黃金時代，是新紀元的來臨，它讓曾使羅馬街道上的人們抽泣、捶胸跌腳、淚如雨注的一四五三年君士坦丁堡陷於突厥人之手的痛苦記憶很快就被遺忘了。

君士坦丁堡的陷落注定要讓歷史被重新講述。古老帝國首都的陷落為古希臘和羅馬遺產的新繼承者提供了不可錯過的好機會——古老的遺產被他們以由衷的興致接管了。事實上，法國、德國、奧地利、西班牙、葡萄牙、英格蘭這些國家跟雅典和古希臘人的世界一點關係都沒有，而且這些地方在很大程度上都是羅馬歷史自始至終的細枝末節之地。透過藝術家、作者和建築師們粉飾歷史的工作，透過對古代主題、觀點和文本的借用，他們提供了一種對過去的有取捨的論述方式，並創造出一套故事，這套故事久而久之不但變得越來越貌似可信，還成了標準。所以，儘管學者們長久以來都稱這段時間為文藝「復」興，但是這並非「rebirth」，而是「naissance」——新生。有史以來的第一次，歐洲成了世界的心臟。

第十二章
白銀之路

甚至在發現美洲以前，貿易模式就已經在十五世紀的經濟震盪後開始復甦了。有些學者提出，這是因為和西非黃金市場的接觸不斷增加，配合著巴爾幹和其他歐洲地區礦產的輸出量增加，這種情形也許是由技術上的進展所推動的，技術發展解鎖了新的貴重金屬種類供應。比如說，在薩克森、波希米亞和匈牙利以及瑞典，在一四六〇年後的幾十年中，這些地方的銀產量翻了五倍。[1]還有其他學者指出，在十五世紀的後半葉，稅收的方式變得越來越有效率。經濟緊縮給人們帶來了教訓，尤其是要更加警惕地控制稅源，這反過來導致了所謂的「君權復興」——無論是以金角度，還是以社會和政治角度來看，中央集權都很重要。[2]

按照高麗旅客崔溥的記載來看，貿易的速率在十五世紀末已經變得越來越快。在距離上海七十英里遠的蘇州港口，船舶雲集於此，等待著將他們的「薄絲、紗、金、銀、寶石和工藝品」運往市場。城市裡充滿炫耀著奢侈生活的富商巨賈。「人們窮奢極侈」，他羨慕地寫道，在這片富庶的地區裡「市場商鋪如星羅棋布」。[3]雖然這樣的場景十分了不起，但是關鍵的地方並不在中國太平洋沿岸的港口，而是在上千英里之外的伊比利半島。

答案出自兩個部分。在十五世紀後半葉，歐洲經濟的增長已經刺激了消費者對奢侈品的需求。新世界被運往西班牙的財富積累起了巨大的資源儲備。在塞維利亞，金銀「就像麥子一樣堆在海關倉庫裡」，為了正確地計算稅額，他們必須要興建新的房子來存放這些數額大到驚人的貨物。[4]一位旁觀者記錄了他看到一個艦隊卸貨場面時的驚訝之情：光是在一天裡，他就看到了三百三十二車的白銀、黃金和稀有的珍珠被運來登記入帳；六個星期以後，他看到又有六百八十六車的稀有金屬運了進來。貨物數量太多，他寫道：「以至於西印度交易所（Casa de Contratación）都找不到地方放下全部的貨物了，所以乾脆就攤放在空場上。」[5]

伴隨著哥倫布跨越大西洋而獲得的巨大收穫，另一次同樣野心勃勃的航海探險也巧合般同時大獲成功。當西班牙正在擔心哥倫布尋找一條通往亞洲的路線的冒險是一次代價高昂的錯誤時，另一支艦隊已經整裝待發。在瓦斯科・達伽馬的指揮下，船員們在出發前受到了葡萄牙國王曼努埃爾一世（Manuel I）的接見。這位君主刻意不提最近的跨大西洋發現，他給達伽馬制定了此次行動的目標綱領：去找「通往印度和附近國家的一條新路」。這樣的話，「我們的主耶穌基督的宗教」就將從異教徒手裡——也就是穆斯林——得到「新的王國和領土」。但是他也著眼於眼前的回報。他開心地說，難道獲得「古代作家們津津樂道的東方財富」不是很好嗎？只要看看威尼斯、熱那亞和佛羅倫斯和其他義大利城市是怎麼從東方貿易中獲利的。葡萄牙人曾痛苦地發現自己生在了世界的盡頭，而且即便是在歐洲，他們仍然位於末端。[6]

但是這一切都隨著達伽馬的宏偉探險而改變了。當他們的船隊剛剛抵達非洲南部時，事情看起來並沒有什麼好兆頭。他們的失望之情不僅僅是那些穿著獸皮，用保護套罩住私處的當地人，或是食物——海豹肉、羚羊肉和野菜根，最讓他們失望的莫過於當他們給當地人拿出肉桂、丁香、珍珠、黃金的樣品時，「很顯然他們對這些東西一無所知」。[7]

當他繞過好望角向北航行時，達伽馬的好運來了。在馬林迪（Malindi），他不僅發現了駛向東方的航道，甚至還找到了一個經驗豐富的水手願意幫他利用季風抵達印度。在一場為期十個月的旅行中，他在卡利卡特靠岸了。[8]達伽馬做到了哥倫布沒有做到的事情；他發現了通向亞洲的海上航路。

他發現那裡已經有了來自距離家鄉不遠處的人建立的貿易社群；他最先聽到的聲音耳熟極了。「是邪靈把你們帶來的嗎？」兩個來自突尼斯城會說西班牙語和熱那亞語的穆斯林商人喊道；「你們是怎麼來的？」在講了一些玩笑話後，穆斯林商人接下來說的話對達伽馬來說無異於音樂般悅耳：「你們真走運啊，實在有好運氣！這裡有許多紅寶石、翡翠！你們應該好好感謝神把你們帶來如此富饒的地方！」[9]

然而，葡萄牙人很難理解他們眼前的景象——就像哥倫布曾經有過的感受一樣。寺廟裡擠滿了戴著王冠的印度教神像，他們還以為這裡是妝點了基督教聖徒的教堂，印度教的清洗儀式被解讀成了基督教牧師主持的灑聖水儀式。[10]長久以來在歐洲就曾流傳著耶穌門徒之一的聖多馬（St Thomas）抵達印度並讓大量的人信仰基督教的故事，致使達伽馬得到了無休止的錯誤結論——尤其是在東方有大量的基督徒王國已經準備好了和伊斯蘭教開戰。在他們對東方所見所聞的記載中，大量的訊息都是誤導或徹底錯誤的資訊。[11]

和卡利卡特的統治者札莫林（Zamorin）的談判給達伽馬帶來了更大的挑戰，他被迫要解釋——如果葡萄牙國王真的如達伽馬所言擁有無盡財富，他的財富真的「遠遠超過這裡的任何

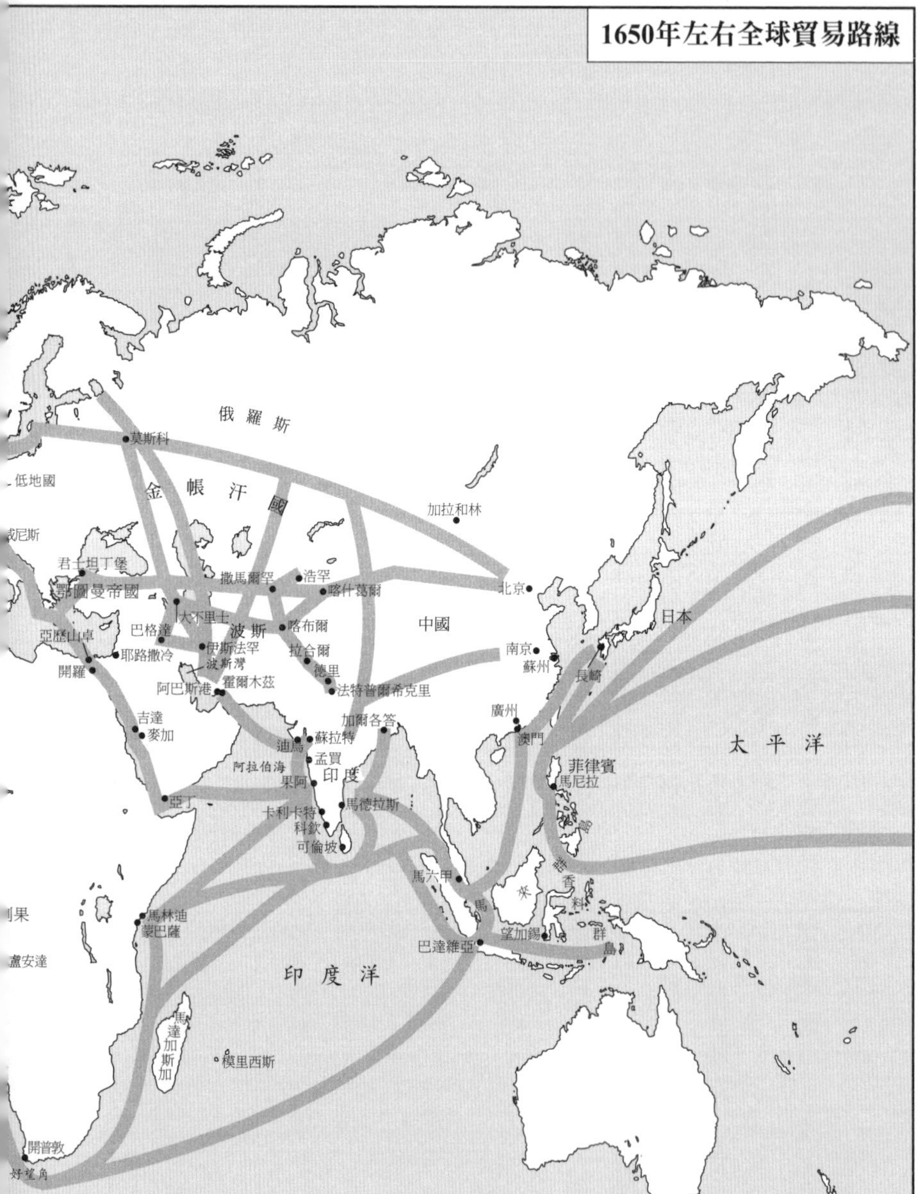

1650年左右全球貿易路線

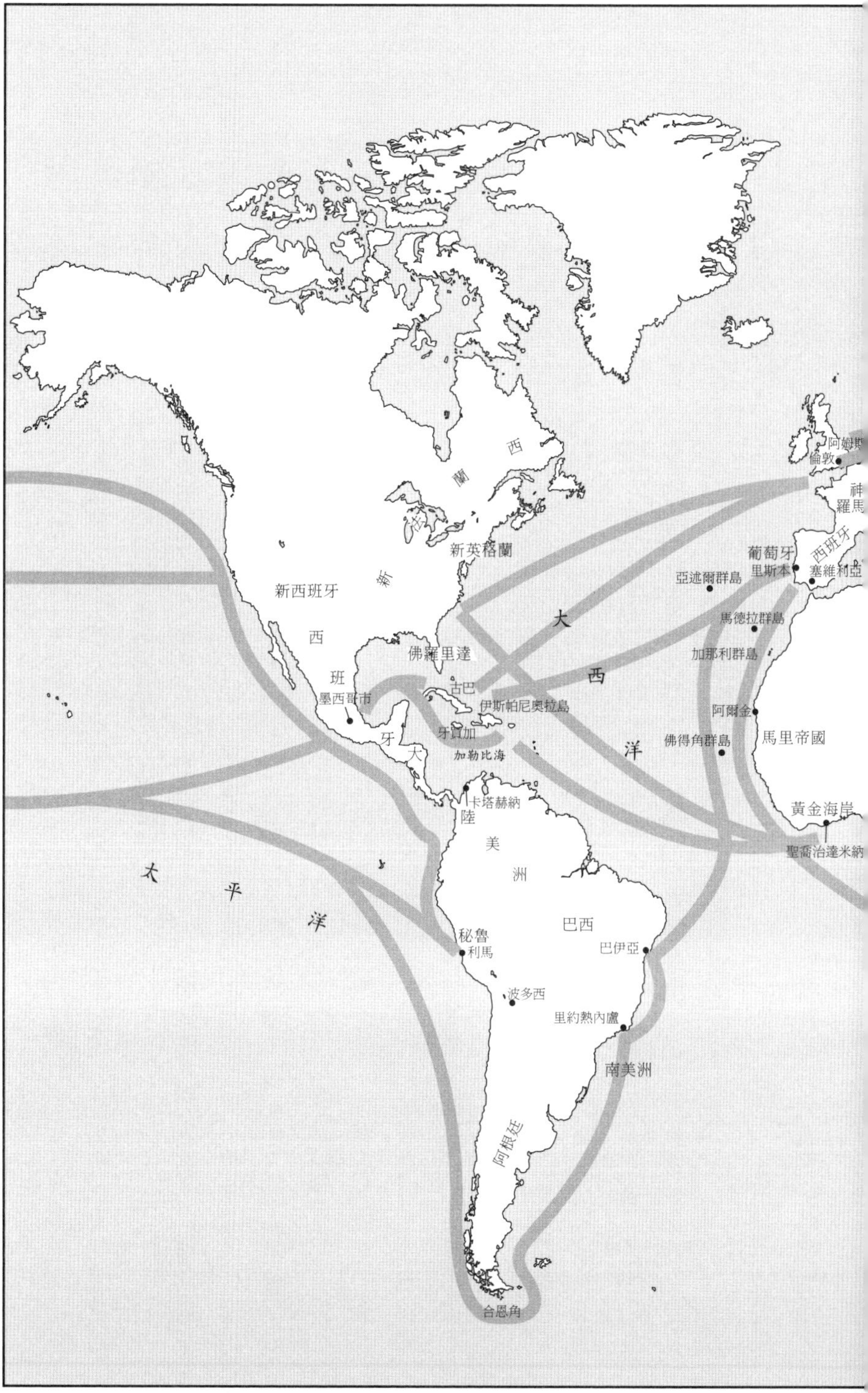
新西班牙
新英格蘭
新法蘭西
佛羅里達
古巴
墨西哥市
伊斯帕尼奧拉島
牙買加
加勒比海
西班牙大陸
卡塔赫納
美洲
巴西
秘魯
利馬
巴伊亞
波多西
里約熱內盧
南美洲
阿根廷
合恩角
太平洋
大西洋
倫敦
葡萄牙
里斯本
西班牙
塞維利亞
亞速爾群島
馬德拉群島
加那利群島
阿爾金
佛得角群島
馬里帝國
黃金海岸
聖喬治達米納

國王」的話——那麼他為什麼拿不出證據呢？的確，當他拿出來一系列的帽子、臉盆、珊瑚串、糖和蜂蜜的時候，札莫林的朝臣們大聲地笑了出來，他們告訴他，即便是麥加來的最窮的商人，也不會拿出這麼寒酸的禮物來羞辱他們的國王。[12]

緊張關係隨之上升。葡萄牙人發覺他們的活動遭到了一大群衛隊監視的限制，「他們全副武裝，拿著劍、雙刃戰斧、盾牌和弓箭」。這是達伽馬和他的手下最害怕的，但畢竟一切還是峰迴路轉，札莫林宣布他同意讓葡萄牙人卸下他們的貨物並進行貿易。葡萄牙人隨即精神百倍地裝載了將展示他們旅程收穫的香料和商品，揚帆返鄉了。他們帶回去的東西改變了世界。

達伽馬史詩般的兩年旅程受到了夾道歡迎。在里斯本大教堂舉行的一場慶祝其成功的慶典上，人們公開地把瓦斯科和亞歷山大大帝相媲美，將這兩人相提並論的說法被當時不僅限於葡萄牙的作者們興致勃勃地反覆使用——人們把開啟了東方未知世界的成就描述得和亞歷山大的遠征一樣偉大。[13]

達伽馬抵達印度對於國王曼努埃爾來說是一場巨大的政治宣傳的勝利，他立刻寫信給費迪南和伊薩貝拉（他的岳父母），對自己的成就大吹大擂一番，用毫不掩飾的興奮文筆描述了他的人「帶來了肉桂、丁香、薑、肉豆蔻和胡椒」以及其他各種的香料和花卉，還有「許多的各類寶石，比如紅寶石之類的」。他喜笑顏開地補充道：「毫無疑問，你們聽到這些東西一定覺得高興又心滿意足。」[14]哥倫布誇誇其談的是可能性；而達伽馬則帶回了成果。

西班牙的統治者得到了一些安慰。在第一次跨越大西洋的探險後，費迪南和伊薩貝拉遊說教皇，將跨越大西洋後發現的所有領土都允予西班牙君主——就像教皇對十五世紀時葡萄牙人在非洲的探險所做的一樣。在一四九三年，教皇頒布了不下四個訓示來規定如何處理新發現。經過了如何精確畫出一條經線的爭吵後，各項條款終於在一四九四年簽署的《托德西利亞斯條約》（Treaty of Tordesillas）中確定下來，劃定了跨越佛得角群島的三百七十里格（leagues，一種舊時的長度單位）的分界線。應該要「畫一條直線」，如條約所述，「從北到南，從極點到極點，以海洋來說即從北冰洋到南極海」。所有在這條線西邊的都歸西班牙，東邊的都歸葡萄牙。[15]

三十年後，這份條約的全部重要性就變得一目了然了。到一五二〇年為止，葡萄牙的船隻已經向東方更遠的領域展開了探索，已經越過印度抵達了馬六甲、香料群島和廣州。與此同時，西班牙不僅已經意識到他們發現了兩塊美洲大陸，而且在一個水手令人驚訝的跨太平洋探險中抵達了菲律賓和香料群島——他們已經完成了前所未有的環球航行。有些諷刺的是，實際上帶領這次探險的水手是一個葡萄牙人，他從一個西班牙人那裡得到了實現願望的資助，讓他能夠從西方出發尋找香料群島——他願意不僅為他出生的國家，也為其鄰國和對手牢牢地控制住香料群島。[16]費爾南・德・瑪吉海斯（Fernão de Magelhães）——他更為人熟知的名字是麥哲倫（Ferdinand Magellan），當他在一五一九至二〇年的這次史詩般的探險啟程時，葡萄牙和西班牙重新回到了談判桌上，他們同意給太平洋畫定一條和他們之前為大西洋畫出的類似分界線。這兩個伊比利半島上的鄰居劃分了全世界；他們已經得到了教皇的祝福——從而也得到了上帝的祝福。[17]

餘下的歐洲現在必須得為西班牙和葡萄牙越來越多的財富做出調整了。當達伽馬於一四九九年從遠航中回到家鄉的消息傳到威尼斯，引發了那裡人們的複雜心情，他們震驚、惶恐又歇斯底里。有人大聲地對有心人宣布，經過非洲南部前往印度的海上航線的發現無異於直接宣告了威尼斯命運的終結。[18]這是不可避免的，傑洛拉莫・佩烏里（Girolamo Priuli）說，里斯本將從威尼斯的頭上拿走歐洲商業心臟的王冠：「毫無疑問，」他寫道，「匈牙利人、日耳曼人、佛萊芒人、法國人，所有帶著錢財來威尼斯買香料的山那邊的人，現在都會跑到里斯本去。」對佩烏里來說，原因顯而易見。所有人都知道，他在日記中寫道，通過陸路來到威尼斯的商品要經過沒完沒了的關卡，要在這些地方繳納各種稅金；但是通過大海運輸貨物的話，葡萄牙人將給出威尼斯無法與之競爭的價位。數字能夠說明故事的結局：威尼斯完蛋了。[19]其他人也得出了類似結論，瓜伊多・德替（Guido Detti）是一個於一五〇〇年代初居住在葡萄牙的佛羅倫斯人，他堅信威尼斯將會失去對商業往來的控制，因為他們將無法和里斯本從海上得來的商品做價格競爭。威尼斯人，他冷嘲熱諷地評論道，將不得不重新去做漁夫；這個城市將重新變回到它發跡前的小水塘。[20]

關於威尼斯衰亡的流言並不真實，至少從短期來看是這樣。就像更冷靜的聲音所強調的，東方海上航線的開通並不是沒有風險。許多葡萄牙船隻根本就無法返航。威尼斯政治人物文森佐・奎里尼（Vicenzo Querini）在一五〇六年向議會報告：在經過非洲最南端的一百一十四艘船中，只有不到一半的船能夠安全返航。「有十九艘肯定是沉了，幾乎所有載滿香料的貨船都葬身海底了，另外有四十艘下落不明。」[21]

但即便如此，威尼斯過沒多久便派出了使節前往穆斯林埃及去討論合作對抗葡萄牙人的辦法，他們提到了採取聯合軍事行動，甚至，就像預想到了幾百年後蘇伊士運河的修建一般，他們居然考慮到是否應該或是能夠挖一條通向紅海的水道，讓「要多少有多少的船隻都能隨意通行」。[22]

雖然葡萄牙人堅信正是威尼斯人在十六世紀初時一手操辦了在紅海和印度沿岸聯手打擊葡萄牙人的聯盟，但事實上，埃及人並不需要多少鼓動也會對他們自己的運輸路線加以控制。越來越多的葡萄牙船的出現已經夠惱人了，尤其因為那些新來的人特別好鬥。有一次，瓦斯科・達伽馬本人俘獲了一艘船，上頭滿載著幾百名剛剛結束麥加朝聖之旅後前往印度的穆斯林。他完全不顧那些絕望的人提出的巨額贖金，竟荒唐地命令手下放火燒船，一個目擊者後來公開回憶，「我永遠都無法忘記那天發生的事情。」婦女在火焰和波濤中舉著她們的首飾祈求憐憫，其他人舉著襁褓中的孩子希望能救他們一命。達伽馬只是冷淡地看著，「殘酷且沒有一絲憐憫」，直到最後一個乘客和船員在他眼前沉入水底。[23]

對港口和具有戰略意義的地點的攻擊，對埃及來說是一件令人憂心的事情。麥加的港口吉達（Jeddah）在一五〇五年遭到了攻擊，不久後也受到攻擊的是波斯灣上的重要地點馬斯喀特（Muscat）和蓋勒哈特（Qalhāt），這兩個城市遭到了洗劫，清真寺被燒成了灰燼。[24]同樣令人擔憂的，還有葡萄牙人已經開始思考如何建立一個一直聯通到里斯本的基地網絡了。指揮官和探險家佛朗西斯科・德・阿爾梅達（Francisco de Almeida）在一五〇五年提出，「沒有任何事比能在紅海口擁有一個堡壘更重要了，因為這意味著印度世界的所有人都將拋棄和別人做生意的愚蠢想法，而專和我們做生意。」[25]

面對此般的暴力和步步進逼的姿態，身在開羅的蘇丹下令派出一支艦隊在紅海巡邏，在適當情形下可以採取直接行動。[26]一些葡萄牙指揮官下定結論認為有必要改變戰術。他們的船隻正不必要地暴露在危險之中，有人這樣告訴葡萄牙的國王。最好放棄那些挑釁性的地點，比如位於紅海出口處的索科特拉島上建造的堡壘，轉而和穆斯林埃及加強友好關係。[27]

葡萄牙探險的最初階段曾伴隨著耀武揚威的暴力和殘忍的褊狹。但是這樣的態勢並沒有維持很久，因為隨著最初關於基督教勝利和消滅伊斯蘭教的虛張聲勢已經變成了更自信和現實的行為，態勢也慢慢平靜下來。隨著商業機遇的豐厚，對伊斯蘭教、印度教和佛教的態度很快軟化了下來——這就好比在十字軍國家曾經發生的事情，氣勢洶洶的咆哮被認清現實所取代，一群人數遠處於劣勢的少數群體需要建立合作關係才能保障生存。

不光是對葡萄牙人如此，對於印度相互敵對的統治者和澳門、馬來半島上的人們也是同樣，他們非常樂意給歐洲商人提供越來越好的貿易條件，以確保額外的金源可以流到自己口袋，而不是跑到對手手中。[28]在這樣的背景下，所有人都願意為了各自利益盡可能地放下宗教上的不同。但是，有人心裡仍然揣著宏大的方案。阿方索·德·阿爾布克爾克（Afonso de Albuquerque）高興地認為，對馬六甲的取得意味著「開羅和麥加就要完蛋了，威尼斯除了能從葡萄牙手中買到香料以外，別的什麼也得不到」；他隨即開始著手屠殺馬六甲的穆斯林，到最後只是干擾到了貿易進行並激起了人們的敵意和猜忌。[29]當地的統治家族撤離了馬六甲，在霹靂（Perak）和柔佛（Johor）建立了新的蘇丹國，領導著和步步進逼的歐洲勢力展開的競爭。[30]

然而，在大體上看，和美洲不同，東方航線的發現逐漸變成一段協作的歷史而不是征服。這樣的結果是由東方到西方的貿易量大增。

當歐洲藉著從美洲得來的財富越做越大，購買來自亞洲的奢侈品的能力也戲劇性地提升了。很快，在里斯本、安特衛普及其他歐洲貿易中轉站城市的商店中，都擺放著琳琅滿目的中國瓷器和明朝絲綢。[31]但是最重要的進口商品，無論是以數量還是受歡迎程度來說，仍然是香料。胡椒、肉豆蔻、丁香、乳香、薑、檀香木、豆蔻和薑黃這些商品，自羅馬帝國時期就在歐洲食物料理中擁有很高的價值，人們既熱愛它們改變食物風味的作用，也看重它們的藥效。以肉桂為例，這種香料被認為對心臟、胃和腦有益，而且被認為有助於治療痢疾和癱瘓。肉豆蔻油被視作對腹瀉和嘔吐有效，而且還能抵抗一般性的著涼感冒。豆蔻油可以舒緩腸道和幫助減少脹氣。[32]在這一時期寫於地中海一帶的阿拉伯文手稿中，有專門名為「讓小不點雄風閃耀之處方」的一章，提到用蜂蜜和薑汁的混合液體塗抹於私處會帶來巨大的愉悅，其效果之強勁會讓男子的性伴侶「欲罷不能」。[33]

為供應這些新創市場而展開的競爭是白熱化的。雖然達伽馬的第一次探險給威尼斯人敲響了警鐘，但是日積月累的貿易路線並非一夜之間就能取代。如果說真的有什麼需要警覺的話，威尼斯人的興起靠的是歐洲需求量的增長：現在客戶並不在乎貨物是怎麼抵達市場的，人們只在乎市場上的價格。

貿易商們警覺地注視著彼此的動向，記錄下進口的貨物名稱和價格。葡萄牙人雇用了像馬修・貝修多（Mathew Becudo）這樣的商人來監視，在黎凡特的商隊規模和來自埃及、大馬士革的海上和陸上護衛隊伍，並記錄下他們攜帶的貨物數量。有關壞收成、船隻貨物失事或者政治動盪的傳言都會對每日的價格造成影響——讓預測和投機成為了一項技術性十足的事情。重大供應波動將取決於香料船隊何時啟航，這讓地中海東部的貿易商擁有巨大的優勢，因為他們可以得到更準確的資訊，並擁有比繞過非洲大陸的航線風險低得多的路線。[34]

與此同時，選擇投資什麼貨物實在是一項讓人緊繃神經的買賣。在一五六〇年，一位來自威尼斯的年輕商人亞歷山德羅・馬格諾（Alessandro Magno），心急如焚地緊盯著亞歷山卓的胡椒價格以每日增長百分之十的速度攀升，這促使他取消了現有訂單，並把投資轉移到了丁香和生薑上。讓自己免於身陷在泡沫中至關重要，因為這不僅會讓他獲利受損，而且會動搖他的資本。作為中間人，他的身家完全取決於能夠以客戶願意支付的價錢買到正確的貨物。[35]

隨著以胡椒為最大宗的數百萬磅香料每年進入歐洲，香料生意已經成了菁英們的奢侈買賣，這種商業很快就變成了文化和商業主流的一部分，它完全是由大市場的供應和需求所驅動。利潤的潛力解釋了為什麼葡萄牙開始自己著手建立一條絲綢之路，自己動手建立一條港口鏈，把里斯本和安哥拉沿海、莫三比克和東非以及更遠的地方連結起來，這是一系列有長期殖民地的貿易站組成的網絡，星星點點地散布於印度一直到馬六甲海峽和香料群島。他們的這一做法為自己帶來了可觀的成功——從瓦斯科・達伽馬首次到印度探險的幾十年中，香料貿易已經占據了葡萄牙政府收入中的巨大份額。[36]

但是，他們面臨著嚴峻的挑戰，這並不只是因為那些下定決心也要從市場中分一杯羹的人們。在近東和中東出現的一系列動盪事件後，鄂圖曼帝國在一五一七年控制了埃及，他們成為了地中海東部的支配力量——同時也成為了歐洲的重大威脅。教皇利奧十世（Leo X）曾如是寫道：「如今最兇惡的突厥人已經拿下了埃及和亞歷山卓以及整個東羅馬帝國，他們垂涎的不會僅僅是西西里和義大利，而是整個世界。」[37]

當鄂圖曼人在巴爾幹地區的軍事行動大獲全勝，這種危機感更進一步提升了，鄂圖曼人的勢力已經深入中歐。一場對撞即將到來，偉大的哲學家伊拉斯謨（Erasmus）在十六世紀上半葉一封給友人的信中寫道，這場對抗將決定世界的命運，「因為這個世界已經再也容不得一個天空中的兩顆太陽了」。如他所預測的，未來不是屬於穆斯林就是屬於基督徒；一山不容二虎，兩者無法共同擁有未來。[38]

伊拉斯謨說錯了——正如在鄂圖曼世界中的哲學家也同樣弄錯了一樣，他們說「正如天堂中只有一個真主，〔那麼〕地球上也只有一個帝國」。[39]戰鬥致死的戲碼並未出現，雖然一五二六年在匈牙利和中歐的戰事造成了一波巨大恐慌，突厥人在位於匈牙利南部的莫哈赤（Mohács）戰役中戰勝了匆忙集結起來的西方聯軍，但是真正出現的情節是，在印度洋、紅海和波斯灣呈現出的激烈、長時間的敵對。

信心十足的鄂圖曼人全力鞏固自己在亞洲各地的商業地位。一個商貿代理人的網絡得以建立起來，在地中海、紅海和波斯灣，一系列的堡壘得到了修繕和升級以保護航線安全。鄂圖曼帝國將從波斯灣出發經由巴士拉、黎凡特向內陸延伸的道路加以現代化，使得這條道路變得極為可靠、安全而且快速，到後來甚至連葡萄牙人也來使用這條路線進行和里斯本的交通。[40]

考慮到鄂圖曼帝國以武力對抗葡萄牙的現實，這一點就更加出乎人意料了。一五三八年，鄂圖曼人在印度西北部的迪烏（Diu）對葡萄牙人發動了一次重大攻勢，並且反覆地對葡萄牙人的運輸線發起攻擊。[41]海軍司令塞法爾（Sefer）在十六世紀中葉獲得了一系列勝利，他用彪炳的戰功為自己贏得了巨大的獎勵。鄂圖曼人「從葡萄牙人身上得來的財富」不斷地增長，一位歐洲船長如此哀嘆道，他眼看著塞法爾是如何指揮一小支艦隊就能獲得勝利，「（我們）到底還要經歷多少麻煩，他還要（往他的國家）送去多少財富啊！他的饑渴到哪天才能停下來呢！」[42]事實證明，鄂圖曼帝國是個可怕的對手：另一個葡萄牙觀察者在一五六〇年記載說，每年運抵亞歷山卓的香料高達數百萬磅（亞歷山卓是當時地中海東部最重要的東方貨物集散地）；他如此哀嘆道：「難怪運到里斯本的才那麼一點點。」[43]

到這時候為止，香料貿易的利潤已經變得大幅減少，這促使一些葡萄牙人放棄了香料生意，轉而投資其他亞洲貨物和產品，其中最重要的就是棉花和絲綢。這一轉變是在十六世紀末開始的，從那時候起，運往歐洲的紡織品數量開始逐年增加。[44]有些當時的評論者指出（還有一些現代學者同意），這樣的結果是處理香料貿易的葡萄牙官員的嚴重腐敗問題和葡萄牙王室的糟糕決策所導致的，這兩個因素讓進口品的稅金過高，在歐洲設立的分配網絡效率低下。鄂圖曼帝國展開的競爭成功地讓葡萄牙人——和他們的收益——倍感壓力。[45]

在印度洋和其他地方的敵對關係中，成功的關鍵在於誰能從運往手握著大把鈔票的歐洲買家那裡爭取到最大的稅務收益，而鄂圖曼人成功地從中奪去了一大塊油水。隨著途經紅海、波斯灣和地中海的各個港口的交通越來越繁忙，位於君士坦丁堡的中央金庫也就越來越豐盈，儘管國內增長的需求量同樣也扮演了刺激政府收入的重要角色。[46]在十六世紀期間，年匯款額度增長迅速，反過來又刺激了社會和經濟的變革，這種現象不僅出現在城市中，同樣也出現在鄉村地區。[47]

因此，黃金時代的破曉不只是出現在歐洲。在整個鄂圖曼世界裡，輝煌的建築工程遍地開花，從巴爾幹地區到北非，不斷增長的稅收資助了這些建設。在這些輝煌無比的建築工程中，許多建築都是由建築師錫南（Sinān）設計的，他是蘇萊曼大帝（Sulaymān the Magnificent，一五二〇—一五六六年在位）的首席建築師，他的名字和靈感、富裕和時間凝結在一起。在蘇萊曼大帝和他的兒子塞利姆二世（Selīm II）統治期間，錫南設計了超過八十座大型清真寺、六十所學校（madrasas，瑪德拉沙）、三十二所宮殿、十七所客棧和三所醫院，以及許多橋梁、水利渡槽、浴室和倉庫。埃迪爾內（Edirne，位於現代土耳其的西北部）的塞利米耶清真寺（Selimiye mosque）修建於一五六四至一五七五年間，它是一座建築史上的閃亮作品，挑戰了勇氣和工程技術的高峰，以至於當時的史料形容它「值得全人類的讚美」。但這座建築也是宗教雄心的一次宣示：「世間的人們」曾說，「在伊斯蘭的土地上」不可能建造出一個像君士坦丁堡的聖索菲亞大教堂一樣大的穹頂。位於埃迪爾內的清真寺證明他們說錯了。[48]

在波斯，也有一場類似的可以和歐洲的文化繁榮相媲美的輝煌建築及視覺藝術大潮正如火如荼地展開。在薩法維王朝（Safavid dynasty）的統治下，一個新帝國正在從帖木兒的領土碎片中拔地而起，後者的帝國在帖木兒於十五世紀初去世後就一蹶不振了。薩法維帝國在沙王阿巴斯一世（'Abbās I，一五八八—一六二九年在位）的統治時期到達了輝煌期，他主持了位於今日伊朗中部的伊斯法罕城令人驚訝的大規模建設，按照小心翼翼的城市規劃圖而修建的商店、浴室和清真寺，代替了原有的市場和幽暗的街道。大規模的灌溉水利工程確保了新伊斯法罕可以擁有豐沛的水資源——這對位於城市中心的「Bāgh-i Naqsh-i Jahān」是至關重要的事情，這是一座名為「妝點世界之園」的花園，是園藝設計的大師之作。宏偉的沙王清真寺（Masjid-i Shāh）也興建起來，目的是像埃迪爾內的清真寺那樣，成為伊斯蘭世界最佳範例中的一顆奪目明珠。正如當時有人這樣記載，沙王已經把伊斯法罕「變得像是一個擁有迷人建築和公園的天堂，這裡有花朵飄散芬芳，沁人心脾的潺潺流水和花園讓人精神愉悅」。[49]

書本、書法和視覺藝術——尤其是細密畫（miniature painting），在充滿自信、智識上的好奇心以及越來越國際化的文化環境中得到了發揚。解釋如何才能創造出佳美藝術的論文，比如「Qānūn al-Ṣuvar」（繪畫標準）就是這樣一個例子，這份文本用優雅且充滿智慧的對仗押韻文體探討了藝術主題。要牢牢記住，這篇論文的作者警告讀者，技法固然重要，「但是你必須知道，要在藝術領域中成為大師，天生的才氣是主要的原因」。[50]

繁榮有助於開啟視野：伊斯法罕的加爾默羅會（Carmelite）僧侶能夠給沙王呈上一本《聖經詩篇》的翻譯並得到了熱情接納；教皇保祿五世（Paul V）送來了一套中古時期的《聖經》插畫，沙王對此愛不釋手，並且找來了波斯書評人給他講述裡邊的故事。這是一個該地區中的猶太人用波斯語製作《討拉》抄本的時代，但是所用的文字卻是希伯來字母——這是宗教寬容的顯示，同樣也是當時波斯越來越大的文化自信的表現。[51]

東方貨物繳納的轉運稅和進口稅的數額激增讓鄂圖曼人和波斯人的帝國從中獲利巨大，而且他們國內的商品和產品也受到歐洲暴發戶的青睞，從皇室成員到商人之家，從受寵的朝臣到富裕的農民，都對這些商品垂涎三尺。但是儘管近東地區因為從美洲經大西洋大量湧入歐洲的金、銀和其他財富獲利頗豐，但是最主要的受益者還是最多出口商品的原產地：印度、中國和中亞。

隨著極富裕的資源源源不斷地流向歐洲，歐洲變成了金銀的交換所。比如在位於今日玻利維亞安地斯高原上的波多西（Potosí），那裡的銀礦變成了歷史上最大的單一銀源，在一個世紀之久的時間裡供應了全球一半的銀產量。[52]使用水銀－汞的新提煉技術得到了發展，使得採礦行為變得更便宜、更快也更有利潤。[53]這樣的探索發現帶來了一次意義非凡的加速過程，讓從南美洲經伊比利半島到亞洲的資源得以迅速地重新分配。

融化後被鑄造成貨幣的貴重金屬以驚人的數額運到東方。從十六世紀中葉以來，每年有幾百噸的白銀出口到亞洲以支付備受青睞的東方商品和香料。[54]在一五八〇年代，有一張在佛羅倫斯的購物清單為我們展現了這樣的胃口已經到了多麼巨大的程度。美第奇大公（Grand Duke Francesco de Medici）給佛羅倫斯商人菲立波．薩塞迪（Filippo Sassetti）提供了一筆豐厚的資金，前去印度購買各種各樣的異域商品。他按時得到的商品有披肩、紡織物、香料、種子和他的兄弟樞機主教斐迪南多（Ferdinando）的獨特興趣——蠟做的植物模型，以及各種的藥品，其中包括抗毒蛇咬傷的藥膏。[55]在當時有權勢和有文化的人中，擁有這樣的無窮好奇心是一種典型狀態。

隨著美洲的發現和沿著非洲海岸的海上航線的開通，歐洲和近東閃耀著活躍的火花。但是沒有其他什麼地方比印度的光彩更耀眼了。在哥倫布跨越大西洋之後，印度經歷了對帖木兒死後分散領土的逐步整合。在一四九四年，一個帖木兒的後代——巴布爾（Bābur）——繼承了位於中亞費爾干納河谷地帶的領土，他隨即成功地擴張了疆域，並把目光鎖定在撒馬爾罕身上。但他最終被烏茲別克對手逐出了撒馬爾罕，在多年祕而不宣的臥薪嘗膽之後，他一路向南，把注意力放在了其他地方。首先，他讓自己變成了喀布爾的統治者，隨後又驅逐了殘暴的洛迪王朝（Lodi dynasty）而控制了德里，這要多虧了後者長期且殘忍地迫害印度教人口而遭到人們的普遍反感。[56]

巴布爾已經表現出了自己是一個熱情的建設者，他饒有興致地在喀布爾著手建造了美麗的巴布爾花園（garden of the Bāgh-i Wafa），這個花園裡有令人印象深刻的噴泉、石榴樹、苜蓿地、橙樹和取自各地的植物。在橙子變得金黃的時節裡，他驕傲地寫道：「真是美麗的景象——這樣的布置實在美好。」[57]當他讓自己成為印度的統治者時，他開始按照他絢麗的花園設計方案來修建花園——儘管他總是抱怨這裡的地形太過困難。他不滿於在印度次大陸北部的供水系統實在成問題，「所有地方我都看了」，他驚恐地寫道，「都不令人滿意而且荒涼」，實在是不值得在這裡嘗試著創造出什麼特別的景色來。最後，在阿格拉（Agra）不遠處的一個地方，他躊躇滿志地說：「雖然〔城市附近〕實在是找不到特別合適的地方，只能利用現有條件將就一下了。」終於，經過了巨大努力和昂貴花銷之後，在「讓人不悅且缺少和諧的印度」，輝煌的花園還是創造出來了。[58]

雖然巴布爾心中也對南下的初衷抱著疑慮，但他揮師南下的時機實在是再好不過了。過沒多久，他的新領土就變成了一個龐大的帝國。新貿易路線的開通和歐洲人充滿熱忱的購買力，意味著激增的硬通貨湧入了印度。這些資金中的一大部分都是花在購買馬匹上。甚至在十四世紀時就有記載說，中亞的馬販每年會賣出幾千匹馬。[59]在中亞草原上繁殖的馬匹十分受歡迎，不僅是因為牠們個頭更高大——而且品種更優——牠們比印度次大陸上培育的馬匹更好，後者「天生矮小，以至於騎馬人的腳都要碰到地面了」。[60]當歐洲人購買東方商品的白銀傾瀉而來，許多錢都是花在購買血統最好的馬駒上，為了獲得聲譽、展現社會地位和用於慶典活動——這就像是如今的石油富豪們將大把的錢花在最好的座駕——法拉利、藍寶堅尼等超跑上一樣。

從馬匹貿易中有大量的利潤可以獲得。這是剛剛抵達波斯灣和印度洋的葡萄牙人最先映入眼簾的事情。關於良種阿拉伯和波斯馬匹的需求量的報告在十六世紀初被發回國內，人們興奮地了解到印度王公貴族為牠們開出的價碼。葡萄牙人隨即積極地參與到了馬匹運輸之中，而且這項產業也刺激了技術變革，克拉克帆船（Nau Taforeia）的建造就考慮到了運輸馬匹的需要。[61]

但是最多數的馬匹是來自中亞，隨著資金流向印度，一個當時的評論者講述了高得讓人咋舌的利率，當時出現了需求量激增的情形，供不應求的市場帶來了通貨膨脹壓力。[62]增長中的獲利刺激了修建橋梁、升級客棧和確保北向主要道路安全的投資。這樣的結果讓中亞的各城市享受了又一輪的繁榮興盛。[63]

支持馬匹貿易的基礎設施需要同樣是有利可圖的生意。一個目光敏銳的投機商人曾投資了沿著主要貿易路線的停靠站，他在十六世紀中葉的十五年內修建了超過一千五百個這樣的地方。流向這一地區的金錢甚至在錫克教的宗教文書《古魯・格蘭特・薩希卜》（*Guru Granth Saheb*）中都有提及，在這本書中，世俗和商業行為是和靈性行為並行不悖的：正如錫克教老師所鼓勵的，購買商品時總是要準確記下數量，因為這是尊崇真理的方式之一。[64]

那些位於重要馬匹市場上的關口城市經歷了一次蓬勃發展，這其中就包括喀布爾，但是最重要的還要屬德里城。這座城市因為靠近興都庫什山脈的位置而成長迅速。隨著這座城市的經濟地位越來越重要，它統治者的地位也變得益發不可動搖。[65]地方紡織業很快興盛起來，這裡生產著全亞洲和其他地方都大受歡迎的商品，這些商業都被蒙兀兒政權小心翼翼地支持著。[66]

不久後，蒙兀兒統治者的領土就開始不斷擴大，他們用經濟實力敲開了一個又一個的地區，將這些地方統一在單一的政權實體下。在十六世紀中，巴布爾和他的兒子胡馬雍（Humāyūn）和孫子阿克巴一世（Akbar I）見證了蒙兀兒帝國領土的戲劇性擴張，到一六〇〇年時，他們的領土已經從古吉拉特（Gujarat）一直延伸到了印度西岸和孟加拉灣，從位於旁遮普（Punjab）的拉合爾（Lahore）一直深入到了印度中部。這不是為了征服而出現的征服。而是利用一系列獨一無二的時局條件，控制住那些提供可觀、財源增長迅速的城市和地區，這些收入更進一步鞏固、加強了這個新興的帝國。正如一個葡萄牙耶穌會士在他寄給國內的教團的信中提到的，對古吉拉特和孟加拉的征服讓阿克巴成了「印度寶石」的主人，這兩個地方都充滿了許多繁榮的城市和豐厚的稅收基礎。[67]每一寸新領土都給中央帶來更大的力量，讓它能夠建立起更宏偉的紀念建築。

蒙兀兒人帶來了新的思想、新的品味和新的風尚。長久以來就深受蒙兀兒人和帖木兒人喜愛的細密畫，如今被新統治者們大力資助，他們從遙遠的地方請來大師建立學校，讓視覺藝術在其中蒸蒸日上。觀看摔角比賽成了時尚，同樣還有賽鴿，這些都是過去在中亞受人喜愛的活動。[68]

在建築上的創新和花園設計變得更加明顯，受到撒馬爾罕的景觀和建築影響並加以完善的建築，很快就在帝國各處拔地而起。這樣的結果在今天仍然可以看到。胡馬雍位於德里的輝煌陵墓，不僅被看作是由來自布哈拉的建築師完成的帖木兒式設計，它更是被視為印度歷史新紀元的見證。[69]新的景觀風格也被引進到印度，轉變了建築和它周邊環境的關係，這些新的風格受到了來自中亞的習慣和思想的強烈影響。[70]隨著新的紀念性建築和仔細規劃的開闊空間的建設，拉合爾繁榮了起來。[71]帶著手上的充沛資源和有利時局，蒙兀兒人以他們的圖景轉變了這個帝國。他們以非同一般的規模繼續著這項工作。

引人讚嘆的城市法特普爾希克里（Fatehpur Sikri）是蒙兀兒人在十六世紀下半葉修建的新都城，它展現出了一幅前所未有的圖景，生機勃勃的統治家族手中掌握著無限的資源和帝國的雄心。以紅砂石修建的一系列精美設計的庭院把波斯、中亞和印度的設計融合了起來，在它燦爛無比的宮廷中，統治者將在那裡接見來訪的客人，並讓來訪者對他的強大實力不會存有一絲懷疑。[72]

一座最為著名的紀念性建築見證了歐洲流入的錢所帶來的巨額財富，沙賈汗（Shah Jahan）

在十七世紀初為他的妻子穆塔茲（Mumtāz）建造了一座輝煌的陵墓。為了紀念她的離世，沙賈汗向窮人分發了巨量的食物和錢。在適當的埋葬地點被選定以後，按照今天標準來說，一座耗資上百萬美元的穹頂建築出現了，此後還將有更多的幾百萬美元將會花在添置黃金屏風和裝飾著最高鑲嵌工藝和大量黃金的屋頂。「被絢麗華蓋圍繞的」涼亭就點綴在陵墓的兩邊，隨即又有花園將其圍繞。附近的許多市場用收入捐獻成立了一個基金會，以確保建築在未來可以得到適當的維護。[73]

對許多人來說，泰姬瑪哈陵是世界上最浪漫的紀念物，是丈夫對妻子愛情的最非凡展現。但是它也代表了其他事情：全球化的國際貿易給蒙兀兒統治者帶來了巨大財富，讓他能夠為自己心愛的妻子獻上這樣的思念。沙賈汗完成這項建築的能力源自世界軸心的重大變向，因為歐洲和印度的輝煌都是以美洲的財富完成的。

沙賈汗對妻子去世的悲傷之情的華麗表達，可以在不久以前的世界另一端找到近乎完美的對應。在歐洲人到來以前，馬雅帝國也曾繁榮。「那時還沒有疾病；他們不曾骨頭痛；沒有高燒；沒有水痘；也沒有胸膛的灼痛和肺癆。在那時候，人世間的發展井井有條。外國人的到來讓一切隨之顛倒。他們帶來了可恥的事情」，這是一個作者在不久之後寫下的。[74]從美洲帶走的黃金和白銀去了亞洲，正是這種財富的再分配才讓泰姬瑪哈陵能夠矗立起來。不無諷刺的是，印度的榮耀之一，正是位於世界另一端的「印度人（即印地安人）」的災難換來的。

各片大陸如今已經彼此相連，溝通彼此的是白銀的流動。這吸引了許多人去新的地方尋找財富：到十六世紀末為止，一個來到波斯灣的霍爾木茲（Hormuz）的英格蘭人記載了這座城市裡，到處都是「法國人、佛萊芒人、日耳曼人、匈牙利人、義大利人、希臘人、亞美尼亞人、拿撒勒人、突厥人、摩爾人、猶太人和非猶太人、波斯人以及莫斯科人」。[75]來自東方的呼喚尤其強烈。吸引越來越多的歐洲人來到這裡的不僅僅是出於商業，還有高收入的就業前景。在波斯、印度和馬來半島，甚至是在日本，對槍手、船員、舵手、艦隊司令或造船工匠的需求量都很大。那裡有給想要在新的地方開始新生活的人們提供的機會：逃兵、罪犯和不受歡迎的人，他們的技術和經驗對當地統治者來說十分有用。那些做得不錯的人可以讓自己成為獨立的小君主，比如在孟加拉灣和摩鹿加海（Molucca Sea）的例子所展現的，一個幸運的荷蘭人在當地可以醉醺醺地跟「要多少就有多少的歌姬和舞女」尋歡作樂，「接近全裸地夜夜笙歌」。[76]

在一五七一年，西班牙人建立了馬尼拉，此舉改變了全球貿易的脈動，在最開始時，西班牙人先推行殖民地計畫，值得注意的是，他們對待當地人口的殖民活動，並不像是西班牙在首次渡過大西洋彼岸後的殖民那麼具有破壞力。[77]他們起初是建立了一個獲得香料的基地，這個定居點迅速變成了一個重要的多文化城市和位於亞洲和美洲之間的重要連接點。如今貨物開始穿過太平洋，而不用先抵達歐洲了，支付這些商品的白銀也同樣如此。馬尼拉成了能夠買到各種商品的中轉站。按照一六〇〇年前後的一位馬尼拉高階官員的記載，許多種類的絲綢都可以在這裡取得，同樣能夠獲得的商品還有天鵝絨、綢緞、織錦和其他各種紡織品。另外「各種的床上裝飾、掛布、床罩和掛毯」也應有盡有，還有桌布、靠墊、地毯、金屬盆、銅壺和鑄鐵罐。來自中國的錫、鉛、硝石和火藥也能買到，以及「用橙子、桃子、梨子、肉豆蔻和薑做成的果醬」、栗子、核桃、馬匹、長得像天鵝一樣的鵝、會說話的鳥和其他各種的稀奇貨。他接著說，如果我要把所有商品羅列下來的話，「那麼我將永遠都寫不完，而且也沒有足夠的紙能寫得下。」[78]用一個現代評論者的話說，馬尼拉「是世界上第一個全球性城市」。[79]

這自然會對其他的貿易路線產生重大影響。鄂圖曼帝國在馬尼拉建立不久後經歷了慢性緊縮，這並非巧合。雖然這種衰退也有國內經濟和對哈布斯堡王朝和波斯用兵的龐大支出的原因，但新的重要跨大陸商業交換十字路口的出現，也是幾千英里以外鄂圖曼帝國收入減少的原因之一。[80]出自美洲、途經菲律賓流入亞洲其他地方的白銀數額巨大：至少和十六世紀末和十七世紀初時曾流經歐洲的白銀數量一樣多，這在西班牙的一些地方引起了警訊，從新世界匯往歐洲的金額開始減少。[81]

白銀之路就像是一條絲帶似地將世界圍繞了起來。貴重金屬的最大去向就是中國。造成這種結果的原因有兩個。首先，中國的幅員遼闊和複雜、完善讓它成為奢侈品的主要生產者，這其中包括令歐洲人趨之若鶩的陶瓷器，這讓一個巨大的仿造品市場迅速成長起來。造訪南京的利瑪竇（Matteo Ricci）這樣寫道，中國人「在偽造骨董方面很有造詣，極富技巧和才氣」，他們的技術給他們帶來了豐厚利益。[82]在中國，出現了教授如何識別假貨的著作，劉侗的著作就解釋了如何鑑定宣德爐或永樂瓷器。[83]

中國能夠給出口市場提供大量的供貨量並且能隨之提高生產量。例如在福建省的德化，這裡就成了主要製造符合歐洲人品味的瓷器中心。絲綢生產也同樣得到了投資，從而可以照顧到西方人的胃口。這是一項非常精明的商業運作，這使得明朝官方的收入大增，有些學者提出，在一六〇〇至一六四三年間，中國政府的收入至少翻了四倍以上。[84]

為什麼有如此大量的資金流入中國的第二個原因，是貴重金屬關係的不平衡。在中國，銀價和金價的比例在六比一上下浮動，這樣的比率明顯高於在印度、波斯和鄂圖曼帝國的比率；而十六世紀初銀價在歐洲幾乎上漲了一倍。在實際操作中，這意味著歐洲的錢在中國市場和中國商人手中，可以買到比在其他地方多的商品——這反過來提供了強大的購買中國貨的動機。這種被現代銀行家稱作套利（arbitrage）的利用市場貨幣差價的做法，很快就被剛剛來到遠東的人們熟練掌握了——尤其是那些意識到中國和日本之間的黃金價差可以給他們帶來輕鬆利潤的人。貿易商們爭先恐後地買賣貨幣和稀有金屬。按照一個目擊者的記載，商人們在澳門精心地為日本市場挑選商品，目的只是為了能得到白銀。[85]有些人根本隱藏不住自己對面前機遇的興奮之情。白銀對黃金價值比率之高讓黃金變得如此便宜，佩德羅・巴埃薩（Pedro Baeza）說道，如果你在東方用白銀購買黃金，然後再帶到美洲的西班牙領地或西班牙本土的話，「你可以得到的利潤高達七成至七成五！」[86]

白銀匯入中國的效果是複雜而難以做出完全的評估。但是，貴重金屬從美洲向中國的流動，對十六和十七世紀的中國藝術和文化的影響卻顯而易見。像是和其他幾名畫家共稱「吳門四傑」（明四家）的沈周就曾得到資助和經濟回報。像陸治之類的藝術家得以在私人贊助人的支持下施展才華，成長中的中產階級樂於藉此來陶冶他們的情操和品味。[87]

這是一個試驗和探索的時代，比如以主角之一潘金蓮的名字而（在西方）被稱為「The Golden Lotus」的豔情小說《金瓶梅》，它不僅僅對文學形式提出了挑戰，甚至是挑戰了性行為概念的本身。[88]新的財富得以維持像宋應星這樣的學者，他撰寫的百科全書式著作的內容，從浮潛一直延伸到水利灌溉，受到了高度評價和廣泛讚揚。[89]人們對儒學有越來越大的興趣，像王陽明這樣的專家獲得了尊貴的地位，這也見證了身處巨大變革時代的人們尋求（對變革的）解釋和應對辦法的渴望。[90]

像近年來在牛津的博德利圖書館中重見天日的《塞爾登地圖》（Selden map）之類的各式地圖，都展現出了此時期中國對於貿易和旅行的越來越大的興趣，提供了對東南亞和貿易路線的廣闊概視。但是，這只是一個例外：在這時期，正如以前一樣，中國人的地圖總是以典型的閉塞觀點來看世界，其視角不會越過北方的長城和東邊的大海。這是中國在一個正在開放的世界上扮演被動角色的表徵；但是也反映出了歐洲人在東亞的海上強勢，荷蘭、西班牙和葡萄牙船隻在這裡針鋒相對——同時也定期掠奪中國船隻和貨物。[91]中國並不熱衷於跟這些咄咄逼人的對手長時間賽跑，就更別提承擔競爭的後果了。在這樣的情形下，中國變得益發內向，但與此同時考慮到中國從貿易中獲得的利益來看，這樣的選擇是完全符合邏輯的。

湧入中國的大部分白銀都被用於一系列的重大改革，不只是將經濟貨幣化，還有鼓勵自由勞動力市場和有意地刺激外貿。諷刺的是，中國人對白銀的偏好和它在這種貴重金屬上挹注的重視，在最後卻成為了中國的致命要害。隨著如此大量，尤其是經由馬尼拉湧入的白銀進入中國，銀價開始不可避免地下跌，日積月累就導致了物價膨脹。這樣的淨結果就是白銀的價格，尤其是白銀和黃金的比價，被迫要和其他地區和大陸協調一致。和印度不同，世界開放給印度造成的影響是帶來了一座新的世界奇觀，而在中國，它將會導致十七世紀嚴重的經濟和政治危機。[92]五百年前的全球化並不比今天的更容易琢磨。

正如亞當・斯密（Adam Smith）後來在他的名著《國富論》中所表明的，「美洲的發現，和經過好望角前往東印度群島路線，是人類有史以來最重要的事件」。[93]在哥倫布的第一次探險和瓦斯科・達伽馬從印度成功返航之後，世界實際上是被開啟的金銀之路改變了。但是，亞當・斯密在一七七六年沒有說到的，是英格蘭如何正好適應了這一公式。如果說一四九〇年代地理大發現之後的一百年是屬於西班牙和葡萄牙，讓東方帝國沐浴在成果之中的話，那麼，在這之後的兩百年時間則是屬於歐洲北方各國。不出所有人的意料，世界的重心將再次挪移，這次的機會屬於不列顛，而它很快就將變成名副其實的「大」不列顛。

第十三章
通向北歐之路

一四九〇年代的探索發現已經改變了世界。歐洲已經從一個全球事務的觀眾，變成了世界的引擎。在馬德里和里斯本做出的決定將在數千英里以外得到回響，這就像是曾經來自阿巴斯王朝的巴格達、唐代中國的洛陽城、蒙古首都哈拉和林或是帖木兒的撒馬爾罕的聲音一樣。現在所有的道路都通向了歐洲。

這樣的變化讓一些人深深地感到氣餒。沒有誰比英格蘭人的感受更為苦澀了。英格蘭的對手們的國庫在一夜之間翻了好幾倍已經夠糟糕的了；然而更糟的是流向西班牙王室的金銀洪流被說成是上帝計畫的一部分。這讓和羅馬教會分道揚鑣之後的英格蘭尤其感到苦悶。一位十六世紀的耶穌會士寫道，「神聖的天主交到西班牙國王手上的權力多麼大啊」，西班牙的財富是「上帝所賜，主按照其意願的方式安排天下的一切」。[1]

這種訊息的言下之意是說，新教統治者會因為拋棄真正的信仰而遭到懲罰。隨著宗教改革正在如火如荼地展開，天主教徒和新教徒之間的暴力和迫害行為在歐洲各地爆發出來。有傳言說不久後就將會有一場針對英格蘭的軍事行動，這樣的說法在瑪麗一世（Mary I）去世後流傳得更厲害了，在她統治時，英格蘭看起來將會重新和羅馬教會修好並接受教廷的權威。瑪麗的異父母妹妹伊莉莎白一世（Elizabeth I）在一五五八年繼位，她必須小心翼翼地在兩派相互競爭的宗教聲音之間遊走，一邊是強大的遊說團，另一邊是在宗教迫害的環境中憤懣不平、遭到排擠和迫害的叛變者。對於地處歐洲邊陲的孤立位置的英格蘭來說，讓所有人都滿意並不容易。在教皇庇護五世（Pius V）頒布題目為《上諭》（*Regnans in Excelsis*）的教皇詔書時，他宣布伊莉莎白是「英格蘭裝腔作勢的女王，罪犯的僕人」，並威脅將任何遵守她法律的臣民開除出教籍。人們的想法開始轉向如何面對一場即將到來的入侵——而不是擔心是否會有入侵發生。[2]

於是英格蘭給皇家海軍投入重金，希望能打造出一支強大的艦隊來負責前線海防。當時最先進的船塢被建造出來，例如，泰晤士河上的德特福德（Deptford）和沃維奇（Woolwich）兩座船塢，可以設計戰艦並且高效率地獲得維修，這反過來也促進了商業船隻的革命性發展和建造。可以裝載更多的貨物、航行得更快、在海上續航力更久，並且搭載更多船員和威力更大的火砲的艦船開始建造出來。[3]

馬修·貝克爾（Matthew Baker）是首席造船大師，他本人是個建築師的兒子。他在一篇以〈古英格蘭造船殘本〉（Fragments of Ancient English Shipwrightry）為題目的重要文獻中，利用了數學和幾何原理來為伊莉莎白設計出新一代的艦船。[4]這些設計很快就在商業船隻中得到了應用，這樣的結果讓一五六〇年後的二十年中，重量超過一百噸的英國船隻數量增長了三倍。新一代船隻很快就因為它們的速度、優良操控性和它們之後在海上遭遇威脅時的強勁威力而聲名鵲起。[5]

英格蘭的海軍建設很快就顯示出了成果。在一五八八年，西班牙試圖派出一大支艦隊去荷蘭運載部隊以全面入侵英格蘭。西班牙無敵艦隊（Spanish Armada）在戰術上和戰鬥中都被英國人戰勝，艦隊倖存者們最終只好帶著恥辱鎩羽而歸。雖然大多數西班牙戰艦是因為觸礁和在罕見的大風暴中沉沒，並不是被英國人擊沉，但是很少有人懷疑英國海軍投資所帶來的豐厚回報。[6]

四年後，英國人在亞速爾群島附近繳獲了葡萄牙人從東印度群島滿載而歸的聖母號（Madre de Deus）快速貨船，這艘船上載滿了胡椒、丁香、肉豆蔻、烏木、織錦、絲綢、紡織品、珍珠和稀有金屬，這件事更加斷然地顯示出了英國強大的海上力量。單是這一艘被拖進英格蘭南部沿海的達特茅斯港的船上貨物，就相當於英格蘭半年的正常進口量。聖母號的截獲引起了女王和那些成功執行行動的人之間要如何分配戰利品的激烈爭吵——一些高價值的攜帶品很快丟失，人們實在不願忽略這件事。[7]

類似這樣的成功很能增強英格蘭的自信，並且鼓舞他們在大西洋和其他地方越來越多地展開破壞行徑。英格蘭開始和歐洲天主教統治者的任何敵人建立起聯繫。例如在一五九〇年代，伊莉莎白女王釋放了從繳獲的西班牙船隻上的北非穆斯林「船奴」，給他們提供衣物、錢和「其他必需品」，隨後將他們安全送回了家鄉。[8]而且，英國人在一五九六年對加地斯（Cádiz）的進攻，還獲得了來自北非穆斯林的支持——這件事在莎士比亞的《威尼斯商人》（*Merchant of Venice*）的開篇中曾有簡略提及。此種共同利益的聯合，被一位現代評論者形容是英國人和摩爾人參與的反對天主教西班牙的「傑哈德」（jihad）。[9]

為了挑戰從美洲到亞洲的新西班牙、葡萄牙航線，英國人做出了大量的努力，和鄂圖曼土耳其人打造緊密的關係。當時，大部分的歐洲正在驚恐地關注著土耳其軍隊叩擊著維也納的大門，英國人卻在另一邊別有心思。當其他的基督教國家組成了「神聖聯盟」，於一五七一年在位於科林斯灣（Gulf of Corinth）的勒班托（Lepanto）共同攻打鄂圖曼艦隊時，英國並不在其中。這場勝仗讓全歐洲沉浸在歡樂的海洋之中，出現了各種詩歌、音樂、繪畫和紀念物來歡慶這次勝利。而英格蘭則悄無聲息。[10]

即便是在此之後，君士坦丁堡的蘇丹仍然能夠收到伊莉莎白女王不辭辛苦寫來的熱情洋溢的友誼信和送來的禮物——作為結果，「誠摯的問候和熱切的敬意，以及一枝源自雙方無瑕的信任和豐厚友誼的玫瑰花」被送到了倫敦。[11]在英格蘭送出的各種禮物中，包括湯馬士・達蘭（Thomas Dallam）設計的管風琴，這份禮品在一五九九年被運到了君士坦丁堡。當達蘭看到他的管風琴因為炎熱和潮濕「全都開膠了」，音管也在運輸過程中遭到了損壞。這位英國大使看了一眼並說「這樣的東西連兩〔便士〕都不值」。在經過達蘭的緊急修復後，這部管風琴恢復了光彩，並且給穆赫麥特三世（Mehmet III）蘇丹留下了極好的印象，以至於達蘭在演奏的時候沐浴著蘇丹拋撒下來的金幣，蘇丹還提議讓他「選兩個妃子，無論是他的任何妃子，還是我所選擇的兩個最好的處女」。[12]

在伊莉莎白對蘇丹的態度背後，是土耳其進軍歐洲之後所帶來的巨大機遇。教皇一直勸說基督徒君主們應該團結起來，以防止更進一步的損失，他嚴厲地警告，「如果匈牙利被征服，接下來就會是德國，如果達爾馬提亞和伊利里亞（Illyria）遭災的話，義大利也會被入侵。」[13]

隨著英格蘭堅決地為自己的利益耕耘努力，和君士坦丁堡發展出良好關係看起來是十分精明的外交政策——同樣還能得到發展商業紐帶的前景。

正因如此，雙方正式的貿易協定讓身在鄂圖曼帝國的英國商人享有其他國家所從未享受過的慷慨特權。[14]更令人吃驚的是，在新教徒和穆斯林之間的交流中所用到的共同語言。這並非巧合，例如，伊莉莎白女王給鄂圖曼蘇丹寫信說，她自己「在至仁至慈的上帝的准許下……基督教最強大、最有力的捍衛者將反對任何的拜偶像者，反對所有生活在基督徒中的這些人，並且反對他們對基督之名的錯誤理解」。[15]鄂圖曼帝國的統治者也同樣注意到了天主教會分裂所帶來的機遇，以及他們之間信仰解讀上的相似之處——尤其是他們對視覺圖像所持的態度：蘇丹穆拉德（Murad）給「弗蘭德斯和西班牙的路德派」信徒們這樣寫道：在「他們稱之為教皇的那個沒有信仰的人」所犯下的諸多錯誤中，其中的一項就是鼓勵偶像崇拜。多虧了宗教改革運動的領袖之一馬丁・路德（Martin Luther）的追隨者，他們已經「拋棄了那些偶像、肖像畫和教堂的鐘」。[16]雖然面對著重重困難，英格蘭的新教彷彿能夠幫忙開門，而不是關門。[17]

對鄂圖曼人和穆斯林世界的正面看法進入到了英格蘭的主流文化中。在莎士比亞的《威尼斯商人》中，摩洛哥親王在求婚時曾對鮑西亞說：「莫因我的膚色而不喜歡我。」正如觀眾們看到的，這位親王是屢次為蘇丹戮力奮戰的勇敢男兒，也是這位女繼承人的合宜伴侶（該角色暗示的是伊莉莎白女王本人）——同時也是一個意識到「所有閃光的並不都是金子」的聰明男子。除此之外，在莎翁的著名悲劇《奧塞羅》（*Othello*）中，主人公是一名在威尼斯效力的「摩爾人」（因此可推定為他是穆斯林），他和身邊的那些雙重標準、口蜜腹劍、滿口謊言的基督徒形成了鮮明對比。本劇向觀眾們展現了「這個摩爾人自始如一、忠誠，而且天性高貴」——這涉及到認為穆斯林是值得信賴和堅守誓言的人，因此是可以倚靠的盟友之觀點。[18]事實上，在伊莉莎白時代的英國文學中普遍出現的波斯也是正面的、有文化的形象。[19]

和在英格蘭對穆斯林的正面描繪同時出現的，是對西班牙人的厭惡態度。巴托洛梅・德拉斯・卡薩斯（Bartolomé de las Casas）記載了對新世界的征服過程的文本出版了，這是非常有價值的著作，尤其是在古騰堡（Johannes Gutenberg）所引領的印刷革命的背景下，文本能夠以巨大數量被印刷出來，這在此前的一百年中是不可想像的。[20]這讓像這名道明會（Dominican）教士德拉斯・卡薩斯的紀錄作品之類的文本能夠相對便宜地迅速傳播。就像是二十一世紀初的科技發展一樣，信息傳播速度的突然提升帶來了巨大變化。

德拉斯・卡薩斯的記載之所以重要，是因為這位傳教士目擊了美洲原住民的遭遇，並益發對此感到幻滅。這部作品，以令人恐怖的細節描寫了令人髮指的暴行，它在英格蘭被翻譯為《西印度毀滅述略》（*A Short Account of the Destruction of the Indies*），於一五八〇年代以完整版或保留驚悚情節的縮略版的形式廣泛流傳，它毫無掩飾地將西班牙人描寫成大屠殺兇手，呈現了西班牙是一個殘暴、嗜血的國度。這本書的譯者哈梅斯・阿里格羅多（James Aligrodo）在他的介紹文中說，「一千兩百萬、一千五百萬或是兩千萬無辜、善良的人」遭到了屠戮。[21]

這樣的故事在新教歐洲迅速傳播開來，講述著西班牙人殘酷地對待他們眼中的低等人。這種類比一目了然：西班牙人是天生的壓迫者，他們對他人展現出了不祥的殘忍；如果有機會的話，他們在距離本土更近的地方也會用同樣的方式迫害別人。[22]這樣的結論正因應著低地國家人們的恐懼，在十六世紀末，這些國家正深陷在對西班牙益發激烈的反抗中，人們在這些宗教改革運動獲得了強力支持的地方追求各自的獨立。著名的編年史作者和英國在美洲殖民地的擁護者理查德・哈克盧伊特（Richard Hakluyt），描述了西班牙是如何「以傲慢和殘暴統治印地安人」，讓無辜的人成為奴隸，這些人悲慘地發出乞求自由的哭喊。[23]這就是西班牙的帝國模式，換句話說，是宗教不寬容、暴力和迫害的模式。而英格蘭，理所當然的，絕對不會做出如此可恥的行為。[24]

但這只是從理論上而言。事實上，對奴隸和暴力行為的態度遠比上述的道德保證模糊得多。在一五六〇年代，英國水手們反覆地試圖從充滿利潤的西非奴隸貿易中分一杯羹，約翰・霍金斯爵士（Sir John Hawkins）利用來自伊莉莎白女王的投資，幫助跨大西洋的人口運輸可以獲利。他下結論說：「黑奴在伊斯帕尼奧拉島是非常好的商品，那裡的黑奴儲備可以輕鬆超過在幾內亞海岸的數量。」霍金斯和他的後台十分樂意採取行動。他們毫不猶豫地和那些新世界的西班牙「暴君」打交道，連英國社會中的最高層也不例外。[25]

最終，英格蘭強烈地意識到他們在十六世紀初的大變革所帶來的驚人機遇中處於弱勢地位，這種意識也掩蓋了他們先前擺出的高姿態。宗教上的爭吵和不適當的時機，已經讓這個國家變成了西班牙這個崛起中的全球強權的死敵，這讓他們難以從美洲湧來的財富中獲利，也無法從經由紅海和東方貿易路線進入威尼斯的財富中得到好處。對西班牙的批評很好，但是這也難以掩飾英國人只能吃剩飯的事實，他們只能感恩戴德地得到一些殘餘的蠅頭小利。作家理查德・哈克盧伊特寫道，拜長期的「缺少就業」所賜，英格蘭可以「充盈著各種年富力強的年輕人」，這種狀況正是弱勢的經濟地位所造成的。他反問道，難道就不能讓這些年輕人打造出一支強大的海軍，使「這片土地……成為〔全世界〕海洋的主人嗎？」[26]這種稱霸海洋的言論的確充滿了野心；但是做夢有什麼錯呢？

英國並沒有在歐洲南部欣欣向榮的時候作壁上觀。各式各樣的探險隊被派往各個方向，以求打開貿易路線並編織新的貿易網。由馬丁・弗羅比舍（Martin Frobisher）領銜的探險隊在一五七〇年代空手而歸，他們本來懷抱希望能找到一條西北航線抵達亞洲——這主意已經夠糟糕了——但更讓他們尷尬的是，大張旗鼓地從今天加拿大所在的地方尋找黃金，從而和美洲其他地方的黃金展開競爭的探險活動，被證明只是竹籃打水一場空。他們找到的亮晶晶的金屬，只不過是俗稱「傻人金」的白鐵礦。[27]

災難還不僅如此。通過巴倫支海（Barents Sea）抵達中國的嘗試也以失敗告終。休・威洛比爵士（Sir Hugh Willoughby）和他的手下發現自己在冬日來臨時，被困在莫曼斯克（Murmansk）的冰原中，他們冰凍的屍體直到第二年才被發現。按照威尼斯駐倫敦大使的說法，他們凍得十分結實，「全都像雕像一樣，有各種姿勢」，有些人「是坐著寫字的姿勢，筆仍然握在手中，湯匙仍含在口中，還有的人正在打開櫃門」。[28]

和俄國建立貿易聯繫以獲得東方商品的進一步努力也先碰了釘子，當英國人抵達俄國的時候，正處在恐怖伊凡（Ivan IV）最恐怖的時候，其次是因為十六世紀俄羅斯人在亞洲的商業限制。儘管這樣的情形即將大為改觀，但是穿過裡海等地的路線仍然太不安全；即便是全副武裝的商隊仍然常被土匪襲擊。[29]

在一五六〇年代，英國也好幾次向波斯派出了商人，他們不惜一切代價，終於在波斯建立起了商業聯繫。商人們通常會攜帶伊莉莎白女王的文件，承諾建立友誼和聯盟，使節們向沙王提出「在誠意的基礎上，和您的臣民建立起商業貿易，而不是像其他人那樣，在您的國土上走私商品」。[30]英國人是如此焦慮地想要獲得特許權，在這樣的情況下，英國嚴格地限制商人們不准談論宗教事務，以避免他們的回答不合虔誠的穆斯林主人們的心意。未來如果有任何人問到國內宗教狀況，商旅們得到這樣的建議，最好能「安靜地繞過問題，不要發表意見」。[31]在歐洲，天主教徒和新教徒正在激烈地彼此爭鬥，有關宗教的態度事關重大；因此，最好把宗教的問題放在一邊。

在十七世紀初時，英國已經很少再嘗試模仿西班牙和葡萄牙的成功了。來自私人資金的新貿易實體已經建立起來，最早出現的是成立於一五五一年的「商人、冒險家探索未知新領域公司」（Company of Merchant Adventurers for the Discovery of Regions, Dominions, Islands and Places Unknown）。該公司的周邊還簇擁著各種新成立的獨立公司，它們各自持有不同的地域野心。西班牙公司、伊斯特蘭德公司、黎凡特公司、俄羅斯公司、土耳其公司和東印度公司都在皇家憲章所賦予的商業壟斷權利下應運而生，他們都有特定的地域或國家營運基礎，並且擔負著海外貿易的巨大風險，要求大量的投資。這樣的壟斷權保護了商人的未來利潤，此種創新方式能給商人提供動機，並建立英國的貿易，同時也拓展著該國的政治觸手。

雖然這些公司的名字各個響亮，擁有皇家背書和極高的期望，但它們的初始階段十分步履維艱。英格蘭仍舊牢牢地處於世界事務的邊陲，而西班牙的地位貌似越來越牢不可破。幾百年來由阿茲特克、印加等帝國積累起來的貴重技術，一股腦地在幾十年間全都被送去了西班牙，一同湧入西班牙的還有各種礦藏，這些財富不是剛剛被發現，就是仍未大量開發——以波多西為例，光是在一年中就可以為西班牙皇室提供一百萬比索。[32]

雖然西班牙發現的財富是巨量的，然而，新世界可以榨取的財富只有那些，資源畢竟有用盡的一天。就好比委內瑞拉沿海的珍珠床——經歷過十六世紀初的三十年間數十億噸的開採後——已經損耗殆盡了。[33]然而，西班牙卻把他們的財富當作是無窮無盡的搖錢樹，用新發現的財富支持各種宏大建設，比如位於埃斯科里亞爾（El Escorial）輝煌無比的宮殿，以及在歐洲各地無休止地給打擊對手的軍事行動提供財政支持。在西班牙宮廷內有一種強烈的感情，好像一定要擔任上帝的警察，在地球上傳達西班牙的意志——必要時使用武力也在所不惜。西班牙感到無法克制自己和新教徒、穆斯林等人展開軍事對抗。這是一場聖戰的新篇章。

就像十字軍曾經顯示出來的那樣，宗教戰爭對人力和錢力的消耗巨大，會給皇家財政帶來巨大壓力。西班牙王室以舉債的方式來金援其計畫的念頭對於情形更是毫無幫助，他的這種做法可以在短期內支持他野心勃勃的決定，但是其隱藏後果將慢慢地清晰起來——尤其是當事情越來越向惡化那頭發展的時候。財政上的失效和無能只是現況的一部分；最重要的則是西班牙無力控制軍費開支，這被證明是災難性的。令人驚訝的，西班牙在十六世紀下半葉成了一系列的債務的無力償還者，他們不下四次違約。[34]這就像是一個一夜暴富的樂透贏家，只知道瘋狂購買自己之前買不起的奢侈品。

財富大洪水的影響在其他地方也感受得到。就像以前一樣，隨著錢從美洲流入，歐洲出現了通貨膨脹，越來越多的消費者開始追逐有限的商品，隨後歐洲各地都出現了價格革命。成長中的城市化過程讓問題加速，促使價格漲得更高、更快。在西班牙，哥倫布大發現之後的一個世紀中，光是糧食價格就翻了五倍。[35]

這樣的事情最終給低地國家的省分和城市帶來了影響，這些地方當時是西班牙領地，西班牙希望透過沉重的賦稅來解決其財政負擔，憤怒蔓延到了各處。歐洲的北方曾是眾多高產城市中心的聚集地，安特衛普、布魯日（Bruges）、根特（Ghent）和阿姆斯特丹在十四和十五世紀中成為了重要的貨物中轉站，聯通著地中海、斯堪地那維亞、波羅的海和俄羅斯以及不列顛群島。很自然的，這些地方在印度和美洲的貿易開始後也繼續地開花結果。[36]

這些城市成了吸引各地商人的磁石，從而也培養出了生機勃勃的社會生活和經濟生活，人們有了強烈的市民認同。增長的人口要求周圍地方的土地也要有效利用起來，這不僅推動了周邊地區莊稼產量管理的進步，也促進了灌溉技術的發展，比如堤壩和海牆的修築技術，以便讓每一寸土地都能合理利用起來。低地國家城市的迅速發展和生產力的提高，讓這些城市變成了有利可圖的蜂蜜罐——變成了促進稅收的中心，這是幸運地靠王朝婚姻和繼承而控制了這一地區大部分土地的西班牙統治者們所不能丟失的東西。[37]

過沒多久，各自省分和城市就開始對新的懲罰性高額稅賦怨聲載道，同時出現的還有對宗教事務的嚴厲、殘酷手段。馬丁・路德、喀爾文（John Calvin）等人的思想強調了遙遠的政治統治者的制度性腐敗和個人精神的重要性，他們的觀點在高度城市化的地區找到了肥沃的發展土壤，推動了新教在這一地區的扎根。經濟和政治上的迫害被證明是醞釀叛亂的有利催化劑，最終導致了一五八一年的烏特勒支同盟（Union of Utrecht）宣布獨立，並稱為七省聯盟（Union of Seven Provinces），並在實際上成為了荷蘭共和國（Dutch Republic）。西班牙對此的回應是展現武力，並且從一五八五年開始對低地國家實施貿易禁運。此舉的目標是斷絕叛亂省分和城市的生存來源，從而迫使他們屈服。正如實施制裁常常換來相反結果一般：面對別無選擇的局面，分離主義者發起了進攻。求生的唯一出路就是用自己的每一點知識、技巧和專業能力來讓自己占得先機；轉敗為勝的時候就要到了。[38]

在十七世紀的最後幾年，各種現況集合在一起，為低地國家提供了奇蹟發生的前提條件。西班牙壓榨該地區的企圖導致了大規模的人口移出，當人口從北方移往南方省分，導致了像根特、布魯日和安特衛普這樣的城市遭遇了一位現代學者所稱的「災難性人口出血」。這件事的時機來得正是時候。貿易禁令造成了巨大的糧食和鯡魚的存貨量，這意味著食品的供應又充足又便宜。雖然租金快速上漲，一群試圖逃離被西班牙迫害的有經驗的商人和各行各業的專門人士聚在一起，也帶來了一波房屋修建的高潮。[39]

當貿易禁令終於在一五九〇年解開，荷蘭迅速地驅逐了前來維持秩序的西班牙軍隊，利用了西班牙國王腓力二世正身陷歐洲其他地方的軍事衝突的時機，突然間從軍事壓力中解脫出來，荷蘭面對著展開在自己面前的機遇之窗，開始全力投身到了國際貿易中，尋求和美洲、非洲和亞洲建立聯繫。

他們有清晰的商業邏輯來建立屬於自己的貿易路線的計畫。把商品直接帶來荷蘭共和國可以避免兩輪課稅：先是讓貨物免於在葡萄牙或西班牙的港口停靠，通常貨物在運往北方的時候都先會在這裡被榨取一次利潤。其次，荷蘭當局如今可以自己獲得稅收，而不必再轉交給他們的伊比利主人手上，這意味著他們從低地國家欣欣向榮的貿易中獲得的錢，不用再去資助帝國野心和魯莽的其他花費了。這將會提供立即的好處，並且創造一個道德良善的循環，同時有更多的利潤可以再次投資，刺激更大的現金流——這對於商人個體和還在學習展翅的新生共和國來說都有好處。[40]

這個雄心勃勃的計畫從一開始就以股息方式支付。在一五九七年啟航的一次東方探險在來年載譽而歸，他們帶回來產出百分之四百利潤的貨物。如今荷蘭的艦隊開始像鋪開的扇面一樣駛往各個方向，他們都是由投資人資助的，每個人都期待著能夠獲得如此高額的回報率。[41]單是在一六〇一這一年裡，就有十四次前往亞洲的探險，與此同時，還有上百艘船隻跨越大西洋，從阿拉亞半島（Araya peninsula）獲得國內鯡魚貿易所必不可少的鹽巴。[42]

西班牙人被激怒了；他們重啟了軍事行動並再次實施貿易封鎖。按照優秀的哲學家、律師格勞修斯（Hugo Grotius）的說法，這只是讓荷蘭人更加清楚他們要把命運掌握在自己手裡。與其在面臨威脅和壓力時後退一步，唯一的選擇就是投資更多的商業活動，盡可能快速地建立起貿易網絡，從而支持製造武器、鞏固獨立地位。擺在荷蘭人面前的是一個要麼全贏、要麼一無所有的問題。[43]

荷蘭人成功的關鍵就在於他們無與倫比的造船技術，其中最擅長的就是對各種傳統設計加以各項創新，長久以來，他們就依靠這些創新，讓他們的捕鯡魚船可以成功地在北海的風浪中四平八穩地作業，這些船的低吃水線讓它們可以在淺港口作業時操作自如。自從一五五〇年代開始，當英國人建起了更快、更強大的戰艦，荷蘭人就已經目不轉睛地關注著英國人是如何改善船隻的操控性、運載更多貨物、以更少的人力操作——從而降低成本。這些船被稱作「福祿特帆船（fluyts）」，是商業運輸的新標竿。[44]

荷蘭人在出航之前已經做足了功課和萬全準備。雖然他們的歐洲前輩已經成功跨越了大西洋，繞過好望角駛向了未知領域，但是荷蘭人並沒有這麼做。他們清楚地知道他們想要什麼，也知道去哪裡找。揚・哈伊根・范・林斯霍滕（Jan Huyghen van Linschoten）等作者自始至終都把時間用在探索貿易路線、港口、市場和亞洲各地情形上，他作為果阿大主教的祕書，完成了《行旅》（*Itinerario*）這樣的著作，這本書中提供了各種詳細的藍圖，幾乎可以算作為前往東方的人準備的指南手冊了。[45]

還有其他作品能夠為商人的遠行提供幫助。說起繪圖學，荷蘭人可是世界的領先者。雕刻師盧卡斯・揚松・瓦格赫納（Lucas Janszoon Waghenaer）在一五八〇年代就已經做出了地圖和航海圖表，其內容的詳盡和精確被認為是歐洲各地都不可或缺的資料。荷蘭人還特意搜集準確的資訊、提供內容更新、細節詳實的東印度群島和加勒比海地圖冊；他們的成果為十七世紀初的現代航海救助行動定下了標準。[46]

當時還有幫助荷蘭商人解釋詞彙和外語語法的著作。霍特曼（Fredrik de Houtman）就是這樣的新語言學家中較早的一位，一六〇三年當他從亞齊（Aceh）的監獄中被釋放後，他的荷蘭－馬來語辭典和語法著作也得以出版，他當時被蘇門答臘的蘇丹關押，從而勤奮地向獄長那裡學會了馬來語。[47]這樣的詞彙表是十六世紀前往亞洲的商人非常樂意學習的材料；這些讀物羅列了有用的詞彙和短語，將荷蘭語翻譯到馬拉雅拉姆語（Malayalam）、馬來語、宿霧語（Bisayan）、他加祿語（Tagalog）、泰米爾語等語言。[48]

潛藏在荷蘭十七世紀成功背後的祕密是共識和勤奮工作。荷蘭人明白，他們要做的事情並不是追隨英格蘭的例子，他們的特許公司將利益局限在一小群人中間，他們照顧彼此利益並用壟斷手法來保護自己的地位。和英國人的方式相反，荷蘭人將他們的資本和風險放在一起共同承擔，讓投資人的團體越大越好。慢慢的，雖然各省分、城市和商人個體之間存在著相互競爭的野心和對立，但是共識仍然達成了，最有效、最有力的貿易方法便是把各方資源集中起來。[49]

因此，在一六〇二年，聯合行省（荷蘭共和國）政府創造出了一個單一實體，按照資源集中的原則來處理亞洲貿易事務，這樣的原則讓這個單一實體獲得了一加一大於二的效果。這是十分具有勇氣的一次嘗試，尤其是它消弭了地方對立，並說服了所有參與人相信大家的利益不但是一致的，而且這麼做對所有人的利益都好。這個創立出來的單一實體便是VOC——東印度公司（Verenigde Oost-Indische Compagnie），而且過沒多久，它的姊妹公司——西印度公司（WIC, West-Indische Compagnie）也應運而生——這是一個教科書般的講述如何建立起一個世界級多國公司的例子。[50]

荷蘭的模式大獲成功。雖然有些人，比如西印度公司的商人和創辦人威廉·烏塞林克（Willem Usselincx）就指出，最好的辦法是殖民一部分還能建立定居點的美洲領地，並在這些地方訂下清晰的計畫。[51]他的目標並不是和其他歐洲國家的商人展開競爭——就像有葡萄牙人、威尼斯人和日耳曼人比鄰而居的果阿一樣——而是替代他們所有人。[52]

採取進攻態勢立刻獲得了回報。他們的注意力先是集中在香料群島上，那裡孤零零的葡萄牙社區在一六〇五年遭到驅逐，這是東印度公司要在這裡建立控制的宏大計畫的一環。在接下來的幾十年中，荷蘭人不斷鞏固他們的地位，他們在巴達維亞（Batavia）建立了長久的總部。「巴達維亞」這個名字是為了紀念羅馬帝國時期對低地國家居民的稱呼——這個地方即今日的雅加達。

軍隊被用來占據和保護一條延伸到本土的鏈條。雖然荷蘭人在少數的一些地方感受到了挫敗，比如在澳門和果阿，但是十七世紀的回報實際上是十分驚人的。很快，不僅海外的歐洲人被荷蘭人團團包圍起來，那些具有戰略意義或經濟重要性領土的當地統治者也被荷蘭人困住了。荷蘭人在馬六甲、可倫坡、錫蘭、科欽建立了控制，隨後在一六六九年把目標轉向了望加錫蘇丹國（sultanate of Macassar，位於今日的印度尼西亞）。望加錫是荷蘭在亞洲建立香料貿易壟斷的必要一環。在攻占這裡後，該地被更名為新鹿特丹並興建了一個大堡壘——這就正如在其他地方的例子一樣——這是對意圖的宣告，表示到嘴的肉是不會輕易放開的。[53]在海牙的國家檔案館中存放的一張地圖顯示，荷蘭正在編織的一張四散的大網正是以東印度公司的所在地為基礎。[54]

同樣的模式也被用在其他地方。當荷蘭人成功地主導了黃金貿易，他們隨機驅逐了在西非的競爭對手，同時也積極地加入到美洲的奴隸貿易中。新的堡壘被建造起來，比如位於今天迦納的拿索城堡（Fort Nassau）。葡萄牙人被相繼趕走，比如在迦納沿海的埃爾米納（Elmina），這裡在十七世紀中葉交到了荷蘭人手中。在加勒比海和美洲，荷蘭也大獲成功，尤其是在一六四〇年代，荷蘭人在跨大西洋運輸中獲得了一大部分的利潤，並且完全控制了蔗糖貿易。[55]

低地國家脫胎換骨了。那些最初投資遠距離貿易的人們發了財，剛成為暴發戶的受益人也過得不錯。在萊頓（Leiden）和格羅寧根（Groningen），大學成立了起來，學者們在那裡將學術研究的新界線推向更遠的領域，這一切都得益於贊助人的慷慨資助。新興的布爾喬亞階級的興趣和富裕也讓藝術家和建築師忙碌了起來。在極大的豐裕時代裡，宏偉的建築開始在阿姆斯特丹拔地而起，就像宏偉建築在幾百年前從威尼斯的水面上興起一樣。在像約爾丹（Jordaan）之類的地區，人們可以在原本是大海的地方興建房屋，那些位於皇帝運河（Keizersgracht）周邊的建築既是工程學上的奇蹟，也是建築學中的豐碑。

絲綢之路的影響開始在藝術中顯現出來。繁榮興盛的陶瓷工業也在哈勒姆（Haarlem）、阿姆斯特丹興起，但最重要的則是在代夫特（Delft），其產品的外觀、感受和設計都受到了東方進口品的強烈影響。中國的視覺主題占主流，雖然標誌性的藍白（青花）器是在幾個世紀以前由波斯灣地區的陶工發展出來的，在中國和鄂圖曼帝國都極受歡迎，藍白色的陶瓷器被廣泛使用，也成為了荷蘭陶瓷製品的鮮明特徵。模仿不僅是獻媚的最誠摯表現形式；在這件事上，模仿也是加入如今已經將北海、印度洋和太平洋相連的全球性物質文化系統的一部分。[56]

隨著人們對有助於顯示主人地位的商品越來越如饑似渴，藝術也在荷蘭繁榮起來。有些人指出，光是在十七世紀這一百年間，就有三百萬幅畫作創作出來。[57]不可避免的，這將會刺激出新的觀念和越來越高的標準，給像是哈爾斯（Frans Hals）、林布蘭（Rembrandt）和維米爾（Vermeer）之類的畫家提供創作令人激動的藝術品的環境。考慮到荷蘭人樂於以協作方式取得的驚人成功，因此我們完全可以理解有許多最精彩的藝術作品都是描繪團隊集體的，比如哈爾斯的《聖安德里安市民警衛隊官員之宴》（*The Banquet of the Guard of St Adrian*）或是林布蘭的名作《夜巡》（*The Night Watch*）——這幅畫是阿姆斯特丹市民衛隊出資為他們的食堂訂製的。

還有熱情的個人買家。比如商人安德烈斯・比克（Andries Bicker），他雇用范德赫斯特（Bartholomeus van der Heist）來紀念他的成功和新近提升的社會地位，抑或是造船人揚・李吉克森（Jan Rijcksen）要林布蘭幫他畫一幅描繪他和妻子一同繪圖的油畫。現在輪到荷蘭人——以及荷蘭藝術——迎來黃金時代了。[58]

荷蘭人非常熱衷於炫耀他們的家中陳設，比如維米爾的作品〈窗前讀信的少女〉（Young Woman Reading a Letter at an Open Window）就在前景的顯要位置描繪了藍白色的盤子。[59]一個在一六四〇年造訪阿姆斯特丹的英國人實在無法掩飾自己的驚訝，皮特・蒙迪（Peter Mundy）寫道，在低地國家，即使是「不起眼的」房子，裡面也擺滿了「昂貴、稀奇的」家具，「充滿了愉快和家庭溫馨感的壁櫥、衣櫃……畫像、瓷器、所費不貲的精緻鳥籠」等等。「甚至連屠夫、烤麵包的、鐵匠、修鞋的家裡都有油畫和各種奢侈的小物件。」[60]大約在同一時期，英國日記作者約翰・艾弗林（John Evelyn）在描述鹿特丹的年度嘉年華會時寫道，「我很驚訝」，這裡充滿了各種各樣的畫，尤其是「風景畫和他們所稱的那些表現滑稽場面的滑稽畫」。甚至連普通的農民都成了熱情的藝術收藏家。[61]這樣的觀感是當時在低地國家數量越來越多的英國訪客的典型態度。[62]

荷蘭人的黃金年代既是計畫得以嚴密執行的結果，也受惠於良好的時機，當時正值歐洲一片混亂，在一六一八至一六四八的三十年戰爭期間，歐洲各國陷入無休止、昂貴又沒有結局的軍事敵對中。這樣的變局帶來了機遇，因為各國的注意力和資源都被集中在各自家門口，這使得荷蘭人可以在不同的大陸上一個一個地奪取他們的目標，而不用擔心被懲罰。十七世紀的血腥戰爭讓荷蘭人得以利用歐洲的敵對在東方建立起主導地位。

然而，歐洲的戰爭還有一個更重要的作用：它促成了西方的崛起。人們對這時期歐洲的討論總是強調啟蒙和理性時代的影響，將這時期視作專制思想被直率、權利和自由的概念代替的年代。但是歐洲和暴力、軍國主義密不可分的關係，讓它得以在一四九〇年代的大發現後，將自己置於世界舞台的中心。

甚至在哥倫布和達伽馬接近同時發生的探索發現之前，歐洲各王國之間的競爭就已經十分激烈了。好幾個世紀以來，這片大陸的典型特徵便是國家間激烈的對立，並常常爆發公開的敵對和戰爭。這反而促進了軍事技術的發展。新的武器得以開發、應用並在戰場得到測試後再加以精進。當指揮官在實戰中獲得了經驗，各種戰術也應運而生。暴力的概念得以成為規範：長久以來歐洲的藝術和文學都歌頌有風範的騎士生活和他們謹慎使用武力的能力——他們將武力視為愛和信仰的行為，但同樣也是表現正義之舉。關於十字軍的故事，讚揚其高貴、英雄主義，而隱藏了欺騙、背叛和言而無信，這樣的故事讓人迷醉且強大。

戰鬥、暴力和流血得到了歌頌，同時也被視為是正義。也許，這成了宗教變得如此重要的一個原因：沒有比打著上帝的旗號開戰更好的理由了。從一開始，宗教和擴張的融合就緊密地聯繫在一起，甚至連哥倫布的船帆上都標記著大大的十字架。正如當時的評論者一次次地反覆強調的，對於美洲，還有歐洲人開始遍及的非洲、印度和亞洲其他地區，還有隨後的澳洲，這全都是上帝要西方接管地球的計畫的一部分。

事實上，和世界上其他地方相比，歐洲特別具有侵略性、不穩定、缺少保持和平的觀點，這種歐洲的特性現在獲得了回報。總體來說，這就是為什麼西班牙和葡萄牙的大戰船能夠成功地跨越大洋，將不同的大陸聯繫起來。幾個世紀以來，在印度洋和阿拉伯海上航行的傳統船隻幾乎沒有什麼改變，它們無法和西方艦船相比，後者可以輕易超過或打敗前者。在艦船設計上的不斷進展讓西方的船隻越來越快、越來越強，也越來越致命，這讓他們能夠探索更寬闊的海域。[63]

同樣的還有軍事技術的發展。比如在美洲使用的武器已經具有相當的可靠性和精度，這讓一小支征服者能夠征服人數遠多於他們的人口——當地的社會十分先進而且完善，只是武器不如歐洲人。正如佩德羅・西耶薩・德・萊昂所記載的，在印加人的土地上，法律和秩序得到了精心維護，採取了各種手段「以確保正義得到伸張，沒有人敢冒險犯下重罪或是偷盜」。[64]在印加帝國各地，每年都會收集數據來確保稅收可以得到準確的計算和公平繳納，中央政府對出生和死亡人口也有統計和更新。菁英階層在一年中固定天數中親自勞作，以「樹立榜樣，讓所有人都知道不應該有人如此富裕以至於……他看不起或是鄙視窮人」。[65]

他們並不是歐洲勝利者口中的野蠻人；實際上，他們看起來都高度啟蒙，在美洲大陸各處都有高度階級化的社會，在這些社會裡，有權勢者和弱勢者之間的差距被貴族繼承機制固化了，保護了有權勢者的社會地位。雖然歐洲人可能覺得他們發現的是初級文明，而且這也就是為什麼他們能統治他們，但事實只是因為他們擁有的先進武器和戰術，讓他們打下了西方成功的基礎。

為什麼西方可以主導非洲、亞洲和美洲的一個原因，可能是歐洲幾百年來都在建造堅不可摧的城堡的經驗。自從中世紀開始，建造城堡已經是歐洲社會的主要工程，上千座雄偉的城堡遍布整個歐洲大陸。他們的目的，當然是為了抵禦住敵人的強力進攻；這些城堡的數目也證明了敵人攻擊帶來的恐懼和頻繁。在建造城堡和摧毀城堡方面，歐洲人是世界的領導者。歐洲人對建造如此驚人的工程的執著實在令人驚訝，這些城堡甚至能從內部確保資源供應，對於許多當地人來說，這實在是有夠奇怪的。就像孟加拉的一位貴族在十八世紀時表示的，過去不曾有別的商人建造堡壘，歐洲人到底是為什麼一直要建這樣的東西呢？[66]

極為諷刺的是，即使歐洲經歷了一個輝煌的黃金時代並帶來了繁榮的藝術、文學和巨大的科學躍進，但這一切都是暴力推動的。不僅如此，新世界的發現也讓歐洲的社會變得更不穩定。隨著可以爭奪的資源越來越多，對戰爭的關切也隨之增加，對控制權的爭奪讓彼此的緊張關係變得益發尖銳。

隨著歐洲作為一支全球力量躍上舞台，緊接而來的幾個世紀就伴隨著反覆的兼併和貪婪的追求。在一五〇〇年時，歐洲大約有五百個政治實體；然而在一九〇〇年時，只剩下了二十五個。這是一段弱肉強食的時代。[67]競爭和軍事衝突成了歐洲的地方病。從這點來看，後來在二十世紀發生的恐怖的根源其實在很久以前就埋下了。控制周邊鄰居和對手的爭鬥大大推動了軍事技術、機械化和後勤保障水平的發展，最終讓戰爭競技場變得巨大無比，讓死亡的人數從幾百變成了幾百萬。久而久之，大規模迫害也成為了可能。世界大戰和歷史上最糟糕的種族滅絕都能在歐洲歷史上找到根源；這些都是血腥和暴力的漫長歷史中最新的篇章。

因此，雖然人們總是關注十六、十七世紀獲得的新財富和文化是如何影響藝術投資的，但是也許對這一時期武器製造的進展的關注更有說明力。就像大量的油畫被創作出來以滿足如饑似渴的觀眾，槍械也同樣如此。到一六九〇年代為止，光是法國中部的軍火商馬克西米連・迪登（Maximilien Titon）就售出了六十萬支燧發槍。有些人認為根本無法估計有多少人在聖埃蒂安從事手槍業，因為人數根本就太過巨大。在一六〇〇至一七五〇年間，手槍的命中率以十倍的速度提高。技術上的進步——包括推槍桿、彈筒和刺刀的發明——讓槍械變得更便宜、更好、更快也更致命。[68]

相似的，雖然像伽利略、牛頓、歐拉（Leonhard Euler）之類的科學家，是一代又一代的小學生們耳熟能詳的人物，但是我們太容易忘記，他們最重要的一些研究成果，是關於彈道拋物線和解決彈道偏離問題，他們的這些研究讓火砲變得益發精準。[69]這些出色的科學家幫助武器越來越強大、越來越可靠；軍事和技術進步是和啟蒙時代攜手並進的。

並不是說侵略性在其他社會中不存在。就像來自其他大陸的數不清的例子所顯示的，任何的一次征服都會帶來死亡和大規模的災難。但是在亞洲和北非發生的爆發式擴張的年代，比如伊斯蘭教傳播的最初幾十年，或是蒙古征服的時代，都伴隨了後續而來的長期穩定、和平和繁榮。但戰爭的頻繁則讓歐洲和世界其他地方不同：衝突可謂是一波未平，一波又起。競爭是殘酷又反覆的。從這點來看，霍布斯（Thomas Hobbes）的重要作品《利維坦》（*Leviathan*）可以說是解釋了西方崛起的典型文本。只有一個來自歐洲的作者才會下結論說，人的天性存在於不斷的暴力狀態中，這樣的結論只有出自歐洲的作者才會被認為是合理的。[70]

除此之外，對軍事對抗的饑渴也存在於其他和戰爭相關的發展中，比如金融。歐洲的政府渴望得到資助軍隊的資本，導致了信貸市場的建立，在這樣的市場中，政府可以用未來的稅收來籌錢。對精明的投資者來說，賭注如果成功的話，他們就能得到豐厚利潤、頭銜以及各種社會上的好處，他們對政府金融的投資也很自然地表現成是愛國主義：投資政府金融是超前之舉，也是致富的方式。倫敦和阿姆斯特丹成了全球的金融中心，他們尤其專精於國債，同樣也有越來越多的複雜的股票市場登記項目。[71]

倫敦和阿姆斯特丹變得益發重要的一個原因，是歐洲北部的社會－經濟加速。最新的研究顯示，在一五〇〇至一八〇〇年間，英格蘭和低地國家的人口幾乎翻了一倍。大多數人口增長都出現在人口密集的地區，這些地方出現的大城市數量翻了將近三倍。[72]這一過程在低地國家尤其劇烈：在十七世紀中葉，阿姆斯特丹多達一半人口都是從別處搬來的。[73]相較於那些擁有大量農村人口的國家，擁有更多都會中心的國家掌握了巨大優勢。後者能更快、更輕易、更高效地從城市中聚集稅收，尤其是在城市商業交換加速以後就更是這樣了。人口密集的地方有更可靠的收入，因此把錢借出去的風險也更小。英格蘭和荷蘭共和國能夠以比他們的商業和政治對手們更優惠的匯率借到錢。[74]在當時，就像今天一樣，絕頂聰明並不保證能從金融中賺到錢；你還必須得選在對的地方。隨著時間演進，選對地方的意思就是在倫敦或阿姆斯特丹。

這標誌著義大利和亞得里亞海的死亡開端已經來臨。因為有新的路線可以直接連接到最富有的消費者市場，義大利和亞得里亞海地區已經落於人後了，而且這些城邦國家和它們彼此深深糾結在敵對中的競爭者們，根本就無法和願意聯合各自資源的城市集團展開競爭。有如此大額度的資金被籌集起來支持探險活動，因此這些國家會用超過一半的政府收入來供應國債，這種做法已經成了標準。[75]被困在一個鄰居們不斷競爭，以奪取政治、商業和文化優勢的地區，是件代價高昂的事情。歐洲變成了一個以兩種速度運行的大陸：東部和南部的舊歐洲已經主宰了好幾個世紀，如今它們日薄西山了；而位於西部和北部的新歐洲，則欣欣向榮，正在快速發展。[76]

有些人總是能比其他人更有銳利的眼光。早在一六〇〇年的時候，英國駐威尼斯大使就曾寫過「關於貿易，衰退是如此急遽，所有人都下結論說在二十年光景之內，這座城市就會崩壞。威尼斯曾經主宰了東方貿易，但是現在已經無力競爭了。過去有大量超過千噸的雄偉大船運載貨物往來如梭；現在已經看不見蹤影了」。[77]過沒多久，這座城市就徹底改變了自己，從一個商業力量的馬達變成了一個聲色犬馬、享樂主義的中心。雖然當局試著阻止人們佩戴更大更華麗的珠寶，舉辦越來越盛大的派對和尋歡作樂，但是這座城市的變色是完全可以理解的：難道他們還有其他選擇嗎？[78]

在國際商業和爾虞我詐的政治中，威尼斯、佛羅倫斯和羅馬變成了新富階級旅行路線上的一個落腳點。雖然在一六七〇年才有「壯遊」這樣的提法，但是這樣的冒險已經在一個世紀以前就開始了，當時到義大利的旅行被看作是一個購買高品質骨董和時髦藝術品的機會，這些物品的價錢也隨著旅客人數的攀升而水漲船高。[79]壯遊是一個成人禮，不只是個人行為，而是整個文化的參與儀式：歐洲南部的果實得到北方的讚賞。隨著歐洲大陸重心的轉移，古代的瑰寶和當代文化也隨之轉移。全世界古代雕塑的三個最好收藏位於大英博物館、劍橋費茲威廉博物館（Fitzwilliam Museum）和牛津的阿什莫林博物館，這裡的藏品是那些口袋夠深的幸運旅客帶著強烈的文化好奇心所收集的。[80]

他們帶回來了關於建築、紀念陵墓設計和雕塑的觀念；過沒多久，當英國和低地國家藉由古代的榮光來表現現代的光輝時，古典時代的陶瓷、藝術、音樂、園藝、醫學和科學便得到了廣泛借用。[81]古羅馬的公民肯定會為曾經是帝國偏遠角落中的小地主和芝麻粒大的官員的做法感到瞠目結舌，他們如今居然出資來給自己塑造半身銅像，而且不僅是把自己當作羅馬的繼承人，甚至還要當皇帝。[82]但不久以後他們還將更進一步：不列顛尼亞（Britannia）就要統治世界了。

第十四章
通向帝國之路

勢力向歐洲北部的轉移使得一些人難以繼續展開競爭，從而掉隊了。以鄂圖曼世界為例，超過一萬人口的城市數量在一五〇〇至一八〇〇年間大致沒有變化。因為沒有人口增長的壓力，所以也沒有加快農業生產的壓力——這意味著經濟的遲緩、停滯。稅收也效率低下，這有一部分原因是稅農造成的，這些個人有快速致富的動力，但這是以影響政府的長期收入為代價換來的。[1]

鄂圖曼帝國的文官被證明是非常有能力的行政者，他們擅長將資源集中起來，再管理和分配給人民，以確保收成和供應可以送到最需要的地方去。當帝國在十五、十六世紀吞下了大片領土，這樣的工作十分有效而且順利。但是當擴張的速度變慢，制度的脆弱就暴露得十分明顯，鄂圖曼人面對著雙線作戰的巨大供應壓力——他們在歐洲對抗西方，在東方對抗薩法維波斯——而且氣候變化對鄂圖曼世界的影響尤其嚴重。[2]

和西歐社會結構發展脈絡完全不同的穆斯林世界的社會結構，也被證明是一個重要因素。從大體上看，伊斯蘭社會中的財富分配比基督教社會更均等，這在很大程度上要歸功於《古蘭經》對於遺產分配有著非常詳細的規定——其中包括以當時標準來看十分開明的原則，女人可以而且理應從她們的父親或丈夫的財產中獲得相應部分。一個穆斯林女子可以期待的東西要比歐洲女子多得多；但是這樣的結果所付出的代價是在很長一段時間裡，大規模的財富無法保留在同一個家族中。[3]這也意味著貧富之間的差距絕不會像在歐洲那樣劇烈，因為財富得到了更廣泛的再分配和再流通。這樣的價值在某種意義上看是抑制成長的：作為普遍的對於財產的規定、教誨和約定，一個家族很難在連續好幾代人中積累資本，因為繼承是進步且具有平等主義的；而在歐洲，長子繼承制確保了資源集中在一個孩子的手中，這也鋪平了建立起巨額財富的道路。[4]

對有些人來說，歐洲，或是更確切地說是歐洲的北部和西部，財富絕不是什麼好東西，而是焦慮的來源。低地國家的喀爾文派牧師宣揚著令人害怕的觀點——錢是邪惡的根源以及奢華放縱的危險。[5]相似的情感也能在英格蘭被感受到，比如托馬斯・孟（Thomas Mun）就是這樣一位十七世紀早期特別憤怒的評論者，他撻伐「把時間白白浪費在懶惰和享樂上」，他警告說物質財富將會帶來知識的貧窮和身體及靈魂的「大潰爛」。[6]

當然了，成長的好處並不均分。高攀的租金對地主來說有利，但是對租客則不然；對更廣大市場的開放意味著國內生產的羊毛、紡織品和其他商品會面臨巨大的價格壓力和更激烈的競爭。[7]道德標準的崩塌伴隨著經濟和社會波動，這足以鼓勵一些人採取劇烈行為。對那些更為保守的人來說，是時候建立一個新的世外桃源了，他們決定要去找一個地方，讓他們能實踐宗教信仰中首要的簡約生活方式和精神上的清淨無染——他們將從頭開始，返璞歸真。

定居在新英格蘭的清教徒就是這樣做的，他們以此來抗議伴隨著歐洲崛起而出現的變化並拒絕隨之而來的豐裕。新思想和新商品的奇異潮流讓他們十分反感，這些新玩藝兒讓世界變了樣——中國瓷器出現在家庭餐桌上，不同膚色的人居然可以結婚，這讓歐洲人開始質疑認同感和血緣，人們對於身體的態度也讓一名近期的學者將其稱之為「第一次性革命」。[8]

為了逃離這一切，答案就是跨過大西洋。目的地並非加勒比海，很多人已經把那裡變成了使用奴隸的蔗糖種植園，而新英格蘭的處女地則可以讓移民們在那裡實踐理想中的返璞歸真。當然了，唯一的困難在於當地的原住民，那些人「樂於用最殘酷的手段來折磨人；用貝殼活剝人皮，當著活人的面把人大卸八塊煮來吃，以及各種相關的殘忍行徑」。[9]但即便是這樣的風險也值得賭一把；這樣的風險也比他們拋在身後的世界更好。我們很容易忘記清教徒先輩們為了慶祝自己安全抵達一片物產豐饒的大陸而舉行的感恩節大餐，也是反對全球化運動的一次慶典：這不僅僅是讚美他們發現的新伊甸園，同樣也是耀武揚威地拒絕他們在家鄉已經毀掉的樂園。[10]

對於那些有不同看法的人來說，他們對苦修生活和宗教保守主義沒有興趣，他們想要探索新事物，想要從世界提供的誘惑和樂趣中得到回饋和好處，對他們來說，還有一個選項：去東方，前往亞洲。建立一個平台讓英格蘭能夠和亞洲建立起系統化和有組織的聯繫，曾是一段常常令人氣餒的緩慢過程。在一六〇〇年獲得了好望角以東所有東方地區的皇家貿易壟斷權的英國東印度公司（EIC），成功地用武力取代了在波斯灣的阿巴斯港和印度西北部的蘇拉特（Surat）的葡萄牙人，從而建立了獲得未來機遇的落腳點。然而，和強大的荷蘭東印度公司（VOC）展開競爭則是一件艱難挑戰。[11]英格蘭的貿易量的確開始增長了；但是荷蘭人在十七世紀中葉的全面優勢，意味著荷蘭人的貨物價值是英國人的三倍。[12]

英格蘭和荷蘭之間的關係十分複雜，首先，低地國家給英國貨物提供了顧客和信用，因此雖然在英國東印度公司和荷蘭東印度公司之間存在商業上的對立，但是它們的成功並不是互斥的。其次，西班牙是上述兩國的共同敵人，這給兩個堅定的新教國家提供了軍事和政治合作的基礎。有些英國的重要人物十分欽佩一六三九年在英吉利海峽和此後不久在巴西外海的伊塔馬拉卡（Itamaracá）荷蘭海軍對西班牙所取得的重大勝利，這樣的戰果讓自命不凡的奧利佛・聖・約翰（Oliver St John）帶領著眾多代表團的其中之一去海牙鞏固雙邊關係，甚至提出了一份激進的提案，說兩國應該「加入成一個更緊密的聯盟和更親近的合夥關係」——換句話說，兩國應該合併成一個國家。[13]

歐洲列強的不可預計性實在令人難以捉摸，在提出聯合提案的僅僅一年後，英格蘭就跟荷蘭在戰場上碰面了。開戰原因是英國在聖・約翰的代表團回國後不久通過了《航海法案》（Navigation Act），議會提出的該法律要求，所有運往英格蘭的貨物都要由英國船隻運到英國的港口。雖然這一立法行為的背後有著毫無疑問的商業動機，也就是為了把利潤驅往已經被內戰危害得千瘡百孔的經濟中去，但同樣重要的是，英格蘭出現了勢力越來越大的啟示論的遊說團體，他們堅持說荷蘭人只是唯利是圖，太過物質主義並缺少宗教信念。[14]

這份法案也顯示出英格蘭的雄心正在迅速膨脹。就像一百年前對西班牙人的修辭言論變得越來越負面一樣，如今對荷蘭人的批評也開始甚囂塵上，尤其是當荷蘭試圖讓穿過英吉利海峽和北海的運輸線只對自己的港口開放的時候，在海上爆發了激烈的交戰。這件事在英格蘭造成的影響不亞於一場海事革命；從此，英國的海軍開始了系統性地檢討。在十七世紀下半葉，大量資源被慷慨地投入到大規模造船計畫中。對海軍的投入急遽增加，海軍的軍費很快就到達了將近全年全國預算的五分之一。[15]這一過程是由塞繆爾・皮普斯（Samuel Pepys）所監督的，他的日記記錄下了正在發生的軍事和地緣政治的轉變，還記錄了國家各處的船塢所帶來的大規模變化。[16]

皮普斯收集了荷蘭專家最新的著作，這其中也包括造船理論大師尼可拉斯・威岑（Nicolaes Witsen）的作品，從此開始了精密、嚴格的發憤圖強，設立了教授「航海藝術」的學校，支持研究最新技術的論文，希望能培養出新一代的雄心勃勃且擁有雄厚資金支持的設計師。[17]

海事革命的基礎是三點不同的觀察。第一個是，要專攻特別的艦種，重型船隻比輕型船隻更強大，能成功地提供密集砲火並且能夠抵禦住攻擊。由此，他們將船隻加以了相應的改良，強調像浮動城堡般威力強大的大型戰艦。第二點觀察是實戰經驗是更好的學習。在一六五〇年代和六〇年代與荷蘭艦隊的交手以慘敗告終，無論是以被擊沉或繳獲的船隻數量還是高級軍官和船長的陣亡人數來看，都是一場災難：在一六六六年，光是一次交手，就有將近百分之十的海軍高級指揮官陣亡。作為如此慘痛經驗的結果，海軍戰術得到了有系統地重新評估。比如當時最出色的海軍將領布萊克（Robert Blake）上將編寫的《戰鬥指南》（*Fighting Instructions*）這樣的訓練手冊得到了分發和研讀。分享知識和吸取過去的教訓是讓英國海軍成為世界最強大海軍的關鍵：從一六六〇至一八一五年間，英國船長的戰鬥陣亡人數下降了令人吃驚的百分之九十八。[18]

第三個同樣重要的觀點是讓海軍如何以制度運行。要成為海軍上尉的話，必須要有三年的海上經驗，並且通過上級軍官主持的考試。隨後的擢升完全嚴格地取決於能力，而不是後台背景，這意味著最有能力的人向上爬，而且他們的地位也是同伴所公認的。任人唯賢的擢升制度的透明度進一步刺激和加強了獎勵系統，讓服役最久、掌握最重要能力的人們可以獲得獎勵。這樣的方式大體上和伊斯蘭早期的組織形式是一樣的，這樣的組織制度在穆斯林的征服中證明了其成效。如今在英格蘭也是如此，已經預先制定好的制度確保將軍和水手們按照各自軍銜和服役時間來按比例分得戰利品。這讓獲得擢升變得非常有吸引力而且有利可圖，讓最有能力的人可以爬升至上位，尤其是這一過程還會得到海軍委員會的監控，其目的就是要過濾恩庇主義和不公平。這些都是最理想的勞力契約，換句話說，是為了獎勵和刺激優異表現的制度，而且這些制度是公正、公平的。[19]

過不了多久，這些改革就帶來了獎賞。對海軍的大力投資讓英格蘭的能力大大增強，在加勒比海和其他地方爆發戰爭或是出現新的機會時，英國展現出了壓倒歐洲對手們的實力。[20]配合著漫長而緩慢的在亞洲建立起更強的貿易地位的過程，付出努力的甜頭最終出現了。在蘇拉特也是這樣，在十七世紀上半葉，英國東印度公司在印度次大陸東南部的馬德拉斯（Madrasapatnam, Madras）建立了一個重要的中心，英國人在那裡和當地統治者談判，取得了免稅貿易的特許權。現代公司將迅速獲得官方認可，慷慨的免稅優惠是一項大福利，它能夠挫敗遠距離的對手，並且同時挫敗了當地人。隨著現代公司得到了認可，定居點也就變得越來越大、越來越強，東印度公司擁有了完美的條件來重新商訂出越來越好的條款。在七十年時間裡，馬德拉斯被轉變成了一個興旺的多元大都市。這一模式也在其他地點被複製，尤其是孟買和加爾各答，後者是孟加拉地區的一顆明珠，英國東印度公司的財富從此扶搖直上、一飛沖天。[21]

就像荷蘭東印度公司（VOC）的情況一樣，英國政府和英國東印度公司（EIC）之間的界線也十分模糊。兩個公司都擁有類似地方政府一樣的權力——他們有鑄造貨幣的權利、組成聯盟的權利、持有和使用軍隊的權利。在這些高度商業化的組織中做事，既能享受到政府保護的好處，而且還有強大投資人的保護，因此在這樣的公司中上班是極具吸引力的職業前途。來自全英格蘭各處的人都被吸引到這裡來，實際上還有來自世界各地的人——包括那些來自新英格蘭的保守主義者。那些雄心遠大而且機靈敏銳的人在公司裡迅速高升，獲得了豐厚的報償。[22]

有個典型例子，說的是一個一六四九年生於麻薩諸塞的人。他在還是小孩的時候隨家人搬回了英格蘭，隨後加入了東印度公司，最初只是一個低階文書，靠著一路晉升，最後成了馬德拉斯的執政者。他在那裡過得很好——事實上，他有點逍遙過頭了，因為他在五年後遭到了解雇，流傳的小道消息說他在職位上自肥腰包。後來他回國的時候，帶了五噸香料、大量的鑽石和數不清的稀有物品，這也顯示出對他的指控所言不虛——正如他在北威爾斯的維克斯漢（Wrexham）的墓誌銘上寫的：「生在美洲，長於歐洲，行旅非洲，婚娶亞洲……多行善舉，偶有疏失，如是如訴；願蒙主賜，享入天國。」他在英格蘭隨心所欲地花錢，但他並沒有忘記自己出生的地方：在他人生的末尾，他捐出了一大筆錢交給康乃狄克大學學院（Collegiate School of Connecticut），於是這所學校決定用這位未來還有可能再捐款的恩主的名字作為校名，他的名字就是：伊利胡・耶魯（Elihu Yale）。[23]

耶魯實在是在正確的時機出現在了正確的地方。在一六八〇年代，中國的清王朝解除了外國貿易禁令，這讓中國的茶葉、瓷器和糖的出口量激增。作為結果，像馬德拉斯和孟買之類的港口本身不僅成了重要的貿易中心，而且成為了新興的繁忙國際貿易網絡的入口。[24]十七世紀晚期標誌著歐洲和中國接觸的新時代。這些接觸並不僅限於商業。數學家萊布尼茲（Gottfried Leibniz）發展出的二進制系統，要多虧了他的一個耶穌會士朋友送給他的中國算術理論著作，他的這個朋友在十七世紀末時住在北京，那些充分利用了新的商業和智識交流機會，給自己找到好位子的人都獲得了大大的好處。[25]

在耶魯捐錢助學時，他自己也同時意識到了東方——尤其是印度——越來越被人們視為致富的捷徑。「你一定要謹慎，不要急於發財，」他這樣給他的教子伊利胡・尼克斯（Elihu Nicks）寫道，「我的財富花了我三十年的耐心。」[26]在英國人沐浴在他們的第一波財富浪潮中時，給下一代提供這樣的嚴厲建議是十分難得的。就在這一切發生時，在亞洲變得難以置信的富有的前景已然變得越來越光明。黃金時代正降臨在英國身上。

英國的黃金時代讓一個位於北大西洋的島嶼變成了國際事務的主宰者，成為了一個統治世界四分之一領土的帝國心臟，它的影響力遠遠超過它的領土範圍，這樣的成就一定會讓過去的歷史學家和帝國建立者目瞪口呆。不列顛是一個不宜人居的地方，一位古代晚期的偉大歷史學家這樣寫道，那裡有些地方的空氣有毒，如果改變風向，可以讓人喪命。[27]那裡居住的人是不列顛人（Britons）——他們的名字，如不久後的一個作者所推測的，是來自拉丁文的「brutus」——也就是「荒謬」、「愚蠢」的意思。[28]被英吉利海峽和歐洲其他地方隔開，不列顛實在是遙遠、孤立又偏僻。這些缺點如今變成了絕對的優勢——促進了身居史上最偉大帝國之列的帝國的崛起。

正如學者們已經指出的，英國的終極成功有很多原因，比如說，英國的社會和經濟不平等狀況要優於歐洲其他國家，因此社會底層人口的卡路里攝入量遠比他們在大陸的同類人口高得多。[29]近年的研究也強調生活方式的改變扮演了重要角色，經濟增長讓薪資水平和工作效率迅速提高。英國的成功也歸因於它擁有為數眾多的投資者。[30]英國的生育水平低於歐洲大多數國家，因此也對人均收入起到作用，因為人均獲得的資源和資產比歐洲大陸的人更多。[31]

但是無法超越的制勝牌還是地理位置。英格蘭——或一七〇七年和蘇格蘭聯合後的不列顛——擁有抵禦敵人的天然屏障：海洋。考慮到軍事威脅，這一點非常有用，如果要考慮到政府支出的話，那就更是上帝賜予的一份厚禮了。英國沒有陸地邊界需要防禦，因此英國的軍事支出遠少於它的歐陸對手。據估計，英格蘭此時的軍隊大約和法國一五五〇年的軍隊規模相當，到一七〇〇年時，法國有多三倍的人數在軍隊服役，這些人都需要裝備和軍餉，意味著法國要比英格蘭多花許多錢在軍隊上；在法國，士兵和水手的收入也相對更低——當他們從田地、工廠和其他工作崗位上被徵召走時，失去的都是潛在的納稅人和消費者。[32]

不列顛就彷彿是免疫於歐洲傳染性的一系列麻煩一樣，可以看著歐洲大陸在十七、十八世紀中以幾乎所有的排列組合可能配對進行的無盡戰爭。英國人學會了謹慎介入，從對自己有利的形勢中獲得優勢，並在局面不利時置身事外。越來越清楚的是，歐洲發生的事情可以決定世界另一端的人的命運。由誰來繼承奧地利王位的激烈爭吵，會影響全世界的歐洲殖民地的交戰和領土交換：瑪麗亞–特蕾莎（Maria-Theresa）在一七四〇年代的繼位，激起了從美洲到印度次大陸持續將近十年的爭鬥。在一七四八年事情終於塵埃落定後，加拿大的布雷頓角（Cap Breton）和印度的馬德拉斯在法國和英國之間互換了歸屬。

這只是一個歐洲列強之間的競爭會對世界的另一端造成影響的例子。歐洲九年戰爭（Nine Years' War）的結果，讓印度的城鎮在一六九〇年代末由荷蘭人交給了法國人；在歐洲持續了二十年的激烈爭鬥結束後簽訂的和平協議，讓加勒比海上的島嶼在英國和法國之間易手；西班牙王位之爭的塵埃落定後，北美洲的大片領土在英國和法國之間交換。

婚姻也可能帶來廣闊的領土、戰略橋頭堡或是偉大的城市——以孟買為例，當布拉岡薩的凱瑟琳（Catherine of Braganza）在一六六〇年代嫁給國王查理二世（Charles II）後，這座城市作為嫁妝被送給了英格蘭。正如孟買的葡萄牙執政者精確預測的，這個大方的舉動，標誌著葡萄牙在印度勢力的結束。[33] 歐洲臥室中的行止、在各國首都宮殿走廊上討論可能新娘人選的焦急低語，或是被認定是很快就會讓人自尊受創的輕浮君王的怠慢，都會在數千英里之外的地方產生影響並節外生枝。

從一個層面來看，這樣的複雜糾葛很少會被東方人關注，誰會在乎荷蘭人、不列顛人、法國人或是其他什麼人會占得先手呢？事實上，如果真的有關注的話，那也是因為歐洲的對立看起來只是會帶來更多的豐厚利益。在整個十七世紀，相互敵對的代表團紛紛前往蒙兀兒皇帝、中國或日本的皇帝那裡，他們帶著好處獲取新的貿易特許權或是更新已有的特許權。這讓中介人的地位變得更加重要——比如古吉拉特的一個港口官員穆卡拉布·汗（Muqarrab Khan），他在十七世紀初時為皇帝賈汗吉（Jahāngīr）效力，從而讓蒙兀兒人也獲得了很好的利益。[34]以穆卡拉布·汗的例子來說，他在一六一〇年帶來的貨物中，包括阿拉伯馬、非洲奴隸和其他各種奢侈品，用了兩個多月時間才完成入關手續。[35]

英國人在亞洲的行動，正如一位歷史學家所言，其原則是「任何人和任何事物都有價碼」。[36]這促進了極為大手筆的送禮行為——同樣也招致了一些人對收禮者貪婪的抗議。以蒙兀兒皇帝賈汗吉為例，他的軟肋是送給他「長得個頭過大的大象，可能還有渡渡鳥」，人們說賈汗吉的心「貪得無厭，就彷彿永遠不知道滿足；就好像一個沒有底的錢包一樣，永遠填不滿，擁有越多就越貪婪」。[37]

在荷蘭人丟失了他們在台灣的地位後不久，他們就在一六六〇年代去北京博取好感，他們帶了馬車、盔甲、珠寶、紡織品，甚至還有眼鏡。[38]根據對另一支奢侈的荷蘭代表團的記載，他們在一七一一年前往拉合爾，表現出了他們做出巨大努力以此來取悅和贏得當地的重要人脈，有一幅畫像就描述了他們在北上途中在烏代浦（Udaipur）得到接待的盛大場面。來自日本的漆器、錫蘭的大象和來自波斯的馬匹都是禮品，還有來自荷蘭各殖民地的香料和來自歐洲的商品：大砲、望遠鏡、六分儀和顯微鏡。但是即便如此，他們仍然失望了，他們希望更新貿易特許權的請求沒有得到解決。[39]

在歐洲的勢力消長要經過很長時間才會在東方更清晰地顯現出來。為了各種企圖和目的，有更多商人參與到了貿易中，他們乘的船越來越大，也越來越好：這意味著有更多禮品、更多獎勵和更大貿易量。就像是蒙兀兒的皇帝們，阿克巴、沙賈汗和奧朗則布（Awrangzīb，一六五八－一七〇七年在位），他們都曾在自己的生日宴會上用天平稱自己的體重，用各種寶石、稀有金屬和貴重物品反覆地放在天平的另一邊，直到兩邊的重量相等為止——很顯然，這並不是一個保持身材苗條的良好動機。[40]

對中間人的賄賂也是需要的，他們需要用錢來「護送」旅客和商人到達目的地，有些人覺得這樣的規矩，以及這樣的價位實在是惹人煩。英國商人的一批貨物曾在一六五四年時被扣押在拉傑瑪哈（Rajmahal），他們除了賄賂執政長官和他的手下官員以外，別無其他選擇——就跟荷蘭人一直被迫做的一樣。[41]關於不公的抱怨傳到了蒙兀兒皇帝那裡，他們有時候會懲罰那些實在過分的人：據說，一個被指控執法不公的法官不得不站在皇帝面前被一隻眼鏡蛇咬；還有一次，一個看門人被抽了鞭子，這是因為一個樂手抱怨他侵吞了皇帝走出宮殿時賞給樂手的一部分賞金。[42]

匯入印度的資金繼續驅動著自十六世紀初開始的藝術和建築的發展，伴隨著巨額的資金投入，文化開始繁榮起來。數額越來越大的資金也被輸出至中亞，一部分原因是奧朗則布等統治者為了確保和北方保持和平關係而交出貢金，另外也是因為他們大量購買草原牧民培育出的馬匹。在印度北部的市場上，每年有多達十萬匹馬被買走——而且價格高得令人不可思議（如果資料可信的話）。[43]來自印度的商人購買的牲口數量甚至比馬匹更多，同樣還有來自波斯、中國和越來越多的俄羅斯商人來中亞購買牲畜，給該地區匯入了更多的財富。像位於今日烏茲別克境內的浩罕（Khokand）之類的城市從而繁榮起來，有文獻用狂喜的口吻描述了當地可以用低廉的價格買到可觀數量的高品質大黃、茶葉、瓷器和絲綢。[44]

雖然歐洲的貿易已經大幅增加，但跨越亞洲之脊的網絡仍然非常活躍且激動人心。荷蘭東印度公司就曾記載了上萬頭滿載紡織品的駱駝每年都從印度出發，穿過中亞的古老貿易路線抵達波斯。英國人、法國人、印度人和俄羅斯人的文獻，也提供了類似的關於持續未斷的內陸貿易的信息，這些文獻都能讓我們對十七和十八世紀的貿易規模有所了解：在中亞的旅客不斷地談論著市場上的商品數量有多大，有數不清的馬匹被來自各地的商人買走，被賣到像喀布爾之類的地方，那是「一個繁華的貿易中心」，來自亞洲各地的商隊在那裡買賣各種各樣的紡織品、香氛植物的根、精糖和其他奢侈品。[45]在這種跨大洲貿易中，少數族裔的重要性越來越大，他們利用共同的習俗、家族紐帶和長途信用網絡來從事利潤豐厚的商業交換。在過去，扮演這個角色的是粟特人。如今則是猶太人以及更重要的亞美尼亞人。[46]

在表面之下，各種看不見的暗流洶湧地流動著。歐洲人對亞洲的態度益發強硬，看待亞洲的視角從一個充滿了奇花異草和寶藏的神奇樂園，變成了一個當地人就和新大陸的人們一樣軟弱又無用的地方。羅伯特・歐姆（Robert Orme）對東方的態度是十八世紀時的典型觀點。他是東印度公司的第一位官方歷史學家，他寫了一篇題目是〈印度斯坦居民的陰柔〉（On the effeminacy of the inhabitants of Indostan）的文章，我們可以從中看出當時人的觀點已經開始強硬起來。以強欺弱的觀點正在扶搖直上。[47]對亞洲態度的改變來自於透過殘暴剝削手段而獲利的興奮心情。

這種觀點可以在「nabob」一詞中得以完美展現，這個詞是用來形容在亞洲作威作福的東印度公司官員。他們的行為就像是流氓、放高利貸的惡霸一樣，他們利用公司資源在當地放高利貸，為自己獲得極高昂的利益。這就像是「狂野東方」——是一個世紀後北美洲西部情境的預演。去印度吧，回憶錄作家威廉・西凱（William Hickey）的父親就曾這樣告訴他，「去割斷幾個富人的脖子……成了『洋人老爺』再回來」。為東印度公司效力是通向財富的單程車票。[48]

但這條路上並非毫無荊棘和困難，因為印度次大陸的條件並不優渥，疾病可以讓雄心戛然而止。正如有證據表明的，雖然環境、衛生、醫療水平的改善讓死亡率有所下降，但被送回國或是被認為不適合效力的人數也穩步增加。[49]這樣的經歷也可能會造成創傷，就像商人水手托馬斯・保瑞（Thomas Bowrey）和他的朋友一樣，他們在十七世紀末用六便士的價錢得到了一品脫的「Bangha」，這是一種印度的大麻飲品：有人「坐在地板上痛苦地抽泣了整個下午」；另一個人「嚇壞了……把頭放在一個大罐子裡並一直這樣待了四個小時或者更久」；「四、五個人躺在地毯上用極噁心的話互相稱讚」，還有一個人「特別生氣地和門廊上的木頭柱子打架，直到他的手指關節上已經沒有一塊完整的皮膚……」。[50]由此可見，了解另一個世界也是要花些時間的。

然而從另一個角度來看，他們獲得的獎勵也是驚人的——劇作家、媒體和政客開始經常性地挖苦那些暴發戶。他們諷刺那些人開始雇用家庭教師來學著紳士的樣子，追求一些像擊劍、跳舞之類的活動，還緊張兮兮地挑選合適的裁縫，學著如何在晚宴上聊一些適當的話題。[51]偽善到處都是。「真是荒唐，」老威廉・皮特（William Pitt the Elder）在十八世紀末時如此告訴他的議會同僚，「那些外國黃金的進口商憑著他們的腐敗金流，已經擠到議會裡來了，〔因為〕沒有誰家的私人繼承財富能夠抵禦〔這種誘惑〕。」[52]他可能感覺沒必要指出自己的祖父就曾是帶著世界上最大的一塊鑽石回國的人。那塊皮特鑽石，是他祖父在印度任職後帶回來的，他在馬德拉斯擔任執政官期間為自己積累了巨額財富，從而購買了一份田園地產——以及用來傳家的議會席位。[53] 喜歡說話的並不止他一個。「簡直是糟透了，」怒不可遏的艾德蒙．伯克（Edmund Burke）在下議院接受詢問時說——「把他們的財富炫來炫去，那些東方財主正在毀掉我們的社會——到處招搖炫富，當議員並娶上流社會的女兒。」[54] 然而，對這樣的事物感到憤怒卻起不了效果：畢竟，誰不想要一個雄心勃勃的年輕富小子來當女婿呢？誰又不想要一個出手大方的丈夫呢？

解開巨大財富的鑰匙就藏在東印度公司的轉型之中，這家公司從一個把商業貨物自一個大洲運到另一個大洲的公司轉變成了一個占領勢力。他們變得從販毒到敲詐都能信手拈來，他們在印度種植了越來越多的鴉片，用這些錢來購買中國的絲綢、瓷器和最重要的茶葉。來自中國的進口商品大增，官方數字的記載是在一七一一年進口了十四萬二千磅茶葉，在八年後，這個數字變成了一千五百萬磅——這其中還不包括為了避稅而走私的茶葉數量。和這樣的情景緊緊對應的是，當西方人越來越對貿易得來的奢侈品上癮的時候——中國人對鴉片也越來越上癮。[55]

用其他不光彩手段賺錢的利潤也同樣可觀。儘管在十八世紀時，給印度當地統治者提供的保護已經越來越固定，規模也越來越大，但決定性的時刻發生在一七五七年，當時羅伯特．克萊武（Robert Clive）率領的遠征軍被派往加爾各答，介入孟加拉統治者對該城的進攻。克萊武很快就得到了一大筆錢，條件是給當地要奪權的競爭者提供支持。很快，他就發現對方允諾讓他掌控當地的「diwani」——也就是該地的稅收——讓他從亞洲人口最多、經濟最繁盛的地區之一獲利。這裡的紡織工業占據了英國從東方進口商品的一半以上。幾乎在一夜之間，他變成了世上最富有的人。[56]

下議院專責委員會在一七七三年成立，以管理征服孟加拉之後獲得的巨額財富。超過兩百萬英鎊——用今天的話說就是數百億美元——被當作「禮物」，分配進了幾乎所有的當地東印度公司員工的口袋。[57]在孟加拉本地，可恥和令人震驚的事情讓怒火積聚而發。在一七七〇年為止，糧食價格漲得越來越高，當饑荒來臨，隨即導致了災難性的後果。死亡人數據估計高達數百萬人；印度總督甚至宣布三分之一的人口已經死亡。在當地人正在大量餓死時，歐洲人被認為只是在忙著讓自己越來越富有。[58]

這樣的情形是完全可以避免的。這是以大眾的遭難來換得個別人的利益。面對咆哮的怒火，克萊武的回答——就像一個瀕臨破產的銀行主管的回答一樣——只是說他優先考量的事項是保護股東利益，而不是當地人；他不該被批評，的確，他只是在履行工作。[59]事情還將變得更糟。孟加拉的人力損失摧毀了當地的生產力。隨著稅收的崩塌，物價突然間激增，緊接而來的恐慌讓這隻金鵝下完了最後一顆蛋。東印度公司的投資大量逃離，公司被推向了破產邊緣。[60]它的主管們遠稱不上是超級人力行政長和財富創造者，他們的行為和公司文化毀掉了洲際金融系統。

經過緊急而絕望的討論後，在倫敦的政府認定東印度公司太過重要，萬不可以失敗，因此同意進行救市。但是為了資助他們，必須要撒錢。於是目光投向了北美殖民地，那裡的稅額遠低於英國本土。當諾斯勛爵（Lord North）的政府在一七七三年通過了《茶葉法案》（Tea Act）後，政府認為他們已經找到了完美的解救東印度公司的方法，同時能把美洲殖民地的稅制至少和英國本土的稅制拉近一些。這在大西洋對岸的定居者那裡激起了憤怒。

在賓夕法尼亞州各處分發的傳單和小冊子上，東印度公司被描述成一個「熟練地施行暴政、掠奪、壓迫和殺人」的機構。是英國政府種種錯誤的代表和象徵，在這樣的社會裡，上層人士將自己束縛在貪婪、自私自利的小圈子中，以普通人的代價來為自己服務。[61]在政府答應他們要求，同意他們在政治進程中擁有屬於自己的代表之前，載著茶葉的貨船全都吃了閉門羹，北美的殖民者組成了統一陣線來反抗。這時候有三艘船停靠在了波士頓港口，當地人和當局發生了激烈對峙。在十二月十六日夜晚，一小群裝扮成「印地安人」的人溜進了船艙，把茶葉傾倒進了水裡；他們寧願把茶葉倒到海裡，也不願意被迫向倫敦交稅。[62]

在美國人看來，這一系列的事件引發了美國獨立宣言，這種觀點是以非常美洲的上下文語境來看的。從更廣闊的視角來看，美國獨立的原因可以追溯到英國擴張其觸手，到處尋找新機遇的時候，以及絲綢之路的效力太強，讓滙入英國的財富太多太快從而造成的失調。倫敦是在嘗試平衡世界另一端的競爭需求，試圖用一個地方得到的稅金收益來支付下一個地方的支出，這導致了幻滅、不滿和——暴動。對利潤的追求是無休止的，這反過來激發了一種自大又傲慢的感覺。克萊武在東印度公司垮台的前夜，曾這樣告訴聞訊者，「東印度公司是一個帝國勢力，只不過沒有名號而已。它統治著富有、人口眾多、豐饒的國家」，而且「擁有……兩千萬的臣民」。[63]正如美洲殖民地的人們所看到的，在一個地方被英國人統治或是給其他什麼人統治終究沒什麼不一樣。如果孟加拉人能夠被餓死，那為什麼那些殖民地的居民權利就看起來更大、更重要呢？是時候要自己上路了。

美國獨立戰爭激起了在英國引起的靈魂反省，他們開始審思要如何對待那些已經建立了貿易站，不但在商業上有利可圖，而且擁有政治重要性的地方。對孟加拉的有效征服是一個標誌性時刻，從此改變了英國，將它從一個支持本國移民管理殖民地的國家變成了一個主宰並統治當地人的國家。這要經歷一段漫長的學習時間才能明白其中意味著什麼，以及如何平衡帝國中心的欲望和帝國末端的需求。英國發覺他們管理的人民已經擁有自己的法律和習俗，英國人必須要弄明白可以從新社群那裡借來什麼，輸出什麼——以及如何建立一個可操作又具有持續性的平台。一個帝國就要誕生了。

帝國的創始標誌著一個篇章的結束。印度大部分地區落入英國人手中，陸上貿易路線已經缺氧窒息，因為購買力、消費力、資產和注意力幾乎全都轉移到了歐洲。面對著軍事技術和戰術的改進，騎兵的重要性下降，尤其是火槍武器和重型火砲的改進，大大減少了一千年來穿過亞洲的貨物數量。就像之前的歐洲南部一樣，中亞也開始衰落了。

北美十三個殖民地的損失對英國來說是一次羞辱的挫敗，並且讓英國開始重視確保對領地的掌握是多麼重要。如果從這點來看的話，將康沃利斯侯爵（Lord Cornwallis）任命為印度總督的舉動十分讓人大吃一驚：康沃利斯在大西洋對岸的失敗負有主要責任，他正是在約克城向喬治．華盛頓投降的人。也許是認為學到慘痛教訓的人可以杜絕在其他地方重蹈覆轍。英國也許失去了美國，但絕不會失去印度。

第十五章
危機之路

在美洲的災難給英國帶來了巨大的震撼，這一挫敗也許表明了帝國並非無懈可擊。英國人已經成功地建立起了主導地位，無論是直接統治，或是透過東印度公司，已經帶來了繁榮、影響力和權力。英國虎視眈眈地保護著財富的入口——連接到倫敦的一系列相連綠洲——英國人警惕著任何企圖驅逐或削弱他們的危險，英國正控制著從爪哇海一直到加勒比海，從加拿大一直到印度洋的溝通管道。

雖然十九世紀通常被人們看作是大英帝國的高峰，英國的地位在這個世紀中持續加強，但也有跡象可以表現出相反的情形——即英國的掌控開始鬆動，激發出了各種絕望的無畏行為，從而引來災難性的戰略、軍事和外交後果。試圖保持和穩固全球領土的現實，引發了和地方或全球對手展開的危險賭博遊戲，賭博的籌碼也越來越大。到一九一四年為止，這些對立已經膨脹到了要在歐洲爆發戰爭來決定帝國命運的程度：一系列在倫敦、柏林、維也納、巴黎和聖彼得堡的門廊上發生的不幸事件和漫長積鬱的誤會，並不是各個帝國打得筋疲力盡的原因，造成帝國精疲力竭的原因，是已經醞釀了好幾十年的控制亞洲的爭奪。埋伏在第一次世界大戰背後的並不是德國幽靈，也並非是俄國作祟——總而言之，所有的陰雲都是在東方積聚起來的。正是英國絕望地試圖阻止陰雲繼續增長，從而在把世界推向戰爭邊緣的過程中起了重要作用。

在弗朗茨・斐迪南（Franz Ferdinand）遇刺之前，俄國對英國構成的威脅，就像癌細胞一樣在這個世紀中不斷增大，在這個過程中，俄國把自己從一個以農業經濟支撐、搖搖晃晃的老舊王國，轉變成一個經過改革、雄心勃勃的帝國。這樣的情形不斷地搖響著倫敦的警報，隨著越來越固定而且數額越來越大的貿易量，一切已經變得十分清楚了，俄國的成長和擴張不僅僅會對英國的利益產生競爭，而是有取代英國霸權的威脅。

問題的最初跡象出現在一八〇〇年代初。在幾十年的時間裡，俄國在中亞草原上不斷擴張邊界，以吞併新領土和更多的人口，這些地方的人口主要是由草原南部和東部的各種不同部落組成，有吉爾吉斯人、哈薩克人和衛拉特人（即瓦剌，漠西蒙古）。最開始，這樣的吞併是以非常柔軟的手段完成的。儘管馬克思曾大力撻伐創造「新俄羅斯人」的帝國主義進程，但是這樣的進程是以十分小心翼翼的方式進行的。[1]在很多例子中，地方首領不僅得到了大量獎賞，而且還允許繼續保持權力；他們在自己領土上的地位獲得了聖彼得堡方面的背書和正式承認。例如免稅政策、土地授予和免於兵役之類的特許權讓俄國人的領導更容易被接受。[2]

領土擴張推動了十九世紀開始的經濟增長。首先，之前為了抵禦來自草原的突襲而花費的大量防衛支出減少了，省下來的錢可以被用在其他方面。[3]另外，得以進入從黑海北端一直延伸至東方的極肥沃草原條狀地帶也帶來了豐厚的財富回報。

俄羅斯人之前被迫在不那麼吸引人的土地上培育農作物，這樣的結果就是他們的農作物收成永遠位列歐洲末尾，因此人們常常要面臨饑荒的威脅。一個十八世紀初的英國訪客曾經記載，棲息在伏爾加河下游和裡海北端的衛拉特部落的卡爾梅克人（Kalmyk）擁有十萬全副武裝、身材強壯的男人。由於害怕受到他們的攻擊，延續的農業沒有得到全面發展。該地區「好幾百英畝的」肥沃土地，同一位旅客寫道，「在英格蘭可以值大價錢，但是在這裡卻荒廢著沒人種。」[4]貿易也受危害，因為城鎮的規模一直發展不起來，以人口來說，在一八〇〇年以前，只有一小部分城市化的人口。[5]

當這樣的局面開始發生變化，俄國的野心和視野也日益擴張。在十九世紀初，帝國軍隊攻打了鄂圖曼帝國並從而獲得了重要的讓步，其中包括對位於德涅斯特河（Dniester river）和普魯特河（Prut river）之間的比薩拉比亞（Bessarabia）的控制，以及裡海大片領土的控制。此後又緊接著發動了一系列對高加索南部的攻勢，給波斯造成了一連串的恥辱敗仗。

在高加索地區的勢力平衡開始決定性地傾向俄國。在這個地區，本來的省分和汗國在幾個世紀以來不是獨立就是作為波斯的屬國。地圖的改寫造成了該地區的重大改變，毫不含糊地表明了俄羅斯在其南部邊境越來越大的野心。過沒多久，英國就意識到了事情的嚴重性——尤其是當英國得到消息說有個法國使團去了波斯，這將會危及英國在東方的地位。法國在一七八九年的革命產生了和黑死病相似的效果，大規模的苦楚過後迎來了新的決心和復興時代。

到十八世紀末為止，拿破崙已經不只是在密謀征服埃及，而且還要把英國人從印度趕出去。據說他已經給勢力強勁的邁索爾王國的蘇丹蒂普（Tipu Sultan of Mysore）寫了信，告訴他法國軍隊的龐大和攻無不克，用不了多久就會「讓你擺脫英格蘭的鐵鉗」。[6]當然了，印度的誘惑絕對是當時法國的戰略思想家心中的重要關切。[7]隨著法國繼續對印度的關注，他們的目的也隨著深得拿破崙信任的加爾丹伯爵（Gardane）將軍在一八〇七年派至波斯而變得一目了然了，他帶著和沙王結成同盟的命令，而且還要繪製詳細的地圖，為法國在印度次大陸的大規模攻勢做好準備。[8]

英國人立刻做出了反應，他們派遣了一位高官——高爾・歐斯雷爵士（Gore Ouseley）前往波斯來對抗法國的行動，並且同時派出了相應的一支令人印象深刻的代表團，以求能夠「讓當地人看到我們的關係多麼穩固持久」。[9]如今英國人開始做出大量的努力以求能打動波斯沙王和他的宮廷，儘管私下裡很少有人還願意隱藏他們對當地習俗的蔑視。他們尤其鄙視波斯人看起來沒有停歇地對豪華禮品的要求。歐斯雷很生氣，他給波斯統治者送上了一枚戒指和一封喬治三世國王的信，但這枚戒指卻被認為太小、價值不夠。「這些人的卑鄙和貪婪，」他生氣地寫道，「實在讓人噁心。」[10]另一個大約在同一時期造訪德黑蘭的英國人也有相似的態度，他寫道，「波斯人過分地重視呈送禮品和貢物的禮節，關於如何起立、坐下的規矩都能寫一本厚厚的書了。」[11]

但是在表面上，事情則完全不是這樣。歐斯雷——講得一口流利的波斯語——要小心翼翼地確保他在首都得到了比法國大使更長的迎接距離，他明白這會反映出他和他的使團有更高的地位，而且比對手更快地安排好和沙王的會面，很高興地注意到他的椅子和王座的距離比平時更近一些。[12]贏得好感的努力也擴展到英國軍事顧問的派遣上，英國派出了兩名皇家砲兵軍官、兩名士官和十名訓練波斯士兵的槍兵，他們會提供有關前線防禦的顧問，甚至指揮對蘇丹納巴德（Sultanabad）的俄國據點發起突襲，這座駐防要塞在一八一二年初的投降成了一場宣傳戰攻勢。

拿破崙在同年六月對俄國的進攻改變了局面。當法軍攻打莫斯科時，英國看到了疏遠波斯並和俄國人站在一邊的好處，他在給外交大臣的一封信中稱俄國是「我們的好朋友」，並指明了法國進攻俄國所產生的更廣泛影響。歐斯雷下結論說，這樣是最好的，因為「波斯人性格中有一點不變的特性，讓他們對別人給他們的好處麻木不仁、不知感恩」；他費盡力氣建立起來的友誼可以被輕易地犧牲掉而且不知悔改，這是因為波斯人是「世界上最自私的自大狂」。[13]

英國傾向俄國的關係導致了波斯大失所望，此事被看作是本來可靠的盟友在出乎意料之間起了變化。在一八一二年打退了拿破崙後，士氣大振的俄國軍隊隨即出人意料地攻打了高加索地區，波斯人的失望變成了怒不可遏的指責。對很多人來說，歐斯雷的所作所為——做出各種努力來培養和沙王的關係——看起來和背叛沒有兩樣，他在俄波戰爭後起草了一八一三年的《古麗斯坦條約》（Treaty of Gulistan），把裡海西側的大部分領土，包括達吉斯坦、明格雷里亞（Mingrelia）、阿布哈茲（Abkhazia）、達爾賓特（Derbent）和巴庫（Baku）都割讓給了俄國。

條約內容嚴重偏向俄國，這激起了波斯人的反感，他們將此解讀為徹底的言而無信和自私自利的表現。「我對英國的行為感到極為失望，」一位波斯大使在給外務大臣卡斯爾雷勛爵（Lord Castlereagh）的信中寫道，「我信賴英國的偉大友誼曾做出強有力承諾給波斯以支持」，「我對事態的發展感到強烈失望」，大使提出警告，「如果事情維持現狀的話，英格蘭就沒有榮譽可言了。」[14]因為拿破崙進攻的結果已經讓俄國變成了有用的盟友，犧牲和波斯的聯繫是必要付出的代價。

俄國在國際層面上越來越大的重要性並不只限於歐洲，在近東也是如此，俄國的觸手已經越伸越遠了。相比我們今天的世界，在十九世紀初時，俄國的東部邊境根本不在亞洲，而是在更遠的地方：北美。俄國人先是穿過了白令海，在今天阿拉斯加的地方建立了殖民地，隨後把社區建立在加拿大西岸等地，在一八〇〇年代初一直向南，最遠到了加州索諾馬郡（Sonoma County）的羅斯堡（Fort Ross）。他們不是臨時的商人，而是永久定居者，他們投入了修建港口、倉儲設施甚至是學校的工作。北美太平洋沿岸的當地「克里奧爾出身」（Creole origin）的男生，曾經是用俄國課程學習俄語，還有一些人被送到了聖彼得堡學習，甚至有人被錄取到了大名鼎鼎的聖彼得堡國家醫學院。[15]在有趣的時間巧合中，沙皇派來的帝國使節正來到舊金山灣區和西班牙總督商討物資供應的事宜時，高爾‧歐斯雷爵士恰好正在同時間宣布，在一八一二年拿破崙入侵後和俄國結為同盟。[16]

問題在於，當俄國的領土開始更快擴張，它的信心也同樣倍增。俄國人對於境外人們的態度轉為強硬。甚至越來越嚴重的，南部和中亞的人們開始被視為是需要被啟蒙的野蠻人——對待他們的方式也隨之而改變了。這產生了災難性的後果，在車臣尤其如此，令人震驚的暴力在一八二〇年代由阿列克謝‧葉爾莫洛夫（Aleksei Ermolov）執行，這是一個頑固又滿腦子盤算著如何殺人的將軍，伊瑪目沙米勒（Imam Shamil）則帶領了卓有成效的反抗運動；這讓車臣和俄羅斯人之間的仇恨持續了好幾代人。[17]

把高加索和草原世界看作是暴力、無法無天之地的陳舊觀念仍然頑固，這在普希金（Alexander Pushkin）的《高加索之囚》（*The Prisoner of the Caucasus*）和萊蒙托夫（Mikhail Lermontov）的《魯拉比》（*Lullaby*）中有著典型的展現，後者的詩中描寫了一個殘酷的車臣人手持匕首，沿著河流要殺死一個孩子。[18] 當俄羅斯的西邊是比鄰「最精妙的啟蒙」，如這位重要的激進政客在基輔這樣對聽眾說，而在東邊，俄國面對的是深遠的無知。因此，俄國有責任「向我們的半野蠻鄰居分享我們的文明」。[19]

並不是所有人都這麼篤定。幾十年來，俄國智識分子都在爭辯帝國要展望向哪個方向，是像西方精緻的沙龍，還是望向東方、西伯利亞和中亞。對這個問題的回答多種多樣。對哲學家彼得・查達耶夫（Pyotr Chaadaev）來說，俄國人不屬於「任何一個人類的偉大家族」；「我們既不是西方也不是東方」。[20] 但是對其他人來說，東方的處女地提供了機遇，這是一個俄國也能擁有屬於自己的「印度」的機會。[21] 歐洲列強不再被視為追趕的模範，而是成為了應該要挑戰其支配地位的競爭對手。

作曲家葛令卡（Mikhail Glinka）將目光轉向了古老的羅斯人和可薩人，來給他的歌劇《魯斯蘭和柳德米拉》（*Ruslan and Ludmila*）找靈感，而鮑羅定（Alexander Borodin）則看向東方，他的交響詩《在中亞草原上》（*In the Steppes of Central Asia*）喚起了跨越草原的商隊和長途貿易的思緒，他的《韃靼人舞曲》（*Polovtsian Dances*）則是受到游牧生活方式脈動的啟發。[22] 對「東方主義（東方幻想）」（orientalism）的興趣，無論在主題、和聲、樂器中是否表露明顯，都是十九世紀俄國古典樂的恆久特色。[23]

杜斯妥也夫斯基（F. Dostoevskii）將這樣的激情更向前推了一步，他說俄國不僅應該抓緊東方，更要擁抱東方。在他著名的散文〈亞洲對我們的意義〉（What is Asia to Us?）中，他提出十九世紀末的俄國必須要擺脫歐洲帝國主義的枷鎖。「在歐洲，」他寫道，「我們是跟屁蟲和奴隸；然而在亞洲，我們像主人一樣闊步行走。」[24]

像這樣的觀點是來自於海外持續不斷的成果。一八二〇年代，在波斯的一次失敗攻勢後，俄國獲得了更多的高加索領土。波斯仍然感受著《古麗斯坦條約》帶來的痛楚，以及受到當地人民對葉爾莫洛夫將軍憎惡的鼓舞——他在公共廣場上吊死婦女和小孩的行為讓旁觀者憤恨不已，沙王法塔赫・阿里（Fatḥ ʿAlī）在一八二六年下令對俄國發動進攻。[25]此舉的後果是災難性的：在葉爾莫洛夫被解職以後，沙皇的軍隊經過高加索的山中隘口向南進發，擊敗了波斯軍隊，並在一八二八年強迫波斯接受了一個比十五年前的條約更苛刻的條約：更多的領土被俄國割去，同時還要繳納巨額現金賠款。孱弱的沙王要屈辱地向沙皇徵得正式的同意後，才能支持自己的王位繼承人阿巴斯・米爾札王子（ʿAbbās Mīrzā），他擔心在自己死後，這位王子可能會無法繼位，就更不必說握有權力了。

過不了多久，暴動就在德黑蘭爆發了。人們以俄國大使館為目標，在一八二九年二月把這座建築席捲一空。身在德黑蘭的俄國大使、一直對波斯抱持強硬態度的三十六歲的劇作家亞歷山大・格里波耶多夫（Alexander Griboyedov）——精彩的諷刺戲劇《聰明反被聰明誤》（*Woe from Wit*）的作者——遭到了謀殺，他仍穿著制服的屍體，被一群暴民拖在街道上示眾。[26]沙王立即採取了行動以避免一場血淋淋的入侵。他派出了自己最喜愛的孫子去向沙皇道歉，同時還派了一批詩人去讚美沙皇是「當代的蘇萊曼大帝」，更重要的是，他還送去了一顆世界上最大的寶石作為禮物。將近九十克拉重的沙王鑽，曾經高高地掛在印度皇帝的寶座上，周圍簇擁著紅寶石和翡翠。如今被當作終級和平的保證被送到了聖彼得堡。這塊鑽石果然魔力非凡：正如沙皇尼古拉斯一世（Nicholas I）所言，一切都將一筆勾銷。[27]

倫敦開始緊張起來。在十九世紀初，英國使團曾被派往波斯以制衡拿破崙的妄想狂所造成的威脅。如今英國發現自己正面對著另一個出乎意料的對手：不是法國，而是俄羅斯——更為甚者，這個國家擴張的腳步看起來是全方位的。有些人早就預見到了這樣的情形。曾任駐德黑蘭大使的哈福德・瓊斯爵士（Harford Jones）就曾表示，英國的政策是「把波斯五花大綁起來送到聖彼得堡的宮廷去」。有預見性的還有很多人。一八二〇年代威靈頓公爵（Wellington）內閣中的重要人物艾倫伯若勛爵（Ellenborough）寫道，在考慮亞洲政策時，英國的角色再簡單不過了：「限制俄國的勢力。」[28]

事情的確令人擔憂，當波斯的情勢發展強化了沙皇手中的王牌，使沙皇成了波斯沙王的保護人。當一八三六至一八三七年間在哈薩克草原爆發了反抗俄國統治的嚴重起義，影響了波斯和中亞及印度的貿易時，俄國人便鼓動新的波斯沙王穆罕默德（Muhammad）出手拿下阿富汗西部的赫拉特，從而能開闢出一條通向東方的替代貿易路線。波斯軍隊隨即得到了軍事和後勤方面的支持以助其達成目的。[29]這時英國人緊張壞了。

這一系列的變動引起了英國外務大臣巴麥尊勛爵（Palmerston）的警覺。「俄國和波斯正在阿富汗耍鬼花樣。」他在一八三八年春天如是寫道，儘管他對事情很快就會得到圓滿解決感到樂觀。[30]但是，不出幾個星期，他就真正擔心起來了。英王皇冠上的寶石突然間變得岌岌可危。俄國的行動已經「跑到印度門口來了」，他在給朋友的信中寫道。一個月後，他便對其他人提出了警告，歐洲和印度之間的屏障已經被拿去了，「使得侵犯印度的門戶大大敞開」。[31]形勢看起來實在緊急。

英國緊急派兵占領了波斯灣中的哈爾克島（island of Kharg），這已經足夠打亂沙王圍攻赫拉特的注意力了。但是接下來的行動則是災難性的。焦慮地想要扶持一個可靠的領袖來幫助英國維持其在中亞的地位，英國介入了一團亂的阿富汗事務。當得到報告，該國的統治者多斯特・穆罕默德（Dost Muḥammad）已經接受了來自俄國的合作提議，英國人便決定支持他的對手沙・舒賈（Shah Shujah），希望能將他推上王位。作為交換，舒賈同意讓英國軍隊在喀布爾駐軍並且認可英國人的同夥——一位影響力強大的旁遮普大君（Maharajah of Punjab）在不久前對白沙瓦的吞併。

在剛開始的時候，事情就像設定好的鐘錶一樣按部就班地進行著，奎達（Quetta）、坎達哈、加茲尼和喀布爾——這些跨越縱橫軸線上的關鍵地點沒費什麼周章就都被控制住了。但是這並非首次，也絕不是最後一次，外部勢力的介入給阿富汗內部不顧一切又通常彼此分裂的利益團體提供了避雷針。不論部落、種族和語言上的分別，光是當地人對於多斯特・穆罕默德的支持，就讓自私自利、不受支持的沙・舒賈付出的代價如滾雪球一樣越來越大——尤其是當他下達了一些看起來嘉惠英國人，反倒不顧當地人利益的命令之後，就更是如此了。全國各地的清真寺都開始拒絕在為統治者祈福的布道詞（呼圖白）中提到沙・舒賈的名字。[32]過沒多久，喀布爾就變成了對任何一個英國人或是被懷疑是親英分子來說十分危險的地方。

在一八四一年十一月，在該地區遊歷經驗豐富的蘇格蘭人亞歷山大・伯恩斯（Alexander Burnes）在喀布爾遭到了伏擊和暗殺，他生前著名的出版物和不停的自我推銷，讓他在英國人中十分知名。[33]不久後，英軍接到了撤離至印度的命令。一八四二年一月，在英國軍事史上最恥辱和惡名昭彰的一幕中，艾芬斯通少將（Elphinstone）指揮疏散中的大隊人馬在前往賈拉拉巴德（Jalalabad）的路上遭到攻擊，他們被困在漫天飛雪的群山隘口中。據傳說只有一個人活著抵達了賈拉拉巴德——威廉・布雷東博士（William Brydon），一本他放對了位置的《黑木》（*Blackwood*）雜誌救了他的命：他為了讓頭保暖，所以將雜誌捲起來放在帽子裡，這本雜誌擋下了好幾劍，否則他肯定無法逃過一劫。[34]

英國在其他地方阻止俄國腳步的嘗試也沒有更為成功。在布哈拉，和埃米爾（Emir）一同建造橋梁，以求能影響阿富汗北部的使團取得了適得其反的效果。亞歷山大・伯恩斯等人為這一地區塗抹上的古怪不完善的色彩，讓英國人誤以為他們會得到熱情的歡迎。沒什麼事會比這樣的想法更天真了。極為獨立的中亞錫瓦汗國（khanate of Khiva）、布哈拉汗國和浩罕汗國，無論如何也不打算捲入一場英國權力掮客自顧自地天真命名的「大博弈」中。[35]兩個英國軍官——查爾斯・斯托達上校（Charles Stoddart）和亞瑟・柯諾里（Arthur Conolly），他們在一八四〇年代初提出了解決英俄中亞關係中存在的矛盾的提議，結果在一群熱鬧的圍觀人群面前被砍了頭。[36]

第三個抵達布哈拉的是一個經歷十分多元的人，名叫約瑟夫・沃爾夫（Joseph Wolff），他的父親是一個德國猶太拉比，自己則改信了基督教；他曾被羅馬的神學院開除，後來又在劍橋大學學習神學，他在那裡的老師是一個觀點極具煽動性的反猶人士，以至於有劍橋學生曾在街上向他扔臭雞蛋。[37]他加入了一個初衷是前往東方尋找失蹤的以色列部落的傳教團。最後，他抵達了布哈拉，來尋找他聽都沒聽說過的失蹤外交官。布哈拉的埃米爾可能早就猜到了有一個怪人正在路上，因為他預先收到了一封信，上面宣布「我，約瑟夫・沃爾夫，我是大名鼎鼎的基督教托鉢僧」。「請做好準備，」他繼續寫道，「我是來布哈拉調查柯諾里和斯托達被處死的傳言的，我知道布哈拉居民的熱情好客，因此對這個傳言，我是不相信的。」在遭到囚禁並被告知等候死刑之後，他幸運地沒有得到相同的下場。他最終被釋放，但這一切都實在令人緊張。[38]

諷刺的是，在戰略角度上看，布哈拉和中亞對俄國的吸引力仍然很小。這一時期出版的主要民族志著作，例如在聖彼得堡十分知名的阿萊克謝・李夫辛（Alexei Levshin）關於哈薩克人的研究，表現出對這些既不讀書也不寫字，雖然明顯的無知和野蠻，但是「對音樂和詩歌卻有所了解」的民族，產生了越來越大的好奇心。[39]就像伯恩斯的著作指出的，俄國在這一地區的目的十分溫和：首要的兩個目的是鼓勵貿易和停止將俄羅斯人變賣成奴隸。但問題在於，伯恩斯的作品傳達的訊息並不是此類內容，真正傳回到英國人耳朵中的，是關於「聖彼得堡宮廷以及對亞洲的這個地區垂涎已久」的警訊。[40]

這樣的說法正契合了英國在其他地區越來越大的焦慮。巴格達的總領事亨利・勞林森（Henry Rawlinson）不厭其煩地遊說，他警告說，除非英國能止住俄國崛起，否則印度就會受到巨大威脅。擺在面前的有兩個選擇：英國可以擴張到美索不達米亞來建立一個抵禦自西而來的緩衝區；或者從印度派出一支軍隊來攻打高加索的俄國人。[41]勞林森把支持各地的反俄起義當作己任：他給伊瑪目沙米勒送去了武器和錢，沙米勒在車臣的勢力中心於十九世紀中葉時曾是一根插在俄國背上的芒刺。[42]他所提供的支持了車臣反俄恐怖主義的悠久傳統。

不可避免的，只要有機會找上門來，英國就會牢牢抓住機會來制約俄國。在鄂圖曼帝國境內對基督徒待遇的混戰很快就被有意擴大了，這讓英國在一八五四年派出大軍前往黑海，在那裡和焦慮的法國人一起保護他們在君士坦丁堡、阿勒頗和大馬士革的巨大商業利益。目標很簡單：必須得給俄國人點教訓。[43]

當敵意如火如荼地爆發，如巴麥尊（Palmeston）勛爵所說的，「戰爭的主要、真正目標就是打消俄國的野心」。隱祕的戰爭開始在克里米亞、阿佐夫海打響，突襲行動也在其他地方展開——在高加索、多瑙河——背後的賭注比表面上的價值要高得多。事實上，氣宇不凡又深受敬畏的英國外務大臣本人甚至給他在政府中的同僚遞上了一份正式計畫書以肢解俄國：用這種控制俄國的辦法來保護英國在印度的利益，把克里米亞和整個高加索地區的控制交到鄂圖曼人手中。[44]雖然這份誇張的計畫並沒有最終得到支持，但這仍然能明顯地體現出俄國擴張的問題已經成了英國官方的心腹大患。

有些人被英法的入侵惹惱了。隨著戰爭的進行，卡爾・馬克思（Karl Marx）怒不可遏地在他的大量著作中找到了豐富材料，來發展他將於幾年以後在《共產黨宣言》（*The Communist Manifesto*）中提出的帝國主義的毀滅性影響。馬克思詳述了越來越多的陸軍和海軍支出，並在《紐約論壇報》（*New York Tribune*）上發表連續的評論文章，他激烈批評了那些把西方拖入戰爭的人們的偽善。當亞伯丁勳爵（Aberdeen）面對在俄國遭受的巨大傷亡而引咎辭去首相職位時，馬克思實在難以掩飾自己的喜悅。當倫敦物價上漲而引發了國內抗議時，這對馬克思來說，是明顯的英國帝國主義政策是以人民為代價而圖利一小部分菁英。共產主義並非誕生於克里米亞戰爭，但這場戰爭絕對是讓它變得更有影響力了。[45]

在義大利的統一運動也同樣如此。當俄國人的鼻子被打出了血——以法軍和英軍的傷亡，和那些參加了惡名昭彰的「輕騎兵衝鋒」（charge of the Light Brigade）的人們的性命為代價——談判終於在巴黎舉行了。坐在談判桌前的有薩丁尼亞（Sardinia）的首相加富爾伯爵（Cavour），他是薩丁尼亞國王維托里奧・埃馬努埃萊（Vittorio Emanuele）決定的人選，讓他帶領一支援軍前往黑海協助法軍。他巧妙利用了處在鎂光燈下的高光時刻呼籲統一、獨立的義大利，他的團結呼聲博得了盟友的同情，並為國內的支持者帶來了幫助。[46]五年後，薩丁尼亞國王變成了義大利國王，這是一個將各不相同的城市和地區打造在一起的新國家。在三十年後建造的矗立於羅馬市中心的國家聖壇（Altare della Patria），按照普里莫・萊維（Primo Levi）的話說，是為了讓羅馬感覺像義大利，讓義大利感覺像羅馬，這座建築標誌著在東方數千英里外對土地和影響力的爭奪所造成的後續張力已經到達了巔峰。[47]

對俄羅斯來說，一八五六年巴黎和平談判的條款造成的影響簡直是場災難。英國和法國聯手給對手的脖子上勒了一根繩子：俄國丟掉了來之不易的高加索勝局，還遭受了剝奪黑海軍事用途的恥辱，條約規定，黑海地區保持中立，任何國家的軍艦都不可駛入。相似的，黑海海岸線也被解除了武裝，不可以有軍事據點或存放軍事裝備。[48]

條約的目標是要羞辱俄國並限制其野心。它起到的效果卻恰恰相反——就好像是《凡爾賽和約》一樣，帶來了反作用力和危險後果。這份和約的內容是如此具有懲罰性又條件苛刻，俄羅斯人迫不及待地想要擺脫它的枷鎖，和約也促使了一段變化和改革的時期。克里米亞戰爭顯示出沙皇的軍隊無法和同盟軍展開較量，後者的軍隊更有經驗也更訓練有素。在沙皇亞歷山大二世（Alexander II）閱讀了痛陳俄國軍隊弊端的報告後，從頭到尾的軍隊整頓開始了。[49]

激烈的舉措得以推行：徵兵年齡從二十五歲被改成了十五歲，一舉下調了軍隊的平均年齡，同時訂購了大批訂單以更新陳舊、落伍的軍備。[50]雖然一八五〇年代末發生的一場嚴重的金融危機同樣也產生了影響，但是克里米亞戰爭的失敗和恥辱刺激了沙皇廢除了農奴制，在這種制度下，大量人口都被束縛在土地上並和富有的地主簽有契約。在五年之內，農奴制就被一掃而光，結束了幾百年來的俄國奴隸制。[51]按照當時一些同時代的例子來看，這並非超前之舉。[52]這預兆了向現代化和經濟自由化方向跨出的一大步，在十九世紀下半葉促進了非凡速率的發展：在一八七〇至一八九〇年間，鐵產量翻了五倍，同時還經歷了令人印象深刻的鐵路網擴張，就像一位現代學者所評價的，鐵路網「把俄羅斯從它地理上的局限中解放了出來」——換句話說，把這個巨大的國家連到了一起。[53]不但遠沒有把俄國打趴下，英國反倒幫忙讓精靈從神燈中竄了出來。

甚至在巴黎簽訂的和約上的墨跡還沒乾的時候，俄國野心的層層高升就已經讓人有所感受了。沙皇參加和談的代表團成員之一，一位名叫尼古拉·伊格納采夫（Nikolai Ignat'ev）的軍事專員曾為俄國的遭遇大為憤慨，被俄國在自己黑海沿岸被套上的限制尤其感到怒不可遏，他和普希金的前同窗、密友格恰科夫親王（Gorchakov）做好了安排，要帶領一個深入中亞的使團。他們的目標極其明確：「調查〔這個地區〕並推進能增強俄國影響力的友好聯繫——以削弱英國的影響力。」[54]

伊格納采夫奮力地遊說向波斯和阿富汗派出探險隊，並派外交官訪問錫瓦汗國和布哈拉汗國。他直言不諱地表明，這樣做的目的就是要找一條通向印度的途徑，從匯入鹹海的兩條大河那裡——也就是從錫爾河或是阿姆河流域——抵達印度。他提出，如果俄國能夠和與印度相鄰的人民結盟，並煽動對英國的敵意，那將是最理想的：這是俄國面前的路——而且並不只是在亞洲。[55]

伊格納采夫帶領的使團和其他使團都得到了金援支持。在克里米亞戰爭結束後的十五年中，俄國在未動兵刀的情形下，把成百上千平方英里的土地納入自己的控制。領導得當的探險活動，伴隨著對中國施展出的有效外交壓力，按照一八六一年倫敦外交部門的一位老練的觀察員的報告所言，帶來了「短短十年間」在遠東的「大跨步進展」。[56]

不久後，又有更多南方的草原落到了俄國人的口袋裡，其中包括星羅棋布位於亞洲心臟地帶的綠洲城市。到一八六〇年代末，塔什干、撒馬爾罕和布哈拉，以及繁榮的費爾干納谷地的大部分地方，都已經變成了「受保護國」或是聖彼得堡的封臣，這是完全被吞併進入帝國的序曲。俄國正在建立屬於自己的龐大貿易和交通網，其中的路線如今已經把東部邊境的弗拉迪沃斯托克（Vladivostok，即海參崴）和西部與普魯士接壤的領土，以及高加索以北的白海港口和南方的中亞聯通了起來。

這樣的故事並非一帆風順。雖然急需推行現代化的政策已經在克里米亞戰爭的挫折後啟動了，但是俄國人仍然經受了成長的代價。支持帝國轉型的資金來源是個持續問題，出於地緣政治和財政上的不得已，俄國做出了出售阿拉斯加的尷尬決定。[57]然而，隨著俄國越來越成為英國的心腹之患，倫敦已經構思好了一個停止這場潮湧的方法；如果不能成功的話，就把俄國的注意力轉移到別處去。

第十六章
戰爭之路

在十九世紀末期，俄國的自信、甚至是霸道正在急速增長。過沒多久，俄國就把注意力集中在廢除《巴黎和約》（Treaty of Paris）中關於黑海的條款上。一個接著一個，歐洲各國的外交官員都被不聲不響地遊說成功了，他們支持重新修訂和約內容並刪掉相關的一些特定條款。大多數的國家都沒有什麼反對，但有個國家例外：英國。在一八七〇年冬天，一份提交給英國內閣的關於刪除條款的提案大綱被洩漏給聖彼得堡媒體，同時被曝光的還有倫敦方面對此提案的斷然拒絕。格恰科夫親王成功地讓這件事朝著對俄國有利的方向發展；此事引起了英國媒體的一片譁然。[1]

《旁觀者》對此事的震驚和憤慨是媒體報導的典型態度。俄國重啟協商的企圖是邪惡的，該雜誌宣稱。「俄國未向全世界公開的照會是對歐洲法律、國際道德和英國政策的公然藐視。」[2]有些人堅信，刪除條款的提案意味著戰爭臨近，英國除了用武力維持對俄國的限制以外，已經別無選擇。這樣的反應實在荒謬，約翰・史都華・彌爾（John Stuart Mill）在給《泰晤士報》（*The Times*）的信上寫道；俄國的舉動也許是挑釁性的，但是這不會導致軍事衝突。甚至連維多利亞女王（Victoria）也同意，他給外務大臣葛蘭威爾勛爵（Granville）發去了一封電報：「能否給那些重要報刊一點暗示，讓他們不要煽動戰爭情緒？」[3]

巨大的焦慮並不完全是黑海事務造成的，更多的是來自俄國在大體上越來越願意炫耀其強壯肌肉的行為。當軍事行動是不現實的選項而且手中又握著一手爛牌時，英國除了退讓別無選擇——這激起了首相威廉・格萊斯頓（William Gladstone）和魅力超群的下議院領袖本傑明・迪斯雷利（Benjamin Disraeli）之間激烈的唇槍舌劍。俄國如願以償，也就是能夠自由自在地在黑海沿岸地區活動，克里米亞港口和黑海北岸的任何地方停靠戰艦。按照英國目擊者的說法，這件事在聖彼得堡引起了巨大的歡娛，並被當作是俄國的「勝利」。沙皇亞歷山大二世「據說高興過了頭」，命令冬宮禮拜堂演唱〈讚美頌〉（Te Deum），然後在彼得保羅主教座堂裡「帶著激動的心情禮拜了很久」。[4]

英國已經無力將其經濟實力帶到外交和政治上的成功中。新方式很快就得到了採用。得到討論的話題之一和英國統治者的頭銜有關。考慮到英國君主統治的巨大領土範圍、地區和人口，有提議認為君主頭銜應該從皇家（royal）升級為帝國頭銜（imperial title），這樣的化妝術引起了議會中的激烈爭論，傳統派堅持數百年來保持的位階、頭銜和名稱不可更改。葛蘭威爾勛爵對上議院說，國王（kings）對從屬統治者（subordinate rulers）擁有最高權威，因此既沒有理由也沒有正當性去升級君主頭銜。「親愛的貴族們，」他宣稱，「考慮到女王陛下本人的尊嚴，沒有什麼名稱可以比『維多利亞，大不列顛及愛爾蘭的女王』更有說服力的名稱了。」這就是君主應有的稱呼。[5]

問題在於俄國和沙皇。且不說用羅馬帝國的統治者名稱（「Tsar」即「Caesar」的簡單對應），沙皇榮耀無比的正式頭銜和在正式文件及場合上使用的官方名字後面，帶著一長串他擁有領土的名稱。在一八七〇年代中葉，此時已經當上首相的迪斯雷利向議會說明，一個比女王更高一些的頭銜可以給印度人民帶來更大的信心，當時他已經開始擔心俄國在中亞的優勢了。維多利亞女王同意這一原則，她給迪斯雷利寫信說，「從印度攻打俄國是正確的」，因此更高的頭銜可以提高她在印度臣民那裡的忠誠。[6]

對一些議員來說，他們並不認為要用這樣的方式競爭。當然了，我們英國人「已經統治印度一百年了」，一個議員曾說，我們對改變女王頭銜感到如此堅決，只是「為了讓我們的君主和俄國皇帝的頭銜持平嗎？」[7]但是其他人已經被東方形勢的劇烈變動嚇壞了，他們不顧一切地宣稱「英國對印度斯坦的掌控一定要持續下去」，因此「要寸土不讓」。俄國人的前線如今已經距離女王陛下的印度領土只有幾天之遙，警報已經拉響了。[8]在議會熱火朝天的辯論後，一八七六年通過了一條法案，宣布維多利亞不只是四十多年前加冕時的女王，同樣也是女皇。她很喜歡這個頭銜：在寫給迪斯雷利的聖誕卡上，她的簽名是「Victoria, Regina et Imperatrix」——維多利亞，女王及女皇。[9]

當英國不斷地處於緊張環境中焦躁不安地提防著自己的領土被對手搶去時，像是這樣的人為舉措還伴隨了更具實效性的手段。英國和俄國都開始沉溺於建立間諜系統來監視彼此，以贏得對當地人口的控制並培養自己的影響力。一八八〇年代的旁遮普騎兵團上校麥克倫（Maclean）和印度政治局就負責的是監視波斯、印度和阿富汗的動向。他成立了一些商人組織和地方電報通訊部門，鼓勵他們傳遞有關當地的資訊。麥克倫住在穆斯林教士的家中，給他們

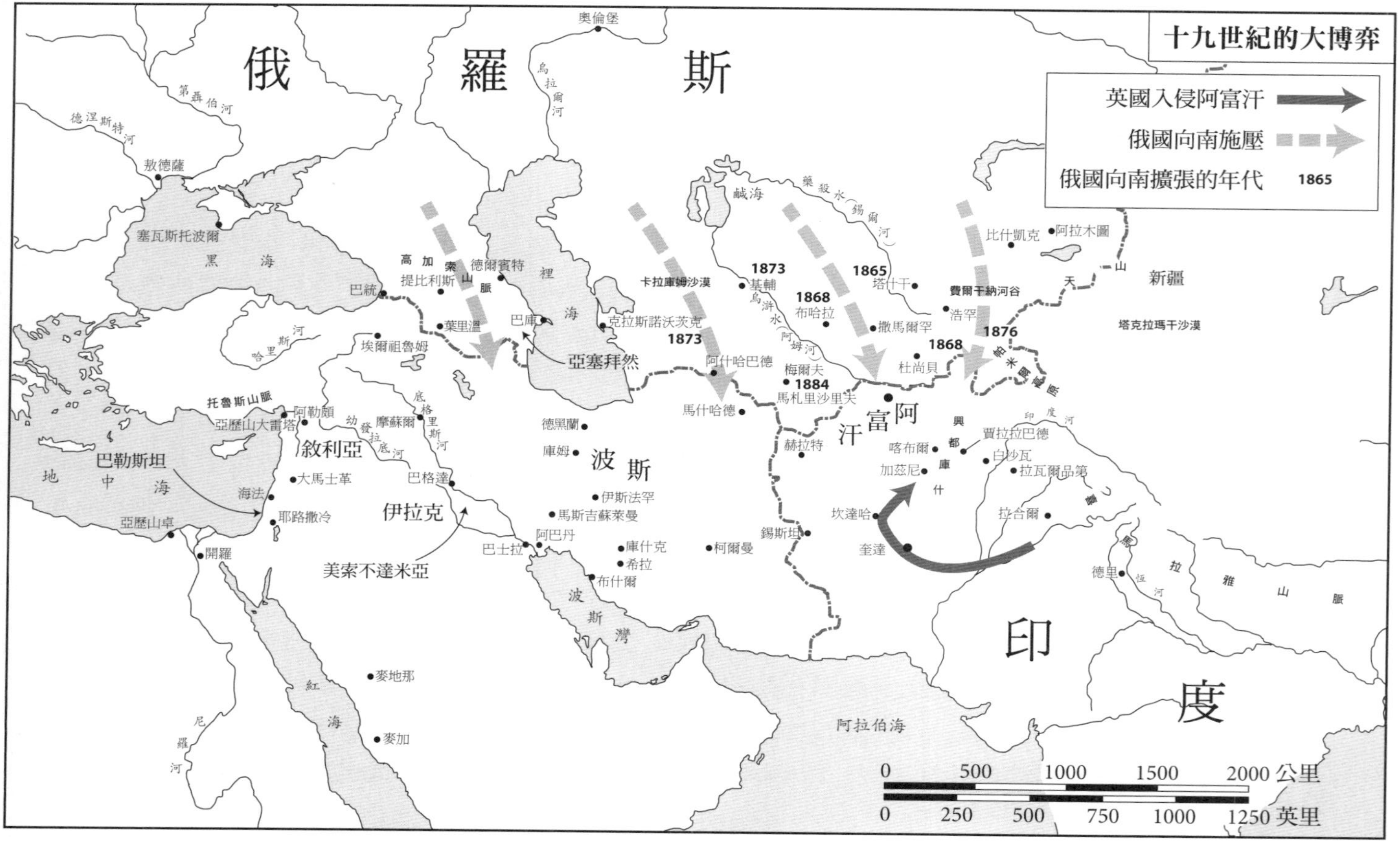
十九世紀的大博弈
英國入侵阿富汗
俄國向南施壓
俄國向南擴張的年代 1865
俄羅斯
奧倫堡
烏拉爾河
第聶伯河
德涅斯特河
敖德薩
塞瓦斯托波爾
黑海
高加索山脈
提比利斯
德爾賓特
巴統
葉里溫
巴庫
裡海
亞塞拜然
克拉斯諾沃茨克
卡拉庫姆沙漠
鹹海
藥殺水 錫爾河
烏滸水 阿姆河
基輔
布哈拉
塔什干
撒馬爾罕
浩罕
費爾干納河谷
比什凱克
阿拉木圖
天山
新疆
塔克拉瑪干沙漠
帕米爾高原
杜尚貝
梅爾夫
馬札里沙里夫
阿什哈巴德
馬什哈德
1873
1868
1865
1876
1884
阿富汗
興都庫什
喀布爾
賈拉拉巴德
白沙瓦
拉瓦爾品第
加茲尼
坎達哈
奎達
拉合爾
錫斯坦
赫拉特
印度河
德里
恆河
喜馬拉雅山脈
印度
阿拉伯海
哈里斯河
埃爾祖魯姆
托魯斯山脈
阿勒頗
亞歷山大雷塔
敘利亞
幼發拉底河
摩蘇爾
底格里斯河
巴格達
伊拉克
美索不達米亞
巴士拉
德黑蘭
庫姆
波斯
伊斯法罕
馬斯吉蘇萊曼
阿巴丹
庫什克
希拉
布什爾
柯爾曼
波斯灣
大馬士革
海法
耶路撒冷
巴勒斯坦
地中海
亞歷山卓
開羅
尼羅河
紅海
麥地那
麥加
0 500 1000 1500 2000 公里
0 250 500 750 1000 1250 英里

提供禮品，包括披肩、地毯、雪茄，甚至鑽石戒指，目的是讓當地人能夠嘗到甜頭和英國人合作。麥克倫把這些賄賂行為合理化為獲得有影響力朋友的疏通管道行為。實際上，他們是在一塊充滿了來自外部的激烈競爭並且難以控制的地區裡鞏固宗教權威的力量。[10]

以英國的觀點來看，俄國在中亞擴張的動機和能力對於英國在印度的防務是實實在在的心頭大患。倫敦已經在討論對俄國展開軍事對抗，迪斯雷利建議女王要準備好授權英國軍隊「向波斯灣派兵，印度的女皇應該命令她的軍隊把中亞的俄國人清理乾淨，將他們趕到裡海裡去」。[11]當局是如此緊張，以至於印度總督萊頓勛爵（Lytton）在一八七八至八〇年間不只一次，而是兩次下命令入侵阿富汗，在喀布爾扶植了一個傀儡統治者。英國不厭其煩地奉承波斯，以勸說其簽訂讓波斯保護中亞從而阻止俄國的《赫拉特公約》（Herat Convention）。這可不是一項容易的任務，因為波斯本身在這第一地區就有自己的利益，而且英國在不久前剛剛以犧牲波斯的代價介入阿富汗，波斯人此時仍在為此耿耿於懷、臥薪嘗膽。[12]與此同時，英國努力和坎達哈建立起聯繫，以求能打造更好的預警機制以防範俄國無論是軍事上還是其他方面的意圖。[13]

英國的高級將領耗費了大量精力以評估如何處理俄國可能對英屬印度發起的入侵。從一八七〇年代末開始，有一系列以更廣闊的戰略視角來看待問題的報告出現：以此來看，英國和俄國在其他方面的爭執及緊張關係可能也對雙方在東方的對立產生了影響。在一八七七年俄國入侵巴爾幹地區後，有一份備忘錄提到了：「如果英國加入土耳其和俄國的戰爭的話，英國在印度應該採取哪些措施。」還有另外一份在一八八三年完成的備忘錄中提到了這樣的問題：

「俄國的弱點在哪裡？最近的一系列事件將如何影響在印度的邊境政策？」事態發展的嚴肅程度可以從下面這件事上得以清晰顯現：鷹派將軍弗德里克・羅伯茨爵士（Frederick Roberts，他後來成為了勛爵）在一八八五年被任命為印度的總司令。[14]

即便是在一八八六年英國獲得了亞歷克塞・庫羅帕特金（Alexei Kuropatkin）準備的一系列入侵計畫之後，仍然不是所有人都對亞洲持有這樣的冷峻觀點。[15]軍事情報部門主管亨利・布拉肯伯里（Henry Brackenbury）就認為，考慮到俄國的進攻意願和沙皇軍隊為入侵所做的準備，俄國的威脅是被誇大了。[16]喬治・寇松（George Curzon）當時只是一名前途光明的議員和牛津大學萬靈學院的獎學金學生，但是不到十年間，他成了印度總督，他對俄國威脅的態度則更為輕視。他不覺得俄國在東方的利益背後存在總體規劃或整體戰略。他在一八八九年寫道，那些政策遠算不上「連續的、堅持的或是嚴肅的」，「我相信那只是臨時應急的政策，是為了臨時應變突發事件，俄國的政策是從別國的錯誤中獲利，但它又常常自己出錯。」[17]

能夠絕對確定的是，俄國對於中亞整體狀況的態度夾雜著許多混沌不清和一廂情願，它對待印度的態度尤其如此。在俄國軍隊中有些頭腦發熱的人誇誇其談要頂替英國成為印度次大陸的主宰者的宏大計畫，雖然有許多舉措貌似能顯示出俄國絕不僅僅是被動地等待利益上門：例如，軍官被送去學習印地語，以為即將到來的介入印度事務做準備。而且也有人在鼓動俄國，比如旁遮普的大君杜立普・辛格（Duleep Singh of Punjab），他寫信給沙皇亞歷山大三世（Alexander III），呼籲「為兩億五千萬國人解脫英國殘酷的枷鎖」，並宣稱他是「代表印度大多數的有實力的王公」來講話——這看起來是一封讓俄國擴張其南方邊境線的公開請柬。[18]

但是在實際操作中，事情絕不是那麼容易。首先，俄羅斯已經在面對如何管理剛剛納入到帝國版圖不久的遼闊新領土的棘手問題了。送到突厥斯坦的官員不得不被複雜又常常矛盾的地政事務搞得焦頭爛額，他們做出的疏濬地方稅務和法律的努力也遇到了必然的反對。[19]而且人心所向的現實也頗為嚴峻，這讓聖彼得堡的部長內閣裡越來越認為，「我們東部邊疆的狂熱心態」導致了伊斯蘭教的影響幾乎體現在這些如今已經是在沙皇領土上的「新俄羅斯人」日常生活中的任何方面。[20]對這些新進吞併的領土中爆發反抗和動亂的焦慮與日俱增，因為強制性的兵役已經在這些地區推行下去，而經濟上的要求則有意地控制在較低水平。正如當時一位重要的知識分子刻薄地寫道，俄國的農民卻享受不到這樣慷慨的待遇。[21]

複雜局面也在對待當地人口的態度中顯現出來。俄國的評論者注意到英國士兵在塔什干的巴札裡對待當地人的方式「更像是在對待動物」；有一次，一個英國上尉的妻子公開地拒絕讓喀什米爾的大君護送她去用晚餐，她聲稱他是個「髒兮兮的印度人」。然而對於所有的這種批評，俄國人的態度也並沒有多麼開明：沙俄軍官也許曾在彼此間抱怨過英國人對待當地人的做法，但是幾乎沒什麼證據能表明他們是真心對此不以為然。一個十九世紀時造訪印度的俄國人寫道，「所有印度人，沒有例外，都是把他們全部的才能和靈魂都用在最恐怖的高利貸上。降臨在當地人頭上的悲慘是他們活該為他們的謊言遭罪！」[22]

然而俄國對即將接觸到的新世界深感興奮，正如俄國內政部長彼得・瓦魯耶夫（Pyotr Valuev）一八六五年的日記裡所寫的。「切尼亞耶夫將軍（Mikhail Cherniaev）已經拿下了塔什干。沒人知道是為了什麼，出於什麼目的……〔但是〕毫無疑問，我們在我們帝國遼遠的邊疆上的行動實在是引人興奮。」擴展邊界真是妙不可言，他寫道。俄國先是到了阿姆河，隨後又到了烏蘇里江。現在則是到了塔什干。[23]

然而，雖然問題棘手，但是俄國在東方的影響力和頻頻出手，讓俄國人發展屬於自己的絲綢之路的速度變得更快了。跨西伯利亞鐵路的建設，已經和中國東三省鐵路（簡稱中東鐵路）相連，這立即促成了貿易大爆發，在一八九五至一九一四年間的貨物量上翻了將近三倍。[24]這樣的建設資金是由新成立的華俄道勝銀行（Russo-Chinese Bank）等法人實體支持的，這些機構成立的目的就是為了準備在遠東的金融經濟擴張。[25]正如俄國首相彼得・斯托雷平（Pyotr Stolypin）一九〇八年在俄國杜馬（Duma，議會）中所言，俄國的東方是孕育繁榮和資源的地區。「我們遙遠、蠻荒的邊疆蘊藏著豐富的黃金、木材、皮毛和廣闊的可耕地。」雖然現在人煙稀少，他強調，但是這些地方並不會空曠很久。俄國需要抓住面前的機遇。[26]

以英國的觀點來看，考慮到英國警惕地維護其在遠東地位的立場，這樣的發展實在令人不安。尤其是試圖打開中國市場的努力已經被證明了是不容易做到的。例如在一七九三年，第一支要求建立貿易社區權利的英國使團已經遭到了乾隆宮廷的傲慢對待。「天朝所管地方至為廣遠」，如乾隆給英王喬治三世的信中所言，照此而言，英國的要求實在不算意料之外。「爾之正使等所親見，」作者輕蔑地繼續寫道，「種種貴重之物，梯航畢集，無所不有……並無更需爾國制辦物件。」[27]

實際上，這只不過是吹牛——因為條款內容在時機恰當的時候還是獲得了同意。英國的態度得寸進尺，激烈地認為觸手伸得越遠越好，進攻就是最好的防守。[28]因此，中國人最初的遲疑並非沒有道理，因為一旦給出了貿易特權，英國就更加毫不遲疑，利用武力維護和擴張它的地位。位於商業擴張核心的是鴉片銷售，雖然這遭到了中國人的激烈抗議，他們的憤怒是出自英國當局根本不屑理睬鴉片上癮所帶來的災難後果。[29]一八四二年的《南京條約》開放了此前被嚴格控管的港口，並且將香港割讓給英國，在此之後，鴉片貿易便更加猖獗了；在一八六〇年，英國和法國攻入北京、洗劫並焚毀了圓明園之後，英法獲得了更多的特許權。[30]

有些人把這一重大時刻看作是西方勝利的又一篇章。正如英國媒體中的一篇報導所說的，「如今英國的天命就是打破歐洲世界長久以來感到神祕的政府體制，向歐洲人民揭露它的空虛和邪惡」。另一個評論者也同樣直言不諱，中國「神祕和排外的野蠻作風」，他寫道，「已經被西方文明勢力打得粉碎」。[31]

英國希望抗衡俄國在遠東不斷做出的種種舉動，因此在一八八五年，英國做出決定，占領位於朝鮮半島南部的巨文島。如內閣所被告知的，「將這裡作為阻止俄國太平洋勢力的基地」，也是「抵禦弗拉迪沃斯托克的前哨站」。[32]這個決定的目標是為了保護英國的戰略地位，尤其是保護和中國的貿易——如果必要的話，就先聲奪人襲擊對手。在一八九四年還沒有鐵路開拓出的新機遇時，中國超過八成的海關收益都是由英國人和英國公司支付的——他們的船隻還運輸著超過中國總貿易量五分之四的貨物。很顯然，俄國的崛起，以及新的陸上線路會把貨物帶到歐洲，這威脅到了英國的利益。

正是在這種背景之下，越來越對立和緊張的關係在一八九〇年代末體現出來，俄國開始加緊腳步拉攏波斯。雙方結盟可以從西北方向威脅印度。在倫敦，正如之前已經下了結論的，雖然俄國多次有意為之，但途經阿富汗，通過興都庫什山脈向印度次大陸施加的壓力還是很有限。雖然對那些紙上談兵的戰略家來說，策劃一條地理難度極大的中亞進攻路線貌似容易，但後來他們意識到，雖然出其不意的小規模進攻也許可行，但以事實來看，這一地區的地形讓大規模的軍事行動難以實施，在群山隘口間展開行動難度極大，這些地方正是以艱險和極難征服而著稱。

但若是經過波斯展開攻擊就是另外一回事了。俄國的行動已經在其南翼越來越活躍了。出乎英國軍官和情報人員的意料，他們在一八八四年占領了梅爾夫並不斷向德黑蘭示好，英國人是透過報紙上的報導才恍然大悟的。如今俄國的邊境線距離赫拉特已經不到兩百英里了，從坎達哈進入印度的通道如今門戶大開。更讓人擔心的是，緊接著最新的成功擴張，基礎設施工程開始將這些新區域和俄國心臟地帶連接起來。在一八八〇年，外裡海鐵路（Trans-Caspian Railway）工程動工了，這條線路不久後就延伸到了撒馬爾罕和塔什干，並在一八九九年之前就聯通了梅爾夫和庫什克（Kushk），這裡已經距離赫拉特很近了。[33]這些鐵路可不只具有象徵意義：這將是一條把物資、武器和士兵運送到大英帝國後門的動脈線。正如陸軍元帥羅伯茨勛爵（Roberts）對東方軍區的軍官們強調的，鐵路線擴展至此已經實在令人遺憾了。但是現在，英國已經畫下了一道「絕不准俄國跨越」的線。如果它敢跨越一步的話，元帥指示，「即將被視為宣戰的理由」。[34]

鐵路線也代表了經濟上的威脅。在一九〇〇年，在聖彼得堡的英國大使館給倫敦轉發了一份俄國軍官寫的小冊子的內容總結，小冊子的作者支持將鐵路線伸入波斯和阿富汗。這名軍官承認，英國人很有可能不會對這個新運輸系統展示出善意，但是這也不令人意外：畢竟，一條跨越整個亞洲的鐵路將會「把印度和東亞的所有貿易都交到俄國手上，歐洲也將掌握在〔俄國人〕手中」。[35]這太誇張了，就像回覆這份報告的一位高級外交官所說的。「這個作者所提出的戰略考量價值不大」，查爾斯・哈丁（Charles Hardinge）寫道，因為俄國一定是瘋了，才會忽略英國對波斯灣的控制而在這個地區展開行動。[36]

然而，在一段英國的焦慮感已經極為高漲的時期裡，俄國像這樣的展開商業擴張的呢喃低語，卻是英國的另一個焦慮誘因。就像以前一樣，捕風捉影和各種陰謀藏在每個角落，它們都被焦慮的英國外交官一絲不苟地記錄了下來。各種奇怪的問題被提了出來，為什麼那個在布什爾（Bushihr）現身的帕斯楚斯基（Paschooski）醫生沒有早點被發現？他所聲稱的治療傳染病的報告是否可信？有沒有更新的消息？那個被認定是「達比亞親王」（Dabija）的俄國貴族的到來也受到了極大懷疑，「他的行蹤和動機都十分低調」，英國人緊緊盯著他的一舉一動。[37]在倫敦，俄國成了內閣會議議程的頭條議題，吸引了首相本人的關切，也是外交部門最優先的事務。

短期來看，波斯是競爭最激烈的競技場。波斯統治者被那些想要建立良好關係的國家提供的各種慷慨的軟貸款養得很肥，這多虧了波斯所處的戰略地位正好是東西方的支點。英國在十九世紀末一直小心翼翼地滿足著波斯統治者奢侈的揮霍和經濟胃口，在一八九八年時，留著誇張八字鬍的穆札法魯丁沙王（Moẓaffar od-Dīn）丟下了一顆震撼彈，他拒絕了一份兩百萬英鎊的新貸款提議。高級官員立即被派去了解箇中內情，誰知調查人員卻受到了阻礙。英國首相索爾斯伯利侯爵（Salisbury）親自了解其中原委，並給財政部發出指令，讓財政部軟化條件，並增加提案的數額。關於此事背後內情的小道消息開始四處流傳：最終一切都水落石出了，原來是俄國提供了比英國高得多的貸款金額和優惠得多的條款。[38]

這一切都是靠聖彼得堡方面高超的政治運作得來的。當外國投資也開始湧入俄國，俄國的稅收大幅增長。緩慢但堅定地，中產階級出現了——他們像是契訶夫（A. Chekhov）的《櫻桃園》（*Cherry Orchard*）中羅巴金（Lopakhin）那樣的角色，他們之前的一代人還被禁錮在土地上，但他們這代人則有機會在社會變革、新興國內市場和出口貿易的機遇中冒險，為自己獲得財富。經濟歷史學家喜歡強調城市化發展水平、生鐵產量的激增和新鋪設的鐵軌長度來突出這時期的快速發展。但是我們只要看看這個時期的文學、藝術、舞蹈和音樂，看看燦若群星的托爾斯泰、康丁斯基、達基列夫、柴可夫斯基等數不勝數的大師，就足以感受到俄國正發生著什麼：在文化和經濟上，俄國都正處在一片繁榮之中。

隨著俄國益發地自信有力，波斯不可避免地轉向了俄國，因為後者可以滿足其對金錢貪得無厭的饑渴，這種貪婪一部分是來自行政結構的低效率，另一部分是由於統治階層的奢侈品味。摩提墨・杜蘭爵士（Mortimer Durand）是駐德黑蘭的公使，他在一九〇〇年初從君士坦丁堡的奧地利人脈那裡收集到了許多資訊，揭示出沙皇政府願意提供壓過英國的貸款金額，這份報告讓倫敦頓時亂作一團。[39]各種委員會開始著手把奎達的鐵路線延長至錫斯坦（Sistan），正如寇松勛爵所言，「要挽救波斯南部，免於讓波斯落入〔俄國的〕掌心」。[40]

有各種激進的提案被提出來以制衡俄國已經獲得的優勢，這其中包括在錫斯坦地區建設一個重要的灌溉工程，以此來作為一種培育土地的方式，並且建立起地方上的聯繫。甚至有提案談論到了英國可以將赫爾曼德省（Helmand）出租給波斯，因此通往印度的路線可以得到有效的保護。[41]到目前為止，俄國的進攻已經不是一個「是否」命題，而是一個「什麼時候」的命題了。正如寇松勛爵在一九〇一年說過的，「我們要在我們和俄國之間有些緩衝國」。一個接著一個，這些緩衝國相繼被「砸成了碎片」。中國、突厥斯坦、阿富汗，現在又輪到波斯了。緩衝，他補充說，已經「薄得就像是一張脆餅了」。[42]

索爾斯伯利侯爵已經急不可耐，他催促外相蘭斯敦（Lansdowne）找到借錢給波斯的方法。「形勢看起來……已經沒有希望了」，首相在一九〇一年十月這樣寫道。在收到沙王和周圍的人能夠從別處迅速獲得大金額的警報後，財政部才十分不情願地給他的提案加了碼。可以採取的措施已經越來越少了。「如果找不到錢，」首相寫道，「俄國將會〔在波斯〕建立起實際保護，那我們就只能用武力才能守住波斯灣港口，不讓它落入他人之手了。」[43]

英國在一年前得到報告說俄國正著手控制阿巴斯港——這是位於波斯灣最西端扼守霍爾木茲海峽的戰略要地。正如一個緊張的官員告訴上議院的，「一個大國如果在波斯灣擁有海軍基地的話，這不僅會威脅我們和印度及中國的貿易，還會影響到澳大利亞的貿易」。[44]當英國軍艦得到命令，將對俄國的任何行動採取相等的制衡手段時，蘭斯敦勛爵強硬無比地表示：「我們應該意識到，任何其他大國在波斯灣建立的海軍基地、軍港的行為都是對英國利益的致命威脅。」這樣的後果，他說，將十分嚴重。他的意思是爆發戰爭。[45]

俄國的幽靈無處不在。心情焦慮的外交官提交的關於沙皇官員、工程師和密探在波斯行動的報告，像雪片一樣湧入了倫敦。[46]在英國議會中得到最嚴肅討論的是一家俄國人支持的新貿易公司，他們活動的範圍是在黑海沿岸的敖德薩（Odessa）一直到波斯南部沿海的布什爾。言之鑿鑿的報告引起了議員的警惕，上面說，據稱那些觀測「鳥類、蝴蝶和其他微生物」的神出鬼沒的人實際上都是俄國間諜，他們是在給漫長邊境地區的部落居民分送槍枝以攪動事端。[47]形勢已經吸引到了愛德華七世（Edward VII）國王的注意，他在一九〇一年對外相表達了他的擔憂：「俄國的影響力看起來日益滲入波斯，給英國造成了損失。」他還催促外相告知波斯沙王，不起身反對俄國人是不可容忍的。[48]這樣的警告對沙王來說無足輕重，駐德黑蘭的英國公使西里爾・斯普林－萊斯爵士（Cecil Spring-Rice）報告說，沙王一口認定他「不打算讓波斯捲入對印度的入侵」。[49]

在帝國過度擴張的激烈感受之下，焦慮也上升到了高峰。南非的布爾（Boers）和中國義和團的抗爭顯現出英國正在經受著海外失控的危險——這更進一步加深了對俄國擴張的恐懼。在一九〇一年底，倫敦內閣收到了一份滿含失望的報告，報告提出，一旦鐵路線從奧倫堡（Orenburg）延伸到塔什干的話，俄國便能夠派遣二十萬人進入中亞，並且有超過一半此數目的軍隊可以被輸送到印度邊境。[50]緊跟著這份報告的是另一份來自喬治亞巴統（Batumi）的報告，說俄國即將派送兩萬人前往中亞——後來被證明這只是不實消息。[51]站在英國的角度來看，問題在於英國可行的選項看起來十分有限：鞏固邊防的花費將造成災難——經過計算，在此後的短短幾年裡，花費將不會低於兩千萬英鎊，而且還要外加逐年遞增的花費。[52]一九〇五年發生在聖彼得堡大街上的暴力和沙皇的海軍在日俄戰爭中的災難性失敗，並沒有帶來多少安慰，對很多人來說，俄國掙脫套在身上的枷鎖只是時間問題。英國根本就負擔不起抵禦被公開地稱作「俄國威脅」的代價；需要有其他解決方案來阻止糟糕的局面變得更糟。也許，如軍情單位的一份報告所暗示的，也許是時候該跟德國談談條件來牽扯俄國人的心思了？[53]

在倫敦，人們開始談論英軍介入美索不達米亞的可能性，以此來增加英國在中東地區的勢力，這是英國當前的恆定利益考量的一部分。帝國防務委員會評估了占領巴士拉的可能性，同時還興致高昂地討論如何肢解土耳其的亞洲部分，以進入幼發拉底河的富庶地區。隨即在一九〇六年，有提案建議修建一條從波斯灣到摩蘇爾的鐵路，除了各種其他利益之外，鐵路還能讓英國把軍隊送到俄國在高加索的薄弱地區。[54]這些提案一個接一個被否決了，根本原因都是實際操作的難度和巨額花費：如新任外相愛德華・格雷爵士（Edward Grey）所言，入侵的花費——以及控制和防衛新國界的代價——將會以數百萬的數目來計。[55]

格雷心中另有打算。英國在東方的地位已經受限並且危險地暴露在外。目前所需的是把俄國的注意力徹底從這個地區移開。他在一九〇五年末上任的僅僅一個月前，才在《泰晤士報》上發表了一段大膽的談話，在談話中他清楚地表示，如果能夠就「我們的亞洲財產」有所共識的話，英國政府將絕對不會「反對或是阻撓俄國在歐洲的政策」。因此「俄國的地位和影響」可以在歐洲擴大——換句話說，讓他們把亞洲放開。[56]

這時候的時機再好不過了。法國正越來越對它的鄰居和仇敵德國的經濟迅速增長感到不安。對一八七〇至一八七一年的普法戰爭仍然記憶猶新——普魯士在這場戰爭中圍攻了巴黎，並在簽訂了停戰協議後，在巴黎市中心的街道上舉行勝利遊行。普魯士入侵的速度造成了大恐慌，尤其是自從德國統一成了一個帝國，並在凡爾賽宮大聲宣布德意志帝國成立之後，法國人害怕再有一次閃電襲擊會出其不意地發生。

這已經足夠糟糕了。法國人深深地擔憂德國工業的迅速興起，在一八九〇年後的二十年間，德國的煤產量提高了一倍，鋼產量則翻了三倍。[57]迅速成長的經濟給本就已經令人印象深刻的陸軍和海軍帶來了更多投入。從一八九〇年代初開始，法國外交人員憤怒地在幕後拚命活動，以便和俄國簽訂軍事協定，隨即更發展成了全方面的結盟，法國的最基本目的就是要自衛：兩國同意在德國或德國的盟國動員軍隊的情形下對德國發動進攻——而且兩國還正式協定，如果倫敦方面做出對任何一方不利的舉動時，他們也將一同反對英國。[58]

英國想要把俄國的注意力拉到其西方邊境上的目標對法國來說簡直是雪中送炭。倫敦和巴黎重歸於好的第一階段發生於一九〇四年，當時雙方在討論了全球的共同利益後簽訂了《英法協約》（Entente Cordiale）。不出意料地，俄國議題在這些談判中都是核心內容。在一九〇七年，同盟協議正式達成了。英法和俄國簽署了有關於世界心臟地帶的正式協定，三國劃定了各自在波斯的勢力範圍，同時還有條款將俄國在阿富汗的干預程度限制到最低。[59]愛德華・格雷提出，讓印度能解脫「恐懼和負擔」的方法，是和俄國打造更正面的相互理解。這能確保「俄國將無法得到對我們構成危險的波斯領土」。[60]如他在一九一二年吐露的，一直以來，他都對試圖同時打壓和限制俄國的傳統政策難以苟同，他指出：「多年以來，我都認為這是錯誤的政策。」[61]換個角度而言，尋求結盟將是體面得多、也更有成效的辦法。

然而，重要的外交官們卻認為，和俄國修好也是要付出代價的，這個代價就是德國。正如倫敦外交事務部門的常務次長查爾斯．哈丁爵士在一九〇八年表示的，「和俄國就亞洲和近東事務達成良好理解，對我們來說，比和德國保持關係要重要得多。」[62]他不顧一切地反覆重申這一點，甚至兩年後當他被任命為印度總督後也依舊如此。他寫道，如果俄國在波斯越來越占上風，「我們也只有束手無策」。因此要不惜一切代價在歐洲保持均勢。「一個對我們不友好的法國和不友好的俄國對我們的影響，要遠大於一個不友好的德國。」[63]因為在波斯的英俄關係緊張，從而讓英國和俄國的兩國關係「受到了嚴重限制」，駐聖彼得堡大使亞瑟．尼柯爾森爵士（Arthur Nicolson）認同地說。「我認為，」他表示，「要不惜一切代價全力維護我們和俄國的相互理解，這是絕對有必要的。」[64]

不惜代價讓俄國的滿意變成了同盟條約簽署後英國政策的驅動力。在一九〇七年，愛德華．格雷爵士告訴駐倫敦的俄國大使，如果俄國能同意建立起「永久的友好關係」的話，英國將考慮在博斯普魯斯問題上採取更靈活的態度。[65]這足以造成歐洲的權力大洗牌，因為此時聖彼得堡正在開始一輪外交斡旋，包括獲得奧地利人在博斯普魯斯海峽問題上對俄國的支持，以換取俄國承認奧匈帝國對波士尼亞的吞併——時間將證明這筆交易會造成嚴重後果。[66]

在一九一〇年，愛德華．格雷爵士再次寫到了在必要情況下犧牲柏林的內容：「我們不能為了和德國達成政治諒解，而造成我們和俄國與法國分裂。」[67]這種執著的態度得到了聖彼得堡的熱情回應，後者認識到了英國狂熱地獻殷勤之舉——以及這種態度會給俄國提供的機遇。「在我看來，」俄國外交大臣塞爾吉・薩佐諾夫（Sergei Sazonov）在一九一〇年末時喜孜孜地表示，「倫敦的內閣十分重視一九〇七年的《英俄協定》對英國的亞洲利益的重要性。」這就是目前的情況，他繼續說道，貌似可以推動英國接受重要讓步，「以保持這份對於他們十分重要的協定持續有效」。[68]這絕對是敏銳的觀察。

當俄國軍隊在一九一〇年開始在蒙古、西藏、中國突厥斯坦進行新的進攻，英國觀察員們幾乎無法按捺住他們的驚恐。[69]俄國人擴張的成果更突出了英國人的地位是多麼岌岌可危。事情看起來已經壞透了，就像格雷在一九一四年春天的評估所清晰顯示的那樣。在阿富汗、西藏、蒙古和波斯，情況是同樣的：「整個這條線上都是這樣，我們有想要的東西，但是我們拿不出任何籌碼。」在波斯，事情一直維持在英國對俄國已經「無可退讓」的地步，他指出，而且英國在阿富汗也同樣沒有任何手段可言。更糟的是，「俄國人願意占領波斯，而我們不願意」。[70]英國已經精疲力竭了——至少在亞洲是這樣。的確，是時候該結束這場遊戲了。現在的問題是，結束的時間和地點。

正當擺在現實面前的困難讓英國官員們焦頭爛額的時候，他們並沒有失去敏銳的判斷，這就是他們必須要做好準備應付他們預想中的終極噩夢情節，這種情況將會輕易地將危機四伏的形勢變得更加痛苦，這個終極噩夢就是：俄國和德國結盟。這樣的恐懼已經尾隨英國的政策制定者有一段時日了。事實上，一九〇七年英俄結盟的一個重要因素就是彼此展開協作，找到一個讓雙方在亞洲都有利的現狀。為了維持微妙的平衡，亞瑟・尼柯爾森爵士對格雷強調，最重要的就是「阻止俄國向柏林靠攏」。[71]

驚惶失措的感受伴隨著德國能力和野心的增長益發嚴重。焦慮的來源是柏林繁榮的經濟和軍費開銷。英國外務部的一些重要人物毫不懷疑德國的目標就是「獲得歐洲大陸的優勢」，而這會導致軍事對抗。畢竟，所有的帝國都面臨來自競爭對手的挑戰，愛德華・格雷爵士是這樣被提醒的；「以我個人而言，」尼柯爾森說，「我確信，或早或晚，我們還是得和德國重複同樣的較量」。因此，讓法國和俄國高興是至關重要的事情。[72]

德國打破歐洲——乃至更廣闊地域上微妙的勢力均衡狀態的潛力，意味著一場巨大的風暴正在醞釀。對於「俄國將加入到『中歐勢力』的聯盟一邊」（即德國、奧匈帝國和義大利三國）的恐懼越來越急促。鬆動英、俄、法三國並「破壞……三國協約」被認為是柏林方面的首要目標。[73]「我們認真地擔憂」，格雷在又一輪的焦慮之後承認道，俄國存在著退出三國協約的可能性。[74]

這樣的惶恐並非毫無根據。例如，德國駐波斯大使意識到德國在波斯「沒有什麼便宜可占」，但是如果俄國在波斯的利益出現危機，我們就可以在其他的什麼地方從聖彼得堡身上得到好處。[75]這就是德國皇帝和沙皇尼古拉斯二世（Nicholas II）於一九一〇年冬在波茨坦（Postdam）會面的歷史背景，與此同時，雙方高級外交官們還舉行了高級別的磋商，正如亞瑟・尼柯爾森爵士所稱的，外交官們都認識到了「歐洲正在分邊站」的危險，這可能會造成英國的損失。[76]

對德國及其行為（無論是真實的或是猜想的）的懷疑，甚至在一九〇七年協約的很久以前，就深深烙印在英國外交人員的心裡。三年前，弗朗西斯・博蒂爵士（Francis Bertie）曾在他派駐巴黎擔任大使之前收到了來自外務部門助理的一封信，信中強調了在法國的任務要由一個「眼睛睜得大大地，緊盯著尤其是德國人的最新動向」的人來領導的重要性。在回信中，博蒂寫道，嗅出德國身上的可疑之處是十分正確的：「除了傷害我們之外，德國從沒幹過其他事情。無論是商業上還是政治上，德國的虛假和貪婪都是我們真正的敵人」。[77]

這當然也極為諷刺，受到威脅的感受本身也凸顯在這個中歐國家自己身上，德國已經感受到了自己被夾擊在法俄同盟之間，這兩個國家的同盟提出將對挑釁行為採取軍事合作和聯合攻擊。用不了多久，這種腹背受敵的焦慮就會導致德國最高指揮部開始著手制定自己的對策了。在一九〇四年法俄結盟後，德軍總參謀長馮・施里芬伯爵（Alfred von Schlieffen）已經從一八七〇年把法國打得七零八落的經驗中總結、制定出了一個計畫，讓德軍先促使法國中立，然後再向東對付俄國。這是一份在軍事上、後勤補給上都雄心勃勃的計畫：它需要有一百萬鐵路工人、三萬輛火車頭、六萬五千節客廂和七十萬節貨廂，在十七天的時間裡運輸三百萬士兵和八萬六千匹馬以及堆積如山的彈藥。[78]

和這份藍圖相對照的，是一份俄國軍隊相似的計畫，這份一九一〇年夏天的計畫被稱為「Plan 19」，是一套細節詳盡的應對德國進攻的方案，其中包括撤回到從科夫諾（Kovno）至布列斯特（Brest）南北線上的一條軍事要塞防線並準備防守反擊的計畫。在一九一二年，該方案又得到了兩份增進版本，分別被稱為「Plan 19A」和「Plan 19G」，後一份計畫包括在德國著手進攻時就立即發動防守反擊的方案，這樣的意圖十分明確：「就是將戰火燒到〔敵人的〕國土上」——也就是說，在德國和奧匈帝國的領土上作戰。[79]

德國最高指揮部和德國皇帝都急切地感受到了來自外部的壓力，並且感受到自己正在被擠到角落裡去。公眾聲音對修建從柏林至巴格達的提議大力反對，這讓德皇十分困擾：的確，他思忖道，把鐵軌鋪設到那麼遠的地方只會是為了應對和英國開戰的情形。但即便真的發生了，他接著說道，把我們的士兵駐紮在離家那麼遠的地方是否現實呢？[80]

這也許是德國對法國於一九一一年派兵進駐摩洛哥的反應，此舉違反了柏林和巴黎之前達成的協定。為了這件事，德國出動了黑豹巡洋艦以迫使法國遵守協議，但是結果卻事與願違。這不僅僅讓德國面臨尷尬的公關局面，顯示出其政治上的選擇十分有限，但是讓事情變得更糟的是柏林股市暴跌：在一九一一年九月的摩洛哥危機中，股價下跌了百分之三十，致使帝國銀行（Reichsbank）在一個月內就喪失了五分之一的儲備。儘管這場金融災難並不是法國促成的，但是正如許多德國人相信的，法國人在這裡面大獲好處，而且還撤出了短期資金，此舉毫無疑問地成為了流動性危機的原因之一。[81]

為了能打通新的管道、建立新的關係和同盟，德國人付出了巨大的努力。許多注意力被傾注在近東和中東事務上，德國的銀行在埃及、蘇丹和鄂圖曼帝國迅速擴張，各種研究阿拉伯、波斯等相關學問的專案計畫不僅獲得了慷慨的資金支持，還得到了德國皇帝本人的追蹤關注。伊斯蘭地區和德語地區越來越多的聯繫吸引了年輕人的想像力，同時也吸引了學者、軍人、外交官和政客的想像力。一個二十歲出頭的年輕人充滿渴望地寫道，當他遠眺維也納美麗的建築物和環城大道時——他難以自控地感受到了「魔法效應」。然而阿道夫・希特勒（Adolf Hitler）並沒有感覺自己是回到了神聖羅馬帝國，或是古希臘時代，這是兩個浪漫化過去的明顯選擇；而他的感受，是他彷彿置身於《一千零一夜》（*A Thousand adn One Nights*）的場景中。[82]

一種危險的受困心態正在德國積鬱著，同時還有一種緊張感，認為柏林的敵人們十分強大，德國只是活在他們的憐憫之下。總參謀長施里芬的繼任者毛奇（Helmuth von Moltke）和其他的高級軍官都確信戰爭是不可避免的，衝突來得越早越好；按照他的話說，推遲對抗將會讓德國處於不利。毛奇在一九一四年春天提出，最好在「我們仍有勝算的時候」先開戰。[83]

羅伯特・穆齊爾（Robert Musil）在一九一四年九月時說，為什麼我們如此被憎恨？這種嫉妒是因為「我們哪裡做錯了嗎」？[84]他正確地感受到了歐洲正變得越來越緊張的氣氛，甚至在通俗文化中也能感覺得到。關於德國間諜和德國計畫征服歐洲的書籍變得越來越受歡迎。威廉・勒奎（William LeQueux）的小說《一九一〇年的侵略》（*The Invasion of 1910*）賣出了超過一百萬冊並被翻譯成二十七種語言；還有薩基（Saki）的《當威廉到來》（*When William Came: A Story of London under the Hohenzollern*），這是另一本在戰爭來臨前的暢銷書，講述了一個從亞洲歸來的英雄幫英國打敗德國占領者的故事。[85]

這些書幾乎都能讓德國人學到一些降低風險或展開反擊的方式，這些故事成了德國的自我實現預言書。這麼說是完全有道理的，比如，書中說應該從俄國那裡獲得保障和同意——單是這點就已經夠讓英國人緊張了。[86]與之類似的，戈爾茨將軍（Colmar von der Goltz）給德軍提出了建議，目的就是為了讓德國在軍事危機中得到優勢。這位將軍花了十年以上的時間幫助鄂圖曼帝國軍隊進行改革，他在土耳其被稱為「戈爾茨帕夏（Goltz Pasha）」。戈爾茨告訴他的同事們，就像對付俄國時土耳其的支持會大有幫助一樣，土耳其在近東的支持也會對反英「有最寶貴的價值」。[87]

問題是，德國人對於鄂圖曼世界的投入已經引起了俄國的緊張。聖彼得堡的官員們已經對博斯普魯斯海峽問題十分敏感了，他們並且虎視眈眈地緊盯著任何新的挑戰者的出現，俄國將博斯普魯斯海峽看作是自家門前的草地。在世紀之交時，已經有無數次關於占領君士坦丁堡的討論了；在一九一二年底時，已經有俄國軍隊占領君士坦丁堡的計畫制定出來——雖然這個理論只是建立在巴爾幹地區發生戰爭的臨時基礎上。[88]然而，俄國人也對他們的盟友——英國和法國的態度感到憤怒，這兩個國家對德國控制了鄂圖曼帝國軍隊表現得漠不關心，德國還調了軍官擔任鄂圖曼艦隊的指揮官。尤其讓俄國人憤怒的是，有兩艘英國建造的無畏級戰艦即將交付給土耳其人：這種最新式的戰艦將會給鄂圖曼海軍提供決定性的優勢以壓倒俄國海軍，沙皇的海軍大臣在一九一四年時曾經悲嘆，〔鄂圖曼海軍有了〕對俄國黑海艦隊的六倍大的優勢。[89]

這構成的威脅不僅是軍事上的，也是經濟上的。在一戰以前，超過三分之一的俄國出口都要經過達達尼爾海峽，其中包括將近百分之九十的穀物是在克里米亞的敖德薩和塞瓦斯托波爾（Sevastopol）裝船。在這樣的情形下，懇求英國阻止、暫緩或是取消戰艦交付的努力，變成了兩個大國之間在大戰前夕時的一場恐嚇博弈的導火線。[90]有些人毫不懷疑這件事背後的代價有多麼巨大。「我們在近東的全部地位」受到了威脅，俄國駐君士坦丁堡的大使向聖彼得堡這樣報告：「幾百年來透過無數的犧牲和俄國人的鮮血換來的不可質疑的權利」正處在巨大的危險之中。[91]

在這樣的背景之下，義大利在一九一一年攻打利比亞和一九一二至一三年的巴爾幹戰爭都引來了一系列連鎖反應，當鄂圖曼帝國處在衰弱中，它的偏遠省分被當地和外國的投機者們相繼奪去。鄂圖曼政權正在崩潰的邊緣掙扎，歐洲的野心和對立正在迅速升級。德國已經開始認真地思考向東方擴張，並且建立一個保護國以開創出「德國的東方」。[92]雖然這聽起來像是擴張主義，但是其中也有重要的防禦考量，它配合著德國最高指揮部心底越來越強硬的態度。[93]和英國一樣，德國也在做著最壞的打算；以德國的例子而言，這意味著要阻止俄國控制鄂圖曼帝國的最精華地區，這被認為是俄國人醞釀已久的計畫，對俄國人來說是宿願的實現，能確保俄國長遠的未來，讓自己獲得無論如何都不算是言過其實的重要性。

英國對德國構成威脅——反過來也同樣如此，然而，這算是某種脫離事實的論點。雖然現代歷史學家不斷地談論前者對控制後者的渴望，但是整個歐洲的競爭蹺蹺板十分複雜而且有多重面向。當然了，事情比簡單化的兩個強國在第一次世界大戰的醞釀和進行過程中爭霸的論述要複雜得多。到了一九一八年時，對於造艦軍費投入扶搖而上的海軍競賽、幕後渴望戰爭的攻擊性態度，和德國皇帝及將軍盲目嗜殺，想要在歐洲大陸挑起戰爭的歪曲強調已經把真正的衝突動因變模糊了。

整件事的事實與此大相徑庭。雖然在斐迪南遇刺之後發生了一系列的誤會、討論、最後通牒和無法重現的利益排列組合，戰爭的種子是在數千英里以外發生的變化和發展中孕育的。俄國膨脹中的野心和在波斯、中亞、遠東取得的一系列進展，給英國的海外地位造成了壓力，這導致了歐洲各國結盟關係的固化。為了阻止英國在過去幾百年中建立起來的令人羨慕的地位遭到侵蝕，所有的雙邊保證的目的都是要把俄國——這個虎視眈眈的挑戰者——束縛起來。

然而，在風暴雲正在聚集的時候，一九一四年的第一個月看起來並沒有什麼即刻的危險。「自從我上任以來，」亞瑟・尼柯爾森在五月時寫道，「從未見過這麼平靜的水面。」[94]的確，種種跡象都預示這將是美好的一年。美國福特汽車公司（Ford Motor Co.）的員工在一月時慶祝了他們薪水翻倍，這是銷售額的增加和促進產量增加的創新舉措帶來的結果。醫生們正在沉思第一次成功的間接輸血可能帶來的效益，這是布魯塞爾的醫學先驅們將檸檬酸鈉用作凝血劑所帶來的突破。在聖彼得堡，人們最擔心的事情是森林大火造成的黑煙讓陰沉的夏日天空變得比平日更壓抑。在德國，巴伐利亞州北部菲爾特（Fürth）的市民們正在狂歡，他們的球隊剛剛在一場跌宕起伏的比賽中出人意料地戰勝了強大的VfB萊比錫隊（Leipzig），菲爾特隊在加時賽中攻入了制勝球，讓他們首次成為全國冠軍。這讓它們的教練——英國人威廉・湯利（William Townley）成了英雄。甚至連天氣都對人很溫和，在英國詩人愛莉絲・梅內爾（Alice Meynell）看來，一九一四年的夏天就像田園詩歌一般，豐收在望，天上的月亮如「天堂般甘甜」，「如絲的收穫鋪遍田野」。[95]

在英國，沒人感覺災難正在臨近，沒人認為和德國的對決即將展開。牛津大學的學者們正歌頌著德國文化和智慧。在牛津考試院中掛著一幅德皇威廉二世（Wilhelm II）的大肖像畫，這幅畫是在這位統治者於一九〇七年獲得民法博士榮譽頭銜後送給牛津的禮物。[96]在一九一四年六月末時，此時距離開戰還有一個月左右，城市中的重要人士還聚集在一起觀看傑出的德國人接受榮譽學位的慶典。身穿顏色鮮豔的禮袍，在掌聲中步入謝爾登劇院（Sheldonian Theatre）的人中，有薩克森－科堡－哥達公爵（Saxe-Coburg-Gotha）、作曲家理查・施特勞斯（Richard Strauss）、一位堪稱乏味的羅馬法律專家路德維希・米特伊斯（Ludwig Mitteis），他們將榮譽博士頭銜授予符騰堡公爵（Württemberg）和德國駐倫敦的大使李希諾夫斯基親王（Lichnowsky）。[97]

三天後，一個還不滿二十歲的年輕理想主義者加夫里洛・普林西普（Gavrilo Princip）在塞拉耶佛的街道上對著一輛車開了兩槍。第一槍沒有命中目標，而是致命地射中了蘇菲王妃（Sophie）的肚子，她當時和丈夫坐在後座上。第二槍則正中目標：殺死了奧匈帝國王儲斐迪南大公。隨著這兩聲槍響，世界隨之而變。[98]

現代歷史學家常常關注喪失和平機會後的「七月危機」的幾個星期，或是關注於人們一直害怕和預期的敵意爆發：近年來的研究已經強調，在世界滑向戰爭時，當下的氣氛並非過激的冒進，而是充滿了焦慮和誤會。這是一片噩惡夢般的場景。正如一位重要的歷史學家如此恰如其分地說的：「一九一四年的主角是一群夢遊的人，他們貌似睜著眼睛，但是什麼都看不到，只是被夢境所驅動，他們被即將由他們釋放出的恐怖現實迷惑了。」[99]當愛德華・格雷意識到

「全歐洲的燈都要滅了」的時候，一切已經太晚了。[100]

在暗殺事件之後的幾天中，對俄國的恐懼導致了戰爭發生。以德國的觀點來看，人們對東邊鄰居的恐懼起到了關鍵作用。皇帝一次又一次地被將軍告知，如果俄國的經濟繼續向前發展，那麼它造成的威脅就會越來越大。[101]這樣的情緒也在聖彼得堡瀰漫開來，高級官員們都認為戰爭不可避免，軍事對抗開始得越早越好。[102]法國人也同樣焦慮，他們早早就做出了結論，認為對法國最好的方式，是能勸說聖彼得堡和倫敦立即採取持續性的克制。他們無論如何都會支持俄國。[103]

以英國來看，驅動英國政策制定的是對俄國將會在什麼地方用力的恐懼。就像以前一樣，在一九一四年初時，英國外交部門已經在討論和德國修好以遏制俄國了。[104]當對峙演變成危機，外交官、將軍和政客們開始試著為將要發生的事做好準備。在七月底，外交官喬治・克拉克（George Clerk）心急如焚地從君士坦丁堡寄來一封信，勸說英國需要盡一切努力來順應俄國。否則的話，他說，我們面臨的後果將會是「我們作為一個帝國的存在將受到威脅」。[105]

雖然有一些人曾試著給危言聳聽的論斷潑冷水，駐聖彼得堡英國大使不久前才警告說俄國如此強大，「我們必須不惜任何代價來維持和它的友誼」，他現在發出了一份言辭清晰明確的電報。[106]英國的地位，他說，「正處在危險中」，因為重大時刻已經到來：現在必須做出決定，是支持俄國「還是放棄其友誼，如果我們現在讓它失望的話」，他指出，「對我們至關重要的和俄國在亞洲展開的友好合作」就要損毀殆盡了。[107]

這中間不存在模糊地帶，正如俄國外交大臣在七月底的時候說得很清楚的，雖然不到兩週以前，他還誓言俄國「絕無任何侵略性目標，也沒有興趣靠強迫手段取得任何收穫」，現在他則是在談論盟友如果在危局中不同舟共濟，後果將不堪設想。他提出警告，如果英國現在保持中立，「那它就相當於自殺。」[108]如果不說整個亞洲的話，英國在波斯的利益也算是正受到露骨的威脅。

正當「七月危機」的事態上升，英國官員公開地談論和平會議、調停和捍衛比利時君主。但此時木已成舟。英國人的命運——以及大英帝國的命運——取決於在俄國做出的決定。這兩個國家是偽裝成盟友的敵人；雖然他們都不尋求疏遠或激怒對方，但是權力的鐘擺已經從倫敦向著聖彼得堡的方向搖擺了。沒有人比德國總理更明白箇中奧妙，西奧波德・馮・貝斯曼・赫洛維希（Theobald von Bethmann-Hollweg）是人脈極其廣泛的職業政客，他已經受失眠的困擾有些時日了，他祈禱神能夠給他帶來保護。現在，當他在塞拉耶佛刺殺事件發生的十天後，「坐在滿天星斗之下」，當戰爭的齒輪正在慢慢咬合就位，他轉向他的祕書說了一句話：「未來是屬於俄國人的。」[109]

就在未來何去何從仍不明顯的一九一四年。俄國的強大實力是很有欺騙性的，因為俄國仍然處於社會、經濟和政治蛻變的初期。一九〇五年的一場驚駭幾乎把這個國家推向了全面的革命，當時的改革要求幾乎完全被極其保守的體制忽略了。另外，俄國嚴重依賴外國資本，在一八九〇至一九一四年間，外來資金幾乎占據了新投資金額的將近一半——這些錢流入的前提是俄國的政治狀況會保持平和與穩定。[110]

大規模的轉型需要時間，而且很少不經歷一番痛楚。如果當初俄國能採取平和的、選擇不那麼激烈的方式來支持其塞爾維亞盟友的話，那麼它的命運——以及歐洲和亞洲的命運——也許還有北美洲的命運——都將大不相同。和以前一樣，一九一四年帶來了維多利亞女王在幾十年前就預料到了的決勝時刻：任何事，她曾說過，最後都歸根結柢在一個問題上，「是俄國還是英國掌握世界的霸權」。[111]英國無法承受讓俄國失望的後果。

因此，就像一場每一步都是走向糟糕結局的噩夢棋局一般，世界滑入了戰爭。正如最初的樂觀情緒和外交博弈讓位給規模難以想像的悲劇和恐怖那樣，一種重塑過去的論述發展了出來，這種論述把對抗說成了德國和協約國之間的較量，爭論主要集中在前者的罪孽和後者的英雄主義上。

這樣的故事已經深深地烙印在公眾意識中，人們覺得德國有侵略性，而協約國打了一場正義戰爭。我們有需要解釋為什麼整整一代的優秀青年要把他們光明的前途拋諸腦後。我們有需要提供答案來解釋帕特里克・蕭・斯圖爾特（Patrick Shaw Stewart）之類的優秀人才為什麼會被犧牲，他在學校裡取得最佳成績，在大學和生意圈中讓同時代人和他的朋友黛安娜・曼內斯（Diana Manners）女士刮目相看，他們的通信中還留著他妙筆生花、旁徵博引的那些充滿情欲的拉丁文和希臘文典故。[112]或者說，我們要解釋為什麼那些和朋友們一同走上前線的勞工階層的人民要加入兄弟營（Pals Battalion），在一九一六年災難性的索姆河戰役剛一開打的幾個小時內就成了砲灰和焦土。[113]或是為什麼那些遍布全國的戰爭紀念碑上會銘刻著為國捐軀者的名字——他們的名字被銘記著，但是無法的銘記的是，因為他們的消亡而凝結在他們村子和城鎮上空的死寂。

因此，並不令人驚訝的，有力論述的出現來歌頌戰士，讚美他們的勇敢和他們以犧牲而換來的貢獻。溫斯頓・邱吉爾（Winston Churchill）在戰後寫說，英國的軍隊是有史以來最好的軍隊。因為每個人「不僅僅是出於對祖國的熱愛，更是普遍堅信人類的自由受到了暴君的挑戰」。這場戰爭高貴又正義。「如果指揮官要求用兩條命或十條命的代價來殺死一個德國人，士兵們根本不會有一點怨言……沒有人能阻止他們的反覆衝鋒，」邱吉爾宣稱。死去的人「不只是士兵，更是獻身給更高責任和事業的烈士」。[114]

但當時有很多人並不是這樣看待戰爭。有些人，比如年輕的中尉埃德溫・坎平・旺安（Edwin Campion Vaughan），他曾滿懷希望地入伍，但終而無法理解這些苦難為何規模巨大或到底是出於什麼目的。在眼睜睜地看到他的同伴們化為灰燼並被迫要提交傷亡報告時，坎平・旺安是這樣記錄的，「我坐在地上，一杯接著一杯地嚥下威士忌，盯著黑暗又空洞的未來。」[115]在戰爭期間創作出的振聾發聵的詩歌作品，也描繪出了當時看待這場衝突的不同感受。在戰爭期間大量的法庭材料也是這樣，根本難以體現出萬眾一心：軍事法庭處理了超過三十萬起犯罪行為——就更不用提各種其他方式出現的違反紀律的行為了。[116]

同樣讓人震驚的是，衝突發生的地點變得固定在弗蘭德斯的戰壕和索姆河的恐怖之中。戰爭爆發在遠離歐洲各帝國於全球各地的互通網絡之外，遠離波斯、中亞、進入印度的跳板和遠東已經積累起來的壓力重心，這些地方是十九世紀末和二十世紀初的英國政策制定者和各種政客們的重大關切。即將到來的對抗的腳步聲已經傳來了好幾十年，英國緊張地看著俄國如何支持塞爾維亞，就像格雷預測的，「一股強烈的斯拉夫情感已經在俄國升起」，他所說的是幾年前他才注意到的現象，巴爾幹人對俄國應該在該地區擔當更主要角色的呼聲越來越大，希望俄國作為斯拉夫認同感的保護人。「奧地利和塞爾維亞之間的流血一定會將危險擴大到更大。」[117]點燃一場燎原大火的火源就在這裡。

因此，在這樣的情形下，當俄國已經開始著手向全世界發出聲明的時候，英國必須在他們的盟友和對手身後乖乖地立正站好——即使很多人都對此十分困惑。當戰爭爆發時，魯珀・布魯克（Rupert Brooke）——他很快就會以戰爭詩人的身分得名——他幾乎難捱怒火。「所有的事情錯到離譜了，」他寫道。「我想要德國把俄國砸成碎片，然而法國打爛德國……俄國代表的是歐洲的終結和任何體面禮貌的終結。」[118]對於誰是英國真正的敵人，布魯克毫不懷疑。

然而，不僅是在一九一四年，隨著戰爭爆發和之後的恐怖四年以及戰後的和談，對德國的敵意都在不斷尖銳。一位戰爭詩人曾寫道，「從牛津古老的學府向下望去／無憂無慮的少年在玩耍／當號角響起——戰爭！他們放下遊戲。大學修剪過的草坪換成了泡在血中的泥：為了國家和上帝，他們獻出青春的年華。」[119]英國和德國的連結，以及給名人頒發的榮譽學位，很快就變成了避之唯恐不及的痛苦回憶。

並不令人意外，戰爭的責任應該全賴在德國身上，從原則上和事實上都是如此。《凡爾賽和約》中所視若至珍的內容就是對戰爭責任直截了當的指認：「協約及各國政府確認，德國接受德國及其盟國在戰爭中導致的協約國及政府和國民遭受的所有損失和破壞的責任，將接受德國及其盟國的侵犯所造成的戰爭後果。」[120]這樣的目的是為了索取各種賠款做準備；事與願違的是，這一切只不過是保證了老練的煽動家可以利用這種肥沃的報復情緒土壤，以民族情緒為核心將人們團結起來，讓強大的德國從廢墟中站立起來。

戰勝國的「勝利」只是名義和願望而已。在四年的戰爭中，英國從世界最大的債權國變成了最大的負債國；為了支持戰爭，法國嚴重地壓榨了勞動力、財政和自然資源，致使法國經濟已經成了一片廢墟。用一個學者的話說，與此同時俄國是「為了保衛帝國而加入戰爭，結果卻造成了帝國的毀滅」。[121]

歐洲列強的崩壞為其他人打開了世界大門。為了彌補農業生產缺口和支付武器和軍需物資，協約國向摩根集團（J. P. Morgan & Co.）之類的機構許下了大量承諾，以確保能夠有不斷的貨品物資供應。[122]貸款供應導致了財富的重新分配，其中每一分一毫都和四百年前發現美洲後的財富分配一樣充滿戲劇性：錢以大量金條和金融本票的形式從歐洲湧入美國。這場戰爭讓舊世界破產，讓新世界富裕。從德國身上彌補戰爭損失的企圖（高得令人咋舌，不可能付得起的賠款金額相當於今日的數千億美元）絕望又無效，這是徒勞地阻止不可避免的事情：世界大戰讓參戰國的國庫空空蕩蕩，讓各國在試圖摧毀對手的過程中，也將自己摧毀。[123]

當兩顆子彈從普林西普的白朗寧左輪手槍中飛出時，歐洲是一塊帝國的大陸。義大利、法國、奧匈帝國、德國、俄國、鄂圖曼土耳其帝國、大英帝國、葡萄牙帝國、荷蘭帝國，甚至連小小的比利時也是一八三一年才成立的帝國，這些帝國在世界各地控制著廣袤的領土。在衝撞發生的時候，這些領土慢慢回到當地勢力手中的過程開始了。在幾年時間裡，坐在遊艇上給彼此互贈榮耀騎士團勳章的皇帝們不見了；一些海外的殖民地和領土不見了——其他的領土和殖民地正開啟無法阻撓的獨立進程。

在四年的時間裡，可能有一千萬人死於戰爭，五百萬人死於疾病和饑荒。協約國和同盟國彼此征伐所花費的開銷超過兩千億美元。前所未有的開銷導致生產力急遽下滑，破壞了歐洲經濟。各參戰國的赤字飆升，新債務積在舊債務上的速度飛快，而且無力償還。[124]在四百年來控制世界的大帝國並非一夜之間消失不見的，但是這正是其消失的開始。落日時分已經緩步到來。幾個世紀以前西歐嶄露頭角時掀開的陰暗幕布正在從背後再次落下。戰爭的經驗已經令人筋疲力盡；這讓對絲綢之路及其財富的掌控變得比以往更重要了。

第十七章
黑金之路

在倫敦大名鼎鼎的西敏公學裡，沒有幾個威廉・諾克斯・達西（William Knox D'Arcy）當時的同學會覺得他將成為重塑世界的重要人物——尤其是他自從一八六六年九月開學後就沒再回來上課了。威廉的爸爸在德文郡做生意失敗，只好宣布破產，並決定帶著全家在一個安靜的小鎮重新開始，他的目的地是澳大利亞昆士蘭州的洛坎普頓（Rockhampton）。

他十多歲的兒子悄然間學起了父親的職業並且顯現出了長才，他不但拿到了律師執照，後來還成立了自己的事務所。他在當地過起了舒服的日子，並且是社區裡有頭有臉的人物，擔任洛坎普頓賽馬俱樂部的委員會成員，並且只要有空閒時，他就會沉浸在射擊的愛好中。

在一八八二年，天上掉下來的好運正好砸中了威廉。摩根家的三兄弟當時正打算在距離洛坎普頓二十英里外的鐵石山（Ironstone Mountain）一帶尋找金礦。他們想要尋找投資方能夠幫他們建起一家開礦公司，於是就去找當地的銀行經理，後者便把他們介紹到了威廉・諾克斯・達西那裡去。達西對他們的計畫很有興趣，隨即和那個銀行經理及一個共同好友組成了財團，一同投資摩根兄弟的計畫。

正如所有採礦作業在初始階段都需要的，應該用冷靜的頭腦來看待為了尋找搖錢樹而投進去的現金流。摩根兄弟很快就忘了這一點，他們被自己不斷擴大的投入搞得緊張兮兮，於是便在最糟糕的時機把他們的股份賣給了三個合夥人。這座如今已經被更名為摩根山（Mount Morgan）的金礦床，已經成了有史以來最大的之一。他們的投資得到了兩千倍的回報，並且在更後來的十年時間裡，投資回報已經高達百分之二十萬。諾克斯・達西手中掌握著超過另外兩個合夥人的大於三分之一的股份，從一個澳大利亞的偏鄉律師變成了全世界最富有的人。[1]

過沒多久，他就整理行裝離開了澳洲，帶著勝利衣錦還鄉。他在格羅夫納廣場（Grosvenor Square）四十二號買了一間巨大的宅邸，並在倫敦附近買下了相當符合他財富地位的斯坦默爾莊園（Stanmore Hall），他用金錢所能買到的最好家具重新把莊園裝置一新，並且雇用了威廉・莫里斯（William Morris）一手創辦的莫里斯公司（Morris & Co.）來負責他家的室內裝潢。他從愛德華・伯恩－瓊斯（Edward Burne-Jones）那裡訂製了一套花四年時間才能完成的織錦。完全恰如其分，那些織錦描繪的是對聖杯的追求——用來暗示他的發財經歷是再適合不過了。[2]

達西知道怎麼過舒服的日子，他出租了諾福克郡（Norfolk）的一個狩獵莊園，並在葉森馬場（Epsom）買下了一個靠近終點線的包廂。國立肖像畫廊（National Portrait Gallery）中的兩幅畫像完美地表現了他的性格。一幅是他自信地坐著，臉上洋溢著快活的微笑，他的腰圍證明了山珍海味帶給他的愉悅；在另一幅畫中，他身體前傾，好像在和朋友分享他的商業冒險故事，面前擺著一杯香檳，手中拿著香菸。[3]

他的成功和財富讓他成了像摩根兄弟那樣需要投資的人們眼中的大目標。安東・奇塔卜吉（Antoine Kitabgi）就是其中一位，他是波斯行政部門中一個人脈很廣的官員，在一九〇〇年末，透過前駐德黑蘭英國大使亨利．杜蒙－沃福爵士（Henry Drummond-Wolff）的介紹，聯繫上了諾克斯．達西。奇塔卜吉雖然是喬治亞家族出身的天主教徒，但他在波斯過得很好，一路高升至波斯海關次長，手上握著的資源數不勝數。他經手過許多促進經濟的海外投資，參與過許多談判，或是幫助外國人在銀行部門中獲得位置，並參與到菸草的生產及分配中的特許權協商。[4]

這些努力並不完全都是受利他主義和愛國精神所驅動，對於像奇塔卜吉這樣的人來說，他們明白，一旦生意能夠談成，他們就能獲得大量的利益回報。他們的生意規則就是用開門來換錢。在倫敦、巴黎、聖彼得堡和柏林，人們怨氣的來源是發現波斯如果不算是徹頭徹尾的腐敗的話，那他們處理事情的方式也是完全不透明。讓國家變得現代化的努力收效甚微，依賴外國人來掌管軍隊或是擔任關鍵的行政職務的老傳統，引起了全方位的挫敗感。[5]每當波斯向前邁進一步，貌似就會再倒退一步。

這樣的局面完全可以歸咎於統治階級菁英，但是長久以來就是被訓練這樣做事的。沙王和他周圍的人就像是被寵壞的孩子一樣，他們已經學會了如果堅持得夠久，就一定能從列強那裡獲得回報，因為這些國家都害怕如果自己不被迫付出些什麼的話，他們便會失去在這個極具戰略意義的地區的地位。沙王穆札法魯丁在一九〇二年時訪問英國，為了沒被授予嘉德勳章感到很生氣，並且拒絕接受任何更低的榮譽，他在離開的時候清楚地表示他「很不高興」；這使得高級外交官們開始勸說不情願的愛德華七世國王，將勳章身分在沙王回國後送給他。後來，甚至更發生了這位「糟糕的臣民」沒有授予儀式所需的及膝褲（knee-breeches）而搞出了一番麻煩——直到一位機智的外交官找到一個曾經有人穿長褲受勛的先例，此事才算塵埃落定。「真是噩夢一般的嘉德風波啊！」英國外交大臣蘭斯敦勛爵忿忿不平地說。[6]

事實上，雖然在波斯想要完成任何事情都要靠手把手地賄賂來完成，這樣的作風看似十分粗鄙，但其實在很多方式上，十九世紀末至二十世紀初，波斯人在歐洲的權力走廊和金融中心之間來回穿梭、朝秦暮楚的行為，和古代那些長途跋涉、經手遠程貿易的粟特商人們，或是近代早期扮演同樣角色的亞美尼亞和猶太商人，不無相似。不同之處在於粟特人必須要把手上的貨物賣出去，而後來的同儕們是要把手上的服務跟合同賣出去。這些都是極精密的商品化行為，因為利益收穫是巨大的。如果沒有買家的話，事情毫無疑問就會非常不一樣了。一如往昔，波斯的位置正好處在東方和西方之間，把波斯灣、印度、阿拉伯半島南端、非洲之角連結起來，並且是進入蘇伊士運河的跳板，這意味著無論代價多高，都有人買單——雖然氣得牙癢癢。

當安東・奇塔卜吉透過接近亨利・杜蒙－沃福並和人稱「最高地位的資本家」諾克斯・達西建立起聯繫時，他的眼睛並不是盯在波斯的菸草或是銀行部門上，他所看重的是波斯的礦產財富。諾克斯・達西是完美的談判人。他曾經在澳洲發過金礦財；奇塔卜吉給他提供了重操舊業的機會；只不過這次的金子是黑色的。[7]

波斯擁有巨大的石油儲量遠不能算是祕密。拜占庭的作者在古代晚期就經常寫到「米底火」（Median fire）的巨大破壞力，這是一種石油中的物質，最有可能是從波斯北部的滲液表面得來，這種物質可以和拜占庭人用黑海地區流出物質製造的易燃「希臘火」相提並論。[8]

在一八五〇年代進行的第一次系統性勘測，指明地表下蘊藏著類似的大量資源，從而導致了一系列投資特許權的發放，這些投資人受到發財前景的吸引來到波斯，當時的世界看起來正在把它的財富交給那些幸運的開礦者，無論是在加利福尼亞的金州（Gold Country），還是在非洲南部的威特沃特斯蘭盆地（Witwatersrand basin）都是這樣。[9]路透男爵（Paul Julius de Reuter），即之後以其名字命名的路透社創辦人，也來到了波斯。在一八七二年，路透獲得「明確的獨家特權」，以開採波斯全國境內的「煤礦、鐵礦、銅礦、鉛礦和石油」，而且還有修建公路、公共設施和其他基礎設施的權利。[10]

但是出於這樣或那樣的原因，這些權利都落空了。當地人民激烈地反對這樣的大規模執照贈予，例如賽義德・賈瑪魯丁・阿富汗尼（Sayyid Jamāl al-Dīn al-Afghānī）之類的民粹派人物所譴責的，「政府的韁繩正在交到伊斯蘭的敵人手中去」。當時一位重要的評論人曾這樣寫道，「伊斯蘭的土地很快就會被外國人控制了，他們將為所欲為地統治」。[11]由於還有與其鬥爭的國際壓力，導致了最初的路透特許權在簽署的不到一年內即宣布無效。[12]

路透給波斯國王和高級官員送上了大筆「禮金」，並答應再從未來的利潤中支付提成，因此他在一八八九年得到了波斯礦產（但不包括貴金屬權利）的第二份特許權，該合同還規定在十年期限內尋找具有商業價值的石油，但是當這一努力失敗後，這份特許權也作廢了。正如一位重要的英國商人所描述的，「國家的落後狀態和交通運輸的缺乏」並不會讓日子過得更容易一些，而且「波斯政府高官們直接的敵意、反對和憤怒」則讓情形變得更糟。[13]他們在倫敦也得不到任何同情。就像一份內部備忘錄所表示的，在這個地區做生意的風險很高；任何期待這裡的事物會像在歐洲一樣運行的人都是徹頭徹尾的笨蛋。這份備忘錄冷冷地說道，期望而去失望而歸「是他們自己的錯」。[14]

然而，諾克斯・達西被奇塔卜吉給他的提議吸引住了。他研究了在波斯勘測了將近十年的法國地理學家的報告，並且聽從了瑞德伍德博士（Boverton Redwood）的建議，他是英國重要的石油專家，也是一本關於石油生產、安全儲藏、運輸、分配和使用石油產品的手冊的作者。[15] 並不需要做所有的這些研究，奇塔卜吉同時向杜蒙－沃福保證，「數不勝數的財富資源已經擺在眼前了」。[16]

諾克斯・達西已經對他讀到和聽說的從沙王那兒得到特許權的事情感到興趣十足了，他知道要想做到這一點，他必須得到一些人的幫忙，換句話說，就是愛德華・孔德（Edouard Cotte）和奇塔卜吉本人，前者是路透的經紀人，因此是波斯交際圈中的熟面孔，而且杜蒙－沃福也得到了保證，如果計畫成功的話，他也能從中獲得利益。諾克斯・達西隨即找到了外交辦公室來獲得對這項計畫的支持，與此同時，還派出了他的代表阿爾弗雷德・馬里奧特（Alfred Marriott）帶著一封官方介紹信，前往德黑蘭進行協商。

雖然這封信本身沒有什麼實際上的價值，它只是要求提供他所需要的協助，但在一個外交部門的簽名背後的訊號很容易被誤讀的世界裡，這封信成了有力工具，它暗示著諾克斯・達西提議的後台是英國政府。[17] 馬里奧特用驚嘆的眼光看待波斯宮廷。在他的日記裡，他寫道「王座上鑲滿了鑽石、藍寶石和翡翠，有許多滿是寶石的鳥（不是孔雀）站在兩側」；至少，他能夠報告說，沙王「槍法很準」。[18]

事實上，真正的功勞是奇塔卜吉完成的，按照一份報告的描述，奇塔卜吉「用非常徹底的方式確保了國王的重要部長和朝臣們的支持」，甚至連給沙王陛下遞菸斗和晨間咖啡的僕人也沒被忘記——這是行賄他們的委婉說法。事情辦得很漂亮，有人這樣告訴諾克斯．達西；石油特許權看起來很有可能「得到波斯政府的授予」。[19]

達成協議的過程十分冗長。看不見的困難會從預料不到的地方出現，人們只好發電報回倫敦尋求諾克斯．達西的建議——並要求付出更多的授權。「我希望你能答應，否則整件生意都會完蛋」，馬里奧特這樣催促說。「如果需要替我提出任何可以促成協議的條件的話，你完全不必猶豫」，達西這樣回覆說。[20]達西的意思是他樂意花錢，也樂意為達到目的不惜代價。英國人完全無法預料什麼時候就會有新的要求提出，或是真正獲利者是誰；有小道消息說俄國人已經得到了談判的風聲，他們很有可能正在暗地裡操作，於是英國人放出了假誘餌來讓俄國人知難而退。[21]

後來，幾乎在沒有任何預警的情形下，正在德黑蘭參加一場晚宴的馬里奧特得到了傳話說沙王在協議上簽字了。以兩萬英鎊外加同樣數額的公司股份以及毛利的百分之十六提成的代價，諾克斯．達西，在正式文件中被描述為「住在倫敦格羅夫納廣場四十二號的獨身者」，得到了驚人的一攬子權利。他得到了「於六十年期限內，在波斯帝國全境尋找、獲得、開採、發展、為貿易給予適當份額、運走和出售天然氣、石油、瀝青和石蠟的特別且獨家權利」。除此之外，他還收到了鋪設油管、修建儲藏設備、精鍊設備、加油站和幫浦業務的獨家權利。[22]

在此之後，一份皇家聲明宣布諾克斯・達西和「一切他的繼承人、受讓人和朋友」都已經得到了「全權及不受限的自由，在六十年中，在任何想要的深度進行勘查、鑽井和開採」，並懇請「這個受保佑的王國中的所有官員」為這個「得到吾人璀璨王室喜愛的人」提供幫助。[23] 王國的鑰匙如今已經被交到了他的手上；剩下的問題就是他能不能找到鎖在哪裡了。

在德黑蘭的經驗豐富的觀察員們並不確信。即使是「如代理人們所相信的，石油已經被發現了」，仍然有重大挑戰等著他們，英國駐波斯代表亞瑟・哈丁（Arthur Hardinge）爵士就是這樣認為的。應該要記住，他繼續說道，「波斯的土地中，無論是不是蘊藏著石油，它都布滿了近年來許多充滿希望的重振商業和政治計畫的殘骸，因此對於這項最新冒險的未來，還不能太急著做出預測。」[24]

或許波斯沙王也是賭定了這件事不會有什麼下文，從而可以幫助他再像往常一樣寅吃卯糧。波斯此時的經濟狀況絕對算得上悲慘：政府面臨著重大的財政短缺，這帶來了危機四伏又令人擔憂的赤字，因此從諾克斯・達西深不見底的口袋中拿些錢抄一點近路，說不定是值得一試的辦法。在英國外務部門的內部，此時也處於緊張焦慮的時期，他們不再像第一次世界大戰前的幾年中那樣，緊張地關注著德黑蘭同時向倫敦和讓人憂慮的聖彼得堡方面發起的提議，新近獲得的特許權受到的注意力已經少了許多。

諾克斯特許權的消息在俄國人那裡引起了激烈反應。就像往常一樣，他們差點就成功地破壞了這件事，當時沙王還曾收到沙皇親自發來的電報，力勸他不要達成協議。[25] 諾克斯・達西早就足夠擔心俄國人的鼻子會被這份協定氣歪了，因此他特意在協議中排除了波斯北方省分，以免惹怒波斯的北方強鄰。從倫敦的視角來看，他們擔憂的地方在於俄國可能會因為輸掉這一局的較量而過度補償波斯，對沙王和他身邊的高官更加慷慨大方。[26]正如英國在德黑蘭的代表對蘭斯敦勛爵提出的警告，如果真的發現了數量不小的石油的話，那麼特許權的決定可能會「伴隨著政治和經濟上的不利後果」。[27]毫無掩飾的事實表明，在爭奪海灣地區的影響力和資源的競爭中，壓力正變得越來越大。

在短時間內，緊張氣氛煙消雲散，這主要是因為諾克斯・達西的計畫看起來注定會失敗。由於惡劣的氣候、大量的宗教節日和鑽井機器令人沮喪的時常故障，一切的進展都很緩慢。對薪資、工作內容和當地雇員的人數不足的埋怨中，也包含著公開的敵意，而且想要從中狠咬一口的當地各個部落也帶來了看不到盡頭的麻煩。[28]諾克斯・達西變得越來越緊張，他開始擔心進展的緩慢和他正在投入的巨額資金是否是在打水漂。在特許權簽約的一年後，他在一封發給鑽井隊伍的電報中下指令「減緩進度，多多祈禱」。[29]一個星期以後，他發出了另一封電報，絕望地詢問他的工程主管「找到地方打井了嗎？」工程日誌顯示出有大量的管線、管道、鏟子、鋼鐵和鐵鑽頭從英國源源不斷地運來，同時運來的還有步槍、手槍和子彈。一九〇一至〇二年度的工資單也顯示投資金額仍在急遽上升。對諾克斯・達西來說，他一定覺得自己是在把錢往沙土裡埋。[30]

如果說他的心境是心急如焚的話，那麼他的銀行代理洛伊茨（Lloyds）的日子也同樣不好過。他曾認定他的這位客戶有怎麼也花不完的錢，但他現在的透支額度讓他越來越焦躁不安。[31]

讓事情變得更糟糕的是，付出的努力和高投入根本沒有看到進展：諾克斯・達西需要勸說投資人買他的股份，從而能讓他個人現金流的壓力減輕一些，並且給以後提供資本。他的團隊正傳來保證說已經勘測到了石油跡象；但他目前需要的是一個大驚喜。當他益發地絕望，諾克斯・達西聽說有些潛在的投資人，這些人甚至有可能成為他的特許權買家，他馬上前往坎城去見羅斯柴爾德男爵（Alphonse de Rothschild），他的家族已經在巴庫的石油產業中涉入甚深了。這樣的動向引起了倫敦方面的警覺。尤其是吸引了英國海軍的注意：第一海軍大臣約翰・菲舍爾爵士（John Fisher）已經越來越堅定地相信，未來海戰和海洋霸權的基礎正在從煤向石油轉變。「石油燃料，」他在一九〇一年給朋友的信中寫道，「將會徹底地帶來海軍戰略的革命。」這是「喚醒英國」的機會！[32]雖然還沒有什麼大發現，但是所有的證據都表明波斯有潛力成為重要的石油來源。如果能保障皇家海軍獨占使用，那就更好不過了。但關鍵是，對這種資源的控制不該落入他國手中。

海軍作為中間人，促成諾克斯・達西和一家在緬甸大獲成功的蘇格蘭公司達成了一份協議。合同規定，自一九〇五年起，每年向海軍提供五萬噸油之後，緬甸石油公司（Burmah Oil Company）的老闆將承擔主要風險，這份特許權也已更名為財團特許權（Concessions Syndicate）。他們這麼做的目的並非出於愛國情懷，而是因為這是機敏的多樣化經營策略，他們的業績也能讓他們吸引更多資本。雖然這讓諾克斯・達西能夠稍稍鬆口氣，他曾寫道，這份合約的條款「比我從其他任何一家公司那兒得到的條件都好」，但是這仍然不是獲得成功的保證——正如態度懷疑的英國駐德黑蘭外交代表在他發回國的報告中諷刺地寫道，「能否找到油就已經是個問題了，如何處理持續不斷的勒索更是一個問題。」[33]

情況如眼前真實所見的，在接下來的三年裡，新合作都沒有見到成效。打下去的油井沒有湧出油，但是合夥人的投資開支卻在不斷飆升。到一九〇八年春天為止，緬甸石油公司的老闆已經在公開談論從波斯撤資了。在一九〇八年的五月十四日，他們捎話給工地現場負責人喬治・雷諾德（George Reynolds），告訴他準備放棄。此人被一個跟他合作過的同事描述為「一根筋」，說他的腦筋是「英國實心橡木」做的。他得到命令是在馬斯吉蘇萊曼（Masjed Soleymān）已經建好的工地處打兩口一千六百英尺深的井。如果找不到油的話，他就「放棄行動，拆除鑽井，將盡可能多的設備運回國」，也許把這些東西送到緬甸還能更有用處。[34]

當這封信沿著歐洲、黎凡特的驛站一直傳到波斯的時候，雷諾德仍在繼續他的工作，他並不知道離停工的日子已經不遠了。他的團隊仍在繼續鑽，強行在堅硬的石頭上打洞，以至於鑽頭已經都鬆動了，後來鑽頭還被卡在洞裡好幾天；隨著時間一分一秒流逝，鑽頭終於又被修好了。在五月二十八日那天的凌晨四點，他們終於碰到了主脈，噴湧而出的黑色金子噴向高空。這真是重大的發現。[35]

一名負責工地安全的英國陸軍中尉阿諾德・威爾遜（Arnold Wilson）把這個消息編成代碼發回了英國。這封電報只是簡單地寫著：「見《詩篇》第一〇四篇，第十五節第二句。」[36]這一節的內容是懇求上帝讓土中得油以潤人面。他告訴父親，這一發現保證了英國能得到豐厚的報償，而且有希望，他這樣補充道，「讓壓抑已久的工程師們也得到回報，熬過那些最讓人討厭的老闆們……和這麼不宜人的氣候。」[37]

在一九〇九年開始出售股份後，投資人們蜂擁來到了掌握特許權內各種權利的英波石油公司（Anglo-Persian Oil Company），據公司估算，在馬斯吉蘇萊曼的第一口油井只是未來冰山的一角。很自然的，要修建出口石油所必需的基礎設施需要時間和錢，尋找新油田和修建新油井也同樣如此。而且在工地中確保一切事物順利運行也非易事，就像阿諾德・威爾遜所抱怨的，他不得不花時間在「辭不達意」的英國人和「言不由衷」的波斯人之間彌合文化鴻溝。英國人，如他所言，把合同看作是能夠在法庭上站住腳的協定；而波斯人只是將合同看作是意願的表達。[38]

儘管如此，一條把第一個油田和位於阿拉伯河（Shaṭṭ al-ʻArab）附近的阿巴丹島（island of Ābādān）連接起來的輸油管很快就完工了，精鍊廠和出口中心就選址在那裡。這條管線可以將波斯的石油送到波斯灣，從那裡裝船送回歐洲，待歐洲大陸的能源需求激增時再出售。輸油管線本身就極具象徵意義，因為它標誌著即將遍布亞洲的輸油網絡很快就會成為舊絲綢之路的新形式，給絲路注入新的生命。

麻煩也在醞釀之中。石油的發現讓沙王在一九〇一年簽下的那一張紙變成了二十世紀最重要的文書之一。這張紙奠定了一家價值幾十億美元的公司的成長基礎——英波石油公司最終成為了BP石油公司（British Petroleum）——它也埋下了政治動盪的種子。協定的條款把波斯王冠上的寶石交到了外國投資人的手中，這導致了人們日益加深的仇外情緒，反過來引發了國族主義，最終，促成了清晰體現在現代伊斯蘭基本教義派身上的對西方深層次的懷疑和拒斥。控制石油的欲望成為了未來許多問題的源頭。

在個人層面上看，諾克斯・達西的特許權是個克服各種不利條件獲得成功的精彩商業案例；但是這一成功的全球重要性，可以和哥倫布在一四九二年的跨大西洋發現相提並論。在哥倫布的發現之後，大量的資源和財富被征服者們掠奪並運回了歐洲。這次也是一樣，其中的一個原因是海軍大臣菲舍爾和皇家海軍的密切關注，他們聚精會神地監視著波斯的動向。當英波石油公司在一九一二年遭遇了現金流問題時，菲舍爾立即介入，他擔心這份生意可能會被荷蘭皇家殼牌石油（Royal Dutch / Shell）之類的公司奪走，後者已經以荷蘭東印度公司為基地建立起了龐大的生產和分配網絡。菲舍爾跑去找到了第一海軍大臣，這位大臣是一顆正在冉冉升起的政壇新星，菲舍爾要讓他了解將戰艦從煤炭動力進化為石油動力是件多麼重要的事情。他宣稱，石油就是未來；它能大量儲存並且很便宜。最為重要的，是它能讓戰艦行駛得更快。「這是大家都知道的常識，」他說，海戰中的「第一要務就是速度，只要能擁有這一點，你就能隨時、隨地、以任何你想要的方式出擊」。這將會給英國戰艦帶來壓倒性優勢，在戰爭中給敵人致命一擊。[39] 聽到菲舍爾的一番話，溫斯頓・邱吉爾明白了他的意思。

轉換到燃油動力意味著，皇家海軍的戰力和效能可以提升到「具有決定性的高水平；即更好的艦船、更好的水兵、更好的經濟、更有效的作戰形式」。這意味著，如邱吉爾所言，沒有任何事比控制海上更有價值了。[40] 當國際上的壓力陡然升高，各種形式的對抗越來越有可能在歐洲或是其他什麼地方發生，如何能把這種優勢利用起來的思考變得緊迫起來。在一九一三年夏天，邱吉爾給內閣呈上了一份標題是「女王陛下海軍的燃油供應」的文件。這一方案，他指出，要從範圍廣泛的生產商手中提前購入燃油，甚至考慮「對有價值的供應源加以控制」。隨之而來的討論並沒有得出確切結果，而只是達成了一個共識，認為「海軍應該確保……在盡可能廣泛的區域中獲得盡可能多的……燃油供給」。[41]

不到一個月，事情就發生了變化。首相和部長們現在已經相信了石油在未來的「致命必要性」。他隨即在定期的重大議題匯報中告訴喬治五世（George V）國王，政府將著手控制英波石油公司以確保「可靠的資源供應」。[42]

邱吉爾在這件事上十分積極。確保石油供應可不僅僅是和海軍有關，此事關乎英國未來的安全。雖然他認為煤炭對帝國的成功來說十分重要，但是成功更仰賴石油。「如果我們不拿到石油，」他在一九一三年七月這樣告訴議會，「我們就得不到玉米，得不到棉花，也得不到一千零一種保障大不列顛經濟能量的必要物資。」應該要為戰爭做儲備；但是開放市場也不可靠——因為拜那些投機者所賜，開放市場已經變成了「一個光天化日之下的笑柄」。[43]

英波石油公司因此被看作是許多麻煩的解藥。它的特許權「從頭到尾都很健康」而且背後有足夠的資金，按照前海軍情報部門的主管和負責處理公司管理事務的特遣小組的首腦艾德蒙・斯雷德爵士（Edmond Slade）所言，此事也許能夠「發展到巨大的規模」。控制住這家公司，就能保障石油供應，這就是上帝送給海軍的大禮。關鍵在於，斯雷德總結說，是把大多數資本「以相對合理的開銷」控制起來。[44]

和英波石油公司的談判很快就展開了，在一九一四年夏天，英國政府已經購買了百分之五十一的股份——從此，也獲得了實際上的控制權。邱吉爾在下議院雄辯的發言確保了大多數贊同票。因此，英國的政策制定者、籌劃人和軍方都知道他們已經獲得了對石油資源的把持，這些資源對未來的任何軍事衝突都是至關重要的。在十一天後，弗朗茨・斐迪南大公在塞拉耶佛遇刺。

在圍繞著戰爭準備的一系列慌張舉動中，人們很容易忽略英國人已經一步一步地對其能源需求加以保障。一部分原因在於很少有人意識到檯面背後達成了怎樣的交易。因為除了購買英波石油公司的多數股權以外，英國政府還祕密答應了將給海軍提供為期二十年的石油供應。這意味著在一九一四年夏天下水的皇家海軍戰艦可以在和德國軍艦的拉鋸中，獲得油料補給的優勢。轉換成以燃油供應讓英國艦船比對手們更快速；但是最重要的優勢是它們可以一直待在海上。在一九一八年十一月，這時距離停火協議的簽訂還不過兩週時間，寇松勛爵事出有因地在倫敦發表了演說，他告訴聽眾「協約國是乘著石油駛向勝利的」。一位重要的參議員歡欣地表示同意。德國放太多注意力在鐵和煤上，但是卻對石油不夠關注。「石油是地球的血液，也是勝利的血液。」[45]

這的確說出了一些實情。一段時間以來，當軍事史學家把注意力放在弗蘭德斯的殺戮場上，同時在亞洲中心發生的事情也對世界大戰的結果有著重大影響——甚至對大戰之後的時代影響更大。當戰爭的第一槍在比利時和法國北部打響的時候，鄂圖曼人正在思忖他們要在歐洲越演越烈的對抗中扮演什麼角色。雖然蘇丹堅定地認為鄂圖曼帝國不應該捲入戰爭，但其他聲音卻越來越有力地辯稱，最好的辦法就是鞏固和德國的傳統友誼並與之結盟。當歐洲列強正忙著對彼此發出最後通牒和宣戰聲明時，足智多謀的鄂圖曼帝國戰爭大臣恩維爾帕夏（Enver Pasha）聯繫了位於巴格達的陸軍總部，並對可能發生的事情提出了警告。「和英格蘭的戰爭現在已經很有可能了，」他寫道。如果戰事爆發，他寫道，應該喚起阿拉伯領導者們支持鄂圖曼軍隊發起聖戰。波斯的穆斯林人口也應該被喚起來，發起反抗「俄國和英國統治的革命」。[46]

在這樣的大背景下，英國在開戰後的幾個星期內，就從孟買派出了一支部隊前去保衛阿巴丹的輸油管和油田的決定，就不足為奇了。在這個任務完成後，英國在一九一四年十一月占領了戰略地位十分敏感的巴士拉，在考克斯爵士（Percy Cox）主持的升旗典禮上，巴士拉的居民們被告知，「土耳其政府在這裡已經不復存在了。因此在英國的國旗下，你們將得以享受自由和公正的好處，無論在宗教上還是世俗事物上都是如此。」[47]當地人的習俗和信仰才不是英國人在乎的，真正重要的是保護對該地區自然資源的控制。

英國人意識到了他們對海灣地區的控制很薄弱，因此開始向阿拉伯世界的重要人物發起提議，這其中包括麥加貴族（Sharīf of Mecca，麥加的保護人）侯賽因（Husayn），他得到了一份極其誘人的交易：如果侯賽因「和普遍的阿拉伯人」能提供反對土耳其人的支持，那麼英國人「將保證貴族國家的獨立、權利和特權不受任何外部勢力、尤其是鄂圖曼人的侵擾」，而且這還不是交易的全部，英國人甚至還拿出了更誘人的刺激，也許「讓真真正正的阿拉伯民族來做麥加或麥地那的哈里發」的時機已經到了。身為聖城麥加的保護者、古萊什部族的成員、先知穆罕默德本人出身的哈希姆家族後裔，侯賽因得到了這樣的開價，只要給予支持，他就能換來一個帝國。[48]

英國人並不真心，而且也不會真的兌現承諾。然而自從局勢在一九一五年初開始變得越來越糟，他們就已經準備好了把侯賽因一直拴住。一部分的原因是在歐洲的勝利還看不出結果。

但也源於鄂圖曼人終於開始了在波斯灣地區對英國的地位發起反擊——而且讓人擔憂的是，在埃及也是這樣，這威脅到了蘇伊士運河——這是一條讓從東方駛往歐洲的船隻不必大費周折地繞過非洲，而是能經此地以提前好幾個星期的速度抵達歐洲的交通動脈。為了調動鄂圖曼軍隊的資源和注意力，英國決定讓軍隊在地中海東部登陸並開闢出一個新戰線。在這樣的局面下，英國人願意和任何一個能減輕協約國壓力的人做交易，而且這看起來也是顯而易見的必要；反正兌現是以後的事，現在多開支票又有何妨。

針對俄國力量的崛起，倫敦也在做著類似的盤算。雖然戰爭的恐懼很快就將瀰漫各處，但在英國還是有些具影響力的人擔心戰爭結束得太早。前首相貝爾福（Arthur Balfour）焦慮地覺得德國的迅速潰敗會讓俄國變得更加危險，後者的野心持續膨脹會讓印度受威脅。還有另一個擔憂：貝爾福已經聽到了一些傳言，說一個人脈很廣的遊說團正在聖彼得堡試圖促成跟德國談判；這樣的事情，他認識到，對英國來說即意味著戰敗。[49]

對俄國的疑慮意味著確保俄國人的忠誠是重中之重的任務。控制君士坦丁堡和達達尼爾海峽的前景，對於維持協約國的團結紐帶來說簡直就是完美的誘餌，而且能把沙皇政府的注意力吸引到這個極端敏感的話題上來。儘管強大如俄國，阿基里斯仍有致命的要害，俄國缺少除了黑海以外的溫暖水域港口，而從黑海通往地中海也要先經過博斯普魯斯海峽，然後再經過馬爾馬拉海（Sea of Marmara）上分隔亞洲和歐洲的達達尼爾海峽。這條通道是生命線，它連接著俄國南部的糧食產地和海外出口市場。關閉達達尼爾海峽，讓糧食爛在倉庫裡，已經在一九一二至一三年間的巴爾幹戰爭中對經濟造成了毀滅性的打擊，並且導致了是否要對控制這條生命線的鄂圖曼人宣戰的討論。[50]

因此，當英國人在一九一四年末提起了君士坦丁堡和達達尼爾海峽未來地位的問題時，俄國高興極了。英國大使向沙皇的官員們宣布，這就是「整個大戰中的最大獎品」。一旦戰爭結束，對這兩個地方的控制就將交給俄國，雖然君士坦丁堡的地位將會是一個自由港，「讓來自非俄國領土上的商品在此中轉」，而且要承認「穿過兩個海峽的過往船隻享有商業自由」。[51]

儘管在西線幾乎看不到任何有所突破的跡象，而且東線和西線都正遭受著巨大損失，流血仍將持續多年的前景擺在眼前，但協約國已經坐下來琢磨如何從對手那裡挖走領土和利益了。在戰後對德國及其盟友提出的帝國主義指控實在是巨大的諷刺。在戰爭剛剛開始的幾個月裡，協約國就已經在考慮如何瓜分敵人的屍體了。

從這點來看，用君士坦丁堡和達達尼爾海峽來吊俄國人胃口的行為背後藏著更大的利益關係，因為在一九一五年初，就有一個由莫里斯・德・本森爵士（Maurice de Bunsen）作為主席的委員會建立了起來，以匯報有關大戰勝利後對鄂圖曼帝國未來的種種提案。這件事敏感的地方在於，要在當下的盟友（同時又是過去的敵人和潛在的未來對手）之間分割利益。「不要做任何會讓別人懷疑英國對敘利亞有所企圖的事情」，愛德華・格雷爵士寫道，「因為如果我們對敘利亞和黎巴嫩提出任何要求的話，這就意味著和法國關係的破裂」——法國在十八和十九世紀中已經在這個地區經營很久了。[52]

因此，為了團結俄國並避免和法國在敘利亞的影響力產生衝突，英國決定派出一支主要是由不列顛、澳洲和紐西蘭軍人組成的部隊，不是按照預先的計畫在位於今天土耳其西南部的亞歷山大雷塔（Alexandretta，今名伊斯肯德倫〔Iskenderun〕）登陸，而是改在位於達達尼爾海峽入海口，扼守著君士坦丁堡的加里波利半島（Gallipoli peninsula）登陸。[53]這個決定將被證明是發起大規模攻勢的最糟糕登陸地點，將有大量試著搶灘登陸，從下方攻擊山丘上防守嚴密的土耳其據點的士兵葬身於此。發起這場災難性戰役的初衷，就是為了爭奪對連接歐洲、近東和亞洲的貿易網絡交通的控制。[54]

君士坦丁堡和達達尼爾海峽的未來已經劃定了；現在需要來劃定中東的未來了。在一九一五年後半和一九一六年初舉行的一系列會談中，深受陸軍大臣基奇納伯爵（Kitchener）看重的傲慢議員賽克斯爵士（Mark Sykes）和自負的法國外交官皮科（François Georges-Picot）瓜分了這個地區。按照他們兩人同意的方式，從位於今日以色列最北端的阿克東北方一直到波斯邊界的領土，都被分割線劃定完畢了。敘利亞和黎巴嫩歸法國，美索不達米亞、巴勒斯坦和蘇伊士歸英國。

用這樣的方式劃分領土是非常危險的，更何況攸關地區命運的很多相互矛盾的內容已經散播出去了。比如侯賽因，他手裡仍然拿著阿拉伯人獲得獨立和讓他獲得哈里發頭銜的開價；英國首相在此時不停地公開談論應該讓「阿拉伯、亞美尼亞、美索不達米亞、敘利亞和巴勒斯坦的」人民「根據各自民族的情況獲得承認」，這看起來似乎是對主權和獨立的許諾。[55]同時美國也一次又一次地得到英國和法國的保證，說他們的戰鬥「不為私利，而是為了，最重要的，保障人民的獨立、權利和尊嚴」。英國和法國言之鑿鑿地宣布他們心中懷有的目的多麼高貴，按照倫敦《泰晤士報》的說法，他們的目標是「把人民從土耳其的血腥暴政中」解放出來。[56]

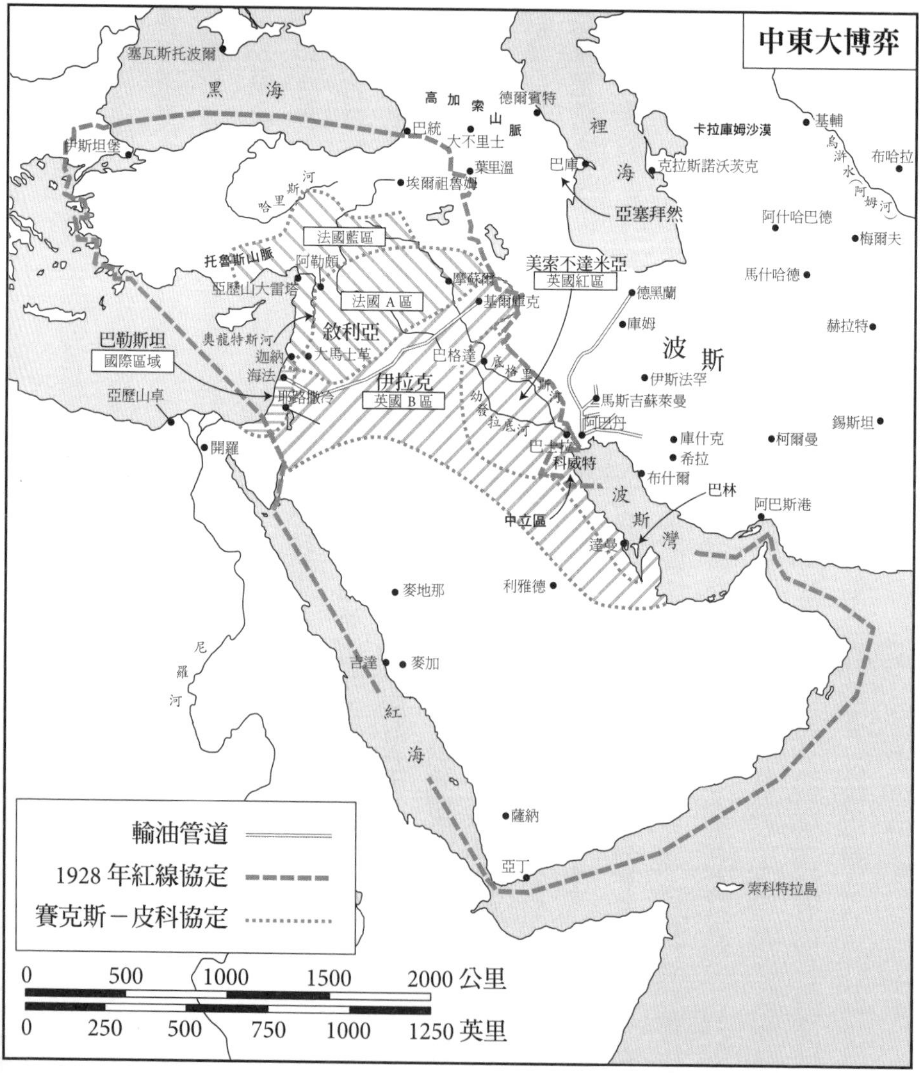
中東大博弈
塞瓦斯托波爾
黑海
伊斯坦堡
巴統
高加索山脈
德爾賓特
大不里士
葉里溫
埃爾祖魯姆
裡海
巴庫
亞塞拜然
卡拉庫姆沙漠
克拉斯諾沃茨克
基輔
烏滸水(阿姆河)
布哈拉
阿什哈巴德
梅爾夫
馬什哈德
赫拉特
哈里斯河
法國藍區
托魯斯山脈
阿勒頗
亞歷山大雷塔
法國A區
摩蘇爾
基爾庫克
美索不達米亞
英國紅區
德黑蘭
庫姆
敘利亞
奧龍特斯河
巴勒斯坦
國際區域
迦納
大馬士革
海法
耶路撒冷
亞歷山卓
開羅
巴格達
伊拉克
英國B區
底格里斯河
幼發拉底河
波斯
伊斯法罕
馬斯吉蘇萊曼
阿巴丹
巴士拉
科威特
庫什克
希拉
布什爾
柯爾曼
錫斯坦
巴林
阿巴斯港
波斯灣
中立區
達曼
利雅德
麥地那
吉達
麥加
尼羅河
紅海
薩納
亞丁
索科特拉島
輸油管道
1928年紅線協定
賽克斯－皮科協定
0 500 1000 1500 2000 公里
0 250 500 750 1000 1250 英里

正如美國總統威爾遜（W. Wilson）的外交政策顧問愛德華・豪斯（Edward House）發現了英國外交大臣的祕密協定之後表示的，「完全壞透了」，法國人和英國人「正在讓〔中東〕成為未來戰爭的溫床」。[57]他說的完全沒錯。

問題的根源在於——多虧了在波斯發現的天然資源——英國知道這裡面的利益有多麼巨大，而且美索不達米亞地區也十分可能有類似的資源。的確，就在斐迪南於一九一四年遇刺的當天，一份石油特許權得到了認可（雖然尚未正式批准）。這份特許權給土耳其石油公司（Turkish Petroleum Company）領頭的大財團持有多數股份——這家公司的大部分股權是由英波石油公司持有——特許權的少數股份則由荷蘭皇家殼牌石油、德意志銀行（Deutsche Bank），以及促成協議達成的出色中間人卡魯斯特・庫本江（Calouste Gulbenkian）持有。[58]不管中東地區的人民和國家得到了什麼樣的承諾或保證，事情的真相都是——在幕後夢想著塑造該地區未來的官員、政客和商人們腦子裡都只有一個念頭——確保對石油的控制，讓輸油管道能夠把抽出來的石油送到港口再裝船運走。

德國人意識到了正在發生的事情。在一張被英國人得到的簡報中，德國做出評估認為英國有兩個首要戰略目標。第一個是保障對蘇伊士運河的控制，該地獨一無二的戰略和商業價值；第二個是控制波斯和中東的油田。[59]這真不愧是一份句句錙銖的評估。英國幅員遼闊的跨大陸帝國覆蓋著將近全世界四分之一的土地。雖然它擁有多種多樣的氣候類型、生態系統和資源，但是唯獨還是缺一種東西——石油。

由於在大英帝國的領域談不上任何有意義的石油儲量，這場戰爭給英國一個改變這一點的機會。「唯一潛在的大量供應，」帶著濃濃書卷氣質的戰爭內閣大臣莫里斯・韓基爵士（Maurice Hankey）寫道，「就在波斯和美索不達米亞。」因此，建立「對這些石油供應源的控制是一級戰略目標」。[60]「從軍事角度來看，這個地區除了確保有價值的油井之外，沒有任何別的作用，但英國應該毫不猶豫地採取行動」，韓基在同一天寫給首相大衛・勞合・喬治（David Lloyd George）的信中這樣強調。[61]

很少有人需要被說服。在戰爭結束前，英國外交大臣用毫不退讓的口吻談到他眼中的未來。他認為擺在前方的問題是不需要懷疑的，就是要肢解對手帝國。「我不在乎，」他對高層人物們說，「要用什麼制度來控制石油，是無限期租借還是別的什麼方式，我確定的是石油對我們來說至關重要。」[62]

如此的下定決心是有很好的理由的，而且在這種決斷的背後也有著焦慮。在一九一五年初，海軍每月要耗費八萬噸石油。兩年以後，因為更大量的戰艦服役的關係和燃油引擎的普遍使用，這個數字已經翻了一倍多，高達十九萬噸。陸軍對石油需求量的增加更具戲劇性，一九一四年時陸軍有一百輛車，這個數字很快就增長到了數萬輛。到一九一六年為止，燃油需求已經快要用光了英國的石油儲備。燃油庫存從一月一日的三千六百萬加侖迅速跌落到了半年後的一千九百萬加侖，再一個月後跌落到了一千二百五十萬加侖。[63]當政府委員會開始預估接下來一年的石油需求時，他們發現所具備的供給能力還不足以滿足預計需求量的一半。[64]

雖然石油配給的實施立即帶來了穩定燃油庫存的效果，但是對供給問題的持續擔憂，讓第一海軍大臣命令皇家海軍在一九一七年春天盡可能長時間地待在港內，出海時的巡航速度也限定在不超過二十節。在一九一七年六月進行的一次規劃更強調了事態的急迫性，到當年年底時，海軍的燃油庫存將只能維持六個星期。[65]

當德國發展出了卓有成效的潛艇戰法後，形勢就變得更加不妙了。英國已經從美國進口了大量石油（以越來越貴的價格），但是很多運輸船根本就無法通過大西洋。德國人成功地擊沉了「數目可觀的運油船」，駐倫敦的美國大使瓦爾特・佩吉（Walter Page）在一九一七年寫道，「這個國家很可能在短時間內陷入危險狀況」。[66]在一九一四年以後，革命性的技術發展就已經能讓引擎可以更快、更高效地運行了，同時也讓戰爭迅速地機械化。這都是歐洲陸上戰場的激烈戰況所推動的。但反過來，消耗的增加意味著如何獲得燃油成了一個嚴肅問題，比在戰前還要重要。如果不說是決定性因素的話，這個問題也可以說是驅動英國國際政策的主要動因。

有些英國政策制定者對於前景有著很高的期待。一位曾在波斯東部效力過並且對這個國家十分了解的官員——佩西・考克斯在一九一七年指出，英國有機會緊緊地把波斯灣控制在手中，同時讓俄國、法國、日本、德國和土耳其被永久地排除出去。[67]因此，雖然俄國在一九一七年陷入革命，並在布爾什維克攫取權力後立即跟德國簽署了和平協議，這樣的形勢讓歐洲的戰事十分嚴峻，但是它也在其他地方給英國帶來了希望。在專制統治之下，貝爾福爵士在一九一八年夏天這樣告訴英國首相，俄國曾是「鄰居們的威脅；而且在所有鄰居中，我們受到的威脅最大」。[68]它的內部破裂對於英國在東方的地位來說是個好消息。這給英國帶來了真正的機會，將從蘇伊士運河一直延伸至印度的整片地區都牢固地控制住，從而讓運河和印度都能安穩。

第十八章
妥協之路

在波斯，英國人的意圖是扶植一個能夠好好為英國的利益服務的可靠強人。一個宮廷中的重要人物很快就進入到了英國人的視線中：因為在倫敦股票市場上投入了大量資金而著名的法爾曼－法瑪親王（Farman-Farma），也正因如此，他的巨額財富也緊密地和大英帝國的成功綑在了一起。因此密集而猛烈的遊說活動開始努力將他推上首相的位子，英國駐德黑蘭大使在一九一五年的聖誕前夜正式拜會了沙王，並明確地表示出任命法爾曼－法瑪的決定將會在倫敦多麼受到支持。沙王被告知「近期更替首相是不可避免的」，尤其是考慮到德黑蘭的政府中有那麼多的「敵對分子」。沙王很輕易就被說動了，「他非常同意，催促盡快敲定此事。他保證會力勸法爾曼－法瑪立即上任。」[1] 幾天後，法爾曼－法瑪就獲得了任命。

在美索不達米亞，缺少當地的領頭人物來和英國人合作的情形讓事情有些難辦。英國決定自己動手，在一九一七年春天從巴士拉派出軍隊占領巴格達。不清楚後續發展，哈丁伯爵（曾經的爵士）從倫敦寫了一封信給哥特魯德・貝爾（Gertrude Bell），後者是一名擁有敏銳判斷力的出色學者和旅行家，他對這片地區就像其他人一樣瞭如指掌。他指出「不管我們是從巴格達找三個最胖的人、還是三個鬍子最長的人來當阿拉伯統治的象徵，對我們來說都無所謂」。英國人只需要任何的人選都能牢牢地記住和占領軍合作的好處；自然而然的，這免不了得好好地行賄。[2]

但是，還有一些重大問題需要面對，這些問題比戲弄該地區的未來政治結構要重要得多。當時英國的主要聲量已經在大聲呼籲重新修訂甚至墨跡還未乾掉的《賽克斯－皮科協定》（Sykes–Picot agreement）了。當然不是因為有任何對蓄意的帝國主義祕密協定的譴責，而是因為一份來自前海軍情報部門首腦、海軍上將斯雷德的報告，他曾在一九一三年負責獲取波斯的油田，並在此後不久就被任命為英波石油公司的主管。斯雷德強調：「無論在什麼樣的情形下，我們對波斯油田的掌控都不能受干擾，這對其他地方來說也一樣。」他補充說，「有跡象表明，美索不達米亞、科威特、巴林和阿拉比亞都蘊藏著巨大的石油儲量。」他強烈建議重新畫《賽克斯－皮科協定》中的分界線，以確保盡可能多的這些領土被劃歸到英國控制範圍之內。「必須確保我們對這些地區石油的所有權，從而讓其他勢力無法從中獲利。」[3]外交大臣虎視眈眈地關注著事情的動向，他收集歐洲報紙上各種關於德國「對波斯灣之自由的必要要求」的文章，以此來說明英國越早確立對這裡的控制就越好。[4]

在戰爭剛剛結束的一九一八年末，英國已經如願以償：英國首相大衛‧勞合‧喬治成功地說服了法國總理克里蒙梭同意修改協定，出讓摩蘇爾和周邊區域的控制權給英國。這樣的結果有一部分原因，是英國人操弄了法國人對英國可能會阻撓法國將敘利亞當成保護領地的恐懼，而且英國還暗示法國，在即將開始的關於阿爾薩斯－洛林（Alsace-Lorraine）歸屬的談判中，英國還未必會支持法國。「你想要什麼？」克里蒙梭直截了當地在倫敦問勞合‧喬治。「我要摩蘇爾，」英國首相回答。「沒問題。還有別的嗎？」「有，我還要耶路撒冷。」回答同樣是「沒問題」。據勞合・喬治身邊的一位高級公務員的回憶，克里蒙梭「絕對誠實，從不食言」。[5]

英國也把巴勒斯坦視為一個目標對象，因為它可以當作蘇伊士運河的威脅緩衝區，這條運河是大英帝國最關鍵的動脈，對它的控制自從一八八八年就已經建立起來了。正當英國軍隊向著巴格達進發的時候，他們也趁勢從南方向巴勒斯坦進發，勞倫斯（T. E. Lawrence）同時出其不意地在一九一七年夏天從沙漠中出擊，攻取了亞喀巴（Aqaba）。雖然鄂圖曼帝國第七軍和第八軍發起了猛烈反擊，領導這兩支部隊的指揮官是在戰前曾任德國陸軍參謀長的埃里希・馮・法金漢（Erich von Falkenhayn）將軍，但是在幾個月後，耶路撒冷也陷落了。為表敬意，英軍的艾德蒙・艾倫比（Edmund Allenby）將軍步行進入了已被英國攻陷的耶路撒冷，英國大使稱此事是「送給英國人民的聖誕禮物」。[6]

巴勒斯坦之所以重要還有另一個原因。擔憂越來越多的猶太人移民到英國，在一八八〇至一九二〇年間，光是從俄國抵達的猶太人數量就以五倍的速度增加。在一九〇〇年前後，曾有過在東非找一塊地安置猶太移民的討論，但是到了戰爭期間，注意力已經轉移到了巴勒斯坦。在一九一七年，外交大臣亞瑟・貝爾福寫給羅斯柴爾德勳爵的信被洩漏給了《泰晤士報》，信中內容說，陛下的政府傾向於在巴勒斯坦給猶太人建立一個民族家園。[7]這個關於猶太人的領土設計想法被稱作《貝爾福宣言》（Balfour Declaration），貝爾福後來在向上議院描述這個計畫時，將其形容為「解決巨大且持久的猶太人問題的部分方案」。[8]

雖然支持歐洲猶太人建立家園的想法很引人注目是可以理解的，但英國把目光放在巴勒斯坦身上也是出於其地理位置的考量，該地鄰近油田，可以成為通向地中海的輸油管道的終點站。據規劃人員指出，這樣一來就可以節約一千英里的距離，而且讓英國可以獲得「對輸出的關鍵掌控，它很有可能將成為世界最大的油田之一」。[9] 因此，英國在巴勒斯坦的有效控制將是勢在必行，而且要控制住海法，這裡有條件優良的深水港，對英國貨船來說將會是一個理想的裝載地，應該讓輸油管來到這個港口——而不是向北延伸到法國人控制的敘利亞去。

英國的戰略思考隨著時間演進，海法將會給美索不達米亞的石油管道提供完美的終點站。事情也是這麼證明的。到一九四〇年為止，有超過四百萬噸的石油是透過戰後修建的輸油管輸送的，這已足夠供應整個地中海艦隊了。按照《時代》（*Time*）雜誌的說法，這就是「大英帝國的頸動脈」。[10] 世界上最大的帝國正在接受巨量的石油輸入，輸出地則是世界的心臟。

截至一九一八年初，英國的考量早已轉向如何塑造戰後世界和如何讓勝利者們瓜分戰利品的問題了。麻煩的地方在於，那些巧舌如簧的政客、易怒的外交官和那些身在歐洲的首都城市中以地圖和鉛筆武裝自己的測繪師們，彼此對達成的協議有著出入。他們的交易是如何讓英國和法國在這些領土上的利益得到擴張和保護，這些計畫在紙上談兵的層面來說貌似是不錯的交易，但是事情在實際操作中則變得益發複雜。

例如，在一九一八年夏天，英國將軍萊昂內・鄧斯特維（Lionel Dunsterville）接到了命令，從波斯西北部向裡海進發，同時其他的高級將領被派去監視高加索地區，目的是確保土耳其人無法得到亞塞拜然的油田，不會控制裡海以南地區或是控制通往阿富汗邊境的跨裡海鐵路。這是經典的過分拉伸案例，是根本做不到的——誰要是做出這樣的行動，一定會以災難告終。進攻的土耳其人包圍了巴庫，把鄧斯特維圍困在城中六週，隨後才允許他撤退。城市投降後，便發生了當地人之間展開報復的恐怖流血場面。[11]

位於倫敦的印度辦公室的官員急得像熱鍋上的螞蟻，他們瘋狂地尋求能夠獲得授權以派出特工進入中亞，好監視土耳其復興的勢頭和俄國的混亂局面，在撒馬爾罕、費爾干納谷地和塔什干爆發的起義和抗議示威，也在一定程度上促使了整個沙俄帝國內爆發的革命。[12]「所有對突厥斯坦當地人口的有效控制已經被推翻了，」內閣大臣在一九一八年初給印度總督切爾姆斯福德勛爵（Chelmsford）寫道，「這是由於俄國中央政府的垮台和俄國軍隊控制的完全崩潰所致。」[13]

為了因應該地區穆斯林人口高漲的反英情緒，英國派出了許多外交官來監視形勢的發展並監管親英宣傳攻勢。許多官員被派往喀什葛爾和馬什哈德以了解當地心態，與此同時，還展開了關於是否要派軍隊進入阿富汗和塔什干的激烈討論，以及是否要批准更大規模的計畫，例如鼓動阿富汗的埃米爾向西擴張，占領穆爾加布谷地至梅爾夫的地區。[14]在俄國革命之後，新的思想、新的認同和新的願望在整個烏克蘭、高加索和中亞地區益發高漲，人們自我表達、甚至是自決未來前途的呼聲越來越響亮。

當那些在俄國奪取了權力的人們發現他們在全世界發動革命的夢想在歐洲遭遇了失敗後，便把目光移向了亞洲，此時的事態變得益發複雜了。一如既往地滿懷熱情的托洛茨基帶著由衷的興致，擔起了在東方醞釀革命計畫的任務。在一九一九年，他在給同仁們傳閱的備忘錄中寫道，「在目前的局勢下，去印度的路比在匈牙利建立起一個蘇維埃要容易得多。通向巴黎和倫敦的道路要先經過阿富汗、旁遮普和孟加拉。」[15]

「波斯、亞美尼亞和土耳其受奴役的人民大眾」組成的代表團，和那些來自美索不達米亞、敘利亞、阿拉伯半島等地的人們，在一九二〇年被召喚到巴庫參加一場會議，在這場會議中，一個重要的布爾什維克煽動家毫不掩飾地對聽眾說：「擺在我們面前的，是點燃一場真正的聖戰」來反抗西方。時候已經到了，他說，「要教育東方的人民仇恨富人，並願意打擊富人」。這意味著打擊那些有錢的「俄國人、猶太人、德國人、法國人……並組織起真正的人民聖戰，首先的一步，就是先打擊英帝國主義」。[16]時候已經到了，也就是說，東方和西方決戰的日子到了。

這樣的訊息傳播得相當成功。除了那些拍手叫好的代表們之外，還有那些真正行動起來的人——智識分子，比如穆罕默德・巴拉卡圖拉（Muḥammad Barakatullāh）就曾寫文章宣傳「布爾什維克主義和伊斯蘭民族」（Bolshevism and the Islamic Nations），大聲疾呼在整個穆斯林亞洲推動社會主義。在中亞各地，報紙、大學和軍事學校開始紛紛成立，以便更進一步地將當地人口激進化。[17]

蘇維埃分子顯示出了令人驚訝的靈活性，只要對他們的目的有幫助，他們就願意妥協。例如，當阿富汗統治者阿瑪努拉國王（Amanullah）尋求疏遠英國人的影響，並且對開伯爾山口（Khyber）西部的駐印英軍發起進攻時，布爾什維克領導者毫不猶豫地開始拉攏他。雖然軍事對抗的結果是一場慘痛的失敗，布爾什維克政權還是很高興能在東方找到盟友，並發出了提供協助的提議，同時還保證說，讓東方從帝國主義的壓迫下解放出來是革命事業的根本任務之一——這樣的保證聽起來並不能完全讓一個君主統治者放下心來。

俄國人的厚臉皮和投機主義激起了英國人的高度警惕，《泰晤士報》也報導了「布爾什維克分子威脅了阿富汗——這裡是進入印度的登門石」。英國軍隊向北進入阿富汗，他們中有一個名叫查爾斯・卡瓦納（Charles Kavanagh）的年輕下士，他近年來被發現的日記裡生動地描繪了他見到的情景——並能引發許多在近些年在同一地區效力的西方人的共鳴。他在日記中寫道，叛軍的埋伏和突襲每天都有。阿富汗人會毫不猶豫地穿上女人的長袍，把自己的臉和槍隱藏起來。「避免跟任何你不認識的當地人握手，」他這樣寫道，「他們會用左手抓住你的手，然後用右手捅你一刀。」[18]

對未來的不同願景在一戰之後被提了出來。一方面是對民族自決的推動，至少布爾什維克分子在一開始時是支持的。「在沒有任何阻礙的情況下安排你們自己選擇的生活，」列寧（V. Lenin）宣稱。「你們有權利這麼做。明白你們的權利，就像是俄國的人民一樣，革命和革命機構會全力給你們保障。」[19]這還延伸到了性別平等的進步觀念：在吉爾吉斯、土庫曼、烏克蘭和亞塞拜然的蘇維埃各共和國，女性可以投票——這比英國女性的投票權來得更早。在一九二〇年張貼在塔什干的一張海報上，畫著一個人站在四個像幽靈一樣的戴面紗女性前面，大聲疾呼穆斯林女性的解放，海報上用烏茲別克語寫著：「婦女們！投蘇維埃一票吧！」[20]

這種早期的後革命革新主義（post-Revolutionary progressivism）和當時西方列強的帝國主義者態度形成了鮮明對比，後者對財富和資源的控制對於國家利益至關重要。沒有哪個國家比英國更積極，或是說更有侵略性，畢竟英國全力以赴執行的既定國策就是控制石油供應。在這樣的情形下，因為英國已經有軍隊駐紮於此了，所以英國手上握有讓形勢向符合它的利益發展的先機。以美索不達米亞的例子來說，英國控制這裡的方式是打造出一個叫作伊拉克的新國家。這是把三個在歷史上、宗教上和地理上都各不相同的前鄂圖曼省分合併到一起的大雜燴：巴士拉向南可以抵達印度和波斯灣；巴格達和波斯聯繫緊密；摩蘇爾在自然環境上和土耳其及敘利亞相連。[21]除了倫敦方面以外，沒有任何人對這樣的混合體感到滿意。

這個國家是以最為虛弱的方式建構起來的。英國人從別處找來了他們的舊盟友費薩爾（Faisal）——麥加保護者的繼承人——作為伊拉克的君主，有一部分原因是為了獎勵他在戰爭期間的合作，還有一部分原因是為了彌補他剛剛被趕出敘利亞的損失——因為最初給他的承諾是獲得敘利亞的王位，另有一部分原因是缺少任何明顯的候選人。可事實上他是一個遜尼穆斯林，而當地人口主要是什葉穆斯林，英國人認為這個問題會隨著新國家外顯形式的出現而迎刃而解，例如衛兵換崗儀式、新國旗（由哥特魯德・貝爾設計）和一份承認伊拉克人的「國家主權」，但規定國王及其政府有義務在「所有重要事務上」接受英國人指導的條約，這裡說的重要事務包括外交和國防在內。隨後附加的內容還給了英國人任命司法和金融顧問以主管該國經濟的權利。[22]從財政的角度來看，這樣的方式比完全的殖民統治來得更便宜，尤其是當時英國本身正擔負著一戰期間積累起來的巨額國家債務——而且這樣的統治在政治上也更划算。在一九二〇年美索不達米亞爆發的叛亂和公民反抗中，已經有超過兩千名英國人被殺。[23]

各種配合之下的努力也在波斯緊鑼密鼓地展開，其目的是用相似的方式控制波斯。在一九一九年簽署了一份協定，將允許任命英國顧問來管理波斯的財政和軍隊，以及監管各種基礎設施工程。這樣的方式在波斯和其他地方都推行得十分糟糕。由於英國對英波石油公司利益的控制，俄國人和法國人已經覺得英國對波斯的控制太過強大了。為了讓合同能夠簽署，免不了要用些賄賂（或是「佣金」）——而且不只是給沙王本人。「真主責罵這不滅的恥辱／他背叛了薩珊人的土地，」如當時的一位知名詩人寫道的，他引用波斯悠久且輝煌的過去；「告訴長著長長胳膊的阿塔薛西斯／敵人把你的國王送到英格蘭去了。」[24]這樣批評的結局就是作者遭受了牢獄之災。[25]

來自剛剛成立的蘇聯的政委反應也十分激烈：「英國正在給波斯人民的脖子套上鎖鏈，讓他們成為奴隸。」他在一份聲明中說，這是無恥的行徑，這個國家的統治者已經「將你們賣給了英國強盜」。[26]巴黎方面的反應也沒有什麼不同。他們在石油之戰中完全沒做好準備，幾乎沒得到任何好處就白白將摩蘇爾送了出去，法國人在這之後就開始向德黑蘭施壓，要求讓他們的顧問也在波斯獲得職位，以進一步確保自己的國家利益。寇松勛爵沒有覺察到這件事的發生，當他被問到是否支持這樣的任命時，他完全無法抑制住自己的怒火。他告訴法國駐倫敦大使保羅・康朋（Paul Cambon），「波斯是靠英國的幫助才免於完全破產。」法國應該把心思放在自己身上。[27]

法國的回應既憤怒又激烈。波斯媒體得到了法國的資金以進行反英宣傳，同時有責難的文章從法國出現，將《英波協定》（Anglo-Persian agreement）和沙王本人作為目標大加撻伐。在一篇被德黑蘭人廣為傳閱的《費加洛報》（*Le Figaro*）文章是這樣說的：「這個半公分高的侏儒已經把他的國家以一圓錢的價格賣了出去。」[28] 法國也在大戰的戰勝國一方，但卻被他們的盟友拿得死死的。

事實上，英國也對沙王自戰前就已經開始了的源源不絕的金錢要求感到頭痛。法爾曼－法瑪親王對英國人來說也是個麻煩，作為首相大臣，他並不如英國人期盼中的那樣成功。發回倫敦的報告說他「做事不老實」和「過於貪婪」；這讓「他實在不可能繼續擔任這個職位」。[29] 必須有個更信得過的人選。

正在此時，適當的人選出現了。禮薩・汗（Reza Khan）是一個「身材魁梧、高大的男子漢，身高遠高於普通人」，英國駐德黑蘭大使佩西・洛蘭爵士（Percy Loraine）在一九二二年滿意地向倫敦報告。禮薩・汗正是他想找的人，報告中繼續寫道，「而且他不會把時間浪費在波斯人喜歡說的那些有文采但是無用的恭維言辭上。」雖然他明顯是「無知又沒受過教育」，洛蘭對此印象十分深刻，「和他說話時，與其說是跟一個空頭殼講話，更不如說是和一個有腦但不知道怎麼使用的人交談。」這樣的評價在英國外交辦公室聽來無異於天籟。「洛蘭爵士對禮薩・汗的評價是絕對振奮人心的消息，」一位在倫敦的官員這樣提到這份報告。「雖然他身上也不免有他同胞的惡習，但是他的心貌似是放在正確的地方。」在另一份報告中提到，他的血統也很被看重，「他有〔來自其母的〕一半高加索血統，這是優點」。簡短來說，他絕對就是英國人覺得可以打交道、談生意的人選。[30]

按照被派往波斯以確保英國在波斯北部的利益，並監視各國在裡海地區戰略的英國軍隊指揮官艾德蒙・埃昂塞德爵士（Edmund Ironside）的說法，他看起來「是一個強悍、無所畏懼又心懷國家的人」。有關於英國給禮薩・汗提供了怎樣的支持，以及讓他在王位背後扮演怎樣的角色（並在一九二五年登上王位），曾經是一個被激烈討論的話題，但是此後的許多後續事件都清楚地表明，英國人正是禮薩・汗登上王位的背後推手。[31]美國駐德黑蘭的代表約翰・考德威（John Caldwell）評論禮薩和英國人親密的關係時說，他「實際上就是個間諜」。[32]

美國人同樣密切關注著這個地區，這一點都不令人覺得意外。有一份美國海軍策劃部門在一九一八年做出的報告曾在歐洲流傳開來，報告中談到了美國需要做好和英國進行商業競爭的準備。「曾經有四個強國興起挑戰了英國的商業霸權地位」。西班牙、荷蘭、法國和德國相繼被英國人趕下了舞台。美國「是第五個商業強權，也是目前最強的……歷史上的先例警示我們要密切地關注英國人的動向」。[33]油田的重要性意味著注意力已經被放在了世界的這部分地區。

考慮到美國自己益發嚴峻的石油供應問題，這份報告就更千真萬確了。就像英國在戰前曾經擔心缺少資源一樣，美國在戰後立即出現的石油短缺的可能性也讓人們益發焦慮。消耗模式造成的需求增加是引起警訊的一個原因，同時對勘探石油儲量的估算則是另一個原因。按照美國地質調查部的主管所言，石油儲量將會在九年又三個月後用盡。威爾遜總統也承認，缺少「必要的國內外供應」是個重大問題。[34]

出於這個原因，美國國務院鼓勵美國最大的石油廠商之一——標準石油（Standard Oil）去了解不在英波特許權之內的地區，「和波斯政府達成協議以開發波斯北部的石油資源的可能性」。[35]美國的興趣馬上就獲得了德黑蘭的熱情回應，當地媒體這樣報導：英國和俄國已經介入波斯夠久了，而且不斷地以國家的獨立為代價。而美國，這是個正在崛起中的新帝國，是完美的白衣騎士。「如果美國人帶著他們的興旺財富和我國建立經濟關係，」一份波斯報紙上的文章充滿希望地寫道，「我們的資源一定能開花結果，我們將不再如此貧困。」[36]這樣的樂觀情緒散播在全國各個角落：有潮水般的電報湧入首都以歡迎美國即將到來的投資。在德黑蘭被嚇了一跳的美國傳教士們發現，這些電報上的簽名有「最知名的穆拉（mullah，宗教老師）、顯要人士、一些政府官員和商人」。[37]

英國的反應十分激烈，他們告訴美國國務院，他們在波斯石油上打的主意不但不受歡迎，更是非法的。雖然提及的地區還沒有被納入到英波石油特許權的合同中，但是英國人宣稱，這塊地方屬於波斯和俄國在先前達成、但是沒有正式終止的一份協定範圍裡。因此，勘探的權利不能賣給美國人——或者是其他任何人。這些只不過是搪塞的花言巧語，最終也證明無法阻止波斯人肆無忌憚地繼續談判，給標準石油公司提供了五十年的石油特許權。[38]

不止一次，和美國人打交道的經驗只不過是虛假的黎明曙光。波斯曾經希望美國在波斯的參與和投資會在該地區提供一個英國勢力以外的選項。然而，實際操作表明，任何的經營者都不得不和英波石油公司達成一個協議後，才能使用他們的基礎設施管線。而且一旦談判開始，波斯人的希望就會被失望所代替。美國人「比英國人更像英國人」，波斯駐華盛頓大使這樣表示，這樣的說法並非讚美。最後的結果是，就像一份德黑蘭報紙上的社論文章所言，美國和英國根本就是一丘之貉：他們都是「金錢的信徒並且以強凌弱」，過分沉溺在他們自己的利益中，並「試著把國家石油資源的寶藏從波斯幼稚的政客們手中瓜分掉」。[39]

令人熟悉的故事情節回應著在四百年前發現美洲後發生的事情。和西班牙人打交道的當地人也是被同樣的方式摧毀的，其中的過程如出一轍：資源被西方國家掌控，這意味著財富從一個大陸流向另一塊大陸，只有最少的利益留在當地人手裡。還有另一件事和哥倫布跨大西洋航行後所發生的事情相似。就像是西班牙和葡萄牙在一四九四年簽訂的瓜分世界的《托德西利亞斯條約》和三十年後簽訂的《薩拉戈薩條約》（treaty of Zaragoza）那樣，西方列強仍是以相同的方式分割從地中海到中亞之間的資源。

用彩色鉛筆在地圖上劃定的領土構成了英法之間被稱為「紅線協定」（Red Line Agreement）的基礎，這份協定將該地區的石油資源分成了英波石油公司的區域和土耳其石油公司的區域（該公司為英波石油所屬，由英國政府握有最大股權），雙方簽署了正式條約，在各自的領土上不互相競爭。這對法國人來說很重要，因為他們正著眼於在黎凡特地區獲得更強的地位，法國和該地區有長久的貿易聯繫和已經行之幾十年之久的大量法國商業投資。就像伊比利半島勢力以前所做過的，法國和英國也像瓜分戰利品一樣分享對有價值資產的控制，並將他們的行為說成是正當權利。這感覺就像是新帝國時代的來臨。

問題是，這個新帝國時代幾乎是立即就痛苦地意識到了世界正在發生飛速變化。英國有完備的計畫來對石油和輸油管線網絡加以控制，但是這一切都要付出代價。隨著英國的國家債務飆升，關於保持多少部隊才能確保帝國有效運行的痛苦又艱難的討論開始了。正如寇松勛爵所言，「壓得人喘不上氣的花銷已經讓人維持不住了」。溫斯頓・邱吉爾也滿滿地得出了同樣的結論，他此時已經身擔殖民地大臣（Colonial Secretary）一職，他認識到「在中東所發生的一切都不如減少開支來得重要」。[40]

這種野心和能力的失衡正是一張災難配方——而高層外交官們的執拗則讓事情變得更加糟糕。例如，在德黑蘭的英國大臣認為自己比波斯人高等，他將波斯人輕蔑地描述為「臭烘烘的」和「詭詐又人面獸心」。與此同時，在巴格達，英國大使為了「擴大英國大使館的花園」而拆除了當地人的房屋。一個旁觀者這樣挖苦地形容，「這個房子毫無疑問已經是一座非常漂亮的住宅了，但是還不足以得到伊拉克人的普遍歡迎」。[41]英國有一種高高在上的傲慢態度，表現出這些國家的現在和未來都已經牢牢地掌握在了英國人手中。當地統治者的位子只是倫敦的政策制定者的禮物，在倫敦的人們並不在乎當地人的福祉，他們的注意力集中在英國的戰略和經濟優先權上。光是在一九二〇至三〇的十年時間裡，英國就直接或間接地參與了伊拉克、波斯和阿富汗的王位更迭，並同時也介入了一九二二年埃及獨立後的國王頭銜問題。[42]

不可避免的，這樣的情形久而久之就會醞釀出問題。哥特魯德・貝爾早在一九一九年就做出的預測是準確的，她認為「一個可怕的亂團」正在近東被製造出來，事態將會是「可以預見的各種噩夢都將發生，而且人們將無力制止」。[43]英國正在危險地選擇支持誰、在什麼時候出手、在什麼地點進行介入——這是在玩火。

撕毀的約定和失望的人民遍布黎凡特以東的各個地方。對當地人民許下的支持、幫助和保護其福祉的承諾，讓位給了對英國的商業利益和戰略利益的鞏固和保護——為了達到這樣的目的，甚至將人為的新國界加以二次分割，或是將伊拉克的亞述基督徒社群拋棄掉，也在所不惜。在第一次世界大戰結束後，隨著中東被瓜分完畢，伊拉克的亞述社群發現自己正處在孤立無援的悲慘境地。[44]

英國在伊拉克引發的廣泛後果就是一場災難。新的封建主義扎下根來，地方豪強被賦予了大量的前鄂圖曼政府的土地，把這些利益作為對支持英國託管的交換籌碼——這種做法破壞了社會流動能力（social mobility）、加深了不平等狀況，並且煽動起失去土地權利和維生手段的農村社群的不滿情緒。在伊拉克東部的庫特省（Kut），有兩個家族能夠在三十年的時間裡獲得超過五十萬英畝的土地。[45]在波斯上演的戲碼也很類似，石油帶來的財富集中在沙王和他身邊的一群人的手裡。從這個層面來講，英國政府是英波石油公司的主要股東，該公司在一九二〇年代占有了全國收入的將近一半——正是人們的這一認知刺激了益發堅決的反英情緒和一浪高過一浪的國族主義。

這也是一個時代的信號，在大英帝國的各個領地，都聚集了勢不可擋的反殖民主義力量。在一九二九年的印度，印度國民大會黨（Indian National Congress）在拉合爾的分部起草了《獨立宣言》（Purna Swaraj），「在印度的英國政府不僅剝奪了印度人的自由，而且是建立在剝削人民的基礎之上」，宣言中這樣說道。印度已經被毀掉了，「必須立即斷絕和英國人的聯繫並獲得……完全的獨立」。公民抗命（civil disobedience）的時候已經到了。[46]

這一瓶由醒悟、反感和權利遭到剝奪配成的燒酒將不可避免地四處點火燎原。但是在中東地區醞釀已久的失望情緒，也有一部分是源自人們意識到了，在發現石油時被承諾的種種好處，都被事實證明太難真正得到手。控制特許權的西方石油公司在支付使用費的時候顯得那麼狡猾又別出心裁。就像是在現代世界一樣，一張由各種二級子公司編成的網出現了，運行公司利用內部借貸的方式來營造虧損的假象，以這種方式來減少甚至是削減明顯的貿易利潤額——從而減少根據特許權協定所應支付的費用。這是這些公司有用的伎倆。憤怒的報導開始出現在報紙上，人們紛紛談論「外國人（得到允許）榨乾國家的石油資源，並故意用非法、不必要的海關免稅權來減少波斯的收入」。在波斯的情形至少不像是在相鄰的伊拉克那麼糟糕，後者除了名義以外，已經完全淪為殖民地。[47]

為了能安撫當地人益發高漲的憤怒情緒，英波石油公司的主管人員展開了一場魅力攻勢：他們許下了一系列新福利，從教育機會到升級鐵路系統的一系列舉措，並考慮更慷慨地支付特許使用金。波斯的高層官員抱怨波斯政府在此事上沒有股權，這件事簡直是大錯特錯。「波斯人」，一個評論者表示，「感覺這項工業是在他們的土地上開發，但他們卻沒有真正的權利」；他們堅持認為這不是錢的問題，因為「沒有經濟上的回報可以彌補這種受排擠的感受」。[48]溫文儒雅的英波石油公司主席約翰・卡德曼爵士（John Cadman）呼籲大家保持平靜，他向談判桌上的對手們指出，媒體創造出來的「不實的慘痛印象」對所有人都沒有好處，這讓整個生意看起來不是一場公平、平等的交易。[49]波斯人告訴他，的確，這是一個要合作的生意，合作符合所有人的利益。但實情是，這幾乎是徹頭徹尾的剝削。[50]

關於是否應該和如何對諾克斯・達西特許權加以重新談判的冗長討論，最終還是無疾而終了。最後，波斯人終止了談判。甚至在一九二九年之前，墨西哥和委內瑞拉發現的石油讓油價開始下調（委內瑞拉石油工程的領頭者，就是曾在馬斯吉蘇萊曼打出至關重要的油井的喬治・雷諾德）。在華爾街金融崩潰後，石油需求遽減，波斯人從而把局勢掌握在了自己手上。最後，在一九三二年十一月，在特許使用金銳減以及一場故意向德黑蘭隱瞞重要數字細節的財政騙局之後，波斯沙王宣布取消諾克斯・達西特許權，該決定立即生效。

英國外交官們抱怨這實在太不光彩了。「如果我們現在不給他們拿出點顏色看看，」一個重要官員建議說，「我們以後就會和波斯人有更大的麻煩。」[51]另一個英國官員說，這個宣言簡直就是「公然」的冒犯。[52]在英國人眼中，三十年前簽下的合同無論如何都應該算數。的確，石油產業的初創階段要擔負巨大的金融風險，而且需要投資來提供資源開發所需的基礎設施。然而，隨之而來的財富太大了。對於更平等地分配這些財富的要求始終被英國人所漠視；在二十世紀初的巨大銀行操作醜聞中，英波石油公司和背後的巨大利益已經變得大到絕對不可以失敗的地步。

在這樣的情形下，平息事態和條款修訂的過程進展得十分迅速——這主要是因為波斯手中掌握著強有力的談判工具，他們能夠擾亂、妨礙生產以迫使英國人回到談判桌上。在一九三三年春天，新合同提了出來。波斯代表團在日內瓦的美岸大飯店（Beau Rivage hotel）會見了石油公司的執行長們，波斯代表團解釋了他們對近期在伊拉克達成的合同條款十分熟悉，他們要求至少要獲得條件相等的合同。最初的提案——包括英波石油公司出讓百分之二十五的股權、一份年收入保障金、利潤提成和廣泛的代表權要求——都遭到了約翰・卡德曼爵士的駁回，他認為這些要求是荒唐可笑的無稽之談。[53]

雖然此後的談判進行得非常積極、熱忱，事情很快就變得水落石出，避免對條款進行重大修正已經是不可能的了。到了一九三三年四月為止，新的協議已經出爐。將會有更多的注意力被放到石油產業的「波斯化」努力中——也就是說，雇用和訓練更多的當地人參與到產業的各個層面之中，從管理層一直到更低階的職位都是如此。特許權的涵蓋範圍被大幅度削減到了原來的四分之一，雖然這部分保留下來的內容是利潤最豐厚的部分；特許使用金的數額也得到了修訂，刪除了匯率和油價波動的影響因素；不受生產規模或市場價格影響的最低年保障金得到了敲定；波斯政府也將從英波石油公司那裡獲得更多好處，如果該公司在其他管轄權中獲利，波斯政府也將得到提成。當波斯談判人員告訴卡德曼說，他應該把這份新協議看作是「一場為〔他本人〕和他的同事們取得的個人勝利」時，卡德曼則是一語不發。他在筆記中表露了他的心聲：「我覺得我們被好好地搜括了一番。」[54]

波斯人，以及那些眼看著這一切發生的人們，則在這個故事中看到了不同的寓意。他們在這一課中學到，不管是怎樣虛張聲勢地咆哮，西方人在討價還價時還是處於下風。那些掌握資源的人一定能最終迫使握著特許權不放的人把手放鬆，讓他們來到談判桌前。西方人可以盡情抱怨，但是事實終將證明掌握資源的一方最後一定能贏。

這樣的事情成為了二十世紀後半葉的關鍵主題之一。在覆蓋亞洲的脊梁區域中，新的聯絡網正在興起。這不是一張連接城鎮和綠洲的網，而是一張把一個又一個油井連到波斯灣的網，到一九三〇年代時，這張網已經連到了地中海。資源和財富沿著這些路線流動，一直輸往像海法和阿巴丹這樣的港口，阿巴丹成為在未來超過五十年時間中世界最大煉油廠的所在地。

就像英國人在一戰爆發以前就已經意識到的那樣，對這個網絡加以控制就意味著控制了一切。對於樂觀主義者來說，事情看起來仍然美好。畢竟在一九三三年的特許權重新談判過後，中東地區內部已經建立起了堅固的聯繫，和那些手握重要資源的人展開合作仍然能取得豐厚的利益。從這個角度來看，英國的確比任何人都更占有優勢。

但是在現實中，世界大勢已經發生了逆轉。西方的力量和影響力正在衰弱中——而且看起來還將更進一步削弱。持續不斷地介入地方事務要付出代價；改建大使館的花園要付出代價；從來不停地耍花招也要付出代價。這份代價就是質疑、疑慮和不信任。

當新的近東和中東格局正逐漸清晰地顯現出來，一九二〇年於巴格達舉行的一場晚宴清晰地展現出了兩種截然不同的願景。參加這場晚宴的客人中有精力充沛又極其精明的哥特魯德・貝爾，她在一戰初期曾受雇於英國情報部門，是一位目光如炬的阿拉伯政治觀察員。她告訴不久後即將被任命為新成立的伊拉克國的首相賈法爾・阿斯卡里（Jaʿfar al-ʿAskarī），請放心，「我們〔英國人〕最終將給予伊拉克完全的獨立。」「親愛的女士，」賈法爾回答，「完全的獨立從來就不是別人給的——而是爭取來的。」[55] 像伊拉克和波斯這樣的國家所面臨的挑戰是擺脫外國干預，能夠自己決定自己的未來。英國的挑戰則是如何阻止他們這麼做。前方等待的是兩種願景之間的衝突。但是在這一衝突發生之前，還有另一場災難正要發生，它的驅動因素又是對資源的控制。這一次，位於即將到來的災難中心的不是石油，而是小麥。

第十九章
糧食之路

英國的《家居&花園》（*Homes & Gardens*）一直是走在室內裝潢設計尖端的一本雜誌。「將華麗的真實住宅和花園與美觀功能、專家建議和實用訊息結合在一起」，如這本雜誌在它近期的封面廣告上所言，「本雜誌是裝飾靈感的終極來源。」在一九三八年十一月號的《家居&花園》雜誌中，記者對一棟位於阿爾卑斯山間的精緻別墅大加溢美之辭。「這間明亮、寬敞的山屋採用了清淡的翡翠綠色來作為居室的色彩配置，」雜誌記者寫道，「屋主展示的精心修剪過的花朵更是讓整個居室生動了起來，它的屋主——也是這間房產的裝潢師、設計師和家具配置者，同時也是個建築師。」他的水彩速寫畫掛在客人的臥室裡，旁邊還擺著古老的雕塑作品。屋主是位「風趣又健談的人」，喜愛被「外國要人，尤其是畫家、音樂家和歌手們」簇擁著，而且常常讓「當地名流」來府上演奏一段莫札特（Mozart）或是布拉姆斯（Brahms）的小品來作為晚餐後的娛樂。阿道夫・希特勒給這篇文章的記者留下了深刻的印象。[1]

九個月後，在一九三九年的八月二十一日，一通被熱切期待的電話終於透過位於《家居&花園》雜誌所報導的那間房間隔壁的電話交換台傳來了，元首在他的現代辦公室中和他的「朋友或部長們」交換了消息。在晚飯時，一封電文被遞到了希特勒手中。按照當時一個在場者的描述，「他掃了一眼，然後盯著一個地方看了一會兒，臉色通紅，然後敲了一下桌子，力道大得讓桌上的杯子震動起來」。他隨後對著賓客們激動地說，「有了！到手了！」[2] 他坐下來用餐，面前毫無疑問地擺著慣常的「各種素食菜餚，美味又豐盛，對眼睛和味蕾都是一種享受」，這是《家居&花園》的記者在一年前報導時用過的讚譽之辭，這些菜餚出自希特勒的私人廚師亞瑟・坎南伯格（Arthur Kannenberg）——他常常在傍晚時分走出廚房演奏手風琴。[3]

晚餐後，希特勒將他的賓客們聚集在一起，向他們宣布他手中的那張紙上寫著他已經等候多時的來自莫斯科的回覆。史達林（J. Stalin），蘇聯毫無疑問的主人，已經同意和德國簽署互不侵犯條約。電文上寫著：「我希望，這將會給我們兩國的關係帶來重大的積極轉變。」[4] 在消息被宣布的兩個晚上後，希特勒和他身邊的人們站在露台上，向下俯視著山谷。「《諸神的黃昏》（*Götterdämmerung*）的最後一幕上演得再有力不過了。」納粹黨中的重要人物阿爾伯特・施佩爾（Albert Speer）說道。[5]

諷刺的是，這份重大協議是英國和法國的外交政策促成的。兩國都曾不顧一切地尋找方式來控制住這位德國總理，但是卻收效甚微，兩國都在一九三〇年代後警覺到他的政治博弈背後存在的巨大風險。墨索里尼（B. Mussolini）曾對他的外交部長齊亞諾伯爵（Ciano）透露說，英國的政客和外交官中沒有幾人是像「弗朗西斯・德雷克（Francis Drakes）」及「其他創造了帝國的偉大冒險家」那樣的材料；實際上，他們是「富豪之家的敗家子，將會把他們的帝國敗光」。[6]

在德國占領了捷克斯洛伐克以後，更強硬的態度才開始出現。在一九三九年的三月三十一日下午，首相張伯倫（Neville Chamberlain）在下議院中發言。「如果發生任何明顯威脅到波蘭獨立的行動，」他嚴肅地說，「國王陛下的政府將會立即給波蘭政府提供一切支持。他們已經給波蘭政府做出了保證。我還要在此補充，法國政府已經授權我明確地表明，他們的政府在這件事情上與國王陛下的政府採取相同的立場。」[7]

這與其說是保證了波蘭的安全，還不如說是宣告了波蘭的死亡。雖然首相告訴下議院外交大臣，他已經在當天早上和蘇聯大使伊凡・麥斯基（Ivan Maiskii）會面以緩和事態，但是給波蘭的保證開啟了一系列連鎖事件的發生，並將對烏克蘭和俄國南部的麥田造成直接影響。這場變故將會造成數百萬人的死亡。[8]

這麼做的目的是想把德國困在一個前後維谷的局面中，用戰爭威脅來制止任何對東方鄰國造成威脅的舉動。事實上，正如希特勒很快就意識到的，他手上有張王牌可用——雖然打出這張牌需要巨大的勇氣：目前正有一個和共產蘇聯做交易的機會。雖然在很多方面，蘇聯都是納粹德國的死敵，但是突然間，英國等國家的介入給它們提供了共同立場。史達林也意識到了這張牌要怎麼打。他手上得到了一個機會——這個機會同樣需要巨大的勇氣：和希特勒談條件。

讓這兩個國家結盟看起來是個不符合各種理由或現實境況的想法。自從希特勒在一九三三年獲選上台後，兩個國家刻薄的宣傳攻勢把對方描繪成了殘忍又危險的妖魔鬼怪。兩國的貿易幾乎已經停頓：在一九三二年時，蘇聯有百分之五十的進口品都來自德國，但是六年後，這個數字已經跌至了百分之五以下。[9]但是在擴張到波蘭的保證面前，這兩個國家最後還是找到了共同點：它們都想把這個夾在他們兩國之間的國家消滅掉。[10]

在一九三九年春天，各種外交活動正如火如荼地進行著。蘇聯在柏林的臨時代表和德國的東歐事務專家們舉行了會面，商討如何改善關係並找到協作的可能領域，其中也包括恢復貿易的可能性。這些會談進行得十分順利，很快就讓駐莫斯科的德國大使和新任外交政委莫洛托夫（Vyacheslav Molotov）展開了會談，後者的前任李維諾夫（Maxim Litvinov）因為是猶太人——這是與反猶德國政權打交道的障礙——從而遭到了解職。李維諾夫，「傑出的猶太人」，邱吉爾這樣寫道，「德國人仇恨的對象，就像是一個壞了的工具一樣被丟到了一邊……從世界舞台上丟到了無人問津的地方，收入卑微並遭到警察的監視。」[11]

到夏天時，事情已經進展到了德國外交部長里賓特洛甫（Joachim von Ribbentrop）能夠給莫斯科發出訊息解釋，正是因為國家社會主義和共產主義非常不同，所以「兩國沒有理由相互仇視」的地步了。他指出，如果有討論意願的話，那麼未來恢復關係也是可能的。問題的中心是波蘭：是否能達成一個兩國可以肢解並瓜分波蘭的協議呢？[12]

史達林親自處理了這一問題。自從俄國革命以來，波蘭就已經被看作是眼中釘了。首先，在凡爾賽的和談就曾獎勵給波蘭人一大片在一九一四年前屬於俄國的領土；而且，在一九一七年後的幾年裡，波蘭還採取過軍事行動威脅布爾什維克掌權。在一九三〇年代的大清洗中，對波蘭間諜的恐懼一直普遍存在，在大清洗中有數百萬人被捕，數十萬人被處決。在和德國開始進行磋商的不到兩年前，史達林還親自簽署了命令，要求「徹底清除波蘭軍事組織的間諜網」，這些命令導致了數萬人被捕，超過五分之四的被捕者遭到了槍決。[13]面對德國提出的合作，尤其是關於波蘭問題，史達林都反應得十分積極和支持。

事情的進展十分順利。在史達林發出回覆的兩天後，兩架FW禿鷹客機就在莫斯科降落了，在機場迎接的是蘇聯儀仗隊和兩列迎風招展的國旗。一邊是錘子和鐮刀——城市無產階級和農民階級使用的工具，毫無疑問是共產主義的象徵；另一邊的則是希特勒本人設計的第三帝國旗幟，他在《我的奮鬥》（*Mein Kampf*）裡是這樣解釋他的設計的：「紅色代表的是〔國家社會主義〕運動的社會思想，白色象徵著民族主義觀點，『卐』代表的是為雅利安人的勝利而奮鬥的使命。」[14] 在二十世紀最奇特、最出人意料的場景之一中，在代表共產主義和法西斯主義的旗幟的交相輝映下，德國人走下了飛機。代表團的領頭者是德國外交部長里賓特洛甫，他曾被一位教過他的老師描述為「班上最笨的學生，但是又特別有虛榮心而且愛出鋒頭」，現在則擔負著兩個死敵之間的中間人角色。[15]

在驅車前往克里姆林宮和史達林、莫洛托夫會面時，里賓特洛甫表達了他對良好的兩國關係的希望。「除了和平與貿易之外，德國從俄國身上別無他求」，他說。史達林給出了典型的直率回答。「多年來，我們都在往對方的頭上扣糞桶，而且我們的宣傳部門還在不遺餘力地往那個方向努力。現在剎那之間，我們就要讓我們的人民相信一切都已經遺忘和原諒了嗎？事情不會進展得那麼快。」[16]

實際上事情的發展真的就這麼快。幾個小時內，協議的框架就已經談成，包括一個公開的協議文本和一個祕密附件，後者描述了兩國在波羅的海和波蘭的勢力範圍，並且劃定了一條明確的分界線，讓兩國可以在各自的界內為所欲為。心滿意足的史達林在清晨時叫了一瓶伏特加來舉杯慶祝。「我知道德國Volk（人民）多麼熱愛他們的Führer（元首），」他特意用了德語詞。「我提議，我們為他的健康舉杯。」在幾輪乾杯後，難以掩飾興奮之情的莫洛托夫提到，「正是我們偉大的史達林同志開啟了這一美妙的政治關係」，他提議，「我為他的健康乾杯。」[17]

史達林的興致仍然高漲，他在翌日和黨中央政治局高級成員們一同去莫斯科郊外的別墅打獵。「當然了，這一切都是糊弄人的，」他說，「這是一場看誰能愚弄誰的比賽。我知道希特勒想幹什麼。他覺得他把我耍了，但實際上他才是被我騙了。」[18]當然，希特勒腦中的想法也如出一轍。當一張匯報協議已經簽署的便箋在午夜時分傳到了他在阿爾卑斯山上的木屋中時——和史達林的反應一樣——就像是一個篤定自己的運氣已經來了的賭徒一樣：「我們已經贏了」，他斬釘截鐵地說。[19]

蘇聯領導人是透過和德國談條件來獲得時間。史達林對希特勒根本就不存有任何幻想，他明白希特勒對他構成的長遠威脅。事實上，在一九三四年的第十七屆共產黨大會上，《我的奮鬥》一書中的內容就在會上大聲朗讀出來，以描述德國和這位總理所構成的威脅。史達林本人閱讀了希特勒的這本惡名昭彰的作品，在很多表達德國需要向東擴張領土的段落下面畫了線。[20]但是，蘇聯需要一段時間來從漫長的動盪中恢復元氣。短視又血腥的政策導致了災難性的饑荒，在一九三〇年代初讓數百萬人死於饑餓和疾病。這場災難十分恐怖，其規模無比巨大。就像是當時八歲的一個男孩後來回憶的，他在哈爾科夫（Khar'kov）的學校裡，眼看著一個女生在上課時把頭放在了課桌上，她好像是睡著了；但實際上，她是被餓死了。他知道，他們隨後會把她埋了，「就像是他們在昨天、前天和每一天中埋葬別的人一樣」。[21]

在接下來的幾年裡，蘇聯社會正在經歷自我毀滅。當史達林開始動手清理身邊的對手和之前的同志，連共產黨內的高層人物也無法幸免。在莫斯科舉行的一系列令人震驚的擺樣子審判後，那些不僅在蘇聯國內而且也在國際上家喻戶曉的人物被聳人聽聞地指控是反革命分子，遭到審判並處以死刑。像季諾維也夫（Grigorii Zinoviev）、加米涅夫（Lev Kamenev）、布哈林（Nikolai Bukharin）和拉狄克（Karl Radek）這樣的十月革命英雄也成了死刑犯，他們被主要的迫害者安德烈・維辛斯基（Andrei Vyshinskii）斥為法西斯走狗、恐怖主義者、墮落分子和害群之馬。維辛斯基的惡毒攻擊得到了嘉獎，蘇聯科學院政府和法律研究所決定以他的名字重新命名這個機構——這簡直是對智識和文化歷史的嘲諷。[22]

注意力隨即轉向了軍隊。最高指揮部雖然沒有完全被廢止，但仍被一種扭曲、無情的邏輯摧毀了：它認定如果年輕軍官被判暴動罪，那麼他們的上級也是共犯或者是玩忽職守。所以只要有一個人在遭到嚴刑拷打後招供，隨即就會有大量的人被捕。有一個祕密警察後來在證詞中說，這麼做的目的就是要證明「紅軍內部的軍事陰謀有大量參加者」的存在。[23]

在最高軍事指揮部門中的一百零一名成員中，除十人以外全部被捕；在被關押的九十一人中，只有九人沒有被槍決。遭死刑者中包括蘇聯五位元帥中的三位、兩名海軍司令以及全部的空軍高層人員、每個軍區的司令和幾乎所有師級幹部。紅軍遭到了釜底抽薪。[24]在這樣的情況下，史達林需要時間來恢復和重建。而德國人的條約簡直是天上送來的厚禮。

在希特勒那一邊也進行著代價高昂的賭博。他不顧一切地想要獲得能讓德國長久穩固和強大地位所必需的資源。但問題是德國的地理位置十分不利於進入大西洋和美洲，也難以跟非洲和亞洲進行貿易；希特勒因此把他的目光投向了東邊。在和蘇聯緩和關係的決定背後的，是得到屬於自己的絲綢之路的想法。

因此在條約簽訂後，希特勒將他的將軍們招至位於阿爾卑斯山的別墅，向他們宣布條約已經簽訂的消息和之後的計畫。他靠在一架漂亮的鋼琴邊開始大談特談關於他自己的話題。能擁有他是德國人民之福，他宣稱，人們可以把信賴託付於他。但是現在，他繼續說道，正是要抓住機遇的時刻。「我們沒有任何可以失去的，」他對高官們說；以目前的經濟條件，德國只能存活幾年時間，「我們沒有別的選擇」，他這樣告訴他的將軍們。[25]

和蘇聯的結盟不僅能恢復被《凡爾賽和約》奪走的土地；還將保障德國的未來。這一切都和德國的成功息息相關——因此要時刻牢記這一點。「關閉你們的心門，」他說，「下手要狠。八千萬人必須要獲得他們的權利。他們的生存必須得到保障。」[26]他所說的是侵略波蘭，而且也是關於和蘇聯修復關係後所到來的新曙光。對希特勒來說，和史達林達成的條約不僅提高了他政治冒險政策背後的籌碼，還帶來了獲得資源的前景。雖然他常常談到「Lebensraum」——生存空間，但是自從他的地位開始變得重要起來之後，對德國人民最重要的，他告訴他的將軍們，是實實在在的有形資產：糧食、奶牛、煤、鉛和鋅。只有獲得這些資源，德國才能自由。[27]

並不是所有在場的人都被說服了。希特勒說這場戰爭將持續六個星期；馮・賴歇瑙（Walter von Reichenau）將軍小聲嘟囔著說持續六年才更有可能。[28]利伯曼將軍（Curt Liebmann）也對希特勒的話無動於衷。這段話，他說，是自吹自擂、傲慢無禮而且「徹頭徹尾地令人反感」。希特勒是一個全無責任感的人。然而——正如一位研究納粹德國的權威現代學者所言——沒人敢出言反對他。[29]

希特勒確信他已經找到了一條保護德國未來的路。國內農產不足尤其是個弱點。如研究指出，當消耗資源、時間和金錢的戰爭機器在一九三〇年代開始組建起來，農業生產部門遭到了重創。事實上，新法律甚至導致了在這段時期內對農業投資的減少。[30]德國仍然嚴重依賴進口，因為其國內生產無法自給自足。[31]一九三九年在但澤（Danzig）和高級外交人員的講話中，希特勒提到了一戰期間德國曾承受的難以克服的供應短缺——這是希特勒一再提起的話題。但是現在，他宣稱已經找到了答案。我們需要烏克蘭，「這樣的話，就沒有人能再讓我們像上次一樣餓肚子了。」[32]

烏克蘭，或是乾脆說是它肥沃土地上的糧食，在一九三九年的《互不侵犯條約》中被送給了希特勒。在里賓特洛甫出訪俄國首都之後的幾個月，納粹和蘇維埃官員開始匆忙地往返於莫斯科和柏林兩地。德國人充滿信心地認為良好的開端終將發展成協議，尤其是如里賓特洛甫在一九三九年八月對莫洛托夫說的，「黑海到波羅的海之間的領土問題。」[33]更多集中在貿易條款上的討論開始進行，尤其是關於蘇聯小麥、油料和其他德國入侵波蘭及其後續所需要的物資的數量和價格細節，史達林正在給希特勒的戰爭加油鼓勁。[34]

兩國的結盟給希特勒帶來了信心，他不僅有了入侵波蘭的資源保障，而且還得知他在東線的地位將會在和史達林簽署協議後變得穩固（史達林在簽字時說，「我以我的口頭名譽擔保，蘇聯絕不會背叛盟友」。）[35]正如更為睿智的高級官員之一所意識到的，雖然如此，但同意肢解波蘭反而讓德國變得更易受攻擊，而不是更安全——因為這讓蘇聯的前線大大地向西移動了；如弗朗茨・哈爾德（Franz Halder）指出，更好的方案是和俄國保持良好關係，並把注意力集中在中東和地中海的英國勢力身上。[36]

在一九三九年九月一日，也就是這場歷史性協議的僅僅一個星期後，德國軍隊就像傾斜的洪水一般湧出了德國邊境，無情地突破了波蘭防線。在攻城略地的同時，攻打華沙的目標還包括要消滅波蘭的菁英階層。正如希特勒所認定的，「只有上層階級被摧毀了以後，一個國家才能被奴役。」正是這一點，官員們和重要人物都成了追捕者眼中的目標——他們知道要找什麼樣的人下手：二十五人小組中的十五人接收了命令，專門搜捕並消滅擁有博士學位的，主要是研究法律和哲學的「社會上層」。[37]

德國和蘇聯的重新組合以及對波蘭的攻擊讓英國和法國不寒而慄。儘管這兩個國家已經向德國宣戰，但是卻沒有任何一國向波蘭提供實質的軍事或後勤支援。英國皇家空軍的確執行了一些很有限的轟炸任務，但是飛越德國領土的飛機攜帶的並不是炸彈而是傳單，如果這不算是幼稚的話，這樣的目的也可以稱得上是一廂情願了。「我們有很好的理由相信德國當局已經被我們宣傳戰嚇到了」，在一九三九年九月初的內閣會議的第一份議程摘要上就是這樣寫的。「我們的飛機能夠毫髮無損地在德國西北部上空飛行的事實」，一定會「給德國人的士氣帶來極大打擊」。投放更多的傳單將會非常有效，內閣通過了這一決定。[38]

與此同時，恐慌的評估如雪片一般從印度和中亞傳回倫敦——因為莫洛托夫和里賓特洛甫簽訂的合約不僅是給德國提供關鍵物資，更是鋪平了歐洲戰事的道路。在喀布爾的英國大臣柯爾・弗瑞瑟－泰特勒爵士（Kerr Fraser-Tytler）提出警告說，當地人極度懷疑在蘇聯入侵阿富汗時，英國是否會提供軍事支援。[39]這樣的焦慮也同樣出現在印度辦公室，印度事務大臣給倫敦的戰爭內閣發去了一封危言聳聽的文件，描繪了印度防線近乎無望的場面，尤其是防空設施的缺乏，其全部的防空火力只是一座由八門三英寸機槍組成的砲台，僅此而已。[40]

雖然倫敦方面對中亞面臨的短期威脅抱持懷疑態度，但其仍然認定德國和蘇聯的結盟的確對英國在東方的利益構成了威脅。到一九四〇年春時，英國已經開始認真考慮如何應對不可避免的決戰。正如總參謀長給戰爭內閣提交的一份標題為《一九四〇年與俄國交戰之軍事結果評估》（The Military Implications of Hostilities with Russia in 1940）的文件中分析的，「蘇聯政府無法迅速攻取印度和阿富汗的可能性微乎其微」，這樣的結果會造成「盟軍力量的極大分散」。[41]在另一份清醒到令人戰慄的報告中指出，德國和蘇聯之間的許多合作方式可能會令盟國深受其害：英國在伊朗和伊拉克的石油利益受到潛在的攻擊威脅並有可能喪失，更糟糕的是這些資源可能會落入敵人手中。[42]

這些擔心並非無稽之談。一九三〇年代起，德國人就開始在中東和中亞各地積極活動了，漢莎航空（Lufthansa）公司在這片地區中建立了大範圍的商業航空網絡，西門子（Siemens）等公司和托特組織（Todt）在伊拉克、伊朗和阿富汗的工業部門中占有非常重要的地位。德國工程師設計了數不清的道路和橋梁，並且在德國技師的監管下得以修建。通訊基礎建設是由德律風根（Telefunken）這樣的公司承接的，他們的專業技術十分受到歡迎。[43]這些連結讓德國在整個中東和中亞地區都享有非常正面的形象——德國的良好形象更是得到了伊斯蘭世界對希特勒作為一名意志堅定、敢於為自己的信念起身而戰的領袖之印象的鞏固。由德國軍事情報單位阿勃威爾（Abwehr）所控制的間諜網絡加強了這一訊息，該機構曾積極地建立人脈關係，並在地中海東部到喜馬拉雅山脈之間的地區爭取支持。[44]

的確，在一九四〇年一月，德國最高統帥部已經有關於鼓勵蘇聯積極介入中亞和印度的熱烈討論了。德國國防軍中最受尊敬的高級將領之一的約德爾上將（Alfred Jodl）制定了許多關於德－蘇聯合向中東推進的計畫。「這將付出相對少的」努力，但同時「創造出一個威脅英國的亂源」。[45]德國還單獨制定了一個將自從被廢黜之後就一直居住在柏林的阿富汗國王阿曼努拉（Amanullah）重新推上王位的大膽計畫，他之所以在柏林落腳也經過了德國的仔細經營。[46]後來還發生了在具有戰略敏感性的地區製造混亂的行動。伊比的法基爾（Faqīr of Ipi）——這位三〇年代版本的賓・拉登（Osama bin Laden）是一個禁欲的傳教士，神祕而殘忍、在宗教上保守、在社會觀點上具有革命性——他被認為是一個讓西北邊境動盪，轉移英國注意力和資源的完美合作夥伴。但怎麼找到他卻是一個難題：他行蹤不定，曾多次從英國手中逃脫。另一個難題是如何能不引人注目地找到他：之前的一次行動已經徹底失敗了，當時阿勃威爾認為兩名偽裝成痲瘋病醫生的德國特工可以看起來不那麼可疑，但兩人遭到了阿富汗軍隊的伏擊，造成了一人死亡、另一人受傷的悲劇結局。當德國人終於聯繫上了法基爾，後者對反英行動所要求的回報近乎荒唐。[47]

德國在這一地區的「搭橋」工程進行得十分順利。許多伊朗和伊拉克人很信服希特勒的精神力量和修辭語彙。例如在納粹政權的深刻反猶主義和一些重要伊斯蘭學者有著天然的重合之處。耶路撒冷的最高法律權威（穆夫提）穆罕默德・侯賽尼（Muhammad al-Husaynī）曾歡迎這個後來被他稱作「哈吉・穆罕默德・希特勒」的人的崛起。德國領導人的反猶觀點有利於這位呼籲讓猶太人死掉的人，他曾稱他們是「渣滓和病菌」。[48]

整個地區對德國的好感一步步上升。有些學者指出，希特勒在一九三〇年代的德國所推行的意識形態和波斯推行的「純淨化」波斯語和習俗的政策具有相似之處，波斯有意要回溯到一個半神話的黃金時代去——這和納粹的所作所為如出一轍。事實上，把正式國名從波斯改為伊朗，據說是駐柏林的德黑蘭外交官們給沙王推銷「雅利安主義」思想重要性的結果——共同的語源學和偽歷史遺產將很容易在伊朗的新認同中得到參考。[49]

在伊拉克成立的復興黨（Ba'ath）也是拜納粹宣傳和重生的觀念所賜。[50]後來，希特勒和沙烏地國王之間也有了活躍的交往。希特勒在一九三九年告訴沙烏地大使，「我們以最熱切的同理心看待阿拉伯人是出於三個原因。首先，我們不在阿拉伯領土上追求任何領土上的渴望。第二，我們有相同的敵人。第三，我們都打擊猶太人。在最後一個猶太人離開德國之前，我是不會停手的。」[51]

因此並不令人吃驚的，倫敦和巴黎提出了一個又一個的計畫來控制德國和蘇聯。法國陸軍總司令甘莫林（Claude Gamelin）要求制定一個最好是在巴爾幹地區建築堡壘的計畫，這樣可以

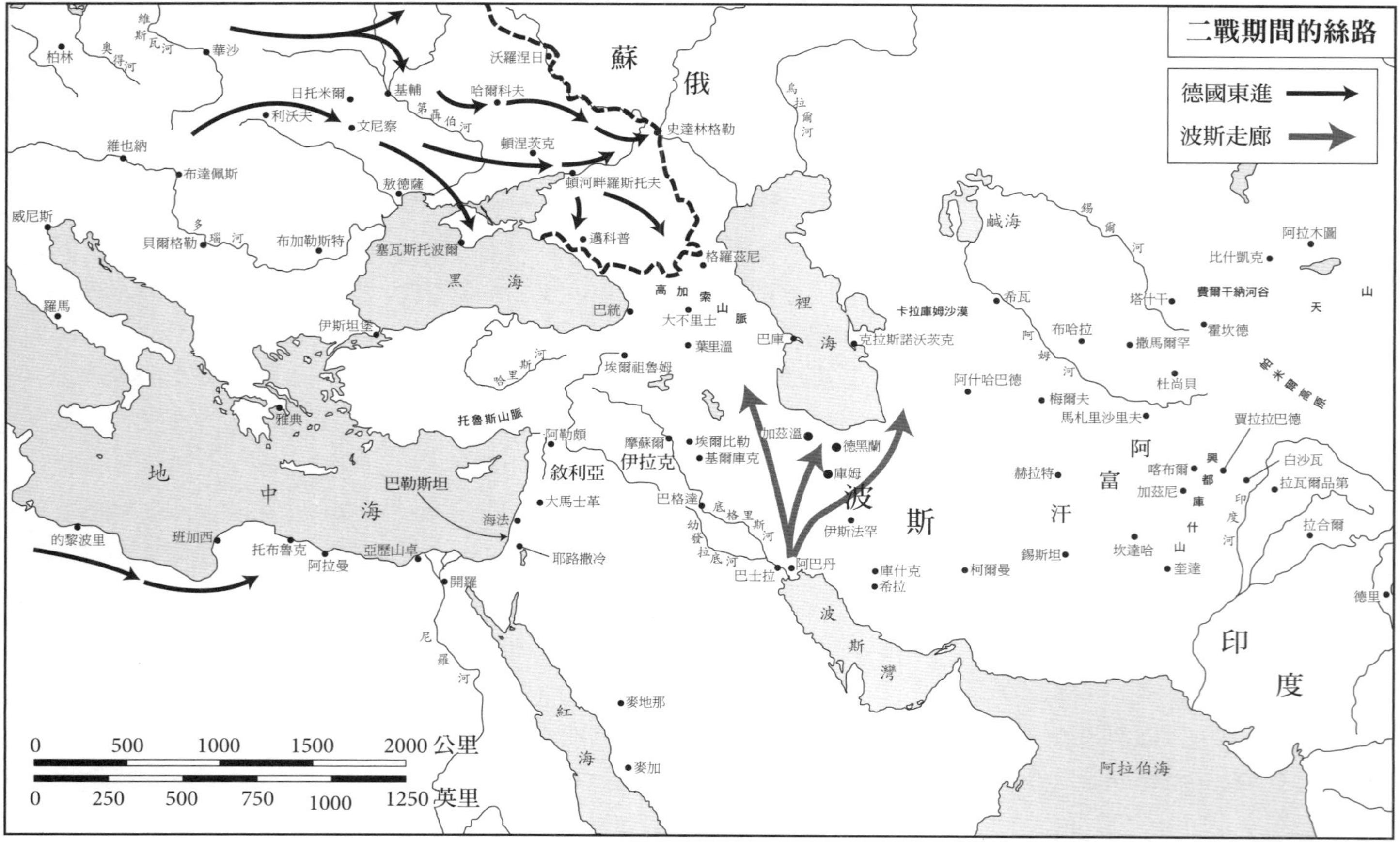
二戰期間的絲路
德國東進
波斯走廊
蘇
俄
柏林
華沙
維斯瓦河
奧得河
日托米爾
基輔
哈爾科夫
沃羅涅日
利沃夫
文尼察
第聶伯河
史達林格勒
維也納
布達佩斯
頓涅茨克
敖德薩
頓河畔羅斯托夫
威尼斯
貝爾格勒
多瑙河
布加勒斯特
塞瓦斯托波爾
邁科普
格羅茲尼
黑海
高加索山脈
巴統
大不里士
葉里溫
羅馬
伊斯坦堡
哈里斯河
埃爾祖魯姆
雅典
托魯斯山脈
阿勒頗
摩蘇爾
埃爾比勒
基爾庫克
伊拉克
敘利亞
地中海
巴勒斯坦
大馬士革
海法
耶路撒冷
巴格達
底格里斯河
幼發拉底河
巴士拉
阿巴丹
的黎波里
班加西
托布魯克
阿拉曼
亞歷山卓
開羅
尼羅河
紅海
麥地那
麥加
裡海
巴庫
克拉斯諾沃茨克
卡拉庫姆沙漠
加茲溫
德黑蘭
庫姆
波斯
伊斯法罕
庫什克
希拉
波斯灣
鹹海
錫爾河
阿姆河
希瓦
布哈拉
塔什干
撒馬爾罕
霍坎德
費爾干納河谷
比什凱克
阿拉木圖
天山
杜尚貝
帕米爾高原
阿什哈巴德
梅爾夫
馬札里沙里夫
赫拉特
阿富汗
錫斯坦
柯爾曼
坎達哈
奎達
喀布爾
加茲尼
興都庫什山
賈拉拉巴德
白沙瓦
拉瓦爾品第
拉合爾
印度河
德里
印度
阿拉伯海
0 500 1000 1500 2000 公里
0 250 500 750 1000 1250 英里

在必要時從德國後方施加壓力。[52]在衝動的法國總理愛德華・達拉第（Edouard Daladier）的背書下，這項計畫得到了認真的執行，但是後來又失去了重要地位。取而代之的是一份大膽的計畫，其內容是在斯堪地那維亞發動攻擊以切斷瑞典對德國的鐵礦供應——這份計畫得到了正擔任海軍第一大臣的邱吉爾的熱情支持。「沒有別的事能比……切斷三個甚至六個月的進口更致命了」，邱吉爾寫道。英國「應該打破挪威的中立」，並在挪威沿海布置水雷。採取這些方法將會危及德國的「戰爭能力並……威脅其國家生命」。[53]

打破德國的供應鏈是所有這些討論的核心議題。最終，在一九四〇年春天，人們的注意力移向了巴庫。法國空軍司令維耶曼（Joseph Vuillemin）支持一項盟軍可利用中東的基地攻擊主要位於蘇維埃亞塞拜然境內的設施的計畫。從伊拉克的英軍基地和敘利亞的法軍基地起飛的空中力量，按照他的說法，能夠在二到三個月內減少高加索一半的石油生產。按照這份計畫，這將「給俄國和德國造成致命打擊」。後續的計畫版本甚至相信這一計畫會帶來更大戰果：更少的攻擊群在更短的時間內也能取得相似效果。[54]

對高加索的轟炸將會帶來戲劇性的後果，英國的戰略家同意：這將會立即中斷「俄國的工業和農業經濟，造成的癱瘓效果會與日俱增，使其無法運轉。這將打破德國所有的組織俄國生產來為德國利益和目的服務的希望，從這點來看，這會給戰爭結果造成決定性的影響」。法國和英國的計畫人員越來越相信摧毀俄國的石油設施是消除德國威脅的最佳途徑。[55]

當希特勒對法國發動了閃擊戰，這樣的聯合行動計畫也就付之東流了。對很多人來說，德國的進攻看起來是一份戰術天才的作品，透過一系列眼花撩亂的操作來出乎敵人預料之外，以一絲不苟的提前計畫，專業地由一支經過戰火磨練、擁有豐富的占領外國領土經驗的軍隊執行出來。實際上，正如近年來的研究所顯示的，在法國身上獲得的成功很大一部分是多虧了運氣。希特勒不止一次地失去勇氣，命令部隊停在原地上，只不過這些命令是在部隊已經繼續向前推進了很遠之後，才被送達到集團指揮官的手中。海因茨・古德里安（Heinz Guderian）是普魯士出身的一位出色的坦克指揮官，他甚至因為不顧命令繼續推進而遭到了解職——讓他固守陣地的命令根本就沒有傳達到他手中。在這段時間，希特勒自己開始害怕他的部隊會進入根本不存在的埋伏圈，這讓他接近精神崩潰。[56]迅速的推進是一個賭徒出乎意料之外的賭博成功。

隨著第一次世界大戰的落幕，西歐的帝國時代也已經接近尾聲。現在，它將無法緩慢地消散退場，而是要面臨德國揮出的致命一擊。當皇家空軍準備好要翱翔天際進行不列顛空戰的時候，一個時代落幕的號角也正在大聲地鳴響著。德國在喀布爾的公使正忙著預測在夏天結束的時候，希特勒應該已經在倫敦了。在為大英帝國的最終死亡做準備時，各種具體的提案已經遞交到了阿富汗政府要人們的手中：如果阿富汗可以放棄自戰爭開始時就採取的中立立場的話，德國許諾在大英帝國滅亡後，將印度西北部的一大片領土和卡拉奇港（Karachi）都送給阿富汗。這實在是誘人的出價。即便是英國在喀布爾的公使也認為不列顛這艘巨輪「看起來正在下沉」，抓住「能漂浮在水面上」的機會賭一把需要勇氣和信念。開始著手削減阿富汗棉花作物的運輸費用以確保當地經濟不會崩潰，是最小的標誌性姿態——這是英國的選擇有多麼受限的信號。在這個關鍵時刻，阿富汗人堅持住了，或者至少是猶豫了，沒有直接就把賭注押在德國人身上。[57]

在一九四〇年夏天，不列顛和大英帝國已經奄奄一息了。一年前在莫斯科的夜晚簽下的納粹德國和共產蘇聯的協定已經讓世界看起來大不一樣，這一切都發生得太快。一系列將把柏林通過蘇聯深入亞洲和印度次大陸的聯繫和未來放在了一起，這意味著貿易和資源將會離開西歐轉往中歐。

但是，這樣的轉向取決於來自蘇聯的不間斷支持。雖然貨物和物資在入侵波蘭後的幾個月內就已經流入了德國，但是過程並非順利通暢。談判進行得十分激烈，尤其是和小麥、石油相關的問題——這是兩種尤其緊缺的物資。史達林本人監管著這件事，他要親自決定是否答應德國提出的八十萬噸或只比這個數字少一點的石油運量的要求，他要親自審定條款的具體內容要如何確定。對每一批貨的討論都令人擔憂又耗時長久，這也成了德國計畫人員們近乎一刻不停的焦慮來源。[58]

不出意料的，德國外交部明白國家事務是多麼的微妙且脆弱，他們提交了關於過度依賴莫斯科具有危險的報告。不管是因為什麼原因，只要有一點差錯——可能是領導權更迭、痼疾難癒或是簡單的商業分歧——德國都會是那個立即陷入窘境的人。這是希特勒在歐洲取得的令人震驚的軍事成功面前唯一、也是最大的威脅。[59]

正是這種焦慮和不確定性促成了一個將數百萬德國士兵、數百萬俄國人，以及數百萬猶太人的性命犧牲掉的決定——侵略蘇聯。以最典型的方式，希特勒在一九四〇年七月底宣布了他的最後一次冒險決定時，他把侵略行動裝扮成了一場意識形態之戰。他告訴約德爾將軍，是時候要抓住機會來消滅布爾什維克主義了。[60]實際上，背後的真正目的是原材料，尤其是糧食。

在一九四〇年後半年至一九四一年初，為入侵後勤做準備的不僅是軍方，還包括經濟規劃人員。他們的領導者是赫伯特·巴克（Herbert Backe），這位農業專家在一九二〇年代初加入了納粹黨，此後在黨內穩步高升，成為了第三帝國食品和農業部的部長理查·達禮（Richard Darré）的後進門生。巴克對納粹的使命忠貞不貳，以自己的農業專長效勞，使他在一九三〇年代的規範價格和限制進出口改革中變得益發有影響力。[61]

巴克夢寐以求的目標就是用俄國來解決德國的問題。在沙俄帝國擴張時，曾經是游牧民放牧所在的草原地區已經慢慢轉型成完美的糧倉，在各種農作物耕地中，最重要的就是平坦得一望無際的燕麥耕地。這些土地極度肥沃，尤其是那些富含各種礦物質的黑土地。俄國科學院曾派出過科研考察團對這一地區進行勘測，他們獲得的結果讓人對黑海地區一直深入中亞的條狀地帶充滿了期待，他們興奮地報告說當地的條件十分適宜大規模、高產量的農業生產。[62]

受到更高的國內需求、出口量的刺激和對最高質量的小麥的科學研究，以及對如何將幾千年來一直作為游牧民畜牧地的土地進行最大化的農業生產的成果，讓俄國南部和烏克蘭的農業在一九一七年革命後開始急速成長。[63]沒有誰比赫伯特·巴克更了解這些草原地帶的潛能有多大了，他的專業領域就是農業，他的博士論文題目就是俄國小麥。[64]這片草原地帶在十九、二十世紀之交時的農業生產已經快速擴大了。一個小個子的精瘦男子，戴著眼鏡，衣裝得體，巴克帶領的研究團隊源源不斷地交出有關入侵的明確目標和應該取得怎樣效果的草案。正如他對希特勒所強調的，烏克蘭是關鍵：對黑海以北一直到裡海地區的肥沃農業平原的控制，將會「把我們從各種經濟壓力下解放出來」。[65]如果能從蘇聯手中得到這些「無邊的財富」，那麼德國即將「不可阻擋」。[66]看蘇聯人臉色、對它喜怒無常的領導人的依賴將一去不復返；英國對地中海和北海的封鎖效果將大幅減弱。這將會給德國帶來所需的所有資源。

這番話的內容正是希特勒最終決定在一九四一年夏天發起攻擊時所高談闊論的主題。當德軍在攻勢的第一天以令人驚嘆的速度向東推進時，元首幾乎難以控制住自己的興奮。德國絕不會丟下這片新近征服的土地，他高興地宣布；它們將會成為「我們的印度」，「屬於我們自己的伊甸園」。[67]

宣傳部長約瑟夫・戈培爾（Joseph Goebbels）也毫不懷疑這場進攻的目的就是為了資源，尤其是小麥和穀物。在一九四二年寫就的一篇文章中，他以其標誌性的無情和冷血口吻談論，「為糧食和麵包，為豐盛的早餐、午餐和晚餐」而戰的戰爭已經開始了。這就是德國的戰爭目標，德國別無他求，他繼續寫道，占領「東邊泛著金色麥浪的土地能夠——而且足以——滋養我們和全歐洲的人民了」。[68]

在類似的評論背後都有著尖銳的現實，因為德國發現自己正越來越缺少食品和物資供應——蘇聯的糧食無法解決長期的供應問題。例如在一九四一年二月，德國的電台廣播全歐洲的食品短缺是英國的貿易禁運所致，英國的做法在此前曾被播音員描述為「精神錯亂」——或是「不列顛痴呆症」。[69]在一九四一年夏天，戈培爾在他的日記中記錄了柏林的商店貨架空空，沒有什麼能買到的蔬菜。這導致了價格不穩定並造成黑市的繁榮，更進一步加深了民眾的焦慮，局面雖然還未到動盪的程度，但是人們已經開始一針見血的提問說，到底德國擴張的好處在哪裡？——這樣的事態發展讓希特勒的宣傳部門主管緊張得惶惶不可終日。[70]正如一位德國地方官員所述，他轄區內「過勞又疲憊的男人和女人想不明白為什麼攻勢仍在向亞洲和非洲展開」。快活的日子如今已經是遙遠的記憶了。[71]

巴克和分析師們已經拿出了解決方案。在一九四〇年底，他本人在關於供應的年度報告中痛苦地指出，德國國內的食品狀況正在惡化。事實上，在一九四一年一月召開的四年計畫協調人赫爾曼・戈林（Hermann Göring）和部長們的會議中，巴克甚至還警告說用不了多久，肉類就不得不實行配給制度，這個方案在此前已經多次遭到否決，因為擔心這不僅會失去人們對戰爭的支持，也會失去對納粹的支持。[72]

巴克的提案十分激進。由於蘇聯在地理和氣候上都十分遼闊且多樣，因此可以將蘇聯分成大致的區塊。在南方，也就是烏克蘭、俄國南部和高加索地區的田地和資源，這裡將形成「盈餘」區。在北方，也就是俄國中部和北部、白俄羅斯和波羅的海，則是「虧損」區。在巴克看來，在這條分界線一邊的人從事生產，另外一邊的人則從事消耗。德國難題的答案就在於牢牢地控制住前者——並忽略後者。應該要占領「盈餘」區，將出產物運往德國。「虧損」區可以被放任；至於他們怎麼生存就無所謂了。那裡的損失就是德國的收穫。

這一方案所意味著的現實在幾星期後柏林召開的會議上得到了提出，巴巴羅薩行動（Operation Barbarossa）將是入侵蘇聯的代號。在五月二日，計畫人員討論了攻擊的優先目標和行動目的：德軍在行動過程中應該奪走一切可以餵飽肚子的物資；這片應許之地應該從一開始就要有所產出。國防軍應該在德國士兵跨過邊境線的那一刻起，就從俄國獲得補給。

對於「虧損」區的人們生活所造成的影響，也在這場會議中提及了。他們將被一舉拋棄。作為歷史上最為令人戰慄的文件之一，這份會議紀錄上只是簡單地寫著：「作為結果，x百萬人將毫無疑問地被餓死，這是我們從土地上獲利的必要。」[73]這些死人給德國帶來的是能夠餵飽自己的獎勵。這幾百萬人是附屬損失，是德國人成功和生存的必要犧牲品。

會議還繼續考慮了其他後勤補給問題，以確保萬無一失。連接農業平原到運輸基礎設施的主動脈將得到保護，以確保物資能夠運回德國。德國人還細心地考慮到了未來監督農作物收成和播種的農業領袖應該穿什麼樣的衣服：普通衣物配以手臂上有銀灰色條紋。正如一位重要學者所說的，這是一場將平凡和謀殺混為一體的會議。[74]

在接下來的三個星期裡，各部門開始了協作配合，以得出一個量化的傷亡數字，以填補上「虧損」區預計死亡人數的那個×。在五月二十三日，一份二十頁的報告被提交出來，這份報告主要是對各種已經達成的結論的更新版本。蘇聯的「盈餘」區將會被分割，穀物和其他農作物將會被聚集在一起運往德國。正如之前在柏林舉行的會議上所討論的，當地人口將忍受後果。這些內容現在已經連同之前的死亡人數估計一起成了白紙黑字，並做出了決斷。「這一地區內的數百萬人已經變成了多餘的人，他們要麼死，要麼將被送往西伯利亞」，報告上寫著。「挽救那裡的人免於被餓死……會是對歐洲資源的消耗。他們阻礙的是德國堅持到戰爭最後的可能性。」[75]這場攻勢不僅是關乎戰爭的勝利，它的根本是生存還是死亡的問題。

雖然參加五月二日會議的人員名單已經不存在了，但是所有的會議議程和結論上都有巴克的指印。他深受希特勒的看重，對他的重視甚至超過很多比他高階的人，正如巴克的妻子在日記中所言，在策劃入侵時，德國元首在各種事情上都尋求他的建議。隨後，巴克經過更新修訂的論文介紹在一九四一年夏天出版了。俄國沒有適當地使用資源，他這樣寫道；如果德國能得到這些資源，絕對能更有效率地使用它們。[76]

但是最令人印象深刻的是他在一九四一年六月寫下的一份便箋，這時距離最終的入侵還有三週時間。他說，不需要對俄國人的經歷予以同情。「他們已經忍受窮苦、饑饉和勤儉好幾百年了……不要試著把德國的生活水準作為〔你的標竿〕來衡量俄國人的生活方式。」俄國人的肚子，他寫道，「極具伸展性」。那些對餓殍懷抱同情的人，將會因此被革職。[77]他的想法之清晰、露骨讓其他人印象深刻，正如戈培爾在準備進攻蘇聯期間的日記裡寫的，巴克「用傑出的手法掌控著他的部門。有他在，任何事情都能做成，絕不會出差錯」。[78]

對於計畫參與者來說，他們明白擺在前方的問題事關重大。在一九四一年冬天就會有食品短缺到來，戈培爾在日記中預測，其嚴重的程度將會讓其他饑荒相形見絀。這不是我們的問題，他補充道，在他的推算中，挨餓的將不會是德國人，而是俄國人。[79]假如德國人要是能像英國人一樣仔細收聽蘇聯廣播的話，戈培爾一定會對入侵行動三天前的廣播新聞震撼到，「在俄國中部，田野如碧綠的地毯一般；在俄國的東南部，麥穗正變得金黃」。收穫才剛剛開始，看來將是一場大豐收。[80]

當進攻計畫已經擬定到了最後階段，德國陸軍上下，包括高級將領們，都在心裡盤算著這次進攻將至關重要。例如弗朗茨．哈爾德——一位來自巴伐利亞州的職業軍人，他剛在國防軍中得到擢升，在他看來，希特勒是一個非常直率、專斷的人。他在一九四一年三月告訴他手下的將軍們，這場戰鬥將會是最終決戰。必須要在俄國「以最殘忍的形式」用兵。這將是一場「滅絕之戰」。「戰地指揮官必須深知此戰後果之重大。」就蘇聯而言，希特勒說，「今日的猛烈就是未來的仁慈」。[81]

這樣的觀點在一九四一年五月時得到了更完整的表述，在當時，《在蘇德軍紀律準則》（*Guidelines for the Behaviour of Troops in Russia*）已經開始分發給參加入侵行動的部隊。這份紀律準則羅列了「煽動者」、「黨派分子」、「搞破壞者」和猶太人所構成的威脅，清楚地向德國士兵表示，沒有任何人值得信任，並且不要有絲毫憐憫之心。[82]有關如何控制已占領地區的命令也得到了描述。對於暴動和反抗行為，將會實行集體懲罰。那些被懷疑有從事破壞德國利益行為的人，無論是士兵還是平民，將被當場審判，如罪行屬實，即刻槍決。[83]

最終，一系列的命令得到了下達，其中包括所謂的「政委命令」（Commissar Order），該命令給出了形象的預期危險：敵人很可能會做出違反國際法和人性原則的舉動。這些政委——也就是蘇維埃政治菁英——的戰鬥方式，只能被描述為「野蠻的、亞洲式的」。對這些人絕不可姑息仁慈。[84]

第二十章
大屠殺之路

在德國入侵蘇聯的既定安排中，軍官和部隊收到的訊息是連續不斷且果決的：南方的麥田意味著一切。士兵們被告知他們應該把蘇聯人吃的糧食想像成是從德國兒童的嘴裡搶走的。[1]高級指揮官們告訴部下，德國的未來全仰賴這次行動的成功。正如恩里希・霍普納上將（Erich Hoepner）在巴巴羅薩行動打響的前一刻，給他的裝甲部隊下達的行動命令說的，俄國必須被粉碎掉——被「史無前例地猛烈摧毀。所有的軍事行動必須在觀念上和執行上由無情的鋼鐵意志所驅動，並完全地消滅敵人」。[2]對斯拉夫人的蔑視、對布爾什維克主義的憎恨和反猶主義流淌在軍官們的血液中。正如一位重要的歷史學家所說的，這些情緒如今混雜到了一起，「隨著意識形態酵母開始發酵，現在很容易讓將軍們變成大規模謀殺的共犯」。[3]

在催促著恐怖行動實施的同時，希特勒也在幻想著未來：克里米亞將會成為日耳曼人的海濱度假勝地；用高速公路將黑海上的半島和祖國連結起來該是多麼美好啊，到那個時候，每個德國人都能開著他們的「人民汽車」（或Volkswagen，福斯）來這裡旅遊。他異想天開地希望自己能年輕幾歲，好親眼看到夢想成真；真糟糕，他想到，他將錯過幾十年後到來的激動時刻。[4]希姆萊（H. Himmler）也類似地夢想著玫瑰般美好的未來，將會有「像珍珠一樣的定居地」（Siedlungsperlen），由殖民者居住，周圍是德國農民的村莊，他們在肥沃的黑土地上播種耕作。[5]

希特勒和那些身邊的人有兩個擴張德國資源基礎的參照樣本。第一個是大英帝國的模式。就像是英國人在印度次大陸那樣，德國將在東方獲得巨大的新領土。一小批德國殖民者將統治俄國，就像是英國人在印度的統治一樣。歐洲文明將戰勝次等文化。納粹領導層不斷地提到在印度的英國人，將其視為少數人如何實現大範圍統治的範例。[6]

但是希特勒還不時地提及另外一種參照模式，他也在這種模式中尋找啟發：美國。德國需要像歐洲定居者在新世界對美洲原住民所做的那樣，希特勒這樣告訴新任東部占領區長官阿爾弗雷德・羅森堡（Alfred Rosenberg）：當地人必須驅逐或是滅絕。伏爾加河，他宣稱，將會是德國的密西西比河，也就是說，這是文明和混亂的邊界。那些在十九世紀定居到美洲大平原的人們，他說，將毫無疑問地湧向東方。日耳曼人、荷蘭人、斯堪地那維亞人等等，他信心百倍地預測說，美國人自己也將會在他們充滿機遇的新土地上找到報償。[7]多虧了烏克蘭、南俄和一直延伸到東方的田地，新的世界秩序將會出現。這將是美國夢的終結，希特勒說：「歐洲——不再是美國——才是充滿無限可能的地方。」[8]

希特勒的興奮不僅僅是來自黑海和裡海以北的條狀地帶所展現出來的前景，因為所有地方的跡象都戲劇性地顯示出，事情正在朝有利於德國的方向發展。德國鐵鉗的一部分是伸向北方，另外的一部分則是伸向南方進入北非和中東。在巴巴羅薩計畫進行的同時，一九四一年在北非沙漠中取得的一系列閃電般的勝利，已經把隆美爾（E. Rommel）的非洲軍團帶到了遠至埃及的地方，因此已經快要接近拿下至關重要的蘇伊士運河了。與此同時，法國的陷落已經打開了德國空軍可以使用法國在一戰協定後於敘利亞和黎凡特修建的空軍基地的可能性，這將更進一步擴大德國的勢力範圍。

世界的命運已經懸於一線之上。關鍵問題看起來就取決於入侵蘇聯的時機和是否能出其不意地擊垮史達林了。至關重要的是趁收穫的季節開始，但是還沒有採收時發動進攻，這樣才能讓進入俄國的德軍獲利。在一九四〇年和莫斯科展開的談判，已經將一百萬噸的糧食從蘇聯運往德國，這幾乎和石油、大量鐵礦及錳礦的進口數目接近了。一旦一九四一年五月更大量的貨運抵達，動手的時候就到了。[9]

出於對一九四一年初夏德軍於東線集結的警惕，蘇聯國防政委鐵木辛哥元帥（Semyon Timoshenko）和朱可夫將軍（Georgi Zhukov）向史達林提出了率先進攻的提議，先發制人地攻打華沙、波蘭北部和普魯士部分地區。面對這兩人提出的十分一致的意見，史達林不假思索地加以否決。「你們是不是瘋了？」他生氣地說道。「你們想惹惱德國人嗎？」隨後他指著鐵木辛哥說：「所有人都看著……體格健康的鐵木辛哥有個大腦袋；但很顯然，它裡面的腦子很小。」他隨即威脅說：「你們要是敢在邊境刺激德國人，如果膽敢擅自行動的話，那就等著掉腦袋吧。」話畢，他重重地甩門而出。[10]

史達林並非不相信希特勒會發動進攻，他只是覺得他還不敢現在就動手。實際上，史達林之所以要親自監督和納粹政府的貿易活動，就是要嚴密監視德國，同時迅速地重整蘇聯軍隊並實現現代化。他對手上的牌有著滿滿的自信，即使是情報部門的特工從柏林、羅馬，甚至是東京傳來了報告，還有莫斯科的大使館中傳來的警告和信號都指出進攻已經迫在眉睫——史達林統統摒棄了它們。[11]史達林在入侵蘇聯的五天前收到了德國空軍總部中的間諜發來的報告，他的回應可以完美展現出他的尖刻態度：「你告訴你的內線……去幹他媽媽去吧，」他罵道。「這不是內線，」他寫道，「這是散布假消息的人。」[12]

並不是所有史達林周圍的人都像這位蘇維埃領袖一樣無動於衷。德軍在六月初的調動已經引起了紅軍中的一些人對於進入防禦位置的爭論。「我們和德國有《互不侵犯條約》，」史達林不以為然地說。「德國身陷在西線戰事上，我確定希特勒不敢攻打蘇聯來開啟雙線作戰。希特勒才不會這麼笨，他看得到蘇聯不是波蘭或是法國，甚至不是英國。」[13]

到了六月二十一日，已經明顯能看出局勢之嚴峻了，瑞典駐莫斯科大使威廉・阿薩森（Vilhelm Assarsson）認為面前有兩種可能的局勢：要麼是「第三帝國對決蘇維埃帝國」的史詩大戲上演時找個前排座位，等候各種可能後果的來臨；要麼就是德國人提出一系列有關「烏克蘭和巴庫的油井」的要求。如果是後者的話，他小聲嘀咕道，他可能將見證「史上最大的一次勒索」。[14]

幾個小時後，局勢變得清晰起來，這一切並非虛張聲勢。在一九四一年六月二十二日的凌晨三點四十五分，史達林被一通來自朱可夫將軍的電話叫醒了，他被告知蘇聯全部防區的前線已經被突破，蘇聯正在遭受攻擊。一開始，史達林還拒絕相信這件事，認為這只不過是希特勒的談判籌碼，目的是以武力達成或許和貿易有關的某種協議。直到黎明時分，他才慢慢發覺這是一場你死我活的較量。突如其來的震驚讓他陷入了精神緊張狀態，只能讓莫洛托夫來發表公開聲明。「一場在文明國家的歷史上前所未有的背叛行徑已經發生了，」莫洛托夫透過無線電嚴肅地說。但是毫無疑問的是：「敵人將被粉碎，勝利將屬於我們。」完全沒有提及蘇聯已經和魔鬼共舞許久了，現在只是付出代價的時候。[15]

德軍的推進是無情又具有毀滅性——儘管他們並沒有準備妥當，也沒有得到應有的裝備。[16]在幾天時間裡，明斯克就陷落了，四十萬蘇軍身陷重圍。布列斯特至利托夫斯克一線（Brest-Litovsk）遭到了切斷，守軍很快就彈盡糧絕，但是並非所有人都失去了希望；正如一名年輕士兵在一九四一年七月二十日在牆上寫下的，「我快要死了，但是我不會投降。再見了，祖國。」[17]

到了這個時候，史達林才開始明白事情的嚴重性。在七月三日，他發表了廣播演說，談到德國人的侵略「事關蘇聯人民的生死」。他告訴聽眾，侵略者想要恢復「沙皇主義」和「地主統治」。比較接近實際的是他聲稱入侵者想要給德國王室和男爵們抓「奴隸」。[18]這樣的講法或多或少是對的——只要他說的王室和男爵指的是納粹黨官員和德國工業主義者們：過沒多久，被俘虜的蘇聯士兵和當地人就普遍地成為了受壓迫的勞動力。漸漸的，有超過一千三百萬人被用來為納粹政權和德國私人企業修路、種田或是在工廠做工，許多這樣的德國私人企業一直營業至今。奴隸制已經又回到了歐洲。[19]

在一九四一年夏天之際，德國看似是無法抵擋的。到九月時，基輔已經在德軍的圍困下陷落，有超過五十萬蘇聯士兵被俘。幾個星期後，三個尖刀一樣的軍團深入俄國心臟，抵達了加里寧（Kalinin）、圖拉（Tula）和博羅金諾（Borodino）——後者正是一八一二年拿破崙的入侵遭到轉折的地方。然而德國人仍在突破層層防線。到十月時，莫斯科已經岌岌可危了。將領導人疏散到古比雪夫（Kuibyshev）的計畫就是在這樣的焦慮中制定出來的，該地的舊稱是薩瑪拉（Samara），位於莫斯科以東六百英里，伏爾加河在這裡轉向匯入裡海。列寧的屍體被從紅場移出，放到倉庫中保管。讓史達林離開莫斯科的準備已經做好，只是這位蘇聯領導人在最後一刻才改變了主意，他決定留在莫斯科：按照一些報告的說法，當時他的火車引擎已經開動，保鑣們已經在月台上準備出發了。[20]

到十一月時，進入高加索之前的最後一站，頓河畔羅斯托夫（Rostov-on-Don）也已落入德軍之手。在十一月底，德軍第三和第四裝甲軍團距離莫斯科只有二十英里了。在十二月一日，執行偵查任務的摩托小隊已經距離首都只有五英里了。[21]希特勒欣喜若狂，攻占北方的列寧格勒和莫斯科以砍斷蘇聯腦袋的計畫，是確保南方「盈餘」區長期安定的關鍵，這項計畫現在看來正在按部就班地完成。在為時兩個月的進攻中，蘇聯人節節敗退，希特勒興奮地談到了未來。他在一九四一年八月時說，「烏克蘭和伏爾加盆地終於有一天會成為歐洲的糧倉。而且，我們獲得的東西將不僅僅是土地中的糧食。」他繼續說道，「如果有一天瑞典不再給我們提供鐵礦，那也沒關係。我們可以從俄國得到。」[22]

與此同時，工程和技術團隊也在軍隊之後向東移動。在一九四一年九月，一個新近成立的俄國特遣隊（Sonderkommando R）從柏林出發前往烏克蘭，他們的目標是在新征服的土地上建立各種可供使用的基礎設施。在超過一百輛的各種車輛中，包括野地廚房、移動辦公室、修理站和警察發報機，按照一位歷史學家的說法，這些設施的工作是確保「歐洲的政府和帝國開創史上最為激進的一場殖民運動」。[23]

當他們抵達黑海沿岸的敖德薩時，負責的官員們——他們由各色的失意者、逃兵役者和難以適應社會的人組成——開始占據最好的住房來當作他們的總部，並且忙著建立起各式各樣的機構：圖書館、唱片行、演講大廳和播放德國必勝影片的電影院，這一切都足以表明德國人的長遠打算。[24]

入侵看起來已經是一場十足的成功了。幾乎所有預定為德國提供資源的地區都在不到六個月內被占領了。列寧格勒和莫斯科尚未被攻占，但是兩座城市的投降看起來只是時間問題。其他地方的跡象看起來也十分光明。雖然伊拉克的起義已經被一支倉促組織起來的英國力量撲滅，英國人徵用了海法街道上的公車向東前往鎮壓，但是似乎有理由認為，這片裡海以南蘊藏豐富石油的地區不久後就會成為德國的朋友。[25]

在入侵蘇聯時，希特勒已經正式提出了對阿拉伯人獨立的祝福，並且寫信給耶路撒冷的最高釋法者（穆夫提）表達支持，讚美阿拉伯人是古老的文明，並和德國面臨著共同的敵人：英國和猶太人。[26]在穆斯林世界培育的紐帶此時已經到了這樣的程度：一個德國學者奉承地表揚沙烏地阿拉伯是「瓦哈比式的第三帝國」（The Third Reich in Wahhabi style）。[27]

從英國的視角來看，事情已經變得令人絕望了。印度總司令瓦維爾將軍（Archibald Wavell）說，伊拉克的災難只差一點就要發生了，現在關鍵的一步就是要出手保護伊朗，德國的影響力可能馬上就將延伸到那裡了。「這對印度的防務來說是至關重要的，」他在一九四一年夏天給首相邱吉爾的信函中說，「應該現在就把在伊朗的德國人全都清乾淨。如果不這麼做，就會重演在伊拉克只是因為及時才恰好制止的事情。」[28]

瓦維爾對伊朗的考量是準確的，自從戰爭伊始，德國的宣傳就已經一刻不停地在伊朗展開了。在一九四一年夏天，一位美國記者報導說，德黑蘭的書攤上擺滿了《訊號》（*Signal*）雜誌，這是戈培爾的喉舌媒體之一，伊朗的電影院還放映《西線的勝利》（*Sieg im Westen*），這是以史詩般的鏡頭展現德軍在法國和西歐取得勝利的電影。[29]

希特勒對蘇聯的攻擊也在伊朗引起了欣喜。按照一些報告內容，人群聚集在德黑蘭中心的塞帕廣場（Sepah Square），慶祝一個又一個的蘇聯城市被德軍攻占。[30]問題在於「普遍的伊朗人都對於德國戰勝他們的老對頭俄國感到高興」，英國大使立德・布拉德爵士（Reader Bullard）在德國入侵後的幾天中，這樣向倫敦匯報。[31]

當被問及對事態發展的看法時，出色的波斯研究專家安・蘭布敦（Ann Lambton）宣稱，親德情緒在軍隊和巴札中十分普遍。「在較年輕的軍官中」這種感情十分高漲，「他們傾向德國並希望德國勝利」。[32]英國軍事專員也持有相似的觀點，當地人對於德國的良好印象和對英國的負面觀點形成對比。「然而還有極少的一部分人在德國人來到波斯時將會全力支持英國，但同時可以預見，德國人將得到可觀的積極支持。」[33]德國駐德黑蘭大使厄文・埃特爾（Erwin Ettel）也持有同樣的觀點，他向柏林匯報說如果英國發起攻擊，將會面臨「堅決的軍事抵抗」，而且將導致沙王正式向德國尋求幫助。[34]

當得知德軍在東線的攻勢如摧枯拉朽一般，對伊朗可能會倒向希特勒的焦慮就更進一步加深了。例如不久前的印度司令，現在被任命為中東總司令的克勞德・奧金萊克將軍（Claude Auchinleck）就認為，希特勒的軍隊將在一九四一年八月中旬以前抵達高加索。[35]從英國的觀點來看，這是一場災難。德國人不顧一切地需要石油，如果他們控制了巴庫和高加索的石油供應，事情就已經夠糟了。而且還有更糟的，正如印度總督利奧波德・艾梅瑞（Leopold Amery）提出的，德國人將距離伊朗和伊拉克的油田「非常接近」，這會毫無疑問地帶來「所有類型的傷害」。[36]換句話說，不只德國人將找到克服自身弱點的解藥，獲得石油來驅動他們的戰艦、飛機、坦克和各種車輛，還會損害英國維持戰爭的能力。奧金萊克將軍總結說，制定出一項計畫是必要的——他將其取名為「支持行動」（Operation Countenance）——以保衛從巴勒斯坦到巴士拉再到伊朗的帶狀領土上的油田。[37]

伊朗的重要性因為其戰略位置而放大。雖然史達林曾在一九三九年跟希特勒達成了協議，但是德國在兩年後對蘇聯的入侵已經把後者難以置信地推到了英國及其盟友一邊。因此，華盛頓方面宣布：「美國政府已經決定提供各種可行的經濟支援給蘇聯，以幫助其抵禦武裝進犯。」[38]這份聲明還配合了美國駐莫斯科大使交給史達林的私人保證，美國已經決定「全面出擊」打敗希特勒，並準備好了以一切代價來促使此事成真。[39]

但問題是如何把軍火和物資交給蘇聯。運送至北極圈內的港口在後勤方面很難做到，而且在冬天進行這樣的運輸更是危險。除了在東方的弗拉迪沃斯托克以外沒有別的合適港口，但同樣麻煩的是，日本在太平洋的這一地區裡占據著支配地位。解決辦法已經很明顯了：控制伊朗。這可以阻止當地的德國特工和親德人士在這個關鍵時刻獲得立足之地，能給盟軍提供其不可或缺的自然資源保障，也將提供最好的配合作戰的時機，以阻礙和止住德國不停歇的東進步伐。

這不僅符合盟軍的戰爭目標，同樣也能分別保證英國和蘇聯的長期利益；占領伊朗可以給它們已經垂涎已久的政治影響力、經濟資源和戰略價值。令人心動的機會已經被希特勒背叛莫斯科盟友的決定撕得粉碎了。

在一九四一年八月，德黑蘭被英軍占領，蘇聯士兵也很快加入到占領行動中。在一個具有根本性的戰略和經濟重要性的地區中，面對共同利益，兩者之間的不同先被放在了一邊。當英軍和蘇軍在伊朗北部城市加茲溫（Qazvin）會師的時候，英國和蘇聯士兵交換彼此的故事見聞和香菸。遇到蘇聯軍隊的外國記者很快就發現自己得到了伏特加招待並被邀請共同舉杯，為史達林、然後是邱吉爾、然後是莫洛托夫、再然後是羅斯福（F. Roosevelt）、再重複一遍同樣順序的健康乾杯。一位在場的美國記者寫道，「在三十杯純伏特加下肚後，半數記者都躺到了桌子底下。我國人還在繼續喝。」[40]

當沙王還在猶豫要不要下達即刻驅逐德國公民的最後通牒時，英國人已經開始在新的BBC波斯語廣播頻道上，（虛假）指控沙王從德黑蘭取走王冠寶石、為私利而強徵勞工，和用德黑蘭用水灌溉私人花園——按照立德．布拉德回憶錄中的記載，這些都是已經廣泛流傳的批評。[41]

面對英國的要求，伊朗沙王只能閃爍其辭，他向羅斯福總統抱怨「侵略行為」，並譴責這是「對國際司法和人民自由權利」的威脅。他說的沒錯，美國總統回答，但是沙王應該記住，「德國的征服行動一定會繼續，並從歐洲擴張到亞洲、非洲，甚至美洲。」波斯，換句話說，想要靠投機來和希特勒保持良好關係，這就是招來災難的禍源。[42]最後，英國人把事情掌握到了自己手裡，他們強迫如今已經被認為是一個障礙的禮薩・汗退位，由他的兒子——徹頭徹尾的花花公子，喜愛法國偵探小說、跑車和甚至比跑車更花俏的女人的穆罕默德・禮薩（Mohammed Reza）接替。[43]

對許多伊朗人來說，這樣的外力介入是不可容忍的。在一九四一年十一月，憤怒的群眾集結在一起高喊著「希特勒萬歲！」和「俄國和英國去死吧！」以表現他們對自己國家的命運遭到被視為占領軍的軍人所決定的憤怒。[44]這不是伊朗的戰爭；二戰中的爭吵和軍事衝突，和德黑蘭或伊斯法罕這樣的城市中的居民沒有半點瓜葛，他們眼睜睜看著自己的國家在歐洲列強的較量中被吞噬了。但是這樣的看法是沒有用處的。

當伊朗的局勢被強力管控下來，在法國陷落以後，英國也開始對敘利亞的法國設施採取措施，以防它們被用以打擊英國及其在中東的盟友。一支匆忙組建起來的颶風戰機中隊從哈巴尼亞（Habbaniyah）起飛，前往攻擊維希法國的基地，哈巴尼亞是英國在第一次世界大戰後在伊拉克建立的空軍基地之一。在一九四一年下半年參加空襲的飛行員中，有一位年輕的飛行員後來回憶說，他曾在低空飛行時看到法國空軍在舉行週日清晨的雞尾酒派對，「一大群色彩鮮豔的女子」花枝招展地在現場活動。當英國飛機開火時，酒杯、酒瓶和高跟鞋飛得到處都是，他們四散各處尋求掩護。「這一切真的是太滑稽了」——一位颶風戰機飛行員羅爾德・達爾

（Roald Dahl，譯按：著名兒童文學作家，作品包括《查理與巧克力工廠》等）這樣寫道。[45]

在這段時期裡，傳到柏林的消息看起來都是不斷的好事。當蘇聯已經深陷困境，在波斯、伊拉克和敘利亞取得突破看起來也是早晚的事，有各種理由可以讓人們相信：德國正處於能完成和七世紀的伊斯蘭大軍或是成吉思汗及後代們的蒙古大軍媲美的一系列征服的邊緣。成功已經就在不遠處了。

但是在現實情況下，形勢並不是這樣。隨著德軍在蘇聯和其他戰線上戲劇性的成功推進，他們也被各種問題困擾著。首先，東線戰場上的減員數目遠遠高於派去補充的預備兵員數目。儘管輝煌的勝利帶來了大量戰俘，但是這也是以巨大代價換來的。按照哈爾德將軍的估計，在入侵開始的頭兩個月中，德國國防軍就喪失了超過十分之一的人員——換言之有超過四十萬的士兵喪命。到了九月中旬時，喪生或受傷的士兵人數已經攀升到五十萬人。[46]

日行千里的突進速度也帶來幾乎難以負荷的補給壓力。缺少飲用水的問題從攻勢的開始階段就萌生了，這造成了霍亂和痢疾的爆發。甚至在八月底之前，一些更敏銳的人就看出了形勢並非眼見的那樣美好，基本物資，比如剃刀、牙膏、牙刷、紙張、針線等從入侵的第一天就是短缺的。[47]夏末的連續降雨把人和裝備都泡在水裡。「根本找不到辦法能讓我們的被子、靴子和衣服晾乾。」一個士兵的家書中這樣寫道。[48]如此條件的消息傳到了戈培爾手裡，他在日記裡記錄，需要用鋼鐵般的神經來克服困難。漸漸的，他寫著，當前的困難「就會變成將來的美好回憶」。[49]

在近東和中亞的前景也類似地從甜言蜜語變成了欺騙。儘管在一年前還抱持著樂觀情緒，德國已經沒辦法應對打通從北非到敘利亞、伊拉克再到阿富汗的熱忱許諾了。進行有意義的活動前景看起來都成了不切實際的痴人說夢，就更別提能在這些地方建立控制了。

因此，儘管已經獲得了驚人的領土，德國最高統帥部仍打算用莫斯科來振奮士氣。在一九四一年十月初，陸軍元帥馮・賴歇瑙率領的部分南方集團軍已經進入了「盈餘」區，他下達了要振奮軍心的命令。每個人，他嚴肅地說道，都是「國家理想的旗手，都是為日耳曼人民所遭受的暴行復仇的人」。[50]這樣的話聽起來十分有力，但是當人們要往靴子裡塞報紙來禦寒的時候，這樣的強硬言詞也無力阻止那些被凍死的受傷士兵和皮膚被黏在冰冷的步槍上的人。[51]當要用斧頭才能劈開麵包的嚴冬到來，希特勒不屑地對丹麥的外交部長說：「如果德國人不再強悍到準備好奉獻自己的鮮血的話……那他們就應該滅亡。」[52]化學刺激藥品——例如伯飛丁（Pervitin），這是一種為了抵禦酷寒而在東線部隊中大量派發的甲基苯丙胺藥物——在救援上比天花亂墜的空話要有用得多。[53]

嚴重的供應問題也在入侵行動中凸顯出來。據估計，往莫斯科方向集結的集團軍將需要火車每日運送達二十七次的燃料；但是在十一月裡，這個數字只有三次——而且是在整個月時間裡。[54]監視著戰爭一舉一動的美國經濟學家提交了題目為《德國軍隊和經濟狀況》（The German Military and Economic Position）和《德軍在東線的供應問題》（The German Supply Problem on the Eastern Front）的報告，精準地指出了問題所在。他們計算出德軍每前進兩百英里，就需要再加三萬五千車的補給，或是用掉一萬噸的前線每日補給。快速的推進被證明成了一個主要問題。[55]

前線得不到足夠的補給已經是夠糟糕了。但是還有更為急迫的麻煩。入侵行動背後的指導原則是獲得烏克蘭和南俄的富庶地帶——也就是所謂的「盈餘」區。即便是侵略行動開始前就從蘇聯進口糧食，戰爭對食品供應和飲食的影響在德國要比例如在英國的情形嚴重得多。遠沒有得到東方的糧食刺激，本就已經減少的每日卡路里攝入量在一九四〇年末開始更急遽地下降。[56]事實上，在巴巴羅薩行動開始後，運回德國的糧食數量要低於一九三九至四一年從蘇聯進口糧食的數量。[57]

德國的廣播電台試圖激勵人心並給人們提供保證。在一九四一年十一月的新聞上說，德國過去有大量的糧食儲備；「現在處於戰時，我們不能有這類的奢侈」。但是還是有好消息，新聞頭條寫著，不用害怕一戰期間的那種短缺和各種問題。和一九一四至一八年不同，「德國人民可以依賴他們的食品管控當局」。[58]

這都是戰時言論，因為事實已經變得越來越清楚，控制東方無窮盡的糧食的念頭是一種幻想。曾經得到命令在戰場上自力更生的軍隊都無法這麼做，只能依靠吃牲口過活。這麼做完全無助於國內的農業狀況，與此同時，希特勒和身邊人士所寄予厚望的應許之地已經成了荒原。蘇聯人的焦土政策已經榨乾了土地上的財富。在德國國防軍內部同時還有混亂且自相矛盾的軍事優先考量事項——究竟是先把人、還是坦克、還是物資和燃料運送到是中部、還是北部還是南部的爭論——這種持續的緊張關係埋下了日後將被證明是致命的種子。美國人在一九四二年春天做出的蘇聯南部被征服領土上的糧食收成估算，描繪出了一幅悲觀的烏克蘭和南俄圖景。這份報告指出，至多能得到入侵前三分之二的糧食產量，但即使如此，對德國人來說也已經是很好的情形了。[59]

因此，即使是獲得了許多領土，東線的進攻仍然沒能達到預期的目的，之前的許諾沒有達成，反而帶來了更多需求。在入侵蘇聯行動開始的僅僅兩天後，巴克就提出了一份包括四年經濟計畫在內的提案。德國正在面臨每年二百五十萬噸的缺口。國防軍需要解決這個問題，並且確保數百萬噸的油料作物種子和數百萬頭牛和豬——供德國食用。[60]這是希特勒給將軍們下令「把莫斯科和列寧格勒夷為平地」的原因之一：他想要「不留活口，否則我們還得在冬天養活他們」。[61]

在預料到將有數百萬人死於食物短缺和饑荒的情形下，德國人開始認定誰將是遭殃的人。首當其衝的是俄國戰俘。不管我們是否受到任何國際義務的要求，我們根本就不需要養活他們，戈林輕蔑地寫道。[62]在一九四一年九月十六日，他下令切斷了給「沒用」戰俘的食物供應——這裡的意思是指那些太虛弱或受傷的奴隸勞工。一個月後，「有用」戰俘的配給大量減少，他們的人數也大大削減了。[63]後果是災難性的：到一九四二年二月為止，（總數為三百三十萬的）蘇聯戰俘中大約有兩百萬人死亡，多數都是死於饑餓。[64]

為了進一步加速這一進程，新技術被設計出來以消滅要吃飯的嘴。成百人的戰俘被聚集到一起，曾被用來給波蘭軍營消毒的殺蟲劑可以用來測試殺人。用連著排氣設施的貨車來進行的一氧化碳毒物殺人效果試驗也開始了。這些在一九四一年秋天進行的試驗，很快就用在了大規模使用同樣技術的地方——惡名昭彰的奧斯威辛（Auschwitz）和薩克森豪森

（Sachsenhausen）。[65]

在入侵的幾個星期之後就開始進行的大規模謀殺是德國進攻中的失敗，也是經濟和戰略不足的悲劇反應。烏克蘭和南俄的大糧倉並沒有給他們帶來預想中的效果。而且即刻就要付出的代價也接踵而至：就像希特勒曾在談話中提到的，並不是要驅逐和遷移當地人口那麼簡單。因為人口太多，食物太少，有兩個明顯的目標在德國社會上下、媒體和大眾意識的各個方面遭到妖魔化，這兩個目標就是俄國人和猶太人。

斯拉夫人血統低賤、性情古怪、能忍耐痛苦和暴力，這樣的形象在戰爭開始前就已不斷發展出來。雖然在一九三九年莫洛托夫－里賓特洛甫協定簽署以後，各種尖酸刻薄的說法有所收斂，但在德國入侵後又重新活躍了起來。作為有力的論據，這種對斯拉夫人的負面印象，直接促使了在一九四一年夏末開始的對俄國人進行的種族滅絕。[66]

在戰爭開始之前，反猶主義就在德國有著更為根深柢固的基礎了。按照被推翻的德國皇帝的說法，威瑪共和國（Weimar Republic）是「猶太人為了猶太人的利益由猶太人用猶太人的錢維持的」。猶太人就像蚊子一樣，他在一九二五年寫道，「是人類必須要想辦法清除的公害……我認為最好的方式就是用毒氣！」[67]這樣的態度並不是個別現象。像一九三八年十一月九日至十日夜裡聯手對猶太人實施暴力的「水晶之夜」（Kristallnacht）這樣的事情，就是由惡毒的修辭言論培養出來的，這些言論一再地將猶太人蔑視為「蠶食其他民族的血肉、生產力和勞作的寄生蟲」。[68]

這樣的言論和行為所造成的日益加深的恐懼，將會導致已經有所考慮的一些人來結交新盟友。在一九三〇年代中葉，以色列首位總理大衛・本－古里安（David Ben-Gurion）試圖和巴勒斯坦的阿拉伯領導人達成協議，允許更大規模的猶太移民。他的努力沒有成功，因為當時有被認為是溫和派阿拉伯人的代表團被派往柏林和納粹政權達成協議，讓後者轉而支持阿拉伯人以破壞英國在中東利益的計畫。[69]

在戰爭爆發後的首個月末之前，在一九三九年的九月，重新安置所有波蘭猶太人的計畫已經通過。至少是作為開始，這個計畫看起來是要把所有人口集中起來，通過強制移民離開德國領土。事實上，把德國猶太人送到馬達加斯加的詳盡計畫已經在一九三〇年代末就發展了出來，這個草率的計畫，據說是基於在十九世紀的許多人中間流行（但被誤導了）的看法，以及在二十世紀初的地理學家和人類學家的研究，他們認為這個位於印度洋西南島嶼上的馬拉加西原住民（native Malagasy）的血緣可以追溯到猶太人。[70]

在納粹德國也有把猶太人驅逐到其他地方的討論。實際上還十分熱衷，希特勒在二十年中的相當長時間裡支持在巴勒斯坦建立猶太國家。在一九三八年春天，他談論過支持德國猶太人移民至中東，並組成一個新的國家作為其家園。[71]事實上，在一九三〇年代末，由阿道夫・艾希曼（Adolf Eichmann）領導的高層級代表團就曾前往巴勒斯坦，和錫安主義者見面討論如何達成和解方案，一勞永逸地解決常常被提到的「猶太問題」。極其諷刺的是——後來在以色列因為反人類罪遭到處決的艾希曼，正是那個討論如何促進德國猶太人向巴勒斯坦移民的人，這個方案看起來既符合反猶的納粹領導層的利益，也符合耶路撒冷及其周圍的猶太人社群的利益。[72]

雖然討論沒有達成協議，但是德國人繼續被視為可利用的潛在搭檔——即便在戰爭開始後也仍然如此。在一九四〇年秋天，一個被稱為萊希運動（Lehi movement）的創立者亞佛拉罕・史特恩（Avraham Stern），給德國駐貝魯特的高級外交官發去了一份激進的提案。他創立的這場運動後來被巴勒斯坦當局叫作史特恩幫（Stern Gang），其成員中包括未來的以色列總理沙米爾（Yitzhak Shamir）和其他現代以色列國的建國先人。在他那份激進提案的開頭，「在德國和『猶太人民真正的民族渴望』之間，」他說，「共同利益是可以存在的。」如果「以色列自由運動的渴望能夠被認可的話」，史特恩繼續說道，他提出「可以積極地站在德國的一邊參加戰爭」。如果猶太人能夠透過建國來獲得解放，希特勒也絕對能獲得好處：「除了在中東地區鞏固未來的德國地位以外」，它還可以「在全人類的眼中大大地鞏固第三帝國的道德基礎」。[73]

這些提議只是沒有效果的大聲怒號。事實上，史特恩是個實際主義者——甚至他和德國結盟的希望也並非他自己組織中的共識。他不久後在解釋他的立場時說，「我們只求德國人一件事」，就是把猶太人送到巴勒斯坦來。這樣的話，「反抗英國來解放祖國的戰爭就可以在這裡開始了。猶太人將得到一個國家，德國人也能順便解決掉一個英國在中東的基地，而且還能在歐洲解決猶太問題……」這看起來有道理——而且很恐怖：重要的猶太人物積極地和有史以來最大的反猶者提出合作，和大屠殺的兇手在種族滅絕開始的不到一年前展開協商。[74]

在希特勒看來，猶太人被驅逐到哪裡並不重要，他的反猶勢力也這麼認為。巴勒斯坦只是眾多得到考慮的地方之一，俄國深處的許多地方也得到了認真的考慮。「把猶太人送到哪裡並不重要，」希特勒在一九四一年這樣告訴克羅埃西亞軍事指揮官克瓦特尼克（Slavko

Kvaternik）。無論是西伯利亞還是馬達加斯加都可以。[75]

面臨在德國的長期困難，之前隨意的態度現在已經變得更嚴肅、更殘酷，納粹計畫人員慢慢明白了，猶太人被集中在集中營裡意味著他們能夠不費力地完成大規模屠殺。[76]面對形勢已經嚴峻的資源枯竭，用不了多少決心，反猶政權就開始著手進行大規模屠殺了。當納粹領導人意識到上百萬張吃飯的嘴已經難以養活，已經在波蘭集中營的猶太人便成了現成又容易的目標。

「今年冬天存在危險，」艾希曼早在一九四一年七月中旬就已經寫下，「猶太人不能再全都餵飽了。」要嚴肅地考慮是不是最人道的解決辦法，可能是用某種可以快速準備好的方法結束他們的生命。[77]老人、體弱者、女人和兒童以及那些「無勞動能力者」被看作是可以拋棄的：他們將成為最先填進在入侵蘇聯之前即已經仔細預測的「×百萬」死亡人數上的那個×中的人。

從此以後，規模和恐怖程度都前所未有的連鎖事件開始了，一車一車的人就像趕往畜欄的牲口一樣，被劃分成能幹活的奴工和生命要為別人的生存作為代價而被犧牲掉的人：俄羅斯、烏克蘭和草原西部變成了種族滅絕的地方。這些地方沒能達到之前預期數量的小麥收穫的失敗，成為了大屠殺的直接原因。

在巴黎，警察自一九三〇年代末開始就一直對猶太人和非猶太外國人進行祕密登記，驅逐過程便簡單地變成了用交給德國占領者的登記卡片迅速查找，並派人把全家人轉移到主要是在波蘭的東方集中營的熟練程序。[78]在其他占領區國家的猶太人登記工作，例如在荷蘭，也是制度化了的納粹反猶大計畫的一部分，這讓那些被認定是多餘人口的人遭到驅逐的過程變得悲慘地易於執行。[79]在抱著盈餘區的念頭攻打了蘇聯以後，現在的念頭動到了「盈餘」人口——以及要如何對付這些人上面。

當對入侵能帶來好處的希望破滅以後，納粹菁英下定結論，德國的各種麻煩都可以用一個方法來解決。一九四一年五月二日在柏林召開的一場會議後，位於柏林郊區的萬塞（Wannsee）又開了另一場詭異的後續會議。再一次，會議的議題圍繞在未確定的幾百萬死亡人數上。在一九四二年一月二十日的結霜清晨，與會者們拿出了一個令人毛骨悚然的結論。在制定者們看來，對猶太人的種族滅絕乾脆就成了問題的答案。大屠殺成了「最終方案」。[80]

過沒多久，來自倫敦和華盛頓的坦克、飛機、軍備和補給就開始輸送到了莫斯科，對德國的反擊已經加快了速度。給蘇聯的援助是經過自從古代就已經形成的「波斯走廊」——從波斯灣的阿巴丹、巴士拉、布什爾等地向內陸延伸，經過阿拉克和庫姆抵達德黑蘭，最終再經過高加索地區抵達蘇聯的古老貿易路線和交流管道連成的網絡。從俄國遠東地區進入中亞的運輸路線也已經打開。[81]

俄國和不列顛古老的商業聯繫再次得到了激勵，儘管也包含著各種挑戰：在十八和十九世紀時就已經充滿危險的北冰洋運輸，將物資送到莫曼斯克和俄國北部。在德國U型潛艇、提爾皮茨號（Tirpitz）和俾斯麥號（Bismarck）之類的重型裝甲戰列艦的活動範圍內進行這樣的任務，需要巨大的韌性和勇氣。有時候，只有不到一半的船隻能夠抵達目的地並返回——而且許多這一航線上的船員在戰爭結束後的好幾十年中，都沒有得到為表彰其服務或勇敢而頒發的獎章。[82]

當德國勢力被擠出了世界中央，局勢也緩慢但堅定地逆轉。希特勒的賭博一度看起來已經獲得了效果：他已經成了歐洲實際的主人，當他的軍隊抵達伏爾加河，他從北部和南部打開中亞的努力看起來也有了成效。但隨著德國軍隊不斷且殘酷地被打回柏林，這些收穫也一個接著一個丟失了。

當意識到了什麼樣的結局將會籠罩在他身上的時候，希特勒墜入了絕望深淵。一份機密的英國報告揭露，在一九四二年四月二十六日的一場演講中，雖然在東線已經取得了明顯的成功，德國領導人仍然顯露出了妄想症和宿命論的跡象，並伴隨著證據越來越明顯的救世主情結（Messiah complex）。[83]以心理學觀點來看，希特勒是一個驚人的冒險者，他是一個符合強癮賭徒（compulsive gambler）定義的人。[84]他的運氣終於開始用完了。

在一九四二年夏天，局勢開始逆轉。隆美爾已經在阿拉曼（El Alamein）被拖住了，這讓穆罕默德・侯賽尼的計畫沒能成真，他已經告訴開羅的居民準備一份猶太人工作場所和住址的名單，從而可以將他們一網打盡——在一個派駐當地的瘋狂德國軍官發明的毒氣貨車中被消滅。[85]

美國的參戰也漸漸顯出了作用。在日本襲擊珍珠港的震顫後，美國人全副武裝地投入到了兩條戰線中。到一九四二年中為止，中途島（Midway）史詩般的戰役讓美國能夠在太平洋上發起攻勢，並在第二年初派出大量軍隊前往北非、西西里和義大利南部，此後也向歐洲其他地方派兵，確保了戰事的逆轉。[86]

接著是在史達林格勒（Stalingrad）的形勢。在一九四二年春，希特勒批准了一個代號為藍色行動（Operation Blue）的提案，該提案內容中包括德國軍隊全力攻向俄國南部，確保獲得處於第三帝國的戰爭計畫核心位置的高加索油田。這場攻勢既野心勃勃又有高度風險——戰爭的勝利全都仰賴於此，就像高級軍官和希特勒本人認識到的：「如果我們得不到邁科普（Maikop）和格羅茲尼（Grozny）的石油的話，」德國領袖放話說，「那麼我必須得結束戰爭。」[87]

史達林格勒給德軍造成了大麻煩。雖然奪取這座城市最重要的原因是因為它響亮的名字，但也是因為它是重要的工業中心和戰略位置，它坐落在伏爾加河的轉彎處：拿下史達林格勒是保護德國現有勝利果實的關鍵，也會讓奪取高加索變得水到渠成。到一九四二年秋天為止，形勢的危急性已經表現得十分明顯。德軍攻勢發起時就已經拖延了，隨後德軍便陷入到了麻煩中。人力、軍火和越來越緊缺的燃料（柏林已經無力供給了）都在史達林格勒耗費甚鉅，這已經讓局面足夠糟糕了。更糟的是，注意力已經從戰役的基本戰略目標——燃油身上移開了。希特勒內部小圈子中的一些人，例如施佩爾，明白耽擱會意味著什麼。德國必須在十月底之前贏得戰爭，否則當俄國的嚴冬開始後，德國就徹底輸了。[88]

雖然還有許多關於如何把東線至西線的德軍消滅乾淨的計畫細節要完善，還要討論如何協作來讓夾在柏林身上的鉗子越收越緊，但是在一九四二年過完之前，由英、美、蘇組成的新的同盟國已經開始考慮未來了。當這三個國家的領導人在一九四三年來到德黑蘭、一九四五年春天在雅爾達（Yalta），以及最終幾個月後在波茨坦會面時，局面已經一目了然，又一次大規模對抗的努力、花費和創傷讓西歐筋疲力盡了。

很顯然，老帝國們必須要謝幕了；問題很簡單，就是如何能更好地操控這一過程。在普遍道德衰敗的跡象之下，手上的問題是如何做出盡可能少的壞決定——但即便是這個目標也沒有成功地做到。在一九四四年十月，邱吉爾在出訪莫斯科後回國，「振奮人心又強化關係」，他告訴史達林，感謝「比著名的俄式好客更熱情的招待」。出訪備忘錄上記載了拉赫瑪尼諾夫（Rachmaninov）的第三鋼琴協奏曲的表演、一些「輕購物行程」，以及一系列會面達成的結論。他們沒有記載關於戰後歐洲命運的討論，這部分的內容在官方報告中被刪去了。[89]

下議院曾經在一九三九年時發誓要讓波蘭保持領土完整，但是卻未兌現。當溫斯頓・邱吉爾決定波蘭的國境線「很適合做交易」的那一刻，它的邊境就被殘忍地改變了。他曾拿著一枝藍色的筆在地圖上把三分之一的領土劃進了德國領土，還有三分之一送給蘇聯當禮物；他也提議對其他中歐和東歐國家的劃分也可能做到讓雙方都滿意——例如對羅馬尼亞的九／一分成，蘇聯得九成，英國得一成；但在希臘的同樣比例劃分上則要英國得九成，蘇聯得一成；在保加利亞、匈牙利和南斯拉夫，五五分成則是可行的辦法。邱吉爾甚至以「輕率的手段」就決定了「數百萬人」的未來命運，這樣的做法或許也被認為是「有些太損人利己」。要讓史達林樂於參與進來的代價，就是犧牲了歐洲大陸上一半人的自由。「我們把這張紙燒了吧！」邱吉爾這樣告訴這位蘇維埃最高領袖；「不用，你留著吧。」史達林答道。[90]

當邱吉爾意識到真實局面的時候已經太晚了。當他在一九四六年的密蘇里州富爾頓

（Fulton）發表那篇著名的鐵幕演說時，他才看到了「中東歐的所有古老國家和首都，華沙、柏林、布拉格、維也納、布達佩斯、貝爾格勒、布加勒斯特和索菲亞」，現在都籠罩在蘇聯的影子下。[91]只有維也納和半個柏林還僥倖矗立著。第二次世界大戰是為了阻止暴政的黑影籠罩歐洲而戰；到最後，卻沒有任何事能夠（或是將要）阻止鐵幕的降下。

從此，二戰的結束將歐洲一分為二。西半部的歐洲曾勇敢、如英雄般地戰鬥；在此後的幾十年裡，西歐可以慶祝自己戰勝納粹惡魔的成就，卻不用為自己在二戰的初始形成過程中扮演的角色付出代價，也不用費心考慮在戰後一系列新協定中被丟出去的那一半歐洲大陸上的人們。戰勝德國導致了漫長的戰爭創傷、英國和法國的經濟疲弱，以及荷蘭、比利時、義大利和斯堪地那維亞國家的崩潰。伴隨而來的震撼還包括不僅是對一場軍備競賽，更是一場直接對抗的恐懼。軍備競賽的後果很可能會波及到對核武器的廣泛研發領域之中。當歐洲的蘇聯軍隊擁有對其他盟軍的四倍人數優勢，而且在坦克部署的優勢支持下，存在著在德國投降後爆發更進一步戰爭的危險。因此，邱吉爾下令開始草擬應對突發局面的計畫，該計畫的基礎是把希特勒被打敗的局面只視作是一個階段的結束，而不是戰爭本身的終結。從這些計畫的名稱上就可以看出指定這些計畫的出發點：不可思議行動（Operation Unthinkable），不可思議的事情已經在英國計畫者的考量中了。[92]

在德國崩潰之際，發生快速變化的現實情形讓預備突發事件變得十分重要。史達林的立場已經變得越來越不妥協，毫無疑問，這樣的立場是由一九三九年和希特勒結成災難性盟約後的受背叛感所驅動的，但也是因為蘇聯後來付出的高昂代價的結果——尤其是在史達林格勒和列寧格勒忍過了德軍屠戮之後。[93]從莫斯科的觀點來看，建立緩衝區和代理人政府的重要性越來越大，而且要營造和強化一種「蘇聯人可能會受到直接行動威脅」的恐懼感。在這樣的情形下，透過圖謀甚至拆除這些國家的工業基礎，同時給這些國家新興的共產黨提供財政和後勤支持以削弱西方諸國，就成了合理的待辦事項。正如歷史顯示出的，進攻常常是最好的防禦形式。[94]

這樣的後果之一便是把希特勒的壓迫看作是比史達林的壓迫更糟糕。有選擇性地將戰爭描述為一場戰勝暴政的勝利，樹立一個政治上的敵人，同時為新朋友的錯誤搽脂抹粉。許多中歐和東歐國家不會認同這種民主勝利的故事，它們發現自己身處在專制邊界的錯誤一邊，在此後的幾十年裡付出代價。西歐有自己的歷史要保護，但是，這也意味著要強調自己的成功——並掩飾和消弭自己的錯誤和那些被解釋為政治實利主義的決定。

這種做法的典型例子，就是歐盟在二〇一二年獲得諾貝爾和平獎：歐洲好棒啊，已經在好幾十年裡成功避免了戰爭，儘管在此前的幾百年中，歐洲大陸乃至世界各地爆發的戰爭的主要責任都在它們身上。若是在古代晚期，那麼等價的獎勵可以在羅馬被哥德人洗劫的一百年後頒給羅馬，或是頒獎給丟掉了阿克之後的十字軍，因為他們在基督教世界宣揚的反穆斯林言論修辭有所收斂。也許，槍砲聲後的和平，更多是因為已經沒有什麼可供爭鬥的現實，而不是因為十九世紀末和二十世紀初那些本該絕頂聰明的和平締造者的遠見，或是由於歐洲的政府們組成的一個笨拙不靈的國際組織所帶來的奇蹟，這個組織提供的說法，曾經在很多年中連他們自己的聽眾都不買單。

當西歐的槍砲聲在一九一四年時響起，一個新的世界已經開始浮現出來。在一九三九至一九四五年的戰爭期間，新世界出現的速度也越來越快，在戰爭終於結束後也仍然在持續加速中。現在的問題是誰將控制住亞歐大陸上的偉大貿易網絡。認真思考這一問題至關重要，因為世界的心臟和裡海的水域所能提供的財富，可遠不止顯而易見的肥沃土地和金色沙漠。

第二十一章
冷戰之路

早在第二次世界大戰進入尾聲時，一場控制亞洲心臟的爭奪就已經開始了。在一九四二年一月簽署的一份冠冕堂皇的「三方協議」中，英國和蘇聯言之鑿鑿地強調「確保伊朗人民戰勝當前戰爭所導致的貧困和困境」，並確保他們有足夠的食品和衣物。事實上，就像這份協議越來越明顯地顯現出來的內涵，和伊朗的安全幾乎沒有什麼關係——所有的一切，都是要控制伊朗的基礎設施：這份協議宣布英國和蘇聯能隨意使用伊朗的公路、水路、輸油管線、機場和電報站。[1] 這不是占領，協約裡這麼說道；而是事關對盟友的支援——這真是有創意的花言巧語。

很明顯，這份條約是為了阻止德國在伊朗擴張和確保資源能夠通過波斯灣輸送給盟軍而設計的。但是，有些人意識到了英國人在這裡有長遠打算。例如，美國駐德黑蘭外交使節路易斯・德勒福斯（Louis G. Dreyfus）定期和華盛頓方面連線，評論英國人對沙王提出的越來越咄咄逼人的要求，和對伊朗境內有第五縱隊從事反英活動的指控。「我確信，」他在一九四一年八月寫道，「英國人正在利用〔當前局面〕做最終占領伊朗的前奏曲，並故意誇大當前情形的嚴重性。」[2]

英國的軍官和軍隊對待伊朗當地人的方式，並不能促進其維護並加強英國在伊朗地位的目標。在二戰爆發的整整十年以前，一個記者曾經嚴厲批評過英國人的行為，他說伊朗人被對待的方式，就和「兩百年前東印度公司對待印度人的方式一樣」。[3]當英國軍官堅持要求伊朗的軍官在見到英國軍官時要敬禮，而英國軍官不需回禮之後，恨意就更加劇了。到處都是對英國人行為的抱怨，「白人大老爺們對待〔伊朗人〕就像是對殖民地的人民一樣」。這和蘇聯軍官形成了鮮明對比，他們很少外出，而且不要求敬禮——至少在德國在該地區的情報官員的記載中是如此。[4]

英國大使立德・布拉德爵士在這個微妙時期裡的態度就很典型。他不認為在戰爭後期出現的食品短缺和通貨膨脹與英國人有什麼關係，或是和維持波斯走廊，通過波斯灣向北運送武器和物資的後勤問題有什麼瓜葛。布拉德寫道，問題都怪伊朗人自己：「波斯人現在更熱衷偷竊、把物價抬高到饑荒時的水平等等；他們總是怪罪英國人。」[5]出於「我對伊朗人的極低評價」，他粗魯地在給倫敦方面的公文中說，「大多數波斯人肯定將會在來生變成綠頭蒼蠅」。[6]像這樣的說法引起了邱吉爾的注意。「立德・布拉德爵士對所有波斯人都持有鄙視，」首相寫道，「這對他的工作效率和我們的利益不利。」[7]

讓事情變得更糟糕的是，隨著現實情況的發展，英國人根深柢固的特權和優越感正在一點一點流失——事情越來越明顯——英國在波斯的主導地位已經岌岌可危。醜陋的情節在一九四四年的德黑蘭上演了，俄國人發覺，一份將伊朗北部的石油交給一個美國石油生產財團的特許權正在談判過程中。在人民黨（Tudeh party，圖德黨）的煽動下，人們怒火高漲。這個政黨由左翼軍人組成，他們的改革、財富重新分配和現代化的綱領得到了莫斯科的大力支持。在最緊張的時刻，俄國派出了軍隊在街道上大張旗鼓地保護成千上萬的示威者，蘇聯的承諾就是要讓談判不了了之。對很多人來說，蘇聯人動用武力讓事情順應其意願，導致條約取消的舉動讓人十分不舒服。尤其是當史達林派到德黑蘭的強悍助理外交政委謝爾蓋・卡夫塔拉澤（Sergei Kavtaradze）提出警告，聲稱惹惱蘇聯要承受後果之後。[8]

當這件事以高度戲劇性的方式收場時，一切都落在了穆罕默德・摩薩台（Mohammed Mossadegh）肩上，他是一個精明謹慎、妙語連珠且手腕高超的政治人物，他知道如何抓住時代思潮的訣竅。按照英國官員的形容，他是一個「長得像馬，而且有點耳聾，因此他在聽別人講話的時候會全神貫注，但是臉上卻沒有表情。他說話時大概會離對方六英寸的距離，你能聞到一點鴉片的味道。他說話冗長又囉嗦，給人留下無法與之商量事情的印象」。[9]摩薩台是一個「老派波斯人」，按照《觀察家》（*Observer*）給外務辦公室補充文件中的介紹，他「彬彬有禮，非常不吝惜鞠躬和握手」。[10]事實上，正如之後所證明的，英國人嚴重低估了他。

摩薩台提出了一個詳盡的計畫，這項計畫首先在一九四四年底拿到了議會上討論，他提出，伊朗不能而且不應該讓自己被外部勢力操縱和占領。諾克斯・達西特許權和英伊石油公司（Anglo-Iranian，之前的英波石油公司）所運行的方式，給人們提供了一個顯明的教訓，這就是領導人不夠強勢的後果。一次又一次地，他說，伊朗被占便宜，被利益對立的各國當作馬前卒，但是自己的人民卻得不到許多好處。伊朗選擇做交易的對象完全錯了：「讓我們跟每個想要買油的政府展開談判，著手把國家解放出來。」[11]

摩薩台正是說出了人民長久以來積鬱在胸的感受——埋藏在土地下的果實只給伊朗帶來十分有限的利益，這不公平。這樣的想法很難用邏輯來反駁。例如，在一九四二年時，英國政府從英伊石油公司的運行中收到了六百六十萬英鎊的稅金；伊朗則只收取了不到這個數字百分之六十的使用金。在一九四五年，差距甚至拉開得更明顯了。位於倫敦的國庫從商業活動稅收中得到了一千六百萬英鎊的收益，德黑蘭只拿到了六百萬英鎊——換句話說，只拿到了稍微超過三分之一的數目。[12] 這不僅是錢的問題，正如一位淵博的英國觀察家表示的，問題在於「物質上的利益不應該要靠出讓個人地位和喪失自尊來獲得」。[13]

能有這樣的洞察力在當時是十分不尋常的，作者勞倫斯．艾沃爾－薩頓（Laurence Elwell-Sutton）在後文中也如此承認。他曾在倫敦大學亞非學院學習阿拉伯語，隨後在二戰爆發前前往伊朗，在英伊石油公司工作。這位天才語言學者發展出了對於波斯文化的著迷，艾沃爾－薩頓對於英伊石油的員工對待當地人的粗暴方式感到目瞪口呆。「沒幾個歐洲人願意費工夫了解波斯人，他們更樂於將他們看成是『土著』……是骯髒的野人，怪異的習俗除了人類學家以外沒人感興趣。」這種「種族上的厭惡」注定了要以災難結束；「除非這家公司願意自己離開」，他這樣總結道。[14]

在這樣的情形中，我們並不難看到像摩薩台這樣的改革者的動力是如何一天天積累起來的。歐洲人的帝國時代早已開始慢慢消蝕了——當哥特魯德．貝爾在伊拉克被提醒說，獲得獨立並不是要不列顛送出的禮物時，事情就已經表現得很明顯了。這在伊朗，在其他地方，都是不可避免的，幾百年來那些被統治的人們越來越大聲地要求，從外國人手中拿回對自己命運的掌控——這樣的循環模式很快就浮現出來，並隨著二戰的進行而加速。就像以前一樣，當英國的絲路土崩瓦解，英國也成為了名副其實的撤退中的帝國。

在亞洲軍事壓力的高漲導致了一系列的東方「敦克爾克」——一次次混亂的撤退行動成為了標誌著英國黃金時代落幕的尖刻記號。當日本軍隊在東南亞各處推進，有數十萬人從緬甸逃離。日本打算趁英法來不及撲滅自家門前的麻煩之際，擴張到這個長久以來都是東京方面重要的戰略和經濟利益關切的地區。德國在東方的盟友很快就意識到了這個讓自己的帝國信譽擴大到更廣闊區域的機遇。日本軍隊的向前推進造成了許多人的災難。有八萬左右的人死於饑餓和疾病。馬來半島陷落的場面就和檳城、新加坡陷落時一樣驚心動魄——只有運氣好的人才能在城市陷落之前逃脫。一個及時得到疏散的未婚女子在幾個星期後寫道，英國人撤退的混亂場面「將是一件我絕對無法忘記，或是一件讓其他親身經歷者無法原諒釋懷的事情」。[15]

當歐洲和太平洋戰事接近尾聲，英國人的潰散仍在繼續。在長達三十年的讓步和許諾過後，全部撤出印度的決定推動了人們對自主、自治和徹底獨立的期待。在戰爭結束時，隨著英國勢力消退，印度次大陸北部各個城市裡出現了連續好幾個月的動盪、反帝遊行示威和罷工，並這造成了市面陷入停頓，英國面臨著失去控制的威脅。最初的計畫是「分階段撤離」印度，並尋求給穆斯林少數族裔提供保護，但該提案遭到了倫敦方面的拒絕，理由是這會耗費太多金錢和時間。[16]取而代之的，英國在一九四七年初宣布將在十六個月內撤出印度，造成了隨之而來的恐慌。這是一個災難性的決定，當戰爭結束後邱吉爾競選失利離職時，他在下議院說道，

「我們允許世界五分之一的人口……陷入混亂和殺戮……這難道不是對我們的名譽和歷史的巨大侮辱嗎？」[17]

當這些警告被置之不理，印度次大陸被混亂席捲了。被牢牢管控已久的社群中爆發了暴力，已經在那些鄉村和城市裡居住了幾個世紀的家庭被迫開始了人類歷史上最大規模的遷移。至少有一千一百萬人在旁遮普和孟加拉的新邊界之間移動。[18]在這時候，英國正在制定詳盡的疏散計畫，試圖讓自己的國人盡可能少地捲入爭鬥。[19]這樣的關心並未澤及當地人。

當英國人從一個危機陷入到另一個危機裡，類似的故事也在其他地方發生著。為了能維持巴勒斯坦局面的脆弱平衡，也為了能保持對煉油廠和海法港口的控制，以及和阿拉伯世界的重要人物保持友好關係以保障蘇伊士運河，英國人積極地採取措施阻止來自歐洲的猶太移民。在英國情報部門制定了破壞運送難民到巴勒斯坦的船隻之計畫——並把責任推卸給一個根本不存在的強大阿拉伯恐怖組織後——英國人採取了更加直接的行動。[20]

危機出現在一九四七年夏天，多艘滿載猶太移民的船在法國的各個港口遭到侵擾。其中有一艘船上有四千個猶太人，裡頭包括孕婦、兒童和許多老人，當這艘船在向東航行時，遭到了英國驅逐艦的撞擊——儘管當局已經做出了決定，這些乘客在抵達巴勒斯坦後將被拒絕入境。[21]用這種方式對待那些從集中營裡倖存下來的人或是在大屠殺中失去家屬的人，是一場公關災難：很明顯的是，英國為了維護自己的海外利益無所不用其極——但是卻從不對過程多加考慮。

拙劣的手法也在和外約旦的統治者阿卜杜拉（'Abdullāh）打交道的過程中暴露無遺，在一九四六年獨立後，這位統治者如今得到了祕密協定中的許多關照和英國軍事援助的承諾。阿卜杜拉充分利用這份承諾，開始著手擴張邊境，一旦英國人撤出，他就將獲得巴勒斯坦全境——這份計畫得到了倫敦方面的同意，儘管施加了一些限制。[22]「這看起來合情合理，」英國外務大臣厄內斯特·貝文（Ernest Bevin）曾這樣告訴外約旦首相，「但是不能入侵那些劃給了猶太人的區域。」[23]無論英國人是怎麼指揮的，反正混亂出現在了世界上又一個英國人正在撤出的地方，這是表現出歐洲帝國勢力帶來的惡性影響的有力證明。一九四八年的以阿戰爭也許不是英國人透過點頭、抬下巴或挑眉毛來執行的政策所帶來的，但是英國人的確是在換防過程中造成了一個無人看管的空隙。[24]

事情在伊拉克也沒有好到哪裡去，當伊拉克首相薩利赫·賈巴爾（Ṣāliḥ Jabr）在一九四八年答應了英國人的條件，讓英國人可以在接下來的二十五年裡使用伊拉克的空軍基地後，當地出現了動盪。協議達成的消息引發了罷工、暴動，並最終導致了一群憤怒的暴民把他趕出了辦公室並隨後辭職。[25]對英國人的恨意是一系列事件積壓已久而成的，其中包括在二戰期間對巴格達的占領，以及人們認為英國人沒有支持在巴勒斯坦的阿拉伯人，尤其是倫敦方面企圖在伊拉克獲得一個永久性的軍事據點。在農產歉收發生後出現了嚴重的通貨膨脹和食品短缺，這讓事情變得尤其糟糕，正如一個敏銳的觀察者所看到的，這一切造成的結果就是「伊拉克的國內局勢十分危險」。[26]英國因此「對伊拉克首相做出讓步……以幫助他抵禦公眾的怒火」。這一讓步中包括共享在哈巴尼亞的空軍基地；伊拉克人應該對這種「第一等的合作案例」感到滿意，在倫敦的政策制定者這樣說道。英國將「不會給其他國家〔這樣的出價〕」——因此伊拉克人應該為被允許獲得「比中東其他國家高等」的對待感恩。[27]

如果我們把這一切案例都集合起來看（因為在其他國家也是如此），伊拉克從自己的土地裡抽出的石油並沒有換來多少好處。在一九五〇年，大約百分之九十的人口仍然是文盲。更糟糕的是，英國要為對該國的緊密控制負責：例如，當伊拉克向英國借錢修建和擴張鐵路網的時候，英國要求伊拉克將石油作為抵押。這就意味著伊拉克的油田可能會因為拖欠而被英國占有——這和十九世紀發生在蘇伊士的事情類似，當時英國就是這樣以貸款方式攫取了地位至關重要的蘇伊士運河。[28]如今英國發現自己正處在雙輸的局面：它已經揮霍光了自己的政治資本，已經沒人再信賴英國了。英國受懷疑的程度，甚至到了連像中東反蝗蟲組織（Middle East Anti-Locust Unit）之類的機構都受到了牽連的地步，該組織成立於戰爭期間，其工作曾經獲得了巨大成就，該組織後來撤出了幫助治理蟲害和保護食品供應的技術專家。[29]中東各國都在摩拳擦掌，準備轉向西方的對立面去。

與此同時，蘇聯也在復甦。在打敗了德國之後，一種新的論述在蘇聯內部浮現出來——在這樣的論述中，史達林在戰爭初期和希特勒是盟友的角色已經靜悄悄地被遺忘了，取而代之的是勝利和扼住命運咽喉的故事。[30]一九一七年的革命沒能實現馬克思及其門徒所預料的全球性轉變，然而在三十年後，貌似共產主義橫掃世界的時刻已經來臨了，共產主義對亞洲的主導，就像是伊斯蘭教在西元七世紀時所做到的一樣。它已經透過中國瀰漫開來，在中國，共產黨對平等、公正的許諾，以及最為重要的對土地改革的許諾，為其帶來了支持，讓它能夠一步步地戰勝政府力量，並最終將政府趕出了中國大陸。

類似的發展也在其他地方上演，左翼政黨開始吸引越來越多的歐洲人和美國人的支持。許多人被許諾的和諧理想所打動，這一理想和讓兩顆核彈落在廣島和長崎的戰爭恐怖形成了鮮明對比。包括一些曾經參與了原子彈計畫的人也被這一理想所吸引，他們對歐洲國家在不到三十年內爆發了兩次大戰的現實感到幻滅，這兩場大戰給世界各地都帶來了災難。

史達林在一九四六年春天的演說中精明地煽動著這種情緒，他的演講內容在世界各地得到了報導。第二次世界大戰是不可避免的，他宣稱，「因為全球經濟的出現和政治要素就蘊含在現代壟斷資本主義的概念中」。[31]這篇演講是有目的的聲明：資本主義已經控制世界太久了，它是造成二十世紀戰爭的苦難、殺戮和災難的原因。面對這種已經證明了具有先天不足和危險性的政治體制，共產主義是一種合理的回應。這是一種新的體制，它推動融合而不是分隔，用平等來代替階級。這不僅是一個吸引人的願景，換句話說，共產主義是顯然的替換方案。

不久之前，邱吉爾曾把蘇聯邊界以西的各國的未來拿來作為賭注。「可憐的內維爾・張伯倫覺得自己能信賴希特勒，」邱吉爾在雅爾達舉行的關於戰後局面要如何劃定的談判結束後，立刻這樣告訴一名年輕職員。「他錯了，但是我不覺得我會對史達林犯錯。」[32]張伯倫的確犯了錯；但是邱吉爾也同樣犯了錯——正如他很快就會認識到的。他在一九四六年的三月五日在密蘇里州富爾頓的演說中說，「沒有人知道……蘇維埃俄國……想要馬上做什麼事情。」然而，事實是，他們的哲學是擴張性和傳染性的，他提出，這意味著它代表了對西方的威脅。「從波羅的海的斯德丁（Stettin）到亞得里亞海的第里雅斯特（Trieste），一道橫貫歐洲大陸的鐵幕已經拉下。」[33]

世界中心的命運懸而未決。伊朗就是世界中心的支點。美國的戰略專家相信蘇聯人想要為了石油而完全控制伊朗，而且也為了伊朗的海軍基地和它位於國際空中航線網絡的中央位置。伊朗政府已經把北部石油特許權交給美國人獨得，這只是因為美國大使提出了保證，說美國在必要情形下，會給伊朗提供軍事援助以應對蘇聯軍隊進入伊朗。當時在特許權簽署後，莫斯科方面提出了激烈的反對。[34]

在一九四六年夏天，當伊朗全國爆發罷工，劍拔弩張的關係更上升了一步。有各種消息和相反的消息在德黑蘭的街頭巷尾流傳著，伊朗的當下命運看起來已經十分危急。雖然英國人有保護自己資產的強烈意願，但殘酷的局勢已經十分清晰，英國在這裡再也沒有什麼影響力了。情報部門的報告描繪出了黯淡的前景，莫斯科即將對伊朗和伊拉克採取軍事行動，報告中還有詳細的入侵計畫，包括在發起攻擊後，「強大的蘇聯騎兵和摩步部隊」可能奪取哪些地點的信息。據報導，蘇聯總參謀部已經制定好了占領摩蘇爾的樂觀結論，並且準備好了一旦將沙王推翻，就將建立一個「受歡迎的伊朗政府」。按照英國的說法，將會對舊政權的重要人物採取清算，他們將會被貼上「叛徒和賣國賊」的標籤。蘇聯傘兵已經準備好了在靠近德黑蘭的地點投放，以發起速戰速決的攻勢。[35]

華盛頓方面已經有了實在的危急感。美國人自從一九四二年十二月起就在密切關注伊朗了，當時有第一批兩萬美軍抵達了波斯灣的霍拉姆沙赫爾（Khoramshahr），準備改進伊朗運輸系統。為了監管後勤運輸，一個很大的美國軍營在德黑蘭營建起來，這裡變成了整個美國波斯灣指揮所（US Persian Gulf Command）的總部。[36]英國人和蘇聯人都先把自己的利益放在了伊朗身上，因此不斷地削弱著戰爭的努力，同時也削弱著伊朗政府。伊朗正在被危險地往各個方向拉扯，赫爾利（Patrick Hurley）將軍這樣向羅斯福總統報告。[37]

在二戰期間被派遣到伊朗去支持和監督運輸路線的美國人最初曾經歷過某種文化衝擊。里德勒（Clarence Ridley）少將發現，伊朗軍隊訓練無方，缺少裝備而且可以說是毫無用處。如果要讓伊朗軍隊自己來抵禦環伺的強敵，需要大量投資來訓練出新一代軍官並且購買優良裝備。這樣的話在沙王耳中無異於天籟，因為他不顧一切地想要在伊朗推行現代化，給這個國家打上自己的烙印。問題在於，正如他的財政顧問（美國人）直言不諱地告訴他的，你是不可能建立起一支西方標準的軍隊的：因為你要是把錢花在軍備採購上的話——沙王被告知——「在農業、教育和公共衛生方面就幾乎沒有錢可以投入了」。[38]

準備不足、組織混亂又孱弱，伊朗看起來抵禦住蘇聯的可能性微乎其微，而當時史達林咄咄逼人的態度正是美國人的心腹大患。有些聽了史達林演說的人下結論說，這無非是「第三次世界大戰的宣告」。[39]美國駐莫斯科大使館的大使副手喬治・肯南（George Kennan）曾親眼目睹了史達林的大清洗，他也得出了類似結論，在一九四六年初，他提出警告，一場全球性的對抗即將到來。「埋藏在克里姆林對於世界事務的神經質觀點的深處」，他寫道，是「俄國人傳統上和與生俱來的不安全感」。蘇聯，他總結說，是致力於和美國競爭的「一股絕對致命的政治力量」，其目標就是確保「我國的內部和諧被打亂，我們傳統上的生活方式被摧毀，我國的國際權威受到破壞」。[40]

伊朗在政治和戰略上的重要性如今將其推上了美國外交政策的前線。美國開始做出系統性的努力支持伊朗。在一九四九年，美國之音電台開始用法爾西語（Farsi）向當地人廣播，節目的第一集就是杜魯門（Harry Truman）總統評論伊朗和美國之間的「歷史友誼紐帶」並承諾提供援助，以幫助創建一個沒有壓迫的「繁榮且……和平的世界」。[41]當韓戰在一年後爆發，美國提供了更為直接的援助。正如一份國會簡報指出的，雖然衰退的經濟「還未到達災難性的地步」，如果不給予強有力的支持的話，將存在著「該國完全崩潰並立即被吸收到蘇聯陣營中去」的風險。[42]杜魯門本人根本不需要被誰說服。「如果我們袖手旁觀，」他斷定，「蘇聯人一定會進入伊朗並控制整個中東地區。」[43]

廣播節目開始頻繁地向伊朗人指出「自由的國家必須要站在一起」，「美國的安全和其他國家的安全緊密相連」，以及「自由世界」正在不斷強大。這些報導還緊密伴隨著蘇聯對世界構成的威脅的強調，「共產黨領導人的目標是全面壓迫人類的自由」，並且更進一步宣稱「蘇聯教師只能在廢棄的運牛車廂裡安家」，而且缺少供暖、基本的衛生設施和飲用水。[44]

經濟援助開始湧入伊朗，在一九五〇至一九五三年中，金額從一千一百八十萬美元飆升到五千二百五十萬美元，在三年裡翻了將近五倍。援助的目標是鼓勵伊朗的經濟發展，穩定其政治文化並且為改革打下基礎，但也要提供軍事和技術上的關注以加強其防衛能力。這些援助是在中東建立一個美國代理人國家的第一階段。[45]

這麼做的動機是建立在英國已經無力像過去一樣支持各國政權的基礎上，還有一部分原因是對蘇聯擴張主義的真實回應。然而，這並不是嚴密關注伊朗的唯一原因。比方說，在一九四三年，當盟軍領袖們在德黑蘭開會時，邱吉爾和羅斯福都懶得搭理一下伊朗沙王。簡單來說，兩巨頭都認為跟他見面是浪費時間。[46]相似的，在一九四四年，沙烏地阿拉伯被美國鄙視為一個無關緊要的國家，其經濟援助的要求被羅斯福總統以「離我們有點遠」為理由回絕了；羅斯福還補充說，沙烏地人最好把自己的擔憂和要求提給英國聽，而不是找美國。[47]在二戰結束時，事情已經大不一樣，沙烏地阿拉伯被看作是「對美國外交的重要性勝過幾乎任何一個其他小國」。[48]原因就是石油。

在戰爭期間，一個名叫代高利（Everette Lee DeGolyer）的堅韌石油商，他曾在奧克拉荷馬州學習地質，後來在美國石油產業中賺了許多錢。他曾來到中東評估該地區的石油儲量，他提出，該地區本身擁有長期的潛能和資源重要性，並將其和墨西哥灣、委內瑞拉和美國本身的石油相提並論。即便是保守的估計和告誡，他的報告仍然令人震驚。「世界石油生產重心的中心正在從加勒比海地區向中東的波斯灣地區轉移，這種轉移有可能持續下去，直到該地區完全建立起石油產業。」[49]一個和他同行的人更直率地向美國國會匯報：「這裡的石油是一份有史以來最大的獎品。」[50]

英國人並沒有喪失他們的眼光，他們心懷妒忌地看著美國正在整片地區投入更多的注意力。一位重要的實業家告訴邱吉爾，應該要告訴美國人離中東遠一點，別插手英國已經在此建立起來的強大地位；「在戰後，還留在我們手上的唯一最大資產就是石油了。我們應該拒絕把我們最後的資產分給美國人。」[51]英國駐華盛頓大使哈里法克斯勛爵（Halifax）嚴肅、清晰地表明了這一點，他對美國國會官員試圖迴避他的方式感到很生氣。英國的政策制定者們已經在關注事態發展，害怕「美國企圖搶走我們在中東的石油資產」。[52]首相本人也直接捲入其中，他給羅斯福總統發了一封電報，寫著：「我已經看到了一些不當的協商正在進行中；你應該清楚，我只是希望在我們兩國之間能公平地解決這件事。」[53]

這意味著英國和美國之間要為如何切分這塊關鍵地區達成協議。哈里法克斯勛爵和羅斯福總統在一次會面中解決了問題：正如美國所擔心的，「波斯的石油是〔英國的〕……我們兩國分享伊拉克、科威特的……而巴林和沙烏地阿拉伯的歸美國」。[54]這就像是西班牙和葡萄牙在十五世紀末十六世紀初達成的協議，或是盟軍領袖們在二戰剛剛結束後將世界一分為二的討論。

美國人和英國人開始用不同的方式來瓜分世界。在美國看來，關鍵問題在於從一九四五年到一九四八年，石油價格已經翻了一倍——光是美國的汽車數量就增長了超過百分之五十，而且機動車工廠的銷售額增加了七倍。[55]因此，美國最初採用了充分合乎邏輯的開明方式來應對這一形勢：那些發覺自己有福氣擁有自然資源卻在各方面遭到排擠的國家，會不可避免地要求盡可能地提升自己的地位。因此，對石油特許權的條款加以重新談判是合情合理的——並且採用體面的方式而不是強迫。

石油國有化的威脅和傳言在當時已經甚囂塵上，這是對一種新的世界秩序的回應。首先，盛產石油的國家得到了越來越慷慨和具有競爭力的合同——例如保羅・蓋提（J. Paul Getty）在沙烏地阿拉伯和科威特之間的中立區達成的特許權合約，這份合約支付的每桶石油的使用費幾乎是其他中東地區的翻倍價格，這引發了那些受制於更早協定的國家的競爭和敵意。這不僅使如何分配利潤的話題成為了爭吵的溫床，更激發了國有化要求；這也讓這些國家很容易受到共產分子的修辭言論的影響，並轉而投向莫斯科的懷抱。

隨著美國的貿易立場軟化下來，並對一系列的合同進行了重新談判，利潤收入開始出現了顯著變化。例如，在一九四九年，美國財政部從好幾家西方石油公司組成的財團阿美石油公司（Aramco）那裡，得到了四千三百萬美元的稅款，而沙烏地阿拉伯則收到了三千九百萬美元的收入。兩年後，經過企業可以抵銷支出的稅收體制變化之後，該公司在美國支付了六百萬美元，卻向沙烏地人支付了一點一億美元。[56]當其他的特許權在沙烏地、也在科威特、伊拉克和其他國家產生了多米諾骨牌效應，當地統治者和政府獲得了更有利的合同條款。

有些歷史學家曾經談論過這個改變現金流的時刻對於權力從倫敦轉移起到的作用，這樣的情形對印度和巴基斯坦都十分重要。[57]但是和重新談判所造成的影響最為相似的，是發現美洲以及隨之而來的財富再分配。控制特許權的西方公司和那些分配額主要集中在歐洲和美國的人開始把現金輸向中東，在這一過程中，世界重心也逐漸轉移。輸油管線的網絡在中東地區縱橫交錯，並將東方和西方連了起來，這標誌著該地區歷史的新篇章。這時候，貫穿全球的不是香料或絲綢、奴隸或白銀，而是石油。

然而，英國人並不像他們的美國同行那樣清晰地讀出了其中的跡象，他們心中還另有煩惱。在伊朗，英伊石油公司成為了批評的眾矢之的。如果考慮到支付給英國國庫和分配給伊朗的使用費之間的巨大數額不平衡的話，這些批評的原因就一目了然了。[58]儘管中東地區的其他國家也在抱怨他們用黑色黃金換來的利潤太少，但在伊朗的不平衡程度看起來尤其糟糕。在一九五〇年，雖然阿巴丹是當時世界上最大的石油精鍊廠的所在地，但是這個城鎮本身的電力供應才相當於倫敦的一條街道。因為缺少學校，在兩萬五千名學齡兒童中只有不到十分之一的人能夠上學。[59]

和在其他地方一樣，英國陷入了進退兩難又無法脫身的境地：正如精明又消息靈通的美國國務卿迪安・艾奇遜（Dean Acheson）所觀察到的，就石油特許權的條款展開重新談判幾乎是不可能的。英伊石油公司的大部分股權是英國政府所有，因此它被視為是英國及其外交政策的直接延伸——這並不是沒有理由的。就像東印度公司一樣，生意上的利益和英國政府利益之間的界線相當模糊；就像東印度公司一樣，英伊石油公司已經強大到成了一個「政府中的政府」，其勢力「就和英國的力量一樣大」。[60]如果英伊石油公司退讓一步，給伊朗一份更好的合同的話，艾奇遜下結論說，那麼這將是「英國國力和財力所殘留的最後一點信心的毀滅」。他預測在幾個月內，英國就將不再剩有一點的海外資產。[61]

倫敦對於這家公司利潤的嚴重依賴讓形勢變得更加危險，艾奇遜已經認識到了這一點。「英國正站在破產邊緣，」他在一篇電文中寫道；「沒有它重要的海外利益和收支報表中的隱形項目的話……英國是無法存活的。」這就是為什麼英國曾在對外貿易中要弄各種各樣的花招，發出強硬刺耳的報告，不斷強調蘇聯即將入侵的威脅。以艾奇遜為例，他根本不相信這些。「英國政策的最高目的並不是阻止伊朗落入共產黨手裡」，雖然英國嘴上是這樣說；「他們的最高目的是要保護住他們手中最後的一棵搖錢樹。」[62]

不久後，當伊拉克在一九五〇年得到了新的合同條款，同時英國仍在明顯地抑制伊朗的要求時，形勢變得越來越激化了。伊拉克石油公司是歸英伊石油公司部分所有的事實更是往傷口上撒鹽，激起了在伊朗的憤怒反應。國族主義者的政治人物們起而宣稱英伊石油公司實質上的壟斷是罪惡的，他們用激化的言辭大肆批評。一個議會中的成員陳述，伊朗的所有腐敗都是英伊石油公司的直接結果。[63]還有一個煽動者說，如果坐以待斃的話，「過不了多久，女人的頭巾也要被扯下去了。」[64]還有人說，伊朗的整個石油工業就算是被原子彈炸個精光，也比讓英伊石油來壓榨人民和國家來得好。[65]摩薩台的說法則不這麼直接。據稱他曾說如果他能成為總理，他將「不打算跟英國人談條件，而是會用泥巴把油井填了」。[66]

反英的辭藻已經在一代人之間傳播良久；現在，反英情緒已經進入了主流意識：英國是所有伊朗問題的建築師，而且絕對不可信賴。它只考慮自己的利益而且是詞彙難以形容的最壞的帝國主義者。在伊朗認同感中融入反西方情緒已經深深扎根，這將產生長遠的影響。

摩薩台把這個時機掌握在了自己手中。已經忍無可忍了，他宣布，確保伊朗的國家繁榮和「確保世界和平」的時候已經到了。在一九五〇年末，一份激進方案提交了出來，石油資源將不會再與英伊石油公司或是別的任何人分享了，而是「伊朗石油工業宣布，在全國各地的石油業全部國有化，沒有例外」。[67]阿亞圖拉・卡尚尼（Ayatollah Kashani）是一名民粹教士，他在不久前才剛結束流亡歸國，已經成了知名的嚴厲批評西方的人，他全心全力地支持對英採取行動的呼籲，力勸他的支持者們採取任何方式促成改變。不出幾天，總理阿里・拉茲瑪拉（ʿAlī Razmārā）遇刺身亡，此後不久，教育部長也被刺殺。伊朗正在混亂狀態的邊緣。

當一九五一年春天摩薩台本人在議會中被選為新任總理，英國最大的恐懼變成了現實。他立即通過了一個將英伊石油公司國有化的法律並且立即生效。倫敦媒體和英國內閣都將此看作是一場災難。防務大臣宣稱，有必要「教訓一下伊朗，讓他們知道老虎的屁股摸不得」。如果伊朗「不用付出代價的話」，他繼續說道，「下一個可能就是蘇伊士運河的國有化了」。[68]在必要情形下將傘兵投放到阿巴丹以保衛煉油廠的計畫開始緊鑼密鼓地制定，英國人不顧一切地想要維護其過去的榮光。

摩薩台手裡的螺絲刀越擰越緊，他告訴英伊石油公司的英國職員，他們有一個星期時間，在一九五一年九月收拾行李離開伊朗。更有甚者，阿亞圖拉・卡尚尼宣布了一個「反英國政府日」的國定假日。英國已經成了伊朗所有問題的代名詞，這是一個集合了各種政治信仰光譜的共識。「你不知道（英國人）有多狡猾，」摩薩台告訴一個高級美國外交人員。「你不知道他們有多邪惡。你也不知道他們如何損害只要有他們插手的事情。」[69]類似的言論讓他在國內大受歡迎，也讓他在國外聞名：在一九五二年，他成了《時代》雜誌的年度封面人物。[70]

英國人下狠手來扭轉頹勢的企圖並未奏效。面對不僅失去對英伊石油公司的控制，而且也失去了公司帶來的收入，英國政府陷入了危機模式中，他們開始組織對所有伊朗石油的禁運。這樣的目的是傷害摩薩台並迫使他屈服。英國駐德黑蘭大使威廉・弗萊瑟爵士（William Fraser）表示，掐住伊朗的財政很快就會帶來理想效果：「當伊朗人需要錢的時候，他們會趴在地上爬到我們面前。」類似這樣的評論出現在主流媒體上，這幾乎不會在公共看法的領域中對英國有什麼幫助。[71]

恰恰相反的，這樣的評論只是加固了伊朗的意志，到一九五二年底時，英國人已經不再對制裁方式的效果那麼樂觀了。因此，不久前成立的中情局（CIA）得到了英國的提議，共同制定一個「推翻摩薩台總理的聯合政治行動」——換句話說，就是搞一場政變。這將不是最後一次，政權更迭成了解決世界上這個地區的問題的辦法。

美國官員對英國人的提議給出了熱情的回應。在中東地區活動的特工被給予了完全自由以構思出創造性的解決辦法，這些地方的統治者要麼對美國不夠熱絡，要麼就是看起來和蘇聯眉來眼去。一群來自美國東海岸權貴家庭、志趣相投的年輕特工制定了計畫，他們已經參與了一九四九年推翻敘利亞領導人的政變，以及在這三年以後推翻肥胖、腐敗又不可信的埃及法魯克國王（Farouk）的行動，這次行動的非官方綽號叫作「FF計畫」（Project Fat Fucker）。[72]

像是邁爾斯・柯普蘭（Miles Copeland）和西奧多・羅斯福（Theodore Roosevelt）總統的兩個孫子亞奇（Archie）和科米（Kermit）這樣的人，他們懷有的熱忱能讓人聯想到一百年前在中亞活動的英國特工，或甚至是讓人想到那些認為向蘇聯洩密能夠得到積極效果的更現代的同行們，這些人感到他們能夠形塑世界。例如，在敘利亞政府倒台後，這些年輕的美國人去了「十字軍城堡和那些人跡罕至的地方」旅遊，讚嘆了沿途阿勒頗的建築和景致。[73]他們一邊遊玩一邊制定計畫，柯普蘭問不愛講話、多才多藝的亞奇・羅斯福，「我的那些編造的報告和你讓你特工做的報告有什麼區別呢？至少我的報告還能講得通。」[74]這些在當地活動的特工反覆無常的行為在美國引起了不滿，一個高級情報官員告誡他們，說「不負責任的自由活動在未來不會得到容忍」。[75]然而，在伊朗問題上，他們的意見又得到了採納。

一九五二年底在華盛頓的一次例行會議後，事情開始運作了。當時英國官員提出了對於伊朗石油國有化後會造成的經濟影響的焦慮，這種焦慮和美國對伊朗未來道路的擔憂不謀而合。在德黑蘭的中情局部門對摩薩台感到焦慮並單獨建議華盛頓方面，美國應該在伊朗「推出一個繼任政府」。決策者們很快就做出結論，沙王必須要被帶入到這場密謀之中，在推翻總理後提供團結和安定，從而「讓這場行動看起來合法或是類似合法」。[76]

說服沙王的工作要比紙上談兵困難。一個緊張又自負的傢伙，剛剛把這項代號為「巨人行動」（Operation Ajax）的計畫告訴他時，他整個人嚇壞了。英國人的參與讓他尤其擔憂，據一個美國策劃人說，他注意到沙王有一種對於英國人「隱藏的手」的無法自控的恐懼，他害怕這一行動是個陷阱。他必須得靠威逼利誘才能被說服：從倫敦發來的BBC廣播中傳達了許多關鍵詞，以讓他確信這一行動已經得到了最高層的支持；艾森豪（D. D. Eisenhower）總統在廣播演說中明確地保證美國支持伊朗，也起了一些作用；與此同時，還有人親自告訴他，如果他不提供支持的話，伊朗會變成共產國家——如科米．羅斯福所說的，變成「第二個北韓」。[77]

作為推翻摩薩台的序曲，為了確保「公共情緒……被煽動到最熱烈的程度」，華盛頓提供了資金來培養關鍵人物，讓他們反對總理。羅斯福「培養了」議會中的高級成員，更準確的說法是賄賂了他們（他委婉地寫道，這麼做的目的是「勸說」他們能夠撤回他們對摩薩台的支持）。[78]

各地都在隨意撒錢。按照目擊者說，美元大量湧入德黑蘭，導致了在一九五三年夏天期間，美元對里亞爾的價值下跌了將近百分之四十。這些錢中的一部分是為了支付給在德黑蘭示威遊行的參加者，中情局的兩個當地機構組織了這樣的遊行。還有其他重要的受惠者——其中最重要的就是像阿亞圖拉・卡尚尼這樣的穆拉們，陰謀策劃者們判斷，這些穆拉的利益和他們的利益是相容的。[79] 穆斯林學者認為共產主義的反宗教觀點和伊斯蘭教的教誨相違背。因此，中情局和教士之間有著明顯的共同利益重疊，後者對共產伊朗的危險性尤其警惕。[80]

英國和美國策劃者們於一九五三年六月在貝魯特開會時得出了一個計畫，這項計畫在七月初得到了英國首相邱吉爾親自批准，不久後艾森豪總統也批准了這一方案。特工人員隨即開始精鍊這份計畫中的內容，要找到和他們形容是「說話囉嗦而且時常不講邏輯的波斯人」最好的溝通方式，讓他們知道政權更迭就是西方要的，應該要順利周全地實現。[81]

在這件事情中，卻出了巨大的紕漏。當形勢演變為大混亂，偽裝已經被揭露，行動的時機也完全不對。嚇壞了的沙王沒來得及穿襪子就飛離了他的國家。在逃往羅馬的半路中，他在巴格達停了下來，並和美國駐伊拉克大使會面，後者抓住機會拿出了一個提議，「我建議他為他在伊朗的名譽考慮，他絕不可以透露出有任何外國人參與了最近的事情。」這根本不是為了沙王的聲譽考慮，而完全是要留有餘地，而且最重要的，保護美國的乾淨聲譽。沙王，「在三天沒合眼後，已經十分疲勞，而且對事態發展感到困惑」，他已經無法正常思考了。然而，大使還是給華盛頓發回了令人鬆一口氣的消息，「他同意了。」[82]

在沙王繼續前往義大利避難時，伊朗廣播電台對他大加撻伐，媒體譴責他是妓女、強盜和小偷。[83] 這一創傷也讓他年輕的妻子索拉雅（Soraya）受到了波及（有很多人傳言說她結婚的年紀遠不到對外宣稱的十九歲）：她回憶起自己穿著紅色和白色的波卡圓點洋裝走在威尼托大街（Via Veneto）上，討論著德黑蘭的不安政局，聽著她的丈夫悲傷地考慮在什麼地方買一小塊土地重新開始新生活——也許會是在美國。[84]

在沙王逃跑後，如戲劇一般上演的各種錯誤和混亂可以稱得上是一場鬧劇。謠言在大街小巷流傳，人們說摩薩台打算自己登上王位，轉眼聲勢就發生了逆轉。在隨後幾天時間內——克服了種種不可能——沙王居然正在回國的路上，他在巴格達簡短停留了一下，好穿上他的空軍司令制服。輝煌、榮耀地回歸，他像是一個回來控制局勢的英雄一樣。摩薩台遭到了逮捕、審判和獨自監禁的判決；之後是一段漫長的軟禁時期，直到他在一九六七年去世。[85]

摩薩台為了實現一個讓西方勢力在中東地區不僅是被削弱，更是被徹底移除的願景，付出了沉重代價。他對英伊石油公司的疑慮已經發展成了一種把整體上的西方看作是負面、具有破壞性的觀點。他在大聲抗爭的同時，其他人也正在益發尖銳地批判西方對於連結東方和西方之網絡的控制；在埃及，越來越憤怒的情緒見證著反英暴動和對撤出駐紮在蘇伊士的英國軍隊的要求。一位美國國務院的職員在訪問了開羅後，給美國參謀長聯席會議提交了一份報告，上面提及了形勢已經十分清晰。「英國人遭到厭惡，」他寫道。「對他們的痛恨和反對是普遍而且濃烈的。該國的每一個人都有這樣的情緒。」需要有緊急的解決方案。[86]

時代正在變化。在這樣的情形下，摩薩台是最明確地向新時代的願景邁進的一個，在這個新時代的願景中，西方要面臨來自亞洲中心的反彈。雖然摩薩台遭到推翻的真實狀況被情報部門掩蓋了好幾十年之久，情報單位仍一直提防著一旦材料解密後將會帶來的「毀滅性後果」，沒有幾個人認為摩薩台的下台不是西方勢力為了自己的利益而策劃的。[87] 因此，摩薩台是整個中東地區許多後來人的精神之父。儘管方式、目標和靈感來源各不相同，不論是阿亞圖拉霍梅尼（Ayatollah Khomeini）、薩達姆・海珊（Saddam Hussein）、奧薩瑪・賓・拉登還是塔利班（Taliban）等等，他們都有一個共同的核心觀點，就是西方是兩面派的奸猾之徒、邪惡，而且當地人民的解放意味著從外部的影響之下解放出來。試圖達成這個目標的方式有很多，但是正如摩薩台的例子所顯示出的，那些給西方造成麻煩的人很有可能要面臨後果。

從心理上看，這場政變是個關鍵時刻。沙王下的所有結論都是錯的，而且還確信自己擁有伊朗人民的愛戴。事實上，人們對於沙王頂多也只是愛恨交加，他的王位只不過是他的騎兵軍官爸爸在三十年前才奪下的。他逃去羅馬的行徑展現出了令人擔憂的懦弱。他確信他是那個讓國家依靠他閱讀政治風向的能力獨立於西方，尤其是獨立於美國介入，讓國家實現現代化的人。這很值得提出疑問，對於一個色迷迷的花花公子、熱愛生命中各種精巧事物的愛慕虛榮者來說，他給他的對手們準備了太多可攻擊的地方，讓自己無暇做出良好判斷。

比任何事都更明顯的，中情局策劃的這場一九五五年的政變標誌著美國在中東地區角色的分水嶺。按照美國新任國務卿杜勒斯（John Foster Dulles）所推斷的，這是拯救伊朗的「第二次機會」，這個機會能確保伊朗不會拐到西方之外的軌道上去。[88] 美國駐德黑蘭大使告訴沙王，考慮到「民主的獨立伊朗在這樣的情形下是〔不可能的〕」，現在面前有兩個選擇：一個自由的「不民主的獨立伊朗」，還是一個「永遠……卡在鐵幕後面的不民主的獨立伊朗」。[89] 對於正在和共產主義較量的西方來說，這樣的做法和他們關於自由和民主的大聲宣傳完全相反。

正是在這個時候，美國決定挺身而出，也是從這時候起，美國開始了一系列重大接觸，要把這個幾百年來絲路縱橫交錯的地區控制在手中。但是這條路充滿了危險。一隻手擺一擺民主的樣子，另一隻手卻準備好了支持甚至是策動政權更迭的嘴臉，讓美國成了一個令人不安的合作者。扮演兩面派的角色是危險的——不僅是會讓它逐漸面臨不可避免的信用破產、信譽掃地。當英國的亮度逐漸黯淡，前途如何有很大一部分要取決於美國能從一九五三年的後果中吸取多少教訓。

第二十二章
美國的絲路

透過執中東之牛耳，美國正在走進一個新世界——在這個新世界裡，存在著明顯的緊張關係，一邊是為國家利益服務的目標，另一邊是支持遭人怨恨的政權和統治者。在摩薩台被推翻的幾個星期內，美國國務院就開始著手聯合美國的石油公司來接管英伊石油公司的油井和基礎設施。但是很少有人熱衷加入，人們都想要遠離沙王回國之後很可能引起的種種變數：沙王正在考慮要不要殺死他的前總理，以此來平息事態的事實很難被看作是令人放心的跡象。

屋漏偏逢連夜雨的是，其他地方的石油產量正在提升，而且新的財富機會已經出現，事實上，這些財富將遠超過諾克斯・達西所賺到的數目。在摩薩台被推翻的幾個星期以前，一家由保羅・蓋提控制的公司在沙烏地阿拉伯和科威特之間的中立區發動了一場大罷工——它被描述為「到了史無前例，創造歷史的程度」。相較之下，對於企業來說，捲入德黑蘭複雜的政局理所當然地是一個沒有吸引力的選項。但是對美國政府來說，這不僅是優先事務，更是一項必要：伊朗石油在一九五〇年代初的危急期間幾乎停止了出口。如果它不能立即恢復生產的話，該國的經濟會一蹶不振，這有可能為顛覆勢力打開大門，讓該國投入到蘇聯懷抱。正在減少的石油供應和上漲的油價，也會對正試圖開啟戰後重建的歐洲產生不利影響。國務院因此開始了持續動員，鼓勵主要的美國廠商來組成一個財團以便接管英伊石油公司，並暗示商人們如果不採取行動的話，他們在科威特、伊拉克和沙烏地的特許權也有可能保不住了。

美國政府現在扮演的是催促美國公司和政府合作的馴獸師角色。就像一個重要的石油公司高層所言，「從嚴格的商業角度來說，我們公司對伊朗的石油工業沒有特別的興趣；但是我們十分在乎這裡面包含的國家安全利益。因此我們準備做出合理的努力」來提供幫助。另一個石油商人說道：「政府要是沒有打我們的腦袋的話，我們是絕對不會和伊朗扯上關係的。」[1]

接管英伊石油公司的地位和保持伊朗穩定的努力是十分複雜的一件事，因為每個石油公司都被要求作為美國外交政策的工具來行事，但這些公司遭到了司法部指控違反了諸項反壟斷法案。就像是推廣民主訊息是非常靈活鬆動的事一樣，美國法律的執行也同樣變通：在國家安全委員會的要求下，司法部長表示：「反對〔石油公司組成財團〕之美國反壟斷法案的執行，可以為國家安全利益做出讓步。」因此在一九五四年春天，石油公司們收到了免受指控的正式保證。保障美國對伊朗的控制是如此重要，以至於連美國政府都準備好了將自己的法律先放到一邊。[2]

鼓勵美國石油公司的參與，只是更大的支撐伊朗以防止其落入蘇聯手中的計畫的一部分。美國也在社會發展計畫中做出了成比例的努力，尤其是在鄉村地區。伊朗大約有四分之三的人口是農民，他們沒有土地，收入微薄。他們受制於地主反對農業改革的局面，因此選擇十分有限：典型的情形就是給小農提供的貸款利率高達百分之三十至七十五——這樣的利率水平無疑阻礙了社會流動性。[3]

美國開始大量投入資金以解決一部分問題。美國最大的慈善機構福特基金會（Ford Foundation）為小農場主們設立了各種小額貸款計畫（micro-finance schemes）。對建立合作機制提供的支持，讓小農場主們可以不用依賴當地市場低效率的棉花貿易，而是將棉花以好得多的價錢出售給歐洲的中盤商。儘管收效有限，那些試圖讓高級政客們明白對農村識字率和不平等狀況的忽略會造成長遠影響的人感到十分絕望，但是沙王和部長們仍感受到了壓力，以致促使他們更積極地照顧農村發展。[4]

來自美國政府的直接援助金額也急速上升，推翻摩薩台之前的平均每年兩千七百萬美元的數字，在接下來幾年中翻了五倍。[5]美國也提供了補助金和貸款來給卡拉季河（Karaj river）上的大壩工程提供金援，這處工程位於德黑蘭東北約四十英里處，其目的是大幅度提高首都的供電量和供水量，同時也作為伊朗現代化和進步的象徵。[6]

這些做法都只是美國有系統的外交政策的一部分，其目的是鞏固和該地區所有國家的關係。儘管伊朗的石油財富讓它對西方來說尤其重要，但隨著冷戰開始升溫，和伊朗相鄰的國家由於所處的地理位置和蘇聯南境相接，其重要性也在上升。

這樣的結果就是從地中海到喜馬拉雅山脈之間，打造出了一個條狀的親西方政府帶，這些政府都收到了來自美國的大量經濟、政治和軍事支持。這些國家——被機敏的國務卿杜勒斯命名為北方層組（Northern Tier）——其目標有三：作為阻擋蘇聯利益擴張的壁壘；保護盛產石油的波斯灣，確保該地區的石油持續供應西方以促進歐洲恢復元氣，與此同時，給這些國家提供維持當地穩定的重要收入；以及當和蘇聯陣營的敵意演變成公開對抗的情形下，提供一系列的監聽站和軍事基地。

例如，在一九四九年，一份呈交給美國參謀長聯席會議的關於南亞地區的報告中指出，巴基斯坦「有需要作為一個對蘇聯中部進行空中打擊的基地，並且作為守護或重新獲得中東石油地區之軍事行動的集結地區」——這篇報告還指出，該國是一個明顯的實行反蘇祕密行動的前哨站。[7]因為如此關鍵，所以應該要給巴基斯坦和北方層組中的其他國家提供援助，或者讓這整個地區和西方保持中立的機會，「再者，就是最壞的情況……落到蘇聯陣營中」。[8]

在二戰結束後的十年中，這樣的焦慮形塑了美國和西方對於亞洲大部分地區的政策。在一九五五年，從位於西邊的土耳其，一直到伊拉克、伊朗，再到東邊的巴基斯坦的一大群國家都加入了同一份協定，該協定替代了這些國家彼此間的合約或是和英國簽署的合約，不久後將被稱作《巴格達公約》（Baghdad Pact）簽署國。儘管這份協議上寫著其目標是在雙邊保證下「維護中東和平與安全」，但事實上，這是一個讓西方能夠影響該地區的協定，因為這些國家都有重要的戰略和經濟重要性。[9]

儘管小心地考慮確保當地政府能夠採取合宜行動，華盛頓方面犯下的錯誤仍然給蘇聯人提供了機會。例如在一九五四年底，阿富汗領導人謹慎地向美國提出援助和武器要求，但遭到了美國國務院的拒絕。阿富汗首相的兄弟納伊姆親王（Naim）被美國告知，與其要求軍火，阿富汗應該將更多的關注放在眼前事務上——例如解決和巴基斯坦的邊境爭端。這一笨拙的回應，本來是要顯示出對「具有全世界的戰略重要性」的卡拉奇政權的支持，但是卻立即收到了適得其反的惡果。[10]

這一回應的消息甚至還沒傳到喀布爾，蘇聯人就已經登門拜訪了，他們提出樂意提供軍火和發展資金——這個提議很快被接受了。一億美元的初始金援到帳後，緊接著的還有建造各種橋梁、現代化通訊設施和擴大公路系統的獎勵，這其中就包括從坎達哈通往赫拉特的高速公路。來自莫斯科的資金和專家還負責修建了全長一點七英里的薩朗通道（Salang Tunnel），和一條向北連接蘇聯中亞的主要公路。這條路，象徵著蘇聯和阿富汗的友誼，是一九八〇年代蘇聯入侵阿富汗後提供入侵供應的主動脈。諷刺的是，這條路在二十一世紀初也成了美國及其盟友進入阿富汗的主要補給路線：這是一條加強阿富汗以反對西方的高速公路，後來成了後者將阿富汗打造成自己想要的圖景的工具。[11]

幾個月後，當同樣的事情再次發生，美國才清醒地意識到自己又被明顯地將了一軍，這一次的事情發展帶來了更為戲劇性的後果。在一九五五年末，僅僅三年前才在中情局支持下扮演工具角色、發動政變推翻了埃及法魯克國王的革命者賈邁勒·阿卜杜勒·納瑟（Gamal Abdel Nasser），也投入了莫斯科的懷抱。大吃一驚的美國做出的反應是提議聯合英國和世界銀行，給在阿斯旺（Aswan）修建一個巨大水壩的工程提供資金援助——就像在伊朗修建卡拉季大壩的工程一樣。經過倫敦和華盛頓之間進行的多次研究如何讓納瑟緩和下來的高層級討論後，得出的結果是提供軍火許諾，並向以色列施壓促使其和埃及簽訂和約，以改善這兩個國家益發劍拔弩張的關係。[12]

納瑟已經被《巴格達公約》惹怒了，他將這份條約視為阿拉伯團結的阻礙和西方維護對亞洲心臟地區影響力的工具。向他提供錢和支持，至少可能在短時期內讓他平靜下來。就像以前一樣，當美國國會擔心大壩的修建可能會導致棉花產量激增，以致價格下跌，從而影響到美國農民之後，金援許諾被收回了。[13]這種自我利益考量被證明是致命一擊；是壓死駱駝的最後一根稻草。

按照英國首相安東尼・艾登（Anthony Eden）的描述，納瑟是一個政治邊緣政策的行家裡手，他被認定「將成為阿拉伯人的拿破崙」——現在形勢已經十分緊張了。[14]艾登對英國外務大臣在一九五六年春天做出的關於蘇伊士運河的浮誇評論，產生了激烈反應，外務大臣說蘇伊士運河是「中東石油綜合體的一部分」，而且對英國的利益至關重要，艾登回應說，如果真的是這樣的話，那麼埃及就該從運河利潤中得到分成——就像產油國在石油收入中得到分成一樣。[15]他充分知道西方絕不能對資產放手，但他已經算計到將會有蘇伊士運河國有化的努力，這會造成一個在長期來看只對埃及有利的後果。

當美國的計畫制定者們開始計算關閉運河對油價造成的可能影響時，英國領導人已經陷入了前途幽暗的迷霧之中。「事實就是我們卡在了一個進退兩難的絕境裡」，飽受讚譽、人脈極廣的財政大臣哈羅德・麥米倫（Harold Macmillan）這樣說道。如果我們對埃及採取強硬手段的話，結果就會是運河關閉，至黎凡特的石油管線被切斷，波斯灣暴動，石油生產停滯——隨後就是英國和西歐「倒大楣」。[16]但從另一個角度來看，如果放任不管的話，納瑟將大獲全勝，並給其他地方也帶來災難性的後果：所有的中東國家都會跟著他的腳步把石油工業國有化。

納瑟正在從摩薩台倒下的地方重新出發。西方的外交官、政治人物和情報機構開始行動起來，思考要如何達到類似的方案來解決一個不符合西方利益的領導人所造成的麻煩。過沒多久，英國就已經著手考慮「讓這個政權倒台的路徑和方法」。[17]正如倫敦的一個高級外交官所說的，「我們可能必須得擺脫納瑟」；首相安東尼・艾登並不只是要推翻他；他還想要納瑟的命。[18]在數輪一無所獲的外交推力後，英國和法國達成了結論，需要持續展示實力，才能給中東國家的領導人留下印象，誰敢出頭反抗西方的目的，就將是被直接行動打擊的對象。

在一九五六年十月底，英法聯合的軍事行動開始了，兩國軍隊一同前往占據運河地區，與此同時，他們的以色列盟友向西奈半島腹地發起了突襲，以幫助英法占據蘇伊士，並給納瑟施加最大壓力。這場侵略很快就轉變成一場慘敗。埃及急促地將貨船、駁船和維修船趕到航道裡和航道附近後就關閉了運河，將位於伊斯馬依拉（Ismaila）以北的弗里丹（El Fridan）的移動式鐵路橋沉入水下。造成了據估計有四十九個阻塞物被放到了已關閉的運河以外；根據當時一份報導的說法，這造成了「正常貨物流通的嚴重混亂」。運往西歐的石油銳減。

美國中情局下結論說，還將會有更進一步的後果，「世界商業中的許多基本貨品」價格將會上漲，這很可能會造成「自由世界國家的大量失業」，因為這些國家的經濟都仰賴穿越蘇伊士運河的運輸。這也給蘇聯造成了影響，蘇伊士運河的關閉意味著，蘇聯和遠東的貿易面臨著要繞行非洲的七千英里航程，才能抵達在黑海的港口。美國小心翼翼地關注著莫斯科用重要性迅速上升的泛亞鐵路（trans-Asian railway）路線輸送重要貨物。[19]

雖然埃及的局勢益發緊張已經一目了然，但是艾森豪政府仍然對軍事行動的突然爆發感到驚訝，英法的入侵方案並沒有詢問美國的意見。艾森豪總統憤怒到了極點，對著英國大使本人發起了言辭激烈的指責。對蘇伊士運河地區動武是對這個自封為「自由世界」守護者的一場宣傳上的災難，蘇聯坦克此時剛剛壓過布達佩斯的街道，鎮壓了匈牙利的人民起義。最終，蘇伊士的武力行動造成了一個新的問題：它標誌著二十世紀執西方世界牛耳的美國必須要在西方勢力和中東產油世界之間做出選擇。美國選擇了後者。

艾森豪總統推定，「讓阿拉伯人不能生我們的氣」至關重要。如果激怒了他們，來自中東的石油供應將會徹底崩盤，無論是因為運河關閉，還是因為石油生產減少，或是該地區對埃及有天然同情心的國家看到埃及受到如此厚顏無恥的欺負而對我們實施禁運。就像一個高級英國外交官已經得出的結論，任何供應減量都會帶來災難性的後果。「如果中東給〔英國〕斷個一兩年的油的話，我們的黃金儲備會消失。如果黃金儲備消失不見，英鎊區就會分崩離析。如果英鎊區分崩離析而且沒有黃金儲備……我懷疑我們是否還能付得起最低限度的國防需求。一個支付不起國防的國家也就走到盡頭了。」[20]這是以厄運來裝點的最壞情形設想。即便如此，艾森豪本人在私底下卻也認可不能「對西歐的經濟困境袖手旁觀」，然而，正如他給北約首任祕書長伊斯美勛爵（Ismay）的信中寫的，千萬不可以「惹惱阿拉伯世界」。[21]

在實際操作中，這就意味著將英國和法國擠到一邊去。儘管華盛頓方面已經開始制定一個從美國運輸油料給西歐的計畫，但是為了讓埃及事件落下帷幕，這個計畫被故意延宕了。倫敦方面確信英國經濟會崩潰，英鎊會暴跌，於是倫敦被迫要向國際貨幣基金（IMF）尋求金融援助。在不到四十年的時間裡，英國已經落到了從世界霸主變成要摘下帽子求人幫忙的境地。但這還不是最糟糕的，那份申請被國際貨幣基金斷然拒絕；派往埃及去為西歐最珍貴的寶石而戰的軍隊，在沒有完成任務的情況下正在撤退。在世界各國媒體的眾目睽睽之下，部隊被召回，顯示著這個世界已經發生了怎樣的改變：印度被放棄了；伊朗的油田已經脫離了英國的掌控；現在蘇伊士運河也要丟掉了。首相安東尼・艾登在一九五七年初的辭職，僅僅是一個帝國的死亡終章的又一個段落而已。[22]

反觀美國，當它進入到了那些位於亞洲脊梁上的國家時，美國也急切地意識到了自己作為一個超級大國的新責任。美國必須得小心行事——正如蘇伊士運河危急之後所清晰展現出的局勢一樣。英國的名譽和影響力已經大大跌落，就像艾森豪總統在一九五六年底指出的，這讓作為阻礙蘇聯擴張屏障上的南方各國面臨到「共產分子在中東的滲透和成功」而全面崩潰的危險。[23]

除此之外，這場胎死腹中的軍事潰敗燃起了整個中東地區的反西方情緒，國家主義煽動家們看到了納瑟鼓起勇氣反抗西方壓力所取得的成功。隨著這位埃及領袖的地位在整個地區急速提高，阿拉伯民族主義思想也浮現了出來，這是一種將所有阿拉伯人統一在一個阿拉伯實體下所發出的團結一致的聲音，是一種在西方和蘇聯陣營中間取得平衡的觀點。

目光銳利的觀察家甚至早在納瑟的政治邊緣政策大獲成功以前，就預料到這是不可避免的結果。美國駐德黑蘭大使羅伊・亨德森（Loy Henderson）是比任何一個美國人都更了解這個地區的人，他曾下結論說，民族主義者的聲音將會越來越宏亮、越來越有力。「這看起來是不可避免的，」他在一九五三年寫道，「在未來的某個時候……中東各國……將會集合起來做出統一的政策。」[24]納瑟就是這一期待已久的運動的領頭人。

這促成了美國姿態的重大轉變，這種變化可以在為人所知的艾森豪主義（Eisenhower doctrine）中得到清晰論述。敏銳地認識到了蘇聯正在中東地區投機，艾森豪總統告訴美國國會，中東「存在的真空應該在被俄國人填充之前先被美國填起來」，此事事關重大。這不僅對美國利益很重要，他繼續說，這對於「世界和平」有至關重要的作用。[25] 國會因此收到要求批准雄心勃勃的預算費用，以對整個地區提供經濟和軍事援助，以及授權他保衛任何受到武力侵犯的國家的權力。雖然一個關鍵目的是要搶先蘇聯一步占得先機，但這也是為了給納瑟的願景提供替代方案——這是一份很有吸引力的提議，讓這些國家得到來自華盛頓的巨額資金。[26]

然而美國調整立場的計畫並沒有說服所有人。以色列人對美國改善和阿拉伯人關係的計畫十分不以為然，而且他們不覺得自己能像美國保證的那樣，也能從美國影響力和角色提升中受惠。[27] 考慮到以色列周邊的憤慨，這樣的疑慮是可以理解的，在搞砸了介入蘇伊士運河的危機後，沙烏地阿拉伯和伊拉克的憤怒尤其猛烈。當然了，以色列軍隊曾加入到英法士兵的一邊，這對化解憤怒沒有幫助；但是更重要的是，以色列正在快速變成一個西方從外部干涉中東事務的圖騰象徵，也是西方介入的主要獲益者。因此，認為美國支持以色列和支持阿拉伯人兩者無法兼備的尖刻聲音變得越來越刺耳。

以色列現在成了周邊阿拉伯民族主義者眼中的焦點。就像是幾百年前出現在聖地的十字軍一樣，單是一個由被認為是外來者組成的國家的存在，就足夠讓阿拉伯人將各自爭奪的利益先放在一邊了。就像十字軍曾經發覺的一樣，以色列人發現自己扮演了一個模糊且不令人羨慕的角色，它成了把許多敵人團結在一起的共同目標。

當敘利亞的政客將賭注押在納瑟提出的統一阿拉伯世界的願景上時，反以色列的修辭言論也成為敘利亞政治人物的一個鮮明特點。在一九五八年初，和埃及正式的合併創造出了一個新的國家——聯合阿拉伯共和國（United Arab Republic），這是未來聯合的前奏。華盛頓方面焦慮地看著事情的展開。亨德森大使已經提出警告，單一聲音的出現可能會帶來困難和他所說的「災難性的影響」。美國必須拿出辦法來應對變化，在國務院中也充斥著辯論，許多內容都極度悲觀。一份近東、南亞和非洲事務局的報告焦慮地認為，納瑟的激進民族主義威脅到了整個海灣地區，並闡述了由於埃及領導人在蘇伊士運河和介入敘利亞的成功，導致美國在整個中東地區的「資產」都被減少或消除了。[28] 中情局的首腦艾倫・杜勒斯（Allen Dulles）和他的哥哥國務卿約翰・福斯特・杜勒斯都做出結論，納瑟的腳步將不可避免地為共產主義鋪平道路。是時候要採取決定性的行動來「給我們必須要保護的位置圍上沙袋」。[29]

當美國人明白地看到一系列的連鎖反應正在向東席捲亞洲，他們的心情變得更沉重了。首先出事的是伊拉克。埃及和敘利亞的統一促使巴格達受過良好教育的菁英們展開了熱烈討論，在他們看來，泛阿拉伯主義作為位於華盛頓和莫斯科之間的第三條道路有著越來越大的吸引力。但是事情在一九五八年夏天的巴格達急遽惡化，親納瑟、反西方情緒的危險上升，並伴隨著對以色列的激烈言論更讓局勢變得不可收拾。在七月十四日，一群由阿卜杜勒・卡利姆・卡西姆（Abdul Karim Qasim）領導的伊拉克高級軍官發動了政變——此人有個綽號叫「耍蛇人」，是二十年前和他一起在英國參加軍事課程的同學們給他起的綽號。[30]

在吃早飯的時候，政變者向皇宮進發，包圍了費薩爾二世國王（Faisal II）在內的皇室成員，並在庭院中將他們處決了。王儲阿布杜勒・伊拉（Abd al-Ilha）——一個謹慎甚至嚴肅的人，被「像一條狗一樣拖在大街上」，被一群暴民撕碎後燒了。第二天，曾經親眼目睹了中東地區轉變的政壇老將——伊拉克總理努里・賽義德（Nuri al-Said）喬裝成一個女人試圖逃跑，但是被追捕後槍殺了。他的屍體遭到破壞，並被興高采烈的人拖著在巴格達遊街。[31]

這樣的事情看起來無疑預示著蘇聯利益即將擴張至此。在一九六一年的一次峰會上，蘇聯領導人赫魯雪夫（Nikita Khrushchev）告訴美國總統甘迺迪（John F. Kennedy），伊朗很快就會像一顆熟透了的果子一樣落到蘇聯的手心裡——這樣的事情看起來很可能發生，甚至連伊朗祕密警察的首腦都在謀劃反對沙王。在莫斯科的國家安全委員會（即KGB）實施了一次失敗的暗殺行動後，蘇聯開始把注意力轉向準備登陸地點，並關注伊朗各地的軍需品中轉站——預計蘇聯可能會加大力量來煽動一場民眾起義，以此來推翻君主。[32]

伊拉克的狀況也沒有好多少，一位重要的美國政策制定者寫道，這個國家「幾乎注定會落到共產黨手裡」。[33]這樣的結果就導致了西方必須和納瑟重新修好，他開始被看作是「兩害相權取其輕」的選擇。美國硬著頭皮和這位反覆無常的埃及領導人建立起聯繫，而後者本人也認識到了阿拉伯民族主義有可能遭到被他所稱的「共產分子在中東的滲透」所削弱。[34]隨著伊拉克上台的新領導人打算走自己的路，脫離泛阿拉伯主義和納瑟的影響時，華盛頓和開羅之間的共同利益就更加凸顯了；這樣的情形也進一步加深了雙方對蘇聯幽靈的擔憂。[35]

制定如何對付巴格達的計畫被提上了日程，美國成立了一個委員會，著手用「公開或隱蔽的方式」避免「共產分子接管伊拉克」。在資料來源方面的限制，讓我難以得知在一九五九年末推翻了曾罷黜伊拉克君主的民族主義者總理卡西姆的政變一事中，中情局是否有所參與或是其參與的程度幾何。但是在參與政變的人中，有一個人在亂局中曾經擦傷他的小腿，但是後來把自己的政變經歷說得神乎其神，以此來展現他的決斷力和勇猛。這個人的名字就是薩達姆・海珊。[36]

至於政變策劃者們是否得到了美國的支持仍然沒有定論，但是有紀錄顯示，美國的情報部門在事前就已經知道這場失敗的暴力政變會發生。[37]以去除當局的重要權力人物為目標的周密計畫得到了制定——例如，有一位不具名的伊拉克上校曾經收到了一條染有化學毒劑的印花手帕——這個例子也顯示出了為確保巴格達不會落入莫斯科之手所做出的積極努力。[38]卡西姆最終在一九六三年被推翻一事可能並非巧合，這件事並不令美國觀察家意外，他們在後來表示，這件事已經「被中情局特工做了細節詳盡的預料」。[39]

這種深度介入伊拉克局勢的行為的主要驅動力，就是對防止蘇聯把手伸入其南部鄰國的渴望。在遍布絲綢之路的條狀地帶中建立聯繫是這種政治優先事務的一環，美國無法承受將這個地區輸給一個世界觀激烈對立的敵人的代價。但是之所以會造成這種持續不斷的利益激烈競爭狀況，還有其他一些原因。

在一九五五年時，莫斯科方面決定將遠程飛彈的測試地點設在位於今日哈薩克境內的圖拉坦（Tyuratam），蘇聯人認定草原地帶是建立一系列連鎖致導天線的完美環境，這樣的設備可以讓飛彈在飛行過程中不受干擾地得到監控，而且這個人煙稀少的地點也不會對都市構成威脅。該實驗中心後來被命名為拜科努爾太空發射場（Baikonur Kosmodrome），成為了彈道飛彈研發和測試的最重要地點。[40]幾乎是在該中心建立之前，蘇聯人已經發射了射程超過六百英里、能夠攜帶核彈頭的R5飛彈。在一九五七年，R5飛彈的進階版R7飛彈開始進入量產，這款飛彈被北約代號稱為SS6「警棍」——其射程達到了五千英里，大大地提升了蘇聯對西方構成的威脅。[41]

在接下來的一年中，世界上第一個人造衛星史普尼克號（Sputnik）的發射以及Tu-95轟炸機群和米亞西舍夫（Myasishchev）3M遠程戰略轟炸機的服役，都吸引著美國軍事規劃人員的持續關注：至關重要的是美國應該能監視飛彈測試，對彈道飛彈能力的進展以及戰爭爆發的可能性保持警惕。[42]提起冷戰，人們常常想到超級大國展開對抗的主要戰場是在柏林圍牆和東歐。但是位於蘇聯腹地的大片領土才是冷戰鬥智鬥勇的真正戰場。

美國注意到了位於蘇聯南境沿線各國所擁有的戰略價值。現在這些國家變得尤其重要。巴基斯坦的空軍基地、監聽站和通訊網絡成為美國防務策略中的關鍵部分。當時蘇聯飛彈的打擊能力已經達到了洲際水平，位於巴基斯坦北部的白沙瓦空軍基地提供了重要的情報收集功能。U-2偵察機從這裡起飛，執行對拜科努爾基地和其他包括位於車里雅賓斯克（Chelyabinsk）的鈈加工廠在內的重要軍事設施的偵測任務。加里・鮑爾斯（Gary Powers）正是從白沙瓦啟程，開始了最終以失敗告終的任務，他駕駛的飛機在一九六〇年於斯威爾洛夫斯克（Sverdlovsk）附近被蘇聯空軍擊落，這成為了冷戰期間最為驚心動魄的事件之一。[43]

對以保衛自由世界和捍衛民主的生活方式為核心的美國政治和軍事目標構成極大諷刺的

是，美國在世界的這部分地區扶植了一系列的強人，這些人既不民主，保障大權在握的方式也不令人稱道。以巴基斯坦的例子來說，在阿尤布・汗（Ayub Khan）將軍於一九五八年領導了一場被他別有用心地稱為「遠離共產主義的革命」以努力來獲得美國支持後，美國十分樂意和他做交易，他能夠推行戒嚴令而不用擔心被他的西方後台譴責，將他的行為合理化為「只針對那些摧毀巴基斯坦的道德肌理的人嚴酷」。[44]他口頭上承諾恢復「可行的憲政政府」，儘管沒有幾個人還會對軍事獨裁抱有幻想了——尤其是當阿尤布說要用「幾十年時間」等教育水平足夠提升之後，才能夠信任人們投票來選擇領導人之後。[45]美國非常願意給這個曖昧的盟友提供大量武器：響尾蛇飛彈、戰鬥機和B-57戰略轟炸機只是艾森豪總統批准出售的武器中的一部分。[46]

這帶來的影響是進一步提升了軍隊在巴基斯坦的地位和權力，國家預算的百分之六十五以上都花在了軍隊上。這貌似是在世界上的這個地區和有權勢的人交朋友的必要代價。和風險高又耗費時間的為社會改革打下基礎相比，依賴強人和他們身邊的菁英群體則是立即見效。但是這樣的結果就是讓民主窒息並埋下了在日積月累間潰爛的深層問題。

阿富汗的領導人也得到了同樣的竭力奉承，例如阿富汗總理達吾德・汗（Daoud Khan），在一九五〇年代末收到了訪問美國兩週的邀請。為了給他留下良好印象，他的飛機降落時，在跑道旁迎候的有副總統尼克森（R. M. Nixon）和國務卿約翰・福斯特・杜勒斯，隨後他又得到了總統艾森豪的誠摯接待，後者嚴肅地向阿富汗總理警告共產主義對於亞洲的穆斯林國家所構成的危險。美國已經開始了一系列在阿富汗的野心勃勃的發展計畫，例如在赫爾曼德谷（Helmand valley）的重大灌溉工程項目和一項勇敢的改善教育體制的計畫。現在美國提供了更進一步的承諾，以抗衡蘇聯已經實施的巨額投資、貸款和基礎設施工程。[47]

當然了，相關的各國領導人用不了多久就都認識到他們可以在兩個超級大國之間遊走，讓彼此競爭——從而給本國帶來更多的利益。的確如此，當艾森豪總統在一九五〇年代末親自訪問喀布爾的時候，他已經清清楚楚地被要求提供和蘇聯給該國的援助同等的規模。[48]拒絕會有後果，但是默許也會有後果。

在一九五〇年代末，美國的政策策劃人員益發焦慮於伊朗所表現出的明顯搖擺態度，在蘇聯資助的一系列具有破壞性的廣播宣傳攻勢後，禮薩・巴勒維沙王（Reza Pahlavi）顯示出了願意和莫斯科改善關係的態度，蘇聯的宣傳反覆將這位伊朗統治者作為西方國家的傀儡來呈現，並呼籲工人們起身推翻這個暴虐政權。[49]這樣惡劣的宣傳攻勢已經足以讓沙王考慮放棄他口中所言的和蘇聯「完全敵對性」的關係，以開啟更友好的管道來進行溝通和合作。[50]

這樣的事情敲響了華盛頓方面的警鐘，戰略專家們把伊朗看作是位於蘇聯南境上絕不可以放棄的關鍵角色。到一九六〇年代初，正如一份報告中提到的，伊朗「位於蘇聯和波斯灣之間的戰略位置和豐富的石油資源，使得美國保持和伊朗的友誼、維護伊朗獨立和領土完整具有至關重要的意義」。[51]大量的努力和資源被投入到了對伊朗的經濟和軍事的支持中，從而鞏固沙王對國家的控制。

美國認為保持沙王的歡心是如此重要，因此轉而無視、容忍必將導致經濟停滯的大規模貪腐。沙王對宗教少數群體的迫害，例如在一九五〇年代對巴哈伊教（baha'i）的殘酷迫害也沒有招致任何批評。[52]與此同時，隨著伊朗在一九五四至一九六〇年間石油收入翻了七倍，但是帶來的變化卻微乎其微。沙王的親戚們和利益集團在私下裡被人們稱為「一千家族」，他們牢牢地把持著伊朗的進口，從中獲得財富。華盛頓給出的低息貸款只是豐厚了這些人的家產，付出代價的卻是發覺難以追趕物價上漲速度的窮人——這樣的狀況在一九五九至六〇年的糧食歉收後更加嚴峻了。[53]

目的是刺激農業經濟的一些美援計畫遭遇了大規模失敗。用現代雜交種子替代傳統種子的嘗試簡直是一場災難，這些種子被證明無法適應土壤條件並且缺少抵禦病蟲害的能力。一場為了同時幫助伊朗和美國雞農，把美國雞種引入伊朗的計畫也造成了災難性的後果，由於缺少適當的飼料和預防針，這項計畫也以可預見的失敗而告終。不了解伊朗地下水狀況的難堪失敗，導致了全國各地的水井耗盡地下水資源，摧毀了許多農場的生存能力。[54]

這些造成反作用的計畫很難給和西方（尤其是和美國）展開緊密合作的決定提供多少有利證據。這些計畫也給對剝削加以激烈批評的人們提供了豐富的彈藥。最為擅長此舉的人，莫過於什葉派學者魯霍拉・穆薩維・霍梅尼（Ruhollah Moosavi Khomeini）了，他抓住了人們對低工資、經濟發展緩慢，和顯著缺乏社會正義的日益不滿情緒而大加撻伐。「敬愛的沙王先生，請讓我給您提出一點微薄的建議，」這位阿亞圖拉在一九六〇年代初的一份激烈的演說中宣稱，「你這個卑鄙的可憐蟲，現在難道不是你考慮是不是應該做出點反應的時候嗎？何不考慮一下所有的這一切要把你帶向何方？……沙王先生，您想要聽我說你不信伊斯蘭教，該把你踢出伊朗嗎？」[55]這樣的發言已經足夠讓霍梅尼身陷囹圄了，德黑蘭市中心隨即爆發了暴動，人們高聲喊著：「要霍梅尼，還是要死！」正如中情局在報告中指出的，連政府公務員都參加了反對現政權的遊行示威。[56]

沙王不但沒有留心這樣的警訊，反而更變本加厲地用激化手段應對對他的批評。在前往宗教聖城庫姆的訪問中，沙王極度缺少機智地宣稱，伊朗的神職人員階層「是一群幾百年來都未曾轉動過大腦的無知、腐朽的人」。[57]不但沒有做出讓步，或是推行真心實意的改革，注意力全都用在了加緊控制上。被迫出境的霍梅尼在鄰國伊拉克住了超過十年時間，在那裡，他對沙王及其政權的激烈批判不僅受到了歡迎，更是得到了積極的鼓勵。[58]

大量的資源被用在建立薩瓦克（Savak）組織上，該機構是伊朗的祕密警察部門，它很快就得到了令人恐懼的惡名。不經審判的關押、酷刑和處決行為被大量運用到那些批評沙王及其周邊人士的人們身上；在極少數的例子中，只有像霍梅尼這種擁有極高聲望的對手才有不被消失的可能——他們會被軟禁或者驅逐出境以免在國內發聲。[59]蘇聯使用的就是這樣的策略，並遭到了美國的嚴厲批判，這種行為被斥為是民主的對立面，是極權主義工具；但是在伊朗則靜悄悄地被默許了。

為了持續地支持沙王並且鞏固他的地位，資金繼續從華盛頓大量湧入伊朗，美援修建了一條連接波斯灣至裡海的一千五百英里長的高速公路，並幫忙修建了在阿巴斯港的主要深水港口，讓輸電網得以擴大和升級，甚至提供資本來開啟一系列雄心勃勃的工程，比如國立航空公司的創立。在所有的援助過程中，大多數的西方政策制定者都忽略了地面上的現實，他們只選擇他們想要看的地方。對許多的美國觀察者來說，伊朗看似是絕對的勝利。在一九六八年呈交給林登・詹森（Lyndon Johnson）總統的一份報告中寫道，美國在中東最堅固夥伴的經濟正在飛速發展。伊朗的GNP（國民生產總值）增長之快，成為了近年來「最顯著的成功故事之一」。在四年後，同樣的結論甚至被更為強調了。在二戰後，美國駐德黑蘭大使說，美國被迫要在伊朗身上進行一場賭博，將這個國家按照美國的樣子塑造。「這場賭博收到了豐厚回報——可能比任何其他享受到美國類似投資的開發中國家獲得的成功更多。」伊朗正在走上軌道，這份報告信心十足地預估，它將成為「在亞洲僅次於日本的最繁榮國家」——而且達到許多歐洲國家的水平。[60]

那些對這樣的論斷抱持懷疑的人是遠遠的少數。為甘迺迪行政團隊提供外交事務建議的年輕學者威廉・波克（William Polk）就是其中的一個。他警告說，如果沙王不對政治進程進行改革的話，將會出現暴力事件，甚至引發革命；當這樣的變動爆發時，出現安全部隊拒絕對示威者開火的情形將只是時間問題。對沙王的反對現在正集合在「伊朗強大的伊斯蘭教機構」之下。[61]

波克的說法完全正確。然而，在當時的情形下，看似更為重要的是集合盟友來反抗共產主義，而不是對這個盟友施壓來使他放鬆對權力的掌控。沙王提出的越來越宏大的計畫則讓事情變得更糟糕了。大量資金被投入到軍隊中，在不到十五年的時間裡，伊朗的軍費開支從一九六三年時候的兩億九千三百萬美元上升到了七十三億美元。作為結果，該國的空軍和陸軍成了世界最強之一。[62]伊朗對軍隊的投入有一部分原因是要多虧了美國軍事援助和低利率貸款（反過來也讓美國的軍火製造商獲得了利益）。然而，伊朗也從石油收入的持續上升中獲利——世界上最大的幾個產油國所形成的聯合機制確保了收入回報的最大化。

一九六〇年成立的石油輸出國組織（OPEC）的目的，是在開放的市場上協調石油的供應量。其目的是為了創會國——伊拉克、伊朗、沙烏地阿拉伯、科威特和委內瑞拉——將各自的利益結合起來，並透過控制供應量來刺激收益，從而控制油價。[63]這對於那些正努力擺脫西方公司的控制，同時又得到西方國家政府的政治和經濟支持的產油國來說，是合理的下一步行動。

石油輸出國組織的成立明顯標誌著抗衡西方影響力的有意企圖，西方國家的利益是為其國內市場提供便宜又大量的燃油，但是這一目的和石油天然氣資源豐富的國家的利益截然不同，這些國家的利益是燃油價格越高越好。因此，和看起來不同，石油輸出國組織是一個精神性質的團體，由摩薩台、民粹主義煽動家納瑟、強硬的卡西姆和伊朗越來越反西方的人物等組成，各種桀驁不馴的領導者中最具代表性的就是霍梅尼。他們所有人都因為各自共同的目標而聯繫在一起，他們都要擺脫當前的地位，從強大的外部干預中解脫出來。石油輸出國組織並不是一個政治運動；而是把一系列的國家聯合起來，讓它們能夠發出共同的聲音，採取共同的行動，這是把政治權力從歐洲和美國轉向當地政府之過程中的關鍵一步。

伊拉克、伊朗、沙烏地阿拉伯和科威特絕對豐沛的石油儲量，結合著越來越大的全球需求，標誌著二十世紀中葉根本性的權力再平衡。這場權力再平衡的範圍，從一九六七年納瑟突然對以色列展開襲擊時開始變得益發清楚了。由於英美兩國支持和友好以色列，在兩個北非國家阿爾及利亞和利比亞停頓石油生產的支持下，沙烏地阿拉伯、伊拉克和科威特暫停了對英國和美國的石油運輸。在關閉精鍊廠和石油管線的情形下，噩夢中的情節籠罩世界，嚴重短缺、價格飆升和威脅全球經濟的場景出現了。

當這一切正在發生的時候，收到的效果卻很有限——因為納瑟在戰場上失敗了，而且還因為他輸得太快：「六日戰爭」才剛開始就結束了，納瑟的阿拉伯民族主義美夢被拉到了現實情況中加以檢視。以色列軍隊在西方技術和政治支持下，證明了是一個十分艱難的敵人。無論是西方，還是這個被認為是西方在中東的傀儡國家，都還沒有到束手就擒的地步。[64]

兩百年來，歐洲列強之間展開著彼此爭奪、傾軋，目的是為了控制住連接地中海到印度和中國的地區和市場。二十世紀見證了西歐地位的退縮，以及指揮棒向美國手中的轉移。在從一些方面來看，完全可以說是這個由於英國、法國和西班牙之間的競爭而打造出來的國家接過了準備控制世界心臟地帶的衣缽。這將被證明是一件艱難的挑戰——尤其是在一場新的大博弈就要開始的情況下。

第二十三章
超級大國對抗之路

一九六七年的戰爭是個警告，是個肌肉已經開始拿來炫耀的事情。這是接下來將發生的事情的預兆。西方在世界心臟地區獲得權力和影響力的過程變得越來越困難。對英國來說，這已經不可能了。在一九六八年，首相哈羅德・威爾遜宣布英國將會撤出蘇伊士運河以東的所有防務，也包括在波斯灣撤軍。[1]現在是輪到美國——這個歐洲帝國時代的餘部和繼承人來接過維持在中東之影響力的衣缽了。

來自所有方面的高度壓力和複雜背景意味著這件事並不容易達到。以一九六一年的伊拉克來說，有一大片地區，其中的一部分歸伊拉克石油公司所有（該公司是由一份三十年前的特許權所允許的西方公司財團組成），出於沒有得到開發利用的理由，這些地區的石油生產被收歸國有。在卡西姆總理被罷黜並且在「為了讓全世界都看看」的電視鏡頭前遭到處決後，巴格達方面的態度變得更加強硬了。新的強硬派政權宣布，他們正領導著「一場把阿拉伯國家從西方帝國主義和石油壟斷者的剝削中解放出來的廣泛鬥爭」，並且一夜之間抬高了巴尼亞斯輸油管（Banias pipeline）的運輸費。[2]

蘇聯人興高采烈地關注著這一切的發生。中東的變化和反西方情緒的抬升情勢正在被莫斯科方面小心翼翼地關注著。自從一九六七年的以阿戰爭以來，一份中情局的報告中寫道，蘇聯「一直在持續關注並在機會提升之際尋找時機，擴大在這片傳統上的俄國利益關注地區的政治和軍事影響力」。[3]蘇聯現在正熱情地看著眼前浮現出的有利機會，準備著手建立起從地中海到興都庫什，從裡海到波斯灣屬於自己的關係網絡。

這樣的結果有一部分原因是出於兩個超級大國間的政治冒險政策（political brinkmanship）。小規模的成功被放大成重要的勝利宣傳，這在蘇聯給伊拉克的魯麥拉油田（Rumaila oilfield）提供經濟和技術支持的例子上，就表現得十分明顯。《消息報》（*Izvestiya*）瘋狂報導此事，宣傳說這是和「阿拉伯和社會主義國家」之間積極合作的新里程碑，並直接評論蘇聯對推動「阿拉伯人的國家石油工業」是多麼的熱忱。相較之下，報紙接著寫道，西方「控制阿拉伯人石油的計畫正在分崩離析」。[4]

一九六〇年代是超級大國的視野開始急遽擴大的時期——而且不僅是在亞洲的中心。在六〇年代初，蘇聯對古巴革命的支持，其中包括在島上安裝核彈頭的計畫，但是這項計畫最終沒有取得突破，蘇聯的船隻反而被美國軍艦包圍並最終被召回。在二戰結束時，對抗已經在遠東的朝鮮半島展開，而此時的越南又讓美國涉入了一場醜陋又代價高昂的戰爭，許多美國和自由世界的軍隊在這裡和極權專制的共產主義對抗，其影響也蔓延至柬埔寨和寮國。大量地面部隊做出的英勇、血腥的奉獻卻未能贏得其他人的認同，對越南戰爭越來越強的幻滅感，成為了反文化運動（counterculture movement）出現的重要因素。

隨著東南亞局勢惡化，莫斯科頻頻做出行動來利用益發高漲的反美情緒，例如阿亞圖拉．

霍梅尼在一九六四年發出的強硬宣告：「要讓美國總統知道，在伊朗人民的眼裡，他位列人類物種中最遭痛恨的行列之中。」[5]這種厭惡情緒不只限於反對派人物、教士和民粹主義煽動家的範圍內。在鄰國伊拉克，總統正準備將英國和美國的石油商人形容成「吸血鬼」，巴格達的主流報紙開始將西方形容為帝國主義者、錫安主義者，甚至是帝國主義—錫安主義者。[6]

儘管有敵視的言論和接納這種言論的肥沃土壤，但是對於西方的態度並非完全負面。真相是，這些批評並非是因為美國和更小程度上的英國介入地中海以東各國事務，填滿了一群腐敗菁英的口袋，相反的，修辭言論所掩飾的是一個新的現實正在無可阻擋地到來，在過去幾百年間處在外圍次要地位的地區，現在正因為其土地下蘊含的自然資源而重新浮現起來，因此有越來越多的客戶願意為他們益發貪得無厭的要求買單。這些批評是一種受到催生的欲望，以及尤其不甘願被排除在外國利益和影響力之外的要求。因此，這成了一種很諷刺的現實，這些國家成了一場新的大博弈的戰場，超級大國在這裡尋求利用對方的弱點，為自己獲得優勢地位展開爭奪。

伊拉克、敘利亞和阿富汗高興地得到低利率貸款的獎勵以購買蘇聯武器，接受莫斯科派出的高級顧問和技師，在這些國家修建各種可能會證明將有利於擴大其更大戰略野心的裝置。這其中就包括在波斯灣地區的烏姆卡斯爾（Umm Qasr）的深水港口和伊拉克的六個軍用機場，美國的情報部門很快就意識到，這些機場可以用於「支持蘇聯在印度洋的海軍活動」。[7]

打造出屬於自己的聯繫人和盟友，這是莫斯科對抗美國政策的一部分。並不令人驚訝的，蘇聯採取的政策和華盛頓方面自二戰結束以來追逐這些國家的政策如出一轍，美國曾在這裡建立了許多保障波斯灣和印度洋安全的基地，這些地點同時能夠監視蘇聯的行動，並且能夠擴大軍事基地的範圍。這樣的政策現在得到了蘇聯的複製。蘇聯軍艦在一九六〇年代末重新被派至印度洋，以支持莫斯科方面精心培養的蘇丹、葉門和索馬利亞的新生革命政權。這些進展讓蘇聯令人眼紅地掌握了一系列位於亞丁（Aden）、摩加迪休（Mogadishu）和柏培拉（Berbera）的立足點。[8] 蘇聯因此獲得了掐住蘇伊士運河的能力，而這正是美國的政策策劃人員多年以來所害怕的事情。[9]

中情局小心地注視著蘇聯人有系統地援助包括東非、波斯灣和整個印度洋地區的漁業、農業和其他各項產業的行動，其中包括訓練漁民、推動港口設施建設、以極具吸引力的價格出售或出租漁船。對這樣的善意舉動的回報是在伊拉克、模里西斯和索馬利亞可以自由出入港口，在亞丁和薩納（Sana'a）也同樣如此。[10] 蘇聯也在培養伊拉克和印度上投入了大量努力。以印度為例，在一九六〇年代，印度海外軍事採購量的四分之三都是來自蘇聯，其數量在此後的十年中繼續增加。[11] 這些採購中包括了一些莫斯科最先進的武器，其中像是環礁飛彈（Atoll missiles）和冥河飛彈（Styx missiles）、MiG-27和MiG-29戰鬥機以及最先進的驅逐艦，而且印度還得到了中國曾提出要求但遭到蘇聯拒絕的生產軍用飛機的許可證。[12]

尋求左右逢源的機會本來就是世界這部分地區的人們的自然選項，這樣的做法繼續證明了是有利的選擇。在阿富汗，同時尋求兩個超級大國支持的做法有一個新名詞來形容，「bi-tarafi」的字面意思就是「不選邊站」，這個詞彙成為了尋求在蘇聯和美國之間取得平衡的外交政策準則。正如一位敏銳的觀察者在一九七三年發表的經典報告中表示的，被派往蘇聯和美國參加正規訓練計畫的阿富汗軍官，是為了美國和蘇聯可以和這些未來的領導人建立連結、發展關係，這些軍官在回國後會交換彼此的經驗。那些才能出眾的軍官的紀錄中都注意到了一件事：「美國和蘇聯都不是他們各自宣傳中描繪出的天堂。」這樣的計畫不但沒有培育出親近本方的人選，軍官們在回國時反而是抱持著堅定信念，認為阿富汗一定要保持獨立。[13]

類似的精神衝動也在伊朗出現，只要有機會，沙王就會告訴對方他是國家救星。「我的洞察力是拯救國家的奇蹟，」他這樣告訴一個採訪記者。「我的統治拯救了國家，事情如此是因為神站在我的一邊。」在被問到為什麼在德黑蘭的街頭巷陌甚至沒人敢提起他的名字時，他看起來並未考慮到可能是政府令人害怕的警察機構在維持他的統治的緣故。「我猜，」他說道，他們不談論沙王可能是「出於過度的尊敬吧」。[14]

如果這是一個自我欺騙的例子的話，那麼他對共產分子持有的姿態也可以視作是自欺欺人。「共產主義違法，」沙王在採訪中輕蔑地說。「所以後果就是共產分子不是政治犯就是刑事犯……他們是必須要清除乾淨的人。」但是幾乎在下一句話中，他就驕傲地宣稱他很高興「和蘇聯有良好外交與貿易關係」。[15]這句話可以概括跨越整片位於亞洲脊柱上的各國在冷戰期間所尋求保持的微妙平衡。沙王已經從惹怒北方強大鄰居的歷史經驗中學到了後果多麼嚴重的教訓。因此，獲得美國和西方的支持的同時，和莫斯科保持甜蜜關係是符合其利益的。作為結果，他完全樂於和蘇聯達成一系列的協定來向蘇聯購買火箭推進榴彈（RPG）、防空機槍和重型火砲，並允許蘇聯技術專家幫助擴建位於伊斯法罕的鋼鐵廠。

雖然這是完全可以理解的實利政治，但是它也顯示出了位於該地區的各國艱難的處境。任何接近一個超級大國的舉動都會引起另一個超級大國的反應；任何一個試圖和一個超級大國保持距離的決定都會引來災難性後果，並且輕易創造出反對派人物的空間。在一九六八年，伊拉克發生了又一次的政變，這給蘇聯提供了在過去的十年中都在不斷努力的加強和伊拉克關係的機會。這些努力現在換來了一九七二年簽署的一份有效期為十五年的友誼及合作協定（Treaty of Friendship and Co-operation），這份條約在倫敦方面看來已經到了正式「跟蘇聯結盟」的程度。[16]

華盛頓方面焦慮於蘇聯利用在亞洲其他地方發生的事件將自己的觸手進一步擴大。在一九七一年，莫斯科和印度簽署了有效期為二十五年的和平、友誼、協作條約，並且同意向印度提供經濟、技術和軍事援助。當一九七三年爆發的一場政變將穆罕默德・達吾德（Muhammad Dāwud）和他的一批左傾幹部推上台，事態的發展看起來益發不祥了。許多高層伊斯蘭主義者領袖不是被新政權排擠，就是外逃。他們在巴基斯坦得到了歡迎，尤其是在奎達周邊的所謂部落地區，他們在那裡得到了祖力菲卡・阿里・布托（Zulfiqar Ali Bhutto）政府的積極支持，後者將他們看作是動搖阿富汗新政府的工具，並且是一個提升自己在國內的宗教號召力的輕鬆方式。

當那些居住在從地中海到喜馬拉雅山之間的人們努力要把命運掌握在自己手中時，動盪感和新的世界秩序正在浮現是明顯可以感知的。按照薩達姆・海珊後來曾說過的，伊拉克成為一個獨立國家的真正時刻，要從它在一九七二年將石油工業國有化並將命運掌握在自己手中開始算起。西方人來到伊拉克並成為當地人民的主人的時代已經過去了。他宣布「外國的控制和剝削結束了」。[17]

石油是這一擺脫外國勢力影響的運動的背後推力，這一運動開啟了一系列的連鎖反應並造成了深遠影響。新一輪變化的催化劑是一場由雄心勃勃的年輕利比亞軍官發動的政變所引領的，這個曾在英國受訓的軍官曾被指導他的英軍教官描述為「有活力、努力而且謹慎」。[18]格達費絕對是個足智多謀的人。在一九七〇年代初，當他奪取權力後不久，他讓利比亞的石油收入戲劇性地大幅增長——當時歐洲石油供應的百分之三十都來自利比亞。「兄弟們，」他曾這樣向他的同胞們宣布，「革命不允許讓利比亞人民在自己的石油財富上受窮，也不允許當外國人住在宮殿裡時，還有人住在破屋和帳篷裡。」其他國家把人送到了月亮上去，格達費繼續說道；利比亞人則還生活在沒有電力和供水的剝削中。[19]

石油公司們被新政權堅持要得到公平的石油售價的要求氣得跳腳；但是他們很快就鬆口了，因為他們已經清楚地看到，將石油收歸國有已經不是一個選項——而是很可能會發生的事情了。利比亞領導人能夠強迫石油公司重新談判的事情沒有被其他國家忽視：幾個星期內，石油輸出國組織就開始要求其成員國提高從西方石油公司那裡得到的收益，威脅要以減產來迫使簽約。按照殼牌石油的執行長官的話說，「雪崩」來臨的時候到了。[20]

結果造成的影響力是巨大的。石油價格在三年間翻了四倍，這給石油需求和消費水平逐年飆升的歐洲和美國帶來了巨大的經濟壓力。與此同時，石油生產國則湧進了前所未有的金元潮水。幾乎在諾克斯・達西特許權達成石油協議的同時，位於中亞和波斯灣的國家得到的回報就在穩定增長，雖然速度緩慢，但是在接下來的幾十年中，它們堅定無疑地開啟了重新談判，以獲得越來越好的條款。但是在一九七〇年代發生的事情是引起地震效應般的分配比例變動。光是在一九七二至七三年，伊朗的石油收入就增長了八倍。在十年時間裡，伊朗的石油收入增長了三十倍。[21]在鄰國伊拉克，收入的增長也不遜色，在一九七二至一九八〇年間，伊拉克石油輸入上翻了五十倍，從五點七五億美元漲至二百六十億美元。[22]

一位美國高級官員在一九七三年給國務院提交的一份報告中提到，「西方工業國家對石油作為能源的依賴程度」已經到了值得抱怨的情況了。[23]但是力量——和金錢——轉手交到位於亞洲脊梁地帶的國家手中，這件事存在著不可逆的性質；而且同樣不可避免的，伊斯蘭世界越來越強大之後，其野心也隨之放大。

這種野心的最激烈表達，就是開啟新一輪的努力來移除外部勢力對作為一個整體的中東地區施以影響的圖騰象徵：以色列。在一九七三年十月，敘利亞和埃及軍隊發起了白德爾行動（Operation Badr），名稱的來歷是源自在先知穆罕默德時代為穩固對聖城麥加的控制鋪平道路的戰役。[24]白德爾行動的攻勢不僅出乎以色列守軍的預料，也讓兩個超級大國大吃一驚。在進攻發起之前的幾個小時內，雖然得知了埃及和敘利亞軍隊正在邊境附近集結，但一份中情局的報告仍然自信地說：「我們認定兩國軍隊對以色列展開軍事行動的意願很低。」這份報告做出結論說，他們的集結行動要麼是軍事訓練的一部分內容，要麼就是害怕以色列的攻擊。[25]儘管有些人爭辯說KGB應該對於計畫更為知情，但是全部的蘇聯觀察員都在一年前被驅逐出了埃及，這也顯示出了埃及想要在本地解決問題的欲望有多麼強烈——而不是作為更廣泛的冷戰較量的一部分。[26]事實上，蘇聯曾經積極地做出努力，想讓中東的緊張情緒平息下來，並尋求在該地區達成「軍事放鬆」。[27]

衝突所造成的影響震撼了全球。在美國，軍事警戒等級被提升到了DEFCON 3，表示發射核彈的考量即將到來——該等級高於自一九六二年的古巴飛彈危機以來的任何時候。在蘇聯，注意力集中在控制局勢上。在幕後，蘇聯向埃及總統沙達特（Anwar Sadat）施加壓力，要求埃及接受停火，同時由技藝高超的政治風波生存者——曾經親自向尼克森總統施壓的蘇聯外交部長安德烈・葛羅米柯（Andrei Gromyko），以及剛剛得到任命的國務卿季辛吉（Henry Kissinger）一同出力，阻止一場可能會輕易造成戰爭擴散的「真正的大火」。[28]

以猶太教聖日而得名的這場贖罪日戰爭（Yom Kippur War）的真正重大意義，並非讓華盛頓和莫斯科攜手做出努力，甚至也不在於寫入歷史的一次偉大軍事反擊，讓以色列在戰爭的幾小時內就痛擊入侵部隊，並向大馬士革和開羅發起反攻。事實上，真正重大的意義是阿拉伯語世界的各國令人驚嘆地共同行動——就像是一個只是沒有具名的哈里發國家一樣。帶頭的是麥加的主導者沙烏地人，他們不僅公開談論以石油當武器，並且也真的這麼做了。石油生產被削減，在政治不確定性的共同作用下造成了油價飆升：幾乎在一夜之間，每桶油的價格翻了三倍。

正當美國人在加油站前排起長隊的時候，國務卿季辛吉抱怨這是一場威脅已開發世界穩定的「政治勒索」。這場震撼足以促成新戰略的推動，人們開始討論減少甚至移除對中東石油的依賴。在一九七三年十一月七日，尼克森總統在黃金時段發表了全國電視演說，宣布採取一系列措施來應對這令人不舒服的情形，「近年來，我們的能源需求已經開始超過可用的供應」。因此，總統嚴肅的說道，發電廠將從燃油改用「我們最豐富的資源」煤炭。航空燃料的限制將立即生效；所有聯邦政府擁有的車輛「除非在緊急情況下」，否則不得超過時速五十英里。「為了確保整個冬天都有足夠的油，」尼克森繼續說道，「在更低室溫的情形下生活和工作對我們至關重要。我們必須要求所有人將家裡的室溫下調六度（華氏），這樣我們才能達到全國日間平均六十八度（二十攝氏度）。」如果有任何安慰的好消息的話，總統補充道，「我的醫生告訴我……這樣的溫度對身體更健康。」[29]

「現在，有些人可能會想要問，」他繼續說道，「是否我們正在把時間倒回到另一個時代去。汽油定量配給、石油短缺、汽車限速——這一切都聽起來像四〇年代的戰時和被我們一同拋下的格倫・米勒（Glenn Miller）時的生活方式。沒錯，事實上，我們當前的一部分問題的確源自戰爭——中東的戰爭。」需要補充的是，尼克森宣布，這是「一個全國目標」，是一個讓美國能夠滿足「能源自給自足，不依賴任何外國資源的」雄心計畫。這個計畫被命名為「獨立工程」（Project Independence），這個提案是受到了「阿波羅計畫」和有能力摧毀世界的「曼哈頓計畫」的啟發。美國是超級大國，但是它也急切地注意到了自身的弱點。是時候要尋找替代方案從而減輕對中東石油的依賴了——而且也是時候減少石油的重要性了。[30]

這種政策轉向也帶來了一些出乎預料的附帶作用。為了減少燃油消耗，高速公路的速限被限制在每小時五十五英里以下，這不僅節約了每天超過十五萬桶的燃油，而且還讓全國交通事故的數量大大減少。光是在一九七三年十二月的一個月裡，來自國家高速公路交通安全部門的統計數字就表明，調低速限讓交通事故致死率下降了十五個百分點。[31]在猶他州、伊利諾州、肯塔基州、加利福尼亞州等地的研究都清晰地顯示出，調低速限在減少交通事故致死率上的積極效果。[32]

減少能源用量的重要性促使美國建築師們開始設計更強調利用再生能源的建築物。[33]在電力驅動汽車的發展上，這也是一個分水嶺式的時刻，它鼓勵人們做出廣泛的研究以尋求穩定、有效的各種替代系統，其中包括含水電解質、固體電池和熔鹽電池，這些研究成果為混合動力車在幾十年後大量進入市場打下了基礎。[34]能源變成了一個高層級的政治事務，這讓喬治亞州的州長——不久後的總統候選人吉米・卡特（Jimmy Carter）為他的「綜合長期國家能源政策」大聲疾呼。[35]國會通過了對太陽能展開大力投資，同時也對於核工業的態度越來越積極，開始認為核能是一種可靠的技術，是能源問題的明確解決方式。[36]

攀升的油價讓之前被認為是在商業上不合適或是代價過高的地方進行石油生產——例如在北海和墨西哥灣進行開發變得合理了。離岸平台促成了在深水區開採石油技術的飛速發展，也給基礎設施、輸油管線、鑽井和人力注入了大量投資。

但是所有的這一切都不是即刻就能解決問題的方法。它們都要求研究、投資和最重要的時間。正如尼克森總統在一九七三年六月的備忘錄中要求的，在聯邦辦公大樓裡調整空調溫度，允許「適當地放鬆政府公務員的著裝規範」和多多利用共乘都很好，但是這樣的方法都無法解決問題。[37]與此同時，中東國家的石油生產國抓緊機會賺了大錢。隨著市場對於供應不確定性的恐懼，以及石油輸出國組織中的穆斯林國家如沙烏地阿拉伯國王所言，把石油當作「戰爭中的武器」，石油的價格已經竄升到了失控的地步。在一九七三年的後半年中，牌面價格從每桶兩塊九美元上升到了十一點六五美元。[38]

甚至是在持續了三個星期的激戰後，贖罪日戰爭落幕，但是事情再也不曾回復正常了。事實上，資本從西方手中加以重新分配的過程正在加速：產油國的整體收入從一九七二年的二百三十億美元上升到了五年後的一千四百億美元。[39]城市興旺起來，並且被修建公路、學校和醫院的資金注入所轉變，以巴格達為例，這座城市興建了一座新的機場，一座紀念碑性質的建築物，甚至是一座柯比意（Le Corbusier）設計的體育館。發生的變化之巨大，讓一個日本建築學刊將伊拉克首都發生的轉變和巴黎在十九世紀由奧斯曼男爵（Haussmann）所主導的城市轉型相提並論。[40]很自然的，這給當權者帶來了寶貴的政治資本：波斯灣各國政權都可以大聲地把這股新的富裕和他們的個人權力聯繫起來。

因此並非巧合的是，隨著流入世界心臟地區的大量現金變成了源源不斷的金流，統治階層的野心就變得越來越膨脹。儘管他們可以用錢來以傳統的獨裁手法提供麵包和各種熱鬧的盛事，但是他們手中可以支配的金錢甚鉅，和其他人分享權力的割愛損失未免太大。多元民主的發展出現了明顯的減速，取而代之的是小群體個人加緊對權力的控制——這些小團體可能是像阿拉伯半島和伊朗那樣，是因為和統治者或統治家族有血緣上的聯繫，抑或是像伊拉克和敘利亞那樣信奉共同的政治志業。當工業化了的世界積極地解除各種障礙來促進社會流動，並且大聲鼓吹自由民主的優點，這些國家的王朝統治成為了普遍現象。

資本向主要是位於波斯灣附近的石油富國的再分配過程，是以已開發國家的經濟緩慢下降為代價完成的，後者受制於蕭條和停滯的壓力，而石油輸出國組織國家的國庫則越來越充實。中東是一個充斥著金錢的地方，這就像是在十八世紀時處於鼎盛的不列顛一樣，在印度發財的暴發戶可以揮金如土。七〇年代是豐裕的十年，那時候的伊朗航空公司訂購了協和式客機；隨著立體聲音響和電視這樣的奢侈品進口，電視觀眾的數目從一九七〇年的兩百萬迅速增長到了四年後的一千五百萬人。[41]豪買的手並不知邊界為何物。

就像是歐洲中世紀早期的例子一樣，人們渴望精美的紡織品、香料和東方的奢侈品，當時的問題在於是否有其他方式能夠支付這些受到高度青睞的必需品。在一千年前，奴隸曾被運送到穆斯林國家以換得資金來支持其他購買行為。現在也一樣，支付黑色黃金的背後也有黑暗的一面：出售軍火和核子技術。

各國政府都展開開拓性的遊說活動以透過國營公司來出售武器，或者是透過出售武器來給重要雇主和稅收來源企業提供支持。在一九七〇年代中葉，整個中東國家的軍購占據了全球軍火購買量的一半。光是在伊朗，從一九七二至一九七八年，防務支出翻了將近十倍；在這段時間裡，美國獲得的訂單幾乎有兩百億美元；伊朗此時的全部軍費開支據估計超過五百四十億美元——上升到了占國民生產總值的將近百分之十六。[42]

談到購買武器，沙王出手絕不猶豫。他是一個痴迷於飛機、飛彈和火砲的人，有一次，他問英國駐伊朗大使「酋長型坦克的扣鏈齒輪馬力是多少？」——這個問題害得英國大使支支吾吾答不出來。[43]無論是來自蘇聯、法國、東德或是英國，所有來者都能得到一些訂單。在看似取之不盡的資源的加持之下，問題只是要決定買哪一款的地空飛彈系統，要買哪一款反坦克武器，哪種戰鬥機是當前所需，以及託付哪個值得信賴的中間人，在這個圈外人難以成功應對的世界裡達成交易。

在伊拉克，採購軍備的開支占據了國家預算的將近百分之四十，在一九七五至八〇年間上升了六倍。但沒什麼人擔心在伊朗和伊拉克之間快速展開的地區性軍備競賽會引來什麼後果，或是沒人擔心傾注在武器裝備上的資源不斷增加，是否會讓軍方在這兩個國家裡危險地變得強勢。相對照之下，只要有需求，而且付得出錢——沒有障礙會阻擋中東和波斯灣各國購買大量武器。伊朗購買越多的酋長型坦克，以色列購買越多的幻象戰鬥機，敘利亞購買越多的MiG-21和MiG-23戰鬥機，伊拉克買越多的蘇聯T-72坦克，沙烏地阿拉伯買越多的美國F-5戰鬥機，就對英國、法國、蘇聯和美國的經濟越有好處。[44]

在核子力量上面也是同樣的方式。在二十一世紀初，像是伊朗這樣的國家發展任何形式的核子能力的想法，都成為了國際譴責和不信任的對象。核子能力的問題和大規模殺傷性武器的生產密不可分地聯繫在一起。伊拉克的核潛力——以及國際原子能機構監察員檢查其設施、實驗室的無能，以及據說該國可能擁有離心機的想法——是二〇〇三年推翻薩達姆・海珊的入侵行動正當性的基礎。

關於伊朗有發展核能力和擁有放射物質的能力之決心的類似疑問也激起了類似衝動。「我們不能讓政治和謊話遮蓋住現實，」國務卿約翰・凱瑞（John Kerry）在二〇一三年冬天時說。「〔歐巴馬總統〕願意並且明確表示他已經做好了對伊朗的武器動用武力的準備，他已經部署了必要的部隊和武器，他們在必要時刻將會完成任務。」[45]發展核子能源的想法本身已經被視為是地區和全球安全的威脅了。副總統迪克・錢尼（Dick Cheney）在二〇〇五年時曾說，「伊朗人已經討厭地坐擁一大堆原油和天然氣了。沒人能弄明白他們為什麼需要核能來發電。」「對於像伊朗這樣一個重要的產油國來說，」亨利・季辛吉同意，「核能是一種資源浪費。」[46]

但是在幾十年前，這兩個人的看法卻大相徑庭——戰後連續幾任的白宮政府的看法也是這樣。事實上，對核子資源的獲取是美國積極推動的，這個計畫名字和目標在今天看來就像是個笑話一樣——核彈為和平。艾森豪政府認為，這個計畫是設計用來允許美國參加「一個國際的核子合夥組織」，這個計畫最終會包括盟友政府在內，成員可以獲得四萬公斤的鈾-235來進行非軍事研究。[47]

三十年來，分享核子技術、設備和材料都是美國外交政策的基本組成部分——直接動機就是以彼此合作和支持來對抗蘇聯陣營。隨著蘇聯成為一支在亞洲和波斯灣的可見勢力，美國急切地感受到了加強對伊朗沙王支持的需要，他被看作是該地區唯一一個可以信賴的領袖——儘管有些人並不這麼看：一名沙烏地重要人士警告美國駐利雅德大使說，伊朗沙王「是一個權力自大狂並且極度不穩定」。如果華盛頓看不到這點的話，他補充道，「那麼美國的觀察力一定出了問題」。[48]

儘管有些抱持懷疑的人反對向這位伊朗統治者提供「任何他想要的東西」，但是蘇聯在該地區的勢力擴張還是說服了其他人——尤其是季辛吉——他認為應該要加強對沙王的支持。因此當後者在一九七〇年代中葉訪問華盛頓時，季辛吉在給總統準備的備忘錄中強調了美國高調支持沙王的重要性，並將沙王稱作「能力非凡而且知識淵博的人」，儘管這樣的塗脂抹粉是在為他在伊朗長期的高度腐敗和無能粉飾遮掩。[49]

美國傾力支持和煽動庫德人（Kurd）製造問題以擾亂和伊朗相鄰的伊拉克。此舉造成了悲劇性的結果，在一場失敗的叛亂被平息後，伊拉克政府開始對該國北部的庫德少數族裔展開殘酷的報復。之前鼓動叛亂的美國如今袖手旁觀站在一旁，看著伊朗向伊拉克提出對爭議已久的邊界問題達成協定，庫德人的利益被犧牲掉了。[50]派克委員會（Pike Committee）在審視美國七〇年代的祕密外交時做出結論說，「即使是在祕密行動的語境中來講，我們的行動也算得上是冷漠自私的行徑」。[51]季辛吉說在自傳的第一卷中沒有足夠的篇幅來討論這件事，但在第二卷中好好談論此事的承諾最後卻沒有實現，這也許並沒有什麼好大驚小怪的。[52]

在其他方面，沙王也為未來做出了規劃。他意識到了一九七〇年代初的石油好運不會永遠持續下去，石油資源總有用完的一天——這會讓伊朗自己的能源需求充滿不確定性。儘管美國開始限制了室內空調氣溫，但是對石油的需求仍然在上升，這讓伊朗和其他盛產石油的國家有充足的時間和金錢來做長期規劃。核子能力，得到沙王特別資助的報告中說道，是「最經濟的電力來源」，能夠確保伊朗的能源需要。基於對石油價格將只升不降和修建及維持核電站的費用將會下降的雙向預估，發展核工業看起來是明顯的下一步舉措——更何況這樣享有威望的大型工程將會顯示出伊朗已經變得多麼現代化。[53]沙王親自掌管這個工程，他命令新成立的伊朗原子能組織的阿克巴・伊提瑪博士（Akbar Etemad）直接向他匯報工程進度。[54]

最先要找的就是美國人。在一九七四年，美國同意出售兩個反應堆和濃縮鈾給伊朗的初步協定已經達成。當兩國在一九七五年達成了一百五十億美元的貿易訂單，協定的內容也得到了進一步擴充，其中包括伊朗向美國以六十四億美元的固定價格購買八個核反應堆的內容。[55]在接下來的一年中，福特（G. Ford）總統批准了允許伊朗購買和操作美國製造的核子系統，包括能夠從核廢料中回收鈈的設備，從而使伊朗擁有操作「核燃料循環」的能力。福特總統的幕僚長毫不猶豫就批准了這一銷售：在一九七〇年代，迪克·錢尼並不覺得「弄明白」伊朗的動機是件困難的事。

沙王從美國得到的收穫，只是雄心勃勃的從其他西方國家獲得技術、專業知識和原材料的更廣闊計畫的一部分。在一九七五年和西德的聯合電力公司（Kraftwerk Union AG）簽約後，在波斯灣的布什爾附近建立兩座壓水反應堆的工程開始了，後者還承諾提供最初的燃料裝載服務，並在十年中提供必要的換裝服務。另外還和聯合電力、布朗博韋里（Brown Boveri）以及法國的法馬通公司（Framatome）簽署了八個核反應堆的購買意向書，其中包括伊朗獲得濃縮鈾的條款。達成的獨立條款中規定鈾將在法國進行再加工，回到伊朗進行濃縮後，伊朗可以決定在國內重複使用或是轉賣給伊朗選擇的第三方。[56]

儘管伊朗是一九六八年的《核不擴散條約》的簽約國，但是情報人員隔一段時間就會議論起伊朗祕密核武計畫的發展——這事實在沒什麼值得大驚小怪的，考慮到沙王不時就會宣稱伊朗會發展核武能力，此事「不需要懷疑，應該會比人們預計得更快」。[57]一份中央情報局在一九七四年對核擴散的評估報告中做出結論：雖然伊朗仍處於核能力發展初階，但是沙王將很可能在一九八〇年代中期達成目標——「如果他還活著的話」。[58]

其他國家也在尋求在民用核設施上進行投資，並同時發展核武能力。在一九七〇年代，伊拉克在薩達姆・海珊的指導下，以製造核彈為清晰的目標積極地為核計畫投入資金。[59] 薩達姆野心勃勃，按照在一九八〇年代被任命為核計畫負責人的哈迪爾・哈姆札博士（Khidir Hamza）的說法，海珊設定了「每年生產六顆核彈的目標」。如此規模的發展，將會讓伊拉克在二十年間獲得比中國更大的核武庫。有投入就有收穫。一批伊拉克的科學家和工程師被送往海外學習，主要是前往法國和義大利，與此同時，在國內則竭盡所能地利用民用核計畫來獲得製造核武器的技術、方法和基礎設施。[60]

伊拉克下定決心要堅持完成其發展計畫。他們已經在一九六七年的批評聲浪中從蘇聯手裡得到了兩兆瓦特的研究用核反應堆，此後注意力又投向了獲得氣冷石墨反應堆和用於生產鈈的回收設備。當這一要求被法國毫不猶豫地拒絕後，伊拉克的試探人員被派往加拿大，希望能購買一個和印度得以在一九七四年試驗核武器的反應堆類似的設備。這促使法國又重新接受了協商，並達成協議，建立一個奧斯里斯研究反應堆（Osiris research reactor）和一個更小的研究反應堆，這兩個反應堆都將用核武級別的鈾來驅動。軍民兩用核能的更進一步關鍵材料則是購自義大利，其中包括熱室和能夠從輻射鈾中提取鈈的分離與處理設施，將帶來每年生產出八公斤鈾的能力。[61]

很少有人懷疑研究進度不止於眼前所見，而且動機不僅是為了能源。但以色列人尤其憂心地監視著這些進展，他們搜集了周邊國家軍事化的詳細情報，尤其是位於巴格達附近的圖瓦薩（al-Tuwaitha）的塔姆茲（Tammuz）核設施，它更知名的名稱是奧斯拉克核工廠（Osirak plant）。以色列也投入了大量資金來發展自己的核武計畫，同時還對一套法國設計的射程超過兩百英里的飛彈系統進行了改造。[62]到一九七三年的贖罪日戰爭為止，以色列被認為已經建成了一個擁有十三個核武設備的軍火庫。[63]

在這一過程中，西方對此視而不見。例如在伊拉克，英國在一九七〇年代初就做出結論：「儘管具有壓迫性而且尤其不受歡迎，但當前的政府看起來控制得很好。」這是一個穩定的政權，那麼就是一個英國能夠與之做交易的政權。[64]相似的，巴基斯坦在一九七〇年代建立深層地下設施以進行祕密測驗，並最終成功試爆的整個過程都沒有受到阻攔。在俾路支斯坦（Balochistan）的拉斯庫山脈（Ras Koh range）的群山深處，挖掘了五個平行的隧道，每一條都被設計以承受二十千噸的爆炸。[65]就像巴基斯坦的科學家們幽默地表示的，「西方世界確信像巴基斯坦這樣的未開發國家永遠都掌握不了這項技術，然而同時又興奮不停地努力把一切都賣給我們……他們簡直是央求我們跟他們買設備。」[66]事實上，並不難看到像美國、英國和法國這樣拒絕接受國際原子能機構的檢查和規章的國家，在談論核擴散話題時言之鑿鑿，他們憤怒於那些祕密進行研究的國家，但是真正偽善的是，在冷靜思考之下，已開發世界國家熱情的背後，隱藏的是急著賺得現金或是獲得便宜石油的目的。

防止核材料擴散的措施十分敷衍了事。在一九七六年時，季辛吉建議巴基斯坦應該放下自己的回收計畫，並轉而依靠美國所提供的設備，同樣的設備正在伊朗興建，作為整體計畫設計的一部分，沒有人比迪克・錢尼更清楚了，這個計畫就是將伊朗的發電廠作為整個地區的能源需求中心。當巴基斯坦總統拒絕了這個提議後，美國威脅要切斷對巴基斯坦的整套援助。[67]

即使是季辛吉也開始重新考慮，讓外國政府獲得發展核子力量的技術和設計是否是明智之舉。「實話實說，我已經受夠了伊朗〔建造核反應堆的〕談判，」他在一九七六年的國務院會議中這樣表示，雖然他本人扮演的是撮合此事的核心角色。「我已經背書了此事，但是它在任何方面都是一場騙局……我們是唯一的一個足夠瘋狂又不現實地推動違背我們國家利益的事情的國家。」[68]

像這樣的情緒暗示出了華盛頓方面已經越來越意識到自己作繭自縛，選擇受限。在一九七〇年代末，這樣的情緒清楚地在國安委員會成員那裡得到明確表述，有成員說「對於和伊朗保持親密關係以外，美國手中沒有其他清晰的戰略替代方案」，因為美國已經在其他地方把政策上的後路全都切斷了。[69]儘管批評沙王政權，尤其是對薩瓦克（伊朗安全部門）血腥手段的批評，在西方媒體中越來越多，但是美國政府繼續給伊朗提供了高調而且持續不斷的支持。總統卡特在一九七七年的除夕前往德黑蘭作為貴賓參加辭舊迎新的晚宴。總統說，「伊朗是世界上最混亂地區中的一個安全島，這要歸功於沙王的偉大領導。」這個國家獲得的成功在很大方面要歸功於「陛下您的偉大領導以及您的人民對您的尊敬和愛慕」。[70]

晶瑩剔透的高腳杯就像是對現實的拒斥一樣，當風暴雲已經聚集在頭頂上，所有人都看得一清二楚。在伊朗，人口的增長、城市化的快速推進和壓迫人民的政權的過度奢侈調成了一杯毒酒。地方性的普遍腐敗對局面沒有任何幫助——數億美元作為「佣金」，被皇室成員和靠近政權的人們收入囊中，每建造一個核反應堆都會出現一次這樣的事情。[71]到七〇年代末時，德黑蘭的形勢已經岌岌可危，越來越多的人走上街頭抗議缺乏社會正義，而且當國際原油供應開始供大於求，油價轉趨下跌，人們的生活開支卻上漲。

日漸增長的不滿被阿亞圖拉霍梅尼握在手中。沙王在一九七五年和伊拉克達成了一筆交易，其中的一部分內容就包括讓伊拉克驅逐霍梅尼。在這時候，霍梅尼流亡到了巴黎並控制了局面——他的大兒子很可能在一九七七年遭到薩瓦克的謀殺。霍梅尼診斷了伊朗存在的疾病並提出了一套承諾可以醫救國家的願景。霍梅尼是一名出色的溝通者，他能夠像三十年前的摩薩台一樣，緊緊抓住人民的心境。為了吸引住左翼革命人士和伊斯蘭強硬派，這些人幾乎全都在沙王政權的黃金利益圈之外，霍梅尼宣布，沙王要讓位的時候已經到了。良善領導的好處應該交給伊朗公眾和伊斯蘭——而不是沙王。

為了消弭人們對伊朗會變成一個宗教國家的恐懼，霍梅尼許諾說，教士、傳教者和宗教狂熱者不會直接治國，而是提供指導。他提出了未來的四大基礎：使用伊斯蘭法律；消滅貪腐；消滅不公正的法律；以及結束外國對伊朗事務的介入。這並非是一個很吸引人的宣言——但是能夠有效團結各派陣營的支持者，並且概括了不僅是伊朗、也是整個伊斯蘭世界所面臨的問題和困難。關於以喪失多數人利益為代價將財富分配到少數人手中的論爭不僅十分有力，而且是無可辯白的。以世界衛生組織所劃定的標準來看，伊朗在一九七〇年代有超過百分之四十的人口營養不良；不平等的狀況十分普遍，富人越來越富有，窮人的地位如果真的有改進的話，也是難以察覺的。[72]霍梅尼宣稱，到了伊朗人民示威的時候了；「即使士兵向人們開槍。」就讓我們成千上萬人如兄弟手足一樣死去，展現出「鮮血比刀劍更有力」。[73]

當形勢變得越來越嚴峻，被美國傾注了太多希望在身上的沙王——跑去了德黑蘭機場，發表了一通簡短的聲明「我覺得累，需要休息」，隨後便永遠離開了這個國家。[74]他是否本來可以阻止接下來發生的事情是一個推斷上的問題。益發清晰的是一些歐洲國家領導人對局面做出的反應。在卡特總統聲稱「我外交生涯中最糟糕的一段日子」中，西德總理施密特（Chancellor Schmidt）則「在談論中東事務時變得很負面，他指控美國在該地區的介入……已經給全世界造成了石油問題」。[75]

美國追求的完全節制政策以及在閱讀信息上太過緩慢。在一九七九年初，華盛頓方面派美國歐洲司令部的總司令羅伯特・海瑟（Robert Huyser）到德黑蘭，以展現美國對沙王的支持，並特別向軍隊強調美國將繼續支持該政權。過沒多久，海瑟就發現了牆上貼著的標語——並意識到了他的性命都有潛在危險。他已經足以認清，沙王的時代結束了，霍梅尼已經無可阻擋。[76]

美國的政策已經變得千瘡百孔了。自從二戰結束後，時間、努力、資源都湧入了伊朗和周邊鄰國。這些國家的領導人都被美國嬌慣壞了，美國對他們百依百順，而那些拒絕隨著美國起舞的人則遭到推翻或是替代。控制亞洲這片環環相扣的地區所採用的方法已經大大的失敗了。西方國家，按照曾駐德黑蘭的英國大使安東尼・帕森斯爵士（Anthony Parsons）的說法，則是「用對了望遠鏡……但是〔我們〕瞄錯了目標」。[77]更糟糕的是，反美修辭言論已經在該地區的所有國家集合起來。敘利亞和伊拉克投向了蘇聯；印度靠向莫斯科的程度比傾向華盛頓的程度更深，而巴基斯坦則是在有利的時候就拿美國援助。伊朗是該地區拼圖中最重要的一塊，現在看來已經搖搖欲墜。這看起來就像是一個時代的終結，就像霍梅尼在一九七九年底的演說中提到的：「東方所有的問題都源自那些來自西方的外國人，此時是來自美國人，」他這樣說道。「我們的所有問題都來自美國。」[78]

沙王政權的崩潰導致了華盛頓方面的恐慌——以及莫斯科方面的希望。伊朗崩潰看似是一個機遇的轉折點。西方對形勢誤判的糟糕程度簡直可以用笑話來形容，不僅是在伊朗如此，在其他國家也一樣，例如在阿富汗，美國駐喀布爾大使館在一九七八年曾報告兩國關係正處在極佳狀態。[79]事實上，對樂觀的美國人來說，就像是在伊朗所完成的一樣，阿富汗看起來就是一個成功故事：自一九五〇年以來，學校的數量翻了十倍，更多的學生進入到技術性學業的學習中，例如醫學、法律和科學；女性教育也突飛猛進，女子小學畢業的人數急速攀升。有傳言說，在一九七三年奪取權力的達吾德總統曾為中情局所招募，因此他所追求的改革日程是美國人制定的。儘管這樣的小道消息並不是真的，但是華盛頓和莫斯科的外交官所做出的調查，仍然顯示出了兩個超級大國之間的競爭壓力有多麼巨大——它們正在進行亞洲最新版本的大博弈。[80]

在短暫的動盪時期過後，要如何收拾殘局目前變得至關重要。以所有的企圖和目的來看，美國的地位看起來已經遭到了嚴重打擊，美國押在沙王身上的所有賭注都輸掉了；但是在古老的絲路地帶中，還有其他人會打開懷抱。當伊朗正在經歷革命，伊拉克看似投入了蘇聯懷抱，美國必須要仔細思索下一步棋要放在哪裡。美國所做的決定將被證明是一場災難。

第二十四章

通向災難之路

伊朗的革命讓美國在整個中東地區的紙牌屋於一瞬間崩塌了。不穩定的跡象已經持續了好一段時間。沙王政權的腐敗，結合了經濟停滯、政治癱瘓和警察的血腥暴虐，調成了一個有毒的組合——這個組合被大聲批評的人士握在手中，他們對改革的承諾落在了肥沃的土壤之上。

那些曾擔心伊朗局勢發展方向的人變得更加緊張不安了，因為有跡象表明，蘇聯正在積極地謀劃著如何利用這樣的有利局勢。即使是在失去了KGB在伊朗的主要資產阿赫瑪德．莫哈勒比（Ahmad Mogharebi）將軍之後，蘇聯的行動仍在繼續。莫哈勒比被莫斯科視為「俄國最棒的間諜」，他在伊朗的各個菁英階層都有人脈。在一九七七年，他被懷疑與KGB上線定期見面而遭到薩瓦克逮捕。[1]這件事激起了蘇聯強化的行動。

有懷疑認為，在一九七八年初於瑞士現金市場上的大量伊朗里亞爾交易，都是蘇聯特工金援伊朗支持者的後果；由左翼人民黨發行的質量上乘的刊物《承諾》（*Navid*），被一些人認定不僅是得到了蘇聯幫助，甚至是由蘇聯駐德黑蘭大使館所發行。新的訓練營在伊朗國外被建立起來，為伊朗異議分子（和其他人）進行游擊戰和馬克思主義教條的訓練，這些情事乃不祥的徵兆，預示著莫斯科正在做好準備填充沙王倒台後的任何一絲空間。[2]這是在一個看起來即將進入變化時期的地區中更廣泛競爭的一部分。因此，雖然KGB認為敘利亞的阿薩德（Hafez al-Assad）總統「是一個小布爾喬亞沙文主義自大狂」，但蘇聯仍然給他提供了額外的支持。[3]

有一些緊密地關注著形勢變動的人確信末日就在前方不遠處了。到一九七八年底為止，美國駐德黑蘭大使威廉・沙利文（William Sullivan）給華盛頓方面發去了一封電文，題目是「未雨綢繆」，力勸美國必須要立即制定出應對突發事件的計畫。他的勸言被忽略了——沙利文建議說，應該試圖在第一個機會出現時，就在軍事領導人和宗教領導人之間達成一個臨時協定。他的意思是說，美國應該在霍梅尼掌權之前而不是之後才打開和他的溝通管道。[4]然而，白宮裡說話大聲的人們仍然相信美國應該控制局面，維持對沙王的支持，並且在一九七九年一月底時支持伊朗總理沙普爾・巴赫提亞（Shapur Bakhtiar）提出的一項提案，當霍梅尼一飛到伊朗，就將他逮捕。[5]

用不了幾天時間，這樣的想法就會被證明是多餘的了。在一九七九年二月一日，阿亞圖拉霍梅尼在被迫流亡十四年後，乘坐班機在德黑蘭降落。大量人群聚集在機場迎接他的歸來，人群跟在他的後面前往他的第一個目的地——位於德黑蘭南方十二英里處的烈士公墓，那裡有二十五萬名支持者正在等待他的到來。他輕蔑地怒吼道，「我將把我的拳頭打在這個政府的嘴上，從現在起，我將給這個政府任命人選。」在報導這次演講時，BBC估計有五百萬人湧上街頭歡迎他回到首都。[6]

當霍梅尼的支持者掌握住了國家，情勢急轉直下。在二月十一日，美國大使館已經關閉，沙利文大使向國內匯報：「軍隊投降了。霍梅尼贏了。摧毀所有機密文件。」當三天後民兵衝進了使館院內時，敏感資料仍然在被銷毀的過程中，霍梅尼的軍官們隨即下令將撕碎的資料修復起來。[7]在二月十六日，沙利文大使面見了新任總理馬赫迪・巴札甘（Mahdī Bāzargān），並告訴他美國無意介入伊朗的國內事務。[8]在不到一個星期之後，美國正式承認了這個新政府。新政府在一場全國性的公投後，於四月一日宣布國家名稱將是「伊朗伊斯蘭共和國」。第二場全民公投在年底舉行，支持頒布新憲法，並宣布從此以後「該國所有的民事、刑事、金融、經濟、行政、文化、軍事、政治及其他各種法律和規章制度都將以『伊斯蘭的』標準為基礎」。[9]

幾十年來，美國都把大量的賭注押在沙王身上，現在則要付出壓錯寶的慘痛代價了。這場革命震撼了全世界，導致油價翻了幾乎三倍。伊朗的通貨膨脹幾乎到了失控的地步，這給那些嚴重依賴石油的已開發國家造成了嚴重後果。當恐慌出現，恐懼和危機蔓延到了各處：到六月底為止，全美各地有大量的加油站因為缺少供應而關門，危機已經到了拉響警報的程度。卡特總統的支持率也跌破百分之二十八——相當於尼克森在水門事件爆發後的最低水平。[10]當卡特總統的連任選戰即將開始，德黑蘭的政權更迭看起來將會成為即將到來的總統大選中的重要影響因素。

讓西方經濟面臨脫軌危險的不僅是飆高的油價，還有大量的訂單遭到取消，以及伊朗石油工業的立即國有化。BP石油公司，也就是本來的諾克斯・達西特許權的繼承者，被迫要進行重組並拋售股份，因為該公司擁有的占全世界百分之四十的油田在頃刻間全都丟掉了。隨之而來的修建鋼鐵廠、升級機場航廈和開發港口的各種合同在一夜之間全都作廢了，軍購合同也遭到了取消。在一九七九年，霍梅尼取消了對美國的九十億美元的購買合同，導致製造商的帳戶大出血，而且被迫要把存貨轉賣到其他不如沙王對軍事一半狂熱的市場中去。[11]

事實上，伊朗虛有其表的經濟已經讓核計畫在革命爆發前就減緩了；在革命之後，核計畫乾脆就被取消了。法國、美國和西德在該地區經受的經濟損失分別高達三千三百億美元，像克洛索－洛爾工程公司（Creusot-Loire）、威斯丁豪斯電力公司（Westinghouse Electric Corporation）和聯合電力這樣的公司都遭到了重創。[12]但是有些人則在面對逆境時仍然心胸豁達。在霍梅尼回國時擔任英國駐德黑蘭大使的中東地區老資格外交官安東尼・帕森斯爵士這樣寫道，「我們必須永遠不要忘記我們是怎樣從沙王政權身上獲利的，英國的商業和工業從伊朗身上賺到了巨額財富。」[13]但是他沒有說出口的內容也同樣多，很明顯，好日子已經結束了；與其為了未來而感傷，還不如慶幸過去的成果。

然而對於美國人來說，失敗的代價超越了經濟和國內政治的層面。帶來些許安慰的是，霍梅尼和他的教士夥伴對蘇聯的無神論政治不屑一顧，而且對伊朗的左翼團體相當不以為然。[14]但即使是沙王政權的倒台沒有導致蘇聯得手，美國仍然毅然決然地做出防禦；之前建立起來的一系列穩固的落腳點，如今正變得風雨飄搖或乾脆失去了。

在霍梅尼掌權後，他立刻關閉了美國在伊朗設置的對蘇聯核武攻擊做出預警和監視蘇聯在中亞進行飛彈發射試驗的情報設施。這樣的做法讓美國失去了收集對手情報的關鍵手段，影響到美國和蘇聯隨之而來在各自現有水平上限制戰略彈道飛彈數量的激烈談判。美國情報站的關閉使得美國在查驗過程上受到重大阻礙，因此讓美國在其花了許多年才努力協商出的一系列戰略武器協定上面臨要被迫做出讓步，同時也讓正在進行著的高度敏感的磋商面臨脫軌危險。

中情局主管斯坦斯菲爾德・透納上將（Stansfield Turner）在一九七九年初時，曾告訴參議院情報委員會，要恢復監視蘇聯飛彈測試和發展的能力得再花至少五年時間。[15]伊朗發生的事情導致美國的情報收集上出現一個「大缺口」，中情局針對蘇聯的國家情報官員（後來的中情局主管、國防部長）羅伯特・蓋茨（Robert Gates）這樣說道。因此，為了填補這個空洞，美國做出「超乎尋常的敏感」舉動來建立新的盟友。這其中包括和中國領導層展開了關於在中國西部建立替代設施的高級別討論，透納上將和蓋茨在一九八〇至八一年冬天祕密出訪了北京，這趟行程在多年後才披露出來（而且具體細節極其簡略）。[16]信號情報辦公室（Office of Sigint〔Signals Intelligence〕Operations）在新疆的奇台和庫爾勒修建了監視點，中國解放軍總參謀部的技術部門和美國的顧問及技術人員展開了密切合作。[17]美國和中國在軍事和情報上的緊密合作，成了伊朗沙王政權倒台的衍生品。

與此同時，伊朗革命也許沒有在政治上對蘇聯構成幫助，但是的確在軍事上幫助了蘇聯。雖然美國駐德黑蘭大使館做出了努力來銷毀重要文件，但是改變伊朗的這場大變局的速度和強度，還是造成一些毀滅性的損失。沙王已經買到了F-14雄貓戰鬥機編隊，同時也獲得最先進的鳳凰空對空飛彈系統、鷹式地對空飛彈和各種高科技反坦克武器。蘇聯人從而獲得無價的近距離視覺圖像，在一些案例中甚至得到軍事裝備的說明書。這不僅是令人尷尬的損失；而且給美國的國家安全和美國盟友構成潛在的嚴重威脅。[18]

這種熟悉的盟友迅速改頭換面的感受席捲了華盛頓——因為突然間滄海桑田的例子不僅僅

是發生在伊朗。美國曾緊緊地盯著阿富汗的局勢，其戰略上的地位在霍梅尼革命之後就變得更加重要了。例如在一九七九年春天，中情局的團隊執行了一個調查行動，以評估以阿富汗來替代在伊朗失去的情報站點的可能性。[19]但問題在於阿富汗的局勢也以日行千里的速度變動著，而且看起來就像是伊朗情形的翻版一樣。

自從熱愛下棋的國王札希爾沙（Zahir Shah）被他的侄子穆罕默德・達吾德罷黜之後，阿富汗的局勢就已經開始動盪了，後者在一九七三年自立總統上台。在五年後，達吾德自己又被廢黜了。他的政權十分血腥，政治犯通常在未經審判的情況下就被處決，臉朝下地倒在距離喀布爾不遠的臭名昭著、越來越擁擠的埔利查赫依監獄（Pul-i Charkhi prison）的空地上，考慮到這樣的事實，他的倒台並不會多麼的出人意料。[20]

頂替達吾德位置的強硬派共產分子在殘暴上更是不遑多讓——他們無情地推行讓該國實現現代化的改革計畫。他們在此時宣布，要大幅度提高識字率、打破部落系統的「封建」結構、結束種族不平等、提倡包括男女教育平權在內的女權運動、工作安全和健康保險。[21]完成全面變革的手段引起了激烈反對，穆斯林宗教人士的反對尤其強烈；正如他們在二十一世紀初時所做的一樣，改革的企圖只會成功地把傳統派人士、地主、部落領袖和穆拉們團結起來，他們有共同的目標來保衛各自的利益。

反對聲浪很快就變得喧鬧而且危險。第一次重大起義發生在一九七九年三月，該國西部城市赫拉特宣布國民獨立、回歸傳統並拒絕外力影響，他們從接壤的伊朗所發生的事件中獲得了勇氣。暴動的人們開始把目標轉向任何能看得到的目標——包括住在赫拉特的蘇聯人，他們遭到了憤怒的暴民的屠戮。[22]動盪很快波及到了其他城市，在賈拉拉巴德，駐紮在那裡的軍隊拒絕鎮壓反抗者，反而轉向攻擊並殺死了他們的蘇聯顧問。[23]

蘇聯十分謹慎地做出了回應，老態龍鍾的政治局有了結論，認為應該給麻煩纏身又濫殺的阿富汗領導人提供支持，阿富汗領導層中的一些人有著和蘇聯的長期個人關係，蘇聯決定要幫助他們面對這場已經波及到喀布爾的危機。蘇聯使出了一系列手段來支持由努爾・穆罕默德・塔拉奇（Mur Muhammad Taraki）領導的阿富汗政權，此人十分受莫斯科方面的讚賞，他寫過一些關於「科學社會主義主題」的作品，因而被一些人認為是「阿富汗的馬克西姆・高爾基（Maxim Gorky）」——這絕對是非常高的讚譽。[24]一批批糧食和食品被慷慨的送到了阿富汗，低利率貸款的利息也被減免了。為了能夠幫助這個政府充盈國庫，蘇聯人還提出將頭十年中的阿富汗天然氣供應回報提高一倍。[25]雖然獲得化學武器和毒氣的要求遭到了拒絕，莫斯科仍然提供了軍事援助，包括一百四十門火砲、四萬八千支槍和將近一千個榴彈發射器。[26]

所有的這一切都在華盛頓的注視之下，蘇聯在阿富汗事務中「緩慢但毫無疑問的」介入，被美國仔細地研究。如果蘇聯給塔拉奇提供直接的軍事援助並出兵的話，在一份高層報告中寫道，造成的後果將不僅影響阿富汗，還會延展到整個伊朗、巴基斯坦和中國的亞洲脊梁地帶——這樣的影響絕對是大範圍的。[27]當美國駐喀布爾大使在一九七九年二月遭到謀殺，接下來將會發生怎樣的事情已經十分清楚了。在霍梅尼回國的幾天後，阿道夫・杜博斯（Adolph Dubs）的防彈轎車在首都喀布爾的光天化日之下遭到了劫持，事發地點本該是一個警察檢查哨。他隨即被帶去了喀布爾賓館（Kabul Hotel，即今天豪華的喀布爾塞勒納旅館〔Kabul Serena

Hotel」），他在那裡作為人質被扣押了幾個小時，隨後在被搞砸了的營救行動中被殺。[28]

儘管究竟是何人在綁架大使的背後出手以及他的動機何在仍不清楚，但是這件事已經足以促使美國更直接地介入該國正在發生的事情。向阿富汗的援助被立即切斷，並向反共和反對新政府的人們提供支持。[29]這標誌著美國積極主動地和伊斯蘭主義者展開合作的開端，這段時期持續了很久，伊斯蘭分子們抵制左翼政治議程的利益和美國的利益具有天然的一致性。這一交易的後果要過幾十年後才會變得明顯可見。

在美國採取的這種新方式的背後，是出於阿富汗可能會落入蘇聯之手的恐懼，在一九七九年的下半年，蘇聯已經明顯地在為武力介入做準備了。蘇聯的肚子裡藏著什麼企圖的問題成了美國情報部門的議程之首，並且成為了一篇草率的意見書的題目，這篇文章概述了最新的事態發展——儘管這篇意見書的提出並不意味著對於這一局面有了任何洞見。[30]一份呈交給國家安全委員會的報告的題目是「蘇聯正在阿富汗做什麼？」（What Are the Soviets Doing in Afghanistan?），我們無法對這篇報告挑剔什麼，因為它直率地表明：「簡單來說，我們不知道。」[31]雖然拆解莫斯科方面的考量十分困難，但是很明顯，沙王的倒台意味著美國已經失去了在該地區最重要的盟友；美國看起來十分焦慮，彷佛多米諾效應即將讓局面變得更糟。

蘇聯人也恰好在擔憂同樣的事情。伊朗發生的變故沒有給蘇聯帶來好處，而且在事實上，莫斯科方面將此事評估為對蘇聯利益有害，因為霍梅尼的掌權減少了蘇聯的機會，而不是增加了機會。因此，蘇聯軍方開始制定應對突發事件的計畫，有必要進行重大軍事調度，以鞏固總書記布里茲涅夫（Leonid Brezhnev）口中的「阿富汗友邦政府」。美國監視著蘇聯軍隊沿著伊朗和阿富汗邊境向北調動，記錄了一支特種部隊所屬的小分隊被派去了喀布爾，與他們同行的還有一支政治宣傳隊，中央情報局做出結論說，他們是被派往穩住巴格拉姆空軍基地（Bagram airbase），該地是蘇聯補給的主要輸入地點。[32]

然而，在這個關鍵節點，阿富汗的未來突然發生了變故。在一九七九年九月一場權力鬥爭過後，努爾・穆罕默德・塔拉奇被野心勃勃又立場模糊的哈菲祖拉・阿敏（Hafizullah Amin）推翻，後者已經被反映蘇共中央政治局意志的《真理報》（*Pravda*）在一篇社論文章中明確地排除在可勝任領導人的人選之外了。[33]現在他則是被莫斯科方面譴責為革命的敵人，是一個為了自己的利益挑撥部落對立的人，而且是一個「美帝國主義間諜」。[34]蘇聯也開始擔心關於阿敏已經被中情局招募的傳言——這樣的流言也被他在阿富汗的敵人大力散播開來。[35]蘇共中央政治局的會議紀錄顯示出莫斯科方面極為擔憂阿敏會靠向美國，以及美國熱衷於支持喀布爾的親美政府的渴望。[36]

蘇聯人越來越擔憂當前的局勢。在他發動政變之前，阿敏頻繁地和執行美國在阿富汗任務的首領們會面，這似乎表明了是華盛頓方面在伊朗政策的災難性失敗後變換陣地的手段。當阿敏越來越對喀布爾的蘇聯人主動出擊，並且同時在上台之後立即和美國達成一系列協議的時候，蘇聯人下定了決心要親自動手了。[37]

如果蘇聯不在這時候站定立場並支持當前的盟友的話，按照發展的邏輯，蘇聯不僅會丟掉阿富汗，也會丟掉整個地區。瓦連京・瓦連尼科夫將軍（Valentin Varennikov）後來回憶說，蘇聯的高級軍官們「擔心美國被推出伊朗後，將重新部署在巴基斯坦的基地並控制阿富汗」。[38]

在其他國家的發展也讓蘇聯領導層感到擔憂，給蘇聯留下了自己正遭到步步進逼的印象。政治局討論了華盛頓和北京方面在七〇年代末改善關係的方式，指出了蘇聯在中國的地位也處在下風。[39]

共產黨高官們在一九七九年十二月告訴布里茲涅夫，美國正在試著創造出一個橫跨中亞的「新的大鄂圖曼帝國」；這樣的恐懼正在被蘇聯在整個南部前線缺乏綜合性防空系統的現實放大。這意味著美國能夠對蘇聯的心臟刺出一把匕首。[40]不久後，布里茲涅夫就在接受《真理報》的採訪中說，阿富汗的動盪代表了「對蘇維埃政權的重大威脅」。[41]要做出點什麼的感受已經溢於言表了。

兩天後，在布里茲涅夫和高級官員們的會議之後，制定入侵計畫的命令已經下達，最初的派兵計畫是動員七萬五至八萬名士兵。總參謀長奧加科夫將軍（Nikolai Ogarkov）是一名頭腦冷靜的老派軍官，他對這樣的一份動員計畫感到很氣憤。作為一名接受過專業工程訓練的軍人，奧加科夫提出這樣的動員人數根本難以成功地控制住通訊路線，也無法確保對整個阿富汗境內關鍵地點的控制。[42]他的意見遭到了蘇聯國防部長烏斯季諾夫（Dmitri Ustinov）的駁回，此人是一個精明的政治運動生還者，他對蘇聯武裝部隊攻無不克的能力大加誇飾，他說，蘇聯軍隊的戰鬥力將會「完成黨和人民交付的一切任務」。[43]

我們先姑且不論他自己是否相信這樣的話；對於他和同代的二戰老兵世代來說，擺在眼前的問題是他們對周邊世界變動的認識正在快速落伍，他們確信美國人的計畫是排擠掉蘇聯。據報導，烏斯季諾夫在一九七九年底的時候曾被問道，「如果，〔他們能〕在我們的鼻子底下做這樣的準備，為什麼我們還要這樣謹小慎微，而把阿富汗丟掉呢？」[44]在十二月十二日的政治局會議上，烏斯季諾夫連同布里茲涅夫、葛羅米柯、安德洛波夫（Yuri Andropov）、契爾年科（Konstantin Chernenko）等的一干老人，下達了全面向阿富汗出兵的命令。[45]在幾個星期後的《真理報》上，文章援引了布里茲涅夫的話，表示這並不是一個容易的決定。[46]

在這次會議結束的兩個星期後，也就是一九七九年的聖誕前夜這天，作為「三三三風暴行動」（Operation Storm 333）計畫的一部分，烏斯季諾夫下令蘇軍指揮官率軍越過阿富汗邊境。在接下來十年中，蘇聯的外交官和政客反覆強調，蘇聯的行動是試圖在「中東的政治軍事局面」陷入動盪的時刻恢復阿富汗的穩定，而且是在喀布爾政府的要求下，「給友好的阿富汗人民提供國際援助」。[47]從美國的角度來看，這一切發生的時間點可以說是不能更糟糕了。因為在蘇聯對美國於阿富汗進行擴張的恐懼之下，美國在整個區域中的孱羸之態已經清楚地暴露出來了。在一九七九年初飛離德黑蘭後，伊朗沙王從一個國家換到另一個國家來尋找他的長久居所。在秋天時，美國總統卡特在行政團隊高級成員的鼓勵之下，允許了這位曾經是美國堅定朋友的將死之人來到美國就醫。在討論這個決定的時候，霍梅尼政權的新外交部長向總統卡特的顧問直截了當地譏斥，「你們這麼幹是打開潘朵拉的盒子」。[48]白宮檔案記載了卡特知道他允許沙王入境美國的這件事背後承擔了多麼巨大的風險。總統問霍梅尼的外交部長，「如果〔伊朗人〕衝進我們的大使館把我們的人扣作人質的話，你們有什麼可以建議我的？」總統的這個問題沒有得到回覆。[49]

十一月四日，在沙王入住紐約康乃爾醫療中心的兩個星期後，伊朗的民兵學生衝破了美國駐德黑蘭大使館的安保，占領了大使館建築物，把大約六十名外交人員扣押為人質，雖然最初的目標只是簡短、尖銳地對美國允許沙王入境美國提出抗議，但是事情迅速升級了。[50]在十一月五日，阿亞圖拉霍梅尼對大使館的局勢做出了評論。他並未對他的言辭多加修飾，就更不必說呼籲平和克制了。他宣稱德黑蘭的大使館是孵化推翻伊朗伊斯蘭共和國的「地下陰謀」的巢穴。他繼續說道，這些陰謀詭計的總指揮，就是「大撒旦美國」。說到這裡，他要求美國交出「叛徒」，讓他回國受審。[51]

美國最初採取的平息局面的努力，從笨拙、不恰當的手段到象徵性的方式不一而足。一個外交官帶著總統的個人要求來找霍梅尼，他直接遭到了拒絕而且無法遞交他的信件；還有另外的一名外交官曾得到授權去和巴勒斯坦解放組織（Palestinian Liberation Organization, PLO）打通談話管道，該組織曾有官員策劃了慕尼黑奧運會的恐怖襲擊，其基本目標是以以色列為代價建立巴勒斯坦人的國家。比美國試圖利用巴解組織作為溝通管道來接觸伊朗人的消息遭到揭發更加令人尷尬的是，伊朗人自己根本就拒絕讓巴解組織在危機中扮演調停人的角色。[52]

卡特總統隨後下定決心要採取更堅決的行動來解決人質危機，而且將此作為美國態度的宣示：儘管沙王倒台了，但美國在亞洲的中心地帶仍然是一股看得見的強權。在一九七九年十一月十二日，為了給霍梅尼的政權施加財政壓力，卡特宣布對伊朗施行石油禁運。他在宣布禁止所有來自伊朗的原油進口時說，「沒有人能削弱美國政府和美國人民解決問題的決心。」[53]兩天後，總統更進一步下達了行政命令，凍結了一百二十億美元的伊朗資產。這一決定性的行動在美國國內收到了很好的效果，卡特總統感受到了自從蓋洛普民意調查（Gallup poll）問世以來的最大幅總統支持率上升。[54]

然而，揮舞大棒卻沒有獲得多少進展。伊朗對石油禁運的行動根本就不屑一顧。「世界需要的是石油」，阿亞圖拉霍梅尼在卡特發言的一個星期後說，「而不是美國。其他國家將會來找產油國，而不是找你。」[55]無論如何，從邏輯觀點來看，石油禁運的確不容易達成，因為伊朗石油常常透過第三方交易並且仍能進入美國。對供應方的抵制行為將不可避免地驅動石油價格增長——此舉正中伊朗政權的下懷，因為價格上漲可以增加收入。[56]

對伊朗資產的凍結嚇壞了阿拉伯世界的很多人，他們擔心美國這麼做所開的先例。對峙加重了國家之間的政治爭議，例如沙烏地阿拉伯，他們對華盛頓在中東地區的政策並不完全苟同，尤其對美國和以色列的關係頗有微詞。[57]正如中情局在決定施行石油禁運的幾個星期前提交的一份報告中所總結的，「我們當前的經濟施壓不太可能產生任何效果；〔實際上〕會帶來相反的效果。」[58]

除此以外，許多西方國家也不願意被捲入到德黑蘭的危機中去。「事情很快就表現得很清楚了，」卡特寫道，「即便是我們最親近的歐洲盟友，也不願意表達抵制石油的可能性，或是為了美國人質的關係而讓他們的外交安排受威脅。」唯一的方法就是集中精力讓「美國的行動可以造成更進一步的直接威脅」。[59]卡特的國防部長賽勒斯•萬斯（Cyrus Vance）因此被派往西歐巡訪，他帶著美國的訊息說，如果各國不對伊朗進行制裁，美國將採取單邊行動，其中包括必要時在波斯灣裡布水雷。[60]這自然會對油價造成影響，從而影響經濟發展。為了能給德黑蘭施壓，華盛頓已經開始恐嚇自己的盟友。

正是在這樣緊迫、適得其反、考量不周的背景下，美國不惜一切地想要擺平伊朗局勢，但是又收到了蘇聯軍隊向南進入阿富汗的消息。美國的政策制定者們對此完全措手不及。在蘇聯入侵的四天前，總統卡特和他的參謀人員正在深思熟慮地制定一個奪取伊朗外海島嶼的計畫，考慮用軍事和地下行動來推翻霍梅尼的政權。這不祥的局面已經變得十萬火急了。[61]

已經面臨災難性人質危機的美國，現在還被迫要面對蘇聯勢力在該地區的巨大擴張。除此之外，華盛頓的看法和莫斯科方面的看法一樣——換句話說，在阿富汗邁出一步很可能是一個超級大國進行更進一步擴張的序曲，而另一方的利益會被損害。蘇聯人下一步的目標很可能是伊朗，正如一份在一九八〇年初的報告暗示，在這個國家裡的麻煩已經被那些煽動家們搞得更嚴重了。總統因此該開始考慮我們在什麼情形下「要準備派兵進入伊朗」了。[62]

在一九八〇年一月二十三日，卡特在國情咨文演說中極力運用修辭造勢。他說蘇聯入侵阿富汗意味著一個「最具戰略重要性的」地區正面臨威脅；莫斯科方面的行動已經把緩衝區都吞掉了，他們距離一個不僅「擁有全世界三分之二的可開發石油」，而且還擁有全世界大部分石油的必經之路——霍爾木茲海峽的地區只有咫尺之遙了。他因此清晰地表述出了措辭小心翼翼的威脅。「讓我把我們的立場一清二楚地說清楚，」他說，「任何一支外部勢力試圖控制波斯灣地區的行為都會被視為對美國核心利益的攻擊，這樣的攻擊將會遭到任何必要手段的反擊，其中也包括動用武力。」這一無所畏懼的聲明完美地說明了對中東石油的態度，以及先是由英國建立起來，隨後由美國繼承的立場：任何改變現狀的企圖都會面臨猛烈質疑。除了外表以外，這就是實質的帝國主義政策。[63]

然而，和卡特言過其實的誇大言論相對照的是現實中的情形。和伊朗人展開的釋放人質的對話一直在檯面下進行著，只是正變得越來越滑稽可笑。談判不僅是在德黑蘭方面的代表和一個戴著假髮、貼著假鬍子的總統副手之間展開，霍梅尼還在不斷地發出「令世界厭惡的美國和大撒旦應該怎樣被教訓一課」的演說。[64]

最終在一九八〇年的四月，卡特總統拍板定案，授權了鷹爪行動（Operation Eagle Claw），這是要將人質從德黑蘭解救出來的一次祕密行動，結果卻成了一場讓中學生都覺得臉紅的慘敗。八架直升機從USS尼米茲（Nimitz）核動力航空母艦上起飛，本應該是由位於伊朗中部的塔巴斯（Tabas）附近的一個地面小隊接應，並在那裡由查理・貝克維斯上校（Charlie Beckwith）領導，和一支名為三角洲特種部隊的新作戰單位會合。這場行動被證明注定了要泡湯：一架直升機因為天氣原因返航；另一架遭遇了螺旋槳故障，原封不動地被丟棄在那裡，而另外的一架則被發現有液壓裝置損壞。貝克維斯認定這場任務已經不再可行，並得到了總統的取消命令。當直升機返回到尼米茲號航母時，有一架飛機又和一架C-130補給運輸機飛得太近，造成兩架飛機都墜落的爆炸——導致八名美軍死亡。[65]

此事成了一場宣傳上的災難。並不出乎意料的，霍梅尼將這件事描述成是神意的介入。[66]其他人則是困惑地看著這場失敗行動的笨拙表現。美國無法保障用談判或是武力解救人質的事實，已經明顯地顯示出世界發生了多麼大的變化。甚至在救援行動失敗之前，有一些總統顧問就已經感到有必要做出堅定的行動，才不會看起來這麼虛弱無力。「我們得做點什麼，」布熱津斯基（Zbigniew Brzezinski）——卡特總統的國家安全顧問——這樣說道，「讓埃及人、沙烏地人和阿拉伯半島上的其他人確信，美國不會放棄自己的權力。」這就意味著「要立即樹立起明顯的軍事存在」。[67]

然而美國人並不是這麼覺得的唯一一個，為了利用亂局來加持自身利益和聲望。伊拉克在九月二十二日這天對伊朗發動了突然襲擊，轟炸了伊朗的空軍基地並且兵分三路入侵伊朗，矛頭直接對準胡澤斯坦省、阿巴丹和霍拉姆沙赫爾。在伊朗的考量中，這場入侵的背後指使者是誰已經不言而喻。「美國人的手，」霍梅尼宣稱，已經「從薩達姆・海珊的袖子裡伸出來了」。[68]這場攻擊，伊朗總統巴尼薩德爾（Abolhassan Bani-Sadr）宣稱，是美國－伊拉克－以色列總體規劃的結果，他們的各種目標包括推翻伊斯蘭政府、重新扶植沙王或是將伊朗強制分裂成五個共和國。無論是哪一種方法，他斷言，都是華盛頓方面給伊拉克人提供了侵略的藍圖。[69]

雖然入侵行動的後台是美國的觀點曾經被一些評論者和許多其他人支持，但是少有確鑿證據能夠證明這一說法。而且相反的，包括上百頁文件、錄音紀錄和二〇〇三年在巴格達總統宮殿裡復原的檔案在內的資料——都確定地指向薩達姆獨自操作了這一行動，他挑選了一個有利時機來對付這個反覆無常的鄰居，以此來矯正五年前簽署的對伊拉克不利的領土協定。[70]這些文件顯示，巴格達方面在幾個月前開始考量進行突然入侵的計畫，從此伊拉克情報部門就開始了益發積極地進行情報收集工作。[71]

薩達姆也是受到了一種不安全感和強烈的妄想狂傾向（a strong streak of megalomania）的驅動。他豔羨以色列並且對於阿拉伯人無力擊敗這個「美國和英國的勢力延伸」感到耿耿於懷，與此同時，也抱怨阿拉伯人任何的反對以色列的行動都會招致西方國家報復伊拉克。薩達姆警告他的高級軍官如果攻打以色列，美國人「將會衝我們扔原子彈」。他提出，西方行動的「首要目標」，「將會是巴格達，而不是大馬士革或者安曼」。[72]不知出於怎樣的考慮，薩達姆的腦海裡得出了這樣的結論：攻打以色列會讓伊拉克面臨滅絕；而攻打伊朗則會得到好處。

在薩達姆和伊拉克領導層的重要人物譁眾取寵的誇大言論裡，都可以找到把以色列和伊朗聯繫到一起的論述，他們樂此不疲地認為伊拉克是所有阿拉伯人的領袖。一九八〇年對伊朗的攻擊被描述為對一九七五年簽署的領土協定中遭「割讓」領土的索回。薩達姆對他的高級軍官們宣布並激勵領土遭到剝奪的「所有人民」站起來，徵求屬於他們的權利——這樣的訊息尤其對巴勒斯坦人所說。[73]薩達姆自己確信入侵伊朗能夠給其他國家的阿拉伯人的志業提供幫助。推動這樣的不正當邏輯，也就難怪以色列總理比金（Menachem Begin）會把伊拉克形容為「可能是除了格達費之外，所有阿拉伯政權中最不負責任的一個了」。[74]

薩達姆也被伊朗的革命惹惱了，他忿忿地說推翻沙王和阿亞圖拉霍梅尼的上台「完全是美國人的決定」。這樣的局勢變動只是一份大計畫的開端，他宣稱，他們打算利用宗教人士「嚇唬海灣地區的人民，從而讓〔美國人〕能夠介入並按照需求主導該地區的局勢」。[75]這樣的妄想症有時候會伴隨一些真實洞見，例如這位伊拉克領袖在蘇聯入侵阿富汗一事上立即看到了事情的嚴重性，也看到了這件事對於伊拉克的意義。他問道，蘇聯會不會在未來對巴格達做同樣的事情？是否會在伊拉克也以提供援助作為偽裝樹立一個傀儡政權？他向莫斯科提出了這樣的疑問，「難道這將是你們未來會對朋友做出的事情嗎？」[76]

隨著蘇聯開始努力利用在伊朗的反美情緒，並且開始拉攏霍梅尼和他身邊的人，這更加深了薩達姆的疑慮。[77]薩達姆意識到這也會對伊拉克產生潛在的不利，他會讓莫斯科嘉惠伊朗而拋棄伊拉克。「蘇聯在這一地區的滲透……應該受到限制，」他在一九八〇年這樣告訴約旦的外交官。[78]隨著他感到益發地被孤立，薩達姆已經準備好和這個自從他在七〇年代上台後就一直對他予以全力支持的蘇聯後台翻臉了。他的這種幻滅感是伊拉克沒有在發動突然攻勢之前告知蘇聯的原因之一——這導致了來自莫斯科的冷淡回應。[79]按照伊拉克的情報匯報，在這時候，伊朗正在遭受「令人窒息的經濟危機」並無力進行「大範圍防衛」，這是伊拉克絕不可以錯過的好機會。[80]

沙王政權的倒台造成了一系列的連鎖反應。到一九八〇年底為止，整個亞洲的中部都處在變動狀態中。伊朗、伊拉克和阿富汗的未來都懸而未定，局勢取決於各國領導者和各國介入勢力的選擇。光是猜測這些國家本身的未來去向都成了一個難題，判斷整體地區走向就更不可能了。這樣的後果是災難性的：雖然這些國家在二十世紀初時紛紛埋下了反美情緒種子的情況屬實，但這種反美情緒並非一定會增長出全面的痛恨。可惜在二十世紀的最後二十年中，美國的政策決策者們在位於地中海到喜馬拉雅山脈之間的整個地區，只是惡化了對美國的負面態度。

的確，美國在一九八〇年代面對的局面實在很棘手。首先，伊拉克對伊朗的入侵貌似對美國的政策決策者來說是一份大禮，他們將薩達姆・海珊的進犯看作是和德黑蘭方面展開對話的機會。按照在此期間參與了人質危機會談的高級顧問的說法，卡特總統的國安顧問布熱津斯基「毫不掩飾地認為，伊拉克的攻擊帶來了潛在的有利局面，將會讓伊朗感到壓力並釋放人質」。[81]對霍梅尼政府身上承受的壓力的判斷被放大了，美國認為伊朗為了應對入侵，會不顧一切地需要之前從美國購買的武器裝備的替換零件。伊朗人被告知，華盛頓方面可能會願意提供總價值超過數億美元的相應物資——但前提是釋放人質。德黑蘭方面根本就毫不理會這一得到美國總統親自批准的方案。[82]這已經不是第一次了，伊朗早就提前了一步：伊朗的特工人員證明了他們的神通廣大，已經從其他地方買到了大量所需要的零件，其中包括從越南手中得到——在越戰期間，有大量的美國物資被越南繳獲。[83]

伊朗也從以色列手裡獲得了大量補給，後者認定薩達姆・海珊必須要不惜一切代價被阻止。在很多方面，伊朗人和以色列人願意彼此交易都很令人吃驚，尤其是在考慮到霍梅尼不時就會對猶太人和以色列大加撻伐的情況之下。他曾在一九七〇年寫下「伊斯蘭和穆斯林在猶太人中首次遇到的那些破壞者是各種反伊斯蘭誹謗和陰謀的源頭」。[84]拜薩達姆・海珊在波斯灣地區的入侵所賜，伊朗和以色列現在成了不可思議的床伴。

這是霍梅尼在八〇年代初期對於少數族群和其他宗教的批評開始軟化的原因之一，他說猶太教是「來自人民大眾的一個令人尊敬的宗教」——儘管他將猶太教和錫安主義區分開來，在他眼中，錫安主義是一種和猶太教精神相悖的政治（剝削）運動。伊朗伊斯蘭共和國的這種對宗教的姿態變化發生得十分深入，甚至還發行了一組有耶穌側影和用亞美尼亞文書寫的《古蘭經》經文的郵票。[85]

以色列和伊朗不僅在軍火交易上有所配合，在軍事行動上也同樣如此。雙方在一個特定目標上擁有共同利益，即伊拉克的奧斯拉克核反應堆。根據一個情報官員的說法，甚至在薩達姆對伊朗發動攻擊之前，伊朗和以色列代表在巴黎舉行的祕密對話中，就談論了對該設施發起攻擊的任務。[86]在伊拉克入侵伊朗的一個星期後，四架伊朗的F-4幽靈戰鬥機就曾在一次大膽的空襲行動中，將實驗室和控制大樓作為攻擊目標。在八個月後，也就是一九八一年六月，以色列飛行員獲得了更大戰果，當人們普遍認為該核反應堆的運行已經進入到關鍵階段時，以色列戰機給反應堆造成了重大損壞。[87]

伊拉克對伊朗的攻擊計畫的目標是取得一場迅速的完勝。在攻勢初期，儘管奧斯拉克核反應堆遭到了攻擊，但在巴格達方面看來，戰況仍然進行得十分順利。可惜隨著時間推進，局面開始對伊拉克不利了。為了懲罰薩達姆的單邊行動，蘇聯停止了武器供應並暫停了軍火運輸，這讓伊拉克領導人十分氣惱但又別無選擇。薩達姆像往常一樣召集了他身邊的心腹人士對戰況發牢騷，他坦率地承認戰況並不如預期中順利，將挫折解釋為一個又一個難以站得住腳的跨國陰謀。但是歸根結柢，伊拉克人越來越看到他們自己正被打退並缺少武器。在一九八一年年中，薩達姆有一次甚至近乎無助地問他的將軍們：「我們試試從黑市上買武器吧。我們有辦法像伊朗人那樣得到武器嗎？」[88]

伊朗的確證明了自己的足智多謀和復甦——以及勃勃雄心。到了一九八二年的夏天，伊朗軍隊不僅已經收復失地，更深入了對手的國土上。當年六月在美國呈交給國安局的一份軍情報告描繪了一幅毫不含糊的景象：「伊拉克已經在和伊朗的戰爭中失利……無論是伊拉克獨自作戰，還是連同其他阿拉伯國家作戰，都已經無法扭轉敗局。」[89]趁著形勢有利，伊朗人現在開始試圖把伊斯蘭革命的觀念輸出到其他國家去。給黎巴嫩真主黨（Hezbollah）之類的激進什葉派勢力和組織提供金援和後勤支持，同時還致力於在麥加挑起暴動並支持巴林政變。「我認為伊朗已經毫無疑問地給中東國家構成了重大威脅，」國防部長溫伯格（Caspar Weinberger）的話在一九八二年七月被引述，他說「這是個被一群瘋子統治的國家」。[90]

反諷的是，薩達姆・海珊所面臨的越來越嚴重的困難給美國帶來了一個千載難逢的好機會。儘管大使館的人質終於在被扣押長達一年多之後達成閉門交易而得到釋放，但是僵局的解開並沒有標誌著美伊關係的改善。相較之下，如中情局已經高度警覺的，蘇聯人繼續對霍梅尼大加獻媚。蘇聯的背後看起來的確有驅動力，尤其是考慮到他們在阿富汗取得了明顯的成功，蘇聯軍隊已經占領了阿富汗境內的許多城市，並且穩固了交通要道，至少從外人看來，已經對局勢十拿九穩了。對蘇聯所施加的外交壓力，其中包括抵制一九八〇年莫斯科奧運會，沒有帶來任何實際效果。在華盛頓方面看來，已經沒有什麼可以寄託希望的了——直到政策制定者們把念頭動在了很明顯的下一步舉措上：支持薩達姆・海珊。

正如國務卿舒茲（George Shultz）後來所說的，如果伊拉克繼續節節敗退的話，這個國家很容易就會崩塌——將會是「美國在戰略上的一場災難」。[91]除了會讓波斯灣和作為一個整體的中東地區造成動盪以外，這將會加強德黑蘭方面對國際石油市場的影響力。緩慢但決斷地，一個新的政策浮現出來了。美國決定把賭注押在伊拉克身上；這塊棋盤是美國影響亞洲中央的機會最大的地方。幫助薩達姆是一個維繫影響力的方式，也是反制伊朗和蘇聯得分的途徑。

提供支持需要一些步驟。在把伊拉克從支持恐怖主義國家的名單中去掉以後，美國開始著手幫助該國促進經濟，擴大金融貸款以支持農業部門，並且允許薩達姆可以先行購買非軍事用途設備，然後再買「軍民兩用」技術，例如可以用於運輸武器至前線的重型拖拉機。在歐洲的西方政府也得到鼓勵向巴格達出售武器，美國的外交官們同時間忙碌地說服其他的地區性強國，例如科威特和沙烏地阿拉伯來金援伊拉克的軍事開支。美國特工所收集到的情報也開始和巴格達方面通氣，通常是經過約旦的胡笙（Hussein）國王，他是一名受信賴的中間人。[92]在雷根（R. Reagan）總統時期的美國政府也開始幫助伊拉克擴大石油出口——透過鼓勵和促進把石油管線擴張到沙烏地阿拉伯和約旦，以解決兩伊戰爭給波斯灣運輸造成的問題，這自然也提高了伊拉克的財政收入。這麼做的目的是要「調整伊朗－伊拉克石油出口的不平衡」——換句話說，就是創造公平的競爭環境。[93]

另外，一個最初被命名為「忠實行動」（Operation Staunch）的積極舉措，開始從一九八三年底施行，減少對伊朗出售的武器和備用零件，以阻礙其在戰場上的優勢。美國外交人員開始收到指示，要求他們讓各自的服務國「考慮停止在貴國及伊朗之間的任何來源的所有武器裝備運輸」，直到在波斯灣達成停火協議為止。外交官們應該要強調波斯灣的戰爭「對我們所有人的利益構成了威脅」；命令敘述說，「削減伊朗延長戰爭的能力」是勢在必行的事情。[94]

這一手段也是為了贏得伊拉克人的信任和薩達姆的信任，即便是這些措施已經得到施行之後，他仍然對美國和美國的動機抱有深深的戒心和懷疑。[95]當雷根總統派特使拉姆斯菲爾德（Donald Rumsfeld）在一九八三年底前往巴格達的時候，他明確的目標之一就是促成對話，並建立起和薩達姆・海珊的個人關係。正如拉姆斯菲爾德的簡報中所說的，他向伊拉克領導人保證，美國「把伊拉克命運的任何重大挫折視為西方的一個戰略失敗」。[96]無論是美國還是伊拉克都認為，拉姆斯菲爾德的任務是一個顯而易見的成功。不光如此，在同樣擔憂伊朗人在中東輸出什葉派伊斯蘭教的沙烏地人看來，這也是「很好的發展」。[97]

和伊拉克結盟是如此重要，這讓華盛頓方面打算對薩達姆使用化學武器的行為輕描淡寫地帶過，在一份報告中所述的，伊拉克軍隊對化學武器的使用「幾乎是日常」情形。[98]應該要停止伊拉克人的這種做法——但是在實際上，也還是要「避免透過公開方式讓伊拉克受到不當的驚動」。[99]同樣值得注意的是，對於使用化學武器（一九二五年的《日內瓦協定》所明令禁止）的批評將會給伊朗提供宣傳上的勝利，而無益於平緩緊張局勢。美國尋求阻止用來製造芥子毒氣的化學物質運往伊拉克，並努力遊說，給伊拉克在戰場上使用化學武器施加壓力——尤其是伊朗在一九八三年十月將此案提交到聯合國之後。[100]

然而，即使是在一九八五年的白德爾攻勢上，伊拉克用毒氣殺傷伊朗人的行為已經變得明顯，美國仍沒有公開對伊拉克提出任何批評——而只是提出美國強烈反對使用化學武器的乏味聲明。[101]可是在這樣的情形下，極其令人尷尬的是，伊拉克生產化學武器的能力，按照一位美國高級官員所指出的，是「主要（源自）西方的公司，其中包括一家可能是美國公司的外國子公司在內」。這樣的說法並沒有引起很多人對薩達姆獲得和使用化學武器的複雜性提出引人不快的質疑。[102]

過了一段時間後，甚至連低調的公開評論和對伊拉克高級官員提出關於化學武器的私下請求都停止了。在一九八〇年代中期，當聯合國的調查報告做出結論說，伊拉克對自己的平民使用化學武器的時候，美國仍靜默以對。關於指責薩達姆血腥、持續地對待伊拉克庫德人，美國同樣沒有做出譴責。在美國的軍事報告中可以輕易看到「化學藥劑」被廣泛地使用在民用目標身上。對美國來說，伊拉克比國際法的原則更重要——也比受害者的性命更重要。[103]

相似的，在蘇聯入侵阿富汗以後，巴基斯坦的戰略重要性提高了。在全世界範圍內，人權問題遠不如美國利益更重要。美國沒有從伊朗革命的經驗中學到教訓：美國肯定不是在為惡劣行為背書，但是對於用惡劣手段對付本國人民或是挑釁鄰國的獨裁者給予支持，一定會讓美國的聲譽受損並且付出代價。[104]

美國支持阿富汗的暴動者來反對蘇聯入侵就可以被視作恰當的例子，這些人後來被西方媒體概括稱作「Mujahidin」（聖戰士）——字面意思是指從事傑哈德的人。實際上，他們是一個成分十分複雜的集合，有民族主義者、前軍官、宗教狂熱分子、部落領袖、投機主義者和雇傭兵。他們之間還會不時地爭奪人員、資金和武器，其中包括中情局從一九八〇年代初主要透過巴基斯坦提供的上千支半自動步槍和**RPG-7**（火箭推力榴彈發射器）。

雖然組織十分鬆散，但是實際情形證明，他們對強大的蘇聯軍隊的抵抗十分讓對手頭痛、持續，而且導致了蘇軍士氣低落。在沿著薩朗公路（Salang highway）一直到從烏茲別克向南通往赫拉特和坎達哈的路線上——這是蘇聯將軍隊和補給運往阿富汗的主要幹線——在這些地方的主要城市裡，恐怖襲擊成了生活中的主要特徵。發回到莫斯科的報告提及了敵對事件數量正在令人擔憂的增加，而且很難辨認出誰是兇犯：武裝分子得到了指示，一份備忘錄這樣說道，要和當地人混在一起，從而躲避偵查。[105]

阿富汗反抗者的戰果越來越顯赫。例如在一九八三年，一場賈拉魯丁‧哈卡尼（Jalaluddin Haqqani）帶領的突襲行動成功繳獲了兩輛T-55坦克和防空機槍、火箭發射器和榴彈砲等裝備。他們將這些武器藏在靠近巴基斯坦邊境的霍斯特（Khost）周邊的隧道網中，用來突襲暴露在公路上的輜重車隊，這為反抗者提供了價值連城的宣傳工具，他們以此來讓當地人相信，蘇聯人的鼻子被他們打出了血。[106]

這樣的勝利讓蘇聯軍隊士氣低落，他們殘酷地做出了回應。在眼看著同伴和同志被殺或是受傷後，有些人寫下了「嗜血」和無法熄滅的報復欲的文字。蘇聯人的報復令人恐懼，有兒童被殺害，婦女被強姦，所有的平民都被懷疑是聖戰士。這造成了惡性循環，越來越多的阿富汗人支持反抗軍。[107]正如一個評論者所寫下的，蘇聯指揮官們清醒地意識到，紅軍的大錘子砸不開這種捉摸不定、分散行動的敵人的堅果殼。[108]

反抗軍的強度給美國留下了深刻印象，他們的目標已經不只是止住蘇聯在阿富汗的擴張了。到一九八五年初時，談論的內容已經變成了如何擊敗蘇聯，並且把蘇維埃分子徹底趕出阿富汗。[109]在三月分，總統雷根簽署了第一六六號國安決策令，該文件表述了「（美國的）最終目標是將蘇聯勢力驅逐出阿富汗」；為了達成目的，文件接著說，有必要「改善阿富汗抵抗者的軍事效能」。[110]過沒多久，這句話到底是什麼意思就水落石出了：大量的武器裝備被提供給了反抗軍。這個決定導致了一場持久的關於是否應該提供毒刺飛彈的爭論——這種強大的便攜式發射器有能力在三英里之外將飛機擊落，比當時各種可用武器的精準度都強大得多。[111]

這個新政策的受惠者中包括像賈拉魯丁‧哈卡尼這樣的人，他反抗蘇聯時所取得的成就和虔誠的宗教信仰，讓美國國會議員查理・威爾遜（Charlie Wilson）將他稱作是「正義化身」——查理・威爾遜就是二〇〇七年獲得成功的好萊塢電影《蓋世奇才》（*Charlie Wilson's War*）的原型人物。在得到了更好的裝備後，賈拉魯丁得以在阿富汗南部樹立起自己的地位，一九八五年後，從美國湧入的武器讓他的軍事成功成為可能，這也鞏固了他的強硬觀點。這並不意味著他會對美國有任何的忠誠。事實上，他後來成為了讓美國如芒刺在背的人物：九一一事件後，他成了在阿富汗被通緝的第三號人物。[112]

美國支持了大約五十名這樣的指揮官，每個月根據結果和戰況支付兩萬至十萬美元不等的預付金。沙烏地阿拉伯也投入了數額激增的大量資金來支持聖戰士，這是沙烏地人在輿論上對伊斯蘭分子的武裝抵抗予以同情和渴望幫助受迫害的穆斯林所帶來的結果。那些出身沙烏地、追隨自己的良知到阿富汗作戰的人，得到特別的尊敬。像是奧薩瑪・賓・拉登這樣的人——人脈關係廣、雄辯且有個人魅力的人，成了沙烏地金主們投入大量資金的管道；不可避免地，他們對資源的掌握反過來讓他們成了聖戰運動（Mujahidin movement）本身的重要人物。[113]這件事的重要性得在之後才變得益發明顯。

中國對抵抗運動的支持也造成了長期後果。中國從一開始就宣布反對蘇聯侵略，並且認為擴張政策會造成不良後果。按照當時的一份日報的說法，蘇聯在一九七九年的行動「是對亞洲乃至全世界的和平與穩定的威脅」；阿富汗不是蘇聯人的真正目標，他們只是把這個國家當作「向南突進巴基斯坦和整個印度次大陸的墊腳石」。[114]

那些抵抗蘇聯軍隊的人也得到了北京方面的積極協助和從八〇年代開始數量穩步增加的

武器。事實上，在美國軍隊於二〇〇一年占領塔利班和蓋達（al-Qaida）組織在托拉博拉（Tora Bora）的基地時，他們發現了庫存的大量中國的火箭發射器和多管飛彈發射器以及地雷和步槍，這些都是在二十多年前提供給阿富汗的。讓中國在後來感到後悔的是，他們也鼓勵、招募和培訓了新疆的維吾爾穆斯林，隨後幫助他們取得聯絡並加入聖戰士的抵抗軍。[115]中國西部的激進化從此之後就被證明成為了棘手的麻煩。

大力的資助讓抵抗軍把紅軍打得鼻青眼腫，蘇聯人發現自己已經被打倒在地，並且持續不斷地遭受物資、人力和金錢上的損失。在一九八六年春天，據估計，有價值兩億五千萬美元的四萬噸彈藥在喀布爾附近的一個軍火庫被炸毀。在這之後，美製的毒刺飛彈又在賈拉拉巴德附近成功地打下了三架MI-24武裝直升機，這種武器被證明是如此有效，讓抵抗軍改變了敵人在阿富汗的空中掩護方式：蘇聯飛行員被迫要改變他們的降落模式，飛行任務開始越來越多地在夜間進行，以降低被擊落的危險。[116]

八〇年代中葉，在華盛頓方面看來，前景看似益發光明。大量的努力已經用在了培養和建立薩達姆・海珊及伊拉克的信任感上；在阿富汗的局勢正在改善，蘇聯軍隊已經被迫採取守勢——而且在最後，於一九八九年初，被徹底逐出了阿富汗。對於所有的企圖和目的，美國不僅成功地看出了莫斯科方面企圖擴大影響力和在亞洲中心地區的權威的目的，而且還成功地建立起了屬於自己的新網絡，能夠在不得已的時候將這個新網絡納為己用。在一九八五年春天寫成的一份情報文件上說，「考慮到伊朗在歷史和地理上的重要性」，華盛頓和德黑蘭之間的關係如此糟糕，實在是一件羞恥之事。[117]事實上，一年以前，伊朗已經被正式認定為「支持恐怖主義國家」，這意味著和武器相關的出口和銷售都是徹底禁止的，對於軍民兩用的技術和設備進行嚴格控制，並有大量的金融和經濟上的限制。

在大約同一時間寫就的另一份報告中也說道，實在不幸的是，在對付伊朗這件事上，美國已經「無牌可打」了；也許值得考慮「更大膽——也許是更冒險的政策」，報告的作者這樣建議說。[118]這對雙方來說都有許多好處。此時的霍梅尼已經年邁虛弱，華盛頓很想要了解將要執掌大權的下一代領導層。按照一些報告的說法，伊朗政治中存在著渴望和美國接觸並實現緩和關係的「溫和派」；和這些溫和派進行互動有助於建立起未來也許會有價值的聯繫人。還有人希望伊朗能夠提供幫助，讓八〇年代初遭到黎巴嫩真主黨武裝分子扣押的西方人質可以確保得到釋放。[119]

以伊朗的視角來看，更有建設性的交流同樣具有吸引力。伊朗和美國在阿富汗局勢上具有完全吻合的利益，這是一個光明的開端，是雙方合作不僅可能而且將會富有成效的跡象。另外，出於其他原因，伊朗也十分熱衷於向前邁進改善關係。尤其是自一九八〇年起，已經有超過兩百萬難民跨過邊境湧入伊朗。湧入該國的人潮並不容易吸收，這意味著德黑蘭的領導層可能會更願意在該地區培養會減少動盪的友好關係。[120]與此同時，隨著在伊拉克仍在繼續的激烈交戰，伊朗感到了武器裝備捉襟見肘。雖然戰況正在朝著對伊朗有利的方向發展，而且伊朗從黑市中購買了大量武器，但能從美國那裡得到武器和零部件仍然是很有吸引力的一件事。[121]試探性的提議打開了溝通的管道。

最初的會議十分躁怒、困難和令人不適。一心想要贏得伊朗，美國提供了一些後來被證明是「有真有假的情報」，這些情報的內容是關於蘇聯對伊朗的企圖，尤其是聚焦在蘇聯假定的對於伊朗的國土設計，美國想要以此來吸引伊朗看到和美國攜手所具有的明顯好處。[122]然而隨著談判的進展，也有美國特別感興趣的信息出現——例如獲知蘇聯裝備的戰鬥價值。美國始終密切關注著這些信息，事實上，他們付了五千美元來獲得一把在阿富汗繳獲的AK-47攻擊步槍，該型號的步槍剛剛裝備到蘇聯軍隊中。[123]美國人認真地聽取阿富汗戰士對於T-72坦克和MI-24武裝直升機的優點、局限和弱點的描述；他們也得知了蘇聯大量地使用凝固汽油彈和各種毒氣；聽到了蘇聯特種部隊在阿富汗各地的行動中成功有效，這是他們比普通紅軍士兵接受了更好的訓練的結果。[124]這些信息都給二十年後美國的軍事行動提供了有價值的經驗談。

在伊朗和美國之間存在著天然的共同利益。伊朗談判人提出，蘇聯的意識形態和伊朗的意識形態直接衝突，而伊朗的意識形態和美國對於共產主義的態度相符，這一點可以同樣清晰地表達出來。蘇聯在此時給伊拉克提供的大量軍事援助也同樣關鍵。參與對話的一個重要人物曾說，「蘇聯人正在殺害伊朗士兵。」[125]在短短的幾年內，伊朗和美國可能無法從最糟糕的敵人變成最要好的朋友，但是他們現在越來越樂於把分歧放在一邊，為共同目標努力。這種利用大國之間的對立來開拓出一條道路的方法，是上一代的伊朗外交官和領導人一目了然地採用過的經典策略。

雖然違反自己的武器禁運政策而且遭到了他國政府反對向德黑蘭出售武器的壓力，但是為了能夠穩固關係，美國開始向伊朗輸送武器。包括國務卿喬治·舒茲在內的一些人反對這樣的做法，他評估這樣的做法可能會導致伊朗勝利，而且會「在整個地區引發新的一輪反美情緒爆發」。[126]但還有其他的一些人已經提出，讓伊朗和伊拉克雙方打得兩敗俱傷符合美國利益。舒茲的其中一位副手理查．墨菲（Richard Murphy）在之前一年的國會聽證會上發言說，「〔伊朗或伊拉克〕任何一方獲勝，在軍事上是達不到的，在戰略上是不可取的」——這樣的情緒也在白宮高級官員的評論中反覆出現。[127]

在一九八五年夏天，首批一百架筒式發射、光學跟蹤、導線傳輸的飛彈系統（TOWs）交付給了伊朗。這些武器是透過一個渴望和德黑蘭建立起聯繫的中間人——以色列——來完成的。[128]如果是站在伊朗領導人不時喊出要把以色列「從地圖上抹去」的二十一世紀初的立場來看，這樣的友好關係看起來十分令人吃驚。但是在八〇年代中葉，兩國關係是如此緊密，以至於以色列總理拉賓（Yitzhak Rabin）能夠宣布：「以色列是伊朗的最好朋友，我們不願意改變我們的立場。」[129]

以色列之所以願意參與到美國的軍火計畫中，主要是因為它渴望讓伊拉克保持在被迫把注意力放在自己的東部鄰居身上的狀態——從而無暇顧及其他國家。然而，和伊朗進行的交往關係到大量的敏感議題。美國提出的方案是讓以色列先行輸送美國軍火和裝備給德黑蘭方面，然後由美國給予補償。作為結果，以色列政府所索取和收到的，是美國最高層級的對此祕密計畫的確認。事實上，這份計畫直接來自於雷根總統本人的批准。[130]

在一九八五年夏天至八六年秋天，伊朗從美國那裡得到了幾批重要的軍火運輸，其中包括超過兩千枚TOW飛彈、十八枚鷹式地空飛彈和兩批鷹式飛彈系統的零件。[131]這些武器並不全是透過以色列交付的，因為過沒多久，這些武器輸送就變成了直接交易，儘管在這個過程中還更進一步涉入向尼加拉瓜的康特拉（Contras）提供資金的情節。自從古巴飛彈危機以來，華盛頓方面就開始對共產主義在美國家門口製造的威脅提心吊膽，積極地向有能力反對左翼宣傳和抗衡左翼政治的武裝團體提供資金——並且對他們的缺點保持靜默。康特拉實際上是一個鬆散的叛軍組織集合，不同的組織彼此常發生激烈的衝突，它們是美國的反共教條和外交漠視政策的主要受益者。在和美國同時在公開場合及檯面下介入中東地區的局面相似的情形下，中美洲的反對力量收到了美國援助，儘管有明文規定的法律禁止美國政府這麼做。[132]

在一九八六年底，一系列的洩密事件揭露出了正在發生的事情，事情變得棘手起來。這一醜聞讓總統面臨著下台的威脅。雷根總統在十一月三日的黃金時段進行了面向全國的電視演說，敘述了「在外交政策上極為敏感且絕對重要的事情」。這是一個要麼成功、要麼成仁的時刻，現在的局勢要求他極盡自己的演技。總統想要避免道歉或是聽起來像是在辯護；但是眼前發生的事情需要一個解釋。他的評論完美地展現出了這一地區國家的重要性——美國需要不惜一切代價對其保持影響力。

「伊朗」，他這樣對驚呆了的觀眾們說，「占據著世界上最關鍵的一些地理位置。它位於蘇聯和印度洋溫暖水域入口處之間。地理位置解釋了為什麼蘇聯要侵略阿富汗，而且如果可能的話，他們也會入侵伊朗和巴基斯坦。伊朗關鍵的地理位置讓敵人可以在這裡干擾穿越波斯灣運往美國的石油。除了地理因素以外，伊朗的石油儲量對於世界經濟的長期健康來說十分重要。」因此「提供一些防禦性武器和零件」是合理的，他說。但沒有具體說明究竟是有哪些武器被送到了德黑蘭，他只是說「這些很有限的供應，如果放在一起的話，只要一架運輸機就能輕易裝得下」。他所做的一切，只是要讓伊朗和伊拉克「之間長達六年的血腥戰爭能有個體面的結束，以消除國家支持的恐怖主義」和「讓所有的人質都能安全回家」。[133]

隨著美國將武器賣給伊朗的行為被人們看作是為贖回美國人質的直接交易，這樣的作為並不能消除正在華盛頓發生的巨大爭吵。當總統親自批准將那些能給伊朗－康特拉方案提供證據的文件銷毀後，事情就變得更糟糕了。雷根在面對一個調查此案的委員會的質詢時聲稱，他的記憶不足以讓他回想起他是否批准了向伊朗出售武器。在一九八七年三月，他發表了另一次電視演說，這一次是表達他對「在我不知情的情形下做出的行動」的憤慨——這是對事實不負責任的狡辯，雷根本人後來也表示，「幾個月前，我告訴美國人民我不會為了人質來做軍火交易。我的內心和良知仍然告訴我這是真的，但是實情和證據卻給出了相反答案。」[134]

這些令人臉紅的揭露給雷根政府帶來了深刻的影響，一系列的高級官員後來都遭到了串謀提供偽證到隱藏證據等指控。這些人包括國務卿溫伯格；國家安全顧問麥克法蘭（Robert McFarlane）和繼任他的約翰・波因代克斯特（John Poindexter）；國防部長助理艾略特・艾布拉姆斯（Elliott Abrams）和一系列的高級中情局官員，其中包括中情局行動處主管克萊爾・喬治（Clair George）。這份顯赫的名單顯示出了美國為了確保在世界心臟地帶的地位已經做出了多深入的準備。[135]

而且這些指控在事實上只是裝裝樣子罷了：所有的重要人物後來都得到了老布希（George H. W. Bush）總統的總統特赦，或是在一九九二年的聖誕前夜翻轉了定罪決定。法庭文件上是這樣寫的——「他們共同的動機，無論是對還是錯，都是出於愛國主義」。總統接著說道，他們的個人財產、事業和家庭所受到的影響，「與他們任何判斷上的失誤和錯誤相比都是不相稱的」。[136]在被赦免的人中，有些人受到的從做偽證到對國會隱瞞信息的指控已經被定罪了，而且對溫伯格的審訊將在兩週後開始。這是一個司法有彈性的經典案例，是以結果來證明手段的正當。其衍生的影響遠遠超過了華盛頓環城公路（Washington Beltway）的範圍。

當美國和伊朗交易的新聞曝光，薩達姆・海珊感到怒不可遏——伊拉克本還相信華盛頓是支持自己來反對這個鄰國和死敵呢。在一九八六年十一月雷根的第一次電視演說之後，薩達姆立即召開了一系列的會議來討論美國總統的發言，薩塔姆痛斥軍火交易是可恥的「背後捅刀子」，美國的行為拉低了「惡劣不道德行為」的新底線。[137]美國決定要「伊拉克人流更多的血」，他總結道，其他人也贊同被曝光的部分只是冰山的一角。一個重要人物在幾個星期後評論說，美國將繼續搞密謀來反對伊拉克；這是典型的帝國主義勢力，副總理塔里克・阿齊茲（Tariq Aziz）也表示贊同。[138]憤慨和受背叛的感覺是如此強烈。「不要信任美國人——美國人是騙子——不要信任美國人」，在二十多年後從巴格達找到的一捲錄音帶中仍然能聽到這樣的懇求。[139]

伊朗門事件讓華盛頓忙得不可開交，但也在一九八〇年代中期伊拉克的受困心理形成過程中起到了決定性的作用。出於對美國的失望，薩達姆・海珊和他的官員們現在覺得密謀無處不在。伊拉克領導人開始談論關於第五縱隊的話題，並且聲稱一旦發現，就要割斷他們的喉嚨；

那些為了自己的利益和伊朗及美國關係太親密的阿拉伯國家也開始受到高度懷疑。正如後來的一份高階美國情報中總結的，在伊朗門事件後，薩達姆開始確信「華盛頓不值得被信任，而且他們還想要抓到他本人」。[140]

對於美國願意兩頭壓寶、耍兩面派的信念很難說是沒有事實根據。美國曾要跟沙王做朋友；現在他們正試著和霍梅尼建立聯繫。大量的軍事和經濟援助提供給阿富汗的一群令人討厭的人物，只是建立在美國和蘇聯長期對立的基礎之上。薩達姆本人曾在符合美國政策時得到援助——但是當他不再符合政策需要的時候就被犧牲掉了。美國利益優先的政策本身並沒有問題；問題在於帝國主義風格的外交政策需要更精細的手法——以及更深思熟慮地對長期後果加以考量。在每次的案例中，在二十世紀末對絲綢之路各國加以控制的爭奪中，美國都是只根據眼前的情形在做交易，解決今天的問題而不顧明天的——在一些案例中，這樣的做法給未來造成了更麻煩的問題。將蘇聯驅逐出阿富汗的目標完成了；但是很少有人考慮過接下來將會發生什麼。

美國創造出來的殘酷的世界現實，可以在八〇年代末和一九九〇年的事情上明顯地顯現出來。在伊朗門事件的災難後，尷尬的美國官員竭盡所能地如國防部長所說的「重建和阿拉伯國家的信任」。[141]在伊拉克的例子中，這意味著做出大量的信貸措施以促進貿易關係建立，並且放鬆對軍民兩用和其他類型的高科技出口品的限制，給伊拉克千瘡百孔的農業部門提供資金。所有的這些作為都是為了能重建薩達姆對美國的信任。[142]事實上，巴格達方面對此的看法則大相徑庭：儘管伊拉克領導人接受了美國提出的交易，但是他認為這只是另一個陷阱的一部分——也許是軍事進攻的前奏曲，也許是企圖向已經出現麻煩的兩伊戰爭時的貸款施壓。

美國駐巴格達大使宣布：「伊拉克人十分確信美國……正在把目標對準伊拉克。他們無時無刻不在抱怨這件事……我認為這是薩達姆．海珊真心相信的事情。」[143]在一九八九年底，有小道消息正在伊拉克領導層中傳開，說美國正在謀劃一場針對薩達姆．海珊的政變。塔里克．阿齊茲告訴美國國務卿詹姆士．貝克（James Baker），毫不掩飾地說伊拉克掌握了美國陰謀推翻薩達姆的證據。[144]這種受困心態已經演變成了急性妄想症，不管美國採取什麼方式都十分可能被曲解。

伊拉克的遲疑並不難以理解——尤其是當華盛頓方面許諾的貸款保證在一九九〇年七月被突然取消了，因為白宮給巴格達方面提供財政援助的企圖遭到了國會否決。更雪上加霜的是，除了撤回七億美元的援助之外，伊拉克還遭到了過去使用毒氣的懲罰性制裁。在薩達姆的觀點來看，這是歷史重演的例子：美國人說一套做一套——並且總是在背地裡搞鬼。[145]

到這時候為止，伊拉克的軍隊已經開始在南部邊境集結了。美國駐巴格達大使艾普若．戈雷斯比（April Glaspie）在一九九〇年七月二十五日面見薩達姆．海珊時說，「通常來說，這跟我們沒有關係」。在一份二十世紀末最令人咒罵的文件中，這份遭到洩漏的美國大使在面對伊拉克領導人時的對話紀錄顯示，她告訴薩達姆她「得到了布希總統的直接指示，要改善我們和伊拉克的關係」，並提出了對薩達姆「為重建國家做出的傑出努力」的讚美。然而，戈雷斯比告訴這位伊拉克領導人，「我們知道你需要資金。」

按照一份後來公開的備忘錄中的記載，「在整個見面過程中配合、合理甚至熱情洋溢的」

薩達姆承認，伊拉克正在經歷一段困難時期。[146]少量的天然氣開採、長時間無法解決的邊界爭議，和低落的石油價格，都給經濟造成了麻煩，薩達姆說道——而且還有兩伊戰爭中高築起來的債台。解決關於和科威特長期存在爭議的阿拉伯河水域的控制問題，可以擺平當前的一些爭端。「美國人對此怎麼看？」薩達姆問道。

「我們對阿拉伯人之間的衝突沒有看法，例如你們和科威特之間的爭議，」大使回答。她還繼續澄清了自己的意思：「國務卿貝克已經讓我強調，最初是在六〇年代美國已經對伊拉克表示過，科威特問題和美國無關。」[147]薩達姆要求美國開放綠燈，現在他已經如願以償了。在一個星期後，他入侵了科威特。

這件事的後果被證明是災難性的。在此後的三十年中，全球事物被亞洲脊梁地帶的各個國家裡發生的事情占據著。對這些國家加以控制和影響的角力帶來了戰爭、暴動和跨國恐怖主義——然而也帶來了機遇和繁榮，不僅是在伊朗、伊拉克和阿富汗，對於跨越黑海一直向東延伸的各國都是如此：從敘利亞到烏克蘭，從哈薩克到吉爾吉斯，從土庫曼到亞塞拜然，從俄羅斯到中國，世界的故事總是在這些國家身上上演。但是自從入侵科威特以來，每件事都和新絲路的出現有關。

第二十五章
通向悲劇之路

一九九〇年對科威特的入侵引發了一系列重大事件，定義了二十世紀末和二十一世紀初的歷史。曾經給英國留下了良好印象的薩達姆·海珊是個擁有「迷人微笑」的「像模像樣的年輕人」，他沒有他的許多同伴們身上那種「膚淺的熱忱」；他說話「不喜歡拐彎抹角」。在一九六〇年代末，英國駐巴格達大使曾做出結論，「如果對他有足夠了解的話，就會知道他是一個可以打交道的人」。[1]在法國人眼中，他是「阿拉伯的戴高樂」，他的「民族主義和社會主義」深受席哈克（Jacques Chirac）總統的讚賞，在八〇年代初，薩達姆也是美國人樂意支持的對象，從而能夠按照拉姆斯菲爾德的說法，改善「美國在該地區的形象」。[2]

在一九九〇年十二月，薩達姆·海珊告訴他最親近的顧問們，對科威特的攻擊，是在伊朗門醜聞和美國的兩面派行為之後所採取的一種自衛形式。[3]但是這並非世界上的其他國家看待問題的方式。在入侵後，隨著聯合國要求伊拉克立即撤軍，經濟制裁很快就施加在了伊拉克身上。巴格達對於升高的外交壓力根本不屑一顧，解決問題的計畫正在堅決地制定中。在一九九一年一月十五日，布希總統授權採取軍事手段，以「履行憲法、美國法律和條約所賦予我的作為總統和三軍司令的職責和權力」。在五十四號總統令（National Directive 54）開宗明義的文字中，總統授權了「在友軍的協助下，讓美國的空軍、海軍和常規陸軍」使用武力，引人注目的是，他的命令中沒有提及伊拉克的侵略、侵犯科威特國家主權或是違反國際法。相反的，在一段為美國在接下來三十年中的外交政策定調的論述中，布希總統說：「對波斯灣石油的取得和該地區關鍵友邦的安全，對於美國的國家安全至關重要。」[4]薩達姆・海珊對科威特的入侵是對美國霸權和利益的直接挑戰。

隨之而來的是多國部隊發動的一場雄心勃勃的攻勢，領導這支部隊的是諾曼・施瓦茨考普夫（Norman Schwarzkopf）——他的父親曾經在二戰中幫助盟軍穩住伊朗，另外，他不僅參與了推翻摩薩台的阿亞克斯行動（Operation Ajax），而且還參與了薩瓦克的組建，在一九五七至一九七九年間，這個伊朗情報機構一直在恐嚇著伊朗本國的人民。多國部隊的聯合空襲瞄準了防禦的關鍵位置、通訊設施和武器裝備，陸軍則在沙漠風暴行動（Operation Desert Storm）中突入伊拉克南部和科威特。這場遠征規模巨大但是也十分迅速。在一九九一年一月行動開始的六個星期後，布希總統宣布停火，在二月二十八日發表電視演說指出：「科威特已經解放。伊拉克軍隊被擊敗了。我們的軍事目標已經達成。科威特再次回到了科威特人手中，他們掌握著自己的命運。」這不是「愉悅的時候，絕對不是洋洋得意的時候，」他繼續說道，「我們現在必須把目光投向勝利和戰爭之後。」[5]

布希的總統支持率飆升，已經到了比杜魯門總統在一九四五年德國投降那天還要更高的超級水平。[6]有一部分的原因是戰爭的目標明確並且迅速完成了，而且多國部隊的傷亡人數極低。美國排除了推翻薩達姆本人的目標，除非後者使用「化學、生物或核子武器」，支持恐怖分子攻擊或摧毀科威特的油田——如果是這種情形的話，布希總統說，「替換當前伊拉克領導人便會成為美國的特定目標。」[7]

結束軍事行動的決定立即得到了整個阿拉伯世界內外各國的贊同，雖然伊拉克軍隊的確破壞了許多科威特油田並將其點燃，但這一點被忽略了，正如布希總統和國安顧問斯考克福特（Brent Scowcroft）在九〇年代末合著的書中所寫的，認為繼續向伊拉克首都進軍將會是一場不可接受的「蔓延行動」。除了會引起阿拉伯世界和其他地方盟國的敵意以外，美國也認定將進入伊拉克的地面戰爭規模擴大並「試圖消滅薩達姆」的代價太高。[8]

「我們決定不到巴格達去，」國防部長迪克・錢尼在一九九二年於發現研究所（Discovery Institute）這樣贊同道，「因為那從來就不是我們的目的。那不是〔美國〕參戰的理由，不是國會通過的原因，也不是組建多國部隊的共同目標。」除此之外，他繼續說道，美國不想「陷入到接收並統治伊拉克的泥淖之中」。推翻薩達姆本就不容易，「而且在我的腦海中，」他總結說，「考慮的是薩達姆值得多少額外的美國士兵付出傷亡代價？而答案就是不值幾個。」[9]

公開表明的立場是尋求將薩達姆・海珊綁住，而不是推翻他。但是在私下裡，情況十分複雜。在一九九一年五月，也就是停火的幾個星期後，總統布希就批准了一項計畫來為「推翻薩達姆・海珊創造條件」。為了能達成這一點，他劃撥了一大筆祕密活動經費：一億美元。[10]自從一九二〇年代開始，美國就積極參與了符合自己更廣闊的戰略利益的策反政權行為。華盛頓現在再一次表現出樂意考慮政權更迭的可能性，以推行美國對中東地區的願景。

美國在這時候的巨大野心有一部分是出於一九九〇年代後根本性的地緣政治變動。在伊拉克入侵科威特之前不久，柏林圍牆已經倒塌，在伊拉克被打敗的幾個月後，蘇聯本身也崩塌了。在一九九一年的聖誕節這一天，戈巴契夫（Mikhail Gorbachev）以蘇聯總統的身分辭去總統職務，並宣布蘇聯解體為十五個獨立國家。布希總統幾個星期後在國會上說，世界正在見證「幾乎是聖經等級的大變動」。「在上帝的榮耀中，美國贏得了冷戰。」[11]

在俄國本身，轉型過渡引發了為爭奪控制而起的激烈戰鬥，這導致了憲政危機，並且讓坦克在一九九三年包圍了俄國政府所在地莫斯科白宮，還驅逐了保守派。這時候的中國也處在一段重要的轉型期，鄧小平等人在一九七六年毛澤東死後開始推行的改革也產生了效果——把這個國家從一個孤立的、地區勢力變成了一個經濟、軍事和政治都在上升中的大國。[12]壓迫人的種族隔離政策終於在南非被廢除了。自由、和平和繁榮的鼓點看起來正敲得越來越大聲、越來越得意洋洋。

布希總統在參眾兩院的聯席會議上說，世界曾經被一分為二，現在則「只有一個卓爾超群的力量：美利堅合眾國」。[13]西方已經勝利了。高於一切的傳播福音的目的保證了美國可以在伊拉克抄一條道德近路，讓美利堅帝國的特色和禮物——民主，可以更快速的傳播。

因此，在伊拉克入侵科威特之後的十年時間裡，美國所追求的政策是既模糊不清，又野心勃勃。美國一邊反覆地念著解放像伊拉克這樣的國家並推行民主觀念和實踐的咒語；但又同時嫉妒地，時而殘酷地尋求在這個快速變動的世界中捍衛和促進美國自身利益，這樣的做法幾乎是不顧一切代價來推動的。在伊拉克，聯合國六八七號決議在波灣戰爭後通過了，這份決議的內容和科威特主權有關，但同樣也有對「銷售和供應……除醫藥物資以外的貨物或產品之行為」的制裁，「糧食」等貨物排除在制裁範圍之外。[14]這些手段的目的是強制伊拉克裁軍，包括終止生化武器計畫，並強制其同意並認可科威特主權。隨著伊拉克出口和金融交易的大面積限制，該決議的後果是災難性的——對伊拉克的窮人尤其如此。根據《刺胳針》（*Lancet*）的估算，光是在五年內，就有五十萬兒童死於和這些政策直接相關的營養失調和疾病。[15]一九九六年，萊絲莉・斯陶（Leslie Stahl）在電視節目《六十分鐘》（*60 Minutes*）上採訪了國務卿歐布萊特（Madeleine Albright），她提出，制裁造成的伊拉克兒童死亡人數比一九四五年的廣島還要多。「我覺得這是個艱難的選擇，」歐布萊特回答；然而她說道，「我們認為代價是值得的。」[16]

打壓伊拉克的手段不只有制裁，在停火協議達成之後不久，北緯三十三度至三十六度之間很快就畫定出禁飛區——在九〇年代由美國、法國和英國出動的將近二十萬架次的戰機巡邏。[17]這些禁飛區覆蓋了超過一半的伊拉克國土，對外宣稱的目的是保護伊拉克北部的庫德少數族裔和伊拉克南部的什葉派人口。這些禁飛區是單方面設立的，沒有聯合國安理會的授權，此舉顯示出了西方十分樂於介入別國內部事務，在適當時機把事情掌握在自己手裡。[18]

這樣的戲碼在一九九八年又重複了一遍，柯林頓（Bill Clinton）總統簽署了伊拉克自由法案（Iraq Liberation Act），從而讓「美國支持在伊拉克推翻薩達姆・海珊為首的政權，並促進以民主政府來頂替海珊政權」成了正式的政策。[19]柯林頓還宣布將給「伊拉克民主反對派」提供八百萬美元，並表示此舉是為了讓反對薩達姆的異見聲音「團結起來，並更有效地一起運作」

的目標。[20]

美國及其盟友做出的讓局面符合他們的利益的努力並不僅限於伊拉克。例如，柯林頓總統還提議向伊朗領導人接觸，以開啟對話，改善兩國自從伊朗門醜聞和文森號戰艦（Vincennes）在一九八八年擊落一架伊朗民航客機後就急速跌落的關係。儘管德黑蘭方面展開的報復行為的完整程度仍不清晰，但許多證據線索都指向針對美國目標的一系列恐怖襲擊——可能包括一九八八年十二月在洛克比（Lockerbie）上空發生的泛美航空（Pan Am）一〇三航班空難，以及一九九六年在沙烏地阿拉伯達赫蘭（Dhahran）附近的美軍基地的爆炸。[21]

在美國調查人員強烈暗示伊朗參與了達赫蘭美軍基地爆炸之後，柯林頓總統在九〇年代末經過中間人之手，給哈塔米總統（Mohammad Khatami）發去了一封抗議信。伊朗做出了激烈回應，斥責美國對伊朗造成了十九名服役人員死亡的指控「不準確而且不可接受」。甚至，伊朗在回應中聲稱，美國實在是虛偽，考慮到美國不曾做出任何舉措來「起訴或引渡那些可以輕易認定的（在十年前）擊落伊朗民航客機的美國公民責任人」，卻對恐怖襲擊暴跳如雷。不過，伊朗也為將來留下一些希望。伊朗的回應中寫道，總統應該放心，伊朗「對於美國人沒有敵對企圖」。事實上，「伊朗人民不但不會敵視美國，還對偉大的美國人民持有敬意。」[22]

這一策略也被進一步用在了阿富汗，美國和強硬的塔利班政權建起了溝通管道。在此之前的一九九六年，透過一個中間人，美國和塔利班最高領導人穆拉奧馬爾（Mullah Omar）取得了聯繫。再一次，最初的跡象顯得前途十分光明。按照一份美國駐喀布爾大使館在第一次會面後呈交的機密報告的說法，一個塔利班高級官員說，「塔利班十分看重美國」，另外，「美國在打擊蘇聯的傑哈德中提供的支持」並未被忘記。總而言之，「塔利班想要和美國保持好關係」。[23]這種緩和的訊息給樂觀主義提供了基礎，而且美國實際上擁有聯絡人和當地的老朋友，這些人可能在未來證明有用。這其中也包括軍閥賈拉魯丁・哈卡尼，自從蘇聯入侵以來，他就是中情局長久以來的資產，他在社會政策和婦女權利上（相對的）自由主義態度，在一份備忘錄中得到了記載，並且強調了他在塔利班內部與日俱增的重要性。[24]

美國對阿富汗角色的主要憂慮是該國作為武裝分子和恐怖分子的溫床。塔利班在一九九六年期間獲得了對喀布爾的控制，這給周邊國家敲響了警鐘，引起對區域性動盪、基本教義派宗教抬頭，和俄國在蘇聯解體後才剛剛後退幾步又重新進入該地區的前景之關注。

這些憂慮在一九九六年十月在坎達哈舉行的與塔利班高層人物的會面中得到了表述。美國官員得到了軍事訓練營已經關閉並且允許調查人員進行調查以證明其真實性的保證。包括實質上的阿富汗外交部長穆拉胡斯（Mullah Ghous）在內的塔利班官員們熱情地回應了關於奧薩瑪・賓・拉登的問題，後者的活動是美國情報部門最為擔心的。中情局把賓・拉登和一九九二年在索馬利亞殺死美國士兵，一九九三年紐約世貿中心爆炸，在埃及、沙烏地阿拉伯及巴基斯坦設立蓋達組織的招募中心和旅館聯繫在了一起。按照一份情報報告所述，他是「全世界伊斯蘭激進活動最重要的資金贊助人」。[25]

美國官員告訴阿富汗代表，「如果塔利班能告訴我們他人在哪並且保證他不會實施攻擊的話，對事情會很有幫助。」阿富汗官員的回答是「他在我們這裡是以客人的身分，他是一個難民」，我們普什圖人（Pashto）的文化要求我們必須「待客人以尊重和熱情」。「塔利班，」

他們說道，「將不會允許任何人利用我們的領土進行恐怖活動。」無論如何，賓・拉登已經「保證他不會在身處阿富汗期間進行〔恐怖攻擊〕」，當塔利班開始懷疑他住在賈拉拉巴德以南的托拉博拉附近的山洞裡的行徑時，他們讓他「〔從山洞裡〕搬出去並住到正常的房子裡」，此後他遵守了他的承諾。[26]

儘管這只不過是表面上的安撫，不是美國人想要的鄭重保證，但促使了一些變化。「這個人是毒藥，」美國官員鄭重其事地告訴塔利班密使。「所有的國家，即便是如美國之幅員遼闊和強大，也需要朋友。而且阿富汗尤其需要朋友。」這是令人警覺的一句話：表示出如果賓・拉登未來捲入任何恐怖攻擊，阿富汗都要面臨後果。一位塔利班領導層的重要人物穆拉拉巴尼（Mullah Rabbani）的回答十分清晰，他重複了他們之前所說的話，他的回應被整段摘錄在發至華盛頓和美國在伊斯蘭堡（Islamabad）、卡拉奇、拉合爾、利雅德和吉達的代表處的電文中：「在世界的這部分地區存在著一個法則，如果有人尋求庇護的話，他就應該得到一個庇護場所，但如果有人實施恐怖攻擊的話，你可以把話說明；我們有我們的看法，不允許任何人實施這樣的骯髒行徑」。[27]

這樣的保證從來沒得到完全的測試，也沒被認為是有價值的。到一九九八年的春天時，中情局已經開始籌備一個得到阿富汗「各部落」的支持和配合的逮捕計畫，這個計畫被策劃人們稱為「完美的行動」。到五月分時，按照一份經過稠密安排和編寫的中情局報告所言，「引渡〔奧薩瑪・賓・拉登〕的計畫進行得相當順利」；儘管不無風險，但是「一份細節嚴密、周全、實在的」計畫已經制定出來了。至於這份計畫能不能得到批准就是另一個問題了：正如一個當事人所言，「行動計畫能開綠燈的機率是一半一半」。高級軍官持有的觀點則不那麼樂觀。三角洲特種部隊的指揮官對這個計畫的細節感到「不舒服」，而聯合特種作戰司令部的指揮官認為中情局的計畫有些「高不可攀」。儘管進行了「最終極的行動預演」——而且結果十分不錯——但是這個行動計畫還是被壓了下來。[28]

在任何跟賓・拉登有關的重大行動得以實施之前，事情就發生了大轉彎。在一九九八年八月七日，蓋達組織對美國在奈洛比（Nairobi）和三蘭港（Dar-es-Salaam）的美國使館實施了同時的爆炸，這兩個城市分別是肯亞和坦尚尼亞的最大城市，造成了二百二十四人喪生，數千人受傷。對幕後指使者的種種懷疑都立即指向了賓・拉登。

美國在兩個星期內就採取了行動，對阿富汗境內受到懷疑的四個蓋達組織基地發射了七十八枚巡航飛彈。總統柯林頓在八月二十日的電視演說中表示，「我們的目標是恐怖分子。」「我們的任務很清晰：打擊和賓・拉登相關聯並且受其資助的激進組織網絡，他也許是今日世界的跨國恐怖主義最大的組織者和金援者。」當時的柯林頓正身陷和實習生莫妮卡・陸文斯基（Monica Lewinsky）的性醜聞中並面臨著下台威脅，而且在三天以前——不打算在消滅陰謀指使者之前先和塔利班做一番討論——他才剛發表了另一個電視演說。為了能事先消弭批評聲音，他在講話中宣布：「我想讓全世界能夠了解，我們的行動並不是針對伊斯蘭教。」恰恰相反的是，這位身陷重圍的總統繼續說道，伊斯蘭教「是一個偉大的宗教」。[29]

美國著手處理賓・拉登的行動被證明並不成功，但這還不是最糟糕的，他們竟然惹怒了塔利班，後者立即表達了對美國攻擊阿富汗領土和打擊一個並沒有被證實和東非襲擊有牽連的客人的憤怒。穆拉奧馬爾宣布，塔利班將「永遠不會把賓・拉登交給任何人，而且將用我們的血和一切代價保護他」。[30]正如一份美國的情報評估報告中所解釋的，在阿拉伯世界中存在對賓・拉登及其激進主義的大量同情，在該地區穆斯林人民受到的「不公和欺騙」的訊息，和「美國支持腐敗政權的政策……其目的是為了分裂、削弱和剝削阿拉伯世界」的公眾觀感，共同發生作用。這份報告的結論是，很少有人支持賓・拉登的恐怖主義，但是「很多人至少持有他的一些政治心理」。[31]

穆拉奧馬爾本人就持有這樣的看法，就在飛彈攻擊的三天後，在他和華盛頓的國務院之間引人注目的電話討論中，他表述了「攻擊將會在伊斯蘭世界證明它所帶來的反作用並且提高反美情緒」。最近才解密的這通電話，是所知的唯一一次阿富汗最高領導人和美國官員的直接接觸，在對話中，奧馬爾提及了柯林頓總統正在經受「目前的國內困難」——他指的是陸文斯基性醜聞。考慮到這一點，為了在這次災難性的單邊攻擊之後，「重建美國在伊斯蘭世界的受歡迎度」，「國會應該要迫使柯林頓總統辭職。」[32]

與此同時，美國的攻擊被塔利班的高級發言人瓦基里・阿赫麥德・穆塔瓦基里（Wakīl Ahmed Mutawakkil）斥責是「對全體阿富汗人民的」攻擊。在攻擊發生後，於坎達哈和賈拉拉巴德爆發了反美示威遊行，按照在攻擊發生不久後就和美國官員進行了討論的阿赫麥德的說法，「如果〔塔利班〕能用類似的攻擊報復華盛頓的話，」他說，「塔利班早就這麼做了。」[33]就像薩達姆・海珊發覺美國一邊給伊朗賣武器，一邊聲稱支持伊拉克的時候一樣，塔利班感到了這種受背叛感和陽奉陰違的手法造成的破壞：美國一邊釋出友誼的訊號，另一邊卻在背地裡搞鬼。

瓦基里・阿赫麥德對美國在軍事攻擊實施後所提出的淺薄證據表達了他的憤怒。塔利班領導層一直就清楚地知道，如果賓・拉登真的被發現在阿富汗的土地上從事了恐怖活動的話，塔利班就會對他採取相應的行動了。[34]事實上，穆拉奧馬爾幾乎是立即就對美國國務院提出了具體證據的要求。[35]有些人相信指控是捏造的，塔利班官員說，同時有其他官員指出賓・拉登曾經「在美國的支持下訓練了一支游擊隊」。美國所提供的材料無非就是一些難以證明的「幾張紙」；有一個被假定是包含了關於賓・拉登的「一些新動向」的錄影帶被交到了塔利班手裡，但令人尷尬的——這個錄影帶的內容根本不值得被看作是證據。

美國的攻擊是醜陋的，阿赫麥德說道，導致了無辜阿富汗人的死亡並且侵害了阿富汗主權。他做出結論，如果美國人真心想要解決賓・拉登問題的話，他們應該去跟沙烏地人談；如果他們真的去找沙烏地人談了的話，事情「不用幾個小時，只需幾分鐘」就解決了。[36]諷刺的是，正如雪片一般湧出的外交電文、研究報告和贏得利雅德方面支持的建議所顯示出的，美國自己也得出了同樣的判斷。[37]

美國的攻擊造成的影響是災難性的。正如一份研究蓋達組織威脅的美國情報在一年之後所表示的，除了意圖消滅賓・拉登的行動已經失敗的事實以外，這次攻擊還讓他在阿拉伯世界和其他地方樹立起了「面對欺侮的進犯而不屈不撓的鬥士」形象。人們所感受到的「美國的文化傲慢」的真實危險正在增長；這也是一個問題，這份報告提出了警告，美國的攻擊「具有道德上的問題」，並且和賓・拉登擁有炸彈一樣有問題，因為對使用武力的正當性加以辯護的政治議程，導致了無辜人員傷亡。因此「報復性的巡航飛彈攻擊……可能最終會被證明是弊大於利」。美國應該要知道，這份報告如有預見地補充道，空襲很可能會「激起新一輪的恐怖分子爆炸陰謀」。[38]

即使是在這一切發生之前，失敗的介入行動就已經帶來了不想要的結果。在塔利班領導層內部看待外部世界的觀點遭到了硬化，對於西方是陽奉陰違的兩面派感受深深地扎下了根。這種受困心理的發展加速了強硬宗教觀點的加深，同時也有利於激進伊斯蘭觀點在世界範圍內散播——儘管有一份當代的中情局報告判斷說，激進伊斯蘭觀點非常不可能有效地傳播開來。[39]因此，美國施加的壓力促使保守聲音在基本教義派者中間越來越有聲勢。像是穆拉拉巴尼這樣的人就被奧馬爾這樣的人壓了下去，前者是喀布爾舒拉（Kabul Shūrā，即委員會）的首腦和代表委員領導人，他擔心如果不驅逐賓・拉登的話，可能會加深阿富汗的國際孤立境遇，後者的強硬政策是對外人絕不屈服讓步，這樣的聲音變得越來越流行。作為結果，塔利班越來越靠近賓・拉登所提出的將穆斯林從西方的掌控中解放出來，以及重建中世紀以前的世界的瘋狂想法。[40]

這正是九一一攻擊的目標。在一九九九年完成的一份情報報告中，就已經提出了賓・拉登是如何擁有「強大並強烈的自尊心，〔並且視自己〕為一個非常宏大且古老的歷史舞台上的角色，例如他認為自己正在抵抗最新的十字軍東征」。[41]因而這是一個具有高度啟發性的現象，在雙子大廈被攻擊後流出的每一次錄音或錄影帶中，他都把十字軍或者十字軍聖戰者作為參照。革命者們總是選擇喚起一個理想化的過去，但卻很少有人會為了尋找恐怖行徑的啟發和理由來回首過去一千年的歷史。

在九一一事件發生之前的幾個月裡，情報部門指出了蓋達組織的威脅升高。有一份「僅供總統本人」的備忘錄，題目為不祥的「賓・拉登已決心對美國發動攻擊」。這份日期標註為二〇〇一年八月六日的文件，報告了聯邦調查局已經根據在全美各地進行的大約七十份全面調查做出此結論，「在該國顯示出的可疑行為模式包括劫機準備或是其他形式的攻擊」。[42]美國已經在和喀布爾政權不時進行的接觸中感到足夠緊張了，向該政權提供保證說「美國不反對塔利班，而且本身也不打算出擊摧毀塔利班」。問題在於賓・拉登。如果他能打交道的話，美國在該地區的外交人員說，「我們應該已經有非常不同的關係了」。[43]

問題是他不是一個打交道的對象。在二〇〇一年九月十一日的早晨八點二十四分，事情已經明顯不對勁了。在指示飛行員爬升至三萬五千英尺後，空中交通管理部門試圖和美國航空（American Airlines）從波士頓飛往洛杉磯的十一號航班尋求聯繫。當回答傳來時，是一句出人意料的話：「我們有一些飛機在手上。保持安靜，你們就沒事。我們正在返回機場。」[44]在東部時間早晨八點四十六分，一架波音七六七撞向了世貿中心的北座。在接下來的一小時十七分鐘內，又有三家載客飛機被劫持：聯合航空的一七五號班機撞入了世貿中心南座；美國航空七十七號班機撞擊了五角大廈；聯合航空九十三號班機墜毀在賓州附近的尚克斯維爾（Shanksville）。[45]

在九一一事件中，有包括十九名恐怖分子在內的兩千九百七十七人喪生。目睹雙子大廈倒塌和五角大廈受損所產生的心理震撼極為劇烈。恐怖分子在海外對使館建築或是美國軍隊實施的攻擊已經足夠大了，但是這一經過配合對美國本土目標實施的攻擊，其影響是毀滅性的。飛機故意撞向大樓的震撼影像和事件後發生的驚恐、混亂、悲劇場面要求做出立即的、史詩級的回應。「對邪惡行為背後指使者的搜索已經開始，」小布希（George W. Bush）總統在襲擊當天傍晚的電視演說中表示。「我已經命令我們情報和法律執行部門全體出動找出兇手並將其繩之以法。」他還警告說，「在恐怖分子和窩藏庇護他們的人之間，我們將不會加以分別。」[46]

表達支持的聲音開始從全世界的各個角落湧來——其中也包括那些有點讓人意外的國家，例如利比亞、敘利亞和伊朗，伊朗總統表達了「對遇難者的深切悲痛和同情」，並補充說「消滅恐怖主義是全世界的職責」。[47]賓・拉登立即就被認定是這些襲擊明顯的背後黑手——儘管塔利班駐巴基斯坦大使聲稱，前者並沒有足夠的資源來實行如此「精密組織的計畫」。[48]瓦基里・阿赫麥德・穆塔瓦基里在襲擊的第二天告訴卡達的半島電視台，塔利班「譴責這一恐怖攻擊，無論背後策劃的是什麼人」。[49]

在襲擊的幾個小時內，處理賓・拉登的策略就開始制定了。在九月十三日早晨發布的行動計畫中，提出了得到伊朗協助的重要性，並需要聯繫阿富汗的鄰居和緊鄰的政府官方——土庫曼、烏茲別克、吉爾吉斯和中國。在接下來的幾個星期裡，一份計畫表達了要這些國家「重新動員起來」，讓這些國家準備好即將對塔利班展開的軍事行動。[50]回應九一一事件的第一步就是將絲路國家們聯動起來。

有個阿富汗的鄰國得到了尤其特殊的注意。巴基斯坦對塔利班的同情和保持的緊密聯繫，如果不是已經持續了兩個世代，那也有一個世代之久了。恐怖攻擊現在要求伊斯蘭堡方面做出直接選擇，巴基斯坦情報部門的領導人被告知，要做「非黑即白……沒有灰色地帶」的選擇。這個國家要麼是「和美國站在一起打擊恐怖主義，要麼是站在我們對面」。[51]

當武器已經調度到各自位置準備攻打阿富汗時，塔利班得到了巴基斯坦總統或總統安全部隊長官的最後警告，「把所有的蓋達領導人交出來，關閉恐怖分子營地並允許美國得到恐怖分子的裝備，這是為了你的利益和你的生存著想。」如果參與攻打美國的恐怖分子中有「任何人或團體以任何方式和阿富汗有關聯的話」，後果將是「毀滅性的」。「塔利班政權的每一根柱子，」簡單扼要的訊息說道，「都會被毀掉。」[52]這份最後通牒十分強硬而且明確：交出賓•拉登，或是承擔後果。

為追捕賓•拉登和摧毀蓋達組織所做出的所有努力，遠不僅僅是為了抓一個人。實際上，華盛頓方面的注意力很快就轉移到了更大的圖景上：有效、適當地控制中亞。有影響力的聲音指出，需要完全重塑這一地區中的國家，讓美國的利益和安全獲得激進地改善。

幾十年來，美國人都在拿命運做賭注。幾十年來，亞洲心臟地帶都被視為是最重要的——在二戰後更是如此，對這一地區的談論總是明確地和美國的國家安全直接聯繫起來。該地區位於東西方之間的地理位置讓其具有戰略上的重要性，這和超級大國對立有直接關係，同樣也和天然資源有關——石油和尤其重要的天然氣，讓波斯灣各國和他們緊鄰國家的一舉一動都和美國的國家安全有關。

二〇〇一年九月三十日，九一一事件的暴行已經過去三個星期，美國國防部長拉姆斯菲爾德向總統提出了有關美國可以而且應該在不遠的未來達成部分「戰爭目標」的「戰略想法」。「針對蓋達和塔利班目標的一些空襲計畫很快就會施行。」他指出，這標誌著他口中提到的一場「戰爭」的開端。他寫道，要「說服或迫使支持恐怖主義的政府」是十分重要的事。然而他接下來建議的，則是戲劇性且具有驚人野心的提議。「如果戰爭不能給世界政治地圖帶來重大改變的話，美國將無法達成目的。」這句話的意思隨後便清晰地表述了出來。「（美國政府）應該按照這些原則來預計一個目標：在阿富汗和另一個（或兩個）國家建立新政權。」[53]他並不需要特別指名他所說的另外是哪兩個國家：伊朗和伊拉克。

九一一事件轉變了美國和作為一個整體的世界打交道的方式。美國的未來基於保障亞洲脊梁地帶上，這個地區從伊拉克、敘利亞、土耳其三國交界的西部邊境一直延伸到興都庫什山脈。在二〇〇二年一月末，小布希總統鄭重地闡述了這一願景。當時，塔利班已經遭受了嚴重打擊，在實施了大規模空襲和派遣大量地面部隊的持久自由行動（Operation Enduring Freedom）的幾個星期內，塔利班被趕出了包括喀布爾在內的主要城市。儘管賓・拉登仍然在逃，總統在國情咨文中闡述了美國把目光放在更宏大的目標上的原因。許多之前對美國利益有敵意的政權「自從九月十一號之後就安靜下來了，但是我們知道他們的本性」。北韓，這個最出類拔萃的流氓政權就是其中之一。但是真正的注意力是放在了另外兩個國家所構成的威脅上：伊朗和伊拉克。這些政府，連同平壤政權一道，「構成了邪惡軸心，威脅著世界的和平」。拆解這個軸心至關重要。「我們的反恐戰爭已經取得了好的開端，但是這還只是開始。」[54]

要取得控制的決心是堅不可摧的。推翻這些製造動盪和危險的現有政權變成了美國及其盟友的最高戰略想法。給出的優先處理事項是移除清晰和現時的危險，而很少考慮到之後會發生什麼。處理短期問題比考慮長期情節更重要。這在二〇〇一年秋天對阿富汗的計畫中明顯地表現了出來。在空襲已經開始後的一份文件中指出，「〔美國政府〕不該為後塔利班時期的安排費神。打敗蓋達組織和塔利班才是關鍵；之後發生的事情應該留給之後費心。」[55]

同樣的短視主義（short-termism）也在伊拉克的案例中表現得很明顯，美國專注於推翻薩達姆・海珊的統治，缺少對伊拉克未來的規劃。消滅薩達姆的渴望已經在小布希政府上台的第一天就進入了議程，新國務卿科林・鮑威爾（Colin Powell）在喬治・布希就職儀式後的七十二小時內，就提出要求闡明有關「伊拉克政權更迭的政策」——這時離九一一事件還有好幾個月時間。[56]在恐怖攻擊之後，注意力幾乎是立即就轉移到了薩達姆・海珊身上。當美國軍隊看起來牢牢掌控了阿富汗之後，國防部正努力地準備對伊拉克採取大規模行動。問題很簡單，正如拉姆斯菲爾德和中央司令部司令富蘭克斯（Tommy Franks）將軍的會議紀錄上清楚表述的：「怎麼動手？」[57]

有三種可能的導火線得到了預估——所有的這些事情都能給軍事行動提供正當理由。可能是薩達姆「採取行動來鎮壓北方的庫德人？」拉姆斯菲爾德在二〇〇一年十一月時問道；可能是「和九一一或是炭疽攻擊（在二〇〇一年九月發生的對一些美國媒體和兩位參議員的郵包攻擊）有關聯」；抑或是否有關於「大規模殺傷性武器調查的爭端？」這件事看起來有戲可演——正如下面的評論所揭示的：「從現在開始考慮調查要求。」[58]

在二〇〇二年和〇三年初，對伊拉克的壓力越來越多，議題的中心就是生化武器和大規模殺傷性武器。美國對此的追逐幾乎到了傳教熱忱的地步。在缺少「確鑿證據」以證明九一一事件和巴格達有關的情形下，支持戰爭的依賴就只剩下了托尼・布萊爾（Tony Blair），儘管「付出了巨大的政治代價」，而且明顯有「如果不說是大多數，那也有許多美國友邦或是與美國友好的國家——尤其是在歐洲——對於……針對伊拉克發動全面攻擊懷有深刻的懷疑」。當預計到聯合國將不會給這樣的行動加以明確的授權之後，美國開始努力建立一個合法框架來給全方位戰爭背書。[59]

著重強調的說法是鼓吹伊拉克不僅決心要製造大規模殺傷性武器，而且還祕密開發——並同時拒絕國際原子能機構（IAEA）的調查員。在一些案例中，這樣的強調也給檢查人員本身造成了麻煩，他們發覺自己的位置被過分誇大、受到了拖累甚至是處於危險之中。例如在二〇〇二年的春天，禁止化學武器組織（Organisation for the Prohibition of Chemical Weapons）的巴西籍的總幹事何塞・布斯塔尼（José Bustani）在特別閉門會談後遭到了罷黜——這是首次有這樣的重要國際組織的首腦被迫離職。[60] 一次性或經常不可靠的消息來源被予以重視，猜測被當作是事實，一心一意地要把對伊拉克和薩達姆的指控說成是板上釘釘的事。在二〇〇三年二月五日，鮑威爾告訴聯合國，「我今天所說的每句話都有證據、堅實的證據支持。這些不是一面之詞。我所說的都是有絕對情報基礎的事實和結論。」[61]

可事實根本就不是這樣。還不到一個星期之前，國際原子能機構的報告就已經得出結論說，「我們目前沒有證據能說明伊拉克重啟了自九〇年代以來的核子武器計畫」，而且還補充說，「更進一步的核查行動〔將是〕必要的」。[62]在同一天，即二〇〇三年一月二十七日，聯合國檢核會（UNMOVIC）主席漢斯・布利克斯（Hans Blix）還進一步發出了更新消息，他說雖然核查人員偶爾會遭遇到騷擾事件，但是「到目前為止，伊拉克完全配合調查人員的要求」。[63]

正如後來浮出水面的，薩達姆・海珊和二〇〇一年蓋達組織的襲擊之間沒有關聯。事實上，在二〇〇三年三月十九日侵略伊拉克以後，從巴格達得到的數百萬張書頁文件引人矚目地揭示了，伊拉克和恐怖主義幾乎毫無關聯。相反的，和伊拉克情報部門有關的文件顯示出，海珊曾將大量注意力放在如何駕馭和控制像巴勒斯坦解放組織的領導人阿布・阿巴斯（Abu Abbas）之類的人身上，該組織在八〇年代曾經實施過一些重大襲擊，海珊明確地對該組織指出，在任何情況下都不可以攻擊任何美國目標——除非在美國攻打伊拉克的時候。[64]

類似的，正如我們今天所知道的，那些對伊拉克擁有大規模和精密的核子武器計畫的猜想，曾讓人栩栩如生地把伊拉克看作地區和世界和平的威脅的猜想，根本就沒有事實基礎。鮑威爾所描述的那些「藏在棕櫚樹林裡……每隔一到四個星期就變換位置以躲避探測」的拖車，最後被證明只不過是氣象氣球——就和伊拉克人之前說的一樣。[65]

不惜以一切代價來消滅薩達姆・海珊的決心緊密搭配著歷來如此的不計後果的計畫。在入侵之前和期間出現的各種藍圖和書籍闡述著的理想化未來，就在解放伊拉克之後的前方。伊拉克的石油，一份重要的研究樂觀地宣稱，是「一個巨大的資產」。有潛力「給無論民族或宗教信仰的每一個該國國民帶來好處」。[66]財富將會其樂融融地公平分配的幼稚設想，表現出了對侵略後果的不現實期望。自發性、隨機性的解決方案無處不在，例如，二〇〇三年二月白宮發言人艾瑞・弗萊徹（Ari Fleischer）在一次簡報中說的，「和阿富汗不一樣，伊拉克是一個更富裕的國家，擁有屬於伊拉克人民的豐厚資源。因此……伊拉克〔應該能輕易地〕擔負起他們自己重建工作的大部分負擔。」這樣的話幾乎在拉姆斯菲爾德的副手保羅・沃爾夫維茨（Paul Wolfowitz）那裡得到了背書，在二〇〇三年三月開始侵略的八天後，他在眾議院撥款委員會的公聽會上發言，他堅持說，「根本毋須擔心，我們正在打交道的國家可以付得起自己的重建工作，而且是在相對短的時間內重建」。他雲淡風輕地預測，在接下來的二、三十年裡，該國將會創造出五百億至一千億美元的財富。[67]

除掉薩達姆將會把伊拉克變成一塊流淌著奶與蜜的國度的樂觀想法，已經到了神話般的程度。當美軍進入阿富汗的時候，美國的政策制定者們嚴肅地指出，美國「不應該參與任何後塔利班時期的軍事行動，因為美國將會嚴重依賴全世界的反恐努力」。[68]對於伊拉克的預期也類似：按照美國中央司令部的規劃，侵略這個國家需要二十七萬軍隊；但是在三年半之後，所需要的軍隊數目將不會超過五千人的地面部隊。當這些內容出現在PowerPoint簡報上時，一切似乎有理的，因為他們只想看到他們想看到的東西。[69]這些都是輕鬆的戰爭，換句話說，很快就能解決，而且能夠在亞洲的關鍵地區建立起新的平衡。

然而在阿富汗和伊拉克這兩個案例中，事實證明戰爭費時而且代價高昂。在巴格達政權倒台以後，伊拉克陷入內戰，大規模的暴動隨之而來，而阿富汗對介入的回應就像是八〇年代反抗蘇聯時一樣的機智又堅決，巴基斯坦再次給強硬的抵抗戰士們提供了關鍵性的支持。好幾千名服役人員付出了性命，有超過十五萬美國老兵所遭受的傷害被歸類為百分之七十以上程度的傷殘。[70]與之相伴的是，數十萬的阿富汗和伊拉克平民因軍事行動被殺或受傷——或者是在錯誤的時間出現在錯誤的地點，被交叉火力、無人機轟炸或是汽車炸彈殺害——成為了「間接受害者」。[71]

經濟損耗以令人咋舌的速度飛速增長。一份近期的調查研究估算，涉入伊拉克和阿富汗的花費高達六兆美元——如果把長期醫療和殘廢補償金也計入考量的話，每個美國家庭要支付七萬五千美元。這樣的情形反映在美國從二〇〇一至二〇一二年的國債增長了百分之二十的漲幅上。[72]

軍事介入的效果不如預期，以致事情變得更糟。到二〇一一年的時候，歐巴馬總統已經要放棄阿富汗了，按照他的前任國防部長蓋茨的說法，他在二〇一一年三月於白宮舉行的會議中認識到了前景的黯淡。「我坐在那裡，心想：總統不信任他的指揮官〔彼得雷烏斯（David Petraeus）將軍〕，不支持〔阿富汗總統〕卡爾札伊（Hamid Karzai），不相信自己的策略，也不認為這場戰爭是他的。對他來說，他只想著怎麼脫身。」[73]這樣的情形也在卡爾札伊總統的憤怒中可見一斑，在很多人看來，卡爾札伊本人就是被西方推舉、支持和餵養的。他這樣告訴作者威廉・達瑞浦（William Dalrymple），「作為一個國家，阿富汗因為美國的政策而遭受重創；美國沒有打擊本來就在那裡、現在仍在那裡的恐怖主義。他們在持續地損害阿富汗和阿富汗的人民。」已經沒有其他方式好形容了，他說道，「這是背叛。」[74]

與此同時，在伊拉克，除了生命損失、高昂的代價和未來的無望，人們看不到其他的什麼。在薩達姆・海珊被推翻的十年之後，這個國家在向健康民主過渡的名單上名次更低了。在人權、媒體自由、少數族群權利、貪腐和言論自由方面，伊拉克的排名並不比薩達姆・海珊當政時更好，在有些案例上甚至更糟。這個國家被不安和動亂所困，少數族群遭受了災難性的動亂和殘酷的暴力。未來的前景一片黯淡。

當然了，這也給普遍的西方國家，尤其是美國，造成了聲譽上的損害。「我們應該盡可能地避免創造出美國人殺穆斯林的形象」，拉姆斯菲爾德在九一一事件發生的兩個星期後這樣建議布希總統。[75]這一明顯的敏感問題很快就被關塔那摩（Guantánamo Bay）監獄未受審訊的被關押者的照片替代了，美國故意選擇把監獄設在這裡，就是為了能夠拒絕關押者要求受美國憲法的保護。在美國和英國展開的對於發動伊拉克戰爭的調查發現了暗地裡的誤導和操縱證據，以塑造人們支持開戰決定的行為。在後薩達姆時期的伊拉克，美國做出了努力對伊拉克的媒體加以控制，自由概念將會被使用「美國政府訊息」的記者們大加鼓吹，以突出「對繁榮的民主未來的希望」，這讓人想起了不以事實為基礎而是建立在夢想之上的蘇聯式宣傳機器。[76]

除此之外，還有超越司法限度的引渡、制度層面的酷刑折磨，和在沒有必要證據的情形下對有威脅人士發起無人機空襲。這樣的事情可以得到公開討論，充分展現出西方的成熟和多元主義，也讓很多人被這種一隻手宣揚民主第一的偽善訊息，另一隻手則進行著帝國主義的實踐操作感到震撼。有些人決定洩漏出保密資訊，讓政策是怎樣創造出來的大白於天下：利益優先、缺少準備，而且常常罔顧國際法與正義。所有的這一切都無助於西方的光輝形象——連情報部門自己也這麼認為，因此要努力地把對於虐囚事件的本質和範圍的報告遮掩起來，即便是面對美國參議員的詰問時也守口如瓶。

雖然注意力集中在影響和塑造阿富汗上，但同樣重要的是，不可以忽略給伊朗帶來變動的目的。這就包括實施制裁，華盛頓方面積極地推行制裁，但後果卻適得其反。正如九〇年代的伊拉克一樣，可以清楚地看到，受到制裁最大影響的是窮人、弱勢和沒沒無聞的人們，制裁讓他們的生活更加困窘。對伊朗石油出口的限制不僅會對伊朗國民造成影響，當然也會影響到世界另一端的人。在國際能源市場上，每一個單位燃氣、電力和燃油的價格都會對明尼蘇達州的農民、馬德里的計程車司機、撒哈拉沙漠以南非洲的女學生和越南的咖啡農產生影響。我們每個人都受到了在數千英里以外的權力政治的直接影響。我們很容易忘記的是，在開發中國家，幾個銅板的分別就會帶來生或死的不同；對禁運的推行意味著無聲地掐死那些聲音無法被聽見的人——孟買貧民窟裡的母親們，蒙巴薩（Mombasa）郊區編籃子的人，或是那些在南非反抗非法挖礦行為的女人們。所有的這一切都在於伊朗要被迫放棄核計畫，而這項核計畫正是以美國在七〇年代出售給一個暴虐、腐敗的政權的技術作為基礎的。

就像過去一樣，除了給德黑蘭施加外交和經濟壓力之外，美國不斷地明確提出考慮對伊朗動武以終止濃縮鈾計畫。在布希政府執政的最後階段，迪克・錢尼宣稱，即使伊朗在布什爾的核設施如今已經有先進的俄製TOR地空飛彈系統的嚴密防禦，他仍努力爭取對伊朗核設施發動空襲。他在二〇〇九年的時候說，「我可能比我許多同事都更擁護採取軍事行動」。[77]其他人則警告他先發制人的空襲將會讓整個地區的局勢更糟，而不是更好。他已經不只一次地重複提到動武了，例如在二〇一三年時，他曾說除非有軍事威脅，否則談判一定會失敗。「我實在不明白少了軍事威脅，我們要怎麼達成目標」，他這樣告訴ABC新聞。[78]

西方需要用威脅——而且願意用——武力來達到目的的主旋律已經成了華盛頓的咒語。「伊朗必須要證明自己的計畫真的是和平的」，國務卿約翰・凱瑞在二〇一三年十一月時說。伊朗應該牢記這一點，他警告說，「總統……特別說過，他將不會放棄使用武力」。他反覆地清楚表達了這一訊息。「美國會在有需要的時候採用軍事選項」，約翰・凱瑞在二〇一四年一月接受沙烏地人營運的阿拉比亞（al-Arabiya）電視台採訪的時候說道。如果有必要的話，他補充說，美國將會「做必須要做的事」。[79]「正如我在我的總統任期內一次又一次地說明的，」歐巴馬總統強調，「當有必要捍衛美國和美國利益的時候，我將對使用武力毫不猶豫。」[80]

雖然提出威脅是為了把伊朗拉到談判桌前，但美國明顯已經在背地裡做出了為達成目的不擇手段的行動。一些潛在毒源為震網病毒（Stuxnet virus）的病毒攻擊了伊朗納坦茲（Natanz）核設施的離心機，隨後又攻擊了該國各地的反應堆，很多指標都顯示這種以核計畫為目標的高度成熟且攻擊性的網絡策略，可以回溯至美國——並且直指白宮。[81]看起來——只要攻擊是西方情報機構發動的，那麼網路恐怖主義便是可以接受的。就像威脅對伊朗動武一樣，保護符合西方國家利益的全球秩序，只不過是維護其在古代文明交叉路口上的地位的新篇章而已。此事關乎的利益太大，絕不可以放任自流。

結論
新絲綢之路

以各種方式，二十世紀末至二十一世紀初的歷史，展現出了美國和歐洲為了維護他們在連接東西方的關鍵地點上的地位所做出的注定的掙扎。在最近幾十年間發生的各種事件中，最令人驚詫的是西方對於全球史的缺乏洞見——人們缺少對更廣闊的圖景、主題、在該地區更廣泛運行的規律的理解。在那些政策制定者、政客、外交官和將軍們的思想中，阿富汗的問題、伊朗的問題和伊拉克的問題看起來是各自獨立的，彼此間似乎沒有緊密的關聯性。

然而，後退一步把視野放廣一些，將提供有價值的觀點和卓越的洞見，讓我們能夠審視這片動盪中的整個地區。在土耳其，正在上演的是求索國家靈魂的論戰，對未來發展方向抱持分歧的政府一時關閉了網路公司和社交媒體。同樣的兩難境地也在烏克蘭重複著，不同的國民願景已經將國家撕裂。敘利亞也在經歷著一場劇變的創傷，保守主義和自由主義的力量以巨大的代價彼此攻伐。高加索地區也在經歷轉型期，各種各樣的認同問題和民族主義的問題浮現出來，尤其是在車臣和喬治亞。當然了，還有更東邊的地區，在吉爾吉斯發生的二〇〇五年「鬱金香革命」是一段持久的政治動盪期的前奏，在中國西部的新疆，當地的維吾爾人變得越來越不安和不滿，恐怖攻擊現在成了巨大威脅，官方認定留長鬍子是心懷不軌的標誌，並開啟了一項名為「靚麗工程」的正式計畫來阻止女性佩帶頭巾。

除了西方笨手笨腳地介入伊拉克和阿富汗並給烏克蘭、伊朗等國施加壓力之外，還有更多情事正在發生。從東到西，絲綢之路正再度崛起。面對伊斯蘭世界的混亂和暴力，面對宗教基本教義派，面對俄國及其鄰國之間的衝突，或是面對中國在西部省分的極端主義，人們很容易感到困惑和震驚，然而，我們所正在目睹的，是一個曾經主導智識、文化和經濟景觀的地區，現在正重新崛起的分娩陣痛。世界的重心正在回到它在千年以前的位置。

有明顯的理由可以解釋為什麼會是這樣。當然，最為重要的原因是這個地區蘊含的資源。獨占波斯、美索不達米亞和波斯灣的資源是第一次世界大戰期間的首要考量，自此之後，如何能夠掌控這一塊作為歷史上最豐厚的獎品的地區，就成了主導西方人態度的著眼點。如果說現在和當時有什麼區別的話，就是現在掌控該地區的重要性甚至比諾克斯・達西的時候更大，他在那時才剛剛發現單是裡海一地所蘊藏的天然資源就是整個美國的兩倍。[1]在庫德斯坦，那裡有剛剛發現的塔克塔克（Taq Taq）油田，其石油產量已經從二〇〇七年每日兩千桶的數量增長到二十五萬桶——也就是每月有價值數億美元的石油開採出來。在位於哈薩克和俄羅斯邊境處的卡拉查賈納克（Karachaganak）擁有約四十二兆立方英尺的天然氣儲量和液化天然氣和原油，哈薩克的這個地區是躺在隆隆作響的天然資源上過日子。

還有位於橫跨烏克蘭和俄羅斯接壤的東部領土的頓巴斯盆地（Donbas basin），這裡長久以來就因為豐富的煤炭資源而聞名，可開採儲量據估計高達一百億噸。這裡的其他礦石財富的重要性也在上升。美國地質調查局近期完成的以地理為主的評估顯示出，這裡有十四億桶的石油和二點四兆立方英尺的天然氣，以及估算出的大量液化天然氣。[2]在天然氣資源豐富的土庫曼，該國地下的天然氣儲量據估計不少於七百兆立方英尺，該國控制著世界上第四大的天然氣供應。隨後要說的是烏茲別克和吉爾吉斯的礦藏，這兩個國家都是天山帶狀地區的一部分，其金礦的儲量僅次於南非的威特沃特斯蘭盆地（Witwatersrand basin）。在哈薩克還發現了鈹、鏑和其他種類的「稀土」，這些原料是製造手機、筆電和可充電電池的關鍵，另外還發現了對於發展核能及製造核彈頭至關重要的鈾和鈈。

甚至這裡的土壤本身就很肥沃和寶貴。曾幾何時，中亞的馬匹是最貴重的商品，是中國的帝國宮廷和德里市場上引人垂涎的佳品。無論是在基輔、君士坦丁堡還是在北京的編年史作者，都對這種馬匹讚賞有加。在今天，草原上的大部分放牧地已經被轉變成了俄羅斯南部和烏克蘭高產得令人驚訝的農地：事實上，「黑鈣土」（chernozem）已經成了金字招牌（其字面意即「黑土」），這種土壤極為肥沃而且受人青睞，以至於有一個非政府組織（NGO）發現單單是烏克蘭一國，每年出售這種土壤的生意就接近十億美元。[3]

這個地區的不穩定、動盪或是戰爭，不僅會在世界各地加油站中的油錶上有所體現，而且會影響我們使用的技術的價格，甚至影響到我們吃下肚的麵包。例如，在二〇一〇年夏天，天氣原因造成了俄羅斯的糧食歉收，產量遠遠低於國內需求。在缺額變得清晰可見時，在十天的警告期後，俄羅斯立即禁止了燕麥出口。這對全球燕麥的價格造成了即刻影響：兩天之內價格就漲了百分之十五。[4]從二〇一四年開始的烏克蘭動盪局勢也造成了類似影響，出於人們對世界第三大小麥出口國的農產量受到波及的恐懼，小麥的價格因而快速上漲。

在世界的這個部分種植的其他糧食也遵循了相似原則。曾經，中亞以巴布爾的橙樹聞名，後來，十七世紀西歐各國的首都城市則是為在阿姆斯特丹的運河房屋中單顆交易的鬱金香而趨之若鶩。今天，人們爭吵搶奪的則是罌粟：這種植物的主要種植地在阿富汗，這裡是全世界海洛因消費環節中的重要一環，在阿富汗的種植情形會決定海洛因的價格——也當然會影響戒毒和治療的結果，以及打擊有組織犯罪的代價。[5]

對於西方人來說，世界的這個部分也許看起來陌生又不熟悉，甚至怪異到了不可思議的地步。在土庫曼，一個可以跟著太陽方向旋轉的巨大黃金總統雕像在一九九八年的時候被豎立起來，而且在四年之後，月份的名稱被改掉了，之前是「Aprel」的四月被改成了「庫爾班蘇丹」，來紀念總統過世的母親。在鄰國哈薩克，二〇一一年連任成功的總統納札爾巴耶夫（Nursultan Nazarbayev）在大選中贏得了百分之九十六的選票，被洩漏出來的消息揭示出，像艾爾頓・強（Elton John）和妮莉・費塔朵（Nelly Furtado）這樣的流行明星曾經得到過高得無法拒絕的開價，在總統家庭的私人音樂會上演出。[6]在塔吉克，在建造了一根短暫保持了世界最高的國旗杆後，注意力又轉向了修建中亞最大的劇院上，同時也開始修建中亞最大的圖書館和博物館，以及最大的茶館。[7]

與此同時，在位於裡海西側的亞塞拜然，被美國外交官們拿來和「教父柯里昂家族」相提並論的總統阿利耶夫（Ilham Aliyev）在最近一次大選中獲得了不那麼壓倒性的百分之八十六的選票。在這裡，據說這位統治者的兒子——一個十一歲的男孩——在杜拜擁有一連串的別墅和公寓，其價值高達四千五百萬美元——這個數目等於亞塞拜然國民年平均收入的一萬年總數。[8]在亞塞拜然以南的是伊朗，該國近期有個總統曾否認大屠殺，並且指責「西方勢力和陰謀家」

發明了愛滋病毒來「向貧窮國家出售他們的藥品和醫療器械」。[9]

在西方人的眼中，這個地區的特徵是落後、暴政和暴力。國務卿希拉蕊（Hillary Clinton）在二〇〇一年時說，中亞「被衝突和分裂撕碎」已經太久，這個地方的貿易與合作被「官僚壁壘」和其他阻擋商品和人民流動的障礙所扼殺；「讓居住在這裡的人民擁有更好未來」的唯一方式，她下結論說，就是試著創造持續的穩定和安全。只有在這樣的時候，才有可能「吸引到更多的私人投資」，至少在她看來，私人投資是社會和經濟發展不可或缺的因素。[10]

然而，儘管這些地方有明顯的「他者性質」（otherness），但這些地方總是全球歷史的重要部分，無論從哪個角度來看都極為重要，這是連接東方和西方的地區，一直作為各種思想、習俗和語言的熔爐，摩肩接踵地從古代一直延續到今天。出乎很多人的觀察和認識，今天的絲綢之路正再次冉冉鋪展。經濟學家尚未把注意力轉投到絲路上，去關注在它的地上、地下、水底和連接黑海、小亞細亞、黎凡特和喜馬拉雅山脈的群山腳下的財富。但是人們已經注意到了沒有歷史聯繫但是卻人為地用相似的測評數據來歸類的國家，如金磚國家（BRICS，巴西、俄羅斯、印度、中國、南非），和一度蓋過金磚國家鋒頭的迷霧國家（MIST，馬來西亞、印度尼西亞、南韓、土耳其）。[11]事實上，絲路上的國家才是真正的「Mediterranean」（地中央）——「世界的中央」——我們應該把眼光投向這裡。這裡不是蠻荒的東方，也不是等待被發現的新世界——這是一個正在我們眼前重新連接、重新崛起的地方。

城市正在繁榮起來，新的機場、旅遊度假村、豪華飯店和地標性建築正拔地而起，這些國

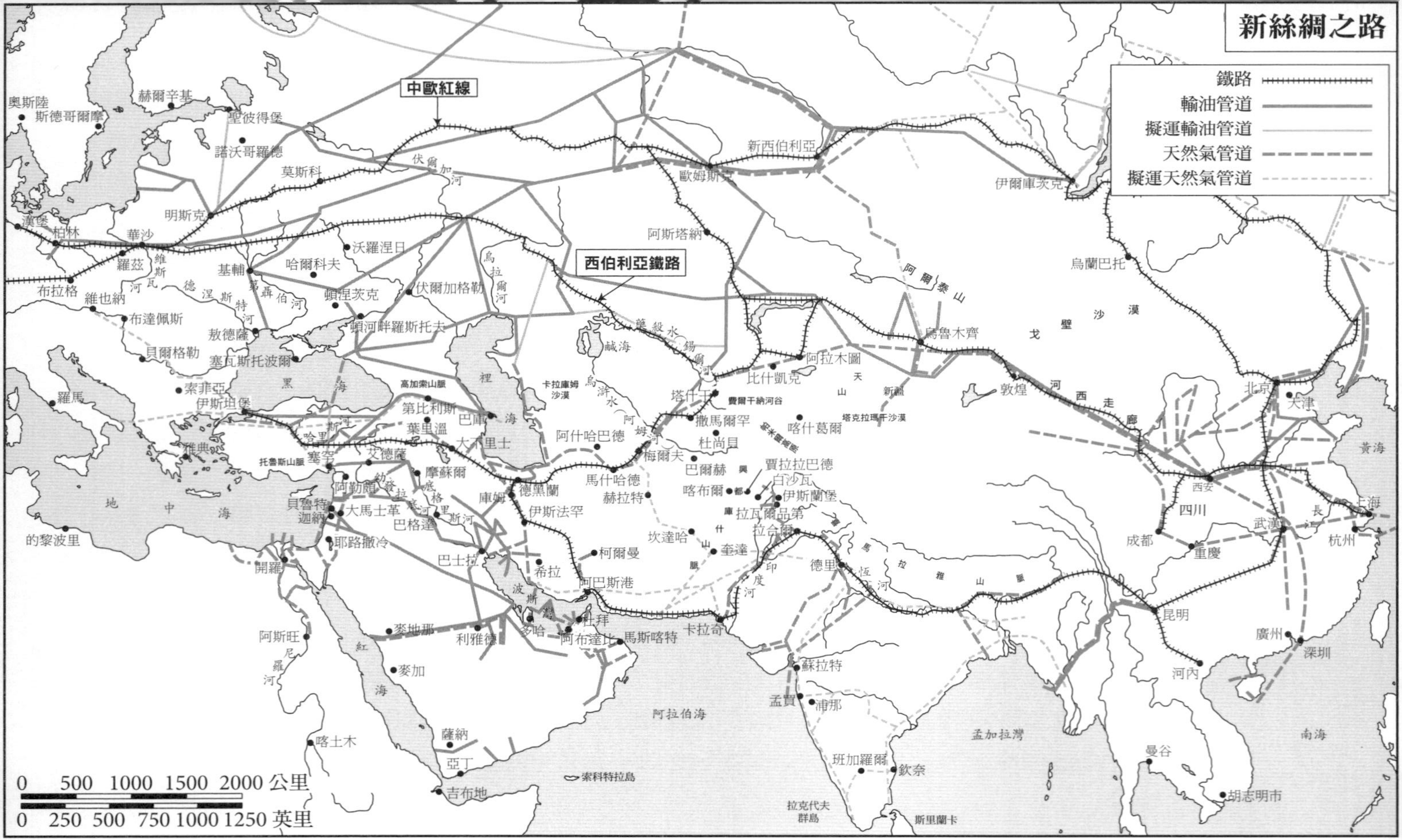
新絲綢之路
鐵路
輸油管道
擬運輸油管道
天然氣管道
擬運天然氣管道
中歐紅線
西伯利亞鐵路
奧斯陸
斯德哥爾摩
赫爾辛基
聖彼得堡
諾沃哥羅德
莫斯科
明斯克
漢堡
柏林
華沙
羅茲
維斯瓦河
布拉格
維也納
布達佩斯
貝爾格勒
羅馬
的黎波里
基輔
哈爾科夫
沃羅涅日
伏爾加河
伏爾加格勒
頓涅茨克
頓河畔羅斯托夫
敖德薩
塞瓦斯托波爾
黑海
索非亞
伊斯坦堡
雅典
地中海
貝魯特
迦納
大馬士革
阿勒頗
巴格達
巴士拉
開羅
耶路撒冷
高加索山脈
第比利斯
葉里溫
巴庫
裡海
大不里士
德黑蘭
庫姆
伊斯法罕
希拉
阿巴斯港
波斯灣
多哈
杜拜
阿布達比
馬斯喀特
利雅德
麥地那
麥加
紅海
阿斯旺
尼羅河
喀土木
薩納
亞丁
吉布地
索科特拉島
阿拉伯海
卡拉奇
阿什哈巴德
馬什哈德
赫拉特
坎達哈
奎達
喀布爾
伊斯蘭堡
拉瓦爾品第
拉合爾
德里
印度河
恆河
喜馬拉雅山脈
蘇拉特
孟買
浦那
班加羅爾
欽奈
拉克代夫群島
斯里蘭卡
孟加拉灣
歐姆斯克
新西伯利亞
阿斯塔納
伊爾庫茨克
烏蘭巴托
阿爾泰山
戈壁沙漠
烏魯木齊
阿拉木圖
比什凱克
塔什干
撒馬爾罕
杜尚貝
梅爾夫
鹹海
天山
新疆
塔克拉瑪干沙漠
喀什葛爾
敦煌
河西走廊
北京
天津
黃海
西安
四川
成都
重慶
武漢
長江
上海
杭州
昆明
河內
廣州
深圳
南海
曼谷
胡志明市
0 500 1000 1500 2000 公里
0 250 500 750 1000 1250 英里

家發現他們手上有著大量的金錢來實現夢想。土庫曼首都阿什哈巴德（Ashgabat）已經耗資數億美元興建了總統宮殿和室內冬季運動場，而且保守估計指出，位於裡海東岸的阿瓦札旅遊區（Avaza tourist region）已經經歷了超過二十億美元的投入。在巴庫的海達爾阿利耶夫（Heydar Aliyev）國際機場，現代化的航廈有巨大的木罩頂和凹面玻璃牆，讓抵達的旅客毫不懷疑擁有石油資源的亞塞拜然有著多大的雄心壯志和財力，給人留下同樣印象的，還有為二〇一二年歐洲歌唱大賽（Eurovision Song Contest in 2012）修建的水晶大廳（Crystal Hall）。當巴庫正經歷繁榮興盛，國際旅客的選擇也多了起來，在亞塞拜然首都過夜的旅客可以選擇住在希爾頓、凱賓斯基（Kempinski）、麗笙（Radisson）、華美達（Ramada）、喜來登和君悅，或是各種新開幕的精品旅店。這只是一個開始：單是在二〇一一年，在巴庫的飯店房間數量就翻了一倍，在接下來的四年中，這個數字預計將會再翻一倍。[12]或者是像埃爾比勒，很多石油工業以外的人都沒聽說過這個城市的名字，這是伊拉克庫德斯坦的主要城市。在這裡，新營運的羅塔納酒店（Erbil Rotana hotel）的房間價格，要比大多數歐洲國家首都和美國許多主要城市的房間價格更高：一般客房的起步價高達兩百九十美元一晚——包括早餐和Spa（但不含無線網路）。[13]

大量的新城市被興建出來，甚至還包括一個新首都——哈薩克的阿斯塔納，這座首都是在不到二十年的時間裡拔地而起的。這座城市裡坐落著由諾曼·福斯特（Norman Foster）設計的和平與和解宮（Palace of Peace and Reconciliation）和三百三十英尺高的貝塔里克塔（Bayterek tower），這個建築的外觀像是一棵頂著金蛋的樹，訪客在裡面可以把手放在哈薩克總統的手印上許願。對於不熟悉的人來說，這個城市就像是一片新開發的疆土，是一群不知道從哪裡出現的億萬富翁在倫敦、紐約和巴黎的拍賣會上把最好的藝術品買來的地方，這些富翁樂於在全世界購買最豪華的房地產，而根本不擔心自己會不會長期住在那：在倫敦地產市場上，來自前蘇聯共和國的買家所花的平均數額，比來自美國和中國買家所花的平均數高了將近三倍，比倫敦當地買家的平均數高四倍。[14]位於曼哈頓、美菲（Mayfair）、國王橋和法國南部的獨家私宅和地標建築，一個接著一個地被來自烏茲別克的銅業巨頭、被那些在烏拉爾山的碳酸鉀產業大老或是來自哈薩克的石油大亨收入囊中——而且他們通常都是付現金。有些人會把他們的財富花在世界著名的球員身上，比如埃托奧（Samuel Eto'o）就被一個來自裡海地區的寡頭收至麾下，在馬哈奇卡拉安郅隊（Anzhi Makhachkala）效力。這個俱樂部位於達吉斯坦，埃托奧一度成了全世界最高薪的足球運動員；還有其他人花錢來積累國家的聲望，比如在巴庫舉辦的十七歲以下女足世界杯，邀請到了珍妮佛・洛佩茲（Jennifer Lopez）為開幕式獻唱——這和兩年前在千里達及托巴哥開幕式上為時十分鐘的小型舞蹈團表演形成了尖銳對比，當時的觀眾只不過幾百人。[15]

在整個穿越亞洲的脊梁地帶，新的聯繫正在建立起來，把東西南北方向的關鍵地區以各種各樣的路線、框架和形式串聯一氣——就像是一千年前所做的一樣。這樣的網絡也得到了新的動脈種類的補充，例如北方輸送網絡（Northern Distribution Network），這是由一系列的運輸走廊所組成的網絡，穿越俄羅斯、烏茲別克、哈薩克、吉爾吉斯和塔吉克，為美國和聯軍運送「非殺傷性貨物」到阿富汗，沿途還利用了一些八〇年代蘇聯占領時期所修建的基礎設施。[16]

另外，當然還要包括把能源運送到願意出價的歐洲、印度、中國等客戶手上的石油和天然氣管線。縱橫交錯的輸油管線遍布該地區的每個方向，把資源輸送到土耳其東南部的塞罕港口（port of Ceyhan），或是穿越中亞送到中國，以滿足經濟發展所需的化石燃料。新興市場也同時打開並聯繫在一起，這促進了阿富汗、巴基斯坦和印度的緊密合作，這些國家在取得更多、更便宜的能源上的利益十分一致，新的輸油管能夠讓每年九千五百億立方英尺的天然氣在這裡通過。這條從土庫曼的天然氣田通往赫拉特再到坎達哈，然後到奎達和穆爾坦的路線，對於兩千年前活躍於此的粟特商人和從那時候起一直到十七世紀的販馬人來說，都非常熟悉，同樣對這條路線不會感到陌生的，還有維多利亞時代的英國鐵路規劃師、戰略家以及中古時期前往加茲尼王朝宮廷效力的詩人們。

現存的和正在規劃建造的把歐洲和世界中央的石油和天然氣資源連結起來的輸油管線，不僅會給出口國家帶來更大的政治、經濟和戰略重要性，也會給那些管線途經的國家帶來重要性：就像俄羅斯已經表現出來的那樣，能源供應可以被當作武器使用，無論是透過漲價還是切斷對烏克蘭的供應都可以。因為許多歐洲國家嚴重依賴俄羅斯天然氣，還有更多人依賴的是以克里姆林宮為後台的俄國天然氣公司（Gazprom）擁有戰略股權甚至控股權的公司，使用能源、資源和輸油管線作為經濟、外交和政治武器越來越成為二十一世紀的問題。也許普丁（V. Putin）總統博士論文的題目就是一個不祥的預兆，他的研究內容是俄國礦物資源的戰略規劃和使用——即便有些人對於論文的原創性有所懷疑，甚至對博士學位的真實性也有疑問。[17]

在東邊，這些管線給明日生活帶來了生計，中國簽下了未來三十年天然氣供應的合同，整個合同有效期的價值超過了四千億美元。這樣一筆鉅資，很大一部分金額將預先支付，這給北京方面帶來了其夢寐以求的能源安全，更證明了預計將花費二百二十億美元修建的新管線的合理性，這條管線將給莫斯科提供在和鄰國及對手打交道時的遊刃有餘和額外的自信。並不令人驚訝的是，中國是唯一一個沒有指責俄羅斯在二〇一四年烏克蘭危機期間之行為的聯合國安理會成員國。冷峻的互利貿易現實遠比西方的政治冒險策略更有吸引力。

交通路線和油氣管線在過去的三十年中以戲劇性的速度擴張。重要的跨大陸鐵路線投資已經開啟了七千英里的貨運路線，這條從中國通往德國杜伊斯堡（Duisburg）附近的一個大型配貨中心的渝新歐國際鐵路，在二〇一四年得到了習近平主席的親自造訪。超過半英里長的火車已經開始載著上百萬的筆記型電腦、球鞋、衣物和各種不易腐壞的貨物出發，朝著另外的方向，有載著電子製品、汽車零件和醫療設備的火車展開十六天的運輸時程——比從中國太平洋港口出發的海運更快速。

隨著已經宣布了的四百三十億美元的改善鐵路線的投資，一些人預計鐵路運輸的貨櫃數量將會從二〇一二年的每年七千五百個上升到二〇二〇年的七百五十萬個。[18]這只是一個開始；新將會穿過伊朗、土耳其、巴爾幹和西伯利亞抵達莫斯科、柏林和巴黎的鐵路線正在規劃中，新的路線將會把北京、巴基斯坦、哈薩克和印度連接起來。甚至還有修建一條在白令海峽水下的兩百英里長隧道的說法，這樣的工程可以讓火車從中國出發經過阿拉斯加和加拿大進入美國大陸。[19]

中國政府正在小心、有目的的建立起一個將礦產、能源資源聯繫起來並且能夠接近城市、港口和海洋的網絡。幾乎不到一個月就會宣布大規模投資以升級或是修建基礎設施，以大幅度提高貿易量和交換速率。與之合作的國家的關係從「鐵哥們」上升到了能夠在「全天候」條件下生存的合作關係。[20]

這些變化已經導致了中國西部省分的再崛起。這些內地省分有著比沿海省分更廉價的勞動力，有很多生意已經開始移動到靠近阿拉山口（準葛爾大門）的城市中——這裡是進入中國西部的古代入口，現在正有火車通過。惠普（Hewlett Packard）已經把生產線從上海移到了中國西南的重慶，如今每年生產出兩千萬台筆電和一千五百萬台印表機，用火車把上百個單元的貨物運往位於西方國家的市場。其他公司，例如福特，也已經跟進了這一步伐。富士康——這家頂尖的ＩＴ製造商及蘋果公司的關鍵供貨商——已經以之前深圳廠房的設備為代價，讓廠房出現在了成都。[21]

其他的運輸網絡也開始變成了現實。每天有五班飛機從中國飛往哈薩克的阿拉木圖；亞塞拜然的巴庫每個星期有三十五架飛機往返巴庫和伊斯坦堡，有更多的航班往來於俄羅斯的各個城市。在阿什哈巴德、德黑蘭、阿斯塔納和塔什干機場的降落和起飛時刻表，顯示出了覆蓋這個地區的巨大並且在成長中的交通網——同樣顯示著和歐洲的聯繫有多麼不緊密，來自歐洲的航班很稀少，尤其是相較來自波灣國家、印度和中國的航班。

這個曾經孕育出世界最傑出的學者的地區如今再次出現了優秀的學術中心。在整個波灣地區，由當地統治者和大亨出資贊助，由耶魯、哥倫比亞大學經營的學校遍地開花；還有孔子學院，這是傳播中國語言和文化的非營利文化中心，已經在中國至地中海之間的每個國家建立起來，以展現北京方面的慷慨和善意。

類似的，新的藝術中心也興建起來，從卓爾不群的卡達國立博物館到阿布達比的古根漢博物館，再到巴庫的現代藝術博物館——或者是宏偉的塔什干國立圖書館新館或第比利斯（Tbilisi）的聖三一主教座堂（Sameba Cathedral），出錢修建這座教堂的人是喬治亞大亨伊萬尼什維利（Bidzina Ivanishvili），他在二〇〇六年的一場拍賣會上，斥資九千五百萬美元購得了畢卡索（Picasso）的「朵拉・瑪爾」（Dora Maar）。這是一個正在重塑往日輝煌的地區。

例如Prada、Burberry和Louis Vuitton之類的西方品牌正在波斯灣地區、俄羅斯、中國和遠東修建大型新店面，並見證著銷售數字的攀升（也就是說，伴隨著絕妙的諷刺，精緻的紡織品和絲綢正在反賣回到精緻絲綢和紡織品起源的地方去）。[22]衣物總是社會差異的標誌，從兩千年前的匈奴首領一直到五百年前文藝復興時期的男女都是如此。當今人們對最昂貴品牌的貪婪欲望擁有豐富的歷史淵源——同樣也明顯地表現出在一些財富和重要性正在增加的國家中所出現的新菁英階層。

對於那些更有奇異、有害品味的人來說，有經過加密處理過的網站讓他們來匿名購買武器和毒品等等——而且這種網站的名字還故意要呼應過去的交通網絡和貿易樞紐——絲綢之路。當執法部門不懈地和最新科技競逐，來進行這場以掌握未來的貓鼠遊戲時，徵逐過去的戰役已經在我們正在邁入的新紀元中變得越來越重要。

將會被重新檢索和重新評估其價值的不僅僅是歷史——儘管當新的大學和學校開花結果時，對歷史再檢索和評估也會發生。但是過去的事情在很大意義上是整個絲路地區的生動主題。在對立的支派、領導人和教義之間的對伊斯蘭教核心觀念的爭鬥，將會和先知穆罕默德去世後的第一個百年時一樣激烈，許多的內容都有賴於對過去事件的解讀；一邊是俄羅斯和周邊國家的關係，另一邊是俄羅斯和西方世界的關係，對這些事物的解讀也已經證明了其具有的影響力和激烈程度。古老的敵對關係可以被煽動起來——也可以被撫平下去——這都要從歷史事例中經過小心翼翼的挑選，從歷史事件中得出是要爭鬥出個結果還是要息事寧人的結論。闡明古老的溝通、交流通道在歷史上是多麼有用和重要會對未來很有幫助——這是中國要如此大手筆地投資的一個原因，中國正在透過主張共同的商業遺產和知識交換來將自己和通往西方的絲綢之路聯繫在一起。

事實上，中國在整個地區已經踏上了電信革命的最前端，推廣有線網的建設，同時推廣一些允許世界上最快的下載速度的數據發射器。許多這樣的工程都是由和中國解放軍有著緊密聯繫、享有中國開發銀行低利率貸款的華為和中興興建的，也有一些是以政府間援助的形式興建，這讓中國可以在塔吉克、吉爾吉斯、烏茲別克和土庫曼修建最先進的設施——由於這些國家有維持地區穩定的作用，尤其是擁有礦產資源，因此中國積極地和這些國家建立長期關係。對於這些電信公司的疑慮足以讓美國國會舉行的聽證會做出結論，認為華為和中興「不可以被信任」，因為他們和中國「政府靠得太近，因而對美國構成了安全威脅」——後續有消息揭露，美國國安局開始制定了一個名為「獵殺巨人行動」（Operation Shotgiant）的祕密計畫，以滲入並駭客攻擊華為的服務器。[23]

西方對中國越來越深的成見並不令人吃驚，因為一個延伸至全球的新的中國網絡正在建立的過程中。最遲不過二十世紀中葉，人們能夠在不離開英國領土的情形下從南安普頓、倫敦或利物浦出發航行，抵達世界的另外一端，船隻可以停靠在直布羅陀，隨後去馬爾他，然後在賽義德港；從這裡駛往亞丁、孟買和可倫坡，在馬來半島停留，最終抵達香港。今天，中國人也可以做類似的事情。中國在加勒比海的投資數額在二〇〇四至二〇〇九年間翻了四倍，同時在太平洋地區透過援助、低利率貸款或直接投資的方式興建公路、體育場館和光鮮亮麗的政府建築。非洲同樣見證了中國緊鑼密鼓的布局，中國已經建立起一系列的立足點來幫助其進行正在上演的「大博弈」——這場博弈是當環境變化很可能對所有人產生重大影響的時候，人們對於能源、礦產和食物供應展開競逐的一部分。

如果說西方主導的時代還未完結的話，那麼可以說西方的時代正處在一個十字路口上。在二〇一二年美國國防部在審議會議的開幕聲明中，歐巴馬總統以堅定的口吻開宗明義地指出了對於未來的長期觀點：「我們國家正處於轉型之中。」世界正在我們眼前轉變，總統繼續說道，這樣的轉變「要求我們來領導，〔因此〕美國將維持有史以來最強大的軍隊來保障世界的自由和安全」。[24]在實際操作中，正如這份審議報告明確指出的，意味著美國要進行完全的重新定位。「我們有必要在亞太地區進行再平衡」。雖然在接下來的十年中削減五千億美元的防務支出的計畫已經制定出來，而且未來還有可能更進一步削減，但歐巴馬總統仍然極力強調「我們將不會以犧牲這一關鍵的〔亞太〕地區為代價」。[25]如果有人要殘忍地簡述這份報告的內容的話，就是說美國在一百年來將注意力放在和西歐國家的特殊關係上；現在是時候往其他地方看了。

在倫敦的國防大臣也得出了同樣的結論，英國自己在近年所做出的報告，也接受世界正在經歷動盪和轉型期的看法。這份報告的作者用英國公務員特有的話裡有話的文筆指出，到二〇四〇年為止「都將是轉型期」。在接下來幾十年中要面臨的挑戰包括「氣候變化的現實，快速的人口增長，資源匱乏，意識形態復興和權力從西方向東方轉移」。[26]

當世界的心臟正初具規模地成形，讓橫跨這一關鍵地區的國家的關係得以規範化的機構和組織也應運而生。這些機構和組織最初成立的目的，是為了促進俄羅斯、哈薩克、吉爾吉斯、塔吉克、烏茲別克和中國之間的政治、經濟和合作，上海合作組織（Shanghai Co-Operation Organization）已經變得越來越有影響力，而且逐漸轉變成一個歐盟的可見替代方案。雖然有些人指責這個組織是「侵犯人權的工具」，強調這個組織的成員國不遵守聯合國的反酷刑公約，並公然地缺乏對於少數族群的保護，但是其他人則將該組織視為未來，像白俄羅斯和斯里蘭卡這樣的國家就得到了正式許可，以觀察員身分參加會議。[27]這對於土耳其來說還不夠，該國大聲地呼喊著要成為完全會員國——以重新調整遠離歐洲的方向。在二〇一三年的電視採訪中，土耳其其總理宣布，該國會放棄曠日持久又收效甚微的加入歐盟申請，並把目光轉向東方；他說上海合作組織「更好也更強，而且我們有共同的價值觀」。[28]

這樣的評論也許不該以字面意思來理解，因為世界上這個地區的國家和人民早就擅長用朝秦暮楚的方式為自己爭取好處。然而，當人們開始思考新浮現出的世界秩序時，在華盛頓、北京、莫斯科和其他地方都得出了同樣結論就並非巧合了。美國國務卿在二〇一一年曾說，是時候「把我們的目光放在新的絲綢之路上了」，這將會有助於作為一個整體區域的繁榮。[29]

這是由中國主席習近平提出的目標。在二〇一三年秋天訪問中亞國家的行程中，他在阿斯塔納提出，兩千年來，「雖然種族、信仰和文化背景各不相同」，但生活在這個連接東西方的地區的人民能夠共存和發展。他繼續說道，「中國高度重視發展同中亞各國的友好合作關係，將其視為外交優先方向」。現在正是加強經濟聯繫、道路聯通、貿易暢通和貨幣流通的良機，也是建設「絲綢之路經濟帶」的好時機，換句話說，就是一條新的絲綢之路。[30]

世界正在我們身邊發生變化。當我們進入到一個西方在政治、軍事和經濟上的優勢開始感受到壓力的時代中，一種不安感讓人心緒不寧。當許諾自由和民主的「阿拉伯之春」的假曙光已經被不寬容、苦難和恐懼狀態所替代，並且波及到了整片地區之外，「伊拉克和敘利亞的伊斯蘭國」及其後續團體正在尋求控制領土、石油和控制受害者的思想。在這樣的局面中，很少有人會懷疑將有更多的動盪到來，尤其是因為油價戲劇性下跌之後，給整個波斯灣地區、阿拉伯半島和中亞的各國都帶來了穩定性的衝擊，這些國家要努力平衡預算，並且在好幾代人已經習慣了靠石油和天然氣財富過日子的舊有情形過去後施行簡樸的標準。經濟緊縮和政治上的更迭是攜手並進的，這樣的局面很少能獲得快速和輕易的解決。

對黑海以北的地區來說，俄國吞下克里米亞並介入烏克蘭事務的作為，已經給莫斯科和華盛頓之間的關係造成了不安，而且也影響了莫斯科和歐盟的關係，這和伊朗的發展軌跡形成了對比，伊朗很久以來都是弱勢國家，但它現在看起來正在恢復伊朗所扮演的傳統角色，成為和平與繁榮得以遍布的靠山。當然還有中國，這個國家已經明顯進入了轉型期，過去二十年飛速的經濟發展已經放緩到了一種被稱為「新常態」的狀況——平緩而不劇烈。中國將如何和鄰國及周邊地區的國家打交道，將如何在全球舞台上舉手投足，都會幫助塑造出二十一世紀的樣貌。

習近平在二〇一三年提出的「一帶一路」計畫投入了巨額資源，這強烈地預示著中國正在為未來做準備。在其他地方，創傷和困難、挑戰和問題看起來都是分娩之痛——是一個新世界在我們眼前浮現的跡象。雖然我們很想要知道下一個威脅從哪裡來，如何更好地處理宗教極端主義，如何與那些看起來樂於丟棄國際法的國家協商，以及如何在那些我們很少花時間去了解的人民、文化和地區之間建立關係，在亞洲的脊梁地區，網絡和連結正在靜悄悄地匯聚起來；或者換句話說，這裡正在復甦。絲綢之路正再一次崛起。

感言

世界上沒有什麼地方比牛津更適合歷史學家工作了。這裡的圖書館和收藏無人能及，而且圖書館員的工作能力非常傑出，他們非常擅長搜尋資料。我尤其要感激博德利圖書館（Bodleian Library）、東方學院圖書館（Oriental Institute Library）、薩克勒圖書館（Sackler Library）、泰勒斯拉夫和現代希臘圖書館（Taylor Slavonic and Modern Greek Library）和聖安東尼學院的中東圖書館（Middle Eastern Library）以及他們的員工。若沒有牛津大學令人驚訝的資源和那些照看資源的工作人員的支持和耐心的話，我是寫不成這本書的。

我在邱區（Kew）的國家檔案館花了許多時間閱讀外務部門保存的書信、電報和備忘錄，處理內閣會議的紀錄，或是檢索國防部的提案——所有的這些資料都能在四十分鐘內出現在我手邊。我要感謝所有在這裡工作的人的高效和彬彬有禮。

劍橋大學的圖書館讓我能夠諮詢到關於哈丁男爵的文件，劍橋邱吉爾學院的邱吉爾檔案中心（Churchill Archives Centre）好心地讓我閱讀了莫里斯・韓基爵士的私人日記，並且讓我取閱了由馬克・艾布拉姆斯（Mark Abrams）收集起來的價值非凡的政治宣傳研究部門文件（Propaganda Research Section Papers）檔案。我必須要感謝華威大學（University of Warwick）的BP檔案和檔案主管彼得・豪斯格（Peter Housego），他挖掘了大量和BP石油及其前身——英波和英伊石油公司有關的文件。

我也要感謝喬治華盛頓大學國安檔案館，這個非政府的收藏解密了和國際事務有關的文件，尤其重要的是一批美國二十和二十一世紀歷史的文件。這是一個最近幾十年重要資料的寶庫。它讓我可以在一個地方找到如此多的文件，而省去了來回往返跨越大西洋的勞煩和耗時之苦。

我應該要感謝牛津大學伍斯特學院的院長和同僚，自從我在將近二十年前作為初級研究員進入學院以來，他們就一直待我以誠摯和支持。我很幸運能夠和這樣優秀的學者團隊一起在牛津拜占庭研究中心一起工作，尤其是這裡的馬克・維拓（Mark Whittow），他是一個永不枯竭的啟發和激勵的來源。在牛津和跨越不列顛、歐洲、亞洲和非洲各地，跟同事和朋友的談話和討論幫我精鍊了好想法，有時候也促使我把不好的想法丟棄掉。

有些同事和朋友讀了這本書的一些章節，我欠他們很多人情和感激。保羅・卡特利吉、艾薇兒・卡梅隆、克里斯多福・泰爾曼、馬雷克・揚科維亞克、多米尼克・帕勒維茲・布魯克蕭、麗薩・嘉定、瑪麗・拉文、希納・法齊爾、科林・格林伍德、安東尼・麥克格萬和尼古拉斯・溫莎，他們都閱讀了這本書的部分內容，而且提供了有幫助又敏銳的評論，幫助我讓這本書比它本來的樣子更好。我要謝謝安吉拉・麥克琳提供我關於瘟疫和在中亞流傳的傳染病的最新研究。

在最近幾年，歷史書籍傾向於關注在很短時間範圍內的越來越狹小的主題；我很感激布魯姆斯伯里（Bloomsbury）和科諾普夫（Knopf）的出版人非常熱情地鼓勵我完成一本跨越世紀、大陸和文化的雄心勃勃的書。我的編輯麥克爾・菲什威克從一開始就是支持我的台柱，他催促我把視野拓寬，然後在我遵循這個建議的時候耐心地等待結果。他的幽默感、敏銳目光和堅定支持讓我覺得絕對可靠，這是無價的支持。我也要感謝科諾普夫出版的安德魯・米勒的敏銳觀察、提出問題和觀點，這對這本書很有幫助，而且時機來得正好。

我應該要感謝布魯姆斯伯里出版社的許多人。安娜・辛普森以典範般的魅力扮演了傳播人的角色，她確保了所有事情都正確而且秩序井然——無論是字體還是地圖，無論是圖像還是頁碼，她把這本書從一份電腦文件變成了一本精美的書。彼得・詹姆士不止一次地處理了書稿並且提出了寶貴的建議，從而讓這本書能夠更完善；他的敏捷判斷實在寶貴。凱瑟琳・貝斯特出色地完成了校對的工作，她挑出了我從未注意到的問題，大衛・阿特金森則如英雄一般製作了索引。這本書裡的地圖出自馬丁・盧比科夫斯基之手，他的精湛技藝和耐心同樣出色，菲爾・貝瑞福德幫忙把所有的精彩圖片彙總起來。艾瑪・優班負責了書封的設計，這個書封絕對是震撼又賞心悅目。我還要感激杜德・德拉克和海倫・弗拉德鼓勵人們閱讀我已經寫就的作品。

然而，我還尤其要感激凱瑟琳・克拉克，在幾年前一起吃午飯的時候，她告訴我，她覺得我應該能夠把許多條歷史線放到一本書中，我當時覺得這個主意十分值得懷疑。當我在寫作過程中，這樣的懷疑還是常常重現，通常是在深夜的時候；我感激她的建議、支持和鼓勵，就像我對不知疲倦的喬伊・帕格娜門塔的感激一樣，她是我在紐約的擁護者。克羅伊・坎貝爾則是我的守護天使，她閱讀了初稿全文，並且優雅又富有外交技巧地把疏漏和壞習慣像是熨燙衣服上的褶皺一樣熨平。

我的父母喜歡提醒我是他們教會我走路和說話。就像是他們送給我那一幅貼在我臥室牆上的珍貴的世界地圖（儘管他們不讓我用膠帶，也不讓我把星球大戰貼紙貼在空白的海洋上）。他們教我如何自己思考並且挑戰我所聽到和讀到的訊息。我和我的兄弟姊妹都很幸運能夠成長在一個在晚餐桌上能聽到多種語言的家庭裡，而且我們可以聽大人的談話而且插嘴。學習如何理解別人說的話，而且明白別人話中的真實意思的訓練被證明是無價的。我感謝我的兄弟姊妹和我自從孩提時起的好友們，謝謝他們設定的高標準，對我提出最嚴厲的批評；他們是我唯一認識的一群認為研究過去的事情是件容易事的人。

我的妻子潔西卡已經陪在我身邊二十五年了，自從我們大學時在一起開始，她就不斷地給我靈感，那時候我們辯論生命的意義，談論部落民族的重要性，並且在劍橋的學院地窖中跳舞。我每天都要掐自己一下來提醒自己是多麼幸運。如果沒有她，《絲綢之路》這本書是寫不成的。

但是這本書是獻給我們的四個孩子的，他們總是看著我從書房中走出來，或是從某個思索當日問題的冷氣房或是怪異的檔案室中再次出現在他們面前，他們看到、聽到和提出了越來越好的問題。卡特里娜、弗洛拉、弗蘭西斯和盧克：你們是我的驕傲和快樂。現在這本書寫完了，我終於能和你們在花園裡玩了，想玩多久都可以。

注釋

前言

1 E. Wolf, *Europe and the People without History* (Berkeley, 1982), p. 5.

2 A. Herrman, 'Die alteste turkische Weltkarte (1076 n. Chr)', *Imago Mundi* 1.1 (1935), 21–8, and also Maḥmud al-Kashghari, *Dīwān lughāt al-turk: Compendium of the Turkic Dialects*, ed. and tr. R. Dankhoff and J. Kelly, 3 vols (Cambridge, MA, 1982–5), 1, pp. 82–3. For the city's location, V. Goryacheva, *Srednevekoviye gorodskie tsentry i arkhitekturnye ansambli Kirgizii* (Frunze, 1983), esp. pp. 54–61.

3 For rising Chinese demand for luxury goods, see for example, Credit Lyonnais Securities Asia, *Dipped in Gold: Luxury Lifestyles in China* (2011); for India, see Ministry of Home Affairs, *Houselisting and Housing Census Data* (New Delhi, 2012).

4 See for example, Transparency International, *Corruption Perception Index 2013* (www.transparency.org); Reporters without Borders, *World Press Freedom Index 2013–2014* (www.rsf.org); Human Rights Watch, *World Report 2014* (www.hrw.org).

5 Genesis 2:8–9. For perceptions on the location of the Garden of Eden, J. Dulumeau, *History of Paradise: The Garden of Eden in Myth and Tradition* (New York, 1995).

6 For Mohenjo-daro and others, see J. Kenoyer, *Ancient Cities of the Indus Valley* (Oxford, 1998).

7 *Records of the Grand Historian by Sima Qian, Han Dynasty*, tr. B. Watson, 2 vols (rev. edn, New York, 1971), 123, 2, pp. 234–5.

8 F. von Richthofen, 'Uber die zentralasiatischen Seidenstrassen bis zum 2. Jahrhundert. n. Chr.', *Verhandlungen der Gesellschaft für Erdkunde zu Berlin* 4 (1877), 96–122.

9 E. Said, *Orientalism* (New York, 1978). Also note the overwhelmingly positive and highly romanticised reaction of French thinkers like Foucault, Sartre and Godard to the east and to China in particular, R. Wolin, *French Intellectuals, the Cultural Revolution and the Legacy of the 1960s: The Wind from the East* (Princeton, 2010).

10 Bābur-Nāma, tr. W. Thackston, *Memoirs of Babur, Prince and Emperor* (London, 2006), pp. 173–4.

11 W. Thackston, 'Treatise on Calligraphic Arts: A Disquisition on Paper, Colors, Inks and Pens by Simi of Nishapur', in M. Mazzaoui and V. Moreen (eds), *Intellectual Studies on Islam: Essays Written in Honor of Martin B. Dickinson* (Salt Lake City, 1990), p. 219.

12 Al-Muqaddasī, *Aḥsanu-t-taqāsīm fī maʿrifati-l-aqālīm*, tr. B. Collins, *Best Division of Knowledge* (Reading, 2001), p. 252; Ibn al-Faqīh, *Kitāb al-buldān*, tr. P. Lunde and C. Stone, 'Book of Countries', in *Ibn Fadlan and the Land of Darkness: Arab Travellers in*

the Far North (London, 2011), p. 113.

13 Cited by N. di Cosmo, *Ancient China and its Enemies: The Rise of Nomadic Power in East Asian History* (Cambridge, 2002), p. 137.

14 For example, S. Freud, *The Interpretation of Dreams*, ed. J. Strachey (New York, 1965), p. 564; J. Derrida, *Résistances de la psychanalyse* (Paris, 1996), pp. 8–14.

第 1 章

1 C. Renfrew, 'Inception of Agriculture and Rearing in the Middle East', *C.R. Palevol 5* (2006), 395–404; G. Algaze, *Ancient Mesopotamia at the Dawn of Civilization: The Evolution of an Urban Landscape* (Chicago, 2008).

2 Herodotus, *Historiai*, 1.135, in Hero*dotus: The Histories*, ed. and tr. A. Godley, 4 vols (Cambridge, MA, 1982), 1, pp. 174–6.

3 See in general J. Curtis and St J. Simpson (eds), *The World of Achaemenid Persia: History, Art and Society in Iran and the Ancient Near East* (London, 2010).

4 Herodotus, *Historiai*, 8.98, 4, p. 96; D. Graf, 'The Persian Royal Road System', in H. Sancisi-Weerdenburg, A. Kuhrt and M. Root (eds), *Continuity and Change* (Leiden, 1994), pp. 167–89.

5 H. Rawlinson, 'The Persian Cuneiform Inscription at Behistun, Decyphered and Translated', *Journal of the Royal Asiatic Society* 11 (1849), 1–192.

6 Ezra, 1:2. Also see Isaiah, 44:24, 45:3.

7 R. Kent, *Old Persian Grammar, Texts, Lexicon* (New Haven, 1953), pp. 142–4.

8 Herodotus, *Historiai*, 1.135, 1, pp. 174–6.

9 Ibid., 1.214, 1, p. 268.

10 Aeschylus, *The Persians*. Also note more ambivalent attitudes, P. Briant, 'History and Ideology: The Greeks and "Persian Decadence"', in T. Harrison (ed.), *Greeks and Barbarians* (New York, 2002), pp. 193–210.

11 Euripides, *Bakhai*, in *Euripides: Bacchae, Iphigenia at Aulis, Rhesus*, ed. and trans. D. Kovacs (Cambridge, MA, 2003), p. 13.

12 Plutarch, *Bioi Paralleloi: Alexandros*, 32–3, in *Plutarch's Lives*, ed. and tr. B. Perrin, 11 vols (Cambridge, MA, 1914–26), 7, pp. 318–26. He was wearing a lucky outfit to judge from a famous mosaic that adorned the grandest house in Pompeii, A. Cohen, *Alexander Mosaic: Stories of Victory and Defeat* (Cambridge, 1996).

13 Quintus Curtius Rufus, *Historiae Alexandri Magni Macedonis*, 5.1, in *Quintus Curtius Rufus: History of Alexander*, ed. and tr. J. Rolfe, 2 vols (Cambridge, MA, 1946), 1, pp. 332–4.

14 M. Beard, 'Was Alexander the Great a Slav?', *Times Literary Supplement*, 3 July 2009.

15 Arrian, *Anabasis*, 6.29, in *Arrian: History of Alexander and Indica*, ed. and tr. P. Brunt, 2 vols (Cambridge, MA, 1976–83), 2, pp. 192–4; Plutarch also talks of the importance of Alexander's pacific and generous approach, *Alexandros*, 59, 1, p. 392.

16 Arrian, *Anabasis*, 3.22, 1, p. 300.

17 Quintus Curtius Rufus, *Historiae*, 8.8, 2, p. 298.

18 A. Shahbazi, 'Iranians and Alexander', *American Journal of Ancient History* 2.1 (2003), 5–38. Also see here M. Olbryct, *Aleksander Wielki i swiat iranski* (Gdansk, 2004); M. Brosius, 'Alexander and the Persians', in J. Roitman (ed.), *Alexander the Great* (Leiden, 2003), pp. 169–93.

19 See above all P. Briant, *Darius dans l'ombre d'Alexandre* (Paris, 2003).

20 For Huaxia, see C. Holcombe, *A History of East Asia: From the Origins of Civilization to the Twenty-First Century* (Cambridge, 2010); for the wall, A. Waldron, 'The Problem of the Great Wall of China', *Harvard Journal of Asiatic Studies* 43.2 (1983), 643–63, and above all di Cosmo, *Ancient China and its Enemies*.

21 See most recently J. Romm, *Ghost on the Throne: The Death of Alexander the Great and the War for Crown and Empire* (New York, 2011). It has been variously argued that Alexander died from typhoid, malaria, leukaemia, alcohol poisoning (or related illness) or infection from a wound; some contend that he was murdered, A. Bosworth, 'Alexander's Death: The Poisoning Rumors', in J. Romm (ed.), *The Landmark Arrian: The Campaigns of Alexander* (New York, 2010), pp. 407–11.

22 See R. Waterfield, *Dividing the Spoils: The War for Alexander the Great's Empire* (Oxford, 2011).

23 K. Sheedy, 'Magically Back to Life: Some Thoughts on Ancient Coins and the Study of Hellenistic Royal Portraits', in K. Sheedy (ed.), *Alexander and the Hellenistic Kingdoms: Coins, Image and the Creation of Identity* (Sydney, 2007), pp. 11–16; K. Erickson and N. Wright, 'The "Royal Archer" and Apollo in the East: Greco-Persian Iconography in the Seleukid Empire', in N. Holmes (ed.), *Proceedings of the XIVth International Numismatic Congress* (Glasgow, 2011), pp. 163–8.

24 L. Robert, 'De Delphes à l'Oxus: inscriptions grecques nouvelles de la Bactriane', *Comptes Rendus de l'Académie des Inscriptions* (1968), 416–57. Translation here is by F. Holt, *Thundering Zeus: The Making of Hellenistic Bactria* (London, 1999), p. 175.

25 J. Jakobsson, 'Who Founded the Indo-Greek Era of 186/5 BCE ?', *Classical Quarterly* 59.2 (2009), 505–10.

26 D. Sick, 'When Socrates Met the Buddha: Greek and Indian Dialectic in Hellenistic Bactria and India', *Journal of the Royal Asiatic Society* 17.3 (2007), 253–4.

27 J. Derrett, 'Early Buddhist Use of Two Western Themes', *Journal of the Royal Asiatic Society* 12.3 (2002), 343–55.

28 B. Litvinsky, 'Ancient Tajikistan: Studies in History, Archaeology and Culture (1980–1991)', *Ancient Civilisations* 1.3 (1994), 295.

29 S. Nath Sen, *Ancient Indian History and Civilisation* (Delhi, 1988), p. 184. Also see R. Jairazbhoy, *Foreign Infl uence in Ancient India* (New York, 1963), pp. 48–109.

30 Plutarch, *Peri tes Alexandrou tukhes he arête*, 5.4 in *Plutarch: Moralia*, ed. and tr. F. Babitt et al., 15 vols (Cambridge, MA, 1927–76), 4, pp. 392–6; J. Derrett, 'Homer in India: The Birth of the Buddha', *Journal of the Royal Asiatic Society* 2.1 (1992), 47–57.

31 J. Frazer, *The Fasti of Ovid* (London, 1929); J. Lallemant, 'Une Source de l'Enéide: le Mahabharata', *Latomus* 18 (1959), 262–87; Jairazbhoy, *Foreign Influence*, p. 99.

32 C. Baumer, *The History of Central Asia: The Age of the Steppe Warriors* (London, 2012), pp. 290–5.

33 V. Hansen, *The Silk Road* (Oxford, 2012), pp. 9–10.

34 Sima Qian, *Records of the Grand Historian of China*, 123, 2, p. 238.

35 Ibid., 129, 2, p. 440.

36 H. Creel, 'The Role of the Horse in Chinese History', *American Historical Review* 70 (1965), 647–72. The Dunhuang caves have many celestial horses painted on their walls, T. Chang, *Dunhuang Art through the Eyes of Duan Wenjie* (New Delhi, 1994), pp. 27–8.

37 Recent excavations of the Emperor Wu's mausoleum in Xi'an in 2011, *Xinhua*, 21 February 2011.

38 Huan Kuan, *Yan Tie Lun*, cited by Y. Yu, *Trade and Expansion in Han China: A Study in the Structure of Sino-Barbarian Economic Relations* (Berkeley, 1967), p. 40.

39 For example, Sima Qian, *Records of the Grand Historian of China*, 110, 2, pp. 145–6. For some comments on Xiongnu education, customs and fashions, pp. 129–30.

40 See Yu, *Trade and Expansion in Han China*, pp. 48–54.

41 Ibid., p. 47, n. 33; also here see R. McLaughlin, *Rome and the Distant East: Trade Routes to the Ancient Lands of Arabia, India and China* (London, 2010), pp. 83–5.

42 Sima Qian, *Records of the Grand Historian of China*, 110, 2, p. 143.

43 S. Durrant, *The Cloudy Mirror: Tension and Confl ict in the Writings of Sima Qian* (Albany, NY, 1995), pp. 8–10.

44 Sima Qian, *Records of the Grand Historian of China*, 123, 2, p. 235.

45 E. Schafer, *The Golden Peaches of Samarkand: A Study of Tang Exotics* (Berkeley, 1963), pp. 13–14.

46 Hansen, *Silk Road*, p. 14.

47 T. Burrow, *A Translation of Kharoshthi Documents from Chinese Turkestan* (London, 1940), p. 95.

48 Hansen, *Silk Road*, p. 17.

49 R. de Crespigny, *Biographical Dictionary of Later Han to the Three Kingdoms* (23–220 AD) (Leiden, 2007).

50 M. R. Shayegan, *Arsacids and Sasanians: Political Ideology in Post-Hellenistic and Late Antique Persia* (Cambridge, 2011).

51 N. Rosenstein, *Imperatores victi: Military Defeat and Aristocratic Competition in the Middle and Late Republic* (Berkeley, 1990); also S. Phang, *Roman Military Service: Ideologies of Discipline in the Late Republic and Early Principate* (Cambridge, 2008).

52 P. Heather, *The Fall of the Roman Empire: A New History of Rome and the Barbarians* (Oxford, 2006), p. 6. For the prohibition on marriage, see above all S. Phang, *Marriage of Roman Soldiers* (13 BC–AD 235): *Law and Family in the Imperial Army* (Leiden, 2001).

53 C. Howgego, 'The Supply and Use of Money in the Roman World 200 B.C. to A.D. 300', *Journal of Roman Studies* 82 (1992), 4–5.

54 A. Bowman, *Life and Letters from the Roman Frontier: Vindolanda and its People* (London, 1994).

55 Diodorus Siculus, *Bibliotheke Historike*, 17.52, in *The Library of History of Diodorus of Sicily*, ed. and tr. C. Oldfather, 12 vols (Cambridge, MA, 1933–67), 7, p. 268. Modern scholars estimate Alexandria's population to have been as high as half a million, for example R. Bagnall and B. Frier, *The Demography of Roman Egypt* (Cambridge, 1994), pp. 54, 104.

56 D. Thompson, 'Nile Grain Transport under the Ptolemies', in P. Garnsey, K. Hopkins and C. Whittaker (eds), *Trade in the Ancient Economy* (Berkeley, 1983), pp. 70–1.

57 Strabo, *Geographika*, 17.1, in *The Geography of Strabo*, ed. and tr. H. Jones, 8 vols (Cambridge, MA, 1917–32), 8, p. 42.

58 Cassius Dio, *Historia Romana*, 51.21, in *Dio's Roman History*, ed. and tr. E. Cary, 9 vols (Cambridge, MA, 1914–27), 6, p. 60; Suetonius, *De Vita Cesarum. Divus Augustus*, 41, in *Suetonius: Lives of the Caesars*, ed. and tr. J. Rolfe, 2 vols (Cambridge, MA, 1997–8), 41, 1, p. 212; R. Duncan-Jones, *Money and Government in the Roman Empire* (Cambridge, 1994), p. 21; M. Fitzpatrick, 'Provincializing Rome: The Indian Ocean Trade Network and Roman Imperialism', *Journal of World History* 22.1 (2011), 34.

59 Suetonius, *Divus Augustus*, 41, 1, pp. 212–14.

60 Ibid., 28, 1, p. 192; Augustus' claim is supported by the archaeological record, P. Zanker, *The Power of Images in the Age of Augustus* (Ann Arbor, 1989).

61 For taxes on the caravan routes: J. Thorley, 'The Development of Trade between the Roman Empire and the East under Augustus', *Greece and Rome* 16.2 (1969), 211. Jones, *History of Rome*, pp. 256–7, 259–60; R. Ritner, 'Egypt under Roman Rule: The Legacy of Ancient Egypt', in *Cambridge History of Egypt*, 1, p. 10; N. Lewis, *Life in Egypt under Roman Rule* (Oxford, 1983), p. 180.

62 See Lewis, *Life in Egypt*, pp. 33–4; Ritner, 'Egypt under Roman Rule', in *Cambridge History of Egypt*, 1, pp. 7–8; A. Bowman, *Egypt after the Pharaohs 332 BC–AD 642: From Alexander to the Arab Conquest* (Berkeley, 1986) pp. 92–3.

63 For the registration of births and deaths in Roman Egypt, R. Ritner, 'Poll Tax on the Dead', *Enchoria* 15 (1988), 205–7. For the census, including its date, see J. Rist, 'Luke 2:2: Making Sense of the Date of Jesus' Birth', *Journal of Theological Studies* 56.2 (2005), 489–91.

64 Cicero, *Pro lege Manilia*, 6, in *Cicero: The Speeches*, ed. and tr. H. Grose Hodge (Cambridge, MA, 1927), p. 26.

65 Sallust, *Bellum Catilinae*, 11.5–6, in *Sallust*, ed. and tr. J. Rolfe (Cambridge, MA, 1931), p. 20; A. Dalby, *Empire of Pleasures: Luxury and Indulgence in the Roman World* (London, 2000), p. 162.

66 F. Hoffman, M. Minas-Nerpel and S. Pfeiffer, *Die dreisprachige Stele des C. Cornelius Gallus. Übersetzung und Kommentar* (Berlin, 2009), pp. 5ff. G. Bowersock, 'A Report on Arabia Provincia', *Journal of Roman Studies* 61 (1971), 227.

67 W. Schoff, *Parthian Stations of Isidore of Charax: An Account of the Overland Trade between the Levant and India in the First Century BC* (Philadelphia, 1914). The text has often been seen as being concerned with trade routes; Millar shows that this is incorrect, 'Caravan Cities', 119ff. For the identification of Alexandropolis, see P. Fraser, *Cities of Alexander the Great* (Oxford, 1996), pp. 132–40.

68 Strabo, *Geographica*, 2.5, 1, p. 454; Parker, 'Ex Oriente', pp. 64–6; Fitzpatrick, 'Provincializing Rome', 49–50.

69 Parker, 'Ex Oriente', 64–6; M. Vickers, 'Nabataea, India, Gaul, and Carthage: Refl ections on Hellenistic and Roman Gold Vessels and Red-Gloss Pottery', *American Journal of Archaeology* 98 (1994), 242; E. Lo Cascio, 'State and Coinage in the Late Republic and Early Empire', *Journal of Roman Studies* 81 (1981), 82.

70 Cited by G. Parker, *The Making of Roman India* (Cambridge, 2008), p. 173.

71 In H. Kulke and D. Rothermund, *A History of India* (London, 2004), 107–8.

72 L. Casson (ed.), *The Periplus Maris Erythraei: Text with Introduction, Translation and Commentary* (Princeton, 1989), 48–9, p. 80; 56, p. 84.

73 W. Wendrich, R. Tomber, S. Sidebotham, J. Harrell, R. Cappers and R. Bagnall, 'Berenike Crossroads: The Integration of Information', *Journal of the Economic and Social History of the Orient* 46.1 (2003), 59–62.

74 V. Begley, 'Arikamedu Reconsidered', *American Journal of Archaeology* 87.4 (1983), 461–81; Parker, 'Ex Oriente', 47–8.

75 See T. Power, *The Red Sea from Byzantium to the Caliphate, AD 500–1000* (Cairo, 2012).

76 Tacitus, *Annales*, ed. H. Heubner (Stuttgart, 1983), 2.33, p. 63.

77 Petronius, *Satyricon*, ed. K. Müller (Munich, 2003), 30–8, pp. 23–31; 55, p. 49.

78 Martial, *Epigrams*, 5.37, in *Martial: Epigrams*, ed. and tr. D. Shackleton Bailey, 3 vols (Cambridge, MA, 1993), 1, p. 388.

79 *Talmud Bavli*, cited by Dalby, *Empire of Pleasures*, p. 266.

80 Juvenal, *Satire* 3, in *Juvenal and Persius*, ed. and tr. S. Braund (Cambridge, MA, 2004), pp. 172–4.

81 Casson, *Periplus Maris Erythraei*, 49, p. 80; 56, p. 84; 64, p. 90.

82 Seneca, *De Beneficiis*, 7.9, in *Seneca: Moral Essays*, ed. and tr. J. Basore, 3 vols (Cambridge, MA, 1928–35), 3, p. 478.

83 Tacitus, *Annales*, 2.33, p. 63.

84 Pliny the Elder, *Naturalis Historia*, 6.20, in *Pliny: The Natural History*, ed. and tr. H. Rackham, 10 vols (Cambridge, MA, 1947–52), 2, p. 378.

85 Ibid., 6.26, p. 414.

86 Ibid., 12.49, p. 62.

87 H. Harrauer and P. Sijpesteijn, 'Ein neues Dokument zu Roms Indienhandel, P. Vindob. G40822', *Anzeiger der Österreichischen Akademie der Wissenschaften, phil.-hist.Kl.*122 (1985), 124–55; also see L. Casson, 'New Light on Maritime Loans: P. Vindob. G 40822', *Zeitschrift für Papyrologie und Epigraphik* 84 (1990), 195–206, and F. Millar, 'Looking East from the Classical World', *International History Review* 20.3 (1998), 507–31.

88 Casson, *Periplus Maris Erythraei*, 39, p. 74.

89 J. Teixidor, *Un Port roman du désert: Palmyre et son commerce d'Auguste à Caracalla* (Paris, 1984); E. Will, Les Palmyréniens, *la Venise des sables* (*Ier siècle avant–IIIème siècle après J.-C.*) (Paris, 1992).

90 Ammianus Marcellinus, *Rerum Gestarum Libri Qui Supersunt,* 14.3, *in Ammianus Marcellinus,* ed. and tr. J. Rolfe, 3 vols (Cambridge, MA, 1935–40), 1, p. 24.

91 J. Cribb, 'The Heraus Coins: Their Attribution to the Kushan King Kujula Kadphises, c. AD 30–80', in M. Price, A. Burnett and R. Bland (eds), *Essays in Honour of Robert Carson and Kenneth Jenkins* (London, 1993), pp. 107–34.

92 Casson, *Periplus Maris Erythraei*, 43, pp. 76–8; 46, pp. 78–80.

93 Ibid., 39, p. 76; 48–9, p. 81. For the Kushans, see the collection of essays in V. Masson, B. Puris, C. Bosworth et al. (eds), *History of Civilizations of Central Asia*, 6 vols (Paris, 1992–), 2, pp. 247–396.

94 D. Leslie and K. Gardiner, *The Roman Empire in Chinese Sources* (Rome, 1996), esp. pp. 131–62; also see R. Kauz and L. Yingsheng, 'Armenia in Chinese Sources', *Iran and the Caucasus* 12 (2008), 157–90.

95 Sima Qian, *Records of the Grand Historian of China*, 123, 2, p. 241.

96 Still see B. Laufer, *Sino-Iranica: Chinese Contributions to the History of Civilisation in Ancient Iran* (Chicago, 1919), and R. Ghirshman, *Iran: From the Earliest Times to the Islamic Conquest* (Harmondsworth, 1954).

97 Power, *Red Sea*, p. 58.

98 Schafer, *Golden Peaches of Samarkand*, p. 1.

99 That the embassy brought tortoiseshell, rhinoceros horn and ivory suggests that the envoys had been well briefed on Chinese tastes, F. Hirth, *China and the Roman Orient* (Leipzig, 1885), pp. 42, 94. See here R. McLaughlin, *Rome and the Distant East: Trade Routes to the Ancient Lands of Arabia, India and China* (London, 2010).

100 Fitzpatrick, 'Provincializing Rome', 36; Horace, *Odes*, 1.12, in *Horace: Odes and Epodes*, ed. and tr. N. Rudd (Cambridge, MA, 2004), p. 48.

101 B. Isaac, *The Limits of Empire: The Roman Army in the East* (Oxford, 1990), p. 43; S. Mattern, *Rome and the Enemy: Imperial Strategy in the Principate* (Berkeley, 1999), p. 37.

102 Cassius Dio, 68.29, 8, pp. 414–16; H. Mattingly (ed.), *A Catalogue of the Coins of the Roman Empire in the British Museum*, 6 vols (London, 1940–62), 3, p. 606. For Trajan's campaign, see J. Bennett, *Trajan: Optimus Princeps* (London, 1997), pp. 183–204.

103 Jordanes, *Romana, in Iordanis Romana et Getica*, pp. 34–5.

104 Lactantius, *De Mortibus Persecutorum*, ed. and tr. J. Creed (Oxford, 1984), 5, p. 11.

105 A. Invernizzi, 'Arsacid Palaces', in I. Nielsen (ed.), *The Royal Palace Institution in the First Millennium* BC (Athens, 2001), pp. 295–312; idem, 'The Culture of Nisa, between Steppe and Empire', in J. Cribb and G. Herrmann (eds), *After Alexander: Central Asia before Islam: Themes in the History and Archaeology of Western Central Asia* (Oxford, 2007), pp. 163–77. Long-forgotten Nisa is home to many magnificent examples of Hellenistic art forms. V. Pilipko, *Rospisi Staroi Nisy* (Tashkent, 1992); P. Bernard and F. Grenet (eds), *Histoire des cultes de l'Asie Centrale préislamique* (Paris, 1991).

106 For Characene, L. Gregoratti, 'A Parthian Port on the Persian Gulf: Characene and its Trade', *Anabasis* 2 (2011), 209–29. For pottery, see for example H. Schenk, 'Parthian Glazed Pottery from Sri Lanka and the Indian Ocean Trade', *Zeitschrift für Archäologie Außereuropäischer Kulturen* 2 (2007), 57–90.

107 F. Rahimi-Laridjani, *Die Entwicklung der Bewässerungslandwirtschaft im Iran bis in Sasanidisch-frühislamische Zeit* (Weisbaden, 1988); R. Gyselen, *La Géographie administrative de l'empire sasanide: les témoignages sigilographiques* (Paris, 1989).

108 A. Taffazoli, 'List of Trades and Crafts in the Sassanian Period', *Archaeologische Mitteilungen aus Iran* 7 (1974), 192–6.

109 T. Daryaee, *Šahrestānīhā-ī Ērānšahr: A Middle Persian Text on Late Antique Geography, Epic, and History* (Costa Mesa, CA, 2002).

110 M. Morony, 'Land Use and Settlement Patterns in Late Sasanian and Early Islamic Iraq', in A. Cameron, G. King and J. Haldon (eds), *The Byzantine and Early Islamic Near East*, 3 vols (Princeton, 1992–6), 2, pp. 221–9.

111 R. Frye, 'Sasanian Seal Inscriptions', in R. Stiehl and H. Stier (eds), *Beiträge zur alten Geschichte und deren Nachleben*, 2 vols (Berlin, 1969–70), 1, pp. 77–84; J. Choksy, 'Loan and Sales Contracts in Ancient and Early Medieval Iran', *Indo-Iranian Journal* 31 (1988), 120.

112 T. Daryaee, 'The Persian Gulf Trade in Late Antiquity', *Journal of World History* 14.1 (2003), 1–16.

113 Lactantius, *De Mortibus Persecutorum*, 7, p. 11.

114 Ibid., 23, p. 36.

115 Bodrum Museum of Underwater Archaeology. As far as I am aware, the inscription, discovered in 2011, is yet to be published.

116 Pseudo-Aurelius Victor, *Epitome de Caesaribus*, ed. M. Festy, *Pseudo-Aurelius Victor. Abrégé de Césars* (Paris, 1999), 39, p. 41.

117 Suetonius, *Divus Julius*, 79, in *Lives of the Caesars*, 1, p. 132.

118 Libanius, *Antioch as a Centre of Hellenic Culture as Observed by Libanius*, tr. A. Norman (Liverpool, 2001), pp. 145–67.

119 For a stern dismissal of the 'myth of *translatio imperii* ', see L. Grig and G. Kelly (eds), *Two Romes: Rome and Constantinople in*

Late Antiquity (Cambridge, 2012).

第11章

1 H. Falk, *Asókan Sites and Artefacts: A Source-book with Bibliography* (Mainz, 2006), p. 13; E. Seldeslachts, 'Greece, the Final Frontier? – The Westward Spread of Buddhism', in A. Heirman and S. Bumbacher (eds), *The Spread of Buddhism* (Leiden, 2007), esp. pp. 158–60.

2 Sick, 'When Socrates Met the Buddha', 271; for the contemporary Pali literature, T. Hinüber, *A Handbook of Pali Literature* (Berlin, 1996).

3 G. Fussman, 'The Mat *Devakula* : A New Approach to its Understanding', in D. Srivasan (ed.), *Mathurā: The Cultural Heritage* (New Delhi, 1989), pp. 193–9.

4 For example, P. Rao Bandela, *Coin Splendour: A Journey into the Past* (New Delhi, 2003), pp. 32–5.

5 D. MacDowall, 'Soter Megas, the King of Kings, the Kushana', *Journal of the Numismatic Society of India* (1968), 28–48.

6 Note for example the description in the Book of Psalms as 'the God of God . . . the Lord of Lords' (Ps. 136:2–3, or 'God of gods and Lord of lords' (Deut. 10:17). The Book of Revelations tells how the beast will be defeated, because the Lamb is 'the Lord of Lords and King of Kings' (Rev. 17:14).

7 *The Lotus of the Wonderful Law or The Lotus Gospel: Saddharma Pundarīka Sūtra Miao-Fa Lin Hua Chung*, tr. W. Soothill (London, 1987), p. 77.

8 X. Liu, *Ancient India and Ancient China: Trade and Religious Exchanges AD 1–600* (Oxford, 1988), p. 102.

9 *Sukhāvatī-vyūha: Description of Sukhāvatī, the Land of Bliss*, tr. F. Müller (Oxford, 1883), pp. 33–4; *Lotus of the Wonderful Law*, pp. 107, 114.

10 D. Schlumberger, M. Le Berre and G. Fussman (eds), *Surkh Kotal en Bactriane*, vol. 1: *Les Temples: architecture, sculpture, inscriptions* (Paris, 1983); V. Gaibov, 'Ancient Tajikistan Studies in History, Archaeology and Culture (1980–1991)', *Ancient Civilizations from Scythia to Siberia* 1.3 (1995), 289–304.

11 R. Salomon, *Ancient Buddhist Scrolls from Gandhara* (Seattle, 1999).

12 J. Harle, *The Art and Architecture of the Indian Subcontinent* (New Haven, 1994), pp. 43–57.

13 See above all E. de la Vaissière, *Sogdian Traders: A History* (Leiden, 2005).

14 K. Jettmar, 'Sogdians in the Indus Valley', in P. Bertrand and F. Grenet (eds), *Histoire des cultes de l'Asie centrale preislamique* (Paris, 1991), pp. 251–3.

15 C. Huart, *Le Livre de Gerchāsp, poème persan d'Asadī junior de Toūs*, 2 vols (Paris, 1926–9), 2, p. 111.

16 R. Giès, G. Feugère and A. Coutin (eds), *Painted Buddhas of Xinjiang: Hidden Treasures from the Silk Road* (London, 2002); T. Higuchi and G. Barnes, 'Bamiyan: Buddhist Cave Temples in Afghanistan', *World Archaeology* 27.2 (1995), 282ff.

17 M. Rhie, *Early Buddhist Art of China and Central Asia*, vol. 1 (Leiden, 1999); R. Wei, *Ancient Chinese Architecture: Buddhist Buildings* (Vienna, 2000).

18 G. Koshelenko, 'The Beginnings of Buddhism in Margiana', *Acta Antiqua Academiae Scientiarum Hungaricae* 14 (1966), 175–83; R. Foltz, *Religions of the Silk Road: Premodern Patterns of Globalization* (2nd edn, Basingstoke, 2010), pp. 47–8; idem, 'Buddhism in the Iranian World', *Muslim World* 100.2–3 (2010), 204–14.

19 N. Sims-Williams, 'Indian Elements in Parthian and Sogdian', in R. Röhrborn and W. Veenker (eds), *Sprachen des Buddhismus in Zentralasien* (Wiesbaden, 1983), pp. 132–41; W. Sundermann, 'Die Bedeutung des Parthischen für die Verbreitung buddhistischer Wörter indischer Herkunft', *Altorientalische Forschungen* 9 (1982), 99–113.

20 W. Ball, 'How Far Did Buddhism Spread West?', *Al-Rāfidān* 10 (1989), 1–11.

21 T. Daryaee, *Sasanian Persia: The Rise and Fall of an Empire* (London, 2009), pp. 2–5.

22 Many scholars have written on the question of continuity and change. See here M. Canepa, *The Two Eyes of the Earth: Art and Ritual of Kingship between Rome and Sasanian Iran* (Berkeley, 2009).

23 M. Canepa, 'Technologies of Memory in Early Sasanian Iran: Achaemenid Sites and Sasanian Identity', *American Journal of Archaeology* 114.4 (2010), 563–96; U. Weber, 'Wahram II: König der Könige von Eran und Aneran', *Iranica Antiqua* 44 (2009), 559–643.

24 For Sasanian coinage in general, R. Göbl, *Sasanian Numismatics* (Brunswick, 1971).

25 M. Boyce, *Zoroastrians: Their Religious Beliefs and Practices* (London, 1979).

26 R. Foltz, 'Zoroastrian Attitudes toward Animals', *Society and Animals* 18 (2010), 367–78.

27 *The Book of the Counsel of Zartusht*, 2–8, in R. Zaehner, *The Teachings of the Magi: A Compendium of Zoroastrian Beliefs* (New York, 1956), pp. 21–2. Also see here M. Boyce, *Textual Sources for the Study of Zoroastrianism* (Manchester, 1984).

28 See for example M. Boyce, *Textual Sources for the Study of Zoroastrianism* (Manchester, 1984), pp. 104–6.

29 M. Boyce and F. Grenet, *A History of Zoroastrianism* (Leiden, 1991), pp. 30–3. For Zoroastrian beliefs, including prayers and creed, see Boyce, *Textual Sources*, pp. 53–61; for rituals and practices, pp. 61–70.

30 J. Harmatta, 'Late Bactrian Inscriptions', *Acta Antiqua Hungaricae* 17 (1969), 386–8.

31 M. Back, 'Die sassanidischen Staatsinschriften', *Acta Iranica* 18 (1978), 287–8.

32 S. Shaked, 'Administrative Functions of Priests in the Sasanian Period', in G. Gnoli and A. Panaino (eds), *Proceedings of the First*

European Conference of Iranian Studies, 2 vols (Rome, 1991), 1, pp. 261–73; T. Daryaee, 'Memory and History: The Construction of the Past in Late Antiquity', *Name-ye Iran-e Bastan* 1.2 (2001–2), 1–14.

33 Back, 'Sassanidischen Staatsinschriften', 384. For the full inscription, M.-L. Chaumont, 'L'Inscription de Kartir à la Kaʿbah de Zoroastre: text, traduction et commentaire', *Journal Asiatique* 248 (1960), 339–80.

34 M.-L. Chaumont, *La Christianisation de l'empire iranien, des origines aux grandes persécutions du IV siècle* (Louvain, 1988), p. 111; G. Fowden, *Empire to Commonwealth: Consequences of Monotheism in Late Antiquity* (Princeton, 1993), pp. 28–9.

35 R. Merkelbach, *Mani und sein Religionssystem* (Opladen, 1986); J. Russell, 'Kartir and Mani: A Shamanistic Model of their Conflict', *Iranica Varia: Papers in Honor of Professor Ehsan Yarshater* (Leiden, 1990), pp. 180–93; S. Lieu, *History of Manicheanism in the Later Roman Empire and Medieval China: A Historical Survey* (Manchester, 1985). For Shāpūr and Mani, see M. Hutter, 'Manichaeism in the early Sasanian Empire', *Numen* 40 (1993), 2–15.

36 P. Gigoux (ed. and tr.), *Les Quatre Inscriptions du mage Kirdir, textes et concordances* (Paris, 1991). Also C. Jullien and F. Jullien, 'Aux frontières de l'iranité: "nasraye" et "kristyone" des inscriptions du mobad Kirdir: enquête littéraire et historique', *Numen* 49.3 (2002), 282–335; F. de Blois, ' *Naṣrānī* (Ναζωραῖος) and *ḥanīf* (ἐθνικός): Studies on the Religious Vocabulary of Christianity and of Islam', *Bulletin of the School of Oriental and African Studies* 65 (2002), 7–8.

37 S. Lieu, 'Captives, Refugees and Exiles: A Study of Cross-Frontier Civilian Movements and Contacts between Rome and Persia from Valerian to Jovian', in P. Freeman and D. Kennedy (eds), *The Defence of the Roman and Byzantine East* (Oxford, 1986), pp. 475–505.

38 A. Kitchen, C. Ehret, S. Assefa and C. Mulligan, 'Bayesian Phylogenetic Analysis of Semitic Languages Identifies an Early Bronze Age Origin of Semitic in the Near East', *Proceedings of the Royal Society B,* 276.1668 (2009), 2702–10. Some scholars suggest a North African origin for Semitic languages, e.g. D. McCall, 'The Afroasiatic Language Phylum: African in Origin, or Asian?', *Current Anthropology* 39.1 (1998), 139–44.

39 R. Stark, *The Rise of Christianity: A Sociologist Reconsiders History* (Princeton, 1996), and idem, *Cities of God: The Real Story of How Christianity Became an Urban Movement and Conquered Rome* (San Francisco, 2006). Stark's views and methodologies have proved controversial, see *Journal of Early Christian Studies* 6.2 (1998).

40 Pliny the Younger, Letter 96, ed. and tr. B. Radice, *Letters and Panegyricus,* 2 vols (Cambridge, MA, 1969), 2, pp. 284–6.

41 Ibid., Letter 97, 2, pp. 290–2.

42 J. Helgeland, R. Daly and P. Patout Burns (eds), *Christians and the Military: The Early Experience* (Philadelphia, 1985).

43 M. Roberts, *Poetry and the Cult of the Martyrs* (Ann Arbor, 1993); G. de Ste Croix, *Christian Persecution, Martyrdom and Orthodoxy* (Oxford, 2006).

44 Tertullian, *Apologia ad Nationes,* 42, in *Tertullian: Apology: De Spectaculis,* ed. and tr. T. Glover (London, 1931), p. 190; G. Stoumsa,

Barbarian Philosophy: The Religious Revolution of Early Christianity (Tubingen, 1999), pp. 69–70.

45 Tertullian, *Apologia,* 8, p. 44.

46 W. Baum and D. Winkler, *Die Apostolische Kirche des Ostens* (Klagenfurt, 2000), pp. 13–17.

47 S. Rose, *Roman Edessa: Politics and Culture on the Eastern Fringes of the Roman Empire, 114 – 242 CE* (London, 2001).

48 T. Mgaloblishvili and I. Gagoshidze, 'The Jewish Diaspora and Early Christianity in Georgia', in T. Mgaloblishvili (ed.), *Ancient Christianity in the Caucasus* (London, 1998), pp. 39–48.

49 J. Bowman, 'The Sassanian Church in the Kharg Island', *Acta Iranica* 1 (1974), 217–20.

50 *The Book of the Laws of the Countries: Dialogue on the Fate of Bardaisan of Edessa,* tr. H. Drijvers (Assen, 1965), p. 61.

51 J. Asmussen, 'Christians in Iran', in *The Cambridge History of Iran: The Seleucid, Parthian and Sasanian Periods* (Cambridge, 1983), 3.2, pp. 929–30.

52 S. Brock, 'A Martyr at the Sasanid Court under Vahran II: Candida', *Analecta Bollandiana* 96.2 (1978), 167–81.

53 Eusebius, *Evaggelike Proparaskeus,* ed. K. Mras, *Eusebius Werke: Die Praeparatio Evangelica* (Berlin, 1954), 1.4, p. 16; A. Johnson, 'Eusebius' *Praeparatio Evangelica* as Literary Experiment', in S. Johnson (ed.), *Greek Literature in Late Antiquity: Dynamism, Didacticism, Classicism* (Aldershot, 2006), p. 85.

54 P. Brown, *The Body and Society: Men, Women and Sexual Renunciation in Early Christianity* (London, 1988); C. Wickham, *The Inheritance of Rome: A History of Europe from 400 to 1000* (London, 2009), pp. 55–6.

55 B. Dignas and E. Winter, *Rome and Persia in Late Antiquity* (Cambridge, 2007), pp. 210–32.

56 See A. Sterk, 'Mission from Below: Captive Women and Conversion on the East Roman Frontiers', *Church History* 79.1 (2010), 1–39.

57 For the conversion R. Thomson (ed. and tr.), *The Lives of St Gregory: The Armenian, Greek, Arabic and Syriac Versions of the History Attributed to Agathaneglos* (Ann Arbor, 2010). For the much debated date, W. Seibt, *Die Christianisierung des Kaukasus: The Christianisation of Caucasus* (*Armenia, Georgia, Albania*) (Vienna, 2002), and M.-L. Chaumont, *Recherches sur l'histoire d'Arménie, de l'avènement des Sassanides à la conversion du royaume* (Paris, 1969), pp. 131–46.

58 Eusebius of Caesarea, *Bios tou megalou Konstantinou,* ed. F. Winkelmann, *Über das Leben des Kaisers Konstantin* (Berlin, 1992), 1.28–30, pp. 29–30. For Constantine's conversion and in general, see the collection of essays in N. Lenski (ed.), *The Cambridge Companion to the Age of Constantine* (rev. edn, Cambridge, 2012).

59 Sozomen, *Ekklesiastike Historia,* ed. J. Bidez, *Sozomenus: Kirchengeschichte* (Berlin, 1995), 2.3, p. 52.

60 Eusebius, *Bios tou megalou Konstantinou,* 2.44, p. 66.

61 A. Lee, 'Traditional Religions', in Lenski, *Age of Constantine,* pp. 159–80.

62 *Codex Theodosianus,* tr. C. Pharr, *The Theodosian Code and Novels and the Simondian Constitutions* (Princeton, 1952), 15.12, p. 436.

63 Eusebius, *Bios tou megalou Konstantinou,* 3.27–8, p. 96.
64 Ibid., 3.31–2, p. 99.
65 P. Sarris, *Empires of Faith* (Oxford, 2012), pp. 22–3.
66 Eusebius, *Vita Constantini,* 4.13, p. 125; translation in Dodgeon and Lieu (eds), *The Roman Eastern Frontier and the Persian Wars A. D. 226–363: A Documentary History* (London, 1991), p. 152. For the date, G. Fowden, *Empire to Commonwealth: Consequences of Monotheism in Late Antiquity* (Princeton, 1993), pp. 94–9.
67 J. Eadie, 'The Transformation of the Eastern Frontier 260–305', in R. Mathisen and H. Sivan (eds), *Shifting Frontiers in Late Antiquity* (Aldershot, 1996), pp. 72–82; M. Konrad, 'Research on the Roman and Early Byzantine Frontier in North Syria', *Journal of Roman Archaeology* 12 (1999), 392–410.
68 Sterk, 'Mission from Below', 10–11.
69 Eusebius, *Vita Constantini,* 5.56, p. 143; 5.62, pp. 145–6.
70 T. Barnes, 'Constantine and the Christians of Persia', *Journal of Roman Studies* 75 (1985), 132.
71 Aphrahat, *Demonstrations,* M.-J. Pierre, *Aphraate le sage person: les exposés* (Paris, 1988–9), no. 5.
72 J. Walker, *The Legend of Mar Qardagh: Narrative and Christian Heroism in Late Antique Iraq* (Berkeley, 2006), 6, p. 22.
73 See in general J. Rist, 'Die Verfolgung der Christen im spätkirchen Sasanidenreich: Ursachen, Verlauf, und Folgen', *Oriens Christianus* 80 (1996), 17–42. The evidence is not without problems of interpretation, S. Brock, 'Saints in Syriac: A Little-Tapped Resource', *Journal of East Christian Studies* 16.2 (2008), esp. 184–6.
74 J. Wiesehofer, *Ancient Persia, 500 BC to 650 AD* (London, 2001), p. 202.

第三章

1 O. Knottnerus, 'Malaria in den Nordseemarschen: Gedanken über Mensch und Umwelt', in M. Jakubowski-Tiessen and J. Lorenzen-Schmidt, *Dünger und Dynamit: Beiträge zur Umweltgeschichte Schleswig-Holsteins und Dänemarks* (Neumünster, 1999), pp. 25–39; P. Sorrel et al., 'Climate Variability in the Aral Sea Basin (Central Asia) during the Late Holocene Based on Vegetation Changes', *Quaternary Research* 67.3 (2007), 357–70; H. Oberhänsli et al., 'Variability in Precipitation, Temperature and River Runoff in W. Central Asia during the Past ~2000 Yrs', *Global and Planetary Change* 76 (2011), 95–104; O. Savoskul and O. Solomina, 'Late-Holocene Glacier Variations in the Frontal and Inner Ranges of the Tian Shan, Central Asia', *Holocene* 6.1 (1996), 25–35.
2 N. Sims-Williams, 'Sogdian Ancient Letter II', in A. Juliano and J. Lerner (eds), *Monks and Merchants: Silk Road Treasures from Northern China: Gansu and Ningxia 4th–7th Century* (New York, 2001), pp. 47–9. Also see F. Grenet and N. Sims-Williams, 'The

Historical Context of the Sogdian Ancient Letters', *Transition Periods in Iranian History, Studia Iranica* 5 (1987), 101–22; N. Sims-Williams, 'Towards a New Edition of the Sogdian Letters', in E. Trembert and E. de la Vaissière (eds), *Les Sogdiens en Chine* (Paris, 2005), pp. 181–93.

3 E. de la Vaissière, 'Huns et Xiongnu', *Central Asiatic Journal* 49.1 (2005), 3–26.

4 P. Heather, *Empires and Barbarians* (London, 2009), pp. 151–88; A. Poulter, 'Cataclysm on the Lower Danube: The Destruction of a Complex Roman Landscape', in N. Christie (ed.), *Landscapes of Change: Rural Evolutions in Late Antiquity and the Early Middle Ages* (Aldershot, 2004), pp. 223–54.

5 See F. Grenet, 'Crise et sortie de crise en Bactriane-Sogdiane aux IVe–Ve s de n.è.: de l'héritage antique à l'adoption de modèles sassanides', in *La Persia e l'Asia Centrale da Alessandro al X secolo. Atti dei Convegni Lincei* 127 (Rome, 1996), pp. 367–90; de la Vaissière, *Sogdian Traders,* pp. 97–103.

6 G. Greatrex and S. Lieu, *The Roman Eastern Frontier and the Persian Wars, Part II, AD 363–630* (London, 2002), pp. 17–19; O. Maenchen-Helfen, *The World of the Huns* (Los Angeles, 1973), p. 58.

7 Although scholars have long debated possible dating of this construction, recent advances in radiocarbon dating and optically simulated luminescence dating now securely place the erection of this huge fortification to this period, J. Nokandeh et al., 'Linear Barriers of Northern Iran: The Great Wall of Gorgan and the Wall of Tammishe', *Iran* 44 (2006), 121–73.

8 J. Howard-Johnston, 'The Two Great Powers in Late Antiquity: A Comparison', in A. Cameron, G. King and J. Haldon (eds), *The Byzantine and Early Islamic Near East,* 3 vols (Princeton, 1992–6), 3, pp. 190–7.

9 R. Blockley, 'Subsidies and Diplomacy: Rome and Persia in Late Antiquity', *Phoenix* 39 (1985), 66–7.

10 Greatrex and Lieu, *Roman Eastern Frontier,* pp. 32 – 3.

11 See Heather, *Fall of the Roman Empire,* pp. 191–250.

12 St Jerome, 'Ad Principiam', *Select Letters of St Jerome,* ed. and tr. F. Wright (Cambridge, MA, 1933), 127, p. 462.

13 Jordanes, *Getica,* 30, in *Iordanis Romana et Getica,* ed. T. Mommsen (Berlin, 1882), pp. 98–9.

14 J. Hill, *Through the Jade Gate to Rome: A Study of the Silk Routes during the Late Han Dynasty, 1st to 2nd Centuries CE : An Annotated Translation of the Chronicle of the 'Western Regions' from the Hou Hanshu* (Charleston, NC, 2009).

15 Sarris, *Empires of Faith,* pp. 41–3.

16 A document from the early fourth century lists the tribes that had poured into the Roman Empire, A. Riese (ed.), *Geographi latini minores* (Hildesheim, 1964), pp. 1280–9. For another example, Sidonius Apollinaris, 'Panegyric on Avitus', in *Sidonius Apollinaris: Poems and Letters,* ed. and tr. W. Anderson, 2 vols (Cambridge, MA, 1935–56), 1, p. 146.

17 Ammianus Marcellinus, *Rerum Gestarum Libri XXX,* 31.2, 3, p. 382.

18 Priscus, *Testimonia,* fragment 49, ed. and tr. R. Blockley, *The Fragmentary Classicising Historians of the Later Roman Empire: Eunapius, Olympiodorus, Priscus, and Malchus,* 2 vols (Liverpool, 1981–3), 2, p. 356.

19 Ammianus Marcellinus, *Rerum Gestarum Libri XXX,* 31.2, 3, p. 380.

20 D. Pany and K. Wiltschke-Schrotta, 'Artificial Cranial Deformation in a Migration Period Burial of Schwarzenbach, Central Austria', *VIAVIAS* 2 (2008), 18–23.

21 Priscus, *Testimonia,* fragment 24, 2, pp. 316–17. For the Huns' successes, Heather, *Fall of the Roman Empire,* pp. 300–48.

22 B. Ward-Perkins, *The Fall of Rome and the End of Civilization* (Oxford, 2005), pp. 91ff.

23 Salvian, *Œuvres,* ed. and tr. C. Lagarrigue, 2 vols (Paris, 1971–5), 2, 4.12. Translation from E. Sanford (tr.), *The Government of God* (New York, 1930), p. 118.

24 Zosimus, *Historias Neas,* ed. and tr. F. Paschoud, *Zosime, Histoire nouvelle,* 3 vols (Paris, 2000) 2.7, 1, pp. 77–9.

25 Asmussen, 'Christians in Iran', pp. 929–30.

26 S. Brock, 'The Church of the East in the Sasanian Empire up to the Sixth Century and its Absence from the Councils in the Roman Empire', *Syriac Dialogue: First Non-Official Consultation on Dialogue within the Syriac Tradition* (Vienna, 1994), 71.

27 A. Cameron and R. Hoyland (eds), *Doctrine and Debate in the East Christian World 300 – 1500* (Farnham, 2011), p. xi.

28 W. Barnstone, *The Restored New Testament: A New Translation with Commentary, Including the Gnostic Gospels of Thomas, Mary and Judas* (New York, 2009).

29 N. Tanner, *The Decrees of the Ecumenical Councils,* 2 vols (Washington, DC, 1990), 1; A. Cameron, *The Later Roman Empire, AD 284 – 430* (London, 1993), pp. 59–70.

30 See P. Wood, *The Chronicle of Seert. Christian Historical Imagination in Late Antique Iraq* (Oxford, 2013), pp. 23–4

31 S. Brock, 'The Christology of the Church of the East in the Synods of the Fifth to Early Seventh Centuries: Preliminary Considerations and Materials', in G. Dagras (ed.), *A Festschrift for Archbishop Methodios of Thyateira and Great Britain* (Athens, 1985), pp. 125–42.

32 Baum and Winkler, *Apostolische Kirche,* pp. 19–25.

33 Synod of Dadjesus, *Synodicon orientale, ou Recueil de synods nestoriens,* ed. J. Chabot (Paris, 1902), pp. 285–98; Brock, 'Christology of the Church of the East', pp. 125–42; Brock, 'Church of the East', 73–4.

34 Wood, *Chronicle of Seert*, pp. 32–7.

35 Gregory of Nazianzus, *De Vita Sua,* in D. Meehan (tr.), *Saint Gregory of Nazianzus: Three Poems* (Washington, DC, 1987), pp. 133–5.

36 St Cyril of Alexandria, Letter to Paul the Prefect, in J. McEnerney (tr.), *Letters of St Cyril of Alexandria,* 2 vols (Washington, DC,

1985–7), 2, 96, pp. 151–3.

37 S. Brock, 'From Antagonism to Assimilation: Syriac Attitudes to Greek Learning', in N. Garsoian, T. Mathews and T. Thomson (eds), *East of Byzantium: Syria and Armenia in the Formative Period* (Washington, DC, 1982), pp. 17–34; also idem, 'Christology of the Church of the East', pp. 165–73.

38 R. Norris, *The Christological Controversy* (Philadelphia, 1980), pp. 156–7.

39 Brock, 'Christology of the Church of the East', pp. 125–42; also see Baum and Winkler, *Apostolische Kirche,* pp. 31–4.

40 F.-C. Andreas, 'Bruchstucke einer Pehlevi-Übersetzung der Psalmen aus der Sassanidenzeit', *Sitzungsberichte der Berliner Akademie der Wissenschaften* (1910), 869–72; J. Asmussen, 'The Sogdian and Uighur-Turkish Christian Literature in Central Asia before the Real Rise of Islam: A Survey', in L. Hercus, F. Kuiper, T. Rajapatirana and E. Skrzypczak (eds), *Indological and Buddhist Studies: Volume in Honour of Professor J. W. de Jong on his Sixtieth Birthday* (Canberra, 1982), pp. 11–29.

41 Sarris, *Empires of Faith,* p. 153.

42 For the Council of 553, R. Price, *The Acts of the Council of Constantinople of 553: Edited with an introduction and notes,* 2 vols (Liverpool, 2009). For the Syriac text, with translation, S. Brock, 'The Conversations with the Syrian Orthodox under Justinian (532)', *Orientalia Christiana Periodica* 47 (1981), 87–121, and idem, 'Some New Letters of the Patriarch Severus', *Studia Patristica* 12 (1975), 17–24.

43 Evagrius Scholasticus, *Ekklesiastike historia,* 5.1, *Ecclesiastical History of Evagrius Scholasticus,* tr. M. Whitby (Liverpool, 2005), p. 254.

44 For the compilation of the text and its date, see R. Lim, *Public Disputation: Power and Social Order in Late Antiquity* (Berkeley, 1991), p. 227.

45 Sterk, 'Mission from Below', 10–12.

46 For the 300 martyrs of Najran, I. Shahid, 'The Martyrdom of Early Arab Christians: Sixth Century Najran', in G. Corey, P. Gillquist, M. Mackoul et al. (eds), *The First One Hundred Years: A Centennial Anthology Celebrating Antiochian Orthodoxy in North America* (Englewood, NJ, 1996), pp. 177–80. For the journey of Cosmas Indicopleustes, see S. Faller, *Taprobane im Wandel der Zeit* (Stuttgart, 2000); H. Schneider, 'Kosmas Indikopleustes, Christliche Topographie: Probleme der Überlieferung und Editionsgeschichte', *Byzantinische Zeitschrift* 99.2 (2006), 605–14.

47 *The History of Theophylact Simocatta: An English Translation with Introduction and Notes,* ed. and tr. M. Whitby and M. Whitby (Oxford, 1986), 5.10, p. 147.

48 See Wood, *Chronicle of Seert,* p.23.

49 B. Spuler, *Iran in früh-Islamischer Zeit* (Wiesbaden, 1952), pp. 210–13; P. Jenkins, *The Lost History of Christianity* (Oxford, 2008),

pp. 14, 53; Also see S. Moffett, *A History of Christianity in Asia,* 2 vols (San Francisco, 1998); J. Asmussen, 'Christians in Iran', pp. 924–48.

50 A. Atiya, *A History of Eastern Christianity* (London, 1968), pp. 239ff.

51 Agathias, *Historion,* 2.28, *Agathias: Histories,* tr. J. Frendo (Berlin, 1975), p. 77.

52 For the prayers, Brock, 'Church of the East', 76; for the election, Synod of Mar Gregory I, *Synodicon orientale,* p. 471.

53 T. Daryaee (ed. and tr.), *Šahrestānīhā-ī Ērānšahr: A Middle Persian Text on Late Antique Geography, Epic and History* (Costa Mesa, CA, 2002).

54 M. Morony, 'Land Use and Settlement Patterns in Late Sasanian and Early Islamic Iraq', in Cameron, King and Haldon, *The Byzantine and Early Islamic Near East,* 2, pp. 221–9; F. Rahimi-Laridjani, *Die Entwicklung der Bewässerungslandwirtschaft im Iran bis Sasanidisch-frühislamische zeit* (Weisbaden, 1988); R. Gyselen, *La géographie administrative de l'empire sasanide: les témoignages sigilographiques* (Paris, 1989).

55 P. Pourshariati, *Decline and Fall of the Sasanian Empire: The Sasanian–Parthian Confederacy and the Arab Conquest of Iran* (London, 2009), pp. 33–60. Also see Z. Rubin, 'The Reforms of Khusro Anushirwān', in Cameron, *Islamic Near East,* 3, pp. 225–97.

56 A. Taffazoli, 'List of Trades and Crafts in the Sassanian Period', *Archaeologische Mitteilungen aus Iran* 7 (1974), 192–6.

57 R. Frye, 'Sasanian Seal Inscriptions', in R. Stiehl and H. Stier, *Beiträge zur alten Gesichte und deren Nachleben,* 2 vols (Berlin, 1969–70), 1, pp. 79–84; J. Choksy, 'Loan and Sales Contracts in Ancient and Early Medieval Iran', *Indo-Iranian Journal* 31 (1988), 120.

58 Daryaee, 'Persian Gulf Trade', 1–16.

59 E. de la Vaissière, *Histoire des marchands sogdiens* (Paris, 2002), pp. 155–61, 179–231. N. Sims-Williams, 'The Sogdian Merchants in China and India', in A. Cadonna and L. Lanciotti (eds), *Cina e Iran: da Alessandro Magno alla dinastia Tang* (Florence, 1996), pp. 45–67; J. Rose, 'The Sogdians: Prime Movers between Boundaries', *Comparative Studies of South Asia, Africa and the Middle East* 30.3 (2010), 410–19.

60 F. Thierry and C. Morrisson, 'Sur les monnaies Byzantines trouvés en Chine', *Revue numismatique* 36 (1994), 109–45; L. Yin, 'Western Turks and Byzantine Gold Coins Found in China', *Transoxiana* 6 (2003); B. Marshak and W. Anazawa, 'Some Notes on the Tomb of Li Xian and his Wife under the Northern Zhou Dynasty at Guyuan, Ningxia and its Gold-Gilt Silver Ewer with Greek Mythological Scenes Unearthed There', *Cultura Antiqua* 41.4 (1989), 54–7.

61 D. Shepherd, 'Sasanian Art', in *Cambridge History of Iran,* 3.2, pp. 1085–6.

62 For Easter, Eusebius, *Vita Constantini,* 3.18, p. 90. For examples of legislation against intermarriage, *Codex Theodosianus,* 16.7, p. 466; 16.8, pp. 467–8.

63 L. Feldman, 'Proselytism by Jews in the Third, Fourth and Fifth Centuries', *Journal for the Study of Judaism* 24.1 (1993), 9–10.

64 Ibid., 46.

65 P. Schäfer, *Jesus in the Talmud* (Princeton, 2007); P. Schäfer, M. Meerson and Y. Deutsch (eds), *Toledot Yeshu* (*'The Life Story of Jesus'*) *Revisited* (Tübingen, 2011).

66 G. Bowersock, 'The New Greek Inscription from South Yemen', in A. Sedov and J.-F. Salles (eds), *Qāni': le port antique du Ḥaḍramawt entre la Méditerranée, l'Afrique et l'Inde: fouilles russes 1972, 1985–89, 1991, 1993–94* (Turnhout, 2013), pp. 393–6.

67 J. Beaucamp, F. Briquel-Chatonnet and C. Robin (eds), *Juifs et chrétiens en Arabie aux Ve et VIe siècles: regards croisés sur les sources* (Paris, 2010); C. Robin, 'Joseph, dernier roi de Himyar (de 522 à 525, ou une des années suivantes)', *Jerusalem Studies in Arabic and Islam* 34 (2008), 1–124.

68 G. Bowersock, *The Throne of Adulis: Red Sea Wars on the Eve of Islam* (Oxford, 2013), pp. 78–91.

69 Brock, 'Church of the East', 73.

70 Walker, *The Legend of Mar Qardagh* ; text, pp. 19–69.

71 Y. Saeki, *The Nestorian Documents and Relics in China* (2nd edn, Tokyo, 1951), pp. 126–7; D. Scott, 'Christian Responses to Buddhism in Pre-Medieval Times', *Numen* 32.1 (1985), 91–2.

72 See E. Pagels, *The Gnostic Gospels* (New York, 1979); H.-J. Klimkeit, *Gnosis on the Silk Road: Gnostic Texts from Central Asia* (San Francisco, 1993); K. King, *What is Gnosticism?* (Cambridge, MA, 2003).

73 P. Crone, 'Zoroastrian Communism', *Comparative Studies in Society and History* 36.4 (1994), 447–62; G. Gnoli, 'Nuovi studi sul Mazdakismo', in *Convegno internazionale: la Persia e Bisanzio* (Rome, 2004), pp. 439–56.

74 Hui Li, *Life of Hiuen-tsang,* tr. Samuel Beal (Westport, CT, 1973), p. 45.

75 Ibid., p. 46; R. Foltz, 'When was Central Asia Zoroastrian?', *Mankind Quarterly* (1988), 189–200.

76 S. Beal, *Buddhist Records of the Western World* (New Delhi, 1969), pp. 44–6.

77 G. Mitchell and S. Johar, 'The Maratha Complex at Ellora', *Modern Asian Studies* 28.1 (2012), 69–88.

78 Excavations and surveys were conducted in the 1970s by joint teams from Japan and Afghanistan. See T. Higuchi, *Japan–Afghanistan Joint Archaeological Survey 1974, 1976, 1978* (Kyoto, 1976–80).

79 For the dating of the Bamiyan complex to *c* . 600, see D. Klimburg-Salter, 'Buddhist Painting in the Hindu Kush *c* . VIIth to Xth Centuries: Reflections of the Co-existence of Pre-Islamic and Islamic Artistic Cultures during the Early Centuries of the Islamic Era', in E. de la Vaissière, *Islamisation de l'Asie Centrale: processus locaux d'acculturation du VIIe au XIe siècle* (Paris, 2008), pp. 140–2; also see F. Flood, 'Between Cult and Culture: Bamiyan, Islamic Iconoclasm, and the Museum', *Art Bulletin* 84.4 (2002), 641ff. Also see here L. Morgan, *The Buddhas of Bamiyan* (London, 2012).

80 Cited by Power, *Red Sea,* p. 58.
81 I. Gillman and H.-J. Klimkeit, *Christians in Asia before 1500* (Ann Arbor, 1999), pp. 265–305.
82 G. Stroumsa, *Barbarian Philosophy: The Religious Revolution of Early Christianity* (Tübingen, 1999), pp. 80, 274–81.
83 J. Choksy, 'Hagiography and Monotheism in History: Doctrinal Encounters between Zoroastrianism, Judaism and Christianity', *Islam and Christian–Muslim Relations* 14.4 (2010), 407–21.

第四章

1 Pseudo-Dionysius of Tel Mahre, *Chronicle* (*Known Also as the Chronicle of Zuqnin*)*, Part III,* tr. W. Witaksowski (Liverpool, 1996), p. 77.
2 Procopius, *Hyper ton polemon,* 2.22–3, in *History of the Wars, Secret History, Buildings,* ed. and tr. H. Dewing, 7 vols (Cambridge, MA), 1, pp. 450–72.
3 M. Morony, '"For Whom Does the Writer Write?": The First Bubonic Plague Pandemic According to Syriac Sources', in K. Lester (ed.), *Plague and the End of Antiquity: The Pandemic of 541–750* (Cambridge, 2007), p. 64; D. Twitchett, 'Population and Pestilence in T'ang China', in W. Bauer (ed.), *Studia Sino-Mongolica* (Wiesbaden, 1979), 42, 62.
4 P. Sarris, *Economy and Society in the Age of Justinian* (Cambridge, 2006); idem, 'Plague in Byzantium: The Evidence of Non-Literary Sources', in Lester, *Plague and the End of Antiquity,* pp. 119–34; A. Cameron, *The Mediterranean World in Late Antiquity: AD 395–700* (London, 1993), pp. 113ff.; D. Stathakopoulos, *Famine and Pestilence in the Late Roman and Early Byzantine Empire: A Systematic Survey of Subsistence Crises and Epidemics* (Birmingham, 2004), pp. 110–65.
5 Sarris, *Empires of Faith,* pp. 145ff.
6 Procopius, *The Secret History,* tr. P. Sarris (London, 2007), p. 80.
7 John of Ephesus, *Ecclesiastical History,* 6.24, tr. R. P. Smith (1860), p. 429.
8 M.-T. Liu, *Die chinesischen Nachrichten zur Geschichte der Ost-Türken* (*T'u-küe*), 2 vols (Wiesbaden, 2009), 1, p. 87. Also J. Banaji, 'Precious-Metal Coinages and Monetary Expansion in Late Antiquity', in F. De Romanis and S. Sorda (eds), *Dal denarius al dinar: l'oriente e la monetà romana* (Rome, 2006), pp. 265–303.
9 *The History of Menander the Guardsman,* tr. R. Blockley (Liverpool, 1985), pp. 121–3.
10 Ibid., pp. 110–7.
11 Sarris, *Empires of Faith,* pp. 230–1.
12 *Menander the Guardsman,* pp. 173–5.

13 For the sources here, Greatrex and Lieu, *Roman Eastern Frontier, Part II,* pp. 153–8.

14 R. Thomson, *The Armenian History Attributed to Sebeos. Part I: Translation and Notes* (Liverpool, 1999), 8, p. 9.

15 Agathias, *Historion,* 2.24, p. 72.

16 G. Fisher, 'From Mavia to al-Mundhir: Arab Christians and Arab Tribes in the Late Antique Roman East', in I. Toral-Niehoff and K. Dimitriev (eds), *Religious Culture in Late Antique Arabia* (Leiden, 2012), p. x; M. Maas, '"Delivered from their Ancient Customs": Christianity and the Question of Cultural Change in Early Byzantine Ethnography', in K. Mills and A. Grafton (eds), *Conversion in Late Antiquity and the Early Middle Ages* (Rochester, NY, 2003), pp. 152–88.

17 R. Hoyland, 'Arab Kings, Arab Tribes and the Beginnings of Arab Historical Memory in Late Roman Epigraphy', in H. Cotton, R. Hoyland, J. Price and D. Wasserstein (eds), *From Hellenism to Islam: Cultural and Linguistic Change in the Roman Near East* (Cambridge, 2009), pp. 374–400.

18 M. Whittow, 'Rome and the Jafnids: Writing the History of a Sixth-Century Tribal Dynasty', in J. Humphrey (ed.), *The Roman and Byzantine Near East: Some Recent Archaeological Research* (Ann Arbor, 1999), pp. 215–33.

19 K. ʿAtahmina, 'The Tribal Kings in Pre-Islamic Arabia: A Study of the Epithet *malik* or *dhū al-tāj* in Early Arabic Traditions', *al-Qanṭara* 19 (1998), 35; M. Morony, 'The Late Sasanian Economic Impact on the Arabian Peninsula', *Nāme-ye Irān-e Bāstān* 1.2 (201/2), 35–6; I. Shahid, *Byzantium and the Arabs in the Sixth Century,* 2 vols (Washington, DC, 1995–2009), 2.2, pp. 53–4.

20 Sarris, *Empires of Faith,* pp. 234–6.

21 Procopius, *Buildings,* 3.3, 7, pp. 192–4.

22 J. Howard-Johnston, *Witnesses to a World Crisis: Historians and Histories of the Middle East in the Seventh Century* (Oxford, 2010), pp. 438–9.

23 Synod of Mar Gregory I, *Synodicon orientale,* p. 471. Also see Walker, *Mar Qardagh,* pp. 87–9.

24 F. Conybeare, 'Antiochos Strategos' Account of the Sack of Jerusalem in AD 614', *English Historical Review* 25 (1910), 506–8, but see Howard-Johnston, *Witnesses to a World Crisis,* pp. 164–5. For the propaganda, J. Howard-Johnston, 'Heraclius' Persian Campaigns and the Revival of the Roman Empire', *War in History* 6 (1999), 36–9.

25 *Chronicon Paschale,* tr. M. Whitby and M. Whitby (Liverpool, 1989), pp. 161–2; Howard-Johnston, 'Heraclius' Persian Campaigns', 3; Sarris, *Empires of Faith,* p. 248.

26 *Chronicon Paschale,* pp. 158, 164.

27 Howard-Johnston, 'Heraclius' Persian Campaigns', 37.

28 The precise date is contentious; R. Altheim-Stiehl, 'Würde Alexandreia im Juni 619 n. Chr. durch die Perser Erobert?', *Tyche* 6 (1991), 3–16.

29 J. Howard-Johnston, 'The Siege of Constantinople in 626', in C. Mango and G. Dagron (eds), *Constantinople and its Hinterland* (Aldershot, 1995), pp. 131–42.

30 Howard-Johnston, 'Heraclius' Persian Campaigns', 23–4; C. Zuckerman, 'La Petite Augusta et le Turc: Epiphania-Eudocie sur les monnaies d'Héraclius', *Revue Numismatique* 150 (1995), 113–26.

31 See N. Oikonomides, 'Correspondence between Heraclius and Kavadh-Siroe in the *Paschal Chronicle* (*628*) ', *Byzantion* 41 (1971), 269–81.

32 Sebeos, *Armenian History,* 40, pp. 86–7; Theophanes, *The Chronicle of Theophanes Confessor: Byzantine and Near Eastern History, AD 284–813,* tr. C. Mango and R. Scott (Oxford, 1997), pp. 455–6.

33 *Chronicon Paschale,* pp. 166–7; Sebeos, *Armenian History,* 38, pp. 79–81.

34 G. Dagron and V. Deroche, 'Juifs et chrétiens en Orient byzantin', *Travaux et Mémoires* 11 (1994), 28ff.

35 Cameron and Hoyland, *Doctrine and Debate,* pp. xxi–xxii.

36 Letter of the Bishops of Persia, *Synodicon orientale,* pp. 584–5.

37 Theophanes, *Chronicle,* p. 459; Mango, 'Deux études sur Byzance et la Perse sassanide', *Travaux et Mémoires* 9 (1985), 117.

38 B. Dols, 'Plague in Early Islamic History', *Journal of the American Oriental Society* 94.3 (1974), 376; P. Sarris, 'The Justinianic Plague: Origins and Effects', *Continuity and Change* 17.2 (2002), 171.

39 Bowersock, *Throne of Adulis,* pp. 106–33. Also G. Lüling, *Die Wiederentdeckung des Propheten Muhammad: eine Kritik am 'christlichen' Abendland* (Erlangen, 1981).

40 C. Robin, 'Arabia and Ethiopia', in S. Johnson (ed.), *Oxford Handbook of Late Antiquity* (Oxford, 2012), p. 302.

41 *Qur'ān,* 96.1, ed. and tr. N. Dawood, *The Koran: With a Parallel Translation of the Arabic Text* (London, 2014).

42 Ibn Hisham, *Sīrat rasūl Allāh,* tr. A. Guillaume, *The Life of Muhammad: A Translation of Isḥāq's Sīrat rasūl Allāh* (Oxford, 1955), p. 106; *Qur'ān,* 81.23, p. 586.

43 See H. Motzki, 'The Collection of the *Qur'ān* : A Reconsideration of Western Views in Light of Recent Methodological Developments', *Der Islam* 78 (2001), 1–34, and also A. Neuwirth, N. Sinai and M. Marx (eds), *The Qur'ān in Context: Historical and Literary Investigations into the Qur'ānic Milieu* (Leiden, 2010).

44 *Qur'ān,* 18.56, p. 299.

45 *Qur'ān,* 16.98–9, p. 277.

46 For example, *Qur'ān,* 2.165; 2.197; 2.211.

47 See above all F. Donner, *Narratives of Islamic Origins: The Beginnings of Islamic Historical Writing* (Princeton, 1998). Also, for

example, T. Holland, *In the Shadow of the Sword: The Battle for Global Empire and the End of the Ancient World* (London, 2012).

48 E. El Badawi, *The Qurʾān and the Aramaic Gospel Traditions* (London, 2013).

49 P. Crone, *Meccan Trade and the Rise of Islam* (Princeton, 1977); also R. Serjeant, 'Meccan Trade and the Rise of Islam: Misconceptions and Flawed Polemics', *Journal of the American Oriental Society* 110.3 (1990), 472–3.

50 C. Robinson, 'The Rise of Islam', in M. Cook et al. (eds), *The New Cambridge History of Islam*, 6 vols (Cambridge, 2010), pp. 180–1; M. Kister, 'The Struggle against Musaylima and the Conquest of Yamāma', *Jerusalem Studies in Arabic and Islam* 27 (2002), 1–56.

51 G. Heck, '"Arabia without Spices": An Alternative Hypothesis: The Issue of "Makkan Trade and the Rise of Islam"', *Journal of the American Oriental Society* 123.3 (2003), 547–76; J. Schiettecatte and C. Robin, *L'Arabie à la veille de l'Islam: un bilan clinique* (Paris, 2009).

52 P. Crone, 'Quraysh and the Roman Army: Making Sense of the Meccan Leather Trade', *Bulletin of the School of Oriental and African Studies* 70.1 (2007), 63–88.

53 Ibn al-Kalbī, *Kitāb al-aṣnām,* tr. N. Faris, *The Book of Idols Being a Translation from the Arabic of the Kitāb al-aṣnām* (Princeton, 1952), pp. 23–4.

54 *Qurʾān,* 36.33–6, p. 441; G. Reinink, 'Heraclius, the New Alexander: Apocalyptic Prophecies during the Reign of Heraclius', pp. 81–94; W. E. Kaegi Jr, 'New Evidence on the Early Reign of Heraclius', *Byzantinische Zeitschrift* 66 (1973), 308–30.

55 *Qurʾān,* 47.15, p. 507.

56 *Qurʾān,* 5.33, p. 112.

57 *Qurʾān,* 4.56, p. 86. Also W. Shepard, *Sayyid Qutb and Islamic Activism: A Translation and Critical Analysis of Social Justice in Islam* (Leiden, 2010). Also note the important observations about gender and social justice in early Islam, A. Wahud, *Qurʾān and Woman: Rereading the Sacred Text from a Woman's Perspective* (Oxford, 1999).

58 *Qurʾān,* 47.15, p. 507.

59 P. Crone, 'The Religion of the Qurʾānic Pagans: God and the Lesser Deities', *Arabica* 57 (2010), 151–200.

60 R. Hoyland, 'New Documentary Texts and the Early Islamic State', *Bulletin of the School of Oriental and African Studies* 69.3 (2006), 395–416. For the date of Muḥammad's flight, A. Noth, *The Early Arabic Historical Tradition: A Source Critical Study* (Princeton, 1994), p. 40; M. Cook and P. Crone, *Hagarism: The Making of the Islamic World* (Cambridge, 1977), pp. 24, 157.

61 Nikephoros of Constantinople, *Chronographikon syntomon,* ed. and tr. C. Mango, *Short History* (Washington, DC, 1990), pp. 68–9; Theophylact Simokatta, *History,* 3.17. For Arab 'identity' before the rise of Islam, A. Al-Azmeh, *The Emergence of Islam in Late Antiquity* (Oxford, 2014), p. 147; also see W. Kaegi, 'Reconceptualizing Byzantium's Eastern Frontiers', in Mathisen and Sivan, *Shifting Frontiers,* p. 88.

62 *Qur'ān,* 43.3, p. 488.
63 C. Robinson, 'Rise of Islam', p. 181.
64 Mālik records two similar variants, presumably reflecting the comment's pedigree, Mālik ibn Anas, *al-Muwaṭṭa,* 45.5, tr. A. 'Abdarahman and Y. Johnson (Norwich, 1982), p. 429.
65 *Qur'ān,* 2.143–4, p. 21; also al-Azmeh, *Emergence of Islam,* p. 419.
66 *Qur'ān,* 22.27–9, pp. 334–5.
67 R. Frye, 'The Political History of Iran under the Sasanians', in *Cambridge History of Iran,* 3.1, p. 178; Tabarī, *The Battle of al-Qādisiyyah and the Conquest of Syria and Palestine,* tr. Y. Friedmann (Albany, NY, 1992), pp. 45–6.
68 H. Kennedy, *The Great Arab Conquests* (London, 2007), pp. 103–5.
69 Tabarī, *Battle of al-Qādisiyyah,* p. 63.
70 Ibid.
71 *Qur'ān,* 29.1–5, p. 395.
72 Crone, *Meccan Trade,* p. 245.
73 C. Robinson, *The First Islamic Empire,* in J. Arnason and K. Raaflaub (eds), *The Roman Empire in Context: Historical and Comparative Perspectives* (Oxford, 2010), p. 239; G.-R. Puin, *Der Dīwān von 'Umar Ibn al-Ḥattab* (Bonn, 1970); F. Donner, *The Early Islamic Conquests* (Princeton, 1981), pp. 231–2, 261–3.
74 Pourshariati, *Decline and Fall of the Sasanian Empire,* pp. 161ff. Also here Donner, *Early Islamic Conquests,* pp. 176–90; Kennedy, *Arab Conquests,* pp. 105–7.
75 For the date of the conquest of Jerusalem, P. Booth, *Crisis of Empire: Doctrine and Dissent at the End of Late Antiquity* (Berkeley, 2014), p. 243.
76 Sebeos, *Armenian History,* 42, p. 98.
77 See Howard-Johnston, *Witnesses to a World Crisis,* pp. 373–5.

第五章

1 For the text, F. Donner, *Muhammad and the Believers: At the Origins of Islam* (Cambridge, MA, 2010), pp. 228–32. Also M. Lecker, *The 'Constitution of Medina': Muhammad's First Legal Document* (Princeton, 2004).
2 See the important collection of essays in M. Goodman, G. van Kooten and J. van Ruiten, *Abraham, the Nations and the Hagarites: Jewish, Christian and Islamic Perspectives on Kinship with Abraham* (Leiden, 2010).

3 *Doctrina Iacobi* in Dagron and Déroche, 'Juifs et chrétiens', 209. Translation here by R. Hoyland, *Seeing Islam as Others Saw It: A Survey and Evaluation of Christian, Jewish and Zoroastrian Writings on Early Islam* (Princeton, 1997), p. 57.

4 Note therefore W. van Bekkum, 'Jewish Messianic Expectations in the Age of Heraclius', in G. Reinink and H. Stolte (eds), *The Reign of Heraclius (610–641): Crisis and Confrontation* (Leuven, 2002), pp. 95–112.

5 Dagron and Déroche, 'Juifs et chrétiens', 240–7. For the reliability of much of the information in the text, Howard-Johnston, *Witnesses to a World Crisis,* pp. 155–7; for the likely audience and purpose of the text, D. Olster, *Roman Defeat, Christian Response and the Literary Construction of the Jew* (Philadelphia, 1994). Above all here, Hoyland, *Seeing Islam as Others Saw It* .

6 J. Reeves, *Trajectories in Near Eastern Apocalyptic: A Postrabbinic Jewish Apocalypse Reader* (Leiden, 2006), pp. 78–89; B. Lewis, 'An Apocalyptic Vision of Islamic History', *Bulletin of the School of Oriental and African Studies* 13 (1950), 321–30. Also see S. Shoemaker, *The Death of a Prophet: The End of Muhammad's Life and the Beginnings of Islam* (Philadelphia, 2012), pp. 28–33.

7 *Canonici Hebronensis Tractatus de invention sanctorum patriarchum Abraham, Ysaac et Yacob,* in *Recueil des Historiens des Croisades: Historiens Occidentaux* 1, p. 309; translation by N. Stillman, *The Jews of Arab Lands: A History and Source Book* (Philadelphia, 1979), p. 152.

8 M. Conterno, '"L'abominio della desolazione nel luogo santo": l'ingresso di 'Umar I a Gerusalemme nella *Cronografia* de Teofane Confessore e in tre cronache siriache', in *Quaderni di storia religiosa* 17 (2010), pp. 9–24.

9 J. Binns, *Ascetics and Ambassadors of Christ: The Monasteries of Palestine 314–631* (Oxford, 1994); B. Horn, *Asceticism and Christological Controversy in Fifth-Century Palestine: The Career of Peter the Iberian* (Oxford, 2006); Cameron and Hoyland, *Doctrine and Debate,* p. xxix.

10 S. Brock, 'North Mesopotamia in the Late Seventh Century: Book XV of John Bar Penkaye's Rish Melle', *Jerusalem Studies in Arabic and Islam* 9 (1987), 65.

11 *Corpus Scriptorum Christianorum Orientalium,* Series 3, 64, pp. 248–51; Donner, *Muhammad and the Believers,* p. 114.

12 *Qur'ān,* 2.87, p. 12.

13 *Qur'ān,* 3.3, p. 49.

14 *Qur'ān,* 2.42–3, p. 54.

15 Cameron and Hoyland, *Doctrine and Debate,* p. xxxii.

16 *Qur'ān,* 3.65, p. 57

17 *Qur'ān,* 3.103; 105, p. 62.

18 *Qur'ān,* 2.62, p. 9, 5.69, p. 118.

19 R. Hoyland, *In God's Path: The Arab Conquests and the Creation of an Islamic Empire* (Oxford, 2015), pp. 224–9.

20 Robinson, 'The Rise of Islam', p. 186.

21 C. Luxenburg, *The Syro-Aramaic Reading of the Koran: A Contribution to the Decoding of the Language of the Koran* (Berlin, 2007); see here D. King, 'A Christian Qur'ān? A Study in the Syriac background to the language of the Qur'ān as presented in the work of Christoph Luxenberg', *Journal for Late Antique Religion and Culture* 3 (2009), 44–71.

22 *Qur'ān,* 30.2–4, p. 403.

23 *Qur'ān,* 30.6, p. 404.

24 T. Sizgorich, *Violence and Belief in Late Antiquity: Militant Devotion in Christianity and Islam* (Philadelphia, 2009), pp. 160–1.

25 R. Finn, *Asceticism in the Graeco-Roman World* (Cambridge, 2009).

26 *Qur'ān,* 3.84, p. 60.

27 *Qur'ān,* 10.19, p. 209.

28 Shoemaker, *Death of a Prophet,* pp. 18–72. Also R. Hoyland, 'The Earliest Christian Writings on Muhammad: An Appraisal', in H. Motzki (ed.), *The Biography of Muhammad: The Issue of the Sources* (Leiden, 2000), esp. pp. 277–81; Cook, 'Muhammad', 75–6.

29 Sophronius of Jerusalem, 'Logos eis to hagion baptisma', in A. Papadopoulos-Kermeus, 'Tou en hagiois patros hemon Sophroniou archiepiskopou Hierosolymon logos eis to hagion baptisma', *Analekta Hierosolymitikes Stakhiologias* 5 (St Petersburg, 1898), 166–7.

30 G. Anvil, *The Byzantine–Islamic Transition in Palestine: An Archaeological Approach* (Oxford, 2014); R. Schick, *The Christian Communities of Palestine from Byzantine to Islamic Rule* (Princeton, 1995).

31 al-Balādhurī, *Kitâb futûḥ al-buldân,* tr. P. Hitti, *The Origins of the Islamic State* (New York, 1916), 8, p. 187.

32 John of Nikiu, *Khronike,* tr. R. Charles, *The Chronicle of John of Nikiu* (London, 1916), 120.17–28, pp. 193–4.

33 G. Garitte, '"Histoires édifiantes" géorgiennes', *Byzantion* 36 (1966), 414–16; Holyand, *Seeing Islam,* p. 63.

34 Robinson, *First Islamic Empire,* pp. 239ff.

35 W. Kubiak, *Al-Fustiat, Its Foundation and Early Urban Development* (Cairo, 1987); N. Luz, 'The Construction of an Islamic City in Palestine: The Case of Umayyad al-Ramla', *Journal of the Royal Asiatic Society* 7.1 (1997), 27–54; H. Djaiït, *Al-Kūfa: naissance de la ville islamique* (Paris, 1986); D. Whitcomb, 'The Misr of Ayla: New Evidence for the Early Islamic City', in G. Bisheh (ed.), *Studies in the History and Archaeology of Jordan* (Amman, 1995), pp. 277–88.

36 J. Conant, *Staying Roman: Conquest and Identity in Africa and the Mediterranean, 439–700* (Cambridge, 2012), pp. 362–70. Also P. Grossman, D. Brooks-Hedstrom and M. Abdal-Rassul, 'The Excavation in the Monastery of Apa Shnute (Dayr Anba Shinuda) at Suhag', *Dumbarton Oaks Papers* 58 (2004), 371–82; E. Bolman, S. Davis and G. Pyke, 'Shenoute and a Recently Discovered Tomb Chapel at the White Monastery', *Journal of Early Christian Studies* 18.3 (2010), 453–62; for Palestine, L. di Segni, 'Greek Inscriptions in Transition from the Byzantine to the Early Islamic Period', in Hoyland, *Hellenism to Islam,* pp. 352–73.

37 N. Green, 'The Survival of Zoroastrianism in Yazd', *Iran* 28 (2000), 115–22.

38 A. Tritton, *The Caliphs and their Non-Muslim Subjects: A Critical Study of the Covenant of Umar* (London, 1970); Hoyland, *God's Path,* esp. pp. 207–31.

39 N. Khairy and A.-J. ʿAmr, 'Early Islamic Inscribed Pottery Lamps from Jordan', *Levant* 18 (1986), 152.

40 G. Bardy, 'Les Trophées de Damas: controverse judéo-chrétienne du VIIe siècle', *Patrologia Orientalis* 15 (1921), 222.

41 J. Johns, 'Archaeology and the History of Early Islam: The First Seventy Years', *Journal of the Economic and Social History of the Orient* 46.4 (2003), 411–36; A. Oddy, 'The Christian Coinage of Early Muslim Syria ', *ARAM* 15 (2003), 185–96.

42 E. Whelan, 'Forgotten Witnesses: Evidence for the Early Codification of the Qur'an', *Journal of the American Oriental Society* 118.1 (1998), 1–14; W. Graham and N. Kermani, 'Recitation and Aesthetic Reception', in J. McAuliffe (ed.), *The Cambridge Companion to the Qur'ān* (Cambridge, 2005), pp. 115–43, S. Blair, 'Transcribing God's Word: Qur'an Codices in Context', *Journal of Qur'anic Studies* 10.1 (2008), 72–97.

43 R. Hoyland, 'Jacob of Edessa on Islam', in G. Reinink and A. Cornelis Klugkist (eds), *After Bardasian: Studies on Continuity and Change in Syriac Christianity* (Leuven, 1999), pp. 158–9.

44 M. Whittow, *The Making of Orthodox Byzantium, 600–1025* (London, 1996), pp. 141–2.

45 R. Hoyland, 'Writing the Biography of the Prophet Muhammad: Problems and Sources', *History Compass* 5.2 (2007), 593–6. Also see I. and W. Schulze, 'The Standing Caliph Coins of al-Jazīra: Some Problems and Suggestions', *Numismatic Chronicle* 170 (2010), 331–53; S. Heidemann, 'The Evolving Representation of the Early Islamic Empire and its Religion on Coin Imagery', in A. Neuwirth, N. Sinai and M. Marx (eds), *The Qur'ān in Context: Historical and Literary Investigations into the Qur'ānic Milieu* (Leiden, 2010), pp. 149–95.

46 B. Flood, *The Great Mosque of Damascus: Studies on the Makings of an Umayyad Visual Culture* (Leiden, 2001).

47 Johns, 'Archaeology and History of Early Islam', 424–5. Also see Hoyland, *Seeing Islam,* esp. pp. 550–3, 694–5, and in general P. Crone and M. Hinds, *God's Caliph: Religious Authority in the First Centuries of Islam* (Cambridge, 1986).

48 O. Grabar, *The Dome of the Rock* (Cambridge, MA, 2006), pp. 91–2.

49 John of Damascus, *On Heresies,* tr. F. Chase, *The Fathers of the Church* (Washington, DC, 1958), 101, p. 153; Sarris, *Empires of Faith,* p. 266.

50 For example, M. Bennett, *Fighting Techniques of the Medieval World AD 500– AD 1500: Equipment, Combat Skills and Tactics* (Staplehurst, 2005).

51 P. Reynolds, *Trade in the Western Mediterranean, AD 400–700: The Ceramic Evidence* (Oxford, 1995); S. Kinsley, 'Mapping Trade by Shipwrecks', in M. Mundell Mango (ed.), *Byzantine Trade, 4th–12th Centuries* (Farnham, 2009), pp. 31–6. See M. McCormick,

Origins of the European Economy: Communications and Commerce, AD 300–900 (Cambridge, 2001); Wickham, *Inheritance of Rome,* esp. pp. 255ff.

52 de la Vaissière, *Sogdian Traders,* pp. 279–86.

53 al-Yaʿqūbī and al-Balādhurī cited by J. Banaji, 'Islam, the Mediterranean and the Rise of Capitalism', *Historical Materialism* 15 (2007), 47–74, esp. 59–60.

54 For the loose structures across the Sogdian world at this time, de la Vaissière, *Marchands sogdiens,* pp. 144–76.

55 See here F. Grenet and E. de la Vaissière, 'The Last Days of Panjikent', *Silk Road Art and Archaeology* 8 (2002), 155–96.

56 See here J. Karam Skaff, *Sui-Tang China and Its Turko-Mongol Neighbours: Culture, Power, and Connections, 580–800* (Oxford, 2012).

57 D. Graff, 'Strategy and Contingency in the Tang Defeat of the Eastern Turks, 629–30', in N. di Cosmo (ed.), *Warfare in Inner Asian History, 500–1800* (Leiden, 2002), pp. 33–72.

58 de la Vaissière, *Sogdian Traders,* pp. 217–20.

59 C. Mackerras, *The Uighur Empire According to the T'ang Dynastic Histories* (Canberra, 1972); T. Allsen, *Commodity and Exchange in the Mongol Empire: A Cultural History of Islamic Textiles* (Cambridge, 1997), p. 65.

60 C. Beckwith, 'The Impact of Horse and Silk Trade on the Economics of T'ang China and the Uighur Empire: On the Importance of International Commerce in the Early Middle Ages', *Journal of the Economic and Social History of the Orient* 34 (1991), 183–98.

61 J. Kolbas, 'Khukh Ordung: A Uighur Palace Complex of the Seventh Century', *Journal of the Royal Asiatic Society* 15.3 (2005), 303–27.

62 L. Albaum, *Balalyk-Tepe: k istorii material'noĭ kul'tury i iskusstva Tokharistana* (Tashkent, 1960); F. Starr, *Lost Enlightenment: Central Asia's Golden Age from the Arab Conquest to Tamerlane* (Princeton, 2014), p. 104.

63 A. Walmsley and K. Damgaard, 'The Umayyad Congregational Mosque of Jerash in Jordan and its Relationship to Early Mosques', *Antiquity* 79 (2005), 362–78; I. Roll and E. Ayalon, 'The Market Street at Apollonia – Arsuf', *BASOR* 267 (1987), 61–76; K. al-Asʿad and Stepniowski, 'The Umayyad *suq* in Palmyra', *Damazener Mitteilungen* 4 (1989), 205–23; R. Hillenbrand, 'Anjar and Early Islamic Urbanism', in G.-P. Brogiolo and B. Ward-Perkins (eds), *The Idea and Ideal of the Town between Late Antiquity and the Early Middle Ages* (Leiden, 1999), pp. 59–98.

64 Hilāl al-Ṣābi', *Rusūm dār al-khilāfah,* in *The Rules and Regulations of the Abbasid Court,* tr. E. Salem (Beirut, 1977), pp. 21–2.

65 Ibn al-Zubayr, *Kitāb al-hadāyā wa al-tuḥaf,* in *Book of Gifts and Rarities: Selections Compiled in the Fifteenth Century from an Eleventh-Century Manuscript on Gifts and Treasures,* tr. G. al-Qaddūmī (Cambridge, MA, 1996), pp. 121–2.

66 B. Lewis, *Islam: From the Prophet Muhammad to the Capture of Constantinople* (New York, 1987), pp. 140–1.

67 Muqaddasī, *Best Divisions for Knowledge,* p. 60.

68 Ibid., pp. 107, 117, 263.

69 J. Bloom, *Paper before Print: The History and Impact of Paper in the Islamic World* (New Haven, 2001).

70 Muqaddasī, *Best Divisions for Knowledge*, pp. 6, 133–4, 141.

71 *Two Arabic travel books: Accounts of China and India*, ed. and trans. T. Mackintosh-Smith and J. Montgomery (New York, 2014), p. 37.

72 Ibid., pp. 59, 63.

73 J. Stargardt, 'Indian Ocean Trade in the Ninth and Tenth Centuries: Demand, Distance, and Profit', *South Asian Studies* 30.1 (2014), 35–55.

74 A. Northedge, 'Thoughts on the Introduction of Polychrome Glazed Pottery in the Middle East', in E. Villeneuve and P. Watson (eds), *La Céramique byzantine et proto-islamique en Syrie-Jordanie* (*IVe–VIIIe siècles apr. J.-C.*) (Beirut, 2001), pp. 207–14; R. Mason, *Shine Like the Sun: Lustre-Painted and Associated Pottery from the Medieval Middle East* (Toronto, 2004); M. Milwright, *An Introduction to Islamic Archaeology* (Edinburgh, 2010), pp. 48–9.

75 H. Khalileh, *Admiralty and Maritime Laws in the Mediterranean Sea* (*ca. 800–1050*)*: The Kitāb Akriyat al Sufun vis-à-vis the Nomos Rhodion Nautikos* (Leiden, 2006), pp. 212–14.

76 Muqaddasī, *Best Divisions for Knowledge,* p. 347.

77 Daryaee, 'Persian Gulf Trade', 1–16; Banaji, 'Islam, the Mediterranean and the Rise of Capitalism', 61–2.

78 E. Grube, *Cobalt and Lustre: The First Centuries of Islamic Pottery* (London, 1994); O. Watson, *Ceramics from Islamic Lands* (London, 2004).

79 Du Huan, Jinxing Ji, cited by X. Liu, *The Silk Road in World History* (Oxford, 2010), p. 101.

80 *Kitāb al-Tāj* (*fī akhlāq al-mulūk*) in *Le Livre de la couronne: ouvrage attribute à Ǧahiz,* tr. C. Pellat (Paris, 1954), p. 101.

81 For borrowing from Sasanian ideals, Walker, *Qardagh,* p. 139. For hunting scenes from a group of palaces near Teheran, D. Thompson, *Stucco from Chal-Tarkhan-Eshqabad near Rayy* (Warminster, 1976), pp. 9–24.

82 D. Gutas, *Greek Thought, Arabic Culture: The Graeco-Arabic Translation Movement in Baghdad and Early ʿAbbasid Society* (*2nd–4th/8th–10th Centuries* (London, 1998); R. Hoyland, 'Theonmestus of Magnesia, Hunayn ibn Ishaq and the Beginnings of Islamic Veterinary Science', in R. Hoyland and P. Kennedy (eds), *Islamic Reflections, Arabic Musings* (Oxford, 2004), pp. 150–69; A. McCabe, *A Byzantine Encyclopedia of Horse Medicine* (Oxford, 2007), pp. 182–4.

83 V. van Bladel, 'The Bactrian Background of the Barmakids', in A. Akasoy C. Burnett and R. Yoeli-Tialim, *Islam and Tibet: Interactions along the Musk Route* (Farnham, 2011), pp. 82–3; Gutas, *Greek Thought, Arabic Culture,* p. 13.

84 See P. Pormann and E. Savage-Smith, *Medieval Islamic Medicine* (Edinburgh, 2007); Y. Tabbaa, 'The Functional Aspects of Medieval Islamic Hospitals', in M. Boner, M. Ener and A. Singer (eds), *Poverty and Charity in Middle Eastern Contexts* (Albany, NY, 2003), pp. 97–8.

85 Pormann and Savage-Smith, *Medieval Islamic Medicine,* p. 55.

86 E. Lev and L. Chipman, 'A Fragment of a Judaeo-Arabic Manuscript of Sābūr b. Sahl's Al-Aqrābādhīn al-Ṣaghīr Found in the Taylor-Schechter Cairo Genizah Collection', *Medieval Encounters* 13 (2007), 347–62.

87 Ibn al-Haytham, *The Optics of Ibn al-Haytham, Books I–III: On Direct Vision,* tr. A. Sabra, 2 vols (London, 1989).

88 W. Gohlman, *The Life of Ibn Sina: A Critical Edition and Annotated Translation* (New York, 1974), p. 35.

89 al-Jāḥiẓ, *Kitāb al-Ḥayawān,* cited by Pormann and Savage-Smith, *Medieval Islamic Medicine,* p. 23.

90 Mahsatī, *Mahsati Ganjavi: la luna e le perle,* tr. R. Bargigli (Milan, 1999); also F. Bagherzadeh, 'Mahsati Ganjavi et les potiers de Rey', in *Varia Turcica* 19 (1992), 161–76.

91 Augustine, *The Confessions of St Augustine,* tr. F. Sheed (New York, 1942), p. 247.

92 al-Masʿūdī, cited by Gutas, *Greek Thought, Arabic Culture,* p. 89.

93 Muqaddasī, *Best Divisions for Knowledge,* p. 8.

94 M. Barrucand and A. Bednorz, *Moorish Architecture in Andalusia* (Cologne, 1999), p. 40.

95 See for example M. Dickens, 'Patriarch Timothy II and the Metropolitan of the Turks', *Journal of the Royal Asiatic Society* 20.2 (2010), 117–39.

96 Conant, *Staying Roman,* pp. 362–70.

97 Narshakhī, *The History of Bukhara: Translated from a Persian Abridgement of the Arabic Original by Narshakhī,* tr. N Frye (Cambridge, MA, 1954), pp. 48–9.

98 A. Watson, *Agricultural Innovation in the Early Islamic World* (Cambridge, 1983); T. Glick, 'Hydraulic Technology in al-Andalus', in M. Morony (ed.), *Production and the Exploitation of Resources* (Aldershot, 2002), pp. 327–39.

第六章

1 W. Davis, *Readings in Ancient History: Illustrative Extracts from the Sources,* 2 vols (Boston, 1912–13), 2, pp. 365–7.

2 Ibn Khurradādhbih, *Kitāb al-masālik wa-l-mamālik,* tr. Lunde and Stone, 'Book of Roads and Kingdoms', in *Ibn Fadlan and the Land of Darkness,* pp. 99–104.

3 E. van Donzel and A. Schmidt, *Gog and Magog in Early Christian and Islamic Sources: Sallam's Quest for Alexander's Wall* (Leiden,

2010); also note here F. Sezgin, *Anthropogeographie* (Frankfurt, 2010), pp. 95–7; I. Krachovskii, *Arabskaya geographitcheskaya literatura* (Moscow, 2004), esp. pp. 138–41.

4 A. Gow, 'Gog and Magog on *Mappaemundi* and Early Printed World Maps: Orientalizing Ethnography in the Apocalyptic Tradition', *Journal of Early Modern History* 2.1 (1998), 61–2.

5 Ibn Faḍlān, *Book of Ahmad ibn Faḍlān,* tr. Lunde and Stone, *Land of Darkness,* p. 12.

6 Ibid., pp. 23–4.

7 Ibid., p. 12; for Tengri, see U. Harva, *Die Religiösen Vorstellungen der altaischen Völker* (Helsinki, 1938), pp. 140–53.

8 R. Mason, 'The Religious Beliefs of the Khazars', *Ukrainian Quarterly* 51.4 (1995), 383–415.

9 Note therefore a recent contrary argument that decouples Sufism and the nomad world, J. Paul, 'Islamizing Sufis in Pre-Mongol Central Asia', in de la Vaissière, *Islamisation de l'Asie Centrale,* pp. 297–317.

10 Abū Hāmid al-Gharnātī, *Tuḥfat al-albāb wa-nukhbat al-iʿjāb wa-Riḥlah ilá Ūrubbah wa-Āsiyah,* tr. Lunde and Stone, 'The Travels', in *Land of Darkness,* p. 68.

11 A. Khazanov, 'The Spread of World Religions in Medieval Nomadic Societies of the Eurasian Steppes', in M. Gervers and W. Schlepp (eds), *Nomadic Diplomacy, Destruction and Religion from the Pacific to the Adriatic* (Toronto, 1994), pp. 11–34.

12 E. Seldeslachts, 'Greece, the Final Frontier? The Westward Spread of Buddhism', in A. Heirman and S. Bumbacher (eds), *The Spread of Buddhism* (Leiden, 2007); R. Bulliet, 'Naw Bahar and the Survival of Iranian Buddhism', *Iran* 14 (1976), 144–5; Narshakhī, *History of Bukhara,* p. 49.

13 Constantine Porphyrogenitus, *De Administrando Imperio,* ed. G. Moravcsik, tr. R. Jenkins (Washington, DC, 1967), 37, pp. 166–70.

14 Ibn Faḍlān, 'Book of Ahmad ibn Faḍlān', p. 22. Some scholars play down the significance of pastoral nomadism on the steppe, e.g. B. Zakhoder, *Kaspiiskii svod svedenii o Vostochnoi Evrope,* 2 vols (Moscow, 1962), 1, pp. 139–40.

15 D. Dunlop, *The History of the Jewish Khazars* (Princeton, 1954), p. 83; L. Baranov, *Tavrika v epokhu rannego srednevekov'ia* (*saltovo-maiatskaia kul'tura*) (Kiev, 1990), pp. 76–9.

16 A. Martinez, 'Gardīzī's Two Chapters on the Turks', *Archivum Eurasiae Medii Aevi* 2 (1982), 155; T. Noonan, 'Some Observations on the Economy of the Khazar Khaganate', in P. Golden, H. Ben-Shammai and A. Róna-Tas (eds), *The World of the Khazars* (Leiden, 2007), pp. 214–15.

17 Baranov, *Tavrika,* pp. 72–6.

18 Al-Muqaddasī, in *Land of Darkness,* pp. 169–70.

19 Abū Hāmid, 'Travels', p. 67.

20 McCormick, *Origins of the European Economy,* pp. 369–84.

21 J. Howard-Johnston, 'Trading in Fur, from Classical Antiquity to the Early Middle Ages', in E. Cameron (ed.), *Leather and Fur: Aspects of Early Medieval Trade and Technology* (London, 1998), pp. 65–79.

22 Mas'ūdī, *Kitāb al-tanbīh wa-al-ishrāf,* tr. Lunde and Stone, 'The Meadows of Gold and Mines of Precious Gems', *Land of Darkness,* p. 161.

23 Muqaddasī, *Aḥsanu-t-taqāsīm fī ma'rifati-l-aqālīm,* tr. Lunde and Stone, 'Best Divisions for the Knowledge of the Provinces', *Land of Darkness,* p. 169.

24 Abū Hāmid, 'Travels', p. 75.

25 R. Kovalev, 'The Infrastructure of the Northern Part of the "Für Road" between the Middle Volga and the East during the Middle Ages', *Archivum Eurasiae Medii Aevi* 11 (2000–1), 25–64.

26 Muqaddasī, *Best Division of Knowledge,* p. 252.

27 Ibn al-Faqīh, *Land of Darkness,* p. 113.

28 al-Muqaddasī, *Best Division of Knowledge,* p. 245.

29 For a recent overview, G. Mako, 'The Possible Reasons for the Arab–Khazar Wars', *Archivum Eurasiae Medii Aevi* 17 (2010), 45–57.

30 R.-J. Lilie, *Die byzantinische Reaktion auf die Ausbreitung der Araber. Studien zur Strukturwandlung des byzantinischen Staates im 7. und 8. Jahrhundert* (Munich, 1976), pp. 157–60; J. Howard-Johnston, 'Byzantine Sources for Khazar History', in Golden, Ben-Shammai and Róna-Tas, *World of the Khazars,* pp. 163–94.

31 The marriage of the daughter of the Emperor Heraclius with the Türk *khagan* at the height of the confrontation with the Persians in the early seventh century was the only exception, C. Zuckermann, 'La Petite Augusta et le Turc: Epiphania-Eudocie sur les monnaies d'Héraclius', *Revue numismatique* 150 (1995), 113–26.

32 Ibn Faḍlān, 'Book of Ahmad ibn Faḍlān', p. 56.

33 Dunlop, *History of the Jewish Khazars,* p. 141.

34 See P. Golden, 'The Peoples of the South Russian Steppes', in *The Cambridge History of Early Inner Asia* (Cambridge, 1990), pp. 256–84; A. Novosel'tsev, *Khazarskoye gosudarstvo i ego rol' v istorii Vostochnoy Evropy i Kavkaza* (Moscow, 1990).

35 P. Golden, 'Irano-Turcica: The Khazar Sacral Kingship', *Acta Orientalia* 60.2 (2007), 161–94. Some scholars interpret the change in the nature of the role of the *khagan* as resulting from a shift in religious beliefs and practices during this period. See for example J. Olsson, 'Coup d'état, Coronation and Conversion: Some Reflections on the Adoption of Judaism by the Khazar Khaganate', *Journal of the Royal Asiatic Society* 23.4 (2013), 495–526.

36 R. Kovalev, 'Commerce and Caravan Routes along the Northern Silk Road (Sixth–Ninth Centuries). Part I: The Western Sector', *Archivum Eurasiae Medii Aevi* 14 (2005), 55–105.

37 Masʿūdī, 'Meadows of Gold', pp. 131, 133; Noonan, 'Economy of the Khazar Khaganate', p. 211.
38 Istakhrī, *Kitāb suwar al-aqalīm,* tr. Lunde and Stone, 'Book of Roads and Kingdoms', in *Land of Darkness,* pp. 153–5.
39 J. Darrouzès, *Notitiae Episcopatuum Ecclesiae Constantinopolitanae* (Paris, 1981), pp. 31–2, 241–2, 245.
40 Istakhrī, 'Book of Roads and Kingdoms', pp. 154–5.
41 Mason, 'The Religious Beliefs of the Khazars', 411.
42 C. Zuckerman, 'On the Date of the Khazars' Conversion to Judaism and the Chronology of the Kings of the Rus' Oleg and Igor: A Study of the Anonymous Khazar Letter from the Genizah of Cairo', *Revue des Etudes Byzantines* 53 (1995), 245.
43 Ibid., 243–4. For borrowings from Constantine's writing, P. Meyvaert and P. Devos, 'Trois énigmes cyrillo-méthodiennes de la "Légende Italique" résolues grâce à un document inédit', *Analecta Bollandiana* 75 (1955), 433–40.
44 P. Lavrov (ed.), *Materialy po istorii vozniknoveniya drevnishei slavyanskoi pis'mennosti* (Leningrad, 1930), p. 21; F. Butler, 'The Representation of Oral Culture in the *Vita Constantini* ', *Slavic and East European Review* 39.3 (1995), 372.
45 'The Letter of Rabbi Hasdai', in J. Rader Marcus (ed.), *The Jew in the Medieval World* (Cincinnati, 1999), pp. 227–8. Also here see N. Golb and O. Pritsak (eds), *Khazarian Hebrew Documents of the Tenth Century* (London, 1982).
46 'The Letter of Joseph the King', in J. Rader Marcus (ed.), *The Jew in the Medieval World,* p. 300. For a discussion of the date and context, P. Golden, 'The Conversion of the Khazars to Judaism', in Golden, Ben-Shammai and Róna-Tas, *World of the Khazars,* pp. 123–62.
47 R. Kovalev, 'Creating "Khazar Identity" through Coins – the "Special Issue" Dirhams of 837/8', in F. Curta (ed.), *East Central and Eastern Europe in the Early Middle Ages* (Ann Arbor, 2005), pp. 220–53. For the change in burial practices, V. Petrukhin, 'The Decline and Legacy of Khazaria', in P. Urbanczyk (ed.), *Europe around the Year 1000* (Warsaw, 2001), pp. 109–22.
48 *Qur'ān,* 2.285, p. 48; 3.84, p. 60.
49 Zuckerman, 'On the Date of the Khazars' Conversion', 241. Also Golb and Pritsak, *Khazarian Hebrew Documents,* p. 130.
50 Masʿūdī, 'Meadows of Gold', p. 132; for elite Judaism, Mason, 'The Religious Beliefs of the Khazars', 383–415.
51 Pritsak and Golb, *Khazarian Hebrew Documents* ; Masʿūdī, 'Meadows of Gold', p. 133; Istakhrī, 'Book of Roads and Kingdoms', p. 154.
52 Ibn Khurradādhbih, 'Book of Roads and Kingdoms', p. 110.
53 Ibid., pp. 111–12.
54 Ibid., p. 112.
55 Ibn al-Faqīh, 'Book of Countries', p. 114.
56 Liudprand of Cremona, a visitor to Constantinople in the tenth century, thought the name for the Rus' came from the Greek word

rousios, or red, because of their distinctive hair colour, *The Complete Works of Liudprand of Cremona,* tr. P. Squatriti (Washington, DC, 2007), 5.15, p. 179. In fact, the word comes from Scandinavian words *rotrsmenn* and *roðr* meaning to row. S. Ekbo, 'Finnish Ruotsi and Swedish Roslagen – What Sort of Connection?', *Medieval Scandinavia* 13 (2000), 64–9; W. Duczko, *Viking Rus: Studies on the Prêsence of Scandinavians in Eastern Europe* (Leiden, 2004), pp. 22–3.

57 S. Franklin and J. Shepard, *The Emergence of Rus' 750–1200* (London, 1996).

58 Constantine Porphyrogenitus, *De Administrando Imperio,* 9, pp. 58–62.

59 *De Administrando Imperio,* 9, p. 60.

60 Ibn Rusta, *Kitāb al-aʿlāq an-nafīsa,* tr. Lunde and Stone, 'Book of Precious Gems', in *Land of Darkness,* p. 127.

61 Ibn Faḍlān, 'Book of Ahmad ibn Faḍlān', p. 45.

62 Ibn Rusta, 'Book of Precious Gems', p. 127.

63 Ibn Faḍlān, 'Book of Ahmad ibn Faḍlān', pp. 46–9.

64 A. Winroth, *The Conversion of Scandinavia* (New Haven, 2012), pp. 78–9.

65 M. Bogucki, 'The Beginning of the Dirham Import to the Baltic Sea and the Question of the Early Emporia', in A. Bitner-Wróblewska and U. Lund-Hansen (eds), *Worlds Apart? Contacts across the Baltic Sea in the Iron Age: Network Denmark–Poland 2005–2008* (Copenhagen, 2010), pp. 351–61. For Sweden, I. Hammarberg, *Byzantine Coin Finds in Sweden* (1989); C. von Heijne, *Särpräglat. Vikingatida och tidigmedeltida myntfynd från Danmark, Skåne, Blekinge och Halland* (*ca. 800–1130*) (Stockholm, 2004).

66 T. Noonan, 'Why Dirhams First Reached Russia: The Role of Arab–Khazar Relations in the Development of the Earliest Islamic Trade with Eastern Europe', *Archivum Eurasiae Medii Aevi* 4 (1984), 151–82, and above all idem, 'Dirham Exports to the Baltic in the Viking Age', in K. Jonsson and B. Malmer (eds), *Sigtuna Papers: Proceedings of the Sigtuna Symposium on Viking-Age Coinage 1–4 June 1989* (Stockholm, 1990), pp. 251–7.

第七章

1 Ibn Rusta, 'Book of Precious Gems', pp. 126–7.

2 Ibid.

3 *De Administrando Imperio,* 9, p. 60.

4 Ibn Faḍlān, 'Book of Ahmad ibn Faḍlān', p. 47.

5 D. Wyatt, *Slaves and Warriors in Medieval Britain and Ireland, 800–1200* (Leiden, 2009).

6 L. Delisle (ed.), *Littérature latine et histoire du moyen âge* (Paris, 1890), p. 17.

7 See J. Henning, 'Strong Rulers – Weak Economy? Rome, the Carolingians and the Archaeology of Slavery in the First Millennium AD', in J. Davis and M. McCormick (eds), *The Long Morning of Medieval Europe: New Directions in Early Medieval Studies* (Aldershot, 2008), pp. 33–53; for Novgorod, see H. Birnbaum, 'Medieval Novgorod: Political, Social and Cultural Life in an Old Russian Urban Community', *California Slavic Studies* (1992), 14, p. 11.

8 Adam of Bremen, *History of the Archbishops of Hamburg Bremen,* ed. and tr. F. Tschan (New York, 1959), 4.6, p. 190.

9 B. Hudson, *Viking Pirates and Christian Princes: Dynasty, Religion and Empire in the North Atlantic* (Oxford, 2005), p. 41; in general, also see S. Brink, *Vikingarnas slavar: den nordiska träldomen under yngre järnålder och äldsta medeltid* (Stockholm, 2012).

10 T. Noonan, 'Early Abbasid Mint Output', *Journal of Economic and Social History* 29 (1986), 113–75; R. Kovalev, 'Dirham Mint Output of Samanid Samarqand and its Connection to the Beginnings of Trade with Northern Europe (10th Century)', *Histoire & Mesure* 17.3–4 (2002), 197–216; T. Noonan and R. Kovalev, 'The Dirham Output and Monetary Circulation of a Secondary Samanid Mint: A Case Study of Balkh,' in R. Kiernowski (ed.), *Moneta Mediavalis: Studia numizmatyczne i historyczne ofiarowane Profesorowi Stanisławowi Suchodolskiemu w 65. rocznicę urodzin* (Warsaw, 2002), pp. 163–74.

11 R. Segal, *Islam's Black Slaves: The Other Black Diaspora* (New York, 2001), p. 121.

12 Ibn Ḥawqal, *Kītāb ṣūrat al-ard,* cited by D. Ayalon, 'The Mamluks of the Seljuks: Islam's Military Might at the Crossroads', *Journal of the Royal Asiatic Society* 6.3 (1996), 312. From this point, I switch from Türk to Türk to distinguish between peoples of the steppes and the ancestors of modern Turkey.

13 W. Scheidel, 'The Roman Slave Supply', in K. Bradley, P. Cartledge, D. Eltis and S. Engerman (eds), *The Cambridge World History of Slavery,* 3 vols (Cambridge, 2011–), 1, pp. 287–310.

14 See F. Caswell, *The Slave Girls of Baghdad. The Qiyan in the Early Abbasid Era* (London, 2011), p. 13.

15 Tacitus, *Annals,* 15.69, p. 384.

16 Ibn Buṭlān, *Taqwīm al-ṣiḥḥa,* cited by G. Vantini, *Oriental Sources concerning Nubia* (Heidelberg, 1975), pp. 238–9.

17 Kaykāvūs ibn Iskandar ibn Qābūs, ed. and tr. R. Levy, *Naṣīḥat-nāma known as Qābūs-nāma,* (London, 1951), p. 102.

18 Ibid.

19 D. Abulafia, 'Asia, Africa and the Trade of Medieval Europe', in M. Postan, E. Miller and C. Postan (eds), *Cambridge Economic History of Europe: Trade and Industry in the Middle Ages* (2nd edn, Cambridge, 1987), p. 417. Also see D. Mishin, 'The Saqaliba Slaves in the Aghlabid State', in M. Sebök (ed.), *Annual of Medieval Studies at CEU 1996/1997* (Budapest, 1998), pp. 236–44.

20 Ibrāhīm ibn Ya'qūb, tr. Lunde and Stone, in *Land of Darkness,* pp. 164–5. For Prague's role as a slave centre, D. Třeštík, '"Eine große Stadt der Slawen namens Prag": Staaten und Sklaven in Mitteleuropa im 10. Jahrhundert', in P. Sommer (ed.), *Boleslav II: der tschechische Staat um das Jahr 1000* (Prague 2001), pp. 93–138.

21 Ibn al-Zubayr, *Book of Gifts and Rarities,* pp. 91–2. See A. Christys, 'The Queen of the Franks Offers Gifts to the Caliph Al-Muktafi', in W. Davies and P. Fouracre (eds), *The Languages of Gift in the Early Middle Ages* (Cambridge, 2010), pp. 140–71.

22 Ibrāhīm ibn Ya'qūb, pp. 162–3.

23 R. Naismith, 'Islamic Coins from Early Medieval England', *Numismatic Chronicle* 165 (2005), 193–222; idem, 'The Coinage of Offa Revisited', *British Numismatic Journal* 80 (2010), 76–106.

24 M. McCormick, 'New Light on the "Dark Ages": How the Slave Trade Fuelled the Carolingian Economy', *Past & Present* 177 (2002), 17–54; also J. Henning, 'Slavery or Freedom? The Causes of Early Medieval Europe's Economic Advancement', *Early Medieval Europe* 12.3 (2003), 269–77.

25 Ibn Khurradādhbih, 'Book of Roads and Kingdoms', p. 111.

26 Ibn Ḥawqal, *Kītāb ṣūrat al-ard,* tr. Lunde and Stone, 'Book of the Configuration of the Earth', in *Land of Darkness,* p. 173.

27 Ibid. Also Al-Muqaddasī, *Land of Darkness,* p. 170.

28 al-Jāḥiẓ, *Kitāb al-Ḥayawān,* cited in C. Verlinden, *L'Esclavage dans l'Europe mediévale,* 2 vols (Bruges, 1955–77), 1, p. 213.

29 Ibid.

30 Verlinden, *Esclavage,* 2, pp. 218–30, 731–2; W. Phillips, *Slavery from Roman Times to the Early Transatlantic Trade* (Manchester, 1985), p. 62.

31 H. Loyn and R. Percival (eds), *The Reign of Charlemagne: Documents on Carolingian Government and Administration* (London, 1975), p. 129.

32 In Germany, it used to be common to do the same, with 'Servus' a regular greeting.

33 Adam of Bremen, *Gesta Hammaburgensis ecclesiae pontificum,* tr. T. Reuter, *History of the Archbishops of Hamburg-Bremen* (New York, 2002), I.39–41.

34 *Pactum Hlotharii I,* in McCormick, 'Carolingian Economy', 47.

35 G. Luzzato, *An Economic History of Italy from the Fall of the Roman Empire to the Sixteenth Century,* tr. P. Jones (London, 1961), pp. 35, 51–3; Phillips, *Slavery,* p. 63.

36 McCormick, 'Carolingian Economy', 48–9.

37 *Hudūd al-'Ālam,* in *The Regions of the World: A Persian Geography 372 AH –982 AD,* tr. V. Minorsky, ed. C. Bosworth (London, 1970), pp. 161–2.

38 Ibn Faḍlān, 'Book of Ahmad ibn Faḍlān', p. 44; Ibn Khurradādhbih, 'Book of Roads and Kingdoms', p. 12; Martinez, 'Gardīzī's Two Chapters on the Turks', pp. 153–4.

39 *Russian Primary Chronicle,* tr. S. Cross and O. Sherbowitz-Wetzor (Cambridge, MA, 1953), p. 61.

40 *Annales Bertiniani,* ed. G. Waitz (Hanover, 1885), p. 35.
41 Mas'ūdī, 'Meadows of Gold', pp. 145–6; Ibn Ḥawqal, 'Book of the Configuration of the Earth', p. 175.
42 Ibn Ḥawqal, 'Book of the Configuration of the Earth', p. 178.
43 R. Kovalev, 'Mint Output in Tenth Century Bukhara: A Case Study of Dirham Production with Monetary Circulation in Northern Europe', *Russian History/Histoire Russe* 28 (2001), 250–9.
44 *Russian Primary Chronicle,* p. 86.
45 Ibid., p. 90.
46 H. Halm, *Das Reich des Mahdi. Der Aufstieg der Fatimiden* (*875–973*) (Munich, 1991); F. Akbar, 'The Secular Roots of Religious Dissidence in Early Islam: The Case of the Qaramita of Sawad Al-Kufa', *Journal of the Institute of Muslim Minority Affairs* 12.2 (1991), 376–90. For the breakdown of the caliphate in this period, see M. van Berkel, N. El Cheikh, H. Kennedy and L. Osti, *Crisis and Continuity at the Abbasid Court: Formal and Informal Politics in the Caliphate of al-Muqtadir* (Leiden, 2013).
47 Bar Hebraeus, *Ktābā d-maktbānūt zabnē,* E. Budge (ed. and tr.), *The Chronography of Gregory Abul Faraj,* 2 vols (Oxford, 1932), 1, p. 164.
48 Matthew of Edessa, *The Chronicle of Matthew of Edessa,* tr. A. Dostourian (Lanham, 1993), I.1, p. 19; M. Canard, 'Baghdad au IVe siècle de l'Hégire (Xe siècle de l'ère chrétienne)', *Arabica* 9 (1962), 282–3. See here R. Bulliet, *Cotton, Climate, and Camels in Early Islamic Iran: A Moment in World History* (New York, 2009), pp. 79–81; R. Ellenblum, *The Collapse of the Eastern Mediterranean: Climate Change and the Decline of the East, 950–1072* (Cambridge, 2012), pp. 32–6.
49 Ellenblum, *Collapse of the Eastern Mediterranean,* pp. 41–3.
50 C. Mango, *The Homilies of Photius Patriarch of Constantinople* (Cambridge, MA, 1958), pp. 88–9.
51 *Russian Primary Chronicle,* pp. 74–5.
52 Shepard, 'The Viking Rus' and Byzantium', in S. Brink and N. Price (eds), *The Viking World* (Abingdon, 2008), pp. 498–501.
53 See for example A. Poppe, 'The Building of the Church of St Sophia in Kiev', *Journal of Medieval History* 7.1 (1981), 15–66.
54 Shepard, 'Viking Rus'', p. 510.
55 T. Noonan and R. Kovalev, 'Prayer, Illumination and Good Times: The Export of Byzantine Wine and Oil to the North of Russia in Pre-Mongol Times', *Byzantium and the North. Acta Fennica* 8 (1997), 73–96; M. Roslund, 'Brosamen vom Tisch der Reichen. Byzantinische Funde aus Lund und Sigtuna (ca. 980–1250)', in M. Müller-Wille (ed.), *Rom und Byzanz im Nordern. Mission und Glaubensweschel im Ostseeraum während des 8–14 Jahrhunderts* (Stuttgart, 1997), 2, pp. 325–85.
56 L. Golombek, 'The Draped Universe of Islam', in P. Parsons Soucek (ed.), *Content and Context of Visual Arts in the Islamic World: Papers from a Colloquium in Memory of Richard Ettinghausen* (University Park, PA, 1988), pp. 97–114. For Antioch's textile

production after 1098, see T. Vorderstrasse, 'Trade and Textiles from Medieval Antioch', *Al-Masāq* 22.2 (2010), 151–71.

57 D. Jacoby, 'Byzantine Trade with Egypt from the Mid-Tenth Century to the Fourth Crusade', *Thesaurismata* 30 (2000), 36.

58 V. Piacentini, 'Merchant Families in the Gulf: A Mercantile and Cosmopolitan Dimension: The Written Evidence', *ARAM* 11–12 (1999–2000), 145–8.

59 D. Goitein, *A Mediterranean Society: The Jewish Communities of the Arab World as Portrayed in the Documents of the Cairo Geniza,* 6 vols (Berkeley, 1967–93), 4, p. 168; Jacoby, 'Byzantine Trade with Egypt', 41–3.

60 Nāṣir-i Khusraw, *Safarnāma,* tr. W. Thackston, *Nāṣer-e Khosraw's Book of Travels* (Albany, NY, 1986), pp. 39–40.

61 Jacoby, 'Byzantine Trade with Egypt', 42; S. Simonsohn, *The Jews of Sicily 383–1300* (Leiden, 1997), pp. 314–16.

62 M. Vedeler, *Silk for the Vikings* (Oxford, 2014).

63 E. Brate and E. Wessén, *Sveriges Runinskrifter: Södermanlands Runinskrifter* (Stockholm, 1924–36), p. 154.

64 S. Jansson, *Västmanlands runinskrifter* (Stockholm, 1964), pp. 6–9.

65 G. Isitt, 'Vikings in the Persian Gulf', *Journal of the Royal Asiatic Society* 17.4 (2007), 389–406.

66 P. Frankopan, 'Levels of Contact between West and East: Pilgrims and Visitors to Constantinople and Jerusalem in the 9th–12th Centuries', in S. Searight and M. Wagstaff (eds), *Travellers in the Levant: Voyagers and Visionaries* (Durham, 2001), pp. 87–108.

67 See J. Wortley, *Studies on the Cult of Relics in Byzantium up to 1204* (Farnham, 2009).

68 S. Blöndal, *The Varangians of Byzantium,* tr. B. Benedikz (Cambridge, 1978); J. Shepard, 'The Uses of the Franks in 11th-Century Byzantium', *Anglo-Norman Studies* 15 (1992), 275–305.

69 P. Frankopan, *The First Crusade: The Call from the East* (London, 2012), pp. 87–8.

70 H. Hoffmann, 'Die Anfänge der Normannen in Süditalien', *Quellen und Forschungen aus Italienischen Archiven und Bibiliotheken* 47 (1967), 95–144; G. Loud, *The Age of Robert Guiscard: Southern Italy and the Norman Conquest* (Singapore, 2000).

71 al-'Utbī, *Kitāb-i Yamīnī,* tr. J. Reynolds, *Historical memoirs of the amír Sabaktagín, and the sultán Mahmúd of Ghazna* (London, 1868), p. 140. See in general C. Bosworth, *The Ghaznavids, 994–1040* (Cambridge, 1963).

72 A. Shapur Shahbāzī, *Ferdowsī: A Critical Biography* (Costa Mesa, CA, 1991), esp. pp. 91–3; also G. Dabiri, 'The Shahnama: Between the Samanids and the Ghaznavids', *Iranian Studies* 43.1 (2010), 13–28.

73 Y. Bregel, 'Turko-Mongol Influences in Central Asia', in R. Canfield (ed.), *Turko-Persia in Historical Perspective* (Cambridge, 1991), pp. 53ff.

74 Herrman, 'Die älteste türkische Weltkarte', 21–8.

75 Yūsuf Khāṣṣ Ḥājib, *Kutadgu Bilig,* tr. R. Dankoff, *Wisdom of Royal Glory* (*Kutadgu Bilig*)*: A Turko-Islamic Mirror for Princes* (Chicago, 1983), p. 192.

76 For the rise of the Seljuks, see C. Lange and S. Mecit (eds), *The Seljuqs: Politics, Society and Culture* (Edinburgh, 2011).

77 For a discussion on some contradictions in the sources here, see O. Safi, *Politics of Knowledge in Pre-Modern Islam: Negotiating Ideology and Religious Inquiry* (Chapel Hill, NC, 2006), pp. 35–6.

78 Dunlop, *History of the Jewish Khazars,* p. 260; A. Peacock, *Early Seljuq History: A New Interpretation* (Abingdon, 2010), pp. 33–4; Dickens, 'Patriarch Timothy', 117–39.

79 Aristakes of Lastivert, *Patmutʿiwn Aristakeay Vardapeti Lastivertsʿwoy,* tr. R. Bedrosian, *Aristakēs Lastivertcʿi's History* (New York, 1985), p. 64.

80 For a collection of the sources for the battle of Manzikert, see C. Hillenbrand, *Turkish Myth and Muslim Symbol* (Edinburgh, 2007), pp. 26ff.

81 Frankopan, *First Crusade,* pp. 57–86.

82 Ibid., pp. 13–25.

83 Bernold of Constance, *Die Chroniken Bertholds von Reichenau und Bernolds von Konstanz,* ed. I. Robinson (Hanover, 2003), p. 520.

84 Frankopan, *First Crusade,* pp. 1–3, 101–13.

85 Ibid., passim. For the fear of the Apocalypse, see J. Rubenstein, *Armies of Heaven: The First Crusade and the Quest for Apocalypse* (New York, 2011).

第八章

1 Albert of Aachen, *Historia Iherosolimitana,* ed. and tr. S. Edgington (Oxford, 2007), 5.45, p. 402; Frankopan, *First Crusade,* p. 173.

2 Raymond of Aguilers, *Historia Francorum qui ceperunt Jerusalem,* tr. J. Hill and L. Hill, *Le 'Liber' de Raymond d'Aguilers* (Paris, 1969), 14, p. 127. For the expedition and the Crusades in general, C. Tyerman, *God's War: A New History of the Crusades* (London, 2006).

3 Fulcher of Chartres, *Gesta Francorum Iherusalem Peregrinantium,* tr. F. Ryan, *A History of the Expedition to Jerusalem 1095–1127* (Knoxville, 1969), I.27, p. 122. There is much to be learnt from current research on the relationship between mental health and extreme violence in combat. For example, R. Ursano et al., 'Posttraumatic Stress Disorder and Traumatic Stress: From Bench to Bedside, from War to Disaster', *Annals of the New York Academy of Sciences* 1208 (2010), 72–81.

4 Anna Komnene, *Alexias,* tr. P. Frankopan, *Alexiad* (London, 2009), 13.11, pp. 383–4; for Bohemond's return to Europe, L. Russo, 'Il viaggio di Boemundo d'Altavilla in Francia', *Archivio storico italiano* 603 (2005), pp. 3–42; Frankopan, *First Crusade,* pp. 188–9.

5 R. Chazan, '"Let Not a Remnant or a Residue Escape": Millenarian Enthusiasm in the First Crusade', *Speculum* 84 (2009), 289–313.

6 al - Harawī, *Kitāb al-ishārāt ilā maʿrifat al-ziyārāt* in A. Maalouf, *The Crusade through Arab Eyes* (London, 1984), p. xiii. Also note Ibn al-Jawzī', *al-Muntaẓam fī tārīkh al-mulūk wa-al-umam,* in C. Hillenbrand, *The Crusades: Islamic Perspectives* (Edinburgh, 1999), p. 78. In general here, see P. Cobb, *The Race for Paradise: An Islamic History of the Crusades* (Oxford, 2014).

7 For accounts of the suffering, S. Eidelberg (tr.), *The Jews and the Crusaders* (Madison, 1977). See M. Gabriele, 'Against the Enemies of Christ: The Role of Count Emicho in the Anti-Jewish Violence of the First Crusade', in M. Frassetto (ed.), *Christian Attitudes towards the Jews in the Middle Ages: A Casebook* (Abingdon, 2007), pp. 61–82.

8 Frankopan, *First Crusade,* pp. 133–5, 167–71; J. Pryor, 'The Oath of the Leaders of the Crusade to the Emperor Alexius Comnenus: Fealty, Homage', *Parergon,* New Series 2 (1984), 111–41.

9 Raymond of Aguilers, *Le 'Liber',* 10, pp. 74–5.

10 Frankopan, *First Crusade,* esp. pp. 186ff.

11 Ibn al-Athīr, *al-Kāmil fī l-taʾrīkh,* tr. D. Richards, *The Chronicle of Ibn al-Athir for the Crusading Period from al-Kāmil fī'l-ta'rīkh* (Aldershot, 2006), p. 13.

12 Jacoby, 'Byzantine Trade with Egypt', 44–5.

13 S. Goitein, *A Mediterranean Society,* 1, p. 45.

14 A. Greif, 'Reputation and Coalitions in Medieval Trade: Evidence on the Maghribi Traders', *Journal of Economic History* 49.4 (1989), 861.

15 Ibn Khaldūn, *Dīwān al-mubtadaʾ,* tr. V. Monteil, *Discours sur l'histoire universelle* (*al-Muqaddima*), (Paris, 1978), p. 522.

16 Frankopan, *First Crusade,* pp. 29–30.

17 E. Occhipinti, *Italia dei communi. Secoli XI–XIII* (2000), pp. 20–1.

18 J. Riley-Smith, *The First Crusaders, 1095–1131* (Cambridge, 1997), p. 17.

19 The Monk of the Lido, *Monachi Anonymi Littorensis Historia de Translatio Sanctorum Magni Nicolai,* in *Recueil des Historiens des Croisades: Historiens Occidentaux* 5, pp. 272–5; J. Prawer, *The Crusaders' Kingdom: European Colonialism in the Middle Ages* (London, 2001), p. 489.

20 *Codice diplomatico della repubblica di Genova,* 3 vols (Rome, 1859–1940), 1, p. 20.

21 B. Kedar, 'Genoa's Golden Inscription in the Church of the Holy Sepulchre: A Case for the Defence', in G. Airaldi and B. Kedar (eds), *I comuni italiani nel regno crociato di Gerusalemme* (Genoa, 1986), pp. 317–35. Also see M.-L. Favreau-Lilie, who argues that this document may have been tampered with at a later date, *Die Italiener im Heiligen Land vom ersten Kreuzzug bis zum Tode Heinrichs von Champagne* (*1098–1197*) (Amsterdam, 1989), p. 328.

22 Dandolo, *Chronica per extensum descripta, Rerum Italicarum Scriptores,* 25 vols (Bologna, 1938–58), 12, p. 221. Also here see Monk

of the Lido, *Monachi Anonymi,* pp. 258–9.

23 M. Pozza and G. Ravegnani, *I Trattati con Bisanzio 992–1198* (Venice, 1993), pp. 38–45. For the date of the concessions, which have long been dated to the 1080s, see P. Frankopan, 'Byzantine Trade Privileges to Venice in the Eleventh Century: The Chrysobull of 1092', *Journal of Medieval History* 30 (2004), 135–60.

24 Monk of the Lido, *Monachi Anonymi,* pp. 258–9; Dandolo, *Chronica,* p. 221. Also see D. Queller and I. Katele, 'Venice and the Conquest of the Latin Kingdom of Jerusalem', *Studi Veneziani* 21 (1986), 21.

25 F. Miklosich and J. Müller, *Acta et Diplomata graeca medii aevi sacra et profana,* 6 vols (Venice, 1860–90), 3, pp. 9–13.

26 R.-J. Lilie, *Byzantium and the Crusader States, 1096–1204,* tr. J. Morris and J. Ridings (Oxford, 1993), pp. 87–94; 'Noch einmal zu den Thema "Byzanz und die Kreuzfahrerstaaten"', *Poikila Byzantina* 4 (1984), 121–74. Treaty of Devol, *Alexiad,* XII.24, pp. 385–96.

27 S. Epstein, *Genoa and the Genoese: 958–1528* (Chapel Hill, NC, 1996), pp. 40–1; D. Abulafia, 'Southern Italy, Sicily and Sardinia in the Medieval Mediterranean Economy', in idem, *Commerce and Conquest in the Mediterranean* (Aldershot, 1993), 1, pp. 24–7.

28 T. Asbridge, 'The Significance and Causes of the Battle of the Field of Blood', *Journal of Medieval History* 23.4 (1997), 301–16.

29 Fulcher of Chartres, *Gesta Francorum,* p. 238.

30 G. Tafel and G. Thomas, *Urkunden zur älteren handels und Staatsgeschichte der Republik Venedig,* 3 vols (Vienna, 1857), 1, p. 78; Queller and Katele, 'Venice and the Conquest', 29–30.

31 Tafel and Thomas, *Urkunden,* 1, pp. 95–8; Lilie, *Byzantium and the Crusader States,* pp. 96–100; T. Devaney, '"Like an Ember Buried in Ashes": The Byzantine–Venetian Conflict of 1119–1126', in T. Madden, J. Naus and V. Ryan (eds), *Crusades – Medieval Worlds in Conflict* (Farnham, 2010), pp. 127–47.

32 Tafel and Thomas, *Urkunden,* 1, pp. 84–9. Also here J. Prawer, 'The Italians in the Latin Kingdom' in idem, *Crusader Institutions* (Oxford, 1980), p. 224; M. Barber, *The Crusader States* (London, 2012), pp. 139–42; J. Riley-Smith, 'The Venetian Crusade of 1122–1124', in Airaldi and Kedar, *I Comuni Italiani*, pp. 339–50.

33 G. Bresc-Bautier, *Le Cartulaire du chapitre du Saint-Sépulcre de Jérusalem* (Paris, 1984), pp. 51–2.

34 Bernard of Clairvaux, *The Letters of St Bernard of Clairvaux,* ed. and tr. B. James and B. Kienzle (Stroud, 1998), p. 391.

35 *Annali Genovesi de Caffaro e dei suoi Continutatori, 1099–1240,* 5 vols (Genoa, 1890–1929) 1, p. 48.

36 D. Abulafia, *The Great Sea: A Human History of the Mediterranean* (London, 2011), p. 298. Also see idem, 'Christian Merchants in the Almohad Cities', *Journal of Medieval Iberian Studies* 2 (2010), 251–7; O. Constable, *Housing the Stranger in the Mediterranean World: Lodging, Trade and Travel in Late Antiquity and the Middle Ages* (Cambridge, 2003), p. 278.

37 P. Jones, *The Italian City State: From Commune to Signoria* (Oxford, 1997). Also M. Ginatempo and L. Sandri, *L'Italia delle città: il popolamento urbano tra Medioevo e Rinascimento* (*secoli XIII–XVI*) (Florence, 1990).

38 Usāma b. Munqidh, *Kitāb al-iʿtibār,* tr. P. Cobb, *The Book of Contemplation: Islam and the Crusades* (London, 2008), p. 153.

39 V. Lagardère, *Histoire et société en Occident musulman: analyse du Mi'yar d'al-Wansharisi* (Madrid, 1995), p. 128; D. Valérian, 'Ifrīqiyan Muslim Merchants in the Mediterranean at the End of the Middle Ages', *Mediterranean Historical Review* 14.2 (2008), 50.

40 *Gesta Francorum et aliorum Hierosolimitanorum,* ed. and tr. R. Hill (London, 1962), 3, p. 21.

41 See C. Burnett (ed.), *Adelard of Bath: An English Scientist and Arabist of the Early Twelfth Century* (London, 1987); L. Cochrane, *Adelard of Bath: The First English Scientist* (London, 1994).

42 Adelard of Bath, *Adelard of Bath, Conversations with his Nephew: On the Same and the Different, Questions on Natural Science and on Birds,* ed. and tr. C. Burnett (Cambridge, 1998), p. 83.

43 A. Pym, *Negotiating the Frontier: Translators and Intercultures in Hispanic History* (Manchester, 2000), p. 41.

44 T. Burman, *Reading the Qurʾān in Latin Christendom, 1140–1560* (Philadelphia, 2007).

45 P. Frankopan, 'The Literary, Cultural and Political Context for the Twelfth-Century Commentary on the *Nicomachean Ethics* ', in C. Barber (ed.), *Medieval Greek Commentaries on the Nicomachean Ethics* (Leiden, 2009), pp. 45–62.

46 Abulafia, *Great Sea,* p. 298.

47 A. Shalem, *Islam Christianised: Islamic Portable Objects in the Medieval Church Treasuries of the Latin West* (Frankfurt-am-Main, 1998).

48 Vorderstrasse, 'Trade and Textiles from Medieval Antioch', 168–71; M. Meuwese, 'Antioch and the Crusaders in Western Art', in *East and West in the Medieval Mediterranean* (Leuven, 2006), pp. 337–55.

49 R. Falkner, 'Taxes of the Kingdom of Jerusalem', in *Statistical Documents of the Middle Ages: Translations and Reprints from the Original Sources of European History* 3:2 (Philadelphia, 1907), 19–23.

50 C. Cahen, *Makhzumiyyat: études sur l'histoire économique et financière de l'Egypte médiévale* (Leiden, 1977); Abulafia, 'Africa, Asia and the Trade of Medieval Europe', pp. 402–73.

51 S. Stern, 'Ramisht of Siraf: A Merchant Millionaire of the Twelfth Century', *Journal of the Royal Asiatic Society of Great Britain and Ireland* 1.2 (1967), 10–14.

52 T. Madden, 'Venice and Constantinople in 1171 and 1172: Enrico Dandolo's Attitudes towards Byzantium', *Mediterranean Historical Review* 8.2 (1993), 166–85.

53 D. Nicol, *Byzantium and Venice: A Study in Diplomatic and Cultural Relations* (Cambridge, 1988), p. 107.

54 P. Magdalino, 'Isaac II, Saladin and Venice', in J. Shepard (ed.), *The Expansion of Orthodox Europe: Byzantium, the Balkans and Russia* (Aldershot, 2007), pp. 93–106.

55 Ibn Shaddād, *Life of Saladin by Baha ad-Din* (London, 1897), pp. 121–2; G. Anderson, 'Islamic Spaces and Diplomacy in

Constantinople (Tenth to Thirteenth Centuries C.E.)', *Medieval Encounters* 15 (2009), 104–5.

56 Anna Komnene, *Alexiad,* X.5, p. 277.

57 Ibn Jubayr, *Riḥlat Ibn Jubayr,* tr. R. Broadhurst, *The Travels of Ibn Jubayr* (London, 1952), p. 315.

58 Ibid. Also C. Chism, 'Memory, Wonder and Desire in the Travels of Ibn Jubayr and Ibn Battuta', in N. Paul and S. Yeager (eds), *Remembering the Crusades: Myth, Image and Identity* (Cambridge, 2012), pp. 35–6.

59 Ibn al-Athīr, *Chronicle,* pp. 289–90; Barber, *Crusader States,* p. 284.

60 Barber, *Crusader States,* pp. 296–7; Imād al-Dīn, *al-Fatḥ al-qussī fī l-fatḥ al-qudsī,* tr. H. Massé, *Conquête de la Syrie et de la Palestine par Saladin* (Paris, 1972), pp. 27–8.

61 Barber, *Crusader States,* pp. 305–13; T. Asbridge, *The Crusades: The War for the Holy Land* (London, 2010), pp. 342–64.

62 J. Riley-Smith, *The Crusades: A History* (London, 1987), p. 137.

63 J. Phillips, *The Crusades 1095–1197* (London, 2002), pp. 146–50; J. Phillips, *Holy Warriors: A Modern History of the Crusades* (London, 2009), pp. 136–65.

64 Geoffrey of Villehardouin, 'The Conquest of Constantinople', in *Chronicles of the Crusades,* tr. M. Shaw (London, 1963), p. 35.

65 William of Tyre, *Chronicon,* ed. R. Huygens, 2 vols (Turnhout, 1986), 2, p. 408; J. Phillips, *The Fourth Crusade and the Sack of Constantinople* (London, 2004), pp. 67–8.

66 D. Queller and T. Madden, 'Some Further Arguments in Defence of the Venetians on the Fourth Crusade', *Byzantion* 62 (1992), 438.

67 T. Madden, 'Venice, the Papacy and the Crusades before 1204', in S. Ridyard (ed.), *The Medieval Crusade* (Woodbridge, 2004), pp. 85–95.

68 D. Queller and T. Madden, *The Fourth Crusade: The Conquest of Constantinople* (Philadelphia, 1997), pp. 55ff.

69 Tafel and Thomas, *Urkunden,* 1, pp. 444–52.

70 Robert of Clari, *La Conquete de Constantinople,* ed. P. Lauer (Paris, 1924), 72–3, pp. 71–2.

71 Niketas Khoniates, *Khronike diegesis,* ed. J. van Dieten, *Nicetae Choniatae Historia* (New York, 1975), pp. 568–77.

72 P. Riant, *Exuviae sacrae constantinopolitanae,* 2 vols (Geneva, 1876), 1, pp. 104–5.

73 Khoniates, *Khronike,* p. 591. For an important reassessment of the damage to the city, T. Madden, 'The Fires of the Fourth Crusade in Constantinople, 1203–1204: A Damage Assessment', *Byzantinische Zeitschrift* 84/85 (1992), 72–93.

74 See M. Angold, *The Fourth Crusade* (2003), pp. 219–67; also D. Perry, 'The *Translatio Symonensis* and the Seven Thieves: Venetian Fourth Crusade *Furta Sacra* Narrative and the Looting of Constantinople', in T. Madden (ed.), *The Fourth Crusade: Event, Aftermath and Perceptions* (Aldershot, 2008), pp. 89–112.

75 R. Gallo, 'La tomba di Enrico Dandolo in Santa Sofia a Constantinople', *Rivista Mensile della Città di Venezia* 6 (1927), 270–83; T.

Madden, *Enrico Dandolo and the Rise of Venice* (Baltimore, 2003), pp. 193–4.

76 Michael Khoniates, *Michaelis Choniatae Epistulae,* ed. F. Kolovou (Berlin, 2001), Letters 145, 165, 100; T. Shawcross, 'The Lost Generation (c. 1204–c. 1222): Political Allegiance and Local Interests under the Impact of the Fourth Crusade', in J. Herrin and G. Saint-Guillain (eds), *Identities and Allegiances in the Eastern Mediterranean after 1204* (Farnham, 2011), pp. 9–45.

77 Tafel and Thomas, *Urkunden,* 1, pp. 464–88; N. Oikonomides, 'La Decomposition de l'Empire byzantin à la veille de 1204 et les origines de l'Empire de Nicée: à propos de la "Partitio Romaniae"', in *XV Congrès international d'études byzantines* (Athens, 1976), 1, pp. 3–22.

78 C. Otten-Froux, 'Identities and Allegiances: The Perspective of Genoa and Pisa', in Herrin and Saint-Guillan, *Identities and Allegiances,* pp. 265ff.; also G. Jehei, 'The Struggle for Hegemony in the Eastern Mediterranean: An Episode in the Relations between Venice and Genoa According to the Chronicles of Ogerio Pane', *Mediterranean Historical Review* 11.2 (1996), 196–207.

79 F. Van Tricht, *The Latin Renovatio of Byzantium: The Empire of Constantinople* (*1204–1228*) (Leiden, 2011), esp. pp. 157ff.

80 See S. McMichael, 'Francis and the Encounter with the Sultan [1219]', in *The Cambridge Companion to Francis of Assisi,* ed. M. Robson (Cambridge, 2012), pp. 127–42; J. Tolan, *Saint Francis and the Sultan: The Curious History of a Christian–Muslim Encounter* (Oxford, 2009).

81 Dulumeau, *History of Paradise,* pp. 71–96.

82 M. Gosman, 'La Légende du Prêtre Jean et la propagande auprès des croisés devant Damiette (1228–1221)', in D. Buschinger (ed.), *La Croisade: réalités et fictions. Actes du colloque d'Amiens 18–22 mars 1987* (Göppinger, 1989), pp. 133–42; J. Valtrovà, 'Beyond the Horizons of Legends: Traditional Imagery and Direct Experience in Medieval Accounts of Asia', *Numen* 57 (2010), 166–7.

83 C. Beckingham, 'The Achievements of Prester John', in C. Beckingham and B. Hamilton (eds), *Prester John, the Mongols and the Ten Lost Tribes* (Aldershot, 1996), pp. 1–22; P. Jackson, *The Mongols and the West* (London, 2005), pp. 20–1.

84 F. Zarncke, 'Der Priester Johannes II', *Abhandlungen der Königlich Sächsischen Gesellschaft der Wissenschaften, Phil.-hist. Kl.* 8 (1876), 9.

85 Jackson, *Mongols and the West,* pp. 48–9.

第九章

1 Het'um, *Patmich' T'at'arats',* *La flor des estoires de la terre d'Orient,* in *Recueil des Historiens des Croisades: Historiens Arméniens* 1, p. x.

2 'Ata-Malik Juvaynī, *Ta'rīx-i Jahān-Gušā,* tr. J. Boyle, *Genghis Khan: The History of the World-Conqueror,* 2 vols (Cambridge, MA,

1958), 1, 1, pp. 21–2.

3 For the meaning of Činggis as a title, see I. de Rachewiltz, 'The Title Činggis Qan/Qayan Re-examined', in W. Hessig and K. Sangster (eds), *Gedanke und Wirkung* (Wiesbaden, 1989), pp. 282–8; T. Allsen, 'The Rise of the Mongolian Empire and Mongolian Rule in North China', in *The Cambridge History of China,* 15 vols (Cambridge, 1978–), 6, pp. 321ff.

4 *The Secret History of the Mongols,* tr. I. de Rachewiltz, 2 vols (Leiden, 2004), 1, p. 13.

5 Allsen, 'Rise of the Mongolian Empire', pp. 321ff.; G. Németh, 'Wanderungen des mongolischen Wortes *Nökür* "Genosse"', *Acta Orientalia Academiae Scientiarum Hungaricae* 3 (1952), 1–23.

6 T. Allsen, 'The Yüan Dynasty and the Uighurs of Turfan in the 13th Century', in M. Rossabi (ed.), *China among Equals: The Middle Kingdom and its Neighbors, 10th–14th Centuries* (Berkeley, 1983), pp. 246–8.

7 P. Golden, '"I Will Give the People unto Thee": The Činggisid Conquests and their Aftermath in the Turkic World', *Journal of the Royal Asiatic Society* 10.1 (2000), 27.

8 Z. Bunyatov, *Gosudarstvo Khorezmshakhov-Anushteginidov* (Moscow, 1986), pp. 128–32; Golden, 'Činggisid Conquests', 29.

9 Juvaynī, *History of the World Conqueror,* 16, 1, p. 107.

10 Ibn al-Athīr, in B. Spuler, *History of the Mongols* (London, 1972), p. 30.

11 D. Morgan, *The Mongols* (Oxford, 1986), p. 74.

12 Nasawī, *Sīrat al-ṣultān Jalāl al-Dīn Mangubirtī,* tr. O. Houdas, *Histoire du sultan Djelāl ed-Dīn Mankobirti prince du Khārezm,* (Paris, 1891), 16, p. 63.

13 K. Raphael, 'Mongol Siege Warfare on the Banks of the Euphrates and the Question of Gunpowder (1260–1312)', *Journal of the Royal Asiatic Society,* 19.3 (2009), 355–70.

14 A. Waley (tr.), *The Travels of an Alchemist: The Journey of the Taoist, Ch'angch'un, from China to the Hindukush at the Summons of Chingiz Khan, Recorded by his Disciple, Li Chih-ch'ang* (London, 1931), pp. 92–3.

15 See the pioneering work by Allsen, *Commodity and Exchange,* and G. Lane, *Early Mongol Rule in Thirteenth-Century Iran: A Persian Renaissance* (London, 2003).

16 Juvaynī, *History of the World Conqueror,* 27, 1, pp. 161–4.

17 J. Smith, 'Demographic Considerations in Mongol Siege Warfare', *Archivum Ottomanicum* 13 (1994), 329–34; idem, 'Mongol Manpower and Persian Population', *Journal of Economic and Social History of the Orient* 18.3 (1975), 271–99; D. Morgan, 'The Mongol Armies in Persia', *Der Islam* 56.1 (2009), 81–96.

18 *Novgorodskaya Pervaya Letopis' starshego i mladshego isvodov,* ed. A. Nasonov (Leningrad, 1950), p. 61.

19 Ibid., pp. 74–7.

20 E. Petrukhov, *Serapion Vladimirskii, russkii propovedenik XIII veka* (St Petersburg, 1888), Appendix, p. 8.

21 Although medieval commentators made a link between Tatars and Tartarus, the former term was in use across the steppes as a reference to nomadic tribesmen, likely derived from the Tungusic word '*ta-ta*', meaning to drag or pull. See S. Akiner, *Religious Language of a Belarusian Tatar Kitab* (Wiesbaden, 2009), pp. 13–14.

22 Jackson, *Mongols and the West,* pp. 59–60; D. Sinor, 'The Mongols in the West', *Journal of Asian History* 33.1 (1999), 1–44.

23 C. Rodenburg (ed.), *MGH Epistulae saeculi XIII e regestis pontificum Romanorum selectae,* 3 vols (Berlin, 1883–94), 1, p. 723; Jackson, *Mongols and the West,* pp. 65–9.

24 P. Jackson, 'The Crusade against the Mongols (1241)', *Journal of Ecclesiastical History* 42 (1991), 1–18

25 H. Dörrie, 'Drei Texte zur Gesichte der Ungarn und Mongolen. Die Missionreisen des fr. Julianus O.P. ins Ural-Gebiet (1234/5) und nach Rußland (1237) und der Bericht des Erzbischofs Peter über die Tataren', *Nachrichten der Akademie der Wissenschaften in Göttingen, phil-hist. Klasse* (1956) 6, 179; also Jackson, *Mongols and the West,* p. 61.

26 Thomas the Archdeacon, *Historia Salonitanorum atque Spalatinorum pontificum,* ed. and trans. D. Krabić, M. Sokol and J. Sweeney (Budapest, 2006), p. 302; Jackson, *Mongols and the West,* p. 65.

27 Copies of two of these letters survive, C. Rodenberg (ed.), *Epistolae saeculi XII e regestis pontificum romanorum,* 3 vols (Berlin, 1883–94), 2, pp. 72; 3, p. 75.

28 Valtrovà, 'Beyond the Horizons of Legends', 154–85.

29 William of Rubruck, *The Mission of Friar William of Rubruck,* tr. P. Jackson, ed. D. Morgan (London, 1990), 28, p. 177.

30 Ibid., 2, pp. 72, 76; 13, p. 108; Jackson, *Mongols and the West,* p. 140.

31 John of Plano Carpini, *Sinica Franciscana: Itinera et relationes fratrum minorum saeculi XVII et XIV,* ed. A. van den Wyngaert, 5 vols (Florence, 1929), 1, pp. 60, 73–5.

32 John of Plano Carpini, *Ystoria Mongolarum,* ed. A. van den Wyngaert (Florence, 1929), pp. 89–90.

33 'Letter of the Great Khan Güyüg to Pope Innocent IV (1246)', in I. de Rachewiltz, *Papal Envoys to the Great Khans* (Stanford, 1971), p. 214 (with differences).

34 C. Dawson, *Mongol Mission: Narratives and Letters of the Franciscan Missionaries in Mongolia and China in the Thirteenth and Fourteenth Centuries* (London, 1955), pp. 44–5.

35 P. Jackson, 'World-Conquest and Local Accommodation: Threat and Blandishment in Mongol Diplomacy', in J. Woods, J. Pfeiffer, S. Quinn and E. Tucker (eds), *History and Historiography of Post-Mongol Central Asia and the Middle East: Studies in Honor of John E. Woods* (Wiesbaden, 2006), pp. 3–22.

36 R. Thomson, 'The Eastern Mediterranean in the Thirteenth Century: Identities and Allegiances. The Peripheries; Armenia', in Herrin

and Saint-Gobain, *Identities and Allegiances,* pp. 202–4.

37 J.-L. van Dieten, 'Das Lateinische Kaiserreich von Konstantinopel und die Verhandlungen über kirchliche Wiedervereinigung', in V. van Aalst and K. Ciggaar (eds), *The Latin Empire: Some Contributions* (Hernen, 1990), pp. 93–125.

38 Wiliam of Rubruck, *Mission of Friar William,* 33, p. 227.

39 George Pachymeres, *Chronicon,* ed. and tr. A. Faillier, *Relations historiques,* 2 vols (Paris, 1984), 2, pp. 108–9; J. Langdon, 'Byzantium's Initial Encounter with the Chinggisids: An Introduction to the Byzantino-Mongolica', *Viator* 29 (1998), 130–3.

40 'Abdallāh b. Faḏlallāh Waṣṣāf, *Tarjiyat al-amṣār wa-tajziyat al-aʿṣār,* in Spuler, *History of the Mongols,* pp. 120–1.

41 Allsen, *Commodity and Exchange,* pp. 28–9.

42 J. Richard, 'Une Ambassade mongole à Paris en 1262', *Journal des Savants* 4 (1979), 295–303; Jackson, *Mongols and the West,* p. 123.

43 N. Nobutaka, 'The Rank and Status of Military Refugees in the Mamluk Army: A Reconsideration of the *Wāfidīyah* ', *Mamluk Studies Review* 10.1 (2006), 55–81; R. Amitai-Preiss, 'The Remaking of the Military Elite of Mamluk Egypt by al-Nāṣir Muḥammad b. Qalāwūn', *Studia Islamica* 72 (1990), 148–50.

44 P. Jackson, 'The Crisis in the Holy Land in 1260', *English Historical Review* 95 (1980), 481–513.

45 R. Amitai-Preiss, *Mongols and Mamluks: The Mamluk–Ilkhanid War, 1260–1281* (Cambridge, 1995).

46 Jūzjānī, *Tabaḳāt-i-Nāṣirī,* tr. H. Raverty, *A general history of the Muhammadan dynasties of Asia, including Hindūstān, from 810 A.D. to 1260 A.D ., and the irruption of the infidel Mughals into Islam* (Calcutta, 1881), 23.3–4, pp. 1104, 1144–5.

47 L. Lockhart, 'The Relations between Edward I and Edward II of England and the Mongol Il-Khans of Persia', *Iran* 6 (1968), 23. For the expedition, C. Tyerman, *England and the Crusades, 1095–1588* (London, 1988), pp. 124–32.

48 W. Budge, *The Monks of Kublai Khan, Emperor of China* (London, 1928), pp. 186–7.

49 S. Schein, 'Gesta Dei per Mongolos 1300: The Genesis of a Non-Event', *English Historical Review* 94.272 (1979), 805–19.

50 R. Amitai, 'Whither the Ilkhanid Army? Ghazan's First Campaign into Syria (1299–1300)', in di Cosmo, *Warfare in Inner Asian History,* pp. 221–64.

51 William Blake, 'Jerusalem'. Legends about Joseph of Arimathea visiting the British Isles had circulated in England since the Middle Ages, W. Lyons, *Joseph of Arimathea: A Study in Reception History* (Oxford, 2014), pp. 72–104.

第十章

1 S. Karpov, 'The Grain Trade in the Southern Black Sea Region: The Thirteenth to the Fifteenth Century', *Mediterranean Historical*

Review 8.1 (1993), 55–73.

2 A. Ehrenkreutz, 'Strategic Implications of the Slave Trade between Genoa and Mamluk Egypt in the Second Half of the Thirteenth Century', in A. Udovitch (ed.), *The Islamic Middle East, 700–1900* (Princeton, 1981), pp. 335–43.

3 G. Lorenzi, *Monumenti per servire alla storia del Palazzo Ducale di Venezia. Parte I: dal 1253 al 1600* (Venice, 1868), p. 7.

4 'Anonimo genovese', in G. Contini (ed.), *Poeti del Duecento,* 2 vols (Milan, 1960), 1, pp. 751–9.

5 V. Cilocitan, *The Mongols and the Black Sea Trade in the Thirteenth and Fourteenth Centuries* (Leiden, 2012), pp. 16, 21; S. Labib, 'Egyptian Commercial Policy in the Middle Ages', in M. Cook (ed.), *Studies in the Economic History of the Middle East* (London, 1970), p. 74.

6 See D. Morgan, 'Mongol or Persian: The Government of Īl-khānid Iran', *Harvard Middle Eastern and Islamic Review* 3 (1996), 62–76, and above all Lane, *Early Mongol Rule in Thirteenth-Century Iran* .

7 G. Alef, 'The Origin and Development of the Muscovite Postal System', *Jahrbücher für Geschichte Osteuropas* 15 (1967), 1–15.

8 Morgan, *The Möngols,* pp. 88–90; Golden, 'Činggisid Conquests', 38–40; T. Allsen, *Mongol Imperialism: The Policies of the Grand Qan Möngke in China, Russia and the Islamic Lands, 1251–1259* (Berkeley, 1987), pp. 189–216.

9 Juvaynī, *History of the World Conqueror,* 3, 1, p. 26.

10 This process had already started by the middle of the thirteenth century, as accounts by missionaries and envoys show, G. Guzman, 'European Clerical Envoys to the Mongols: Reports of Western Merchants in Eastern Europe and Central Asia, 1231–1255', *Journal of Medieval History* 22.1 (1996), 57–67.

11 William of Rubruck, *Mission of Friar William,* 35, pp. 241–2.

12 J. Ryan, 'Preaching Christianity along the Silk Route: Missionary Outposts in the Tartar "Middle Kingdom" in the Fourteenth Century', *Journal of Early Modern History* 2.4 (1998), 350–73. For Persia, R. Lopez, 'Nuove luci sugli italiani in Estremo Oriente prima di Colombo', *Studi Colombiani* 3 (1952), 337–98.

13 Dawson, *Mission to Asia,* pp. 224–6; de Rachewiltz, *Papal Envoys,* pp. 160–78; also J. Richard, *La Papauté et les missions d'Orient au moyen age* (*XIIIe–XVe siècles*) (Rome, 1977), pp. 144ff. John blames the Nestorians for the fact that not more were converted, saying that they accused him of being a spy and a magician: rivalries between Christians played out in China, just as they had done in Persia and elsewhere.

14 P. Jackson, 'Hülegü Khan and the Christians: The Making of a Myth', in J. Phillips and P. Edbury (eds), *The Experience of Crusading,* 2 vols (Cambridge, 2003), 2, pp. 196–213; S. Grupper, 'The Buddhist Sanctuary-Vihara of Labnasagut and the Il-qan Hülegü: An Overview of Il-Qanid Buddhism and Related Matters', *Archivum Eurasiae Medii Aevi* 13 (2004), 5–77; Foltz, *Religions of the Silk Road,* p. 122.

15 S. Hackel, 'Under Pressure from the Pagans? – The Mongols and the Russian Church', in J. Breck and J. Meyendorff (eds), *The Legacy of St Vladimir: Byzantium, Russia, America* (Crestwood, NY, 1990), pp. 47–56; C. Halperin, 'Know Thy Enemy: Medieval Russian Familiarity with the Mongols of the Golden Horde', *Jahrbücher für Geschichte Osteuropas* 30 (1982), 161–75.

16 D. Ostrowski, *Muscovy and the Mongols: Cross-Cultural Influences on the Steppe Frontier, 1304–1589* (Cambridge, 1998); M. Bilz-Leonardt, 'Deconstructing the Myth of the Tartar Yoke', *Central Asian Survey* 27.1 (2008), 35–6.

17 R. Hartwell, 'Demographic, Political and Social Transformations of China, 750–1550', *Harvard Journal of Asiatic Studies* 42.2 (1982), 366–9; R. von Glahn, 'Revisiting the Song Monetary Revolution: A Review Essay', *International Journal of Asian Studies* 1.1 (2004), 159.

18 See for example G. Wade, 'An Early Age of Commerce in Southeast Asia, 900–1300 CE ', *Journal of Southeast Asia Studies* 40.2 (2009), 221–65.

19 S. Kumar, 'The Ignored Elites: Turks, Mongols and a Persian Secretarial Class in the Early Delhi Sultanate', *Modern Asian Studies* 43.1 (2009), 72–6.

20 P. Buell, E. Anderson and C. Perry, *A Soup for the Qan: Chinese Dietary Medicine of the Mongol Era as Seen in Hu Szu-hui's Yin-shan Cheng-yao* (London, 2000).

21 P. Buell, 'Steppe Foodways and History', *Asian Medicine, Tradition and Modernity* 2.2 (2006), 179–80, 190.

22 P. Buell, 'Mongolian Empire and Turkization: The Evidence of Food and Foodways', in R. Amitai-Preiss (ed.), *The Mongol Empire and its Legacy* (Leiden, 1999), pp. 200–23.

23 Allsen, *Commodity and Exchange,* pp. 1–2, 18; J. Paviot, 'England and the Mongols (c. 1260–1330)', *Journal of the Royal Asiatic Society* 10.3 (2000), 317–18.

24 P. Freedman, 'Spices and Late-Medieval European Ideas of Scarcity and Value', *Speculum* 80.4 (2005), 1209–27.

25 S. Halikowski-Smith, 'The Mystification of Spices in the Western Tradition', *European Review of History: Revue Européenne d'Histoire* 8.2 (2001), 119–25.

26 A. Appadurai, 'Introduction: Commodities and the Politics of Value', in A. Appadurai (ed.), *The Social Life of Things: Commodities in Cultural Perspective* (Cambridge, 1986), pp. 3–63.

27 Francesco Pegolotti, *Libro di divisamenti di paesi* (*e di misure di mercatantie*), tr. H. Yule, *Cathay and the Way Thither,* 4 vols (London, 1913–16), 3, pp. 151–5. Also here see J. Aurell, 'Reading Renaissance Merchants' Handbooks: Confronting Professional Ethics and Social Identity', in J. Ehmer and C. Lis (eds), *The Idea of Work in Europe from Antiquity to Modern Times* (Farnham, 2009), pp. 75–7.

28 R. Prazniak, 'Siena on the Silk Roads: Ambrozio Lorenzetti and the Mongol Global Century, 1250–1350', *Journal of World History* 21.2 (2010), 179–81; M. Kupfer, 'The Lost Wheel Map of Ambrogio Lorenzetti', *Art Bulletin* 78.2 (1996), 286–310.

29 Ibn Baṭṭūṭa, *al-Riḥla,* tr. H. Gibb, *The Travels of Ibn Battuta,* 4 vols (Cambridge, 1994), 4, 22, pp. 893–4.

30 E. Endicott-West, 'The Yuan Government and Society', *Cambridge History of China,* 6, pp. 599–60.

31 Allsen, *Commodity and Exchange,* pp. 31–9.

32 C. Salmon, 'Les Persans à l'extrémité orientale de la route maritime (IIe A.E .–XVIIe siècle)', *Archipel* 68 (2004), 23–58; also L. Yingsheng, 'A Lingua Franca along the Silk Road: Persian Language in China between the 14th and the 16th Centuries', in R. Kauz (ed.), *Aspects of the Maritime Silk Road from the Persian Gulf to the East China Sea* (Wiesbaden, 2010), pp. 87–95.

33 F. Hirth and W. Rockhill, *Chau Ju-Kua: His Work on the Chinese and Arab Trade in the Twelfth and Thirteenth Centuries, Entitled Chu-fan-chi* (St Petersburg, 1911), pp. 124–5, 151, 142–3.

34 See R. Kauz, 'The Maritime Trade of Kish during the Mongol Period', in L. Komaroff (ed.), *Beyond the Legacy of Genghis Khan* (Leiden, 2006), pp. 51–67.

35 Marco Polo, *Le Devisament dou monde,* tr. A. Moule and P. Pelliot, *The Description of the World,* 2 vols (London, 1938); Ibn Baṭṭūṭa, 22, *Travels,* 4, p. 894.

36 For Marco Polo, see J. Critchley, *Marco Polo's Book* (Aldershot, 1992), and now see H. Vogel, *Marco Polo was in China: New Evidence from Currencies, Salts and Revenues* (Leiden, 2013).

37 C. Wake, 'The Great Ocean-Going Ships of Southern China in the Age of Chinese Maritime Voyaging to India, Twelfth to Fifteenth Centuries', *International Journal of Maritime History* 9.2 (1997), 51–81.

38 E. Schafer, 'Tang', in K. Chang (ed.), *Food in Chinese Culture: Anthropological and Historical Perspective* (New Haven, 1977), pp. 85–140.

39 V. Tomalin, V. Sevakumar, M. Nair and P. Gopi, 'The Thaikkal-Kadakkarapally Boat: An Archaeological Example of Medieval Ship Building in the Western Indian Ocean', *International Journal of Nautical Archaeology* 33.2 (2004), 253–63.

40 R. von Glahn, *Fountain of Fortune: Money and Monetary Policy in China 1000–1700* (Berkeley, 1996), p. 48.

41 A. Watson, 'Back to Gold – and Silver', *Economic History Review* 20.1 (1967), 26–7; I. Blanchard, *Mining, Metallurgy and Minting in the Middle Age: Continuing Afro-European Supremacy, 1250–1450* (Stuttgart, 2001), 3, pp. 945–8.

42 T. Sargent and F. Velde, *The Big Problem of Small Change* (Princeton, 2002), p. 166; J. Deyell, 'The China Connection: Problems of Silver Supply in Medieval Bengal', in J. Richards (ed.), *Precious Metals in the Later Medieval and Early Modern World* (Durham, NC, 1983); M. Allen, 'The Volume of the English Currency, 1158–1470', *Economic History Review* 54.4 (2001), 606–7.

43 This is clearly shown from the case of Japan in the fourteenth century, A. Kuroda, 'The Eurasian Silver Century, 1276–1359: Commensurability and Multiplicity', *Journal of Global History* 4 (2009), 245–69.

44 V. Fedorov, 'Plague in Camels and its Prevention in the USSR', *Bulletin of the World Health Organisation* 23 (1960), 275–81. For

earlier experiments, see for example A. Tseiss, 'Infektsionnye zabolevaniia u verbliudov, neizvestnogo do sik por poriskhozdeniia', *Vestnik mikrobiologii, epidemiologii i parazitologii* 7.1 (1928), 98–105.

45 Boccaccio, *Decamerone,* tr. G. McWilliam, *Decameron* (London, 2003), p. 51.

46 T. Ben-Ari, S. Neerinckx, K. Gage, K. Kreppel, A. Laudisoit et al., 'Plague and Climate: Scales Matter', *PLoS Pathog* 7.9 (2011), 1–6. Also B. Krasnov, I. Khokhlova, L. Fielden and N. Burdelova, 'Effect of Air Temperature and Humidity on the Survival of Pre-Imaginal Stages of Two Flea Species (Siphonaptera: Pulicidae)', *Journal of Medical Entomology* 38 (2001), 629–37; K. Gage, T. Burkot, R. Eisen and E. Hayes, 'Climate and Vector-Borne Diseases', *Americal Journal of Preventive Medicine* 35 (2008), 436–50.

47 N. Stenseth, N. Samia, H. Viljugrein, K. Kausrud, M. Begon et al., 'Plague Dynamics are Driven by Climate Variation', *Proceedings of the National Academy of Sciences of the United States of America* 103 (2006), 13110–15.

48 Some scholars suggest the earliest identification may come from tombstones in a cemetery in eastern Kyrgyzstan dating from the 1330s, S. Berry and N. Gulade, 'La Peste noire dans l'Occident chrétien et musulman, 1347–1353', *Canadian Bulletin of Medical History* 25.2 (2008), 466. However, this is based on a misunderstanding. See J. Norris, 'East or West? The Geographic Origin of the Black Death', *Bulletin of the History of Medicine* 51 (1977), 1–24.

49 Gabriele de' Mussis, *Historia de Morbo,* in *The Black Death,* tr. R. Horrox (Manchester, 2001), pp. 14–17; M. Wheelis, 'Biological Warfare at the 1346 Siege of Caffa', *Emerging Infectious Diseases* 8.9 (2002), 971–5.

50 M. de Piazza, *Chronica,* in Horrox, *Black Death,* pp. 35–41.

51 *Anonimalle Chronicle,* in Horrox, *Black Death,* p. 62.

52 John of Reading, *Chronica,* in Horrox, *Black Death,* p. 74.

53 Ibn al-Wardī, *Risālat al-naba' 'an al-waba',* cited by B. Dols, *The Black Death in the Middle East* (Princeton, 1977), pp. 57–63.

54 M. Dods, 'Ibn al-Wardi's "Risalah al-naba" an al-waba', in D. Kouymjian (ed.), *Near Eastern Numismatics, Iconography, Epigraphy and History* (Beirut, 1974), p. 454.

55 B. Dols, *Black Death in the Middle East,* pp. 160–1.

56 Boccaccio, *Decameron,* p. 50.

57 de' Mussis, *Historia de Morbo,* p. 20; 'Continuation Novimontensis', in *Monumenta Germaniae Historica, Scriptores,* 9, p. 675.

58 John Clynn, *Annalium Hibernae Chronicon,* in Horrox, *Black Death,* p. 82.

59 Louis Heylgen, *Breve Chronicon Clerici Anonymi,* in Horrox, *Black Death,* pp. 41–2.

60 Horrox, *Black Death,* pp. 44, 117–18; Dols, *Black Death in the Middle East,* p. 126.

61 Bengt Knutsson, *A Little Book for the Pestilence,* in Horrox, *Black Death,* p. 176; John of Reading, *Chronica,* pp. 133–4.

62 S. Simonsohn (ed.), *The Apostolic See and the Jews: Documents, 492–1404* (Toronto, 1988), 1, no. 373.

63 In general here see O. Benedictow, *The Black Death, 1346–1353: The Complete History* (Woodbridge, 2004), pp. 380ff.

64 O. Benedictow, 'Morbidity in Historical Plague Epidemics', *Population Studies* 41 (1987), 401–31; idem, *What Disease was Plague? On the Controversy over the Microbiological Identity of Plague Epidemics of the Past* (Leiden, 2010), esp. 289ff.

65 Petrarch, *Epistolae,* in Horrox, *Black Death,* p. 248.

66 *Historia Roffensis,* in Horrox, *Black Death,* p. 70.

67 S. Pamuk, 'Urban Real Wages around the Eastern Mediterranean in Comparative Perspective, 1100–2000', *Research in Economic History* 12 (2005), 213–32.

68 S. Pamuk, 'The Black Death and the Origins of the "Great Divergence" across Europe, 1300–1600', *European Review of Economic History* 11 (2007), 308–9; S. Epstein, *Freedom and Growth: The Rise of States and Markets in Europe, 1300–1750* (London, 2000), pp. 19–26. Also M. Bailey, 'Demographic Decline in Late Medieval England: Some Thoughts on Recent Research', *Economic History Review* 49 (1996), 1–19.

69 H. Miskimin, *The Economy of Early Renaissance Europe, 1300–1460* (Cambridge, 1975); D. Herlihy, *The Black Death and the Transformation of the West* (Cambridge, 1997).

70 D. Herlihy, 'The Generation in Medieval History', *Viator* 5 (1974), 347–64.

71 For the contraction in Egypt and the Levant, A. Sabra, *Poverty and Charity in Medieval Islam: Mamluk Egypt 1250–1517* (Cambridge, 2000).

72 S. DeWitte, 'Mortality Risk and Survival in the Aftermath of the Medieval Black Death', *Plos One* 9.5 (2014), 1–8. For improved diets, T. Stone, 'The Consumption of Field Crops in Late Medieval England', in C. Woolgar, D. Serjeantson and T. Waldron (eds), *Food in Medieval England: Diet and Nutrition* (Oxford, 2006), pp. 11–26.

73 Epstein, *Freedom and Growth,* pp. 49–68; van Bavel, 'People and Land: Rural Population Developments and Property Structures in the Low Countries, *c.* 1300–c. 1600', *Continuity and Change* 17 (2002), 9–37.

74 Pamuk, 'Urban Real Wages', 310–11.

75 Anna Bijns, 'Unyoked is Best! Happy the Woman without a Man', in K. Wilson, *Women Writers of the Renaissance and Reformation* (Athens, 1987), p. 382. See here T. de Moor and J. Luiten van Zanden, 'Girl Power: The European Marriage Pattern and Labour Markets in the North Sea Region in the Late Medieval and Early Modern Period', *Economic History Review* (2009), 1–33.

76 J. de Vries, 'The Industrial Revolution and the Industrious Revolution', *Journal of Economic History* 54.2 (1994), 249–70; J. Luiten van Zanden, 'The "Revolt of the Early Modernists" and the "First Modern Economy": An Assessment', *Economic History Review* 55 (2002), 619–41.

77 E. Ashtor, 'The Volume of Mediaeval Spice Trade', *Journal of European Economic History* 9 (1980), 753–7; idem, 'Profits from

Trade with the Levant in the Fifteenth Century', *Bulletin of the School of Oriental and African Studies* 38 (1975), 256–87; Freedman, 'Spices and Late Medieval European Ideas', 1212–15.

78 For Venetian imports of pigments, see L. Matthew, '"Vendecolori a Venezia": The Reconstruction of a Profession', *Burlington Magazine* 114.1196 (2002), 680–6.

79 Marin Sanudo, 'Laus Urbis Venetae', in A. Aricò (ed.), *La città di Venetia* (*De origine, situ et magistratibus Urbis Venetae*) *1493–1530* (Milan, 1980), pp. 21–3; for changes to internal space in this period, see R. Good, 'Double Staircases and the Vertical Distribution of Housing in Venice 1450–1600', *Architectural Research Quarterly* 39.1 (2009), 73–86.

80 B. Krekic, 'L'Abolition de l'esclavage à Dubrovnik (Raguse) au XVe siècle: mythe ou réalité?', *Byzantinische Forschungen* 12 (1987), 309–17.

81 S. Mosher Stuard, 'Dowry Increase and Increment in Wealth in Medieval Ragusa (Dubrovnik)', *Journal of Economic History* 41.4 (1981), 795–811.

82 M. Abraham, *Two Medieval Merchant Guilds of South India* (New Delhi, 1988).

83 Ma Huan, *Ying-yai sheng-lan,* tr. J. Mills, *The Overall Survey of the Ocean's Shores* (Cambridge, 1970), p. 140.

84 T. Sen, 'The Formation of Chinese Maritime Networks to Southern Asia, 1200–1450', *Journal of the Economic and Social History of the Orient,* 49.4 (2006), 427, 439–40; H. Ray, *Trade and Trade Routes between India and China, c. 140 BC–AD 1500* (Kolkata, 2003), pp. 177–205.

85 H. Tsai, *The Eunuchs in the Ming Dynasty* (New York, 1996), p. 148; T. Ju-kang, 'Cheng Ho's Voyages and the Distribution of Pepper in China', *Journal of the Royal Asiatic Society* 2 (1981), 186–97.

86 W. Atwell, 'Time, Money and the Weather: Ming China and the "Great Depression" of the Mid-Fifteenth Century', *Journal of Asia Studies* 61.1 (2002), 86.

87 T. Brook, *The Troubled Empire: China in the Yuan and Ming Dynasties* (Cambridge, MA, 2010), pp. 107–9.

88 Ruy González de Clavijo, *Embajada a Tamorlán,* tr. G. Le Strange, *Embassy to Tamerlane 1403–1406* (London, 1928), 11, pp. 208–9.

89 Ibid., 14, p. 270.

90 Ibid., pp. 291–2. For the dissemination of the Timurid vision in art and architecture, see T. Lentz and G. Lowry, *Timur and the Princely Vision: Persian Art and Culture in the Fifteenth Century* (Los Angeles, 1989), pp. 159–232.

91 Khvānd Mīr, *Habibu's-siyar,* Tome Three, ed. and tr. W. Thackston, *The Reign of the Mongol and the Turk,* 2 vols (Cambridge, MA, 1994), 1, p. 294; D. Roxburgh, 'The "Journal" of Ghiyath al-Din Naqqash, Timurid Envoy to Khan Balïgh, and Chinese Art and Architecture', in L. Saurma-Jeltsch and A. Eisenbeiss (eds), *The Power of Things and the Flow of Cultural Transformations: Art and Culture between Europe and Asia* (Berlin, 2010), p. 90.

92 R. Lopez, H. Miskimin and A. Udovitch, 'England to Egypt, 1350–1500: Long-Term Trends and Long-Distance Trade', in M. Cook (ed.), *Studies in the Economic History of the Middle East from the Rise of Islam to the Present Day* (London, 1970), pp. 93–128. J. Day, 'The Great Bullion Famine', *Past & Present* 79 (1978), 3–54, J. Munro, 'Bullion Flows and Monetary Contraction in Late-Medieval England and the Low Countries', in J. Richards (ed.), *Precious Metals in the Later Medieval and Early Modern Worlds* (Durham, NC, 1983), pp. 97–158.

93 R. Huang, *Taxation and Governmental Finance in Sixteenth-Century Ming China* (Cambridge, 1974), pp. 48–51.

94 T. Brook, *The Confusions of Pleasure: Commerce and Culture in Ming China* (Berkeley, 1998).

95 N. Sussman, 'Debasements, Royal Revenues and Inflation in France during the Hundred Years War, 1415–1422', *Journal of Economic History* 53.1 (1993), 44–70; idem, 'The Late Medieval Bullion Famine Reconsidered', *Journal of Economic History* 58.1 (1998), 126–54.

96 R. Wicks, 'Monetary Developments in Java between the Ninth and Sixteenth Centuries: A Numismatic Perspective', *Indonesia* 42 (1986), 59–65; J. Whitmore, 'Vietnam and the Monetary Flow of Eastern Asia, Thirteenth to Eighteenth Centuries', in Richards, *Precious Metal,* pp. 363–93; J. Deyell, 'The China Connection: Problems of Silver Supply in Medieval Bengal', in Richards, *Precious Metal,* pp. 207–27.

97 Atwell, 'Time, Money and the Weather', 92–6.

98 A. Vasil'ev, 'Medieval Ideas of the End of the World: West and East', *Byzantion* 16 (1942–3), 497–9; D. Strémooukhoff, 'Moscow the Third Rome: Sources of the Doctrine', *Speculum* (1953), 89; 'Drevnie russkie paskhalii na os'muiu tysiachu let ot sotvereniia mira', *Pravoslavnyi Sobesednik* 3 (1860), 333–4.

99 A. Bernáldez, *Memorías de los reyes católicos,* ed. M. Gómez-Moreno and J. Carriazo (Madrid, 1962), p. 254.

100 I. Aboab, *Nomologia, o Discursos legales compuestos* (Amsterdam, 1629), p. 195; D. Altabé, *Spanish and Portuguese Jewry before and after 1492* (Brooklyn, 1983), p. 45.

101 Freedman, 'Spices and Late Medieval European Ideas', 1220–7.

102 V. Flint, *The Imaginative Landscape of Christopher Columbus* (Princeton, 1992), pp. 47–64.

103 C. Delaney, 'Columbus's Ultimate Goal: Jerusalem', *Comparative Studies in Society and History* 48 (2006), 260–2.

104 Ibid., 264–5; M. Menocal, *The Arabic Role in Medieval Literary History: A Forgotten Heritage* (Philadelphia, 1987), p. 12. For the text of the letters of introduction, S. Morison, *Journals and Other Documents on the Life and Voyages of Christopher Columbus* (New York, 1963), p. 30.

第十一章

1 O. Dunn and J. Kelley (ed. and tr.), *The Diario of Christopher Columbus' First Voyage to America, 1492–1493* (Norman, OK, 1989), p. 19.

2 Ibn al-Faqīh, in N. Levtzion and J. Hopkins (eds), *Corpus of Early Arabic Sources for West African History* (Cambridge, 1981), p. 28.

3 R. Messier, *The Almoravids and the Meanings of Jihad* (Santa Barbara, 2010), pp. 21–34. Also see idem, 'The Almoravids: West African Gold and the Gold Currency of the Mediterranean Basin', *Journal of the Economic and Social History of the Orient* 17 (1974), 31–47.

4 V. Monteil, 'Routier de l'Afrique blanche et noire du Nord-Ouest: al-Bakri (cordue 1068)', *Bulletin de l'Institut Fondamental d'Afrique Noire* 30.1 (1968), 74; I. Wilks, 'Wangara, Akan and Portuguese in the Fifteenth and Sixteenth Centuries. 1. The Matter of Bitu', *Journal of African History* 23.3 (1982), 333–4.

5 N. Levtzion, 'Islam in West Africa', in W. Kasinec and M. Polushin (eds), *Expanding Empires: Cultural Interaction and Exchange in World Societies from Ancient to Early Modern Times* (Wilmington, 2002), pp. 103–14; T. Lewicki, 'The Role of the Sahara and Saharians in the Relationship between North and South', in M. El Fasi (ed.), *Africa from the Seventh to Eleventh Centuries* (London, 1988), pp. 276–313.

6 S. Mody Cissoko, 'L'Intelligentsia de Tombouctou aux 15e et 16e siècles', *Prêsence Africaine* 72 (1969), 48–72. These manuscripts were catalogued in the sixteenth century by Muḥammad al-Wangarī and formed part of the magnificent collection that belong to his descendants to the present day; initial reports indicating that the documents had been destroyed by the Tuareg in 2012 proved to be wrong.

7 Ibn Faḍl Allāh al-ʿUmarī, *Masālik al-abṣār fī mamālik al-amṣār,* tr. Levtzion and Hopkins, *Corpus of Early Arabic Sources,* pp. 270–1. The depression in the value of gold is widely noted by modern commentators; for a more sceptical view, see W. Schultz, 'Mansa Musa's Gold in Mamluk Cairo: A Reappraisal of a World Civilizations Anecdote', in J. Pfeiffer and S. Quinn (eds), *History and Historiography of Post-Mongol Central Asia and the Middle East: Studies in Honor of John E. Woods* (Wiesbaden, 2006), pp. 451–7.

8 Ibn Baṭṭūṭa, *Travels,* 25, 4, p. 957.

9 B. Kreutz, 'Ghost Ships and Phantom Cargoes: Reconstructing Early Amalfitan Trade', *Journal of Medieval History* 20 (1994), 347–57; A. Fromherz, 'North Africa and the Twelfth-Century Renaissance: Christian Europe and the Almohad Islamic Empire', *Islam and Christian Muslim Relations* 20.1 (2009), 43–59; D. Abulafia, 'The Role of Trade in Muslim–Christian Contact during the Middle Ages', in D. Agius and R. Hitchcock (eds), *The Arab Influence in Medieval Europe* (Reading, 1994), pp. 1–24.

10 See the pioneering work of M. Horton, *Shanga: The Archaeology of a Muslim Trading Community on the Coast of East Africa* (London,

1996); also S. Guérin, 'Forgotten Routes? Italy, Ifriqiya and the Trans-Saharan Ivory Trade', *Al-Masāq* 25.1 (2013), 70–91.

11 D. Dwyer, *Fact and Legend in the Catalan Atlas of 1375* (Chicago, 1997); J. Messing, 'Observations and Beliefs: The World of the Catalan Atlas', in J. Levenson (ed.), *Circa 1492: Art in the Age of Exploration* (New Haven, 1991), p. 27.

12 S. Halikowski Smith, 'The Mid-Atlantic Islands: A Theatre of Early Modern Ecocide', *International Review of Social History* 65 (2010), 51–77; J. Lúcio de Azevedo, *Epocas de Portugal Económico* (Lisbon, 1973), pp. 222–3.

13 F. Barata, 'Portugal and the Mediterranean Trade: A Prelude to the Discovery of the "New World"', *Al-Masāq* 17.2 (2005), 205–19.

14 Letter of King Dinis of Portugal, 1293, J. Marques, *Descobrimentos Portugueses – Documentos para a sua História,* 3 vols (Lisbon, 1944–71), 1, no. 29; for the Mediterranean routes see C.-E. Dufourcq, 'Les Communications entre les royaumes chrétiens et les pays de l'Occident musulman dans les derniers siècles du Moyen Age', *Les Communications dans la Péninsule Ibérique au Moyen Age. Actes du Colloque* (Paris, 1981), pp. 30–1.

15 Gomes Eanes de Zurara, *Crónica da Tomada de Ceuta* (Lisbon, 1992), pp. 271–6; A. da Sousa, 'Portugal', in P. Fouracre et al. (eds), *The New Cambridge Medieval History,* 7 vols (Cambridge, 1995–2005), 7, pp. 636–7.

16 A. Dinis (ed.), *Monumenta Henricina,* 15 vols (Lisbon, 1960–74), 12, pp. 73–4, tr. P. Russell, *Prince Henry the Navigator: A Life* (New Haven, 2000), p. 121.

17 P. Hair, *The Founding of the Castelo de São Jorge da Mina: An Analysis of the Sources* (Madison, 1994).

18 J. Dias, 'As primeiras penetrações portuguesas em África', in L. de Albequerque (ed.), *Portugal no Mundo,* 6 vols (Lisbon, 1989), 1, pp. 281–9.

19 M.-T. Seabra, *Perspectives da colonização portuguesa na costa occidental Africana: análise organizacional de S. Jorge da Mina* (Lisbon, 2000), pp. 80–93; Z. Cohen, 'Administração das ilhas de Cabo Verde e seu Distrito no Segundo Século de Colonização (1560–1640)', in M. Santos (ed.), *Historia Geral de Cabo Verde,* 2 vols (1991), 2, pp. 189–224.

20 L. McAlister, *Spain and Portugal in the New World, 1492 – 1700* (Minneapolis, MN, 1984), pp. 60–3; J. O'Callaghan, 'Castile, Portugal, and the Canary Islands: Claims and Counterclaims', *Viator* 24 (1993), 287–310.

21 Gomes Eanes de Zuara, *Crónica de Guiné,* tr. C. Beazley, *The chronicle of the discovery and conquest of Guinea,* 2 vols (London, 1896–9), 18, 1, p. 61. For Portugal in this period, M.-J. Tavares, *Estudos de História Monetária Portuguesa* (*1383–1438*) (Lisbon, 1974); F. Barata, *Navegação, comércio e relações: os portgueses no Mediterrâneo occidental* (*1385–1466*) (Lisbon, 1998).

22 Gomes Eanes de Zurara, *Chronicle,* 25, 1, pp. 81–2. For some comments about this complex source, L. Barreto, 'Gomes Eanes de Zurara e o problema da Crónica da Guiné', *Studia* 47 (1989), 311–69.

23 A. Saunders, *A Social History of Black Slaves and Freemen in Portugal, 1441–1555* (Cambridge, 1982); T. Coates, *Convicts and Orphans: Forces and State-Sponsored Colonizers in the Portuguese Empire, 1550–1755* (Stanford, 2001).

24 Gomes Eanes de Zurara, *Chronicle,* 87, 2, p. 259.
25 Ibid., 18, 1, p. 62.
26 H. Hart, *Sea Road to the Indies: An Account of the Voyages and Exploits of the Portuguese Navigators, Together with the Life and Times of Dom Vasco da Gama, Capitão Mór, Viceroy of India and Count of Vidigueira* (New York, 1950), pp. 44–5.
27 Gomes Eanes de Zurara, *Chronicle,* 87, 2, p. 259.
28 J. Cortés López, 'El tiempo africano de Cristóbal Colón', *Studia Historica* 8 (1990), 313–26.
29 A. Brásio, *Monumenta Missionaria Africana,* 15 vols (Lisbon, 1952), 1, pp. 84–5.
30 Ferdinand Columbus, *The Life of the Admiral Christopher Columbus by his Son Ferdinand,* tr. B. Keen (New Brunswick, NJ, 1992), p. 35; C. Delaney, *Columbus and the Quest for Jerusalem* (London, 2012), pp. 48–9.
31 C. Jane (ed. and tr.), *Select Documents Illustrating the Four Voyages of Columbus,* 2 vols (London, 1930–1), 1, pp. 2–19.
32 O. Dunn and J. Kelley (eds and trs), *The Diario of Christopher Columbus's First Voyage to America, 1492–3* (Norman, OK, 1989), p. 67.
33 Ibid., pp. 143–5.
34 W. Phillips and C. Rahn Phillips, *Worlds of Christopher Columbus* (Cambridge, 1992), p. 185. For the publication of the letter across Europe, R. Hirsch, 'Printed Reports on the Early Discoveries and their Reception', in M. Allen and R. Benson (eds), *First Images of America: The Impact of the New World on the Old* (New York, 1974), pp. 90–1.
35 M. Zamora, 'Christopher Columbus' "Letter to the Sovereigns": Announcing the Discovery', in S. Greenblatt (ed.), *New World Encounters* (Berkeley, 1993), p. 7.
36 Delaney, *Columbus and the Quest for Jerusalem,* p. 144.
37 Bartolomé de las Casas, *Historia de las Indias,* 1.92, tr. P. Sullivan, *Indian Freedom: The Cause of Bartolomé de las Casas, 1484–1566* (Kansas City, 1995), pp. 33–4.
38 E. Vilches, 'Columbus' Gift: Representations of Grace and Wealth and the Enterprise of the Indies', *Modern Language Notes* 119.2 (2004), 213–14.
39 C. Sauer, *The Early Spanish Main* (Berkeley, 1966), p. 109.
40 L. Formisano (ed.), *Letters from a New World: Amerigo Vespucci's Discovery of America* (New York, 1992), p. 84; M. Perri, '"Ruined and Lost": Spanish Destruction of the Pearl Coast in the Early Sixteenth Century', *Environment and History* 15 (2009), 132–4.
41 Dunn and Kelley, *The Diario of Christopher Columbus's First Voyage,* p. 235.
42 Ibid., pp. 285–7.
43 Ibid., pp. 235–7.

44 Bartolomé de las Casas, *Historia,* 3.29, p. 146.
45 Francisco López de Gómara, *Cortés: The Life of the Conqueror by his Secretary,* tr. L. Byrd Simpson (Berkeley, 1964), 27, p. 58.
46 Bernardino de Sahagún, *Florentine Codex: General History of the Things of New Spain. Book 12,* tr. A. Anderson and C. Dibble (Santa Fe, NM, 1975), p. 45; R. Wright (tr.), *Stolen Continents: Five Hundred Years of Conquest and Resistance in the Americas* (New York, 1992), p. 29.
47 S. Gillespie, *The Aztec Kings: The Construction of Rulership in Mexican History* (Tucson, AZ, 1989), pp. 173–207; C. Townsend, 'Burying the White Gods: New Perspectives on the Conquest of Mexico', *American Historical Review* 108.3 (2003), 659–87.
48 An image now held in the Huntington Art Gallery in Austin, Texas, shows Cortés greeting Xicotencatl, leader of the Tlaxcala, who saw an opportunity to take advantage of the new arrivals to strengthen his own position in Central America.
49 J. Ginés de Sepúlveda, *Demócrates Segundo o de la Justas causas de la Guerra contra los indios,* ed. A. Losada (Madrid, 1951), pp. 35, 33. The comparison with monkeys was erased from the manuscript used by Losada, A. Pagden, *Natural Fall of Man: The American Indian and the Origins of Comparative Ethnology* (Cambridge, 1982), p. 231, n. 45.
50 Sahagún, *Florentine Codex,* 12, p. 49; Wright (tr.), *Stolen Continents,* pp. 37–8.
51 Sahagún, *Florentine Codex,* 12, pp. 55–6.
52 I. Rouse, *The Tainos: Rise and Decline of the People who Greeted Columbus* (New Haven, 1992); N. D. Cook, *Born to Die: Disease and New World Conquest, 1492–1650* (Cambridge, 1998).
53 R. McCaa, 'Spanish and Nahuatl Views on Smallpox and Demographic Catastrophe in Mexico', *Journal of Interdisciplinary History* 25 (1995), 397–431. In general, see A. Crosby, *The Columbian Exchange: Biological and Cultural Consequences of 1492* (Westport, CT, 2003).
54 Bernardino de Sahagún, *Historia general de las cosas de Nueva España* (Mexico City, 1992), p. 491; López de Gómara, *Life of the Conqueror,* 141–2, pp. 285–7.
55 Cook, *Born to Die,* pp. 15–59. Also Crosby, *Columbian Exchange,* pp. 56, 58; C. Merbs, 'A New World of Infectious Disease', *Yearbook of Physical Anthropology* 35.3 (1993), 4.
56 Fernández de Enciso, *Suma de geografía,* cited by E. Vilches, *New World Gold: Cultural Anxiety and Monetary Disorder in Early Modern Spain* (Chicago, 2010), p. 24.
57 V. von Hagen, *The Aztec: Man and Tribe* (New York, 1961), p. 155.
58 P. Cieza de León, *Crónica del Perú,* tr. A. Cook and N. Cook, *The Discovery and Conquest of Peru* (Durham, NC, 1998), p. 361.
59 For Diego de Ordás, see C. García, *Vida del Comendador Diego de Ordaz, Descubridor del Orinoco* (Mexico City, 1952).
60 A. Barrera, 'Empire and Knowledge: Reporting from the New World', *Colonial Latin American Review* 15.1 (2006), 40–1.

61 H. Rabe, *Deutsche Geschichte 1500–1600. Das Jahrhundert der Glaubensspaltung* (Munich, 1991), pp. 149–53.
62 Letter of Pietro Pasqualigo, in J. Brewer (ed.), *Letters and Papers, Foreign and Domestic, of the Reign of Henry VIII,* 23 vols (London, 1867), 1.1, pp. 116–17.
63 For Anne Boleyn, in *Calendar of State Papers and Manuscripts, Relating to English Affairs, Existing in the Archives and Collections of Venice, and in Other Libraries of Northern Italy,* ed. R. Brown et al., 38 vols (London, 1970), 4, p. 824.
64 Francisco López de Gómara, *Historia general de las Indias,* ed. J. Gurría Lacroix (Caracas, 1979), 1, p. 7.
65 Pedro Mexía, *Historia del emperador Carlos V,* ed. J. de Mata Carrizo (Madrid, 1945), p. 543. Also here Vilches, *New World Gold,* p. 26.
66 F. Ribeiro da Silva, *Dutch and Portuguese in Western Africa: Empires, Merchants and the Atlantic System, 1580–1674* (Leiden, 2011), pp. 116–17; Coates, *Convicts and Orphans,* pp. 42–62.
67 E. Donnan (ed.), *Documents Illustrative of the History of the Slave Trade to America,* 4 vols (Washington, DC, 1930), 1, pp. 41–2.
68 B. Davidson, *The Africa Past: Chronicles from Antiquity to Modern Times* (Boston, 1964), pp. 194–7.
69 Brásio, *Missionaria Africana,* 1, pp. 521–7.
70 A. Pagden, *Spanish Imperialism and the Political Imagination: Studies in European and Spanish-American Social and Political Theory, 1513–1830* (New Haven, 1990).
71 Letter of Manoel da Nóbrega, cited by T. Botelho, 'Labour Ideologies and Labour Relations in Colonial Portuguese America, 1500–1700', *International Review of Social History* 56 (2011), 288.
72 M. Cortés, *Breve compendio de la sphere y el arte de navegar,* cited by Vilches, *New World Gold,* pp. 24–5.
73 R. Pieper, *Die Vermittlung einer neuen Welt: Amerika im Nachrichtennetz des Habsburgischen Imperiums, 1493–1598* (Mainz, 2000), pp. 162–210.
74 Diego de Haëdo, *Topografia e historia general de Arge,* tr. H. de Grammont, *Histoire des rois d'Alger* (Paris, 1998), 1, p. 18.
75 E. Lyon, *The Enterprise of Florida: Pedro Menéndez de Avilés and the Spanish Conquest of 1565–1568* (Gainesville, FL, 1986), pp. 9–10.
76 Jose de Acosta, *Historia natural y moral de las Indias,* in Vilches, *New World Gold,* p. 27.

第十二章

1 H. Miskimin, *The Economy of Later Renaissance Europe, 1460–1600* (Cambridge, 1977), p. 32; J. Munro, 'Precious Metals and the Origins of the Price Revolution Reconsidered: The Conjecture of Monetary and Real Forces in the European Inflation of the Early to

Mid-16th Century', in C. Núñez (ed.), *Monetary History in Global Perspective, 1500–1808* (Seville, 1998), pp. 35–50; H. İnalcık, 'The Ottoman State: Economy and Society, 1300–1600', in H. İnalcık and D. Quataert (eds), *An Economic and Social History of the Ottoman Empire, 1300–1914* (Cambridge, 1994), pp. 58–60.

2 P. Spufford, *Money and its Use in Medieval Europe* (Cambridge, 1988), p. 377.

3 Ch'oe P'u, *Ch'oe P'u's Diary: A Record of Drifting Across the Sea,* tr. J. Meskill (Tucson, AZ, 1965), pp. 93–4.

4 Vélez de Guevara, *El diablo conjuelo,* cited by R. Pike, 'Seville in the Sixteenth Century', *Hispanic American Historical Review* 41.1 (1961), 6.

5 Francisco de Ariño, *Sucesos de Sevilla de 1592 a 1604,* in ibid., 12–13; Vilches, *New World Gold,* pp. 25–6.

6 G. de Correa, *Lendas de India,* 4 vols (Lisbon, 1858–64), 1, p. 7; A. Baião and K. Cintra, *Ásia de João de Barros: dos feitos que os portugueses fizeram no descombrimento e conquista dos mares e terras do Oriente,* 4 vols (Lisbon, 1988–), 1, pp. 1–2.

7 A. Velho, *Roteiro da Primeira Viagem de Vasco da Gama,* ed. N. Águas (Lisbon, 1987), p. 22.

8 S. Subrahmanyam, *The Career and Legend of Vasco da Gama* (Cambridge, 1997), pp. 79–163.

9 Velho, *Roteiro de Vasco da Gama,* pp. 54–5.

10 Ibid., p. 58.

11 S. Subrahmanyam, 'The Birth-Pangs of Portuguese Asia: Revisiting the Fateful "Long Decade" 1498–1509', *Journal of Global History* 2 (2007), 262.

12 Velho, *Roteiro de Vasco da Gama,* p. 60.

13 See Subramanyam, *Vasco da Gama*, pp. 162–3, pp. 194–5.

14 Letter of King Manuel, cited by Subrahmanyam, *Vasco da Gama,* p. 165.

15 B. Diffie and G. Winius, *Foundations of the Portuguese Empire, 1415–1580* (Oxford, 1977), pp. 172–4; M. Newitt, *Portugal in European and World History* (2009), pp. 62–5; Delaney, *Columbus and the Quest for Jerusalem,* pp. 124–5; J. Brotton, *Trading Territories: Mapping the Early Modern World* (London, 1997), pp. 71–2.

16 M. Guedes, 'Estreito de Magelhães', in L. Albuquerque and F. Domingues (eds), *Dictionário de história dos descobrimentos portugueses,* 2 vols (Lisbon, 1994), 2, pp. 640–4.

17 M. Newitt, *A History of Portuguese Overseas Expansion, 1400–1668* (London, 2005), pp. 54–7; A. Teixeira da Mota (ed.), *A viagem de Fernão de Magalhães e a questão das Molucas* (Lisbon, 1975).

18 R. Finlay, 'Crisis and Crusade in the Mediterranean: Venice, Portugal, and the Cape Route to India (1498–1509)', *Studi Veneziani* 28 (1994), 45–90.

19 Girolamo Priuli, *I Diarii di Girolamo Priuli,* tr. D. Weinstein, *Ambassador from Venice* (Minneapolis, 1960), pp. 29–30.

20 'La lettre de Guido Detti', in P. Teyssier and P. Valentin, *Voyages de Vasco da Gama: Relations des expeditions de 1497–1499 et 1502–3* (Paris, 1995), pp. 183–8.

21 'Relazione delle Indie Orientali di Vicenzo Quirini nel 1506', in E. Albèri, *Le relazioni degli Ambasciatori Veneti al Senato durante il secolo decimosesto,* 15 vols (Florence, 1839–63), 15, pp. 3–19; Subrahmanyam, 'Birth-Pangs of Portuguese Asia', 265.

22 P. Johnson Brummett, *Ottoman Seapower and Levantine Diplomacy in the Age of Discovery* (Albany, NY, 1994), pp. 33–6; Subrahmanyam, 'Birth-Pangs of Portuguese Asia', 274.

23 G. Ramusio, 'Navigazione verso le Indie Orientali di Tomé Lopez', in M. Milanesi (ed.), *Navigazioni e viaggi* (Turin, 1978), pp. 683–73; Subrahmanyam, *Vasco da Gama,* p. 205.

24 D. Agius, 'Qalhat: A Port of Embarkation for India', in S. Leder, H. Kilpatrick, B. Martel-Thoumian and H. Schönig (eds), *Studies in Arabic and Islam* (Leuven, 2002), p. 278.

25 C. Silva, *O Fundador do 'Estado Português da Índia', D. Francisco de Almeida, 1457(?)–1510* (Lisbon, 1996), p. 284.

26 J. Aubin, 'Un Nouveau Classique: l'anonyme du British Museum', in J. Aubin (ed.), *Le Latin et l'astrolabe: recherches sur le Portugal de la Renaissance, son expansion en Asie et les relations internationales* (Lisbon, 1996), 2, p. 553; S. Subrahmanyam, 'Letters from a Sinking Sultan', in L. Thomasz (ed.), *Aquém e Além da Taprobana: Estudos Luso-Orientais à Memória de Jean Aubin e Denys Lombard* (Lisbon, 2002), pp. 239–69.

27 Silva, *Fundador do 'Estado Português da Índia',* pp. 387–8. For Portuguese aims and policies in the Atlantic, Persian Gulf, Indian Ocean and beyond, see F. Bethencourt and D. Curto, *Portuguese Oceanic Expansion, 1400–1800* (Cambridge, 2007).

28 G. Scammell, *The First Imperial Age: European Overseas Expansion, c. 1400–1715* (London, 1989), p. 79.

29 A. Hamdani, 'An Islamic Background to the Voyages of Discovery', in S. Khadra Jayyusi (ed.), *The Legacy of Muslim Spain* (Leiden, 1992), p. 288. For Malacca's importance before the Portuguese conquest, K. Hall, 'Local and International Trade and Traders in the Straits of Melaka Region: 600–1500', *Journal of Economic and Social History of the Orient* 47.2 (2004), 213–60.

30 S. Subrahmanyam, 'Commerce and Conflict: Two Views of Portuguese Melaka in the 1620s', *Journal of Southeast Asian Studies* 19.1 (1988), 62–79.

31 Atwell, 'Time, Money and the Weather', 100.

32 P. de Vos, 'The Science of Spices: Empiricism and Economic Botany in the Early Spanish Empire', *Journal of World History* 17.4 (2006), 410.

33 'Umar ibn Muḥammad, *Rawḍ al-'āṭir fī nuz'hat al-khāṭir,* tr. R. Burton, *The Perfumed Garden of the Shaykh Nefzawi* (New York, 1964), p. 117.

34 F. Lane, 'The Mediterranean Spice Trade: Further Evidence of its Revival in the Sixteenth Century', *American Historical Review* 45.3

(1940), 584–5; M. Pearson, *Spices in the Indian Ocean World* (Aldershot, 1998), p. 117.

35 Lane, 'Mediterranean Spice Trade', 582–3.

36 S. Halikowski Smith, '"Profits Sprout Like Tropical Plants": A Fresh Look at What Went Wrong with the Eurasian Spice Trade, c. 1550–1800', *Journal of Global History* 3 (2008), 390–1.

37 Letter of Alberto da Carpi, in K. Setton, *The Papacy and the Levant, 1204–1571,* 4 vols (Philadelphia, 1976–84), 3, p. 172, n. 3.

38 P. Allen, *Opus Epistolarum Desiderii Erasmi Roterodami,* 12 vols (Oxford, 1906–58), 9, p. 254; J. Tracy, *Emperor Charles V, Impresario of War* (Cambridge, 2002), p. 27.

39 A. Clot, *Suleiman the Magnificent: The Man, his Life, his Epoch,* tr. M. Reisz (New York, 1992), p. 79. Also R. Finlay, 'Prophecy and Politics in Istanbul: Charles V, Sultan Suleyman and the Habsburg Embassy of 1533–1534', *Journal of Modern History* 3 (1998), 249–72.

40 G. Casale, 'The Ottoman Administration of the Spice Trade in the Sixteenth Century Red Sea and Persian Gulf', *Journal of the Economic and Social History of the Orient* 49.2 (2006), 170–98.

41 L. Riberio, 'O Primeiro Cerco de Diu', *Studia* 1 (1958), 201–95; G. Casale, *The Ottoman Age of Exploration* (Oxford, 2010), pp. 56–75.

42 G. Casale, 'Ottoman *Guerre de Course* and the Indian Ocean Spice Trade: The Career of Sefer Reis', *Itinerario* 32.1 (2008), 66–7.

43 *Corpo diplomatico portuguez,* ed. J. da Silva Mendes Leal and J. de Freitas Moniz, 14 vols (Lisbon, 1862–1910), 9, pp. 110–11.

44 Halikowski Smith, 'Eurasian Spice Trade', 411; J. Boyajian, *Portuguese Trade in Asia under the Habsburgs, 1580 – 1640* (Baltimore, 1993), pp. 43–4, and Table 3.

45 Casale, 'Ottoman Administration of the Spice Trade', 170–98; also see here N. Stensgaard, *The Asian Trade Revolution of the Seventeenth Century: The East India Companies and the Decline of Caravan Trade* (Chicago, 1974).

46 S. Subrahmanyam, 'The Trading World of the Western Indian Ocean, 1546–1565: A Political Interpretation', in A. de Matos and L. Thomasz (eds), *A Carreira da India e as Rotas dos Estreitos* (Braga, 1998), pp. 207–29.

47 S. Pamuk, 'In the Absence of Domestic Currency: Debased European Coinage in the Seventeenth-Century Ottoman Empire', *Journal of Economic History* 57.2 (1997), 352–3.

48 H. Crane, E. Akin and G. Necipoğlu, *Sinan's Autobiographies: Five Sixteenth-Century Texts* (Leiden, 2006), p. 130.

49 R. McChesney, 'Four Sources on Shah 'Abbas's Building of Isfahan', *Muqarnas* 5 (1988), 103–34; Iskandar Munshī, ' *Tārīk-e ʿālamārā-ye ʿAbbāsī,* tr. R. Savory, *History of Shah ʿAbbas the Great,* 3 vols (Boulder, CO, 1978), p. 1038; S. Blake, 'Shah ʿAbbās and the Transfer of the Safavid Capital from Qazvin to Isfahan', in A. Newman (ed.), *Society and Culture in the Early Modern Middle East: Studies on Iran in the Safavid Period* (Leiden, 2003), pp. 145–64.

50 M. Dickson, 'The Canons of Painting by Ṣādiqī Bek', in M. Dickson and S. Cary Welch (eds), *The Houghton Shahnameh,* 2 vols (Cambridge, MA, 1989), 1, p. 262.

51 A. Taylor, *Book Arts of Isfahan: Diversity and Identity in Seventeenth-Century Persia* (Malibu, 1995).

52 H. Cross, 'South American Bullion Production and Export, 1550–1750', in Richards, *Precious Metals,* pp. 402–4.

53 A. Jara, 'Economia minera e historia eonomica hispano-americana', in *Tres ensayos sobre economia minera hispano-americana* (Santiago, 1966).

54 A. Attman, *American Bullion in European World Trade, 1600–1800* (Gothenburg, 1986), pp. 6, 81; H-Sh. Chuan, 'The Inflow of American Silver into China from the Late Ming to the Mid-Ch'ing Period', *Journal of the Institute of Chinese Studies of the Chinese University of Hong Kong* 2 (1969), 61–75.

55 B. Karl, '"Galanterie di cose rare . . .': Filippo Sassetti's Indian Shopping List for the Medici Grand Duke Francesco and his Brother Cardinal Ferdinando', *Itinerario* 32.3 (2008), 23–41. For a contemporary account of Aztec society, Diego Durán, *Book of the Gods and Rites and the Ancient Calendar,* tr. F. Horcasitas and D. Heyden (1971), pp. 273–4.

56 J. Richards, *The Mughal Empire* (Cambridge, 1993), pp. 6–8.

57 *Bābur-Nāma,* pp. 173–4. Also D. F. Ruggles, *Islamic Gardens and Landscapes* (Philadelphia, PA, 2008), p. 70.

58 *Bābur-Nāma,* p. 359.

59 Ibn Baṭṭūṭa, *Travels,* 8, 2, p. 478.

60 J. Gommans, *Mughal Warfare: Indian Frontiers and High Roads to Empire, 1500–1700* (London, 2002), pp. 112–13. For the size of Indian horses, J. Tavernier, *Travels in India,* ed. V. Ball, 2 vols (London, 1889), 2, p. 263. For Central Asian horses, see J. Masson Smith, 'Mongol Society and Military in the Middle East: Antecedents and Adaptations', in Y. Lev (ed.), *War and Society in the Eastern Mediterranean, 7th–15th Centuries* (Leiden, 1997), pp. 247–64.

61 L. Jardine and J. Brotton, *Global Interests: Renaissance Art between East and West* (London, 2005), pp. 146–8.

62 J. Gommans, 'Warhorse and Post-Nomadic Empire in Asia, c. 1000–1800', *Journal of Global History* 2 (2007), 1–21.

63 See S. Dale, *Indian Merchants and Eurasian Trade, 1600 – 1750* (Cambridge, 1994), pp. 41–2.

64 Cited by M. Alam, 'Trade, State Policy and Regional Change: Aspects of Mughal–Uzbek Commercial Relations, c. 1550–1750', *Journal of the Economic and Social History of the Orient* 37.3 (1994), 221; also see here C. Singh, *Region and Empire: Punjab in the Seventeenth Century* (New Delhi, 1991), pp. 173–203.

65 J. Gommans, *Mughal Warfare: Indian Frontiers and Highroads to Empire, 1500–1700* (London, 2002), p. 116.

66 D. Washbrook, 'India in the Early Modern World Economy: Modes of Production, Reproduction and Exchange', *Journal of Global History* 2 (2007), 92–3.

67 Letter of Duarte de Sande, in *Documenta Indica,* ed. J. Wicki and J. Gomes, 18 vols (Rome, 1948–88), 9, p. 676.

68 R. Foltz, 'Cultural Contacts between Central Asia and Mughal India', in S. Levi (ed.), *India and Central Asia* (New Delhi, 2007), pp. 155–75.

69 M. Subtelny, 'Mirak-i Sayyid Ghiyas and the Timurid Tradition of Landscape Architecture', *Studia Iranica* 24.1 (1995), 19–60.

70 J. Westcoat, 'Gardens of Conquest and Transformation: Lessons from the Earliest Mughal Gardens in India', *Landscape Journal* 10.2 (1991), 105–14; F. Ruggles, 'Humayun's Tomb and Garden: Typologies and Visual Order', in A. Petruccioli (ed.), *Gardens in the Time of the Great Muslim Empires* (Leiden, 1997), pp. 173–86. For Central Asia's influence, see above all M. Subtelny, 'A Medieval Persian Agricultural Manual in Context: The Irshad al-Zira'a in Late Timurid and Early Safavid Khorasan', *Studia Iranica* 22.2 (1993), 167–217.

71 J. Westcoat, M. Brand and N. Mir, 'The Shedara Gardens of Lahore: Site Documentation and Spatial Analysis', *Pakistan Archaeology* 25 (1993), 333–66.

72 M. Brand and G. Lowry (eds), *Fatephur Sikri* (Bombay, 1987).

73 *The Shah Jahan Nama of 'Inayat Khan,* ed. and tr. W. Begley and Z. Desai (Delhi, 1990), pp. 70–1.

74 J. Hoil, *The Book of Chilam Balam of Chumayel,* tr. R. Roys (Washington, DC, 1967), pp. 19–20.

75 Letter of John Newbery, in J. Courtney Locke (ed.), *The First Englishmen in India* (London, 1930), p. 42.

76 Samuel Purchas, *Hakluytus posthumus, or, Purchas His Pilgrimes,* 20 vols (Glasgow, 1905–7), 3, p. 93; G. Scammell, 'European Exiles, Renegades and Outlaws and the Maritime Economy of Asia, c.1500–1750', *Modern Asian Studies* 26.4 (1992), 641–61.

77 L. Newsom, 'Disease and Immunity in the Pre-Spanish Philippines', *Social Science & Medicine* 48 (1999), 1833–50; idem, 'Conquest, Pestilence and Demographic Collapse in the Early Spanish Philippines', *Journal of Historical Geography* 32 (2006), 3–20.

78 Antonio de Morga, in W. Schurz, *The Manila Galleon* (New York, 1959), pp. 69–75; also see Brook, *Confusions of Pleasure,* pp. 205–6.

79 D. Irving, *Colonial Counterpoint: Music from Early Modern Manila* (Oxford, 2010), p. 19.

80 For the Ottoman crisis, Pamuk, 'In the Absence of Domestic Currency', 353–8.

81 W. Barrett, 'World Bullion Flows, 1450–1800', in J. Tracy (ed.), *The Rise of Merchant Empires: Long-Distance Trade in the Early Modern Worlds, 1350–1750* (Cambridge, 1990), pp. 236–7; D. Flynn and A Giráldez, 'Born with a "Silver Spoon": The Origin of World Trade in 1571', *Journal of World History* 6.2 (1995), 201–21; J. TePaske, 'New World Silver, Castile, and the Philippines, 1590–1800', in Richards, *Precious Metals,* p. 439.

82 P. D'Elia, *Documenti originali concernenti Matteo Ricci e la storia delle prime relazioni tra l'Europa e la Cina (1579–1615),* 4 vols (Rome, 1942), 1, p. 91.

83 Brook, *Confusions of Pleasure,* pp. 225–6. For Chinese attitudes to antiquities and to the past, C. Clunas, *Superfluous Things: Material Culture and Social Status in Early Modern China* (Cambridge, 1991), pp. 91–115.

84 W. Atwell, 'International Bullion Flows and the Chinese Economy *circa* 1530–1650', *Past & Present* 95 (1982), 86.

85 Richard Hakluyt, *The Principal Navigation, Voyages, Traffiques, & Discoveries of the English Nations,* 12 vols (Glasgow, 1903–5), 5, p. 498.

86 C. Boxer, *The Christian Century in Japan, 1549–1650* (Berkeley, 1951), pp. 425–7. Above all, see here R. von Glahn, 'Myth and Reality of China's Seventeenth-Century Monetary Crisis', *Journal of Economic History* 56.2 (1996), 429–54; D. Flynn and A Giráldez, 'Arbitrage, China and World Trade in the Early Modern Period', *Journal of the Economic and Social History of the Orient* 6.2 (1995), 201–21.

87 C. Clunas, *Empire of Great Brightness: Visual and Material Cultures of Ming China, 1368–1644* (London, 2007); Brook, *Confusions of Pleasure* .

88 *The Plum in the Golden Vase, or, Chin P'ing Mei,* tr. D. Roy, 5 vols (Princeton, 1993–2013). See here N. Ding, *Obscene Things: Sexual Politics in Jin Ping Mei* (Durham, NC, 2002).

89 C. Cullen, 'The Science/Technology Interface in Seventeenth-Century China: Song Yingxing on *Qi* and the *Wu Xing* ', *Bulletin of the School of Oriental and African Studies* 53.2 (1990), 295–318.

90 W. de Bary, 'Neo-Confucian Cultivation and the Seventeenth-Century Enlightenment', in de Bary (ed.), *The Unfolding of Neo-Confucianism* (New York, 1975), pp. 141–216.

91 The Selden Map itself may have been captured in this way, R. Batchelor, 'The Selden Map Rediscovered: A Chinese Map of East Asian Shipping Routes, c. 1619', *Imago Mundi: The International Journal for the History of Cartography* 65.1 (2013), 37–63.

92 W. Atwell, 'Ming Observations of Ming Decline: Some Chinese Views on the "Seventeenth Century Crisis" in Comparative Perspective', *Journal of the Royal Asiatic Society* 2 (1988), 316–48.

93 A. Smith, *An Inquiry into the Nature and Causes of the Wealth of Nations,* 4.7, ed. R. Campbell and A. Skinner, 2 vols (Oxford, 1976), 2, p. 626.

第十三章

1 José de Acosta, *Historia natural y moral de las Indias,* tr. E. Mangan, *Natural and Moral History of the Indies* (Durham, NC, 2002), p. 179.

2 *Regnans in excelsis,* in R. Miola (ed.), *Early Modern Catholicism: An Anthology of Primary Sources* (Oxford, 2007), pp. 486–8; see P.

Holmes, *Resistance and Compromise: The Political Thought of the Elizabethan Catholics* (Cambridge, 2009).

3 D. Loades, *The Making of the Elizabethan Navy 1540–1590: From the Solent to the Armada* (London, 2009).

4 C. Knighton, 'A Century on: Pepys and the Elizabethan Navy', *Transactions of the Royal Historical Society* 14 (2004), pp. 143–4; R. Barker, 'Fragments from the Pepysian Library', *Revista da Universidade de Coimbra* 32 (1986), 161–78.

5 M. Oppenheim, *A History of the Administration of the Royal Navy, 1509–1660* (London, 1896), pp. 172–4; N. Williams, *The Maritime Trade of the East Anglian Ports, 1550–1590* (Oxford, 1988), pp. 220–1.

6 C. Martin and G. Parker, *The Spanish Armada* (Manchester, 1988); G. Mattingly, *The Armada* (New York, 2005).

7 E. Bovill, 'The *Madre de Dios* ', *Mariner's Mirror* 54 (1968), 129–52; G. Scammell, 'England, Portugal and the Estado da India, c. 1500–1635', *Modern Asian Studies* 16.2 (1982), 180.

8 *The Portable Hakluyt's Voyages,* ed. R. Blacker (New York, 1967), p. 516; J. Parker, *Books to Build an Empire* (Amsterdam, 1965), p. 131; N. Matar, *Turks, Moors, and Englishmen in the Age of Discovery* (New York, 1999).

9 N. Matar, *Britain and Barbary, 1589–1689* (Gainesville, FL, 2005), p. 21; *Merchant of Venice,* I.1.

10 C. Dionisotti, 'Lepanto nella cultura italiana del tempo', in G. Benzoni (ed.), *Il Mediterraneo nella seconda metà del '500 alla luce di Pepanto* (Florence, 1974), pp. 127–51; I. Fenlon, '"In destructione Turcharum": The Victory of Lepanto in Sixteenth-Century Music and Letters', in E. Degreda (ed.), *Andrea Gabrieli e il suo tempo: Atti del Convengo internazionale* (*Venezia 16–18 settembre 1985*) (Florence, 1987), pp. 293–317; I. Fenlon, 'Lepanto: The Arts of Celebration in Renaissance Venice', *Proceedings of the British Academy* 73 (1988), 201–36.

11 S. Skilliter, 'Three Letters from the Ottoman "Sultana" Safiye to Queen Elizabeth I', in S. Stern (ed.), *Documents from Islamic Chanceries* (Cambridge, MA, 1965), pp. 119–57.

12 G. Maclean, *The Rise of Oriental Travel: English Visitors to the Ottoman Empire, 1580–1720* (London, 2004), pp. 1–47; L. Jardine, 'Gloriana Rules the Waves: Or, the Advantage of Being Excommunicated (and a Woman)', *Transactions of the Royal Historical Society* 14 (2004), 209–22.

13 A. Artner (ed.), *Hungary as 'Propugnaculum' of Western Christianity: Documents from the Vatican Secret Archives* (*ca.1214–1606*) (Budapest, 2004), p. 112.

14 Jardine, 'Gloriana Rules the Waves', 210.

15 S. Skilliter, *William Harborne and the Trade with Turkey 1578–1582: A Documentary Study of the First Anglo-Ottoman Relations* (Oxford, 1977), p. 69.

16 Ibid., p. 37.

17 L. Jardine, *Worldly Goods: A New History of the Renaissance* (London, 1996), pp. 373–6.

18 *Merchant of Venice,* II.7; *Othello,* I.3.

19 J. Grogan, *The Persian Empire in English Renaissance Writing, 1549–1622* (London, 2014).

20 A. Kapr, *Johannes Gutenberg: Persönlichkeit und Leistung* (Munich, 1987).

21 E. Shaksan Bumas, 'The Cannibal Butcher Shop: Protestant Uses of Las Casas's "Brevísima Relación" in Europe and the American Colonies', *Early American Literature* 35.2 (2000), 107–36.

22 A. Hadfield, 'Late Elizabethan Protestantism, Colonialism and the Fear of the Apocalypse', *Reformation* 3 (1998), 311–20.

23 R. Hakluyt, 'A Discourse on Western Planting, 1584', in *The Original Writings and Correspondence of the Two Richard Hakluyts,* ed. E. Taylor, 2 vols (London, 1935), 2, pp. 211–326.

24 M. van Gelderen, *The Political Thought of the Dutch Revolt, 1555–1590* (Cambridge, 2002).

25 'The First Voyage of the right worshipfull and valiant knight, Sir John Hawkins', in *The Hawkins Voyages,* ed. C. Markham (London, 1878), p. 5. Also here Kelsey, *Sir John Hawkins,* pp. 52–69.

26 Hakluyt, 'A Discourse on Western Planting', 20, p. 315.

27 See J. McDermott, *Martin Frobisher: Elizabethan Privateer* (New Haven, 2001).

28 *Calendar of State Papers and Manuscripts, Venice,* 6.i, p. 240.

29 P. Bushev, *Istoriya posol'tv i diplomaticheskikh otnoshenii russkogo i iranskogo gosudarstv v 1586–1612 gg* (Moscow, 1976), pp. 37–62.

30 R. Hakluyt, *The principal navigations, voyages, traffiques and discoveries of the English nations,* 12 vols (Glasgow, 1903–5), 3, pp. 15–16; R. Ferrier, 'The Terms and Conditions under which English Trade was Transacted with Safavid Persia', *Bulletin of the School of Oriental and African Studies* 49.1 (1986), 50–1; K. Meshkat, 'The Journey of Master Anthony Jenkinson to Persia, 1562–1563', *Journal of Early Modern History* 13 (2009), 209–28.

31 S. Cabot, 'Ordinances, instructions and aduertisements of and for the direction of the intended voyage for Cathaye', 22, in Hakluyt, *Principal navigations,* 2, p. 202.

32 Vilches, *New World Gold,* p. 27.

33 A. Romero, S. Chilbert and M. Eisenhart, 'Cubagua's Pearl-Oyster Beds: The First Depletion of a Natural Resource Caused by Europeans in the American Continent', *Journal of Political Ecology* 6 (1999), 57–78.

34 M. Drelichman and H.-J. Voth, 'The Sustainable Debts of Philip II: A Reconstruction of Spain's Fiscal Position, 1560–1598', *Centre for Economic Policy Research,* Discussion Paper DP6611 (2007).

35 D. Fischer, *The Great Wave: Price Revolutions and the Rhythm of History* (Oxford, 1996). Also D. Flynn, 'Sixteenth-Century Inflation from a Production Point of View', in E. Marcus and N. Smukler (eds), *Inflation through the Ages: Economic, Social, Psychological,*

and Historical Aspects (New York, 1983), pp. 157–69.

36 O. Gelderblom, *Cities of Commerce: The Institutional Foundations of International Trade in the Low Countries, 1250–1650* (Princeton, 2013).

37 J. Tracy, *A Financial Revolution in the Habsburg Netherlands: Renten and Renteniers in the County of Holland, 1515–1565* (Berkeley, 1985).

38 O. van Nimwegen, *'Deser landen crijchsvolck'. Het Staatse leger en de militarie revoluties 1588–1688* (Amsterdam, 2006).

39 J. Israel, *The Dutch Republic: Its Rise, Greatness and Fall 1477–1806* (Oxford, 1995), pp. 308–12.

40 W. Fritschy, 'The Efficiency of Taxation in Holland', in O. Gelderblom (ed.), *The Political Economy of the Dutch Republic* (2003), pp. 55–84.

41 C. Koot, *Empire at the Periphery: British Colonists, Anglo-Dutch Trade, and the Development of the British Atlantic, 1621–1713* (New York, 2011), pp. 19–22; E. Sluitter, 'Dutch–Spanish Rivalry in the Caribbean Area', *Hispanic American Historical Review* 28.2 (1948), 173–8.

42 Israel, *Dutch Republic,* pp. 320–1.

43 M. Echevarría Bacigalupe, 'Un notable episodio en la guerra económica hispanoholandesa: El decreto Guana 1603', *Hispania: Revista española de historia* 162 (1986), 57–97; J. Israel, *Empires and Entrepots: The Dutch, the Spanish Monarchy and the Jews, 1585–1713* (London, 1990), p. 200.

44 R. Unger, 'Dutch Ship Design in the Fifteenth and Sixteenth Centuries', *Viator* 4 (1973), 387–415.

45 A. Saldanha, 'The Itineraries of Geography: Jan Huygen van Linschoten's Itinerario and Dutch Expeditions to the Indian Ocean, 1594–1602', *Annals of the Association of American Geographers* 101.1 (2011), 149–77.

46 K. Zandvliet, *Mapping for Money: Maps, Plans and Topographic Paintings and their Role in Dutch Overseas Expansion during the 16th and 17th Centuries* (Amsterdam, 1998), pp. 37–49, 164–89.

47 E. Beekman, *Paradijzen van Weeler. Koloniale Literatuur uit Nederlands-Indië, 1600–1950* (Amsterdam, 1988), p. 72.

48 D. Lach, *Asia in the Making of Europe,* 3 vols (Chicago, 1977), 2, 492–545.

49 O. Gelderblom, 'The Organization of Long-Distance Trade in England and the Dutch Republic, 1550–1650', in Gelderblom, *Political Economy of the Dutch Republic,* pp. 223–54.

50 J.-W. Veluwenkamp, 'Merchant Colonies in the Dutch Trade System (1550–1750)', in K. Davids, J. Fritschy and P. Klein (eds), *Kapitaal, ondernemerschap en beleid. Studies over economie en politiek in Nederland, Europe en Azië van 1500 tot heden* (Amsterdam, 1996), pp. 141–64.

51 Cited by C. Boxer, *The Dutch in Brazil 1624–1654* (Oxford, 1957), pp. 2–3.

52 For Goa at the start of the seventeenth century, A. Gray and H. Bell (eds), *The Voyage of Francois Pyrard of Laval to the East Indies, the Maldives, the Moluccas and Brazil,* 2 vols (London, 1888), 2, pp. 2–139.

53 J. de Jong, *De waaier van het fortuin. De Nederlands in Asië de Indonesiche archipel, 1595–1950* (Zoetermeer, 1998), p. 48.

54 K. Zandvliet, *The Dutch Encounter with Asia, 1600–1950* (Amsterdam, 2002), p. 152.

55 See here the collection of essays in J. Postma (ed.), *Riches from Atlantic Commerce: Dutch Transatlantic Trade and Shipping, 1585–1817* (Leiden, 2003).

56 J. van Dam, *Gedateerd Delfts aardwek* (Amsterdam, 1991); idem, *Dutch Delftware 1620–1850* (Amsterdam, 2004).

57 A. van der Woude, 'The Volume and Value of Paintings in Holland at the Time of the Dutch Republic', in J. de Vries and D. Freedberg (eds), *Art in History, History in Art: Studies in Seventeenth-Century Dutch Culture* (Santa Monica, 1991), pp. 285–330.

58 See in general S. Schama, *The Embarrassment of Riches* (New York, 1985); S. Slive, *Dutch Painting, 1600–1800* (New Haven, 1995).

59 T. Brook, *Vermeer's Hat: The Seventeenth Century and the Dawn of the Global World* (London, 2008), pp. 5–83.

60 *The Travels of Peter Mundy in Europe and Asia, 1608–1667,* ed. R. Temple, 5 vols (Cambridge, 1907–36), pp. 70–1; J. de Vries, *The Industrious Revolution: Consumer Behavior and the Household Economy, 1650 to the Present* (Cambridge, 2008), p. 54.

61 J. Evelyn, *Diary of John Evelyn,* ed. E. de Beer, 6 vols (Oxford, 1955), 1, pp. 39–40.

62 See here C. van Strien, *British Travellers in Holland during the Stuart Period: Edward Browne and John Locke as Tourists in the United Provinces* (Leiden, 1993).

63 G. Scammell, 'After da Gama: Europe and Asia since 1498', *Modern Asian Studies* 34.3 (2000), 516.

64 Pedro de Cieza de Léon, *The Incas of Pedro de Cieza de Léon,* tr. H de Onis (1959), 52, p. 171.

65 Ibid., 55, pp. 177–8.

66 S. Hill (ed.), *Bengal in 1756–7: A Selection of Public and Private Papers Dealing with the Affairs of the British in Bengal during the Reign of Siraj-uddaula,* 3 vols (London, 1905), 1, pp. 3–5.

67 P. Perdue, 'Empire and Nation in Comparative Perspective: Frontier Administration in Eighteenth-Century China', *Journal of Early Modern History* 5.4 (2001), 282; C. Tilly (ed.), *The Formation of National States in Western Europe* (Princeton, 1975), p. 15.

68 P. Hoffman, 'Prices, the Military Revolution, and Western Europe's Comparative Advantage in Violence', *Economic History Review,* 64.1 (2011), 49–51.

69 See, for example, A. Hall, *Isaac Newton: Adventurer in Thought* (Cambridge, 1992), pp. 152, 164–6, 212–16; L. Debnath, *The Legacy of Leonhard Euler: A Tricentennial Tribute* (London, 2010), pp. 353–8; P.-L. Rose, 'Galileo's Theory of Ballistics', *The British Journal for the History of Science* 4.2 (1968), 156–9, and in general S. Drake, *Galileo at work: His Scientific Biography* (Chicago, 1978).

70 T. Hobbes, *Leviathan,* ed. N. Malcolm (Oxford, 2012).

71 A. Carlos and L. Neal, 'Amsterdam and London as Financial Centers in the Eighteenth Century', *Financial History Review* 18.1 (2011), 21–7.

72 M. Bosker, E. Buringh and J. van Zanden, 'From Baghdad to London: The Dynamics of Urban Growth and the Arab World, 800–1800', *Centre for Economic Policy Research,* Paper 6833 (2009), 1–38; W. Fritschy, 'State Formation and Urbanization Trajectories: State Finance in the Ottoman Empire before 1800, as Seen from a Dutch Perspective', *Journal of Global History* 4 (2009), 421–2.

73 E. Kuipers, *Migrantenstad: Immigratie en Sociale Verboudingen in 17e-Eeuws Amsterdam* (Hilversum, 2005).

74 W. Fritschy, A "Financial Revolution" Reconsidered: Public Finance in Holland during the Dutch Revolt, 1568–1648', *Economic History Review* 56.1 (2003), 57–89; L. Neal, *The Rise of Financial Capitalism: International Capitalism in the Age of Reason* (Cambridge, 1990).

75 P. Malanima, *L'economia italiana: dalla crescita medievale alla crescita contemporanea* (Bologna, 2002); idem, 'The Long Decline of a Leading Economy: GDP in Central and Northern Italy, 1300–1913', *European Review of Economic History* 15 (2010), 169–219.

76 S. Broadberry and B. Gupta, 'The Early Modern Great Divergence: Wages, Prices and Economic Development in Europe and Asia, 1500–1800', *Economic History Review* 59.1 (2006), 2–31; J. van Zanden, 'Wages and the Standard of Living in Europe, 1500–1800', *European Review of Economic History* 3 (1999), 175–97.

77 Sir Dudley Carleton, 'The English Ambassador's Notes, 1612', in D. Chambers and B. Pullan (eds), *Venice: A Documentary History, 1450–1630* (Oxford, 1992), pp. 3–4.

78 G. Bistort (ed.), *Il magistrato alle pompe nella repubblica di Venezia* (Venice, 1912), pp. 403–5, 378–81.

79 E. Chaney, *The Evolution of the Grand Tour: Anglo-Italian Cultural Relations since the Renaissance* (Portland, OR, 1998). For art prices, see F. Etro and L. Pagani, 'The Market for Paintings in Italy during the Seventeenth Century', *Journal of Economic History* 72.2 (2012), 414–38.

80 See for example C. Vout, 'Treasure, Not Trash: The Disney Sculpture and its Place in the History of Collecting', *Journal of the History of Collections* 24.3 (2012), 309–26. Also here V. Coltman, *Classical Sculpture and the Culture of Collecting in Britain since 1760* (Oxford, 2009).

81 C. Hanson, *The English Virtuoso: Art, Medicine and Antiquarianism in the Age of Empiricism* (Chicago, 2009).

82 See in general P. Ayres, *Classical Culture and the Ideas of Rome in Eighteenth-Century England* (Cambridge, 1997).

第十四章

1 D. Panzac, 'International and Domestic Maritime Trade in the Ottoman Empire during the 18th Century', *International Journal of Middle East Studies* 24.2 (1992), 189–206; M. Genç, 'A Study of the Feasibility of Using Eighteenth- Century Ottoman Financial Records as an Indicator of Economic Activity', in H. İslamoğlu-İnan (ed.), *The Ottoman Empire and the World-Economy* (Cambridge, 1987), pp. 345–73.

2 See here S. White, *The Climate of Rebellion in the Early Modern Ottoman Empire* (Cambridge, 2011).

3 T. Kuran, 'The Islamic Commercial Crisis: Institutional Roots of Economic Underdevelopment in the Middle East', *Journal of Economic History* 63.2 (2003), 428–31.

4 M. Kunt, *The Sultan's Servants: The Transformation of Ottoman Provincial Government, 1550–1650* (New York, 1983), pp. 44–56.

5 Schama, *Embarrassment of Riches,* pp. 330–5.

6 Thomas Mun, *England's Treasure by Foreign Trade* (London, 1664), cited by de Vries, *Industrious Revolution,* p. 44.

7 C. Parker, *The Reformation of Community: Social Welfare and Calvinist Charity in Holland, 1572–1620* (Cambridge, 1998).

8 S. Pierson, 'The Movement of Chinese Ceramics: Appropriation in Global History', *Journal of World History* 23.1 (2012), 9–39; S. Iwanisziw, 'Intermarriage in Late-Eighteenth-Century British Literature: Currents in Assimilation and Exclusion', *Eighteenth-Century Life* 31.2 (2007), 56–82; F. Dabhoiwala, *The Origins of Sex: A History of the First Sexual Revolution* (London, 2012).

9 W. Bradford, *History of Plymouth Plantation, 1606–1646,* ed. W. Davis (New York, 1909), pp. 46–7.

10 For the exodus to North America, A. Zakai, *Exile and Kingdom: History and Apocalypse in the Puritan Migration to America* (Cambridge, 1992); for debate about the origins of Thanksgiving, G. Hodgson, *A Great and Godly Adventure: The Pilgrims and the Myth of the First Thanksgiving* (New York, 2006).

11 K. Chaudhari, *The Trading World of Asia and the English East India Company* (Cambridge, 2006).

12 Gelderblom, 'The Organization of Long-Distance Trade', 232–4.

13 S. Groenveld, 'The English Civil Wars as a Cause of the First Anglo-Dutch War, 1640–1652', *Historical Journal* 30.3 (1987), 541–66. For Anglo-Dutch rivalry in this period, see L. Jardine, *Going Dutch: How England Plundered Holland's Glory* (London, 2008).

14 S. Pincus, *Protestantism and Patriotism: Ideologies and the Making of English Foreign Policy, 1650–1668* (Cambridge, 1996). Also C. Wilson, *Profit and Power: A Study of England and the Dutch Wars* (London, 1957).

15 J. Davies, *Gentlemen and Tarpaulins: The Officers and Men of the Restoration Navy* (Oxford, 1991), p. 15.

16 J. Glete, *Navies and Nations: Warships, Navies and State Building in Europe and America, 1500–1860,* 2 vols (Stockholm, 1993), pp. 192–5.

17 Witsen's book, *Aeloude en Hedendaegsche Scheeps-bouw en Bestier,* published in 1671, was the most influential volume of its day. For Pepys's copy, N. Smith et al., *Catalogue of the Pepys Library at Magdalene College, Cambridge,* vol. 1 (1978), p. 193. The diarist played a prominent role setting up Christ's Hospital, which remains one of Britain's leading schools, E. Pearce, *Annals of Christ's Hospital* (London, 1901), pp. 99–126; for new designs, see B. Lavery (ed.), *Deane's Doctrine of Naval Architecture, 1670* (London, 1981).

18 D. Benjamin and A. Tifrea, 'Learning by Dying: Combat Performance in the Age of Sail', *Journal of Economic History* 67.4 (2007), 968–1000.

19 E. Lazear and S. Rosen, 'Rank-Order Tournaments as Optimum Labor Contracts', *Journal of Political Economy* 89.5 (1981), 841–64; also see D. Benjamin and C. Thornberg, 'Comment: Rules, Monitoring and Incentives in the Age of Sail', *Explorations in Economic History* 44.2 (2003), 195–211.

20 J. Robertson, 'The Caribbean Islands: British Trade, Settlement, and Colonization', in L. Breen (ed.), *Converging Worlds: Communities and Cultures in Colonial America* (Abingdon, 2012), pp. 176–217.

21 P. Stern, 'Rethinking Institutional Transformation in the Making of Empire: The East India Company in Madras', *Journal of Colonialism and Colonial History* 9.2 (2008), 1–15.

22 H. Bowen, *The Business of Empire: The East India Company and Imperial Britain, 1756–1833* (Cambridge, 2006).

23 H. Bingham, 'Elihu Yale, Governor, Collector and Benefactor', *American Antiquarian Society. Proceedings* 47 (1937), 93–144; idem, *Elihu Yale: The American Nabob of Queen Square* (New York, 1939).

24 J. Osterhammel, *China und die Weltgesellschaft* (1989), p. 112.

25 See for example F. Perkins, *Leibniz and China: A Commerce of Light* (Cambridge, 2004).

26 Cited by S. Mentz, *The English Gentleman Merchant at Work: Madras and the City of London 1660–1740* (Copenhagen, 2005), p. 162.

27 Procopius, *The Wars,* 8.20, 5, pp. 264–6.

28 K. Matthews, 'Britannus/Britto: Roman Ethnographies, Native Identities, Labels and Folk Devils', in A. Leslie, *Theoretical Roman Archaeology and Architecture: The Third Conference Proceedings* (1999), p. 15.

29 R. Fogel, 'Economic Growth, Population Theory, and Physiology: The Bearing of Long-Term Processes on the Making of Economic Policy', *American Economic Review* 84.3 (1994), 369–95; J. Mokyr, 'Why was the Industrial Revolution a European Phenomenon?', *Supreme Court Economic Review* 10 (2003), 27–63.

30 J. de Vries, 'Between Purchasing Power and the World of Goods: Understanding the Household Economy in Early Modern Europe', in J. Brewer and R. Porter (eds), *Consumption and the World of Goods* (1993), pp. 85–132; idem, *The Industrious Revolution* ; H.-J. Voth,

'Time and Work in Eighteenth-Century London', *Journal of Economic History* 58 (1998), 29–58.

31 N. Voigtlander and H.-J. Voth, 'Why England? Demographic Factors, Structural Change and Physical Capital Accumulation during the Industrial Revolution', *Journal of Economic Growth* 11 (2006), 319–61; L. Stone, 'Social Mobility in England, 1500–1700', *Past & Present* 33 (1966), 16–55; also see P. Fichtner, *Protestantism and Primogeniture in Early Modern Germany* (London, 1989), for an assessment of the connection between religion and primogeniture.

32 K. Karaman and S. Pamuk, 'Ottoman State Finances in European Perspective, 1500–1914', *Journal of Economic History* 70.3 (2010), 611–12.

33 G. Ames, 'The Role of Religion in the Transfer and Rise of Bombay', *Historical Journal* 46.2 (2003), 317–40.

34 J. Flores, 'The Sea and the World of the Mutasaddi: A Profile of Port Officials from Mughal Gujarat (c.1600–1650)', *Journal of the Royal Asiatic Society* 3.21 (2011), 55–71.

35 *Tūzuk-i-Jahāngīrī,* tr. W. Thackston, *The Jahangirnama: Memoirs of Jahangir, Emperor of India* (Oxford, 1999), p. 108.

36 A. Loomba, 'Of Gifts, Ambassadors, and Copy-cats: Diplomacy, Exchange and Difference in Early Modern India', in B. Charry and G. Shahani (eds), *Emissaries in Early Modern Literature and Culture: Mediation, Transmission, Traffic, 1550–1700* (Aldershot, 2009), pp. 43–5 and passim.

37 Rev. E. Terry, *A Voyage to East India* (London, 1655), p. 397, cited by T. Foster, *The Embassy of Sir Thomas Roe to India* (London, 1926), pp. 225–6, n. 1. The traveller Peter Mundy saw two dodos when he visited Surat, which may also have been presents from merchants eager to win Jahangir's favour, *Travels of Peter Mundy,* 2, p. 318.

38 L. Blussé, *Tribuut aan China. Vier eeuwen Nederlands–Chinese betrekkingen* (Amsterdam, 1989), pp. 84–7.

39 For the list of gifts, J. Vogel (ed.), *Journaal van Ketelaar's hofreis naar den Groot Mogol te Lahore* (The Hague, 1937), pp. 357–93; A. Topsfield, 'Ketelaar's Embassy and the Farengi Theme in the Art of Udaipur', *Oriental Art* 30.4 (1985), 350–67.

40 For details of the weighing, see *Shah Jahan Nama,* p. 28; Jean de Thévenot, who travelled to India in the seventeenth century, provides a vivid account of the weighing ceremony, in S. Sen, *Indian Travels of Thevenot and Careri* (New Delhi, 1949), 26, pp. 66–7.

41 P. Mundy, *Travels,* pp. 298–300.

42 N. Manucci, *A Pepys of Mogul India, 1653–1708: Being an Abridged Edition of the 'Storia do Mogor' of Niccolao Manucci* (New Delhi, 1991), pp. 197, 189.

43 J. Gommans, 'Mughal India and Central Asia in the Eighteenth Century: An Introduction to a Wider Perspective', *Itinerario* 15.1 (1991), 51–70. For tribute payments, see J. Spain, *The Pathan Borderland* (The Hague, 1963), pp. 32–4; also see C. Noelle, *State and Tribe in Nineteenth-Century Afghanistan: The Reign of Amir Dost Muhamad Khan (1826–1863)* (London, 1997), p. 164.

44 S. Levi, 'The Ferghana Valley at the Crossroads of World History: The Rise of Khoqand 1709–1822', *Journal of Global History* 2

(2007), 213–32.

45 S. Levi, 'India, Russia and the Eighteenth-Century Transformation of the Central Asian Caravan Trade', *Journal of the Economic and Social History of the Orient* 42.4 (1999), 519–48.

46 See I. McCabe, *Shah's Silk for Europe's Silver: The Eurasian Trade of the Julfa Armenians in Safavid Iran and India, 1530–1750* (Atlanta, 1999). Also see B. Bhattacharya, 'Armenian European Relationship in India, 1500–1800: No Armenian Foundation for European Empire?', *Journal of the Economic and Social History of the Orient* 48.2 (2005), 277–322.

47 S. Delgoda, '"Nabob, Historian and Orientalist": Robert Orme: The Life and Career of an East India Company Servant (1728–1801)', *Journal of the Royal Asiatic Society* 2.3 (1992), 363–4.

48 Cited by T. Nechtman, 'A Jewel in the Crown? Indian Wealth in Domestic Britain in the Late Eighteenth Century', *Eighteenth-Century Studies* 41.1 (2007), 73.

49 A. Bewell, *Romanticism and Colonial Disease* (Baltimore, 1999), p. 13.

50 T. Bowrey, *Geographical Account of Countries around the Bay of Bengal 1669 to 1679,* ed. R Temple (London 1905), pp. 80–1.

51 C. Smylitopoulos, 'Rewritten and Reused: Imagining the Nabob through "Upstart Iconography"', *Eighteenth-Century Life* 32.2 (2008), 39–59.

52 P. Lawson, *The East India Company: A History* (London 1993), p. 120.

53 Nechtman, 'Indian Wealth in Domestic Britain', 76.

54 E. Burke, *The Writings and Speeches of Edmund Burke,* ed. W. Todd, 9 vols (Oxford, 2000), 5, p. 403.

55 D. Forrest, *Tea for the British: The Social and Economic History of a Famous Trade* (London, 1973), Tea Consumption in Britain, Appendix II, Table 1, p. 284.

56 For Bengal, R. Datta, *Society, Economy and the Market: Commercialization in Rural Bengal, c. 1760–1800* (New Delhi, 2000); R. Harvey, *Clive: The Life and Death of a British Emperor* (London, 1998).

57 P. Marshall, *East India Fortunes: The British in Bengal in the Eighteenth Century* (Oxford, 1976), p. 179.

58 J. McLane, *Land and Local Kingship in Eighteenth-Century Bengal* (Cambridge, 1993), pp. 194–207.

59 See N. Dirks, *Scandal of Empire: India and the Creation of Imperial Britain* (Cambridge, MA, 2006), pp. 15–17.

60 P. Lawson, *The East India Company: A History* (New York, 1993).

61 J. Fichter, *So Great a Proffit: How the East Indies Trade Transformed Anglo-American Capitalism* (Cambridge, MA, 2010), pp. 7–30.

62 Letters from inhabitants of Boston complained for months afterwards about 'the taste of their fish being altered', raising fears that the tea 'may have so contaminated the water in the Harbour that the fish may have contracted a disorder, not unlike the nervous complaints of the human Body', *Virginia Gazette,* 5 May 1774.

63 Cited by Dirks, *Scandal,* p. 17.

第十五章

1 K. Marx, *Secret Diplomatic History of the Eighteenth Century,* ed. L. Hutchinson (London, 1969).

2 A. Kappeler, 'Czarist Policy toward the Muslims of the Russian Empire', in A. Kappeler, G. Simon and G. Brunner (eds), *Muslim Communities Reemerge: Historical Perspectives on Nationality, Politics, and Opposition in the Former Soviet Union and Yugoslavia* (Durham, NC, 1994), pp. 141–56; also D. Brower and E. Lazzerini, *Russia's Orient: Imperial Borderlands and Peoples, 1700–1917* (Bloomington, IN, 1997).

3 The best general surveys of Russia's expansion are M. Khodarkovsky, *Russia's Steppe Frontier: The Making of a Colonial Empire, 1500–1800* (Bloomington, IN, 2002); J. Kusber, '"Entdecker" und "Entdeckte": Zum Selbstverständnis von Zar und Elite im frühneuzeitlichen Moskauer Reich zwischen Europa und Asien', *Zeitschrift für Historische Forschung* 34 (2005), 97–115.

4 J. Bell, *Travels from St Petersburg in Russia to Various Parts of Asia* (Glasgow, 1764), p. 29; M. Khodarkovsky, *Where Two Worlds Met: The Russian State and the Kalmyk Nomads 1600–1771* (London, 1992).

5 A. Kahan, 'Natural Calamities and their Effect upon the Food Supply in Russia', *Jahrbücher für Geschichte Osteuropas* 16 (1968), 353–77; J. Hittle, *The Service City: State and Townsmen in Russia, 1600–1800* (Cambridge, MA, 1979), pp. 3–16; P. Brown, 'How Muscovy Governed: Seventeenth-Century Russian Central Administration', *Russian History* 36 (2009), 467–8.

6 L. de Bourrienne, *Memoirs of Napoleon Bonaparte,* ed. R. Phipps, 4 vols (New York, 1892), 1, p. 179.

7 J. Cole, *Napoleon's Egypt: Invading the Middle East* (New York, 2007), pp. 213–15.

8 C. de Gardane, *Mission du Général Gardane en Perse* (Paris, 1865). For France and Persia in this period in general, and the attempt to use it as a bridge to India, I. Amini, *Napoléon et la Perse: les relations franco-persanes sous le Premier Empire dans le contexte des rivalités entre la France et la Russie* (Paris, 1995).

9 Ouseley to Wellesley, 30 April 1810, FO 60/4.

10 Ouseley to Wellesley, 30 November 1811, FO 60/6.

11 For this episode see A. Barrett, 'A Memoir of Lieutenant-Colonel Joseph d'Arcy, R.A., 1780–1848', *Iran* 43 (2005), 241–7.

12 Ibid., 248–53.

13 Ouseley to Castlereagh, 16 January 1813, FO 60/8.

14 Abul Hassan to Castlereagh, 6 June 1816, FO 60/11.

15 A. Postnikov, 'The First Russian Voyage around the World and its Influence on the Exploration and Development of Russian America',

Terrae Incognitae 37 (2005), 60–1.

16 S. Fedorovna, *Russkaya Amerika v 'zapiskakh' K. T. Khlebnikova* (Moscow, 1985).

17 M. Gammer, 'Russian Strategy in the Conquest of Chechnya and Dagestan, 1825–59', in M. Broxup (ed.), *The North Caucasus Barrier: The Russian Advance towards the Muslim World* (New York, 1992), pp. 47–61; for Shamil, S. Kaziev, *Imam Shamil* (Moscow, 2001).

18 For translations of the poems, see M. Pushkin, *Eugene Onegin and Four Tales from Russia's Southern Frontier,* tr. R. Clark (London, 2005), pp. 131–40; L. Kelly, *Lermontov: Tragedy in the Caucasus* (London, 2003), pp. 207–8.

19 M. Orlov, *Kapituliatsiia Parizha. Politicheskie sochinenniia. Pis'ma* (Moscow, 1963), p. 47.

20 P. Chaadev, *Lettres philosophiques,* 3 vols (Paris, 1970), pp. 48–57.

21 S. Becker, 'Russia between East and West: The Intelligentsia, Russian National Identity and the Asian Borderlands', *Central Asian Survey* 10.4 (1991), 51–2.

22 T. Levin, *The Hundred Thousand Fools of God: Musical Travels in Central Asia* (Bloomington, IN, 1996), pp. 13–15; Borodin's symphonic poem is usually rendered in English as 'In the Steppes of Central Asia'.

23 J. MacKenzie, *Orientalism: History, Theory and the Arts* (Manchester, 1995), pp. 154–6.

24 F. Dostoevskii, *What is Asia to Us?,* ed. and tr. M. Hauner (London, 1992), p. 1.

25 Broxup, *North Caucasus Barrier,* p. 47; J. Baddeley, *The Russian Conquest of the Caucasus* (London, 1908), pp. 152–63.

26 L. Kelly, *Diplomacy and Murder in Teheran: Alexandre Griboyedov and Imperial Russia's Mission to the Shah of Persia* (London, 2002). For Griboyedov's views, see S. Shostakovich, *Diplomatischeskaia deiatel'nost'* (Moscow, 1960).

27 'Peridskoe posol'stvo v Rossii 1828 goda', *Russkii Arkhiv* 1 (1889), 209–60.

28 Cited by W. Dalrymple, *Return of a King: The Battle for Afghanistan* (London, 2013), pp. 50–1.

29 J. Norris, *The First Afghan War 1838–42* (Cambridge, 1967); M. Yapp, *Strategies of British India: Britain, Iran and Afghanistan 1798–1850* (Oxford, 1980), pp. 96–152; C. Allworth, *Central Asia: A Century of Russian Rule* (New York, 1967), pp. 12–24.

30 Palmerston to Lamb, 22 May 1838, Beauvale Papers, MS 60466; D. Brown, *Palmerston: A Biography* (London, 2010), p. 216.

31 Palmerston to Lamb, 22 May 1838, cited in D. Brown, *Palmerston: A Biography* (London, 2010), p. 216.

32 Palmerston to Lamb, 23 June 1838, in ibid., pp. 216–7.

33 S. David, *Victoria's Wars: The Rise of Empire* (London, 2006), pp. 15–47; A. Burnes, *Travels into Bokhara. Being an account of a Journey from India to Cabool, Tartary and Persia,* 3 vols (London 1834). For Burnes's murder, Dalrymple, *Return of a King,* pp. 30–5.

34 W. Yapp, 'Disturbances in Eastern Afghanistan, 1839–42', *Bulletin of the School of Oriental and African Studies* 25.1 (1962),

499–523; idem, 'Disturbances in Western Afghanistan, 1839–42', *Bulletin of the School of Oriental and African Studies* 26.2 (1963), 288–313; Dalrymple, *Return of a King,* pp. 378–88.

35 A. Conoly to Rawlinson 1839; see S. Brysac and K. Mayer, *Tournament of Shadows: The Great Game and the Race for Empire in Asia* (London, 2006).

36 'Proceedings of the Twentieth Anniversary Meeting of the Society', *Journal of the Royal Asiatic Society* 7 (1843), x–xi. For Stoddart, Conolly and others like them, P. Hopkirk, *The Great Game: On Secret Service in High Asia* (London, 2001).

37 H. Hopkins, *Charles Simeon of Cambridge* (London, 1977), p. 79.

38 J. Wolff, *Narrative of a Mission to Bokhara: In the Years 1843–1845,* 2 vols (London, 1845); for Wolff himself, H. Hopkins, *Sublime Vagabond: The Life of Joseph Wolff – Missionary Extraordinary* (Worthing, 1984), pp. 286–322.

39 A. Levshin, *Opisanie Kirgiz-Kazach'ikh, ili Kirgiz-kaisatskikh, ord i stepei* (Almaty, 1996) 13, p. 297.

40 Burnes, *Travels into Bokhara,* 11, 2, p. 381.

41 R. Shukla, *Britain, India and the Turkish Empire, 1853–1882* (New Delhi, 1973), p. 27.

42 O. Figes, *Crimea: The Last Crusade* (London, 2010), p. 52.

43 For France, see M. Racagni, 'The French Economic Interests in the Ottoman Empire', *International Journal of Middle East Studies* 11.3 (1980), 339–76.

44 W. Baumgart, *The Peace of Paris 1856: Studies in War, Diplomacy and Peacemaking,* tr. A. Pottinger Saab (Oxford, 1981), pp. 113–16, 191–4.

45 K. Marx, *The Eastern Question: A Reprint of Letters Written 1853–1856 Dealing with the Events of the Crimean War* (London, 1969); idem, *Dispatches for the New York Tribune: Selected Journalism of Karl Marx,* ed. F. Wheen and J. Ledbetter (London, 2007).

46 G. Ameil, I. Nathan and G.-H. Soutou, *Le Congrès de Paris (1856): un événement fondateur* (Brussels, 2009).

47 P. Levi, 'Il monumento dell'unità Italiana', *La Lettura,* 4 April 1904; T. Kirk, 'The Political Topography of Modern Rome, 1870–1936: Via XX Septembre to Via dell'Impero', in D. Caldwell and L. Caldwell (eds), *Rome: Continuing Encounters between Past and Present* (Farnham, 2011), pp. 101–28.

48 Figes, *Crimea,* pp. 411–24; Baumgart, *Peace of Paris,* pp. 113–16.

49 D. Moon, *The Abolition of Serfdom in Russia, 1762–1907* (London, 2001), p. 54.

50 E. Brooks, 'Reform in the Russian Army, 1856–1861', *Slavic Review* 43.1 (1984), 63–82.

51 For serfdom in Russia, see T. Dennison, *The Institutional Framework of Russian Serfdom* (Cambridge, 2011). For the banking crisis, S. Hoch, 'Bankovskii krizis, krest'ianskaya reforma i vykupnaya operatsiya v Rossii, 1857–1861', in L. Zakharova, B. Eklof and J. Bushnell (eds), *Velikie reformy v Rossii, 1856 – 1874* (Moscow, 1991), pp. 95–105.

52 Nikolai Miliutin, Assistant Minister of the Interior, had warned in 1856 that the abolition of serfdom was not just a priority but a necessity: there would be unrest and possibly revolution in the countryside if action was not taken, *Gosudarstvennyi arkhiv Rossiiskoi Federatsii,* 722, op. 1, d. 230, cited by L. Zakharova, 'The Reign of Alexander II: A Watershed?', in *The Cambridge History of Russia,* ed. D. Lieven (Cambridge, 2006), p. 595.

53 V. Fedorov, *Istoriya Rossii XIX–nachala XX v.* (Moscow, 1998), p. 295; P. Gatrell, 'The Meaning of the Great Reforms in Russian Economic History', in B. Eklof, J. Bushnell and L. Zakharovna (eds), *Russia's Great Reforms, 1855–1881* (Bloomington, IN, 1994), p. 99.

54 N. Ignat'ev, *Missiya v' Khivu i Bukharu v' 1858 godu* (St Petersburg, 1897), p. 2.

55 Ibid.

56 Alcock to Russell, 2 August 1861, FO Confidential Print 1009 (3), FO 881/1009.

57 A. Grinev, 'Russian Politarism as the Main Reason for the Selling of Alaska', in K. Matsuzato (ed.), *Imperiology: From Empirical Knowledge to Discussing the Russian Empire* (Sapporo, 2007), pp. 245–58.

第十六章

1 W. Mosse, 'The End of the Crimean System: England, Russia and the Neutrality of the Black Sea, 1870–1', *Historical Journal* 4.2 (1961), 164–72.

2 *Spectator,* 14 November 1870.

3 W. Mosse, 'Public Opinion and Foreign Policy: The British Public and the War-Scare of November 1870', *Historical Journal* 6.1 (1963), 38–58.

4 Rumbold to Granville, 19 March 1871, FO 65/820, no. 28, p. 226; Mosse, 'End to the Crimean System', 187.

5 Lord Granville, House of Lords, 8 February 1876, Hansard, 227, 19.

6 Queen Victoria to Disraeli, Hughenden Papers, 23 July 1877; L. Knight, 'The Royal Titles Act and India', *Historical Journal* 11.3 (1968), 493.

7 Robert Lowe, House of Commons, 23 March 1876, Hansard, 228, 515–16.

8 Sir William Fraser, House of Commons, 16 March 1876, Hansard, 228, 111; Benjamin Disraeli, House of Commons, 23 March, Hansard, 227, 500.

9 Knight, 'Royal Titles Act', 494.

10 L. Morris, 'British Secret Service Activity in Khorasan, 1887–1908', *Historical Journal* 27.3 (1984), 662–70.

11 Disraeli to Salisbury, 1 April 1877, W. Monypenny and G. Buckle (eds), *The Life of Benjamin Disraeli, Earl of Beaconsfield* (London, 1910–20), 6, p. 379.

12 B. Hopkins, 'The Bounds of Identity: The Goldsmid Mission and Delineation of the Perso-Afghan Border in the Nineteenth Century', *Journal of Global History* 2.2 (2007), 233–54.

13 R. Johnson, '"Russians at the Gates of India"? Planning the Defence of India, 1885–1900', *Journal of Military History* 67.3 (2003), 705.

14 Ibid., 714–18.

15 General Kuropatkin's Scheme for a Russian Advance Upon India, June 1886, CID 7D, CAB 6/1.

16 Johnson, '"Russians at the Gates of India"', 734–9.

17 G. Curzon, *Russia in Central Asia in 1889 and the Anglo-Russian Question* (London, 1889), pp. 314–15.

18 A. Morrison, 'Russian Rule in Turkestan and the Example of British India, c. 1860–1917', *Slavonic and East European Review* 84.4 (2006), 674–6.

19 B. Penati, 'Notes on the Birth of Russian Turkestan's Fiscal System: A View from the Fergana *Oblast*'', *Journal of the Economic and Social History of the Orient* 53 (2010), 739–69.

20 D. Brower, 'Russian Roads to Mecca: Religious Tolerance and Muslim Pilgrimage in the Russian Empire', *Slavic Review* 55.3 (1996), 569–70.

21 M. Terent'ev, *Rossiya i Angliya v Srednei Azii* (St Petersburg, 1875), p. 361.

22 Morrison, 'Russian Rule in Turkestan', 666–707.

23 *Dnevnik P. A. Valueva, ministra vnutrennikh del,* ed. P. Zaionchkovskii, 2 vols (Moscow, 1961), 2, pp. 60–1.

24 M. Sladkovskii, *History of Economic Relations between Russia and China: From Modernization to Maoism* (New Brunswick, 2008), pp. 119–29; C. Paine, *Imperial Rivals: China, Russia and their Disputed Frontier, 1858–1924* (New York, 1996), p. 178.

25 B. Anan'ich and S. Beliaev, 'St Petersburg: Banking Center of the Russian Empire', in W. Brumfield, B. Anan'ich and Y. Petrov (eds), *Commerce in Russian Urban Culture, 1861–1914* (Washington, DC, 2001), pp. 15–17.

26 P. Stolypin, *Rechy v Gosudarstvennoy Dume* (*1906–11*) (Petrograd, 1916), p. 132.

27 E. Backhouse and J. Blood, *Annals and Memoirs of the Court of Peking* (Boston, 1913), pp. 322–31.

28 M. Mosca, *From Frontier Policy to Foreign Policy: The Question of India and the Transformation of Geopolitics in Qing China* (Stanford, CA, 2013).

29 R. Newman, 'Opium Smoking in Late Imperial China: A Reconsideration', *Modern Asian Studies* 29.4 (1995), 765–94.

30 J. Polachek, *The Inner Opium War* (Cambridge, MA, 1991).

31 C. Pagani, 'Objects and the Press: Images of China in Nineteenth-Century Britain', in J. Codell (ed.), *Imperial Co-Histories: National Identities and the British and Colonial Press* (Madison, NJ, 2003), p. 160.

32 Memorandum by Lord Northbrook for the Cabinet, 20 May 1885, FO 881/5207, no. 29, p. 11. See here I. Nish, 'Politics, Trade and Communications in East Asia: Thoughts on Anglo-Russian Relations, 1861–1907', *Modern Asian Studies* 21.4 (1987), 667–78.

33 D. Drube, *Russo-Indian Relations, 1466–1917* (New York, 1970), pp. 215–16.

34 Lord Roberts, 'The North-West Frontier of India. An Address Delivered to the Officers of the Eastern Command on 17th November, 1905', *Royal United Services Institution Journal* 49.334 (1905) 1355.

35 Summary of Rittich Pamphlet on 'Railways in Persia', Part I, p. 2, Sir Charles Scott to the Marquess of Salisbury, St Petersburg, 2 May 1900, FO 65/1599. Also here P. Kennedy and J. Siegel, *Endgame: Britain, Russia and the Final Struggle for Central Asia* (London, 2002), p. 4.

36 'Memorandum by Mr. Charles Hardinge', p. 9, to the Marquess of Salisbury, St Petersburg, 2 May 1900, FO 65/1599.

37 Foreign Secretary, Simla, to Political Resident, Persian Gulf, July 1899, FO 60/615.

38 R. Greaves, 'British Policy in Persia, 1892–1903 II', Bulletin of the School of Oriental and African Studies 28.2 (1965), 284–8.

39 Durand to Salisbury, 27 January 1900, FO 60/630.

40 Minute by the Viceroy on Seistan, 4 September 1899, FO 60/615, p. 7. For the proposed new communication networks, 'Report on preliminary survey of the Route of a telegraph line from Quetta to the Persian frontier', 1899, FO 60/615.

41 R. Greaves, 'Sistan in British Indian Frontier Policy', *Bulletin of the School of Oriental and African Studies* 49.1 (1986), 90–1.

42 Lord Curzon to Lord Lansdowne, 15 June 1901, Lansdowne Papers, cited by Greaves, British Policy in Persia', 295.

43 Lord Salisbury to Lord Lansdowne, 18 October 1901, Lansdowne Papers, cited by Greaves, 'British Policy in Persia', 298.

44 Lord Ellenborough, House of Lords, 5 May 1903, Hansard, 121, 1341.

45 Lord Lansdowne, House of Lords, 5 May 1903, Hansard, 121, 1348.

46 Greaves, 'Sistan in British Indian Frontier Policy', 90–102.

47 British Interests in Persia, 22 January 1902, Hansard, 101, 574–628; Earl of Ronaldshay, House of Commons, 17 February 1908, Hansard, 184, 500–1.

48 King Edward VII to Lansdowne, 20 October 1901, cited by S. Lee, *King Edward VII,* 2 vols (New York, 1935–7), 2, pp. 154–5.

49 S. Gwynn, *The Letters and Friendships of Sir Cecil Spring-Rice,* 2 vols (Boston, 1929), 2, p. 85; M. Habibi, 'France and the Anglo-Russian Accords: The Discreet Missing Link', *Iran* 41 (2003), 292.

50 Report of a Committee Appointed to Consider the Military Defence of India, 24 December 1901, CAB 6/1; K. Neilson, *Britain and the Last Tsar: British Policy and Russia, 1894–1917* (Oxford, 1995), p. 124.

51 Stevens to Lansdowne, 12 March 1901, FO 248/733.
52 Morley to Minto, 12 March 1908, cited by S. Wolpert, *Morley and India, 1906–1910* (Berkeley, 1967), p. 80.
53 W. Robertson to DGMI, secret, 10 November 1902, Robertson Papers, I/2/4, in Neilson, *Britain and the Last Tsar,* p. 124.
54 S. Cohen, 'Mesopotamia in British Strategy, 1903–1914', *International Journal of Middle East Studies* 9.2 (1978), 171–4.
55 Neilson, *Britain and the Last Tsar,* pp. 134–5.
56 *The Times,* 21 October 1905.
57 H.-U. Wehler, *Deutsche Gesellschaftsgeschichte,* 5 vols (Munich, 2008), 3, pp. 610–12.
58 C. Clark, *The Sleepwalkers: How Europe Went to War in 1914* (London, 2012), p. 130.
59 F. Tomaszewski, *A Great Russia: Russia and the Triple Entente, 1905–1914* (Westport, CT, 2002); M. Soroka, *Britain, Russia and the Road to the First World War: The Fateful Embassy of Count Aleksandr Benckendorff (1903–16)* (Farnham, 2011).
60 Minute of Grey, FO 371/371/26042.
61 G. Trevelyan, *Grey of Fallodon* (London, 1937), p. 193.
62 Hardinge to de Salis, 29 December 1908, Hardinge MSS, vol. 30.
63 K. Wilson, 'Imperial Interests in the British Decision for War, 1914: The Defence of India in Central Asia', *Review of International Studies* 10 (1984), 190–2.
64 Nicolson to Hardinge, 18 April 1912, Hardinge MSS, vol. 92.
65 Grey to Nicholson, 19 March 1907; Memorandum, Sir Edward Grey, 15 March 1907, FO 418/38.
66 Clark, *Sleepwalkers,* pp. 85, 188; H. Afflerbach, *Der Dreibund. Europäische Grossmacht- und Allianz-politik vor dem Ersten Weltkrieg* (Vienna, 2002), pp. 628–32.
67 Grey to Nicolson, 18 April 1910, in G. Gooch and H. Temperley (eds), *British Documents on the Origins of the War, 1898–1914,* 11 vols (London, 1926–38), 6, p. 461.
68 Cited by B. de Siebert, *Entente Diplomacy and the World* (New York, 1921), p. 99.
69 I. Klein, 'The Anglo-Russian Convention and the Problem of Central Asia, 1907–1914', *Journal of British Studies* 11.1 (1971), esp. 140–3.
70 Grey to Buchanan, 18 March 1914, Grey MSS, FO 800/74, pp. 272–3.
71 Nicolson to Grey, 24 March 1909, FO 800/337, p. 312; K. Wilson, *The Policy of the Entente: Essays on the Determinants of British Foreign Policy* (Cambridge, 1985), p. 38.
72 Nicolson to Grey, 24 March 1909, FO 800/337, p. 312.
73 Cited by N. Ferguson, *The Pity of War* (London, 1998), p. 73.

74 Cited by K. Wilson, *Empire and Continent: Studies in British Foreign Policy from the 1880s to the First World War* (London, 1987), pp. 144–5; G. Schmidt, 'Contradictory Postures and Conflicting Objectives: The July Crisis', in G. Schöllgen, *Escape into War? The Foreign Policy of Imperial Germany* (Oxford, 1990), p. 139.

75 Cited by R. MacDaniel, *The Shuster Mission and the Persian Constitutional Revolution* (Minneapolis, 1974), p. 108.

76 T. Otte, *The Foreign Office Mind: The Making of British Foreign Policy, 1865–1914* (Cambridge, 2011), p. 352.

77 Bertie to Mallet, 11 June 1904 replying to Mallet to Bertie, 2 June 1904, FO 800/176.

78 The Schlieffen plan is controversial – in its context and precise date of composition, and in its use in the build-up to the First World War. See G. Gross, 'There was a Schlieffen Plan: New Sources on the History of German Military Planning', *War in History* 15 (2008), 389–431; T. Zuber, *Inventing the Schlieffen Plan* (Oxford, 2002); and idem, *The Real German War Plan* (Stroud, 2011).

79 J. Sanborn, *Imperial Apocalypse: The Great War and the Destruction of the Russian Empire* (Oxford, 2014), p. 25. For Plan 19 and its variants, also see I. Rostunov, *Russki front pervoi mirovoi voiny* (Moscow, 1976), pp. 91–2.

80 Kaiser Wilhelm to Morley, 3 November 1907, cited by Cohen, 'British Strategy in Mesopotamia', 176. For the Kaiser's involvement in the railway, see J. Röhl, *Wilhelm II: Into the Abyss of War and Exile, 1900–1941,* tr. S. de Bellaigue and R. Bridge (Cambridge, 2014), pp. 90–5.

81 R. Zilch, *Die Reichsbank und die finanzielle Kriegsvorbereitung 1907 bis 1914* (Berlin, 1987), pp. 83–8.

82 A. Hitler, *Mein Kampf* (London, repr. 2007), p. 22. See here, B. Rubin and W. Schwanitz, *Nazis, Islamists, and the Making of the Modern Middle East* (New Haven, 2014), pp. 22–5.

83 D. Hoffmann, *Der Sprung ins Dunkle oder wie der I. Weltkrieg entfesselt wurde* (Leipzig, 2010), pp. 325–30; also A. Mombauer, *Helmuth von Moltke and the Origins of the First World War* (Cambridge, 2001), pp. 172–4.

84 R. Musil, 'Europäertum, Krieg, Deutschtum', *Die neue Rundschau* 25 (1914), 1303.

85 W. Le Queux, *The Invasion of 1910* (London, 1906); Andrew, *Defence of the Realm*, p. 8; Ferguson, Pity of War, pp. 1–11.

86 'Britain scared by Russo-German deal', New York Times, 15 January 1911. Also see D. Lee, Europe's Crucial Years: The Diplomatic Background of World War 1, 1902–1914 (Hanover, NH, 1974), pp. 217–20.

87 A. Mombauer, Helmuth von Moltke and the Origins of the First World War (Cambridge, 2001), p. 120.

88 R. Bobroff, Roads to Glory: Late Imperial Russia and the Turkish Straits (London, 2006), pp. 52–5.

89 Grigorevich to Sazonov, 19 January 1914, in Die Internationalen Beziehungen im Zeitalter des Imperialismus, 8 vols (Berlin, 1931–43), Series 3, 1, pp. 45–7, cited by Clark, Sleepwalkers, p. 485. Also see M. Aksakal, The Ottoman Road to War in 1914: The Ottoman Empire and the First World War (Cambridge, 2008), pp. 42–56.

90 S. McMeekin, The Russian Origins of the First World War (Cambridge, MA, 2011), pp. 29, 36–8.

91 Girs to Sazonov, 13 November 1913, cited by McMeekin, Russian Origins, pp. 30–1.
92 W. Kampen, Studien zur deutschen Türkeipolitik in der Zeit Wilhelms II (Kiel, 1968), 39–57; M. Fuhrmann, Der Traum vom deutschen Orient: Zwei deutsche Kolonien im Osmanischen Reich, 1851–1918 (Frankfurt-am-Main, 2006).
93 See J. Röhl, *The Kaiser and his Court: Wilhelm II and the Government of Germany,* tr. T. Cole (Cambridge, 1996), pp. 162–89.
94 Nicolson to Goschen, 5 May 1914, FO 800/374.
95 For the transfusion, A. Hustin, 'Principe d'une nouvelle méthode de transfusion muqueuse', *Journal Médical de Bruxelles* 2 (1914), 436; for forest fires, Z. Frenkel, 'Zapiski o zhiznennom puti', *Voprosy istorii* 1 (2007), 79; for the German football, C. Bausenwein, *Was ist Was: Fußballbuch* (Nuremberg, 2008), p. 60; A. Meynell, 'Summer in England, 1914', in *The Poems of Alice Meynell: Complete Edition* (Oxford, 1940), p. 100.
96 H. Pogge von Strandmann, 'Germany and the Coming of War', in R. Evans and H. Pogge von Strandmann (eds), *The Coming of the First World War* (Oxford, 2001), pp. 87–8.
97 T. Ashton and B. Harrison (eds), *The History of the University of Oxford,* 8 vols (Oxford, 1994), 8, pp. 3–4.
98 For the details of the assassins' training, the attempts on Franz Ferdinand's life and his murder, see the court documents concerning the trial of Princip and his accomplices, *The Austro-Hungarian Red Book,* Section II, Appendices 1-13, nos. 20–34 (1914–15).
99 Clark, *Sleepwalkers,* p. 562.
100 E. Grey, *Twenty-Five Years, 1892–1916* (New York, 1925), p. 20.
101 I. Hull, 'Kaiser Wilhelm II and the "Liebenberg Circle"', in J. Röhl and N. Sombart (eds), *Kaiser Wilhelm II: New Interpretations* (Cambridge, 1982), pp. 193–220; H. Herwig, 'Germany', in R. Hamilton and H. Herwig, *The Origins of the First World War* (Cambridge, 2003), pp. 150–87.
102 Conversation with Sazonov, reported by V. Kokovtsov, *Out of my Past: The Memoirs of Count Kokovtsov, Russian Minister of Finance, 1904–1914,* ed. H. Fisher (Oxford, 1935), p. 348.
103 Bureau du Levant to Lecomte, 2 July 1908, *Archives des Ministres des Affaires Etrangères: correspondance politique et commerciale (nouvelle série) 1897–1918. Perse,* vol. 3, folio 191.
104 Clark, *Sleepwalkers,* pp. 325–6.
105 Clerk, 'Anglo-Persian Relations in Persia', 21 July 1914, FO 371/2076/33484.
106 Buchanan to Nicolson, 16 April 1914, in Gooch and Temperley, *British Documents,* 10.2, pp. 784–5.
107 Buchanan to Grey, 25 July 1914, in Gooch and Temperley, *British Documents,* 11, p. 94.
108 'Memorandum communicated to Sir G. Buchanan by M. Sazonof', 11 July 1914, in FO 371/2076; M. Paléologue, *La Russie des tsars pendant la grande guerre,* 3 vols (Paris, 1921), 1, p. 23.

109 K. Jarausch, 'The Illusion of Limited War: Bethmann Hollweg's Calculated Risk, July 1914', *Central European History* 2 (1969), 58; idem, *The Enigmatic Chancellor: Bethmann Hollweg and the Hubris of Imperial Germany* (London, 1973), p. 96.

110 J. McKay, *Pioneers for Profit: Foreign Entrepreneurship and Russian Industrialization, 1885 – 1913* (Chicago, 1970), pp. 28–9. Also here see D. Lieven, *Russia and the Origins of the First World War* (London, 1983); O. Figes, *A People's Tragedy: The Russian Revolution, 1891–1924* (London, 1996), esp. pp. 35–83.

111 D. Fromkin, 'The Great Game in Asia', *Foreign Affairs* (1980), 951; G. D. Clayton, *Britain and the Eastern Question: Missolonghi to Gallipoli* (London, 1971), p. 139.

112 E. Vandiver, *Stand in the Trench, Achilles: Classical Receptions in British Poetry of the Great War* (Oxford, 2010), pp. 263–9.

113 H. Strachan, *The Outbreak of the First World War* (Oxford, 2004), pp. 181ff.

114 W. Churchill, *The World Crisis, 1911–1918, with New Introduction by Martin Gilbert* (New York, 2005), pp. 667–8; for the views about the Churchill family, Hardinge to O'Beirne, 9 July 1908, Hardinge MSS 30.

115 E. Campion Vaughan, *Some Desperate Glory* (Edinburgh, 1982), p. 232.

116 HM Stationery Office, *Statistics of the Military Efforts of the British Empire during the Great War, 1914–1920* (London, 1922), p. 643.

117 Grey to Goschen, 5 November 1908, FO 800/61, p. 2.

118 Rupert Brooke to Jacques Raverat, 1 August 1914, in G. Keynes (ed.), *The Letters of Rupert Brooke* (London, 1968), p. 603.

119 W. Letts, 'The Spires of Oxford', in *The Spires of Oxford and Other Poems* (New York, 1917), pp. 3–4.

120 *The Treaty of Peace between the Allied and Associated Powers and Germany* (London, 1919).

121 Sanborn, *Imperial Apocalypse,* p. 233.

122 H. Strachan, *Financing the First World War* (Oxford, 2004), p. 188.

123 Ibid. Also see K. Burk, *Britain, America and the Sinews of War, 1914–1918* (Boston, 1985); M. Horn, *Britain, France and the Financing of the First World War* (Montreal, 2002), pp. 57–75.

124 Above all, Strachan, *Financing the First World War* ; also see Ferguson, *Pity of War,* esp. pp. 318ff., and B. Eichengreen, *Golden Fetters: The Gold Standard and the Great Depression, 1919–1939* (Oxford, 1992).

第十七章

1 D. Carment, 'D'Arcy, William Knox', in B. Nairn and G. Serle (eds), *Australian Dictionary of Biography* (Melbourne, 1981), 8, pp. 207–8.

2 J. Banham and J. Harris (eds), *William Morris and the Middle Ages* (Manchester, 1984), pp. 187–92; L. Parry, 'The Tapestries of Sir Edward Burne-Jones', *Apollo* 102 (1972), 324–8.

3 National Portrait Gallery, NPG 6251 (14), (15).

4 For the Background here see R. Ferrier and J. Bamburg, *The History of the British Petroleum Company,* 3 vols (London, 1982–2000), 1, pp. 29ff.

5 S. Cronin, 'Importing Modernity: European Military Missions to Qajar Iran', *Comparative Studies in Society and History* 50.1 (2008), 197–226.

6 Lansdowne to Hardinge, 18 November 1902, in A. Hardinge, *A Diplomatist in the East* (London, 1928), pp. 286–96. Also see R. Greaves, 'British Policy in Persia, 1892–1903 II', *Bulletin of the School of Oriental and African Studies* 28.2 (1965), 302–3.

7 Wolff to Kitabgi, 25 November 1900, D'Arcy Concession; Kitabgi Dossier and Correspondence regarding Kitabgi's claims, BP 69454.

8 See in general Th. Korres, Hygron pyr: ena hoplo tes Vizantines nautikes taktikes (Thessaloniki, 1989); J. Haldon, 'A Possible Solution to the Problem of Greek Fire', Byzantinische Zeitschrift 70 (1977), 91–9; J. Partington, A History of Greek Fire and Gunpowder (Cambridge, 1960), pp. 1–41.

9 W. Loftus, 'On the Geology of Portions of the Turco-Persian Frontier and of the Districts Adjoining', Quarterly Journal of the Geological Society 11 (1855), 247–344.

10 M. Elm, Oil, Power, and Principle: Iran's Oil Nationalization and its Aftermath (Syracuse, 1992), p. 2.

11 Letter of Sayyid Jamêl al-Dên al-Afghênê to Mujtahid, in E. Browne, The Persian Revolution of 1905–1909 (London, 1966), pp. 18–19.

12 P. Kazemzadeh, Russia and Britain in Persia, 1864–1914: A Study in Imperialism (New Haven, 1968), pp. 122, 127.

13 Griffin to Rosebery, 6 December 1893, FO 60/576.

14 Currie Minute, 28 October 1893, FO 60/576.

15 J. de Morgan, 'Notes sur les gîtes de Naphte de Kend-e-Chirin (Gouvernement de Ser-i-Paul)', Annales des Mines (1892), 1–16; idem, Mission scientifique en Pe*rse,* 5 vols (Paris, 1894–1905); B. Redwood, *Petroleum: Its Production and Use* (New York, 1887); J. Thomson and B. Redwood, *Handbook on Petroleum for Inspectors under the Petroleum Acts* (London, 1901).

16 Kitabgi to Drummond-Wolff, 25 December 1900, Kitabgi Dossier and Correspondence regarding Kitabgi's claims, BP 69454.

17 Gosselin to Hardinge, 12 March 1901, FO 248/733; Marriott mentions the letter of introduction in his Diary, 17 April 1901, BP 70298.

18 Marriott Diary, pp. 16, 25, BP 70298.

19 Hardinge to Lansdowne, 12 May 1901, FO 60/640; Marriott Diary, BP 70298.

20 Marriott to Knox D'Arcy, 21 May, BP 70298; Knox D'Arcy to Marriott, 23 May, BP 70298.

21 Ferrier and Bamberg, *History of the British Petroleum Company,* pp. 33–41.
22 Ibid., Appendix 1, pp. 640–3.
23 N. Fatemi, *Oil Diplomacy: Powder Keg in Iran* (New York, 1954), p. 357.
24 Hardinge to Lansdowne, 30 May 1900, FO 60/731.
25 Marriott Diary, 23 May 1901, BP 70298.
26 Knox D'Arcy to Lansdowne, 27 June 1901, FO 60/731; Greaves, 'British Policy in Persia', 296–8.
27 Hardinge to Lansdowne, 30 May 1900, FO 60/731.
28 Ferrier and Bamberg, *British Petroleum,* pp. 54–9.
29 D'Arcy to Reynolds, 15 April 1902, BP H12/24, p. 185.
30 Letter Book, Persian Concession 1901 to 1902, BP 69403.
31 Bell to Jenkin, 13 July, Cash Receipt Book, BP 69531.
32 A. Marder (ed.), *Fear God and Dread Nought: The Correspondence of Admiral the First Sea Lord Lord Fisher of Kilverstone*, 3 vols (Cambridge, MA, 1952), 1, p. 185. For this and for Britain's turn to oil before the First World War see Yergin, *The Prize,* pp. 134ff.
33 Kitabgi Dossier and Correspondence regarding Kitabgi's claims, BP 69454; Hardinge to Grey, 23 December 1905, FO 416/26; T. Corley, *A History of the Burmah Oil Company, 1886–1924* (London, 1983), pp. 95–111.
34 Ferrier and Bamberg, *British Petroleum,* pp. 86–8.
35 Ibid.
36 A. Wilson, *South West Persia: Letters and Diary of a Young Political Officer, 1907–1914* (London, 1941), p. 42.
37 Ibid.
38 Ibid., p. 103; Corley, *Burmah Oil Company,* pp. 128–45.
39 Fisher, *Fear God and Dread Nought,* 2, p. 404.
40 Churchill, *World Crisis,* pp. 75–6.
41 'Oil Fuel Supply for His Majesty's Navy', 19 June 1913, CAB 41/34.
42 Asquith to King George V, 12 July 1913, CAB 41/34.
43 Churchill, House of Commons, 17 July 1913, Hansard, 55, 1470.
44 Slade to Churchill, 8 November 1913, 'Anglo-Persian Oil Company. Proposed Agreement, December 1913', ADM 116/3486.
45 Cited by D. Yergin, *The Prize: The Epic Quest for Oil, Money and Power* (3rd edn, New York, 2009), p. 167.
46 Cited by M. Aksakal, '"Holy War Made in Germany?" Ottoman Origins of the Jihad', *War in History* 18.2 (2011), 196.
47 F. Moberly, *History of the Great War Based on Official Documents: The Campaign in Mesopotamia 1914–1918*, 4 vols (London,

1923), 1, pp. 130–1.

48 Kitchener to HH The Sherif Abdalla, Enclosure in Cheetham to Grey, 13 December 1914, FO 371/1973/87396. Also here E. Karsh and I. Karsh, 'Myth in the Desert, or Not the Great Arab Revolt', *Middle Eastern Studies* 33.2 (1997), 267–312.

49 J. Tomes, *Balfour and Foreign Policy: The International Thought of a Conservative Statesman* (Cambridge, 1997), p. 218.

50 Soroka, *Britain, Russia and the Road to the First World War,* pp. 201–36; Aksakal, *Ottoman Road to War* .

51 'Russian War Aims', Memo from British Embassy in Petrograd to the Russian government, 12 March 1917, in F. Golder, *Documents of Russian History 1914–1917* (New York, 1927), pp. 60–2.

52 Grey to McMahon, 8 March 1915, FO 800/48. For French investment before the war, see M. Raccagni, 'The French Economic Interests in the Ottoman Empire', *International Journal of Middle East Studies* 11.3 (198), 339–76; V. Geyikdagi, 'French Direct Investments in the Ottoman Empire Before World War I', *Enterprise & Society* 12.3 (2011), 525–61.

53 E. Kedourie, *In the Anglo-Arab Labyrinth: The McMahon–Husayn Correspondence and its Interpretations, 1914–1939* (Abingdon, 2000), pp. 53–5.

54 For the campaign, see P. Hart, *Gallipoli* (London, 2011).

55 *The Times,* 7 January 1918.

56 *The Times,* 12 January 1917.

57 C. Seymour (ed.), *The Intimate Papers of Colonel House,* 4 vols (Cambridge, MA, 1928), 3, p. 48.

58 Yergin, *The Prize,* pp. 169–72.

59 'Petroleum Situation in the British Empire and the Mesopotamia and Persian Oilfields', 1918, CAB 21/119.

60 Hankey to Balfour, 1 August 1918, FO 800/204.

61 Hankey to Prime Minister, 1 August 1918, CAB 23/119; V. Rothwell, 'Mesopotamia in British War Aims, 1914–1918', *The Historical Journal* 13.2 (1970), 289–90.

62 War Cabinet minutes, 13 August 1918, CAB 23/42.

63 G. Jones, 'The British Government and the Oil Companies 1912–24: The Search for an Oil Policy', *Historical Journal* 20.3 (1977), 655.

64 Petrol Control Committee, Second Report, 19 December 1916, Board of Trade, POWE 33/1.

65 'Reserves of Oil Fuel in U.K. and general position 1916 to 1918', minute by M. Seymour, 1 June 1917, MT 25/20; Jones, 'British Government and the Oil Companies', 657.

66 B. Hendrick, *The Life and Letters of Walter H. Page,* 2 vols (London, 1930), 2, p. 288.

67 'Eastern Report, No 5', 28 February 1917, CAB 24/143.

68 Balfour to Lloyd George, 16 July 1918, Lloyd George Papers F/3/3/18.

第十八章

1 Marling to Foreign Office, 24 December 1915, FO 371/2438/198432.
2 Hardinge to Gertrude Bell, 27 March 1917, Hardinge MSS 30.
3 Slade, 'The Political Position in the Persian Gulf at the End of the War', 4 November 1916, CAB 16/36.
4 Europäische Staats und Wirtschafts Zeitung, 18 Aug 1916, CAB 16/36.
5 Hankey Papers, 20 December 1918; 4 December 1918 entry, 1/6, Churchill Archives Centre, Cambridge; E. P. Fitzgerald, 'France's Middle Eastern Ambitions, the Sykes–Picot Negotiations, and the Oil Fields of Mosul, 1915–1918', *Journal of Modern History* 66.4 (1994), 694–725; D. Styan, *France and Iraq: Oil, Arms and French Policy-Making in the Middle East* (London, 2006), pp. 9–21.
6 A. Roberts, *A History of the English-Speaking Peoples since 1900* (London, 2006), p. 132.
7 *The Times,* 7 November 1917. For Samuel, see S. Huneidi, *A Broken Trust: Herbert Samuel, Zionism and the Palestinians* (London, 2001).
8 Lord Balfour, House of Lords, 21 June 1922, Hansard, 50, 1016–17.
9 'Report by the Sub-Committee', Imperial Defence, 13 June 1928, CAB 24/202.
10 *Time,* 21 April 1941; J. Barr, *A Line in the Sand: Britain, France and the Struggle that shaped the Middle East* (London, 2011), p. 163.
11 A. Arslanian, 'Dunstersville's Adventures: A Reappraisal', *International Journal of Middle East Studies* 12.2 (1980), 199–216; A. Simonian, 'An Episode from the History of the Armenian–Azerbaijani Confrontation (January–February 1919)', *Iran & the Caucasus* 9.1 (2005), 145–58.
12 Sanborn, *Imperial Apocalypse,* pp. 175–83.
13 Secretary of State to Viceroy, 5 January 1918, cited by L. Morris, 'British Secret Missions in Turkestan, 1918–19', *Journal of Contemporary History* 12.2 (1977), 363–79.
14 See Morris, 'British Secret Missions', 363–79.
15 L. Trotsky, Central Committee, Russian Communist Party, 5 August 1919, in J. Meijer (ed.), *The Trotsky Papers,* 2 vols (The Hague, 1964), 1, pp. 622, 624.
16 *Congress of the East, Baku, September 1920,* tr. B. Pearce (London, 1944), pp. 25–37.
17 L. Murawiec, *The Mind of Jihad* (Cambridge, 2008), pp. 210–23. More generally, see Ansari, 'Pan-Islam and the Making of Early Indian Socialism', *Modern Asian Studies* 20 (1986), 509–37.

18 Corp. Charles Kavanagh, Unpublished diary, Cheshire Regiment Museum.
19 *Pobeda oktyabr'skoi revoliutsii v Uzbekistane: sbornik dokumentov,* 2 vols (Tashkent, 1963–72), 1, p. 571.
20 A copy of the poster appears in D. King, *Red Star over Russia: A Visual History of the Soviet Union from 1917 to the Death of Stalin* (London, 2009), p. 180.
21 M. MacMillan, *Peacemakers: Six Months that Changed the World* (London, 2001), p. 408.
22 Treaty with HM King Faisal, 20 October 1922, Command Paper 1757; Protocol of 30 April 1923 and Agreements Subsidiary to the Treaty with King Faisal, Command Paper 2120. For the new ceremonials, see E. Podeh, 'From Indifference to Obsession: The Role of National State Celebrations in Iraq, 1921–2003', *British Journal of Middle Eastern Studies* 37.2 (2010), 185–6.
23 B. Busch, *Britain, India and the Arabs, 1914–1921* (Berkeley, 1971), pp. 408–10.
24 H. Katouzian, 'The Campaign against the Anglo-Iranian Agreement of 1919', *British Journal of Middle Eastern Studies* 25.1 (1998), p. 10.
25 H. Katouzian, 'Nationalist Trends in Iran, 1921–6', *International Journal of Middle Eastern Studies* 10.4 (1979), 539.
26 Cited by H. Katouzian, *Iranian History and Politics: The Dialectic of State and Society* (London, 2003), p. 167.
27 Curzon to Cambon, 11 March 1919, FO 371/3859.
28 See Katouzian, 'The Campaign against the Anglo-Iranian Agreement', p. 17.
29 Marling to Foreign Office, 28 February 1916, FO 371/2732. Also see D. Wright, 'Prince 'Abd ul-Husayn Mirza Framan-Farma: Notes from British Sources', *Iran* 38 (2000), 107–14.
30 Loraine to Curzon, 31 January 1922, FO 371/7804.
31 M. Zirinsky, 'Imperial Power and Dictatorship: Britain and the Rise of Reza Shah, 1921–1926', *International Journal of Middle East Studies* 24.4 (1992), 639–63.
32 Caldwell to Secretary of State, 5 April 1921, in M. Gholi Majd, *From Qajar to Pahlavi: Iran, 1919–1930* (Lanham, MA, 2008), pp. 96–7.
33 'Planning Committee, Office of Naval Operations to Benson', 7 October 1918, in M. Simpson (ed.), *Anglo-American Naval Relations, 1917–19* (Aldershot, 1991), pp. 542–3.
34 Cited by Yergin, *The Prize,* p. 178.
35 Cited by M. Rubin, 'Stumbling through the "Open Door": The US in Persia and the Standard–Sinclair Oil Dispute, 1920–1925', *Iranian* Studies 28.3/4 (1995), 206.
36 Ibid., 210.
37 Ibid.

38 Ibid., 209.
39 Ibid., 213.
40 M. Gilbert, *Winston S. Churchill,* 8 vols (London, 1966–88), 4, p. 638.
41 See M. Zirinsky, 'Imperial Power and Dictatorship: Britain and the Rise of Reza Shah, 1921–1926', *International Journal of Middle East Studies* 24.4 (1992), 650; H. Mejcher, *Imperial Quest for Oil: Iraq 1910–1928* (London, 1976), p. 49.
42 For Egypt, see A. Maghraoui, *Liberalism without Democracy: Nationhood and Citizenship in Egypt, 1922–1936* (Durham, NC, 2006), pp. 54–5.
43 Cited by M. Fitzherbert, *The Man Who was Greenmantle: A Biography of Aubrey Herbert* (London, 1985), p. 219.
44 S. Pedersen, 'Getting Out of Iraq–in 1932: The League of Nations and the Road to Normative Statehood', *American Historical Review* 115.4 (2010), 993–1000.
45 Y. Ismael, *The Rise and Fall of the Communist Party of Iraq* (Cambridge, 2008), p. 12.
46 For the Purna Swaraj declaration, M. Gandhi, *The Collected Works of Mahatma Gandhi,* 90 vols (New Delhi, 1958–84), 48, p. 261.
47 Cited by Ferrier and Bamberg, *British Petroleum,* pp. 593–4.
48 'A Record of the Discussions Held at Lausanne on 23rd, 24th and 25th August, 1928', BP 71074.
49 Cadman to Teymourtache, 3 January 1929, BP 71074.
50 Young report of Lausanne discussions, BP H16/20; also see Ferrier and Bamberg, *British Petroleum,* pp. 601–17.
51 Vansittart minute, 29 November 1932, FO 371/16078.
52 Hoare to Foreign Office, 29 November 1932, FO 371/16078.
53 Lord Cadman's Private Diary, BP 96659/002.
54 Cadman, Notes, Geneva and Teheran, BP 96659.
55 G. Bell, *Gertrude Bell: Complete Letters* (London, 2014), p. 224.

第十九章

1 'Hitler's Mountain Home', *Homes & Gardens,* November 1938, 193–5.
2 A. Speer, *Inside the Third Reich,* tr. R. and C. Winston (New York, 1970), p. 161.
3 Ibid. For Kannenberg's accordion playing, C. Schroder, *Er War mein Chef. Aus den Nachlaß der Sekretärin von Adolf Hitler* (Munich, 1985), pp. 54, 58.
4 R. Hargreaves, *Blitzkrieg Unleashed: The German Invasion of Poland* (London, 2008), p. 66; H. Hegner, *Die Reichskanzlei 1933–*

1945: Anfang und Ende des Dritten Reiches (Frankfurt-am-Main, 1959), pp. 334–7.

5 Speer, *Inside the Third Reich,* p. 162.

6 M. Muggeridge, *Ciano's Diary, 1939–1943* (London, 1947), pp. 9–10.

7 House of Commons Debate, 31 March 1939, Hansard, 345, 2415.

8 Ibid., 2416; see G. Roberts, *The Unholy Alliance: Stalin's Pact with Hitler* (London, 1989); R. Moorhouse, *The Devil's Alliance: Hitler's Pact with Stalin* (London, 2014).

9 L. Bezymenskii, *Stalin und Hitler. Pokerspiel der Diktatoren* (London, 1967), pp. 186–92.

10 J. Herf, *The Jewish Enemy: Nazi Propaganda during World War II and the Holocaust* (Cambridge, MA, 2006).

11 W. Churchill, *The Second World War,* 6 vols (London, 1948–53), 1, p. 328.

12 Bezymenskii, *Stalin und Hitler,* pp. 142, 206–9.

13 T. Snyder, *Bloodlands: Europe between Hitler and Stalin* (London, 2010), pp. 81, 93.

14 Cited by E. Jäckel and A. Kahn, *Hitler: Sämtliche Aufzeichnungen, 1905–1924* (Stuttgart, 1980), p. 186.

15 J. Weitz, *Hitler's Diplomat: The Life and Times of Joachim von Ribbentrop* (New York, 1992), p. 6.

16 S. Sebag Montefiore, *Stalin: The Court of the Red Tsar* (London, 2004), p. 317.

17 Hegner, *Die Reichskanzlei,* pp. 337–8, 342–3; for the treaty and its secret annexe, *Documents on German Foreign Policy, 1918–1945,* Series D, 13 vols (London, 1949–64), 7, pp. 245–7.

18 Sebag Montefiore, *Stalin,* p. 318.

19 N. Khrushchev, *Khrushchev Remembers,* tr. S. Talbott (Boston, MA, 1970), p. 128.

20 Besymenski, *Stalin und Hitler,* pp. 21–2; D. Volkogonov, *Stalin: Triumph and Tragedy* (New York, 1991), p. 352.

21 L. Kovalenko and V. Maniak, *33'i: Golod: Narodna kniga-memorial* (Kiev, 1991), p. 46, in Snyder, *Bloodlands,* p. 49; also see pp. 39–58.

22 For Vyshinskii and the show trials, see A. Vaksberg, *Stalin's Prosecutor: The Life of Andrei Vyshinsky* (New York, 1990), and N. Werth et al. (eds), *The Little Black Book of Communism: Crimes, Terror, Repression* (Cambridge, MA, 1999).

23 M. Jansen and N. Petrov, *Stalin's Loyal Executioner: People's Commissar Nikolai Ezhov, 1895–1940* (Stanford, 2002), p. 69.

24 V. Rogovin, *Partiya Rasstrelianykh* (Moscow, 1997), pp. 207–19; also Bezymenskii, *Stalin und Hitler,* p. 96; Volkogonov, *Stalin,* p. 368.

25 'Speech by the Führer to the Commanders in Chief', 22 August 1939, in *Documents on German Foreign Policy,* Series D, 7, pp. 200–4; I. Kershaw, *Hitler, 1936–45: Nemesis* (London, 2001), pp. 207–8.

26 'Second speech by the Führer', 22 August 1939, in *Documents on German Foreign Policy, 1918–1945,* Series D, p. 205.

27 ‘Speech by the Führer to the Commanders in Chief’, p. 204.
28 K.-J. Müller, *Das Heer und Hitler: Armee und nationalsozialistisches Regime 1933–1940* (Stuttgart, 1969), p. 411, n. 153; Müller does not provide a supporting reference.
29 W. Baumgart, ‘Zur Ansprache Hitlers vor den Führern der Wehrmacht am 22. August 1939. Eine quellenkritische Untersuchung’, *Viertejahreshefte für Zeitgeschichte* 16 (1968), 146; Kershaw, *Nemesis,* p. 209.
30 G. Corni, *Hitler and the Peasants: Agrarian Policy of the Third Reich, 1930–39* (New York, 1990), pp. 66–115.
31 See for example R.-D. Müller, ‘Die Konsequenzen der “Volksgemeinschaft”: Ernährung, Ausbeutung und Vernichtung’, in W. Michalka (ed.), *Der Zweite Weltkrieg. Analysen-Grundzüge-Forschungsbilanz* (Weyarn, 1989), pp. 240–9.
32 A. Kay, *Exploitation, Resettlement, Mass Murder: Political and Economic Planning for German Occupation Policy in the Soviet Union, 1940–1941* (Oxford, 2006), p. 40.
33 A. Bondarenko (ed.), *God krizisa: 1938–1939: dokumenty i materialy v dvukh tomakh,* 2 vols (Moscow, 1990), 2, pp. 157–8.
34 E. Ericson, *Feeding the German Eagle: Soviet Economic Aid to Nazi Germany, 1933–1941* (Westport, CT, 1999), pp. 41ff.
35 A. Bullock, *Hitler: A Study in Tyranny* (London, 1964), p. 719.
36 S. Fritz, *Ostkrieg: Hitler's War of Extermination in the East* (2011), p. 39.
37 C. Browning, *The Origins of the Final Solution: The Evolution of Nazi Jewish Policy, September 1939–March 1942* (Lincoln, NE, 2004), p. 16; Snyder, *Bloodlands,* p. 126.
38 War Cabinet, 8 September 1939, CAB 65/1; A. Prazmowska, *Britain, Poland and the Eastern Front, 1939* (Cambridge, 1987), p. 182.
39 British Legation Kabul to Foreign Office London, Katodon 106, 24 September 1939, cited by M. Hauner, ‘The Soviet Threat to Afghanistan and India, 1938–1940’, *Modern Asian Studies* 15.2 (1981), 297.
40 Hauner, ‘Soviet Threat to Afghanistan and India’, 298.
41 Report by the Chiefs of Staff Committee, ‘The Military Implications of Hostilities with Russia in 1940’, 8 March 1940, CAB 66/6.
42 ‘Appreciation of the Situation Created by the Russo-German Agreement’, 6 October 1939, CAB 84/8; see here M. Hauner, *India in Axis Strategy: Germany, Japan and Indian Nationalists in the Second World War* (Stuttgart, 1981), esp. 213–37.
43 Hauner, *India in Axis Strategy,* 70–92.
44 M. Hauner, ‘Anspruch und Wirklichkeit: Deutschland also Dritte Macht in Afghanistan, 1915–39’, in K. Kettenacker et al. (eds), *Festschrift für Paul Kluge* (Munich, 1981), pp. 222–44; idem, ‘Afghanistan before the Great Powers, 1938–45’, *International Journal of Middle East Studies* 14.4 (1982), 481–2.
45 ‘Policy and the War Effort in the East’, 6 January 1940, *Documents on German Foreign Policy, 1918–1945,* Series D, 8, pp. 632–3.
46 ‘Memorandum of the Aussenpolitisches Amt’, 18 December 1939, *Documents on German Foreign Policy, 1918–1945,* Series D, 8, p.

533; Hauner, *India in Axis Strategy,* pp. 159–72.

47 M. Hauner, 'One Man against the Empire: The Faqir of Ipi and the British in Central Asia on the Eve of and during the Second World War', *Journal of Contemporary History* 16.1 (1981), 183–212.

48 Rubin and Schwanitz, *Nazis, Islamists,* p. 4 n. 13.

49 S. Hauser, 'German Research on the Ancient Near East and its Relation to Political and Economic Interests from Kaiserreich to World War II', in W. Schwanitz (ed.), *Germany and the Middle East, 1871–1945* (Princeton, 2004), pp. 168–9; M. Ghods, *Iran in the Twentieth Century: A Political History* (Boulder, CO, 2009), pp. 106–8.

50 Rubin and Schwanitz, *Nazis, Islamists,* p. 128.

51 Cited in ibid., p. 5.

52 T. Imlay, 'A Reassessment of Anglo-French Strategy during the Phony War, 1939–1940', *English Historical Review* 119.481 (2004), 337–8.

53 First Lord's Personal Minute, 17 November 1939, ADM 205/2. See here Imlay, 'Reassessment of Anglo-French Strategy', 338, 354–9.

54 Imlay, 'Reassessment of Anglo-French Strategy', 364.

55 CAB 104/259, 'Russia: Vulnerability of Oil Supplies', JIC (39) 29 revise, 21 November 1939; Imlay, 'Reassessment of Anglo-French Strategy', 363–8.

56 For Guderian, and for Hitler's repeated loss of nerve, see K. H. Frieser, *Blitzkrieg-Legende. Der Westfeldung 1940* (Munich, 1990), pp. 240–3, 316–22.

57 See M. Hauner, 'Afghanistan between the Great Powers, 1938–1945', *International Journal of Middle East Studies* 14.4 (1982), 487; for the proposed reduction in freight costs, Ministry of Economic Warfare, 9 January 1940, FO 371/24766.

58 Ericson, *Feeding the German Eagle,* pp. 109–18.

59 Fritz, *Ostkrieg,* pp. 38–41.

60 J. Förster, 'Hitler's Decision in Favour of War against the Soviet Union', in H. Boog, J. Förster et al. (eds), *Germany and the Second World War,* vol. 4: *The Attack on the Soviet Union* (Oxford, 1996), p. 22; also see Kershaw, *Nemesis,* p. 307.

61 Corni, *Hitler and the Peasants,* pp. 126–7, 158–9, 257–60. Also see H. Backe, *Die Nahrungsfreiheit Europas: Großliberalismus in der Wirtschaft* (Berlin, 1938).

62 V. Gnucheva, 'Materialy dlya istorii ekspeditsii nauk v XVIII i XX vekakh', *Trudy Arkhiva Akademii Nauk SSSR* 4 (Moscow, 1940), esp. 97–108.

63 M. Stroganova (ed.), *Zapovedniki evropeiskoi chasti RSFSR* (Moscow, 1989); C. Kremenetski, 'Human Impact on the Holocene Vegetation of the South Russian Plain', in J. Chapman and P. Dolukhanov (eds), *Landscapes in Flux: Central and Eastern Europe in*

Antiquity (Oxford, 1997), pp. 275–87.

64 H. Backe, *Die russische Getreidewirtschaft als Grundlage der Land- und Volkswirtschaft Rußlands* (Berlin, 1941).

65 Bundesarchiv-Militärarchiv, RW 19/164, fo. 126, cited by Kay, *Exploitation,* pp. 211, 50.

66 Cited by A. Hillgruber, *Hitlers Strategie: Politik und Kriegführung 1940–1941* (Frankfurt-am-Main, 1965), p. 365.

67 'Geheime Absichtserklärungen zur künftigen Ostpolitik: Auszug aus einem Aktenvermerk von Reichsleiter M. Bormann vom 16.7.1941', in G. Uebershär and W. Wette (eds), *Unternehmen Barbarossa: Der deutsche Überfall auf die Sowjetunion, 1941: Berichte, Anaylsen, Dokumente* (Paderborn, 1984), pp. 330–1.

68 G. Corni and H. Gies, *Brot – Butter – Kanonen. Die Ernährungswirtschaft in Deutschland unter der Diktatur Hitlers* (Berlin, 1997), p. 451; R.-D. Müller, 'Das "Unternehmen Barbarossa" als wirtschaftlicher Raubkrieg', in Uebershär and Wette, *Unternehmen Barbarossa,* p. 174.

69 German radio broadcast, 27 February 1941, Propaganda Research Section Papers, 6 December 1940, Abrams Papers, 3f 65; 3f 8/41.

70 *Die Tagebücher von Joseph Goebbels,* ed. E. Fröhlich, 15 vols (Munich, 1996), 28 June 1941, *Teil I,* 9, p. 409; 14 July, *Teil II,* 1, pp. 63–4.

71 Kershaw, *Nemesis,* pp. 423–4.

72 Private correspondence of Backe, cited by G. Gerhard, 'Food and Genocide: Nazi Agrarian Politics in the Occupied Territories of the Soviet Union', *Contemporary European History* 18.1 (2009), 56.

73 'Aktennotiz über Ergebnis der heutigen Besprechung mit den Staatssekretären über Barbarossa', in A. Kay, 'Germany's Staatssekretäre, Mass Starvation and the Meeting of 2 May 1941', *Journal of Contemporary History* 41.4 (2006), 685–6.

74 Kay, 'Mass Starvation and the Meeting of 2 May 1941', 687.

75 'Wirtschaftspolitische Richtlinien für Wirtschaftsorganisation Ost, Gruppe Landwirtschaft', 23 May 1941, in *Der Prozess gegen die Hauptkriegsverbrecher vor dem Internationalen Militärgerichtshof, Nürnberg 14 November 1945 – 1 October 1946,* 42 vols (Nuremberg, 1947–9), 36, pp. 135–7. A similar report was issued three weeks later on 16 June, Kay, *Exploitation,* pp. 164–7.

76 Backe, *Die russische Getreidewirtschaft,* cited by Gerhard, 'Food and Genocide', 57–8; also Kay, 'Mass Starvation', 685–700.

77 H. Backe, '12 Gebote für das Verhalten der Deutschen im Osten und die Behandlung der Russen', in R. Rürup (ed.), *Der Krieg gegen die Sowjetunion 1941–1945: Eine Dokumentation* (Berlin, 1991), p. 46; Gerhard, 'Food and Genocide', 59.

78 *Die Tagebücher von Joseph Goebbels,* 1 May 1941, *Teil I,* 9, pp. 283–4.

79 Ibid., 9 July 1941, *Teil II,* 1, pp. 33–4.

80 Russian radio broadcast, 19 June 1941, Propaganda Research Section Papers, Abrams Papers, 3f 24/41.

81 F. Halder, *The Halder War Diary,* ed. C. Burdick and H.-A. Jacobsen (London, 1988), 30 March 1941, pp. 345–6.

82 19 May 1941, *Verbrechen der Wehrmacht: Dimensionen des Vernichtungskrieges 1941–1945. Ausstellungskatalog* (Hamburg 2002), pp. 53–5.

83 'Ausübund der Kriegsgerichtsbarkeit im Gebiet "Barbarossa" und besondere Maßnahmen Truppe', 14 May 1941, in H. Bucheim, M. Broszat, J.-A. Jacobsen and H. Krasunick, *Anatomie des SS-Staates,* 2 vols (Olten, 1965), 2, pp. 215–18.

84 'Richtlinien für die Behandlung politischer Kommissare', 6 June 1941, in Bucheim et al., *Anatomie des SS-Staates,* pp. 225–7.

第二十章

1 C. Streit, *Keine Kameraden. Die Wehrmacht und die sowjetischen Kriegsgefangenen 1941–1945* (Stuttgart, 1978), pp. 143, 153.

2 Cited by Kershaw, *Nemesis,* p. 359.

3 Ibid., p. 360.

4 Ibid., pp. 400, 435.

5 W. Lower, *Nazi Empire Building and the Holocaust in Ukraine* (Chapel Hill, NC, 2007), pp. 171–7.

6 A. Hitler, *Monologe im Führer-Hauptquartier 1941–1944,* ed. W. Jochmann (Hamburg, 1980), 17–18 September 1941, pp. 62–3; Kershaw, *Nemesis,* p. 401.

7 Cited by Kershaw, *Nemesis,* p. 434.

8 Hitler, *Monologe*, 13 October 1941, p. 78; Kershaw, *Nemesis,* p. 434.

9 Ericson, *Feeding the German Eagle,* pp. 125ff.

10 V. Anfilov, '...Razgovor zakonchilsia ugrozoi Stalina', *Voenno-istoricheskiy Zhurnal* 3 (1995), 41; L. Bezymenskii, 'O "plane" Zhukova ot 15 maia 1941 g.', *Novaya Noveishaya Istoriya* 3 (2000), 61. See here E. Mawdsley, 'Crossing the Rubicon: Soviet Plans for Offensive War in 1940–1941', *International History Review* 25 (2003), 853.

11 D. Murphy, *What Stalin Knew: The Enigma of Barbarossa* (New Haven, 2005).

12 R. Medvedev and Z. Medvedev, *The Unknown Stalin: His Life, Death and Legacy* (London, 2003), p. 226.

13 G. Zhukov, *Vospominaniya i rasmyshleniya,* 3 vols (Moscow, 1995), 1, p. 258.

14 Assarasson to Stockholm, 21 June 1941, cited by G. Gorodetsky, *Grand Delusion: Stalin and the German Invasion of Russia* (New Haven, 1999), p. 306.

15 *Dokumenty vneshnei politiki SSSR,* 24 vols (Moscow, 1957–), 23.2, pp. 764–5.

16 A. Tooze, *The Wages of Destruction: The Making and Breaking of the Nazi Economy* (New York, 2006), pp. 452–60; R. di Nardo, *Mechanized Juggernaut or Military Anachronism? Horses and the German Army of World War II* (Westport, CT, 1991), pp. 35–54.

17 Cited by Beevor, *Stalingrad* (London, 1998), p. 26.
18 J. Stalin, *O Velikoi Otechestvennoi voine Sovestkogo Soiuza* (Moscow, 1944), p. 11.
19 A. von Plato, A. Leh and C. Thonfeld (eds), *Hitler's Slaves: Life Stories of Forced Labourers in Nazi-Occupied Europe* (Oxford, 2010).
20 E. Radzinsky, *Stalin* (London, 1996), p. 482; N. Ponomariov, cited by I. Kershaw, *Fateful Choices: Ten Decisions that Changed the World, 1940–1941* (London, 2007), p. 290.
21 Fritz, *Ostkrieg,* p. 191.
22 H. Trevor-Roper, *Hitler's Table Talk, 1941–1944: His Private Conversations* (London, 1953), p. 28.
23 W. Lower, '"On Him Rests the Weight of the Administration": Nazi Civilian Rulers and the Holocaust in Zhytomyr', in R. Brandon and W. Lower (eds), *The Shoah in Ukraine: History, Testimony, Memorialization* (Bloomington, IN, 2008), p. 225.
24 E. Steinhart, 'Policing the Boundaries of "Germandom" in the East: SS Ethnic German Policy and Odessa's "Volksdeutsche", 1941–1944', *Central European History* 43.1 (2010), 85–116.
25 W. Hubatsch, *Hitlers Weisungen für die Kriegführung 1939 – 1945. Dokumente des Oberkommandos der Wehrmacht* (Munich, 1965), pp. 139–40.
26 Rubin and Schwanitz, *Nazis, Islamists,* pp. 124, 127.
27 Ibid., p. 85; H. Lindemann, *Der Islam im Aufbruch, in Abwehr und Angriff* (Leipzig, 1941).
28 Churchill, *Second World War,* 3, p. 424.
29 A. Michie, 'War in Iran: British Join Soviet Allies', *Life,* 26 January 1942, 46.
30 R. Sanghvi, *Aryamehr: The Shah of Iran: A Political Biography* (London, 1968), p. 59; H. Arfa, *Under Five Shahs* (London, 1964), p. 242.
31 Bullard to Foreign Office, 25 June 1941, in R. Bullard, *Letters from Teheran: A British Ambassador in World War II Persia,* ed. E. Hodgkin (London, 1991), p. 60.
32 Lambton to Bullard, 4 October 1941, FO 416/99.
33 Intelligence Summary for 19–30 November, 2 December 1941, FO 416/99.
34 'Minister in Iran to the Foreign Ministry', 9 July 1941, *Documents on German Foreign Policy, 1918–1945,* Series D, 13, pp. 103–4.
35 P. Dharm and B. Prasad (eds), *Official History of the Indian Armed Forces in the Second World War, 1939–1945: The Campaign in Western Asia* (Calcutta, 1957), pp. 126–8.
36 Cited by J. Connell, *Wavell: Supreme Commander* (London, 1969), pp. 23–4.
37 R. Stewart, *Sunrise at Abadan: The British and Soviet Invasions of Iran, 1941* (New York, 1988), p. 59, n. 26.

38 ‘Economic Assistance to the Soviet Union’, *Department of State Bulletin* 5 (1942), 109.
39 R. Sherwood, *The White House Papers of Harry L. Hopkins,* 2 vols (Washington, DC, 1948), 1, pp. 306–9.
40 Michie, ‘War in Iran’, 40–4.
41 Bullard, *Letters,* p. 80.
42 Reza Shah Pahlavi to Roosevelt, 25 August 1941; Roosevelt to Reza Shah Pahlavi, 2 September 1941, cited by M. Majd, *August 1941: The Anglo-Russian Occupation of Iran and Change of Shahs* (Lanham, MD, 2012), pp. 232–3; Stewart, *Abadan,* p. 85.
43 J. Buchan, *Days of God: The Revolution in Iran and its Consequences* (London, 2012), p. 27.
44 Military attaché, ‘Intelligence summary 27’, 19 November 1941, FO 37127188.
45 R. Dahl, *Going Solo* (London, 1986), p. 193.
46 F. Halder, *Kriegstagebuch: tägliche Aufzeichnungen des Chefs des Generalstabes des Heeres, 1939–1942,* ed. H.-A. Jacobson and A. Philippi, 3 vols (Stuttgart, 1964), 3, 10 September 1941, p. 220; 17 September 1941, p. 236.
47 D. Stahel, *Kiev 1941: Hitler's Battle for Supremacy in the East* (Cambridge, 2012), pp. 133–4.
48 H. Pichler, *Truppenarzt und Zeitzeuge. Mit der 4. SS-Polizei-Division an vorderster Front* (Dresden, 2006), p. 98.
49 *Die Tagebucher von Joseph Goebbels,* 27 August 1941, *Teil II,* 1, p. 316.
50 Cited by Beevor, *Stalingrad,* pp. 56–7.
51 Fritz, *Ostkrieg,* pp. 158–9.
52 A. Hillgruber, *Staatsmänner und Diplomaten bei Hitler. Vertrauliche Aufzeichungen 1939–1941* (Munich, 1969), p. 329.
53 W. Kemper, ‘Pervitin – Die Endsieg-Droge’, in W. Pieper (ed.), *Nazis on Speed: Drogen im Dritten Reich* (Lohrbach, 2003), pp. 122–33.
54 R.-D. Müller, ‘The Failure of the Economic “Blitzkrieg Strategy”’, in H. Boog et al. (eds), *The Attack on the Soviet Union,* vol. 4 of W. Deist et al. (eds), *Germany and the Second World War,* 9 vols (Oxford, 1998), pp. 1127–32; Fritz, *Ostkrieg,* p. 150.
55 M. Guglielmo, ‘The Contribution of Economists to Military Intelligence during World War II’, *Journal of Economic History* 66.1 (2008), esp. 116–20.
56 R. Overy, *War and the Economy in the Third Reich* (Oxford, 1994), pp. 264, 278; J. Barber and M. Harrison, *The Soviet Home Front, 1941–1945: A Social and Economic History of the USSR in World War II* (New York, 1991), pp. 78–9.
57 A. Milward, *War, Economy and Society, 1939–45* (Berkeley, 1977), pp. 262–73; Tooze, *Wages of Destruction,* pp. 513–51.
58 German radio broadcast, 5 November 1941, Propaganda Research Section Papers, Abrams Papers, 3f 44/41.
59 ‘Gains of Germany (and her Allies) through the Occupation of Soviet Territory’, in Coordinator of Information, *Research and Analysis Branch, East European Section Report,* 17 (March 1942), pp. 10–11.

60 'Reich Marshal of the Greater German Reich', 11th meeting of the General Council, 24 June 1941, cited by Müller, 'Failure of the Economic "Blitzkrieg Strategy"', p. 1142.

61 Halder, *Kriegstagebuch,* 8 July 1941, 3, p. 53.

62 C. Streit, 'The German Army and the Politics of Genocide', in G. Hirschfeld (ed.), *The Policies of Genocide: Jews and Soviet Prisoners of War in Nazi Germany* (London, 1986), pp. 8–9.

63 J. Hürter, *Hitlers Heerführer. Die deutschen Oberbefehlshaber im Krieg gegen die Sowjetunion 1941/1942* (Munich, 2006), p. 370.

64 Streit, *Keine Kameraden,* p. 128; also see Snyder, *Bloodlands,* pp. 179–84.

65 R. Overmans, 'Die Kriegsgefangenenpolitik des Deutschen Reiches 1939 bis 1945', in J. Echternkamp (ed.), *Das Deutsche Reich und der Zweite Weltkrieg,* 10 vols (Munich, 1979–2008), 9.2, p. 814; Browning, *Origins of the Final Solution,* p. 357; Snyder, *Bloodlands,* pp. 185–6.

66 K. Berkhoff, 'The "Russian" Prisoners of War in Nazi-Ruled Ukraine as Victims of Genocidal Massacre', *Holocaust and Genocide Studies* 15.1 (2001), 1–32.

67 Röhl, *The Kaiser and his Court,* p. 210. For the Kaiser's attitudes to Jews, see L. Cecil, 'Wilhelm II und die Juden', in W. Mosse (ed.), *Juden im Wilhelminischen Deutschland, 1890–1914* (Tübingen, 1976), pp. 313–48.

68 Hitler's speech to the Reichstag, 30 January 1939, in *Verhandlungen des Reichstags, Stenographische Berichte 4. Wahlperiode 1939–1942* (Bad Feilnbach, 1986), p. 16.

69 Rubin and Schwanitz, *Nazis, Islamists,* p. 94.

70 H. Jansen, *Der Madagaskar-Plan: Die beabsichtigte Deportation der europäischen Juden nach Madagaskar* (Munich, 1997), esp. pp. 309–11. For theories about the Malagasy, see E. Jennings, 'Writing Madagascar Back into the Madagascar Plan', *Holocaust and Genocide Studies* 21.2 (2007), 191.

71 F. Nicosia, 'Für den Status-Quo: Deutschland und die Palästinafrage in der Zwischenkriegszeit', in L. Schatkowski Schilcher and C. Scharf (eds), *Der Nahe Osten in der Zwischenkriegszeit 1919–1939. Die Interdependenz von Politik, Wirtschaft und Ideologie* (Stuttgart, 1989), p. 105.

72 D. Cesarani, *Eichmann: His Life and Crimes* (London, 2004), pp. 53–6.

73 Cited by D. Yisraeli, *The Palestinian Problem in German Politics, 1889–1945* (Ramat-Gan, 1974), p. 315.

74 J. Heller, *The Stern Gang: Ideology, Politics and Terror, 1940–1949* (London, 1995), pp. 85–7.

75 T. Jersak, 'Blitzkrieg Revisited: A New Look at Nazi War and Extermination Planning', *Historical Journal* 43.2 (2000), 582.

76 See above all G. Aly, '"Judenumsiedlung": Überlegungen zur politischen Vorgeschichte des Holocaust', in U. Herbert (ed.), *Nationalsozialistische Vernichtungspolitik 1939–1945: neue Forschungen und Kontroversen* (Frankfurtam-Main, 1998), pp. 67–97.

77 Streit, 'The German Army and the Politics of Genocide', p. 9; Fritz, *Ostkrieg,* p. 171.

78 J.-M. Belière and L. Chabrun, *Les Policiers français sous l'Occupation, d'après les archives inédites de l'épuration* (Paris, 2001), pp. 220–4; P. Griffioen and R. Zeller, 'Anti-Jewish Policy and Organization of the Deportations in France and the Netherlands, 1940–1944: A Comparative Study', *Holocaust and Genocide Studies* 20.3 (2005), 441.

79 L. de Jong, *Het Koninkrijk der Nederlanden in de Tweede Wereldoorlog,* 14 vols (The Hague, 1969–91), 4, pp. 99–110.

80 For the Wannsee conference, C. Gerlach, 'The Wannsee Conference, the Fate of German Jews, and Hitler's Decision in Principle to Exterminate All European Jews', *Journal of Modern History* 70 (1998), 759–812; Browning, *Origins of the Final Solution,* pp. 374ff.

81 R. Coakley, 'The Persian Corridor as a Route for Aid to the USSR', in M. Blumenson, K. Greenfield et al., *Command Decisions* (Washington, DC, 1960), pp. 225–53; also T. Motter, *The Persian Corridor and Aid to Russia* (Washington, DC, 1952).

82 For the convoys, R. Woodman, *Arctic Convoys, 1941–1945* (London, 2004).

83 J. MacCurdy, 'Analysis of Hitler's Speech on 26th April 1942', 10 June 1942, Abrams Archive, Churchill College, Cambridge.

84 E. Schwaab, *Hitler's Mind: A Plunge into Madness* (New York, 1992).

85 Rubin and Schwanitz, *Nazis, Islamists,* pp. 139–41. In general, M. Carver, *El Alamein* (London, 1962).

86 For the US in the Pacific, see H. Willmott, *The Second World War in the Far East* (London, 2012); also see A. Kernan, *The Unknown Battle of Midway: The Destruction of the American Torpedo Squadrons* (New Haven, 2005).

87 Cited by Fritz, *Ostkrieg,* p. 235; for the context, pp. 231–9.

88 Ibid., pp. 261–70; Speer, *Inside the Third Reich,* p. 215.

89 For the visit to Moscow in October 1944, see CAB 120/158.

90 M. Gilbert, *Churchill: A Life* (London, 1991), p. 796; R. Edmonds, 'Churchill and Stalin', in R. Blake and R. Louis (eds), *Churchill* (Oxford, 1996), p. 320. Also Churchill, *Second World War,* 6, pp. 227–8.

91 W. Churchill, 'The Sinews of Peace', 5 March 1946, in J. Muller (ed.), *Churchill's 'Iron Curtain' Speech Fifty Years Later* (London, 1999), pp. 8–9.

92 D. Reynolds, *From World War to Cold War: Churchill, Roosevelt, and the International History of the 1940s* (Oxford, 2006), pp. 250–3.

93 M. Hastings, *All Hell Let Loose: The World at War, 1939–1945* (London, 2011), pp. 165–82; Beevor, *Stalingrad,* passim.

94 See A. Applebaum, *Iron Curtain: The Crushing of Eastern Europe, 1944–56* (London, 2012).

第二十一章

1 A. Millspaugh, *Americans in Persia* (Washington, DC, 1946), Appendix C; B. Kuniholm, *The Origins of the Cold War in the Near East: Great Power Conflict and Diplomacy in Iran, Turkey and Greece* (Princeton, 1980), pp. 138–43.
2 The Minister in Iran (Dreyfus) to the Secretary of State, 21 August 1941, *Foreign Relations of the United States, Diplomatic Papers 1941,* 7 vols (Washington, DC, 1956–62), 3, p. 403.
3 Ali Dashti, writing in December 1928, cited by Buchan, *Days of God,* p. 73.
4 B. Schulze-Holthus, *Frührot in Persien* (Esslingen, 1952), p. 22. Schulze-Holthus was sent to Iran by the Abwehr (German military intelligence) as vice-consul in the city of Tabriz. He remained under cover in Teheran during the war, canvassing support among anti-Allied factions. Also see here S. Seydi, 'Intelligence and Counter-Intelligence Activities in Iran during the Second World War', *Middle Eastern Studies* 46.5 (2010), 733–52.
5 Bullard, *Letters,* p. 154.
6 Ibid., p. 216.
7 Ibid., p. 187.
8 C. de Bellaigue, *Patriot of Persia: Muhammad Mossadegh and a Very British Coup* (London, 2012), pp. 120–3.
9 Shepherd to Furlonge, 6 May 1951, FO 248/1514.
10 The Observer, 20 May 1951, FO 248/1514.
11 Cited by de Bellaigue, *Patriot of Persia,* p. 123, n. 12.
12 Buchan, *Days of God,* p. 82.
13 L. Elwell-Sutton, *Persian Oil: A Study in Power Politics* (London, 1955), p. 65.
14 Ibid.
15 C. Bayly and T. Harper, *Forgotten Armies: The Fall of British Asia, 1841–1945* (London, 2004), pp. 182, 120.
16 I. Chawla, 'Wavell's Breakdown Plan, 1945–47: An Appraisal', *Journal of Punjabi Studies* 16.2 (2009), 219–34.
17 W. Churchill, House of Commons debates, 6 March 1947, Hansard, 434, 676–7.
18 See L. Chester, *Borders and Conflict in South Asia: The Radcliffe Boundary Commission and the Partition of the Punjab* (Manchester, 2009). Also A. von Tunzelmann, *Indian Summer: The Secret History of the End of an Empire* (London, 2007).
19 I. Talbot, 'Safety First: The Security of Britons in India, 1946–1947', *Transactions of the RHS* 23 (2013), pp. 203–21.
20 K. Jeffrey, *MI6: The History of the Secret Intelligence Service, 1909–1949* (London, 2010), pp. 689–90.
21 N. Rose, *'A Senseless, Squalid War': Voices from Palestine 1890s–1948* (London, 2010), pp. 156–8.

22 A. Halamish, *The Exodus Affair: Holocaust Survivors and the Struggle for Palestine* (Syracuse, NY, 1998).
23 Cited by J. Glubb, *A Soldier with the Arabs* (London, 1957), pp. 63–6.
24 E. Karsh, *Rethinking the Middle East* (London, 2003), pp. 172–89.
25 F. Hadid, *Iraq's Democratic Moment* (London, 2012), pp. 126–36.
26 Beeley to Burrows, 1 November 1947, FO 371/61596/E10118.
27 Outward Saving Telegram, 29 July 1947; Busk to Burrows, 3 November 1947, FO 371/61596.
28 K. Kwarteng, *Ghosts of Empire: Britain's Legacies in the Modern World* (London, 2011), p. 50.
29 B. Uvarov and A. Waterston, 'MEALU General Report of Anti-Locust Campaign, 1942–1947', 19 September 1947, FO 371/61564.
30 N. Tumarkin, 'The Great Patriotic War as Myth and Memory', *European Review* 11.4 (2003), 595–7.
31 J. Stalin, 'Rech na predvybornom sobranii izbiratelei Stalinskogo izbiratel'nogo okruga goroda Moskvy', in J. Stalin, *Sochineniya,* ed. R. McNeal, 3 vols (Stanford, CA, 1967), 3, p. 2.
32 B. Pimlott (ed.), *The Second World War Diary of Hugh Dalton, 1940–45* (London, 1986), 23 February 1945, marginal insertion, p. 836, n. 1.
33 It seems these words were added by Churchill on the train on the way to Fulton, J. Ramsden, 'Mr Churchill Goes to Fulton', in Muller, *Churchill's 'Iron Curtain' Speech: Fifty Years Later,* p. 42. In general, P. Wright, *Iron Curtain: From Stage to Cold War* (Oxford, 2007).
34 B. Rubin, *The Great Powers in the Middle East, 1941–1947: The Road to the Cold War* (London, 1980), pp. 73ff.
35 'Soviet Military and Political Intentions, Spring 1949', Report No. 7453, 9 December 1948.
36 K. Blake, *The US–Soviet Confrontation in Iran 1945–62: A Case in the Annals of the Cold War* (Lanham, MD, 2009), pp. 17–18.
37 'General Patrick J. Hurley, Personal Representative of President Roosevelt, to the President', 13 May 1943, *FRUS, Diplomatic Papers 1943: The Near East and Africa,* 4, pp. 363–70.
38 Millspaugh, *Americans in Persia,* p. 77.
39 A. Offner, *Another Such Victory: President Truman and the Cold War, 1945–53* (Stanford, 2002), p. 128.
40 'The Chargé in the Soviet Union (Kennan) to the Secretary of State', 22 February 1946, *FRUS 1946: Eastern Europe, the Soviet Union,* 6, pp. 696–709.
41 D. Kisatsky, 'Voice of America and Iran, 1949–1953: US Liberal Developmentalism, Propaganda and the Cold War', *Intelligence and National Security* 14.3 (1999), 160.
42 'The Present Crisis in Iran, undated paper presented in the Department of State', *FRUS, 1950: The Near East, South Asia, and Africa,* 5, pp. 513, 516.

43 M. Byrne, 'The Road to Intervention: Factors Influencing US Policy toward Iran, 1945–53', in M. Gasiorowski and M. Byrne (eds), *Mohammad Mosaddeq and the 1953 Coup in Iran* (Syracuse, NY, 2004), p. 201.
44 Kisatsky, 'Voice of America and Iran', 167, 174.
45 M. Gasiorowski, *US Foreign Policy and the Shah: Building a Client State in Iran* (Ithaca, NY, 1991), pp. 10–19.
46 Buchan, *Days of God,* pp. 30–1.
47 Cited by Yergin, *The Prize,* p. 376.
48 A. Miller, *Search for Security: Saudi Arabian Oil and American Foreign Policy, 1939–1949* (Chapel Hill, NC, 1980), p. 131.
49 E. DeGolyer, 'Preliminary Report of the Technical Oil Mission to the Middle East', *Bulletin of the American Association of Petroleum Geologists* 28 (1944), 919–23.
50 'Summary of Report on Near Eastern Oil', 3 February 1943, in Yergin, *The Prize,* p. 375.
51 Beaverbrook to Churchill, 8 February 1944, cited by K. Young, *Churchill and Beaverbrook: A Study in Friendship and Politics* (London, 1966), p. 261.
52 Foreign Office memo, February 1944, FO 371/42688.
53 Churchill to Roosevelt, 20 February 1944, FO 371/42688.
54 Halifax to Foreign Office, 20 February 1944, FO 371/42688; Z. Brzezinski, *Strategic Vision: America and the Crisis of Global Power* (New York, 2012), p. 14.
55 *Historical Statistics of the United States: Colonial Times to 1970* (Washington, DC, 1970); Yergin, *The Prize,* p. 391.
56 Yergin, *The Prize,* p. 429.
57 W. Louis, *The British Empire in the Middle East, 1945–51: Arab Nationalism, the United States and Postwar Imperialism* (Oxford, 1984), p. 647.
58 Yergin, *The Prize,* p. 433.
59 de Bellaigue, *Patriot of Persia,* p. 118. Also see here M. Crinson, 'Abadan: Planning and Architecture under the Anglo-Iranian Oil Company', *Planning Perspectives* 12.3 (1997), 341–59.
60 S. Marsh, 'Anglo-American Crude Diplomacy: Multinational Oil and the Iranian Oil Crisis, 1951–1953', *Contemporary British History Journal* 21.1 (2007), 28; J. Bill and W. Louis, *Musaddiq, Iranian Nationalism, and Oil* (Austin, TX, 1988), pp. 329–30.
61 'The Secretary of State to the Department of State', 10 November 1951, *FRUS, 1952–1954: Iran, 1951–1954,* 10, p. 279.
62 Ibid.
63 R. Ramazani, *Iran's Foreign Policy, 1941–1973: A Study of Foreign Policy in Modernizing Nations* (Charlottesville, 1975), p. 190.
64 In de Bellaigue, *Patriot of Persia,* p. 150.

65 Yergin, *The Prize,* p. 437.
66 Cited by J. Bill, *The Eagle and the Lion: The Tragedy of American–Iranian Relations* (New Haven, 1988), p. 84.
67 *Correspondence between His Majesty's Government in the United Kingdom and the Persian Government and Related Documents Concerning the Oil Industry in Persia, February 1951 to September 1951* (London, 1951), p. 25.
68 Shinwell, Chiefs of Staff Committee, Confidential Annex, 23 May 1951, DEFE 4/43; for the British press at this time, de Bellaigue, *Patriot of Persia,* pp. 158–9.
69 S. Arjomand, *The Turban for the Crown: The Islamic Revolution in Iran* (Oxford, 1988), pp. 92–3.
70 *Time,* 7 January 1952.
71 Elm, *Oil, Power, and Principle,* p. 122.
72 M. Holland, *America and Egypt: From Roosevelt to Eisenhower* (Westport, CT, 1996), pp. 24–5.
73 H. Wilford, *America's Great Game: The CIA's Secret Arabists and the Shaping of the Modern Middle East* (New York, 2013), p. 73.
74 Ibid., p. 96.
75 Ibid.
76 D. Wilber, *Clandestine Services History: Overthrow of Premier Mossadeq of Iran: November 1952–August 1953* (1969), p. 7, National Security Archive.
77 Ibid., pp. 22, 34, 33.
78 See S. Koch, *'Zendebad, Shah!': The Central Intelligence Agency and the Fall of Iranian Prime Minister Mohammed Mossadeq, August 1953* (1998), National Security Archive.
79 M. Gasiorowki, 'The Causes of Iran's 1953 Coup: A Critique of Darioush Bayandor's Iran and the CIA', *Iranian Studies* 45.5 (2012), 671–2; W. Louis, 'Britain and the Overthrow of the Mosaddeq Government', in Gasiorowski and Byrne, *Mohammad Mosaddeq,* pp. 141–2.
80 Wilber, *Overthrow of Premier Mossadeq,* p. 35.
81 Ibid., p. 19.
82 Berry to State Department, 17 August 1953, National Security Archive.
83 For the radio, see M. Roberts, 'Analysis of Radio Propaganda in the 1953 Iran Coup', *Iranian Studies* 45.6 (2012), 759–77; for the press, de Bellaigue, *Patriot of Persia,* p. 232.
84 For Rome, Soraya Esfandiary Bakhtiary, *Le Palais des solitudes* (Paris, 1992), pp. 165–6. Also here Buchan, *Days of God,* p. 70.
85 de Bellaigue, *Patriot of Persia,* pp. 253–70.
86 'Substance of Discussions of State – Joint Chiefs of Staff Meeting', 12 December 1951, *FRUS, 1951: The Near East and Africa,* 5, p.

435.

87 'British-American Planning Talks, Summary Record', 10–11 October 1978, FCO 8/3216.

88 'Memorandum of Discussion at the 160th Meeting of the National Security Council, 27 August 1953', *FRUS, 1952–1954: Iran, 1951–1954,* 10, p. 773.

89 'The Ambassador in Iran (Henderson) to Department of State', 18 September 1953, *FRUS, 1952–1954: Iran, 1951–1954,* 10, p. 799.

第二十二章

1 *The International Petroleum Cartel, the Iranian Consortium, and US National Security,* United States Congress, Senate (Washington, DC, 1974), pp. 57–8; Yergin, *The Prize,* p. 453.

2 Bill, *The Eagle and the Lion,* p. 88; 'Memorandum of the discussion at the 180th meeting of the National Security Council', 14 January 1954, *FRUS, 1952–1954: Iran, 1951–1954,* 10, p. 898.

3 M. Gasiorowski, *US Foreign Policy and the Shah: Building a Client State in Iran* (Ithaca, NY, 1991), pp. 150–1.

4 V. Nemchenok, '"That So Fair a Thing Should Be So Frail": The Ford Foundation and the Failure of Rural Development in Iran, 1953–1964', *Middle East Journal* 63.2 (2009), 261–73.

5 Ibid., 281; Gasiorowski, *US Foreign Policy,* pp. 53, 94.

6 C. Schayegh, 'Iran's Karaj Dam Affair: Emerging Mass Consumerism, the Politics of Promise, and the Cold War in the Third World', *Comparative Studies in Society and History* 54.3 (2012), 612–43.

7 'Memorandum from the Joint Chiefs of Staff', 24 March 1949, *FRUS, 1949: The Near East, South Asia, and Africa,* 6, pp. 30–1.

8 'Report by the SANACC [State-Army-Navy-Air Force Co-ordinating Committee] Subcommittee for the Near and Middle East', *FRUS, 1949: The Near East, South Asia, and Africa,* 6, p. 12.

9 In general here, B. Yesilbursa, *Baghdad Pact: Anglo-American Defence Policies in the Middle East, 1950–59* (Abingdon, 2005).

10 R. McMahon, *The Cold War on the Periphery: The United States, India and Pakistan* (New York, 1994), pp. 16–17.

11 P. Tomsen, *The Wars of Afghanistan: Messianic Terrorism, Tribal Conflicts and the Failures of the Great Powers* (New York, 2011), pp. 181–2.

12 R. McNamara, *Britain, Nasser and the Balance of Power in the Middle East, 1952–1967* (London, 2003), pp. 44–5.

13 A. Moncrieff, *Suez: Ten Years After* (New York, 1966), pp. 40–1; D. Kunz, *The Economic Diplomacy of the Suez Crisis* (Chapel Hill, NC, 1991), p. 68.

14 Eden to Eisenhower, 6 Sept 1956, FO 800/740.

15 M. Heikal, *Nasser: The Cairo Documents* (London, 1972), p. 88.

16 H. Macmillan, Diary, 25 August 1956, in A. Horne, *Macmillan: The Official Biography* (London, 2008), p. 447.

17 Cited by McNamara, *Britain, Nasser and the Balance of Power,* p. 46.

18 McNamara, *Britain, Nasser and the Balance of Power,* pp. 45, 47.

19 'Effects of the Closing of the Suez Canal on Sino-Soviet Bloc Trade and Transportation', Office of Research and Reports, Central Intelligence Agency, 21 February 1957, Freedom of Information Act Electronic Reading Room, Central Intelligence Agency.

20 Kirkpatrick to Makins, 10 September 1956, FO 800/740.

21 *Papers of Dwight David Eisenhower: The Presidency: The Middle Way* (Baltimore, 1970), 17, p. 2415.

22 See here W. Louis and R. Owen, *Suez 1956: The Crisis and its Consequences* (Oxford, 1989); P. Hahn, *The United States, Great Britain, and Egypt, 1945–1956: Strategy and Diplomacy in the Early Cold War* (Chapel Hill, NC, 1991).

23 Eisenhower to Dulles, 12 December 1956, in P. Hahn, 'Securing the Middle East: The Eisenhower Doctrine of 1957', *Presidential Studies Quarterly* 36.1 (2006), 39.

24 Cited by Yergin, *The Prize,* p. 459.

25 Hahn, 'Securing the Middle East', 40.

26 See above all S. Yaqub, *Containing Arab Nationalism: The Eisenhower Doctrine and the Middle East* (Chapel Hill, NC, 2004).

27 R. Popp, 'Accommodating to a Working Relationship: Arab Nationalism and US Cold War Policies in the Middle East', *Cold War History* 10.3 (2010), 410.

28 'The Communist Threat to Iraq', 17 February 1959, *FRUS, 1958–1960: Near East Region; Iraq; Iran; Arabian Peninsula,* 12, pp. 381–8.

29 S. Blackwell, *British Military Intervention and the Struggle for Jordan: King Hussein, Nasser and the Middle East Crisis* (London, 2013), p. 176; 'Memorandum of Conference with President Eisenhower', 23 July 1958, *FRUS, 1958–1960: Near East Region; Iraq; Iran; Arabian Peninsula,* 12, p. 84.

30 'Iraq: The Dissembler', *Time,* 13 April 1959.

31 'Middle East: Revolt in Baghdad', *Time,* 21 July 1958; J. Romero, *The Iraqi Revolution of 1958: A Revolutionary Quest for Unity and Security* (Lanham, MD, 2011).

32 C. Andrew and V. Mitrokhin, *The KGB and the World: The Mitrokhin Archive II* (London, 2005), pp. 273–4; W. Shawcross, *The Shah's Last Ride* (London, 1989), p. 85.

33 OIR Report, 16 January 1959, cited by Popp, 'Arab Nationalism and US Cold War Policies', p. 403.

34 Yaqub, *Containing Arab Nationalism,* p. 256.

35 W. Louis and R. Owen, *A Revolutionary Year: The Middle East in 1958* (London, 2002).

36 F. Matar, *Saddam Hussein: The Man, the Cause and his Future* (London, 1981), pp. 32–44.

37 'Memorandum of Discussion at the 420th Meeting of the National Security Council', 1 October 1959, *FRUS, 1958–1960: Near East Region; Iraq; Iran; Arabian Peninsula,* 12, p. 489, n. 6.

38 This incident was revealed during investigations in 1975 into the use of assassination as a political tool by US intelligence agencies. The colonel, who is not named, was apparently executed by firing squad in Baghdad before the handkerchief plan was put into action, *Alleged Assassination Plots Involving Foreign Leaders, Interim Report of the Select Committee to Study Governmental Operations with Respect to Intelligence Activities* (Washington, DC, 1975), p. 181, n. 1.

39 H. Rositzke, *The CIA's Secret Operations: Espionage, Counterespionage and Covert Action* (Boulder, CO, 1977), pp. 109–10.

40 A. Siddiqi, *Challenge to Apollo: The Soviet Union and the Space Race, 1945–1974* (Washington, DC, 2000); B. Chertok, *Rakety i lyudi: Fili Podlipki Tyuratam* (Moscow, 1996).

41 A. Siddiqi, *Sputnik and the Soviet Space Challenge* (Gainesville, FL, 2003), pp. 135–8.

42 G. Laird, *North American Air Defense: Past, Present and Future* (Maxwell, AL, 1975); S. Zaloga, 'Most Secret Weapon: The Origins of Soviet Strategic Cruise Missiles, 1945–1960', *Journal of Slavic Military Studies* 6.2 (1993), 262–73.

43 D. Kux, *The United States and Pakistan, 1947–2000: Disenchanted Allies* (Washington, DC, 2001), p. 112; N. Polmar, *Spyplane: The U-2 History Declassified* (Osceola, WI, 2001), pp. 131–48.

44 Karachi to Washington DC, 31 October 1958, *FRUS, 1958–60: South and Southeast Asia,* 15, p. 682.

45 Memcon Eisenhower and Ayub, 8 December 1959, *FRUS, 1958–60: South and Southeast Asia,* 15, pp. 781–95.

46 R. Barrett, *The Greater Middle East and the Cold War: US Foreign Policy under Eisenhower and Kennedy* (London, 2007), pp. 167–8.

47 Department of State Bulletin, 21 July 1958.

48 Kux, *United States and Pakistan,* pp. 110–11.

49 V. Nemchenok, 'In Search of Stability amid Chaos: US Policy toward Iran, 1961–63', *Cold War History* 10.3 (2010), 345.

50 Central Intelligence Bulletin, 7 February 1961; A. Rubinstein, *Soviet Foreign Policy toward Turkey, Iran and Afghanistan: The Dynamics of Influence* (New York, 1982), pp. 67–8.

51 National Security Council Report, Statement of US Policy to Iran, 6 July 1960, *FRUS, 1958–1960: Near East Region; Iraq; Iran; Arabian Peninsula,* 12, pp. 680–8.

52 M. Momen, 'The Babi and the Baha'i Community of Iran: A Case of "Suspended Genocide"?', *Journal of Genocide Research* 7.2 (2005), 221–42.

53 E. Abrahamian, *Iran between Two Revolutions* (Princeton, 1982), pp. 421–2.

54 J. Freivalds, 'Farm Corporations in Iran: An Alternative to Traditional Agriculture', *Middle East Journal* 26.2 (1972), 185–93; J. Carey and A. Carey, 'Iranian Agriculture and its Development: 1952–1973', *International Journal of Middle East Studies* 7.3 (1976), 359–82.

55 H. Ruhani, *Nehzat-e Imam-e Khomeini,* 2 vols (Teheran, 1979), 1, p. 25.

56 CIA Bulletin, 5 May 1961, cited by Nemchenok, 'In Search of Stability', 348.

57 *Gahnamye panjah sal Shahanshahiye Pahlavi* (Paris, 1964), 24 January 1963.

58 See D. Brumberg, *Reinventing Khomeini: The Struggle for Reform in Iran* (Chicago, 2001).

59 D. Zahedi, *The Iranian Revolution: Then and Now* (Boulder, CO, 2000), p. 156.

60 'United States Support for Nation-Building' (1968); US Embassy Teheran to State Department, 4 May 1972, both cited by R. Popp, 'An Application of Modernization Theory during the Cold War? The Case of Pahlavi Iran', *International History Review* 30.1 (2008), 86–7.

61 Polk to Mayer, 23 April 1965, cited by Popp, 'Pahlavi Iran', 94.

62 Zahedi, *Iranian Revolution,* p. 155.

63 A. Danielsen, *The Evolution of OPEC* (New York, 1982); F. Parra, *Oil Politics: A Modern History of Petroleum* (London, 2004), pp. 89ff.

64 Above all see M. Oren, *Six Days of War: June 1967 and the Making of the Modern Middle East* (Oxford, 2002).

第二十三章

1 P. Pham, *Ending 'East of Suez': The British Decision to Withdraw from Malaysia and Singapore, 1964–1968* (Oxford, 2010).

2 G. Stocking, *Middle East Oil: A Study in Political and Economic Controversy* (Nashville, TN, 1970), p. 282; H. Astarjian, *The Struggle for Kirkuk: The Rise of Hussein, Oil and the Death of Tolerance in Iraq* (London, 2007), p. 158.

3 'Moscow and the Persian Gulf', Intelligence Memorandum, 12 May 1972, *FRUS, 1969–1976: Documents on Iran and Iraq, 1969–72,* E-4, 307.

4 *Izvestiya,* 12 July 1969.

5 Buchan, *Days of God*, p. 129.

6 Kwarteng, *Ghosts of Empire,* pp. 72–3.

7 Department of State to Embassy in France, Davies-Lopinot talk on Iraq and Persian Gulf, 20 April 1972, *FRUS, 1969–1976:*

Documents on Iran and Iraq, 1969–72, E-4, 306.

8 G. Payton, 'The Somali Coup of 1969: The Case for Soviet Complicity', *Journal of Modern African Studies* 18.3 (1980), 493–508.

9 Popp, 'Arab Nationalism and US Cold War Policies', 408.

10 'Soviet aid and trade activities in the Indian Ocean Area', CIA report, S-6064 (1974); V. Goshev, *SSSR i strany Persidskogo zaliva* (Moscow, 1988).

11 US Arms Control and Disarmament Agency, *World Military Expenditure and Arms Transfers, 1968–1977* (Washington, DC, 1979), p. 156; R. Menon, *Soviet Power and the Third World* (New Haven, 1986), p. 173; for Iraq, A. Fedchenko, *Irak v bor'be za nezavisimost'* (Moscow, 1970).

12 S. Mehrotra, 'The Political Economy of Indo-Soviet Relations', in R. Cassen (ed.), *Soviet Interests in the Third World* (London, 1985), p. 224; L. Racioppi, *Soviet Policy towards South Asia since 1970* (Cambridge, 1994), pp. 63–5.

13 L. Dupree, *Afghanistan* (Princeton, 1973), pp. 525–6.

14 'The Shah of Iran: An Interview with Mohammad Reza Pahlavi', *New Atlantic*, 1 December 1973.

15 Ibid.

16 Boardman to Douglas-Home, August 1973, FCO 55/1116. Also O. Freedman, 'Soviet Policy towards Ba'athist Iraq, 1968–1979', in R. Donaldson (ed.), *The Soviet Union in the Third World* (Boulder, CO, 1981), pp. 161–91.

17 Saddam Hussein, *On Oil Nationalisation* (Baghdad, 1973), pp. 8, 10.

18 R. Bruce St John, *Libya: From Colony to Revolution* (Oxford, 2012), pp. 138–9.

19 Gaddafi, 'Address at Ṭubruq', 7 November 1969, in 'The Libyan Revolution in the Words of its Leaders', *Middle East Journal* 24.2 (1970), 209.

20 Ibid., 209–10; M. Ansell and M. al-Arif, *The Libyan Revolution: A Sourcebook of Legal and Historical Documents* (Stoughton, WI, 1972), p. 280; *Multinational Corporations and United States Foreign Policy,* 93rd Congressional Hearings (Washington, DC, 1975), 8, pp. 771–3, cited by Yergin, *The Prize,* p. 562.

21 F. Halliday, *Iran, Dictatorship and Development* (Harmondsworth, 1979), p. 139; Yergin, *The Prize,* p. 607.

22 P. Marr, *Modern History of Iraq* (London, 2004), p. 162.

23 Embassy in Tripoli to Washington, 5 December 1970, cited by Yergin, *The Prize,* p. 569.

24 G. Hughes, 'Britain, the Transatlantic Alliance, and the Arab–Israeli War of 1973', *Journal of Cold War Studies* 10.2 (2008), 3–40.

25 'The Agranat Report: The First Partial Report', *Jerusalem Journal of International Relations* 4.1 (1979), 80. Also see here U. Bar-Joseph, *The Watchman Fell Asleep: The Surprise of Yom Kippur and its Sources* (Albany, NY, 2005), esp. pp. 174–83.

26 A. Rabinovich, *The Yom Kippur War: The Epic Encounter that Transformed the Middle East* (New York, 2004), p. 25; Andrew and

Mitrokhin, *The Mitrokhin Archive II,* p. 160.

27 G. Golan, 'The Soviet Union and the Yom Kippur War', in P. Kumaraswamy, *Revisiting the Yom Kippur War* (London, 2000), pp. 127–52; idem, 'The Cold War and the Soviet Attitude towards the Arab–Israeli Conflict', in N. Ashton (ed.), *The Cold War in the Middle East: Regional Conflict and the Superpowers, 1967–73* (London, 2007), p. 63.

28 H. Kissinger, *Years of Upheaval* (Boston, 1982), p. 463.

29 'Address to the Nation about Policies to Deal with the Energy Shortages', 7 November 1973, *Public Papers of the Presidents of the United States* [*PPPUS*] *: Richard M. Nixon, 1973* (Washington, DC, 1975), pp. 916–17.

30 Ibid; Yergin, *The Prize,* pp. 599–601

31 D. Tihansky, 'Impact of the Energy Crisis on Traffic Accidents', *Transport Research* 8 (1974), 481–3.

32 S. Godwin and D. Kulash, 'The 55 mph Speed Limit on US Roads: Issues Involved', *Transport Reviews: A Transnational Transdisciplinary Journal* 8.3 (1988), 219–35.

33 See for example R. Knowles, *Energy and Form: Approach to Urban Growth* (Cambridge, MA, 1974); P. Steadman, *Energy, Environment and Building* (Cambridge, 1975).

34 D. Rand, 'Battery Systems for Electric Vehicles – a State-of-the-Art Review', *Journal of Power Sources* 4 (1979), 101–43.

35 Speech to Seminar on Energy, 21 August 1973, cited by E. S. Godbold, *Jimmy and Rosalynn Carter: The Georgian Years, 1924–1974* (Oxford, 2010), p. 239.

36 J. G. Moore, 'The Role of Congress', in R. Larson and R. Vest, *Implementation of Solar Thermal Technology* (Cambridge, MA, 1996), pp. 69–118.

37 President Nixon, 'Memorandum Directing Reductions in Energy Consumption by the Federal Government', 29 June 1973, *PPPUS: Nixon, 1973,* p. 630.

38 Yergin, *The Prize,* pp. 579, 607.

39 Ibid., p. 616.

40 K. Makiya, *The Monument: Art, Vulgarity, and Responsibility in Iraq* (Berkeley, 1991), pp. 20–32; R. Baudoui, 'To Build a Stadium: Le Corbusier's Project for Baghdad, 1955–1973', *DC Papers, revista de crítica y teoría de la arquitectura* 1 (2008), 271–80.

41 P. Stearns, *Consumerism in World History: The Global Transformation of Desire* (London, 2001), p. 119.

42 Sreedhar and J. Cavanagh, 'US Interests in Iran: Myths and Realities', *ISDA Journal* 11.4 (1979), 37–40; US Arms Control and Disarmament Agency, *World Military Expenditures and Arms Transfers 1972–82* (Washington, DC, 1984), p. 30; T. Moran, 'Iranian Defense Expenditures and the Social Crisis', *International Security* 3.3 (1978), 180.

43 Cited by Buchan, *Days of God,* p. 162.

44 A. Alnasrawi, *The Economy of Iraq: Oil, Wars, Destruction of Development and Prospects, 1950–2010* (Westport, CT, 1994), p. 94; C. Tripp, *A History of Iraq* (Cambridge, 2000), p. 206.

45 'Secretary Kerry's Interview on Iran with NBC's David Gregory', 10 November 2013, US State Department, Embassy of the United States London, website.

46 'Past Arguments Don't Square with Current Iran Policy', *Washington Post,* 27 March 2005.

47 S. Parry-Giles, *The Rhetorical Presidency, Propaganda, and the Cold War, 1945–55* (Westport, CT, 2002), pp. 164ff.

48 Cited by Shawcross, *Shah's Last Ride,* p. 179.

49 Secretary of State Henry A. Kissinger to President Gerald R. Ford, Memorandum, 13 May 1975, in M. Hunt (ed.), *Crises in US Foreign Policy: An International History Reader* (New York, 1996), p. 398.

50 J. Abdulghani, *Iran and Iraq: The Years of Crisis* (London, 1984), pp. 152–5.

51 R. Cottam, *Iran and the United States: A Cold War Case Study* (Pittsburgh, 1988), pp. 149–51.

52 H. Kissinger, *The White House Years* (Boston, 1979), p. 1265; idem, *Years of Upheaval* ; L. Meho, *The Kurdish Question in US Foreign Policy: A Documentary Sourcebook* (Westport, CT, 2004), p. 14.

53 *Power Study of Iran, 1974–75,* Report to the Imperial Government of Iran (1975), pp. 3–24, cited by B. Mossavar-Rahmani, 'Iran', in J. Katz and O. Marwah (eds), *Nuclear Power in Developing Countries: An Analysis of Decision Making* (Lexington, MA, 1982), p. 205.

54 D. Poneman, *Nuclear Power in the Developing World* (London, 1982), p. 86.

55 Ibid., p. 87; J. Yaphe and C. Lutes, *Reassessing the Implications of a Nuclear-Armed Iran* (Washington, DC, 2005), p. 49.

56 B. Mossavar-Rahmani, 'Iran's Nuclear Power Programme Revisited', *Energy Policy* 8.3 (1980), 193–4, and idem, *Energy Policy in Iran: Domestic Choices and International Implications* (New York, 1981).

57 S. Jones and J. Holmes, 'Regime Type, Nuclear Reversals, and Nuclear Strategy: The Ambiguous Case of Iran', in T. Yoshihara and J. Holmes (eds), *Strategy in the Second Nuclear Age: Power, Ambition and the Ultimate Weapon* (Washington, DC, 2012), p. 219.

58 *Special Intelligence Estimate: Prospects for Further Proliferation of Nuclear Weapons* (1974), p. 38, National Security Archive.

59 K. Hamza with J. Stein, 'Behind the Scenes with the Iraqi Nuclear Bomb', in M. Sifry and C. Cerf (eds), *The Iraq War Reader: History, Documents, Opinions* (New York, 2003), p. 191.

60 J. Snyder, 'The Road to Osirak: Baghdad's Quest for the Bomb', *Middle East Journal* 37 (1983), 565–94; A. Cordesman, *Weapons of Mass Destruction in the Middle East* (London, 1992), pp. 95–102; D. Albright and M. Hibbs, 'Iraq's Bomb: Blueprints and Artifacts', *Bulletin of the Atomic Scientists* (1992), 14–23.

61 A. Cordesman, *Iraq and the War of Sanctions: Conventional Threats and Weapons of Mass Destruction* (Westport, CT, 1999), pp. 603–6.

62 *Prospects for Further Proliferation,* pp. 20–6.
63 K. Mahmoud, *A Nuclear Weapons-Free Zone in the Middle East: Problems and Prospects* (New York, 1988), p. 93.
64 Wright to Parsons and Egerton, 21 November 1973, FO 55/1116.
65 F. Khan, *Eating Grass: The Making of the Pakistani Bomb* (Stanford, 2012), p. 279.
66 Dr A. Khan, 'Pakistan's Nuclear Programme: Capabilities and Potentials of the Kahuta Project', Speech to the Pakistan Institute of National Affairs, 10 September 1990, quoted in Khan, *Making of the Pakistani Bomb,* p. 158.
67 Kux, *The United States and Pakistan,* pp. 221–4.
68 Memcon, 12 May 1976, cited by R. Alvandi, *Nixon, Kissinger, and the Shah: The United States and Iran in the Cold War* (Oxford, 2014), p. 163.
69 G. Sick, *All Fall Down: America's Tragic Encounter with Iran* (New York, 1987), p. 22.
70 'Toasts of the President and the Shah at a State Dinner', 31 December 1977, *PPPUS: Jimmy Carter, 1977,* pp. 2220–2.
71 Mossaver-Rahmani, 'Iran's Nuclear Power', 192.
72 Pesaran, 'System of Dependent Capitalism in Pre- and Post-Revolutionary Iran', *International Journal of Middle East Studies* 14 (1982), 507; P. Clawson, 'Iran's Economy between Crisis and Collapse', *Middle East Research and Information Project Reports* 98 (1981), 11–15; K. Pollack, *Persian Puzzle: The Conflict between Iran and America* (New York, 2004), p. 113; also here N. Keddie, *Modern Iran: Roots and Results of Revolution* (New Haven, 2003), pp. 158–62.
73 M. Heikal, *Iran: The Untold Story* (New York, 1982), pp. 145–6.
74 Shawcross, *Shah's Last Ride,* p. 35.
75 J. Carter, *Keeping Faith: Memoirs of a President* (Fayetteville, AR, 1995), p. 118.
76 A. Moens, 'President Carter's Advisers and the Fall of the Shah', *Political Science Quarterly* 106.2 (1980), 211–37.
77 D. Murray, *US Foreign Policy and Iran: American–Iranian Relations since the Islamic Revolution* (London, 2010), p. 20.
78 US Department of Commerce, *Foreign Broadcast Service,* 6 November 1979.
79 'Afghanistan in 1977: An External Assessment', US Embassy Kabul to State Department, 30 January 1978.
80 Braithwaite, *Afgantsy,* pp. 78–9; S. Coll, *Ghost Wars: The Secret History of the CIA, Afghanistan, and Bin Laden, from the Soviet Intervention to September 10, 2001* (New York, 2004), p. 48.

第二十四章

1 Andrew and Mitrokhin, *Mitrokhin Archive II,* pp. 178–80.

2 Sreedhar and Cavanagh, 'US Interests in Iran', 140.

3 C. Andrew and O. Gordievsky, *KGB: The Inside Story of its Foreign Operations from Lenin to Gorbachev* (London, 1990), p. 459.

4 W. Sullivan, *Mission to Iran: The Last Ambassador* (New York, 1981), pp. 201–3, 233; also Sick, *All Fall Down,* pp. 81–7; A. Moens, 'President Carter's Advisors', *Political Science Quarterly* 106.2 (1991), 244.

5 Z. Brzezinski, *Power and Principle: Memoirs of the National Security Adviser, 1977–1981* (London, 1983), p. 38.

6 'Exiled Ayatollah Khomeini returns to Iran', BBC News, 1 February 1979.

7 Sick, *All Fall Down,* pp. 154–6; D. Farber, *Taken Hostage: The Iran Hostage Crisis and America's First Encounter with Radical Islam* (Princeton, 2005), pp. 99–100, 111–13.

8 C. Vance, *Hard Choices: Critical Years in America's Foreign Policy* (New York, 1983), p. 343; B. Glad, *An Outsider in the White House: Jimmy Carter, his Advisors, and the Making of American Foreign Policy* (Ithaca, NY, 1979), p. 173.

9 *Constitution of the Islamic Republic of Iran* (Berkeley, 1980).

10 'Presidential Approval Ratings – Historical Statistics and Trends', www.gallup.com .

11 A. Cordesman, *The Iran–Iraq War and Western Security, 1984–1987* (London, 1987), p. 26. Also D. Kinsella, 'Conflict in Context: Arms Transfers and Third World Rivalries during the Cold War', *American Journal of Political Science* 38.3 (1994), 573.

12 Sreedhar and Cavanagh, 'US Interests in Iran', 143.

13 'Comment by Sir A. D. Parsons, Her Majesty's Ambassador, Teheran, 1974–1979', in N. Browne, *Report on British Policy on Iran, 1974–1978* (London, 1980), Annexe B.

14 R. Cottam, 'US and Soviet Responses to Islamic Political Militancy', in N. Keddie and M. Gasiorowski (eds), *Neither East nor West: Iran, the Soviet Union and the United States* (New Haven, 1990), 279; A. Rubinstein, 'The Soviet Union and Iran under Khomeini', *International Affairs* 57.4 (1981), 599.

15 Turner's testimony was leaked to the press, 'Turner Sees a Gap in Verifying Treaty: Says Iran Bases Can't Be Replaced until '84', *New York Times,* 17 April 1979.

16 R. Gates, *From the Shadows: The Ultimate Insider's Story of Five Presidents and How They Won the Cold War* (New York, 1996). Gates says little other than that negotiations were delicate; and that Admiral Turner grew a moustache for the visit, presumably as a disguise, pp. 122–3.

17 J. Richelson, 'The Wizards of Langley: The CIA's Directorate of Science and Technology', in R. Jeffreys-Jones and C. Andrew (eds), *Eternal Vigilance? 50 Years of the CIA* (London, 1997), pp. 94–5.

18 Rubinstein, 'The Soviet Union and Iran under Khomeini', 599, 601.

19 Gates, *From the Shadows,* p. 132.

20 R. Braithwaite, *Afgantsy: The Russians in Afghanistan, 1979–89* (London, 2011), pp. 37–44.
21 'Main Outlines of the Revolutionary Tasks'; Braithwaite, *Afgantsy,* pp. 42–3; P. Dimitrakis, *The Secret War in Afghanistan: The Soviet Union, China and Anglo-American Intelligence in the Afghan War* (London, 2013), 1–20.
22 J. Amstutz, *Afghanistan: The First Five Years of Soviet Occupation* (Washington, DC, 1986), p. 130; H. Bradsher, *Afghanistan and the Soviet Union* (Durham, NC, 1985), p. 1010.
23 N. Newell and R. Newell, *The Struggle for Afghanistan* (Ithaca, NY, 1981), p. 86.
24 N. Misdaq, *Afghanistan: Political Frailty and External Interference* (2006), p. 108.
25 A. Assifi, 'The Russian Rope: Soviet Economic Motives and the Subversion of Afghanistan', *World Affairs* 145.3 (1982–3), 257.
26 V. Bukovsky, *Reckoning with Moscow: A Dissident in the Kremlin's Archives* (London, 1998), pp. 380–2.
27 Gates, *From the Shadows,* pp. 131–2.
28 US Department of State, Office of Security, *The Kidnapping and Death of Ambassador Adolph Dubs, February 14 1979* (Washington, DC, 1979).
29 D. Cordovez and S. Harrison, *Out of Afghanistan: The Inside Story of the Soviet Withdrawal* (Oxford, 1995), p. 35; D. Camp, *Boots on the Ground: The Fight to Liberate Afghanistan from Al-Qaeda and the Taliban* (Minneapolis, 2012), pp. 8–9.
30 CIA Briefing Papers, 20 August; 24 August; 11 September; 14 September, 20 September; Gates, *From the Shadows,* pp. 132–3.
31 'What Are the Soviets Doing in Afghanistan?', 17 September 1979, National Security Archive.
32 D. MacEachin, *Predicting the Soviet Invasion of Afghanistan: The Intelligence Community's Record* (Washington, DC, 2002); O. Sarin and L. Dvoretsky, *The Afghan Syndrome: The Soviet Union's Vietnam* (Novato, CA, 1993), pp. 79–84.
33 M. Brecher and J. Wilkenfeld, *A Study of Crisis* (Ann Arbor, MI, 1997), p. 357.
34 *Pravda,* 29, 30 December 1979.
35 Amstutz, *Afghanistan,* pp. 43–4. These rumours were so strong – and presumably so persuasive – that Ambassador Dubs himself had made enquiries with the CIA to check if they were true, Braithwaite, *Afgantsy,* pp. 78–9. For gossip spread locally, R. Garthoff, *Détente and Confrontation: Soviet–American Relations from Nixon to Reagan* (Washington, DC, 1985), p. 904. Also here Andrew and Mitrokhin, *Mitrokhin Archive II,* pp. 393–4.
36 A. Lyakhovskii, *Tragediya i doblest' Afgana* (Moscow, 1995), p. 102.
37 Braithwaite, *Afgantsy,* pp. 78–9, 71; Lyakhovskii, *Tragediya i doblest' Afgana,* p. 181.
38 Cited by V. Zubok, *A Failed Empire: The Soviet Union in the Cold War from Stalin to Gorbachev* (Chapel Hill, NC, 2007), p. 262; Coll, *Ghost Wars,* p. 48.
39 'Meeting of the Politburo Central Committee', 17 March 1979, pp. 142–9, in Dimitrakis, *Secret War,* p. 133.

40 Lyakhovskii, *Tragediya i doblest' Afgana,* pp. 109–12.
41 *Pravda,* 13 January 1980.
42 Braithwaite, *Afgantsy,* p. 77.
43 'The Current Digest of the Soviet Press', *American Association for the Advancement of Slavic Studies* 31 (1979), 4.
44 Zubok, *A Failed Empire,* p. 262.
45 Lyakhovskii, *Tragediya i doblest' Afgana,* p. 215.
46 *Pravda,* 13 January 1980.
47 Cited by Lyakhovskii, *Tragediya i doblest' Afgana,* p. 252.
48 Brzezinski downplays such warnings, *Power and Principle,* pp. 472–5; Vance, *Hard Choices,* pp. 372–3; Glad, *Outsider in the White House,* pp. 176–7.
49 D. Harris, *The Crisis: The President, the Prophet, and the Shah: 1979 and the Coming of Militant Islam* (New York, 2004), p. 193.
50 Ibid., pp. 199–200.
51 Farber, *Taken Hostage,* pp. 41–2.
52 Saunders, 'Diplomacy and Pressure, November 1979 – May 1980', in W. Christopher (ed.), *American Hostages in Iran: Conduct of a Crisis* (New Haven, 1985), pp. 78–9.
53 H. Alikhani, *Sanctioning Iran: Anatomy of a Failed Policy* (New York, 2001), p. 67.
54 'Rivals doubt Carter will retain poll gains after Iran crisis', *Washington Post,* 17 December 1979. See here C. Emery, 'The Transatlantic and Cold War Dynamics of Iran Sanctions, 1979–80', *Cold War History* 10.3 (2010), 374–6.
55 'Text of Khomeini speech', 20 November 1979, NSC memo to President Carter, cited by Emery, 'Iran Sanctions', 374.
56 Ibid.
57 Ibid., 375.
58 'The Hostage Situation', Memo from the Director of Central Intelligence, 9 January 1980, cited by Emery, 'Iran Sanctions', 380.
59 Carter, *Keeping Faith,* p. 475.
60 Ibid. Also G. Sick, 'Military Operations and Constraints', in Christopher, *American Hostages in Iran,* pp. 144–72.
61 Woodrow Wilson Center, *The Origins, Conduct, and Impact of the Iran–Iraq War, 1980–1988: A Cold War International History Project Document Reader* (Washington, DC, 2004).
62 'NSC on Afghanistan', Fritz Ermath to Brzezinski, cited by Emery, 'Iran Sanctions', 379.
63 'The State of the Union. Address Delivered Before a Joint Session of the Congress', 23 January 1980, p. 197.
64 M. Bowden, *Guests of the Ayatollah: The First Battle in America's War with Militant Islam* (2006), pp. 359–61.

65 J. Kyle and J. Eidson, *The Guts to Try: The Untold Story of the Iran Hostage Rescue Mission by the On-Scene Desert Commander* (New York, 1990); also P. Ryan, *The Iranian Rescue Mission: Why It Failed* (Annapolis, 1985).

66 S. Mackey, *The Iranians: Persia, Islam and the Soul of a Nation* (New York, 1996), p. 298.

67 Brzezinski to Carter, 3 January 1980, in H. Brands, 'Saddam Hussein, the United States, and the Invasion of Iran: Was There a Green Light?', *Cold War History* 12.2 (2012), 322–3; also see O. Njølstad, 'Shifting Priorities: The Persian Gulf in US Strategic Planning in the Carter Years', *Cold War History* 4.3 (2004), 30–8.

68 R. Takeyh, 'The Iran–Iraq War: A Reassessment', *Middle East Journal* 64 (2010), 367.

69 A. Bani-Sadr, *My Turn to Speak: Iran, the Revolution and Secret Deals with the US* (Washington, DC, 1991), pp. 13, 70–1; D. Hiro, *Longest War: The Iran–Iraq Military Conflict* (New York, 1991), pp. 71–2; S. Fayazmanesh, *The United States and Iran: Sanctions, Wars and the Policy of Dual Containment* (New York, 2008), pp. 16–17.

70 Brands, 'Saddam Hussein, the United States, and the Invasion of Iran', 321–37.

71 K. Woods and M. Stout, 'New Sources for the Study of Iraqi Intelligence during the Saddam Era', *Intelligence and National Security* 25.4 (2010), 558.

72 'Transcript of a Meeting between Saddam Hussein and his Commanding Officers at the Armed Forces General Command', 22 November 1980, cited by H. Brands and D. Palkki, 'Saddam Hussein, Israel, and the Bomb: Nuclear Alarmism Justified?', *International Security* 36.1 (2011), 145–6.

73 'Meeting between Saddam Hussein and High-Ranking Officials', 16 September 1980, in K. Woods, D. Palkki and M. Stout (eds), *The Saddam Tapes: The Inner Workings of a Tyrant's Regime* (Cambridge, 2011), p. 134.

74 Cited by Brands and Palkki, 'Saddam, Israel, and the Bomb', 155.

75 'President Saddam Hussein Meets with Iraqi Officials to Discuss Political Issues', November 1979, in Woods, Palkki and Stout, *Saddam Tapes*, p. 22.

76 Cited by Brands, 'Saddam Hussein, the United States, and the Invasion of Iran', 331. For Saddam's paranoid views, see K. Woods, J. Lacey and W. Murray, 'Saddam's Delusions: The View from the Inside', *Foreign Affairs* 85.3 (2006), 2–27.

77 J. Parker, *Persian Dreams: Moscow and Teheran since the Fall of the Shah* (Washington, DC, 2009), pp. 6–10.

78 Brands, 'Saddam Hussein, the United States, and the Invasion of Iran', 331.

79 O. Smolansky and B. Smolansky, *The USSR and Iraq: The Soviet Quest for Influence* (Durham, NC, 1991), pp. 230–4.

80 'Military Intelligence Report about Iran', 1 July 1980, cited by Brands, 'Saddam Hussein, the United States, and the Invasion of Iran', 334. Also H. Brands, 'Why Did Saddam Hussein Invade Iran? New Evidence on Motives, Complexity, and the Israel Factor', Journal of Military History 75 (2011), 861–5; idem, 'Saddam and Israel: What Do the New Iraqi Records Reveal?', Diplomacy & Statecraft

22.3 (2011), 500–20.
81 Brands, 'Saddam Hussein, the United States, and the Invasion of Iran', 323.
82 Sick, All Fall Down, pp. 313–14; J. Dumbrell, The Carter Presidency: A Re-Evaluation (Manchester, 2005), p. 171.
83 Brzezinski, Power and Principle, p. 504.
84 J.-M. Xaviere (tr.), Sayings of the Ayatollah Khomeini: Political, Philosophical, Social and Religious: Extracts from Three Major Works by the Ayatollah (New York, 1980), pp. 8–9.
85 E. Abrahamian, *Khomeinism: Essays on the Islamic Republic* (London, 1989), p. 51.
86 T. Parsi, *The Treacherous Alliance: The Secret Dealings of Iran, Israel and the United States* (New Haven, 2007), p. 107.
87 R. Claire, *Raid on the Sun: Inside Israel's Secret Campaign that Denied Saddam Hussein the Bomb* (New York, 2004).
88 Woods, Palkki and Stout, *Saddam Tapes,* p. 79.
89 'Implications of Iran's Victory over Iraq', 8 June 1982, National Security Archive.
90 *The Times,* 14 July 1982.
91 G. Shultz, *Turmoil and Triumph: Diplomacy, Power and the Victory of the American Deal* (New York, 1993), p. 235.
92 B. Jentleson, *Friends Like These: Reagan, Bush, and Saddam, 1982–1990* (New York, 1994), p. 35; J. Hiltermann, *A Poisonous Affair: America, Iraq and the Gassing of Halabja* (Cambridge, 2007), pp. 42–4.
93 'Talking Points for Amb. Rumsfeld's Meeting with Tariq Aziz and Saddam Hussein', 14 December 1983, cited by B. Gibson, *Covert Relationship: American Foreign Policy, Intelligence and the Iran–Iraq War, 1980–1988* (Santa Barbara, 2010), pp. 111–12.
94 Cited by Gibson, *Covert Relationship,* p. 113.
95 H. Brands and D. Palkki, 'Conspiring Bastards: Saddam Hussein's Strategic View of the United States', *Diplomatic History* 36.3 (2012), 625–59.
96 'Talking Points for Ambassador Rumsfeld's Meeting with Tariq Aziz and Saddam Hussein', 4 December 1983, cited by Gibson, *Covert Relationship,* p. 111.
97 Gibson, *Covert Relationship,* pp. 113–18.
98 Admiral Howe to Secretary of State, 'Iraqi Use of Chemical Weapons', 1 November 1983, cited by Gibson, *Covert Relationship,* p. 107.
99 Cited by Z. Fredman, 'Shoring up Iraq, 1983 to 1990: Washington and the Chemical Weapons Controversy', *Diplomacy & Statecraft* 23.3 (2012), 538.
100 The United Nations Security Council passed Resolution 540, calling for an end to military operations, but falling short of mentioning chemical weapons. According to one senior UN official, when the secretary-general, Javier Pérez de Cuéllar, raised the issue of

looking into this matter, 'he encountered an antarctically cold atmosphere; the Security Council wanted nothing of it'. Hiltermann, *A Poisonous Affair,* p. 58. Also here see Gibson, *Covert Relationship,* pp. 108–9.

101 Fredman, 'Shoring up Iraq', 539.

102 'Iraqi Use of Chemical Weapons', in Gibson, *Covert Relationship,* p. 108.

103 Fredman, 'Shoring Up Iraq', 542.

104 A. Neier, 'Human Rights in the Reagan Era: Acceptance by Principle', *Annals of the American Academy of Political and Social Science* 506.1 (1989), 30–41.

105 Braithwaite, *Afgantsy,* pp. 201–2, and M. Bearden and J. Risen, *Afghanistan: The Main Enemy* (New York, 2003), pp. 227, 333–6.

106 Braithwaite, *Afgantsy,* p. 214; D. Gai and V. Snegirev, *Vtorozhenie* (Moscow, 1991), p. 139.

107 Braithwaite, *Afgantsy,* pp. 228–9.

108 Ibid., p. 223.

109 J. Hershberg, 'The War in Afghanistan and the Iran–Contra Affair: Missing Links?', *Cold War History* 3.3 (2003), 27.

110 National Security Decision Directive 166, 27 March 1985, National Security Archive.

111 Hershberg, 'The War in Afghanistan and the Iran–Contra Affair', 28; also H. Teicher and G. Teicher, *Twin Pillars to Desert Storm: America's Flawed Vision in the Middle East from Nixon to Bush* (New York, 1993), pp. 325–6.

112 Braithwaite, *Afgantsy,* p. 215.

113 Coll, *Ghost Wars,* pp. 161–2, 71–88.

114 *Beijing Review,* 7 January 1980.

115 M. Malik, *Assessing China's Tactical Gains and Strategic Losses Post-September 11* (Carlisle Barracks, 2002), cited by S. Mahmud Ali, *US–China Cold War Collaboration: 1971–1989* (Abingdon, 2005), p. 177.

116 Braithwaite, *Afgantsy,* pp. 202–3.

117 Cited by Teicher and Teicher, *Twin Pillars to Desert Storm,* p. 328.

118 'Toward a Policy in Iran', in *The Tower Commission Report: The Full Text of the President's Special Review Board* (New York, 1987), pp. 112–15.

119 H. Brands, 'Inside the Iraqi State Records: Saddam Hussein, "Irangate" and the United States', *Journal of Strategic Studies* 34.1 (2011), 103.

120 H. Emadi, *Politics of the Dispossessed: Superpowers and Developments in the Middle East* (Westport, CT, 2001), p. 41.

121 Hershberg, 'The War in Afghanistan and the Iran–Contra Affair', 30–1.

122 Ibid., 35, 37–9.

123 M. Yousaf and M. Adkin, *The Bear Trap* (London, 1992), p. 150.

124 'Memorandum of Conversation, 26 May 1986', *Tower Commission Report*, pp. 311–12; Hershberg, 'The War in Afghanistan and the Iran–Contra Affair', 40, 42.

125 Cited by Hershberg, 'The War in Afghanistan and the Iran–Contra Affair', 39.

126 S. Yetiv, *The Absence of Grand Strategy: The United States in the Persian Gulf, 1972–2005* (Baltimore, 2008), p. 57.

127 E. Hooglund, 'The Policy of the Reagan Administration toward Iran', in Keddie and Gasiorowski, *Neither East nor West*, p. 190. For another example, see Brands, 'Inside the Iraqi State Records', 100.

128 K. Woods, *Mother of All Battles: Saddam Hussein's Strategic Plan for the Persian Gulf War* (Annapolis, 2008), p. 50.

129 B. Souresrafil, *Khomeini and Israel* (London, 1988), p. 114.

130 *Report of the Congressional Committees Investigating the Iran–Contra Affair, with Supplemental, Minority, and Additional Views* (Washington, DC, 1987), p. 176.

131 For the arms sales, *Report of the Congressional Committees Investigating the Iran–Contra Affair*, passim.

132 A. Hayes, 'The Boland Amendments and Foreign Affairs Deference', *Columbia Law Review* 88.7 (1988), 1534–74.

133 'Address to the Nation on the Iran Arms and Contra Aid Controversy', 13 November 1986, *PPPUS: Ronald Reagan, 1986*, p. 1546.

134 'Address to the Nation on the Iran Arms and Contra Aid Controversy', 4 March 1987, *PPPUS: Ronald Reagan, 1987*, p. 209.

135 L. Walsh, *Final Report of the Independent Counsel for Iran/Contra Matters*, 4vols (Washington, DC, 1993).

136 G. H. W. Bush, 'Grant of Executive Clemency', Proclamation 6518, 24 December 1992, *Federal Register* 57.251, pp. 62145–6.

137 'Cabinet Meeting regarding the Iran–Iraq War, mid-November 1986', and 'Saddam Hussein Meeting with Ba'ath Officials', early 1987, both cited by Brands, 'Inside the Iraqi State Records', 105.

138 'Saddam Hussein Meeting with Ba'ath Officials', early 1987, cited by Brands, 'Inside the Iraqi State Records', 112–13.

139 Ibid., 113.

140 *Comprehensive Report of the Special Advisor to the Director of Central Intelligence on Iraq's Weapons of Mass Destruction*, 3 vols (2004), 1, p. 31; Brands, 'Inside the Iraqi State Records', 113.

141 Colin Powell Notes of meeting 21 January 1987, Woodrow Wilson Center, *The Origins, Conduct, and Impact of the Iran–Iraq War* .

142 Brands, 'Inside the Iraqi State Records', 112.

143 D. Neff, 'The US, Iraq, Israel and Iran: Backdrop to War', *Journal of Palestinian Studies* 20.4 (1991), 35.

144 Brands and Palkki, 'Conspiring Bastards', 648.

145 Fredman, 'Shoring Up Iraq', 548.

146 WikiLeaks, 90 BAGHDAD 4237.

147 'Excerpts from Iraqi Document on Meeting with US Envoy', *New York Times,* 23 September 1990.

第二十五章

1 Paul to Foreign & Commonwealth Office, 'Saddam Hussein al-Tikriti', 20 December 1969, FCO 17/871; 'Saddam Hussein', Telegram from British Embassy, Baghdad to Foreign and Commonwealth Office, London, 20 December 1969, FCO 17/871.

2 'Rumsfeld Mission: December 20 Meeting with Iraqi President Saddam Hussein', National Security Archive. For the French and Saddam, C. Saint-Prot, *Saddam Hussein: un gaullisme arabe?* (Paris, 1987); also see D. Styan, *France and Iraq: Oil, Arms and French Policy Making in the Middle East* (London, 2006).

3 'Saddam and his Senior Advisors Discussing Iraq's Historical Rights to Kuwait and the US Position', 15 December 1990, in Woods, Palkki and Stout, *Saddam Tapes,* pp. 34–5.

4 President George H. W. Bush, 'National Security Directive 54. Responding to Iraqi Aggression in the Gulf', 15 January 1991, National Security Archive.

5 G. Bush, *Speaking of Freedom: The Collected Speeches of George H. W. Bush* (New York, 2009), pp. 196–7.

6 J. Woodard, *The America that Reagan Built* (Westport, CT, 2006), p. 139, n. 39.

7 President George H. W. Bush, 'National Security Directive 54. Responding to Iraqi Aggression in the Gulf'.

8 G. Bush and B. Scowcroft, *A World Transformed* (New York, 1998), p. 489.

9 Cited by J. Connelly, 'In Northwest: Bush–Cheney Flip Flops Cost America in Blood', *Seattle Post-Intelligencer,* 29 July 2004. Also see B. Montgomery, *Richard B. Cheney and the Rise of the Imperial Vice Presidency* (Westport, CT, 2009), p. 95.

10 W. Martel, *Victory in War: Foundations of Modern Strategy* (Cambridge, 2011), p. 248.

11 President Bush, 'Address before a Joint Session of the Congress on the State of the Union', 28 January 1992, *PPPUS: George Bush, 1992–1993,* p. 157.

12 For the collapse of the Soviet Union, see S. Plokhy, *The Last Empire: The Final Days of the Soviet Union* (New York, 2014); for China in this period, L. Brandt and T. Rawski (eds), *China's Great Economic Transformation* (Cambridge, 2008).

13 Bush, 'State of the Union,' 28 January 1992, p. 157.

14 UN Resolution 687 (1991), Clause 20.

15 S. Zahdi and M. Smith Fawzi, 'Health of Baghdad's Children', *Lancet* 346.8988 (1995), 1485; C. Ronsmans et al., 'Sanctions against Iraq', *Lancet* 347.8995 (1996), 198–200. The mortality figures were later revised downwards, S. Zaidi, 'Child Mortality in Iraq', *Lancet* 350.9084 (1997), 1105.

16 *60 Minutes,* CBS, 12 May 1996.

17 B. Lambeth, *The Unseen War: Allied Air Power and the Takedown of Saddam Hussein* (Annapolis, 2013), p. 61.

18 For an overview here, see C. Gray, 'From Unity to Polarization: International Law and the Use of Force against Iraq', *European Journal of International Law* 13.1 (2002), 1–19. Also A. Bernard, 'Lessons from Iraq and Bosnia on the Theory and Practice of No-Fly Zones', *Journal of Strategic Studies* 27 (2004), 454–78.

19 Iraq Liberation Act, 31 October 1998.

20 President Clinton, 'Statement on Signing the Iraq Liberation Act of 1998', 31 October 1998, *PPPUS: William J. Clinton, 1998,* pp. 1938–9.

21 S. Aubrey, *The New Dimension of International Terrorism* (Zurich, 2004), pp. 53–6; M. Ensalaco, *Middle Eastern Terrorism: From Black September to September 11* (Philadelphia, 2008), pp. 183–6; for the Dharan attack, however, note C. Shelton, 'The Roots of Analytic Failure in the US Intelligence Community', *International Journal of Intelligence and CounterIntelligence* 24.4 (2011), 650–1.

22 Response to the Clinton letter, undated, 1999. Clinton Presidential Records, Near Eastern Affairs, Box 2962; Folder: Iran–US, National Security Archive. For Clinton's dispatch, delivered by the Foreign Minister of Oman, see 'Message to President Khatami from President Clinton', undated, 1999, National Security Archive.

23 'Afghanistan: Taliban seeks low-level profile relations with [United States government] – at least for now', US Embassy Islamabad, 8 October 1996, National Security Archive.

24 'Afghanistan: Jalaluddin Haqqani's emergence as a key Taliban Commander', US Embassy Islamabad, 7 January 1997, National Security Archive.

25 'Usama bin Ladin: Islamic Extremist Financier', CIA biography 1996, National Security Archive.

26 'Afghanistan: Taliban agrees to visits of militant training camps, admit Bin Ladin is their guest', US Consulate (Peshawar) cable, 9 January 1996, National Security Archive.

27 Ibid.

28 *National Commission on Terrorist Attacks upon the United States* (Washington, DC, 2004), pp. 113–14.

29 President Clinton, 'Address to the Nation', 20 August 1998, *PPPUS: Clinton, 1998,* p. 1461. Three days earlier, the President had given his now famous testimony that the previous statement he had given, 'I did not have sexual relations with that woman, Miss [Monica] Lewinsky,' was truthful and that his claim that 'there is not a sexual relationship, an improper sexual relationship or any other kind of improper relationship' was correct, depending 'on what the meaning of the word "is" is', *Appendices to the Referral to the US House of Representatives* (Washington, DC, 1998), 1, p. 510.

30 'Afghanistan: Reaction to US Strikes Follows Predictable Lines: Taliban Angry, their Opponents Support US', US Embassy (Islamabad) cable, 21 August 1998, National Security Archive.
31 'Bin Ladin's Jihad: Political Context', US Department of State, Bureau of Intelligence and Research, Intelligence Assessment, 28 August 1998, National Security Archive.
32 'Afghanistan: Taliban's Mullah Omar's 8/22 Contact with State Department', US Department of State cable, 23 August 1998, National Security Archive.
33 'Osama bin Laden: Taliban Spokesman Seeks New Proposal for Resolving bin Laden Problem', US Department of State cable, 28 November 1998, National Security Archive.
34 Ibid.
35 'Afghanistan: Taliban's Mullah Omar's 8/22 Contact with State Department', US Department of State cable, 23 August 1998, National Security Archive.
36 Ibid.
37 For example, 'Afghanistan: Tensions Reportedly Mount within Taliban as Ties with Saudi Arabia Deteriorate over Bin Ladin', US Embassy (Islamabad) cable, 28 October 1998; 'Usama bin Ladin: Coordinating our Efforts and Sharpening our Message on Bin Ladin', US Embassy (Islamabad) cable, 19 October 1998; 'Usama bin Ladin: Saudi Government Reportedly Turning the Screws on the Taliban on Visas', US Embassy (Islamabad) cable, 22 December 1998, National Security Archive.
38 *Osama bin Laden: A Case Study,* Sandia Research Laboratories, 1999, National Security Archive.
39 'Afghanistan: Taleban External Ambitions', US Department of State, Bureau of Intelligence and Research, 28 October 1998, National Security Archive.
40 A. Rashid, *Taliban: The Power of Militant Islam in Afghanistan and Beyond* (rev. edn, London, 2008).
41 *Osama bin Laden: A Case Study,* p. 13.
42 'Bin Ladin Determined to Strike in US', 6 August 2001, National Security Archive.
43 'Searching for the Taliban's Hidden Message', US Embassy (Islamabad) cable, 19 September 2000, National Security Archive.
44 *The 9/11 Commission Report: Final Report of the National Commission on Terrorist Attacks upon the United States* (New York, 2004), p. 19.
45 Ibid., passim.
46 President George W. Bush, Address to the Nation on the Terrorist Attacks, 11 September 2001, *PPPUS: George W. Bush, 2001,* pp. 1099–100.
47 'Arafat Horrified by Attacks, But Thousands of Palestinians Celebrate; Rest of World Outraged', Fox News, 12 September 2001.

48 Statement of Abdul Salam Zaeef, Taliban ambassador to Pakistan, 12 September 2001, National Security Archive.
49 Al-Jazeera, 12 September 2001.
50 'Action Plan as of 9/13/2001, 7:55am', US Department of State, 13 September 2001, National Security Archive.
51 'Deputy Secretary Armitage's Meeting with Pakistani Intel Chief Mahmud: You're Either with Us or You're Not', US Department of State, 13 September 2001, National Security Archive.
52 'Message to Taliban', US Department of State cable, 7 October 2001, National Security Archive.
53 'Memorandum for President Bush: Strategic Thoughts', Office of the Secretary of Defense, 30 September 2001, National Security Archive.
54 President Bush, State of the Union address, 29 January 2002, *PPPUS: Bush, 2002,* p. 131.
55 'US Strategy in Afghanistan: Draft for Discussion', National Security Council Memorandum, 16 October 2001, National Security Archive.
56 'Information Memorandum. Origins of the Iraq Regime Change Policy', US Department of State, 23 January 2001, National Security Archive.
57 'Untitled', Donald Rumsfeld notes, 27 November 2001, National Security Archive.
58 Ibid.
59 'Europe: Key Views on Iraqi Threat and Next Steps', 18 December 2001; 'Problems and Prospects of "Justifying" War with Iraq', 29 August 2002. Both issued by US Department of State, Bureau of Intelligence and Research Intelligence Assessment, National Security Archive. Lord Goldsmith to Prime Minister, 'Iraq', 30 July 2002; 'Iraq: Interpretation of Resolution 1441', Draft, 14 January 2003; 'Iraq: Interpretation of Resolution 1441', Draft, 12 February 2003, The Iraq Enquiry Archive.
60 'To Ousted Boss, Arms Watchdog Was Seen as an Obstacle in Iraq', *New York Times,* 13 October 2013.
61 'Remarks to the United Nations Security Council', 5 February 2003, National Security Archive.
62 'The Status of Nuclear Weapons in Iraq', 27 January 2003, IAEA, National Security Archive.
63 'An Update on Inspection', 27 January 2003, UNMOVIC, National Security Archive.
64 Woods and Stout, 'New Sources for the Study of Iraqi Intelligence', esp. 548–52.
65 'Remarks to the United Nations Security Council', 5 February 2003; cf. 'Iraqi Mobile Biological Warfare Agent Production Plants', CIA report, 28 May 2003, National Security Archive.
66 'The Future of the Iraq Project', State Department, 20 April 2003, National Security Archive.
67 Ari Fleischer, Press Briefing, 18 February 2003; Paul Wolfowitz, 'Testimony before House Appropriations Subcommittee on Defense', 27 March 2003.

68 'US Strategy in Afghanistan: Draft for Discussion', National Security Council Memorandum, 16 October 2001, National Security Archive.

69 Planning Group Polo Step, US Central Command Slide Compilation, c. 15 August 2002, National Security Archive.

70 H. Fischer, 'US Military Casualty Statistics: Operation New Dawn, Operation Iraqi Freedom and Operation Enduring Freedom', *Congressional Research Service,* RS22452 (Washington, DC, 2014).

71 Estimates of numbers of civilian casualties in Iraq and Afghanistan between 2001 and 2014 are regularly placed within the range of 170,000–220,000. See for example www.costsofwar.org.

72 L. Bilmes, 'The Financial Legacy of Iraq and Afghanistan: How Wartime Spending Decisions Will Constrain Future National Security Budgets', *Harvard Kennedy School Faculty Research Working Paper Series,* March 2013.

73 R. Gates, *Memoirs of a Secretary at War* (New York, 2014), p. 577.

74 'How is Hamid Karzai Still Standing?', *New York Times,* 20 November 2013.

75 'Memorandum for President Bush: Strategic Thoughts', National Security Archive.

76 '"Rapid Reaction Media Team" Concept', US Department of Defense, Office of the Assistant Secretary for Special Operations and Low-Intensity Conflict, 16 January 2003, National Security Archive.

77 M. Phillips, 'Cheney Says He was Proponent for Military Action against Iran', *Wall Street Journal,* 30 August 2009.

78 'Kerry presses Iran to prove its nuclear program peaceful', Reuters, 19 November 2013.

79 'Full Text: Al-Arabiya Interview with John Kerry', 23 January 2014, www.alarabiya. com .

80 President Obama, 'Remarks by the President at AIPAC Policy Conference', 4 March 2012, White House.

81 D. Sanger, 'Obama Order Sped Up Wave of Cyber-Attacks against Iran', *New York Times,* 1 June 2012; idem, *Confront and Conceal: Obama's Secret Wars and Surprising Use of American Power* (New York, 2012).

結論

1 B. Gelb, *Caspian Oil and Gas: Production and Prospects* (2006); *BP Statistical Review of World Energy June 2006* ; PennWell Publishing Company, *Oil & Gas Journal,* 19 December 2005; Energy Information Administration, *Caspian Sea Region: Survey of Key Oil and Gas Statistics and Forecasts,* July 2006; 'National Oil & Gas Assessment', US Geological Survey (2005).

2 T. Klett, C. Schenk, R. Charpentier, M. Brownfield, J. Pitman, T. Cook and M. Tennyson, 'Assessment of Undiscovered Oil and Gas Resources of the Volga-Ural Region Province, Russia and Kazakhstan', US Geological Service (2010), pp. 3095–6.

3 Zelenyi Front, 'Vyvoz chernozema v Pesochine: brakon'ervy zaderrzhany', Press Release (Kharkiv, 12 June 2011).

4 World Bank, *World Price Watch* (Washington, DC, 2012).

5 Afghanistan is responsible for 74 per cent of global opium production, down from 92 per cent in 2007, *United Nations Office on Drugs and Crime – World Drug Report 2011* (Vienna, 2011), p. 20. Ironically, as local opium prices show, the more effective the campaign to reduce opium production, the higher the prices – and hence the more lucrative cultivation and trafficking become. For some recent figures, see *Afghanistan Opium Price Monitoring: Monthly Report* (Ministry of Counter Narcotics, Islamic Republic of Afghanistan, Kabul, and United Nations Office on Drugs and Crime, Kabul, March 2010).

6 'Lifestyles of the Kazakhstani leadership', US diplomatic cable, EO 12958, 17 April 2008, WikiLeaks.

7 *Guardian*, 20 April 2015

8 'President Ilham Aliyev – Michael (Corleone) on the Outside, Sonny on the Inside', US diplomatic cable, 18 September 2009, WikiLeaks EO 12958; for Aliyev's property holding in Dubai, *Washington Post,* 5 March 2010.

9 Quoted in 'HIV created by West to enfeeble third world, claims Mahmoud Ahmadinejad', *Daily Telegraph,* 18 January 2012.

10 Hillary Clinton, 'Remarks at the New Silk Road Ministerial Meeting', New York, 22 September 2011, US State Department.

11 J. O'Neill, *Building with Better BRICS,* Global Economics Paper, No. 66, Goldman Sachs (2003); R. Sharma, *Breakout Nations: In Pursuit of the Next Economic Miracles* (London, 2012); J. O'Neill, *The Growth Map: Economic Opportunity in the BRICs and Beyond* (London, 2011).

12 Jones Lang Lasalle, *Central Asia: Emerging Markets with High Growth Potential* (February 2012).

13 www.rotana.com/erbilrotana .

14 *The World in London: How London's Residential Resale Market Attracts Capital from across the Globe,* Savills Research (2011).

15 The Cameroon international star, Samuel Eto'o, signed from Barcelona in 2011, Associated Press, 23 August 2011. The opening of the 2010 Under-17 Women's World Cup was marked by a ten-minute opening ceremony featuring 'awardwinning dance group Shiv Shakit', 'Grand Opening: Trinbagonian treat in store for U-17 Women's World Cup', *Trinidad Express,* 27 August 2010.

16 T. Kutchins, T. Sanderson and D. Gordon, *The Northern Distribution Network and the Modern Silk Road: Planning for Afghanistan's Future,* Center for Strategic and International Studies (Washington, DC, 2009).

17 I. Danchenko and C. Gaddy, 'The Mystery of Vladimir Putin's Dissertation', edited version of presentations by the authors at a Brookings Institution Foreign Policy Program panel, 30 March 2006.

18 'Putin pledges $43 billion for infrastructure', Associated Press, 21 June 2013. For estimates, see International Association 'Coordinating Council on Trans-Siberian Transportation', 'Transsib: Current Situation and New Business Perspectives in Europe–Asian Traffic', UNECE Workgroup, 9 September 2013.

19 See for example the *Beijing Times*, 8 May 2014.

20 'Hauling New Treasure along Silk Road', *New York Times,* 20 July 2013.

21 For a report on China's impact on retail gold prices, World Gold Council, *China's Gold Market: Progress and Prospects* (2014). Sales in China of Prada and related companies rose by 40 per cent in 2011 alone, *Annual Report, Prada Group* (2011). By the end of 2013, Prada Group's revenues in Greater China were almost double those of North and South America combined, *Annual Report* (2014).

22 See for example the recent announcement of a $46bn investment to build the China–Pakistan Economic Corridor, Xinhua, 21 April 2015.

23 *Investigative Report on the US National Security Issues Posed by Chinese Telecommunications Companies Huawei and ZTE,* US House of Representatives Report, 8 October 2012.

24 Department of Defense, *Sustaining US Global Leadership: Priorities for 21st Century Defense* (Washington, DC, 2012).

25 President Obama, 'Remarks by the President on the Defense Strategic Review', 5 January 2012, White House.

26 Ministry of Defence, *Strategic Trends Programme: Global Strategic Trends –Out to 2040* (London, 2010), p. 10.

27 International Federation for Human Rights, *Shanghai Cooperation Organisation: A Vehicle for Human Rights Violations* (Paris, 2012).

28 'Erdoğan's Shanghai Organization remarks lead to confusion, concern', *Today's Zaman,* 28 January 2013.

29 Hillary Clinton, 'Remarks at the New Silk Road Ministerial Meeting', 22 September 2011, New York City.

30 President Xi Jinping, 'Promote People-to-People Friendship and Create a Better Future', 7 September 2013, Xinhua.

彼德．梵科潘作品集1

絲綢之路：從波斯帝國到當代國際情勢，橫跨兩千五百年人類文明的新世界史

2020年1月初版　定價：新臺幣680元
2022年3月初版第五刷

著　　者　Peter Frankopan
譯　　者　苑默文
叢書主編　王盈婷
校　　對　呂佳真
封面設計　許晉維
內文排版　林婕瀅

出　版　者　聯經出版事業股份有限公司
地　　　址　新北市汐止區大同路一段369號1樓
叢書主編電話　(02)86925588轉5316
台北聯經書房　台北市新生南路三段94號
電　　　話　(02)23620308
台中分公司　台中市北區崇德路一段198號
暨門市電話　(04)22312023
台中電子信箱　e-mail：linking2@ms42.hinet.net
郵政劃撥帳戶第0100559-3號
郵撥電話　(02)23620308
印　刷　者　文聯彩色製版印刷有限公司
總　經　銷　聯合發行股份有限公司
發　行　所　新北市新店區寶橋路235巷6弄6號2樓
電　　　話　(02)29178022

副總編輯　陳逸華
總　編　輯　涂豐恩
總　經　理　陳芝宇
社　　長　羅國俊
發　行　人　林載爵

行政院新聞局出版事業登記證局版臺業字第0130號

本書如有缺頁，破損，倒裝請寄回台北聯經書房更換。　ISBN 978-957-08-5456-5 (精裝)
聯經網址：www.linkingbooks.com.tw
電子信箱：linking@udngroup.com

國家圖書館出版品預行編目資料

絲綢之路：從波斯帝國到當代國際情勢，橫跨兩千五百年人類文明的新世界史/ Peter Frankopan著．苑默文譯．初版．新北市．聯經．2020年1月．784面＋16面彩頁．14.8×21公分（彼德・梵科潘作品集 1）
譯自：The Silk Roads: a new history of the world
ISBN 978-957-08-5456-5（精裝）
[2022年3月初版第五刷]

1.世界史 2.東西方關係 3.絲路

711 108021570